2022 年度广东工业大学校级教学质量工程项目
2024 年度广东省本科高校教学质量与教学改革工程项目

博弈论与数字经济
PBL 教程

Game Theory and Digital Economy
PBL Course

张成科　朱怀念　宾宁　曹铭　著

经济管理出版社
ECONOMY & MANAGEMENT PUBLISHING HOUSE

图书在版编目（CIP）数据

博弈论与数字经济 ：PBL 教程 ／ 张成科等著.
北京 ：经济管理出版社，2024. -- ISBN 978-7-5243
-0172-1

Ⅰ . F062. 5

中国国家版本馆 CIP 数据核字第 2025X0Y943 号

组稿编辑：高　娅
责任编辑：高　娅
责任印制：许　艳

出版发行：经济管理出版社
　　　　　（北京市海淀区北蜂窝 8 号中雅大厦 A 座 11 层　100038）
网　　址：www.E-mp.com.cn
电　　话：（010）51915602
印　　刷：唐山玺诚印务有限公司
经　　销：新华书店
开　　本：880mm×1230mm/16
印　　张：22.5
字　　数：714 千字
版　　次：2025 年 4 月第 1 版　　2025 年 4 月第 1 次印刷
书　　号：ISBN 978-7-5243-0172-1
定　　价：68.00 元

目　录

第一章
绪论

当前，我国数字经济正在进入快速发展新阶段。以数字技术为代表的多领域、群体性创新加速突破，实体经济利用数字经济广度、深度不断扩展，新模式、新业态持续涌现，经济成本大幅降低、效率显著提升，产业组织形态和实体经济形态不断重塑，数字经济方兴未艾，发展大幕开启。

党的十八大以来，国家高度重视发展数字经济。2017年，习近平总书记在中共中央政治局第二次集体学习中强调，要构建以数据为关键要素的数字经济。2020年4月，中共中央、国务院明确把数据纳入生产要素，提出要"加快培育数据要素市场"。国家还出台若干法律和文件对数字经济进行规范，2021年发布了《国务院反垄断委员会关于平台经济领域的反垄断指南》《中华人民共和国个人信息保护法》，2021年发布的《中华人民共和国国民经济和社会发展第十四个五年规划和2035年远景目标纲要》中数字经济单独成篇，纲要指出要"加快数字化发展，建设数字中国"。

尽管中国数字经济实践走在世界前列，但在数字经济基础原理方面贡献相对较小。不但在互联网技术和通信技术方向的原创性技术比较少，而且在数字经济的基础性市场规则、基础性算法和基础性商业模式方面的原创性研究也比较少。中国数字经济发展的优势主要是在引进和借鉴的基础上发挥市场规模庞大的力量，但是随着中国数字经济发展到世界先进行列，并且当下存在中美技术脱钩的威胁，中国数字经济的进一步发展需要加强国内的基础性理论研究。

本章从博弈和博弈论、数字经济的概念和内涵入手，概要介绍博弈论与数字经济。数字经济学包含传统的信息经济学，传统的信息经济学主要研究非对称信息环境中的最优合约，故又称为合约（契约、合同）理论或机制设计理论。

博弈论研究的是在给定信息结构下的均衡是什么，而信息经济学研究的是在给定信息结构下什么是最优的合约安排。

信息经济学与博弈论之间的关系为，前者是后者在信息不对称环境下的应用，但从特点上看，后者注重于方法论，而前者注重于问题的解析。后者从某种意义上看是"实证的"，而前者是"规范的"。

信息经济学与博弈论都研究问题的信息结构对问题结果的影响，在非合作博弈理论中，通常将信息结构分为四类，对应的博弈模型也就分为四种，如表1-1所示。

表1-1 非合作博弈的分类及对应的均衡概念

信息 ＼ 行动顺序	静态	动态
完全信息	完全信息静态博弈； 纳什均衡； 代表人物：纳什（1950，1951）	完全信息动态博弈； 子博弈精炼纳什均衡； 代表人物：泽尔腾（1965）
不完全信息	不完全信息静态博弈； 贝叶斯纳什均衡； 代表人物：海萨尼（1967，1968）	不完全信息动态博弈； 精炼贝叶斯纳什均衡； 代表人物：泽尔腾（1975）、 克瑞普斯和威尔逊（1982）

在进一步叙述之前，让我们先通过四个引例了解什么是博弈以及博弈论的研究范畴，继而简要概述数字经济、博弈论与主流经济学之间的关系，然后简要介绍"基于问题的学习"（Problem-Based Learning，PBL）的发展历史，最后通过生活中几个常见的博弈模型分析博弈论在日常生活、学习中的应用。

第一节　博弈论引例

例 1-1：田忌赛马博弈。《史记》中著名的"田忌赛马"故事是战术中以弱胜强的典范，同时也是博弈论的经典范例，如图 1-1 所示。

图 1-1　田忌赛马博弈

参与人：齐王、田忌。

规则：各有上、中、下等马三匹，赛三场，赢得两场以上者为胜者。

问题：田忌是如何取胜的？

历史典故的结果我们都知道了，但是，如果齐王学习了博弈论，则结果将会完全不一样！

【课程思政点】

通过田忌赛马这一中华优秀传统文化故事，提升学生对中华优秀传统文化的认知和认同，培养学生的爱国主义精神，使他们坚定理想信念，增强民族的自豪感、自信心和文化自信。

例 1-2：生活中的经济学——为什么麦当劳和肯德基永远是邻居？世界各个城市当中，不论是在喧闹的商业区，还是在人流来往频繁的住宅区，你会发现：只要有麦当劳的地方一定就有肯德基，有肯德基的地方也少不了麦当劳。麦当劳与肯德基这两个经营理念和经营产品都相近的竞争对手，总是形影不离，就像是一对热恋中的情侣。对这一现象，你有没有考虑过，为什么他们都要把分店开到对方的附近，非要拥挤到一起竞争客源，而不是选择别的地方分散竞争呢？

不单麦当劳、肯德基是这种情况，其他如国美、苏宁等大型家电连锁企业，也喜欢扎堆经营，聚合选址。常见的有建材一条街、酒吧一条街等。如何用经济学原理解释这种现象呢？

例 1-3：生活中的经济学——为什么企业都争当各行各业的标王？中国中央电视台（CCTV）从 1994 年起就在其黄金段位广告（《新闻联播》后、《天气预报》前的 65 秒时段，共分 13 标块，每块 5 秒）进行公开竞标，出价最高者获得一年该时段的广告，谓之"央视广告标王"。CCTV 在中国有着巨大的影响力，当时的企业为了提升品牌知名度和市场占有率，纷纷竞相出高价争夺这一殊荣。1994 年，"孔府宴酒"以 3079 万元拔得头筹，成为首届"标王"。随后，利润大增的"孔府宴酒"提醒了当年还名不见经传的"秦池"参与 1995 年的广告竞标，使其以 6666 万元竞得了 CCTV "标王"的桂冠。1996 年，"标王"的身价猛增至 3.2 亿元，得主依然是"秦池"。随着中国市场经济的发展和消费者需求的变化，爱多VCD 和步步高电子消费品类产品以及娃哈哈、王老吉等快消饮品先后夺得"标王"。

许多企业以获得"标王"为荣，并将之作为企业发展的"终极目标"，甚至为争夺"标王"而押付全部身价。那么这里面到底包含了怎样的经济学原理呢？

例 1-4：生活中的经济学——为什么飞机、轮船、高铁等都要设置不同的舱位/座位级别和价格？飞机的舱位分为头等舱、商务舱、经济舱；轮船舱位设置为套房、外舱、里舱等；高铁则设有商务座、一等座、二等座。每种舱位/座位实行差别定价，以便将具有不同支付意愿的客户区别开来。类似的现象还有：电信服务公司提供不同价位的手机电话套餐，以供不同手机用户群体来选择不同的套餐服务；房地产开发商通常也在一个比较大型的楼盘当中提供高等房型商品、中等房型商品和普通房型商品。这些我们所熟悉的生活当中的经济现象，蕴含着怎样的经济学原理呢？

本书将通过既通俗易懂又严谨科学的问题分析方法，伴随你逐一解读这些问题。

第二节　数字经济概述

一、数字经济的概念与内涵

数字经济的概念最早可追溯到 20 世纪 90 年代，被誉为"数字经济之父"的唐·塔普斯科特（Don Tapscott）在 1995 年出版了《数字经济》，详细论述了互联网对经济的影响，预言了数字经济的到来，他被认为是最早提出"数字经济"概念的人之一。继唐·塔普斯科特之后，经济学界对数字经济概念及内涵的讨论随着数字经济的迅猛发展而不断深入。

（一）数字经济的概念

对于数字经济的概念，当前已有较为一致的观点：数字经济指的是伴随全球数字化浪潮，在新一轮科技革命和产业变革中孕育兴起的新经济模式。它是以数字化知识、信息（数据）作为关键生产要素，以现代信息网络作为重要载体，以信息通信技术的有效使用作为效率提升和以经济结构优化作为重要推动力的一系列经济活动。

我国数字经济概念成型于 2016 年 9 月在二十国集团领导人杭州峰会发布的《二十国集团领导人杭州峰会公报》，明确于 2022 年发布的《"十四五"数字经济发展规划》。另外，随着近年来数字技术与产业深度结合，数字经济的概念也在不断丰富，衍生出"数字经济 2.0"和"数字新经济"等数字经济新概念。

1. 数字经济 2.0

马文彦（2017）提出，在数字经济 1.0 的基础上，随着以互联网产业化、工业智能化、工业一体化为代表的第四次工业革命的深入发展，数字经济商业生态出现了云计算、大数据治理、人工智能、物联网和区块链等融合升级，数字经济 2.0 时代以数据化为标志，深刻影响新零售、新实体经济、信息消费、互联网+电影等新兴业态，重塑商业模式，革新行业面貌，为数字经济注入新的驱动力。

杨虎涛（2020）认为："连接+能源+材料"构成了技术革命增长效能的三重技术维度，也是衡量数字经济 1.0 与数字经济 2.0 区别的重要标尺。其中，材料和能源直接涉及"用什么生产"和"生产什么"的问题；而连接，可以是交通运输，也可以是信息通信技术，则涉及"在哪里生产"和"在哪里消费"的问题。

而以人工智能（Artificial Intelligence，AI）为代表的数字经济2.0则是在以信息通信技术（Information and Communications Technology，ICT）为代表的数字经济1.0的基础上，突破了数字经济1.0"人—机—机—人"的局部性连接，实现了"人—机—物—机—物—人"的更大范围互联和深度运算；突破了数字经济1.0影响行业过于狭窄（集中于以金融业为代表的服务业）的局限，使移动互联从消费领域拓展到生产领域，从智能消费、智能流通拓展到以智能制造为代表的智能生产领域，带动制造业等各行业生产率提升及经济结构整体转型升级，创造更强、更持久和更大范围的经济增长效能的数字经济新形态。

2. 数字新经济

数字新经济是以数字经济为基础，结合区块链和通证经济学，通过重新定义部分生产关系和经济活动，并对当前某些经济结构和经济活动进行解析及重构而形成的经济形态。由于区块链可以产生基于数字的信任，通证能重构经济关系，所以数字新经济具备颠覆当前经济体系的潜力。

（二）数字经济的内涵

基于上述概念，数字经济至少具有以下3个具体内涵：

一是数据成为关键生产要素。人类社会利用实时获取的海量数据，包括主体数据、行为数据、交易数据和通信数据，组织社会生产、销售、流通、消费、融资和投资等活动，使数据成为经济活动的关键生产要素和数字经济的第一要素。

二是互联网与信息技术成为基础架构。数字经济包含网络经济，互联网是其基础载体，信息技术是其重要手段。数字经济的基础设施正是能够获取、传输、处理、分析、利用和存储数据的设施及设备，包括互联网（特别是移动互联网）、物联网、云计算、区块链、计算机（特别是移动智能终端）以及连接它们的软件平台。

三是人工智能成为生产力发展的重要推动力。数字经济包含智能经济，人工智能让数据处理能力得到指数级增长。"人工智能+算法"能够实现各领域应用的数字仿真、知识模型、物理模型等与数据模型深度融合，实现产业融合、跨界创新和智能服务，从而极大提升社会生产力。

李帅峥等（2022）结合我国"十四五"发展前景提出"十四五"时期数字经济新内涵，包括以下几个方面：

一是"十四五"对数字经济发展的新要求。"十四五"是我国经济发展从高增速转向高质量的关键时期，数字经济对推动我国经济结构升级、效率变革和动能转换具有重要意义。因此，数字经济比重已成为"十四五"期间经济社会发展的主要指标之一。"加快数字化发展，建设数字中国"，推进网络强国建设，加快数字经济、数字社会、数字政府建设，推动生产方式转变及生活方式和治理模式的数字化转型成为《中华人民共和国国民经济和社会发展第十四个五年规划和2035年远景目标纲要》的重要内容。加强核心技术自主创新，促进数字技术与实体经济融合发展，赋能传统产业转型升级，推动新产业、新业态、新模式的发展，构建促进数字经济健康发展的监管体系和公共政策。

二是数字经济新定义与新分类。2021年6月，国家统计局发布了《数字经济及其核心产业统计分类（2021）》，延续了《中华人民共和国国民经济和社会发展第十四个五年规划和2035年远景目标纲要》对数字经济发展的核心要求，为我国数字经济提供了统一可比的统计标准、口径和范围。其中，对数字经济的定义为"以数据资源作为关键生产要素、以现代信息网络作为重要载体、以信息通信技术的有效使用作为效率提升和经济结构优化的重要推动力的一系列经济活动"。遵循这一概念，国家统计局从"数字产业化"和"产业数字化"两个方面明确了数字经济的基本范围。数字产业化包括数字产品制造业、数字产品服务业、数字技术应用业和数字要素驱动业；产业数字化包括数字化效率提升，并将数字产业化确定为数字经济的核心产业，是数字经济发展的基础。

三是数字经济发展面临的挑战。我国数字经济规模与发达国家相比仍有差距，现阶段存在着不平衡、不充分的发展问题。目前，从底层支撑薄弱到关键要素作用受限都是限制数字经济结构优化和规模增长的重要因素，我国数字经济发展面临着新型基础设施智能化程度不高、数据要素价值未完全发挥、数据安全问题凸显、数字经济低碳化转型和科创体系不完善等诸多挑战，需在"十四五"期间着力解决。

二、数字经济的基本特征

数字经济受到三大定律的支配。

第一个定律是梅特卡夫法则：网络的价值等于其节点数的平方。所以，网络上联网的计算机越多，每台计算机的价值就越大，"增值"以指数关系不断变大。

第二个定律是摩尔定律：计算机硅芯片的处理能力每18个月就翻一番，而价格以减半数下降。

第三个定律是达维多定律：进入市场的第一代产品能够自动获得50%的市场份额，所以，任何企业在本产业中必须第一个淘汰自己的产品。实际上达维多定律体现的是网络经济中的马太效应。

这三大定律决定了数字经济具有以下基本特征：

（一）快捷性

首先，互联网突破了传统的国家、地区界限，被网络连为一体，使整个世界紧密联系起来，把地球变成一个"村落"。

其次，突破了时间的约束，使人们的信息传输、经济往来可以在更小的时间跨度上进行。

最后，数字经济是一种速度型经济。现代信息网络可用光速传输信息，数字经济以接近于实时的速度收集、处理和应用信息，节奏大大加快了。

（二）高渗透性

迅速发展的信息技术、网络技术，具有极高的渗透性功能，使信息服务业迅速地向第一、第二产业扩张，使三大产业之间的界限模糊，出现了第一、第二和第三产业相互融合的趋势。

（三）自我膨胀性

数字经济的价值等于网络节点数的平方，这说明网络产生和带来的效益将随着网络用户的增加而呈指数形式增长。在数字经济中，由于人们的心理反应和行为惯性，在一定条件下，优势或劣势一旦出现并达到一定程度，就会导致不断加剧而自行强化，出现"强者更强，弱者更弱"的"赢家通吃"的垄断局面。

（四）边际效益递增性

边际效益递增性主要表现为：一是数字经济边际成本递减；二是数字经济具有累积增值性。

（五）外部经济性

网络的外部经济性是指每个用户从使用某产品中得到的效用与用户的总数量有关。用户人数越多，每个用户得到的效用就越高。

（六）可持续性

数字经济在很大程度上能有效杜绝传统工业生产对有形资源、能源的过度消耗，防止造成环境污染、生态恶化等危害，实现了社会经济的可持续发展。

（七）直接性

由于网络的发展，经济组织结构趋向扁平化，处于网络端点的生产者与消费者可直接联系，从而降低了传统的中间商层次存在的必要性，并显著降低了交易成本，提高了经济效益。

三、数字经济的要素

（一）数据

数据成为新的关键生产要素。在数字经济时代，万物互联，各行各业的一切活动和行为都将数据化。

（二）信息

信息通信技术为创新提供动力。以信息技术为基础的数字经济，正在打破传统的供需模式和已有的经济学定论，催生出更加普惠性、共享性和开源性的经济生态，并推动经济高质量的发展，例如，基于物联网技术诞生出诸如智慧路灯、智慧电梯、智慧物流、智能家居等丰富多彩的应用，为经济生活注入了极大的创新动力。

（三）产业

数字经济推动产业融合。数字经济并不是独立于传统产业而存在的，它更加强调的是融合与共赢，在与传统产业的融合中实现价值增量。数字经济与传统产业融合主要体现在生产方式融合、产品融合、服务融合、竞争规则融合以及产业融合等方面。数字经济与各行各业的融合渗透发展将带动新型经济范式加速构建，改变实体经济结构和提升生产效率。发展数字经济最主要的目的之一是实现产业智能化。

第三节　博弈及博弈论

一、什么是博弈论

"博弈论"译自英文"Game Theory"。"Game"的基本含义是游戏，因此"Game Theory"直译应该是"游戏理论"。

说起游戏，人们一般想到的是小朋友玩的躲猫猫，围棋等棋类比赛，比大小、桥牌、拱猪等扑克游戏，以及田径、球类等各种体育比赛。博弈论来源于这些真正的游戏，但又高于这些游戏，那么，博弈论与这些游戏的本质区别在哪里呢？

其实如果我们认真观察、思考一下就能发现，很多游戏都有以下共同的特点：①都有一定的规则，规定游戏的参加者（可以是个人，也可以是队组）可以做什么，不可以做什么，应该按怎样的次序做，什么时候结束游戏和一旦参加者犯规将受怎样的处罚等。②都有一个结果，如一方赢一方输、平局或参加者各有所得等，而且结果常能用正或负的数来表示，或能按照一定的规则折算成数值。③策略至关重要，游戏者不同的策略选择常会带来不同的游戏结果。④策略和利益有相互依存性，即每一个游戏者所得结果的好坏，不仅取决于自身的策略选择，也取决于其他参加者的策略选择。有时一个差的策略选择也许会带来并不差的结果，原因是其他游戏者选择了更差的策略。因此在有策略依存性的游戏中，策略本身常常没有绝对的好坏之分，只有相对其他策略的好坏。上述几点正是许多游戏共有的本质特征。同时，人们发现许多经济、政治、军事活动中的决策问题，也与游戏有着基本相似的特征。为了扩大游戏理论的应用研究，一般把"Game"译成"博弈"，而将"Game Theory"译成"博弈论"或者称为"对策论"。

定义1-1：博弈是指决策主体（可能是个人，也可能是团体，如企业、国家、国际组织等）在相互对抗中，对抗双方（或多方）相互依存的一系列策略和行动的过程集合。

在这个定义中有几点需要注意。

第一，博弈中的参与人各自追求的利益具有冲突性。如果决策主体之间的利益是一致的，就不是博弈。从学术观点来看，即使一个博弈包含无穷多个参与人，如果他们利益一致，也可以理解为一个人。由于一个人是不会和自己博弈的，因此从某种意义上看，博弈论是一门专门研究冲突的学科，它为人们理解冲突和合作提供了一种重要的思想方法。

第二，博弈是一个过程。博弈不是一个孤立的事件，而是人们在对抗过程中有关的所有方面的集合。它包含参与人集合、策略的集合、行动的集合、信息的集合等。把博弈看作一个集合是思维从具体到抽象的重要一步。

第三，博弈的一个本质特征就是策略的相互依存性。如果参与人之间的策略不存在依存性，那么与一个人自娱自乐的游戏并无区别，当然也就不能称其为博弈。不过在一种特殊的情形下，有一种博弈"不存在"策略的相互依存性，这种博弈就是包含严格占优策略的博弈，在以后的章节中我们会介绍到。

定义1-2：博弈论就是系统研究博弈如何出现均衡的规律的学科。

二、博弈的分类

可以根据各种不同的标准对博弈进行分类。

首先，根据参与人在博弈中的行为是否达成一个具有约束力的协议，可将博弈划分为合作博弈和非合作博弈。如果有达成一个具有约束力的协议，就是合作博弈；反之，则是非合作博弈。

其次，根据博弈的时间或参与人的行动顺序，可将博弈分为静态博弈和动态博弈。静态博弈指的是博弈中参与人同时选择行动，或虽非同时但后行动者并不知道前行动者采取了什么具体行动；动态博弈指的是参与人的行动有先后顺序，且后行动者能够观察到先行动者的行动。

再次，根据参与人所拥有的有关博弈的信息知识，可将博弈划分为完全信息博弈和不完全信息博弈。完全信息博弈指的是博弈中每一个参与人对其他参与人的特征、策略空间及支付函数有准确的认识；否则，就是不完全信息博弈。

最后，根据博弈的收益分配情况，可以将博弈划分为零和博弈与非零和博弈。零和博弈是指参与博弈的各方，在严格竞争下，一方的收益必然意味着另一方的损失，博弈各方的收益和损失相加总和永远为"零"；否则，就是非零和博弈。

在现实经济管理问题中，绝大多数博弈是非合作、不完全信息、动态、非零和博弈。因此，研究非合作博弈、不完全信息博弈及动态博弈更具有实际意义。

【课程思政点】

我国通常情况下的博弈论仅仅指代非合作博弈，这与非合作博弈广泛地应用密不可分。然而，当前我国很多学者已经认识到合作博弈的重要性，它能够并且应当为社会的和谐和稳定、世界的和平与发展作出一些贡献。小到塔木德经"三妾分产"故事中关于分配的睿智，大到"江浙沪皖"长三角区域经济一体化合作，乃至共建"一带一路"国家层面的合作共赢，无一不体现合作的重要性。这与我国传统美德——"和合"相吻合，可以激励和培养学生践行求同存异的大局观。

三、博弈论与主流经济学的新发展

经济学是研究说明什么的呢？传统教科书上讲，经济学是研究稀缺资源的有效配置的。不过，从现代的观点看，更为恰当地说，经济学是研究人的行为的（Human Behavior）。当然，研究人的行为的学科很多，不止经济学。那么，经济学与其他学科有什么不同呢？这就是经济学假定人是理性的。理性人是什么意思呢？理性人是指有一个很好定义的偏好，在面临给定的约束条件下最大化自己的偏好。正是理性人的假设使经济学家得以运用数学工具描述人的行为。注意，理性人与自私人不同。理性人可能是利己主义者，也可能是利他主义者。

无论是利己还是利他，理性人在最大化偏好时，需要相互合作（Cooperation），而合作中又存在着冲突（Conflicts）。为了实现合作的潜在利益和有效地解决合作中的冲突，理性人发明了各种各样的制度来规范他们的行为。价格制度（或称市场制度）是人类为达到合作和解决冲突所发明的最重要的制度之一。传统的新古典经济学（Neo-classical Economics）就是以价格制度为研究对象的，故又称为价格理论。新古典经济学的两个基本假定：①市场参与者的数量足够多，从而市场是竞争性的。②参与人之间不存在信息不对称问题。但这两个假设在现实中一般是不满足的。首先，现实中买卖双方的人数常常是非常有限的，在有限人数下，市场不可能是完全竞争的。在不完全竞争市场中，人们之间的行为是有直接影响的，所以一个人在决策时必须考虑对方的反应，这就是博弈论要研究的问题。其次，现实中市场参与者之间的信息一般是不对称的，比如，卖者对产品质量的了解通常比买者多。当参与人之间存在信息不对称时，任何一种有效的制度安排都必须满足"激励相容"（Incentive Compatible）或"自选择"（Self-selection）条件，这是信息经济学研究的问题。不完全信息使价格制度常常不是实现合作和解决冲突的最有效安排，诸如学校、企业、家庭、政府等这样一些非价格制度，也许更为有效。而非价格制度的最显著特征是参与人之间行为的相互作用。因此，毫不奇怪，20 世纪 70 年代经济学家开始将注意力由价格制度转向非价格制度时，博弈论逐渐成为经济学的基石。

博弈论是研究决策主体的行为发生直接相互作用时的决策以及这种决策的均衡问题的，也就是说，当一个主体，好比说一个人或一个企业的选择受到其他人、其他企业选择的影响，而且反过来影响到其他人、其他企业选择时的决策问题和均衡问题。所以在这个意义上说，博弈论又称为对策论。这里可以把博弈论与我们在一般传统微观经济学上学的知识作一比较。传统微观经济学谈到个人的决策，就是在给定一个价格参数和收入的条件下，最大化其效用；个人效用函数只依赖于他自己的选择，而不依赖于其他人的选择；个人的最优选择只是价格和收入的函数，而不是其他人选择的函数，这里，经济作为一个整体，人与人之间的选择是相互作用的，但是对单个人来讲，所有其他人的行为都被总结在一个参数里，这个参数就是价格。这样，一个人做出决策时他面临的似乎是一个非人格化的东西，而不是面临着另一个人、另一个决策主体。他既不考虑自己的选择对别人选择的影响，也不考虑别人选择对自己选择的影响。与此相对照，在博弈论里，个人效用函数不仅依赖于他自己的选择，而且依赖于他人的选择；个人的最优选择是其他人选择的函数。从这个意义上讲，博弈论研究的是在存在相互外部经济条件下的个人选择问题。在传统微观经济学中，寡头市场是一个例外，而这一部分正是博弈论最主要的应用领域之一。

人们之间决策行为相互影响的例子很多，几乎所有我们在生活中遇到的事情都是这样的。比如：OPEC 石油输出国组织成员国家选择石油产量；寡头市场上企业选择它们的价格和产量；家庭中的夫妻，他们之间的行为也是一种博弈；国家与国家之间的关系；我国的中央政府和地方政府之间也存在一种博弈，也就是说，中央采取一种行动会影响地方的行动，反过来地方的行动又会使中央采取相应的政策，所以博弈论的应用是非常广泛的。

博弈论可以划分为合作博弈（Cooperative Game）与非合作博弈（Non-cooperative Game）。纳什

（Nash）、泽尔腾（Selten）和海萨尼（Harsanyi）的贡献主要是在非合作博弈方面，而且现在经济学家谈到博弈论，一般指的是非合作博弈，很少指合作博弈。合作博弈与非合作博弈之间的主要区别在于人们的行为相互作用时，当事人能否达成一个具有约束力的协议，也就是说，有没有一种有约束力的协议（Binding Agreement）。如果有，就是合作博弈，反之，则是非合作博弈。例如，两个寡头企业，如果它们之间达成一个协议，联合最大化垄断利润，并且各自按这个协议生产，就是合作博弈。它们面临的问题就是如何分享合作带来的剩余。但是如果两个企业间的协议不具有约束力，就是说，没有哪一方能够强制另一方遵守这个协议，每个企业都只选择自己的最优产量（或价格），则是非合作博弈。这就是两个概念的区别，同时应该指出的是，合作博弈强调的是团体理性（Collective Rationality），强调的是效率（Efficiency）、公正（Fairness）、公平（Equality）。非合作博弈强调的是个人理性、个人最优决策，其结果可能是有效率的，也可能是无效率的。

严格地讲，博弈论并不是经济学的一个分支，它是一种方法，应用范围不仅包括经济学，政治学、军事、外交、国际关系、公共选择，还有犯罪学，都涉及博弈论。实际上，好多人把博弈论看成数学的一个分支。纳什1951年的奠基性文章就是发表在数学杂志上，而不是经济学杂志上，在相当长一段时间里，经济学家们并不把纳什当作一个经济学家。还有夏普利1953年的文章本身也是一篇数学手稿，而非经济学手稿。那么为什么把诺贝尔经济学奖授给这三个人，而不是把其他的什么奖授给他们呢？大致有以下三方面的原因：

（1）博弈论在经济学中的应用是广泛、较成功的；博弈论的许多成果是借助于经济学的例子来发展的，特别是在应用领域。

（2）经济学家对博弈论的贡献也越来越大，特别是在动态分析和不完全信息引入博弈论之后，如克瑞普斯（Kreps）和威尔逊（Wilson）都是经济学家。

（3）最具根本性意义的原因是经济学和博弈论的研究模式是一样的，即强调个人理性，也就是在给定的约束条件下追求效用最大化。在这一点上，博弈论和经济学是完全一样的。

大体是因为这三个原因，博弈论逐渐被当成经济学的一部分，诺贝尔经济学奖自然就授给了三位博弈论专家。

但是，博弈论真正成为主流经济学的一部分不过是近二三十年的事。在20世纪70年代中期之前，经济学家也有一部分用到博弈论，但所有这些经济学家应用到的博弈论知识大体在1953年之前就已经被创造出来了（当然也有一些例外）。只是到20世纪70年代中期以后经济学家开始转而强调个人理性，特别是强调对个人的最基础的效用函数的研究之后，他们才发现信息是一个非常重要的问题，信息问题成为经济学家关注的焦点。同时，在研究个人行为时，个人决策有一个时间顺序（Sequence 或 Time Order），就是说当你作出某项决策时必须对你之前（或之后）别人的决策有一个了解（或猜测），你的决策受你之前别人决策的影响，同时反过来影响你之后别人的行为，这样，时序问题在经济学中就变得非常重要了。博弈论发展到这一阶段正好为这两方面的问题（一个是信息，另一个是时序）提供了有力的研究工具，这些工具包括泽尔腾在1965年关于动态博弈精炼均衡和海萨尼在1967~1968年发表的关于不完全信息的研究成果（在20世纪70年代中期之前经济学家们没有用过这些成果）。其他成果包括克瑞普斯和威尔逊1982年的研究成果，还有克瑞普斯（Kreps）、米格罗姆（Milgrom）、罗伯茨（Roberts）和威尔逊（Wilson）1982年关于信誉（Reputation）问题的非常有名的"四人帮模型"。

博弈论在经济学中的绝大多数应用模型是在20世纪70年代中期之后发展起来的。大体从80年代开始，博弈论逐渐成为主流经济学的一部分，甚至可以说成为微观经济学的基础。博弈论的发展和经济学的发展可以说是"你中有我，我中有你"，不少当今赫赫有名的经济学家就发迹于其在博弈论方面的研究成果。

这里引用一下美国印第安纳大学的经济学家艾瑞克·拉斯马森（Eric Rasmusen，1989）在《博弈与信息》（*Games and Information*）一书中的一段话来概括博弈论在主流经济学中的地位变迁史。他说：

不久前，一个爱开玩笑的人或许会说，计量经济学和博弈论就如同日本和阿根廷。在 20 世纪 40 年代晚期，这两门学科都充满了生机，正如同这两个国家一样都充满了希望，做好准备开始迅速地经济增长，并对世界产生广泛的影响。我们都知道日本和阿根廷发生了什么。在这两门学科中，计量经济学变成了经济学不可分割的一部分，而博弈论则萎缩成为一个子科目，仅对博弈论专家来说充满乐趣而被整个经济学界所遗忘。这些博弈论专家一般都是数学家，他们只关心定义和证明，而不关心其应用；他们很为博弈论能在众多学科中的应用感到自豪，但是没有一门学科把博弈论当作自己不可分割的一部分。

但 20 世纪 70 年代后，把博弈论比作阿根廷就不再合适了。在阿根廷把它的前专制君主 Juan Peron 迎回来的同时，经济学家们开始研究通过把博弈论应用于复杂的经济问题可能得到的东西。理论和应用方面的新发现对非对称信息和动态行为的分析尤其有用。在 20 世纪 80 年代，博弈论迅速成为主流经济学的重要组成部分。事实上，它几乎吞没了整个微观经济学，就如用计量经济学吞没了"经验经济学"（Empirical Economics）一样。

博弈论在西方经济学中的地位也可以从国外流行的教科书中看出来，下面举几个例子。

例一，哈尔·范里安（Hal Varian）的《微观经济分析》（*Microeconomic Analysis*）是一本在欧美非常流行的高级微观经济学教科书，几乎所有大学的研究生课程都用这本书。在 1984 年的第二版中，没有博弈论，甚至在书后的词汇表上都找不到"博弈论"这个词，但是在 1992 年的第三版就加上了"博弈论"一章，而且有关寡头竞争这一章也按博弈论的理论重写了。

例二，克瑞普斯（David M. Kreps）在 1990 年出版的《微观经济理论教程》（*A Course in Microeconomic Theory*）是 1991 年最畅销的经济学教科书，被相当多的欧美名牌大学选为研究生课程的教材，其中的第三部分就是"非合作博弈"，共 219 页，占全书正文的 28%，且书中的许多内容也涉及博弈论。当然这可能与他本人就是博弈论专家有关。1990 年他因对博弈论的贡献而获美国克拉克奖（Clark Medal，全美对 40 岁以下经济学家的最高奖）。

例三，让·梯若尔（Jean Tirole，法国经济学家，2014 年诺贝尔经济学奖获得者）在 1988 年出版了《产业组织理论》（*The Theory of Industrial Organization*）一书。该书是目前较受欢迎、较流行的有关产业组织的教科书，全书的内容都建立在非合作博弈论的基础上，以致作者不得不在最后加上一章"非合作博弈论"，供不熟悉非合作博弈论的读者参考。现在，博弈论基本上成为产业组织理论中占主导地位的研究方法。

博弈论进入主流经济学，反映了经济学发展的以下几个趋势：

第一，经济学研究的对象越来越转向个体，放弃了一些没有微观基础的假定，如消费函数及其投资函数、销售最大化等，一切从个人效用函数及其约束条件开始，求解约束条件下的个人效用最大化问题而导出行为及均衡结果。这正是博弈论研究的范式：给出个人的支付函数及策略空间，然后看当每个人都选择其最优策略以最大化个人支付函数时将发生什么。这与经济学效用最大化的方式完全吻合。

第二，经济学越来越转向对人与人关系的研究，特别是对人与人之间行为的相互影响和作用、人们之间的利益冲突与一致、竞争与合作的研究。过去经济学研究个人行为时，总是假设其他人的行为都被总结在一个非人格化的参数——价格里面，所以个人是在给定价格参数下进行决策，人们行为之间的相互作用是通过价格来间接完成的。但现在不是这样了，经济学越来越重视对人与人之间关系的研究，特别是经济学开始注意到理性人的个人理性行为可能导致的集体非理性。这一点和传统经济学形成明显对照。在传统经济学里，价格可以使个人理性和集体理性达到一致。现代经济学开始注意到个人理性和集体理性的矛盾与冲突，但是解决这个问题的办法并不像传统经济学主张的那样通过政府干预来避免市场失灵所导致的无效状态，而是认为，如果一种制度安排不能满足个人理性的话，就不可能实行下去。所以解决个人理性与集体理性之间冲突的办法不是否认个人理性，而是设计一种机制，在满足个人理性的前提下达到集体理性。认识到个人理性与集体理性的冲突对于认识制度安排是非常重要的。

第三，经济学越来越重视对信息的研究，特别是信息不对称对个人选择及制度安排的影响。如我们已经提到的，博弈论成为主流经济学的一部分，正是伴随着经济学对信息问题的重视而来的。从某种意义上讲，信息经济学是博弈论应用的一部分，或者说，信息经济学是非对称信息博弈论。

第四节 PBL 概述

一、PBL 的起源和发展历程

PBL（Problem-Based Learning，PBL，也称作问题式学习）作为一种教学模式，起源于美国 20 世纪 50 年代中期的医学教育领域。最早是由美国神经病学教授霍华德·巴罗斯（Howard Barrows）于 1969 年在加拿大麦克马斯特大学医学院（McMaster University Medical School）开始实行的一种新的教学模式。长久以来，医学院的教学大多以知识传递为重点，要求学生记住一大堆知识，再将这些知识应用于临床场合。可用这种"先学后用"的简单方法，培养不出能胸有成竹地处理各种现实问题的医生。尽管医学院学生为了对付各门功课的考试，而把基本医学知识背得滚瓜烂熟，但一到实际应用则手足无措，而且不久就把这些知识都忘得一干二净。

针对传统医学教学方法单纯注重知识传授、忽视学生各种技能培养的弊端，巴罗斯设计了一系列超越常规案例研究的问题。他不是把所有知识向学生和盘托出，而是要求学生研究一个具体的病例，提出恰当的问题，并自己拟定解决问题的方案。这样不仅使学生加深对各种可应用的医疗工具的了解，而且使学生日益精通"临床推理过程"。在医学院使用"基于问题的学习"的学生成了"自我指导的学习者"，这样的学习者心怀求知求学的渴望，深知自己的学习需要，善于选择和利用现有的资源来满足自己的需要。巴罗斯把这种新方法规定为："起自于努力理解和解决一个问题的学习。"以该校巴罗斯为代表的一些教师开始从事这方面的实践和研究。从此，"基于问题的学习"作为一种明确的课程教学模式诞生了。

无论是作为一种教学现象，还是作为一种教学思想、教学模式，PBL 都并不是一种全新的东西。它有着悠久的历史，在东方和西方都有其思想源流和实践脉络。

"学起于思，思源于疑。"在我国古代，孔子的启发式教学思想对所有后世的教育思想都有着深远影响。在西方，亚里士多德曾说过："思维是从疑问和惊奇开始的。"问题教学的早期发展，至少可以追溯到古希腊的苏格拉底的"产婆术"。而从苏格拉底到卢梭，再到杜威，我们可以看到问题教学的发展进程。20 世纪由于实用主义哲学的影响，问题教学受到越来越多的教育学、心理学学者的支持和提倡。心理学家中最早对问题解决给予专论的当数威廉·詹姆斯，而杜威在儿童中心主义理论基础上提出了"做中学"思想，20 世纪 50 年代末至 60 年代初期，苏联教育家马赫穆托夫、马丘什金、列尔耐尔等在思维心理学的研究成果上形成了问题教学理论。马赫穆托夫 1975 年出版的专著《问题教学》在苏联被誉为"当代问题教学的理论与实践的百科全书"。

但是把"问题解决"作为新教育理念的体现，系统地运用于教学领域，是从 20 世纪 80 年代开始的，其中影响较大的学者是美国的数学教育家 G. 波利亚。到 20 世纪末，"问题中心""以问题为基础"等名词在教育研究刊物上出现的频率越来越高，并逐渐成为各种教学、教育会议的中心议题。由此基于问题的教学理论得到了迅速的发展，并产生了许多与此有关的新的教育思想和理念，如问题教学、问题解决、建构主义情境学习、基于问题的学习等。这些理论对当代的教学产生了重大的影响。而且由于东西方文化不断交流、交融，问题教学思想的影响几乎遍及全世界。

1983 年春，在荷兰的 Maastricht 举行了第一届基于问题学习国际研讨会，来自美国、加拿大、荷兰、马来西亚、泰国、苏丹、澳大利亚和埃及的各国代表出席了会议。他们所在的学校都应用基于问题学习作为教学方法。会议对基于问题学习在未来医学教育改革中的积极作用予以肯定。

1989 年，美国医学院协会在华盛顿举行了第 100 届年会，对基于问题的学习进行探讨，列入独立议题。至今三十几年间，已有 98% 的美国和加拿大的医学院校在教学过程中采用了基于问题的学习。这一新型的教学模式现进一步得到世界医学教育界的肯定，目前已有 37 个国家 60 多所院校采用这种方法。而且国外学者对于 PBL 的研究从理论上和实际应用上进行得都比较深入，比如，美国南伊利诺斯大学研究了许多开展 PBL 教学的工具；美国 BIE 协会专门研究 PBL 在教学中的应用；Bernice McCarthy 还提出了 "4MAT 设计模式" 等。

总之，PBL 作为一种学习策略得到世界卫生组织和世界医学教育组织的认可，已广泛应用于包括大众医学、护理、药学、兽医学等在内的医学教育领域。不仅如此，PBL 还拓展到法律、工程学、教育、社会研究等其他专业的教育领域中，甚至应用于中小学教育中。

PBL，这种当前在国外被誉为 "多年来专业教育领域最引人注目的革新"，我国于 20 世纪 80 年代中期在一些西医院校开始试行，但仍局限于小范围、局部课程的应用。我国最早是 1986 年由上海第二医科大学和西安医科大学引进的，20 世纪 90 年代以来，引进 PBL 的院校逐渐增多，PBL 已成为医学教育中一个主要发展趋势。

同时，国内教育理论界的研究者也开始重视这种教学方法，出现了不少理论介绍性和实践探索性的研究成果，"21 世纪社会进步主义教育研究中心" 等不少网上教育资源对其进行了推介，甚至在全球华人计算机教育应用大会上，PBL 开始作为一个崭新的议题出现。

二、PBL 的基本原理与特征

（一）PBL 的定义

对于 PBL 的界定，研究者们没有给出一个非常统一的描述，而是根据各自的研究和理解，作出不尽相同的解释。

霍华德·巴罗斯和安·凯尔森（Howard Barrows & Ann Kelson，1969）提出，PBL 既是一种课程，也是一个过程：说它是一种课程，是指它由经过仔细选择、精心设计的问题组成，而这些问题是学习者在获得批判性知识、熟练的问题解决能力、自主学习策略以及团队合作参与能力时需要的；说它是一个过程，是指它遵循普遍采用的用以解决问题或应对生活和事业所遇挑战的系统方法。

琳达和莎拉（Linda Torp & Sara Saga，2002）认为，PBL 是让学生围绕着解决一些结构不良的、真实的问题而进行的一种有针对性的、实践性（学生不仅要动脑，而且要动手）的学习，它包括课程组织和策略指导两个基本过程。也就是说，PBL 就是让学生在实际问题情境中学习，让他们把所学知识和实际生活联系起来，以此培养他们的学习兴趣和学习主动性，同时使其建构自己的知识框架。

唐纳德·伍兹（Donald R. Woods，1994）认为，PBL 就是一种以问题驱动学习的学习环境，即在学生学习知识之前，先给他们一个问题。提出问题是为了让学生发现在解决某个问题之前必须学习一些新知识。

史蒂文和加拉格尔（Stephen & Gallagher，1993）把 PBL 理解为，对学生进行任何教学之前，提供一个 "劣构" 问题。在整个学习过程中，要求学生对问题进行深入探究，找到问题之间的联系，剖解问题的复杂性，运用知识形成问题的解决方案。

刘儒德（2002）认为，PBL 以问题为核心，让学生围绕问题展开知识建构过程，以此过程促进学生掌握灵活的知识基础和发展高层次的思维技能、解决问题能力及自主学习能力。

张建伟（1999）提出，PBL 是一种问题取向的教学思路，它强调把学习设置到复杂的、有意义的问题情境中，通过让学习者合作解决真实性问题，来学习隐含于问题背后的科学知识，形成解决问题的技能，并形成自主学习的能力。

赵海涛（2014）认为，PBL 强调把学习设置到复杂的、有意义的问题情境中，通过让学习者合作解决真实性问题，学习隐含于问题背后的科学知识，形成解决问题的技能，并形成自主学习的能力。

总的来说，PBL 是把学习设置于复杂的、有意义的问题情境中，将学生置于积极的问题解决者的角度，直接去面对反映真实世界情境的劣构问题，通过解决复杂的实际问题，培养学生的问题求解策略，从而形成解决问题的能力和自主学习的能力，同时发展学科的基础知识和基本技能。这种教学模式以小组的形式开展教学活动，由教师提供获取学习资源的途径和学习方法的适当指导，让学习者解决拟真实情境中的问题。对于学生而言，基于问题的学习能够帮助他们建立起主动的思维模式，学会主动学习。作为教师，要摆脱传统的教学模式，努力创建问题探究式课堂，让学生在探究活动中思考和解决问题，从而促进学生学习能力的发展。

（二）PBL 基本要素

内容、活动、情境、结果是 PBL 构成的四大要素，如图 1-2 所示。

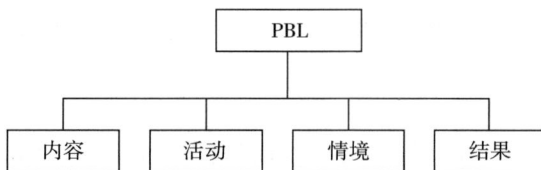

图 1-2　PBL 的基本要素

1. 内容

PBL 的第一个要素——内容有两个方面的特点：一是内容关注的是现实生活中的真实问题，是值得学生进行深度探究，并且在学生能力范围内可以进行有意义探究的知识。如在美国采用 PBL 的历史教学中，教师会提问学生"我们所居住的城市有什么样的历史"，在健康课教学中提问学生"我们学校的午餐健康程度如何"，这都是与学生的生活息息相关的一类问题，学生也可以在生活中去发现这些问题的答案。

二是内容的选取是学生感兴趣的，比如学生日常生活中的内容或者当前能够引起学生兴趣的热门话题，以此激发学生学习的主动性。

2. 活动

PBL 的第二个要素——活动主要是在教师的指导下，学生通过采用某些技术工具和一些研究方法对所要解决的问题采取一定的探究行为。活动开展的起点是遇到了一定的问题，然后学生通过实地调查、互联网搜索等途径搜寻信息从而解决问题。在活动过程中，学生们遇到的问题是有一定难度的，使学生在自有的知识基础上进行知识的记忆，迁移建构新的知识。

3. 情境

PBL 的第三个要素——情境是一种特殊的学习环境，在这个学习环境中学生真正地参与、有亲身的体验，同时学生之间可以进行合作学习，可以相互分享个人的学习经历，锻炼人际交往能力。

4. 结果

PBL 的第四个要素——结果是学生进行一系列学习后的丰富学习成果，如制作一个面向一定用户的多媒体软件，或者举行一个小型的书画展览等。有教师曾经指出，虽然在我国中小学不乏以项目为基础的学习，但却不重视 PBL 中的结果这一要素，即不重视"产品"展示，然而这一环节恰恰是非常重要的，因为它可以锻炼学生的写作能力、口语和书面交流能力，通过学生之间成果的展示交流，能够开阔学生的视野，进一步激发学生的研究欲望。

（三）PBL 基本原理

PBL 的理论源于对人类学习与记忆的研究，Schmid 很严谨地阐述了 PBL 的基本原理。

1. 激发既往知识

PBL 往往是先提出问题，然后通过小组讨论的方式去激发小组各成员以往的知识记忆，而以往的知识具有长期的记忆，可以帮助择取新知识，同一篇文献由一年级和四年级学生分别研读，他们必然呈现出不同的学习结果。因此，如何激发学生相关知识的记忆，从而促进他们学习新知识是非常重要的。

2. 模拟特定情境

PBL 问题的每一幕都为学生提供特定的模拟情境，问题的提出及整个学习过程都紧紧围绕这些特定的情境展开。同时，这些特定的模拟情景与未来学生工作中遇到的真实情况十分接近，故学生通过学习能将知识应用在未来实习或工作中，解决实际问题，PBL 是把问题作为实际应用与知识间的桥梁。

3. 系统梳理知识

PBL 实施过程中，学生在不断提出问题、查找资料、讨论、回答问题、做笔记、同伴学习、组织及评估问题、自我学习等过程中，对相关知识进行归纳总结、系统梳理，从而使知识得到进一步的阐述与发展。

（四）PBL 特征

基于问题的学习在国内外被广泛应用，并成为当前教学改革中一个被推崇的教学模式，可见其相比其他传统教学模式和其他教学方法有一定的优势。PBL 教学模式的特征与优势，如表 1-2 所示。

表 1-2　PBL 模式的特征与优势

特征	优势
是一种以学生为主体的教学模式	强调意义而不是事实
以问题为中心组织教学并作为学习的驱动力	通过问题解决的过程，增强学生自主学习能力
问题是真实的、劣构的，是发展学生解决实际问题能力的手段	问题驱动引发比传统教学更深入的理解和更高层次能力的发展
以学生小组为单位的学习形式	小组学习的形式促进人际交往能力、团队合作能力的提高
真实的、基于绩效的评价，重过程基于结果	师生之间的关系更融洽
教师是辅导者、引导者	发展运用知识的能力、解决问题的能力，提高整体学习水平

基于问题的学习有其独特的功效，可以通过从教学的主要要素如教师、学生、媒体、教学策略、学习环境、评价等方面与传统教学模式作比较（见表 1-3、表 1-4）。

表 1-3　传统教学模式与基于问题的学习对照

传统教学模式	基于问题的学习
以教师为中心	以学生为中心
线形组织结构	非线性组织结构
教师作为知识的传递者	教师作为学习的促进者和支持者
学生通过被动接受进行学习	学生通过建构知识进行学习
固定化学习环境	灵活的学习环境

表 1-4　传统的课程教学与基于问题的学习各教学要素比较

教学要素	传统的课程教学	基于问题的学习
教学目标	强调学生对现成知识的记忆及理解，在短时间内进行基本知识及技能的获取	强调学生对习得知识及技能的应用；培养学生的自学能力，并在实际问题解决的过程中锻炼学生综合、分析、判断等高层次思维技能
教学内容	主要是教科书上的知识，来自别人间接经验的总结，问题的假设与结果都已经在学习内容中标明	学习如何收集、处理和提取信息；运用有关的知识来解决实际问题；学会在研究的过程中与人交流与合作；表述或展示研究成果等
教师角色	教师处于"主体"地位，通过教导和要求学生来控制学习过程	教师处于辅助地位，是学生学习的引导者、帮助者、鼓励者，在学习过程中建议或提示学生发现问题，并完成学习进展的记录和评估
学生角色	学生通常作为知识的被动接受者，处于从属地位	从问题的提出到学习小组的组合、研究内容的确定和成果的展示，都由学生自己作主，突出学生的主体性
评价方式	以测验、考试等"量"的评价方法对学生进行阶段性或总结性评价，重视学习的结果	诊断性评价、形成性评价、总结性评价贯穿研究过程的始终，注重组内评价、组间评价、教师评价三者有机结合的多元评价方式，重视学习的过程
教学方式	通常是采用课堂讲授的方式集中教学	在教师引导下，学生围绕特定的问题，采用研究型的学习方式解决问题，强调学生的主动探究和协作学习，其主要特征是通过高水平的思维来学习，基于问题解决来建构知识

三、PBL 实施策略

PBL 的实施主要分为六个步骤，如图 1-3 所示。

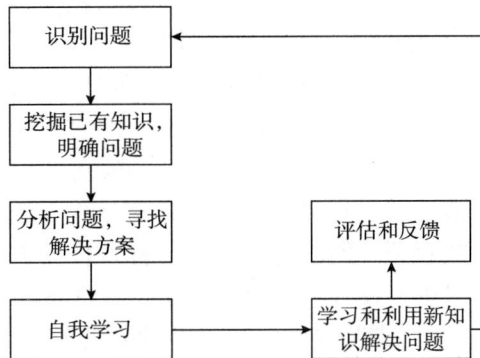

图 1-3　PBL 的实施步骤

（1）识别问题。学生了解问题并对问题进行讨论。教师引导学生去正确地识别问题，并且鼓励其去更深入地思考。

（2）挖掘已掌握的知识，澄清问题中的要素以及要素的含义。学生总结出自己已知的知识和生活经验，陈述自己对问题的已有的理解，并在小组内部交流对问题的认识，进一步明确问题。

（3）形成假设以及可能的解决方案，并识别问题。在之前讨论的基础上，学生形成关于问题本质的假设，包括可能的解决方案。同时确定需要进一步挖掘的问题，即不能够用小组现有知识解决的问题，但通过学习是能够解决的。学生将会进一步清楚他们的问题是什么，无论是小组的还是个人的。

（4）自我学习阶段。学生在之前三个阶段的基础上，形成自我学习的领域，并充分理解和使用其他小组成员带来的资料，花费大量的时间来研究和学习。

（5）根据问题对新知识进行评价和利用。在完成之前的问题识别、自我学习之后，开始把这些获得的新知识应用到最初的问题上。学习小组内开始进行广泛的交流，学生之间自由地提出问题，识别那些能够应用到问题上的重要概念，并最终形成问题的解决方案。如果在这个阶段仍然找不到一个理想的方案，学生们需要从第一步开始重新识别问题、明确问题并开展相关的学习，这个循环一直进行下去，直到最终形成问题的解决方案为止。

（6）学习过程的评价和反馈。在问题基本解决之后，每位学生都能对之前的学习过程进行思考和反思。这包括对学习成果的审视、小组成员之间就各自的工作以及小组整个工作过程进行反馈、对整个小组的工作情况进行考核。

第五节　博弈论与数字经济学 PBL 的“问题”模式

一、“问题”的设计与实施

PBL 教学模式强调把学习设置到复杂的、有意义的问题情境中，学生在真实的问题情境中寻求解决问题的方法，从而学习隐含在问题背后的知识，形成解决问题的技能和自主、合作学习的能力。由此可见 PBL 的精髓在于发挥问题对整个学习过程的引导作用。“问题”是 PBL 教学模式的核心，问题设计将会影响学生学习的动机，以及学生对学习的热情，问题的设计在整个教学设计中显得尤为重要。

结合编者所在学校院系的实际情况，编者于 2022 年 9 月开始，在教材《博弈论与信息经济学——PBL 教程》的基础上，在广东工业大学经济学院和管理学院各个相关专业所开设的博弈论课程中，以新编写的“博弈论与数字经济学”讲义为基础，探索实施 PBL 教学。

“博弈论与数字经济学”课程的教学目标是通过该课程的学习，了解数字经济的研究对象、研究内容和主要研究领域，掌握微观数字经济学的理论、原理和方法。即通过课程学习使学生掌握微观数字经济学的基本原理：给定信息结构，什么是经济行为人的最优契约安排？以及进行微观数字经济分析的工具和方法：给定信息结构，什么是可能的均衡结果？——博弈论分析方法，并能将其应用于数字经济活动的实践，实现对数字经济时代的有效管理。围绕这个教学目标，根据教学大纲的基本要求、教学内容以及项目包含的知识与技能模块对项目进行设计和分类，让学生在完成项目的同时，学习和应用更多的课程知识与技能。“博弈论与数字经济学”课程实施 PBL 教学模式的教学流程如图 1-4 所示。

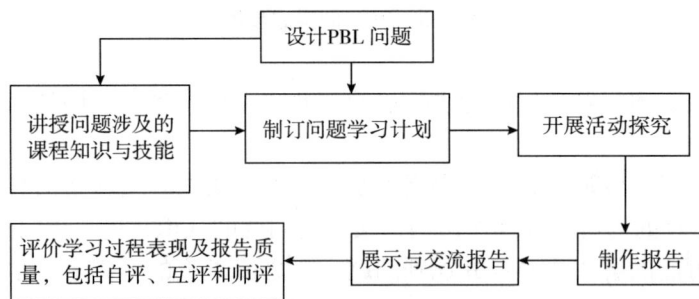

图 1-4　PBL 教学流程

二、实施 PBL 教学模式的问题设计参考模板

1. 问题题目：XXXXXX
2. PBL 教学模式单元教学目标

本单元是在专门配置的工作室进行，学生将按（10 人）分组进入一个独立的工作室，每组从按课程授课要求预先设定好的"问题或者项目库"中自己选定一个题目在指导教师的指导下，通过"问题或者项目"驱动式学习，在"做中学"。通过完整解决一个"问题或者项目"、完成一个完整的研究报告的过程，巩固已经在课堂上讲授的课程知识，深化对模型的理解和应用范围，培养利用博弈方法分析解决实际问题的能力。

3. PBL 教学模式单元教学要求

（1）每组学生都要按照选定的题目，阅读所提供的文献资料以及扩展阅读自我查找的文献资料；完成基本问题内容、适当的问题扩展内容并撰写一个总体研究报告。

（2）在做"问题或者项目"的过程中，要就阅读的文献资料、拟解决问题的总体思路进行至少三次小组讨论（或者辩论）；在总体研究报告提交前，要在小组中推荐 1~2 人作为代表，在小组内由该代表向小组成员进行答辩报告。

4. 本 PBL 教学模式问题的教学要求

（1）依据背景资料以及在通读文献的基础上，给出问题的假设条件，在不同假设条件下，建立相应的博弈模型。

（2）本问题拟采用的博弈模型，以及模型的建立及分析。

（3）对在考虑不同环境条件下所建立的模型进行比较分析、计算机模拟仿真结果分析。

5. 问题以及背景描述

（1）问题背景。给出问题的背景描述，描述要生动且贴近现实，以便能吸引学生对问题产生研究的兴趣。

（2）问题的国内外研究现状（部分）。介绍国内外学者的研究现状，并对现状做出必要的点评分析，以便引导学生尽快查找文献学习并对问题进行研究与讨论。

（3）基本问题和扩展问题。基本问题 1：根据所拟定的题目以及课程必须掌握的基本知识，设定一个基本问题 1，使学生通过该基本问题的研究，就能掌握课程的相应基本知识。

基本问题 2：根据所拟定的题目以及课程必须掌握的其他基本知识，设定一个基本问题 2，使学生通过该基本问题的研究，就能掌握课程的所有应该学习的基本知识。

扩展问题 1：根据所拟定的题目以及课程应该掌握的拓展知识，设定一个拓展问题 1，使学生通过该拓展问题的研究，就能掌握课程要求的拓展知识。

扩展问题 2：根据所拟定的题目以及课程应该掌握的综合知识，设定一个拓展问题 2，使学生通过该拓展问题的研究，就能掌握课程要求的综合知识。

6. 参考文献

给出不少于 10 篇的有关该问题的国内外参考文献，以便学生能尽快熟悉问题并能开展小组讨论。

三、开展 PBL 教学模式的具体实践

一种新的理论要应用于实践之中，并指导实践，才能检验这种理论的有效性及其可行性。课程实施阶段，是 PBL 教学的核心部分，又是其成败的关键。近年来，编者自 2009 年开始一直在对该教学模式进行较为深入的思考和探索。以下以一节 PBL 课程"多寡头市场博弈行为的静态、动态博弈分析"为例介

绍"博弈论与数字经济学"课程开展 PBL 的具体实践。

（一）本 PBL 教学模式问题的教学要求

（1）依据背景资料以及在通读文献的基础上，给出问题的假设条件，在不同假设条件下，建立相应的博弈模型。

（2）多寡头下的两种市场结构模型的建立及分析。

（3）多寡头下市场领先者、追随者和竞争者的比较分析。

（二）问题以及背景描述

1. 问题背景

在成熟的市场经济体系中，寡头市场已成为市场结构的主要形式。企业根据实际的情况采取自主创新、跟踪新产品开发和引进模仿等不同的产品开发策略，因此分别形成了多寡头企业完全竞争的 Cournot 市场结构；一个领先者和多个追随者的 Stackelberg 市场结构。

例如，在中国的家电、钢铁、汽车、通信、乳饮料等竞争性产业领域已经形成了寡头竞争的市场格局。在寡头市场上，少数工厂控制了产品供给的大部分，各厂商之间具有较大程度的相互依赖性。

2. 问题的国内外研究现状（部分）

在寡头垄断市场结构研究中，一个重要的问题是分析企业不同行为下的企业利润、消费者的福利变化。现有一些研究文献对寡头市场结构下不同的企业行为对产量、利润、社会福利等影响进行分析，一般认为领先者具有先动优势，但是追随者入股能在产品的差异化、创新和进入时机上正确把握，将具有后动优势。先动优势（First Mover Advantage）是指先进入者可以抢先占有各类资源来获得优势，包括对市场空间、产品技术空间、消费者偏好空间等方面资源的抢先占有。其中，通过建立双寡头理论模型，Gal-Or（1985）和 Dowrick（1986）分析了不同反应函数下的先动优势和后动优势；Mueller（1997）研究了特定产业周期中领先寡头先动优势的路径依赖问题；Haan 和 Maks（1996）指出存在市场进入壁垒时 Stackelberg 竞争未必能提高福利；Okuguchi（1999）分析了不同反应函数下 Cournot 模型和 Stackelberg 模型的均衡，以及领先者和追随者占有行动优势的条件；Huck 等（2001，2002）通过实验经济学的方法研究了不同模型下的产出效率。

在多寡头垄断的研究中，Sherali（1984）对 Stackelberg 模型进行了扩展分析，构造了多个领先者、多个追随者的寡头垄断模型，得出领先者利润大于追随者、新进入的寡头必然会减少在位寡头的利润的结论；Daughety（1990）分析一般情况下的 m 个领先者、（n-m）个追随者的 Stackelberg 博弈的均衡解；De Wolf 和 Smeers（1997）建立了随机 Stackelberg 模型，讨论模型的均衡解和性质，并运用在欧洲燃气市场分析中。

上述研究文献主要讨论了同一个市场结构中不同条件下的企业行为。国内一些文献对多寡头的 Cournot 市场结构和 Stackelberg 市场结构也进行了对比分析，但是分析结论并不一致。

（三）基本问题和扩展问题

在师生共同分析阅读材料的基础上，提出探究的问题，其基本问题如下：

基本问题 1：在多寡头完全竞争 Cournot 市场结构下，分析企业分别采取自主创新、跟踪新产品开发及引进模仿的产品开发策略的市场表现，以及产量和利润依次递减情况。

基本问题 2：在 1 个领先者、多个追随者的 Stackelberg 市场结构下，分析企业领先者、追随者和竞争者的市场角色时，对比分析企业的产量、利润和社会福利各个指标，并分析企业相应采取的各种研发策略及其绩效表现。

引导学生进行深入思考，提出扩展问题。

扩展问题1：比较两种市场结构的消费者剩余和社会福利水平，提出为了形成具有更高社会福利水平的Stackelberg市场结构，需要采取的产业扶持政策。

扩展问题2：考虑信息不完全时，情况会发生哪些变化？

（四）参考文献阅读

引导学生阅读思考以下参考文献，探索以上问题的解决方案。

［1］Gal-Or E. First Mover and Second Mover Advantages［J］. International Economic Review, 1985, 26（3）：649-653.

［2］Dowrick S von. Stackelberg and Cournot Duopoly：Choosing Roles［J］. RAND Journal of Economics, 1986, 17（2）：251-260.

［3］Mueller D C. First-mover Advantages and Path Dependence［J］. International Journal of Industrial Organization, 1997, 15（6）：827-850.

［4］Haan M, Maks H. Stackelberg and Cournot Competition under Equilibrium Limit Pricing［J］. Journal of Economic Studies, 1996, 23（5/6）：110-127.

［5］Okuguchi K. Cournot and Stackelberg Duopolies Revisited［J］. Japanese Economic Review, 1999, 50（3）：363-367.

［6］Huck S, Müller W, Normann H T. Stackelberg Beats Cournot—On Collusion and Efficiency in Experimental Markets［J］. The Economic Journal, 2001, 111（474）：749-765.

［7］Huck S, Müller W, Normann H T. To Commit or not to Commit：Endogenous Timing in Experimental Duopoly Markets［J］. Games and Economic Behavior, 2002, 38（2）：240-264.

［8］Sherali H D. A Multiple Leader Stackelberg Model and Analysis［J］. Operations Research, 1984, 32（2）：390-404.

［9］Daughety A F. Beneficial Concentration［J］. American Economic Review, 1990, 80（5）：1231-1237.

［10］De Wolf D, Smeers Y. A Stochastic Version of a Stackelberg-Nash-Cournot Equilibrium Model［J］. Management Science, 1997, 43（2）：190-197.

［11］徐晋，廖刚，陈宏民. 多寡头古诺竞争与斯塔尔博格竞争的对比研究［J］. 系统工程理论与实践，2006，2（2）：49-54.

［12］薛伟贤，冯宗宪，陈爱娟. 寡头市场的博弈分析［J］. 系统工程理论与实践，2002，22（11）：82-86.

［13］施卓敏. 论寡头企业的先动优势与后动优势［J］. 学术研究，2005（3）：23-27.

第六节　生活中的（趣味）博弈

一、模型一——囚徒困境（Prisoners' Dilemma）

两个嫌疑犯作案后被警察抓住，分别被关在不同的屋子里受审讯。警察告诉他们，如果两人都坦白，各判刑8年，如果两人都抵赖，各判1年（或许因证据不足），如果其中一人坦白另一人抵赖，坦白的放出去，不坦白的判刑10年（这有点"坦白从宽、抗拒从严"的意思）。表1-5给出囚徒困境的策略式表述，这里，每个囚徒都有两种策略：坦白或抵赖。表 1-5 中每一格的两个数字代表对应策略组合下两个囚徒的支付（效用，Payoff），其中第一个数字是囚徒 A 的支付，第二个数字为囚徒 B 的支付。

表 1-5 囚徒困境

		囚徒 B	
		坦白	抵赖
囚徒 A	坦白	-8, -8	0, -10
	抵赖	-10, 0	-1, -1

囚徒困境的纳什均衡就是（坦白，坦白）：给定 B 坦白的情况下，A 的最优战略是坦白；同样，给定 A 坦白的情况下，B 的最优战略也是坦白。事实上，这里，（坦白，坦白）不仅是纳什均衡，而且是一个占优策略（Dominant Strategy）均衡，也就是说，不论对方如何选择，个人的最优选择都是坦白。比如说，如果 B 不坦白，A 坦白的话被放出来，不坦白的话判 1 年，所以坦白比不坦白好；如果 B 坦白，A 坦白的话判 8 年，不坦白的话判 10 年，所以，坦白还是比不坦白好。这样，坦白就是 A 的占优策略。同样，坦白也是 B 的占优策略。结果是，每个人都选择坦白，各判刑 8 年。

囚徒困境反映了一个很深刻的问题，这就是个人理性与集体理性的矛盾。如果两个人都抵赖，各判刑 1 年，显然比都坦白各判刑 8 年好，但这个帕累托改进办不到，因为它不满足个人理性要求，（抵赖，抵赖）不是纳什均衡。换个角度看，即使两囚徒在被警察抓住之前建立一个攻守同盟（死不坦白），这个攻守同盟也没有用，因为它不构成纳什均衡，没有人有积极性遵守约定。

囚徒困境在经济学上有着广泛的应用，这里举几个例子。比如，两个寡头企业选择产量的博弈。如果两个企业联合起来形成卡特尔，选择垄断利润最大化的产量，每个企业都可以得到更多的利润。但卡特尔协定不是一个纳什均衡，因为给定对方遵守协议的情况下，每个企业都想增加生产，结果是，每个企业都只得到纳什均衡产量下的利润，它严格小于卡特尔产量下的利润。这个例子也说明，在有些情况下，个人理性与集体理性的冲突对整个社会来说也许是一件好事，尽管它对该集体的成员而言是一件坏事。前述囚徒的行为也如此，当然，这里的前提条件是集体成员的数量严格小于全体社会成员的数量。

公共产品的供给也是一个囚徒困境问题。如果大家都出钱兴办公用事业，所有人的福利都会增加。问题是，如果我出钱你不出钱，我得不偿失，而如果你出钱我不出钱，我就可以占你的便宜。所以，每个人的最优选择都是"不出钱"。这种纳什均衡使所有人的福利都得不到提高。

还有军备竞赛。"冷战"期间，苏美两国都竞相增加各自的军费预算，如果不搞军备竞赛，各自把资源用于民品生产，不是很好吗？问题是，如果我把资源用于民品生产，你增加军费支出，我不是就受到威胁吗？这样对我不好。纳什均衡是两国都大量增加军费预算，两国的社会福利都变得更糟。

经济改革本身也可能是这样。在许多改革中，改革者要付出成本（包括风险），而改革的成果大家共享。结果是，尽管人人都认为改革好，却没有人真正去改革，大家只好在都不满意的体制下继续生活下去。

二、模型二——智猪博弈（Boxed Pigs Games）

猪圈里养着两头猪，一头大猪，一头小猪。猪圈的一面有一个猪食槽，另一面安装一个按钮，控制着猪食的供应。按一下按钮会有 10 个单位的猪食进槽，但谁按按钮谁就需要付 2 个单位的成本。若大猪先到，大猪吃到 9 个单位，小猪只能吃 1 个单位；若同时到，大猪吃 7 个单位，小猪吃 3 个单位；若小猪先到，大猪吃 6 个单位，小猪吃 4 个单位。表 1-6 给出对应不同策略组合的支付水平，如第一格表示两猪同时按按钮，因而同时走到猪食槽，大猪吃 7 个，小猪吃 3 个，扣除 2 个单位的成本，支付水平分别为 5 和 1。其他情形可以类推。

表 1-6　智猪博弈

		小猪	
		按	等待
大猪	按	5, 1	4, 4
	等待	9, -1	0, 0

这个例子的纳什均衡会是什么？首先注意到，不论大猪选择"按"还是"等待"，小猪的最优选择均是"等待"。比如说，给定大猪按，小猪也按，得到 1 个单位，等待则得到 4 个单位；给定大猪等待，小猪按，得到-1 单位，等待则得到 0 单位。所以等待是小猪的占优策略。给定小猪总是选择等待，大猪的最优选择只能是按，所以，纳什均衡就是：大猪按，小猪等待，各得 4 个单位。多劳者不多得。

这个纳什均衡也有许多应用的例子。比如说，股份公司中，股东承担着监督经理的职能，但股东中有大股东和小股东之分，他们从监督中得到的收益并不一样。监督经理需要收集信息，花费时间，在监督成本相同的情况下，大股东从监督中得到的好处显然多于小股东，这里，大股东类似"大猪"，小股东类似"小猪"，纳什均衡是，大股东担当起收集信息、监督经理的责任，小股东则搭大股东的"便车"。

股票市场上炒股也是如此。股市上有大户，也有小户。大户类似"大猪"，小户类似"小猪"，这时，对小户而言，"跟大户"是最优选择，而大户则必须自己收集信息，进行分析。

还有市场中大企业与小企业之间的关系。进行研究开发、为新产品做广告，对大企业是值得的，对小企业则得不偿失。所以，一种可能的情况是，小企业把精力花在模仿上，或等待大企业用广告打开市场后出售廉价产品。

类似的情况在公共产品的提供上也可能出现。比如说，村里住两户人家，一户富，一户穷，有一条路年久失修。这时，富户一般会承担起修路的责任，穷户则很少这样干，因为富户家常常是高朋满座，坐车坐轿的都来，而穷户家只是自己穿着破鞋走路，路修好了他走起来舒服，路修不好他也无所谓。

改革中也有类似的情况。同样的改革带给一部分人的好处可能比另一部分人大得多，这时，前一部分人比后一部分人更有织极性改革，改革往往就是由这些"大猪"推导的。如果改革能创造出更多的"大猪"来，改革的速度就会加快。

三、模型三——性别战（Battle of the Sexes）

一男一女谈恋爱，有些业余活动要安排，或者去看足球比赛，或者看芭蕾舞演出。男的偏好足球，女的则更喜欢芭蕾，但他们都宁愿在一起，不愿分开。表 1-7 给出了支付矩阵。

表 1-7　性别战

		女	
		足球	芭蕾
男	足球	2, 1	0, 0
	芭蕾	0, 0	1, 2

这个博弈有两个纳什均衡：（足球，足球）（芭蕾，芭蕾）。就是说，给定一方去足球场，另一方也会去足球场；类似地，给定一方去看芭蕾，另一方也会去看芭蕾。那么，究竟哪一个纳什均衡会实际发生？我们不知道。实际生活中，也许是这一次看足球，下次看芭蕾，如此循环，形成一种默契。这里还有一个先动优势（First Mover Advantage）。比如说，若男的买票，两人就会出现在足球场，若女的买票，两人就会在芭蕾舞厅。

四、模型四——斗鸡博弈（Chicken Game）

设想两个人举着火棍从独木桥的两端走向中央进行火拼，每个人都有两种策略：继续前进，或退下阵来。若两人都继续前进，则两败俱伤；若一方前进另一方退下来，前进者取得胜利，退下来的丢了面子；若两人都退下来，两人都丢面子。支付矩阵如表 1-8 所示。

表 1-8　斗鸡博弈

		B 进	B 退
A	进	-3, -3	2, 0
	退	0, 2	0, 0

这个博弈有两个纳什均衡：如果一方进，另一方的最优策略就是退；两人都进或都退都不是纳什均衡。

这个例子也有许多应用。有些公共产品的供给就属于此类问题。若村子里住的是两户富人，有一条路要修，一种可能的情况是：一家修路，另一家就不修；一家不修，另一家就得修。

"冷战"期间，苏美两个军事集团在世界各地抢占地盘，也是一种斗鸡博弈，一般来说，如果一方已经抢占了一块地盘，另一方就设法占领另一块地盘，而不是与对手竞争同一块地盘。

还有警察与游行队伍的例子。游行队伍与警察越来越近，这时，定要有一方退下来。如果警察不让步，游行队伍便会向后退；反过来，如果游行队伍来势很猛，警察就得撤退。

夫妻间矛盾也是个斗鸡问题。一般来说，吵得厉害了，不是妻子回娘家躲一躲，就是丈夫到院子里抽支烟。当然，斗鸡博弈的一个重要问题是，究竟哪一方退下来。因为退下来虽比两败俱伤好，总归是一件丢面子的事情，若每一方都寄希望于对方退下阵来，两败俱伤的结局也可能出现。

习题 1

（1）在美国，参加大选前，候选人须先赢得自己所在党派的提名。你会发现，无论哪个党，候选人都不太愿意在党派提名过程中作为领导者出现。但在大选时，候选人就不太在意他领先于对手这个事实被我们看到，从博弈论的角度考虑这是为什么？

（2）Ross 和 Rachel 是一对情侣，暗地里都有过不忠的行为。但他们并不想分开，而是希望能继续生活在一起，于是不得不面对一个问题：是否应该向对方坦白自己的不忠行为？请从博弈论的角度分析。

（3）有 5 个海盗即将被处死刑，法官愿意给他们一个机会。从 100 个黄豆中随意抓取，最多可以全抓，最少可以不抓，可以和别人抓的一样多。最终，抓的最多的和最少的要被处死。如果你第一个抓，你抓几个？条件：每个海盗都是很聪明的人，都能很理智地判断得失，从而做出选择。

（4）扑克牌只有黑红两色，现在考虑玩一种"扑克牌对色"游戏。甲乙两人各出一张扑克牌。翻开以后，如果两人出牌的颜色一样，甲输给乙一支笔；如果两人出牌颜色不一样，乙输给甲一支笔。试把这个扑克牌游戏表达为一个博弈。

第二章
完全信息静态博弈

从第一章可知，博弈论是研究两个及两个以上利益关联（包括利益冲突）的参与人对局的理论；若每个参与人的策略和支付都是共同知识（其相关定义本章后面将阐述），则谓之为完全信息博弈；若参与人是同时决策的，则谓之为静态博弈。本章首先将通过具体例子，介绍两人完全信息静态博弈的概念、构成一个完整博弈所需要具备的三大要素，并介绍表述博弈的常用形式：策略式描述和矩阵式描述。我们进而讨论完全信息静态博弈的各种均衡解的概念以及对应的求解方法，并特别给出纳什均衡解的典型应用案例分析。

【学习目标】

完全信息静态博弈理论是整个非合作博弈理论的基础，它抽象出现实博弈形式中最基本的组成部分构成数学模型，由此对博弈人的理性行为形成规范描述，在此基础上进一步扩展为更复杂的博弈模型。

通过本章的学习掌握以下问题：

（1）掌握博弈的基本概念，了解它的构造和基本假设。

（2）了解并掌握离散和连续两种情况下纳什均衡的求解方法。

（3）了解和掌握混合策略纳什均衡的求解方法。

（4）了解纳什均衡的存在性定理、多重性及其选择。

【能力目标】

（1）促使学生能运用博弈及其相关概念描述现实问题，即将现实问题抽象描述为博弈问题，或者依据一个博弈问题编写一个现实故事。

（2）培养学生利用博弈思维分析处理现实问题的能力。

引导案例　　航空公司与旅行者的博弈

两个旅行者甲、乙到一个出产名贵陶瓷的地方旅行，返城时都买了一个花瓶。当他们在机场提取行李时发现花瓶被挤碎了，于是两人向航空公司索要赔偿。航空公司知道这种花瓶的价格在 600～1000 元，但是并不知道确切的购买价格。航空公司必须考虑到以下两种现实：第一，确定这两个旅行者以 600～1000 元的某个价格购买的，他们只想索赔他们真实购买价格的损失；第二，他们可能以 600～1000 元的某个低价格购买的，目的是索赔一个有利可图的高价格。

在这样的一场索赔争议中，如果你是航空公司一方，你如何来避免顾客的恶意索赔保证公司利益？

航空公司是这样处理的：航空公司客气地请两位旅行者各自单独到一间房间坐下，请他在 1000 元以内，写下自己购买花瓶的价格。并向旅行者宣布自己的理赔方案如下：如果两个人写的价格一样，那么公司就将如数赔偿；如果两人所写价格不一致，那么以价格低者为真，按低价格赔偿，并奖励其 100 元，而写高价格者则被认为是讲假话，罚款 100 元。

你认为航空公司是否能保证自己的利益？如果你是当事的旅行者，你又如何处理呢？

第一节　博弈论的基本概念及策略式表述

一、基本概念

前面已经指出，博弈论是分析存在相互依赖情况下理性人如何决策的基本工具。本章将正式介绍博弈论的一些基本概念。博弈论的基本概念包括参与人、行动、信息、策略、支付（效用）、均衡和结果，其中，参与人、策略和支付是描述一个博弈所需要的最少的要素，而行动和信息是其"积木"。参与人、行动和结果统称为"博弈规则"（The Rules of the Game）。博弈分析的目的是使用博弈规则预测均衡。我们现在给出这些概念的准确定义。

（一）参与人（Player）

参与人是指博弈当中决策的主体，其在博弈中有一些行动要选择以最大化其效用或收益（支付）。参与人可以是生活中的自然人，也可以是一个企业或组织，还可以是一个国家或是国家之间的一种组织（如北约、欧盟等）。在一个博弈中，只要是其决策对结果有着重要影响的主体，我们都把其当作一个参与人。

这里，假设所有参与人都是理性的，即追求自身利益的最大化。这一假设对于个人来说，往往容易接受。读者可能存在以下疑问：如果每一个人都是理性的，那么由个人所形成的组织是不是理性的？这一问题涉及经济学中著名的"偏好加总"：每个参与人必须有可供选择的行动和一个很好定义的偏好函数。但对于我们来说，当把一个组织视为一个决策主体时，一般假定其有一个很好定义的目标函数，这样，我们就可以把它当作理性的主体来看待了。当然，在现实生活中，很多组织并没有体现出应有的集体理性。但任何一个组织，如果在关键的决策问题上不能以组织的目标为重，那么这个组织的生命力就非常有限。

除一般意义上的参与人之外，当一个博弈涉及随机因素时，我们往往还引入一个名为"自然"（Nature）的"虚拟参与人"（Pseudo-player）。比如，在投资决策中，一项投资能否获利，不仅取决于决策者的选择，还取决于不受投资者控制的随机因素，即俗话所说的"谋事在人，成事在天"。但是，"天"，也就是"自然"这个虚拟的参与人。与一般参与人不同的是，它没有自己的支付和目标函数，即它不是为了某一目的才采取行动。

（二）行动（Action or Move）

行动是参与人在博弈的某个时点的决策变量。每个参与人，在轮到其采取行动时，都有多种可能的行动可供选择。比如，打牌时，轮到某人出牌，他可以出黑桃，也可以出方片。所有参与人在博弈中所选择的行动的集合就构成一个"行动组合"（Action Profile）。不同的行动组合导致了博弈不同的结果。所以，在博弈中，要想知道博弈的结果如何，不仅需要知道自己的行动，还需要知道对手选择的行动。

与行动相关的另一个重要问题是行动的顺序（The Order of Play），即谁先行动，谁后行动。一般来说，参与人的行动顺序不同，结果往往也不同。比如，下围棋时大家都愿意先行，因为先行往往可能带来优势，以致输赢结果不同，所以正式比赛中通常采用抓阄的办法决定行动顺序，以示公平。现实中许多博弈的行动顺序是由技术、制度、历史等外生因素决定的。

（三）信息（Information）

信息是指在博弈当中每个人知道些什么。这些信息包括对自己、对对方的某一些特征的了解。比如，对方是一个比较容易妥协的人，还是一个比较好斗的人？对方的企业是低成本还是高成本的？同样，信息还包括了对对方采取的一些行动的了解，即轮到自己行动时，对手在这之前都做了些什么。比如下棋，当轮到自己走棋时，对手在这之前是走马还是拨炮？

在博弈论中，我们借助信息集（Information Set）来描述某个参与人掌握了多少信息。对于信息集的概念，我们将在第三章中结合具体内容和例子来介绍。

在博弈论中，如果参与人对其他人的行动的信息掌握得非常充分，我们把这类博弈叫作"完美信息"（Perfect Information）博弈。如前面提到的下围棋或者是下象棋，当轮到己方行动时，对手在这之前的行动都是可以观察到的，所以，下棋属于完美信息博弈。如果在完美信息博弈中有"自然"的参与，则"自然"的初始行动也会被所有参与人准确观察到，即不再存在事前的不确定性了。比如，下棋之前双方要猜子决定谁先行动，那么抓到棋子是白色还是黑色是由"自然"决定的，但要在下棋之前揭示出来，即"自然"的行动要让大家都知道。

在博弈中，如果参与人对其他人的特征和类型、参与人可以选择的策略以及选择这些策略下所能得到的支付（关于策略和支付这两个概念在本节稍后介绍）的信息掌握得充分，我们把这类博弈叫作"完全信息"（Complete Information）博弈。比如，下棋时，你的对手可能是高手，也可能是臭棋篓子。如果你和他较为熟悉，知道他的水平如何，在这种情况下和他下棋，就是一种完全信息博弈；如果你和他是第一次下棋，不知道其水平如何，则是一种不完全信息的博弈。对于不完全信息的博弈，往往可以视为有自然人参与行动的不完美信息博弈，即由自然来决定对手的类型，但自然的行动选择不是所有的参与人都能观察到的。以下棋来说，对手的水平可以视为由"自然"决定的，但对方知道"自然"的决定，而自己并不知道。

博弈中静态博弈和动态博弈的划分，也是和信息概念相关联的。所谓静态博弈，就是所有参与人同时行动，而且只能行动一次。静态博弈中的"同时"行动，不一定是一个日历性的时间概念，而是一个信息概念，即双方不一定在时间上同时行动，而是指一方行动时不知道对方采取了什么行动。所以说静态是一个信息概念。典型的静态博弈，如"剪刀锤子布"游戏。所谓动态博弈，是说博弈时，一方先行动，一方后行动，且后行动的一方知道先行动的一方的选择。下围棋就是典型的动态博弈。由于动态博弈中参与人轮流行动，所以也称为"序贯博弈"（Sequential Game）。在动态博弈中，如果参与人了解对方（包括"自然"）之前的行动，也知道对方的类型，这一类博弈就称为完全信息动态博弈。如果只是了解对方的行动，不了解对方的类型，则称为不完全信息动态博弈。比如，打扑克时，轮到己方行动时，己方知道对方的行动，但并不知道对方手里有些什么牌，这就是一个典型的不完全信息博弈。中国有句俗话，叫"知人知面不知心"，表明和别人的交往过程实际上也是一种不完全信息的博弈。

（四）策略（Strategies）

策略可以理解为参与人的一个相机行动方案（Contingent Action Plan），它规定了参与人在什么情况下该如何行动。策略的这种相机性实际上为参与人选择行动提供了一种规则。比如，在 20 世纪 60 年代中国和苏联的关系比较紧张的时候，毛泽东就提出来一个策略，即"人不犯我，我不犯人；人若犯我，我必犯人"。这里边实际上包含了两个行动——"我不犯人"和"我必犯人"，并规定了采取这两种行动的具体条件（时机）："人不犯我"和"人若犯我"。对于同样的行动，如果规定的时机不一样，则相应的策略就不一样了。比如，"人不犯我，我就犯人；人若犯我，我不犯人"也是一种策略。还有，"不论人犯不犯我，我都犯人"，以及"不论人犯不犯我，我都不犯人"都是策略。所以，策略是行动的规则，它要为行动规定时机。

策略要具有完备性，就是说针对所有可能的情况，都要制定相应的行动计划。比如，"人不犯我，我不犯人"并不是一个完整的策略，因为它只规定了"人不犯我"的情况下该如何行动，没有规定"人若犯我"的情形下该如何行动。在现实中，把所有可能的策略或行动计划都制定出来，显然非常困难。因为在现实中会发生什么情况，我们有时的确难以预测。但追求策略的完备，仍然是非常重要的，就像我们常说的"不怕一万，就怕万一"。

（五）支付（Payoff）

支付是指每个参与人在给定策略组合下得到的报酬。在博弈论中，每一个参与人得到的支付不仅依赖于自己选择的策略，也依赖于其他人选择的策略。我们把博弈中所有参与人选择的策略的集合叫作"策略组合"（Strategy Profile）。在不同的策略组合下，参与人得到的支付一般是不一样的，博弈的参与人真正关心的也就是其参与博弈得到的支付。支付在具体的博弈中可能有不同的含义。比如，个人关心的可能是自己的物质报酬，也可能是社会地位、自尊心等。而企业关心的可能是利润，也可能是市场份额，或者是持续的竞争力。政府也是这样，可能关心的是国民收入是多少、国内生产总值（GDP）是多少，也可能关心的是政府的财政收入、国家的国际地位。对于参与人的支付理解得不对，对博弈的预测就可能出现失误。这一点对建立博弈模型非常重要。比如在国有企业之间竞争的博弈中，很有可能其老总关心的只是自己的权力，其支付就是权力的大小。如果建一个博弈模型，假设他的支付为企业的利润，这时，预测就会出现失误，因为追求最大化利润的行为和最大化权力的行为是不一样的。

（六）均衡（Equilibrium）

博弈中的均衡可以理解为博弈的一种稳定状态，在这一状态下，所有参与人都不再愿意单方面改变自己的策略。换句话说，给定对手的策略，每一个参与人都已经选择了最优的策略。这样的稳定状态是由所有参与人的最优策略组成的。因此，我们把最优展露组合定义为均衡。

一般来说，在一个博弈中，参与人可能有很多个策略，最优策略是给定其他人的策略能够给他带来最大支付的策略。好比上面讲到的中国和苏联的例子中，每方都有四个策略。如果对方采取"人不犯我，我不犯人；人若犯我，我必犯人"这一策略是最优的，则己方采取这一策略也是最优的，此时，双方谁都不愿意去改变自己的选择，那么就形成了一个均衡。

需要指出的是，博弈论中的均衡概念与经济学中的"一般均衡""局部均衡"等均衡概念有所不同。博弈论中的均衡指的是所有参与人都不再改变自己的策略，该策略组合处于稳定状态；而一般均衡或者局部均衡指的是一组市场出清价格，使市场上的供给和需求相等，市场处于稳定状态。

（七）结果（Outcome）

结果是指参与人在均衡情况下所出现的东西，如参与人的行动选择或相应的支付组合等。它的具体含义依上下文而定。例如，我们说的均衡结果，有时是指均衡时每个参与人的策略或行动，有时是指均衡时各方得到多少支付。需要注意的是，我们讲的"结果"是从博弈的理论模型中导出的东西，不一定是现实中实际发生的事情。实际上，博弈分析的目的就是希望借助理论模型来预测博弈的结果，运用不同的均衡概念导致的结果也会不同。

二、博弈的策略式表述

在博弈论里，一个博弈可以用两种不同的方式来表述：一种是策略式表述（Strategic Form Representation），又称标准式表述；另一种是扩展式表述（或译为"展开式表述"）（Extensive Form Representation）。从理论上来讲，这两种表述形式几乎是完全等价的，但从分析的方便性来看，策略式表述更适合用于讨论静态博弈，而扩展式表述更适合用于讨论动态博弈。本章先介绍博弈的策略式表述，下一章讨论动态博弈时再给出扩展式表述。

策略式表述又称标准式表述（Normal Form Representation），在这种表述中，所有参与人同时选择各自的策略，所有参与人选择的策略一起决定每个参与人的支付。这里应当注意以下三点：

（1）"同时"是一个信息概念，而不是一个时间概念。只要每个参与人在选择自己的行动时不知道其他参与人的选择，我们就说他们在同时行动。

（2）"同时选择"的是策略，而不是行动，因为策略是参与人行动的全面计划。

（3）所有的参与人都知道博弈的结构，知道他们的对手知道这一结构，知道他们的对手了解他们知道这一结构……如此直至无穷，也即博弈的结构是共同知识。

更为准确地讲，策略式表述必须明确以下三点：

（1）博弈的参与人集合：$i \in \Gamma$，$\Gamma = \{1, 2, \cdots\}$。

（2）每个参与人的策略空间 S_i，$i \in \Gamma$。

（3）每个参与人的支付函数 $u_i(s_1, \cdots, s_i, \cdots)$，$i \in \Gamma$，$s_i \in S_i$。

一般用 $G = \{\Gamma; S_i; u_i; i \in \Gamma\}$ 表示策略式描述的博弈，下面我们举例说明。

例2-1：房地产开发博弈。设想某地区有且仅有两个房地产开发商 A 和 B 参与当地的房地产开发，他们开发一栋同样的楼房所需要的投资都是 1 亿元。如果市场上有两栋楼出售，需求高时，每栋楼售价可达 1.4 亿元，需求低时，售价为 7000 万元；如果市场上只有一栋楼出售，需求高时售价为 1.8 亿元，需求低时为 1.1 亿元。假设两个房地产开发商 A 和 B 只有两种方案可供选择："开发"和"不开发"；并且他们出于商业秘密，是各自独立地作出是否开发的决策的。该如何用博弈语言描述这两个房地产商的经济行为呢？

根据前面的阐述，在本例中，博弈参与人即为房地产开发商 A 和 B，博弈参与人的策略即为"开发""不开发"两种；而博弈参与人在各自策略下的支付则需要分为"高需求"和"低需求"两种情形说明。在高需求时，参与人的支付有 $u_i = 4000$、$u_i = 8000$、$u_i = 0$ 三种可能结果。而在低需求时，参与人的支付有 $u_i = -3000$、$u_i = 1000$、$u_i = 0$ 三种可能结果。

因此，当市场需求高时，该博弈的策略式描述为：

博弈的参与人集合：$i \in \Gamma$，$\Gamma = \{A, B\}$。

每个参与人的策略空间 $S_i = \{$开发，不开发$\}$，$i \in \Gamma$。

每个参与人的支付函数 $u_i($开发，开发$) = 4000$，$u_i($开发，不开发$) = 8000$，$u_i($不开发，开发$) = 0$，$u_i($不开发，不开发$) = 0$，$i \in \Gamma$。

$G = \{\Gamma; S_i; u_i; i \in \Gamma\}$。

而当市场需求低时，该博弈的策略式描述为：

博弈的参与人集合：$i \in \Gamma$，$\Gamma = \{A, B\}$。

每个参与人的策略空间 $S_i = \{$开发，不开发$\}$，$i \in \Gamma$。

每个参与人的支付函数 $u_i($开发，开发$) = -3000$，$u_i($开发，不开发$) = 1000$，$u_i($不开发，开发$) = 0$，$u_i($不开发，不开发$) = 0$，$i \in \Gamma$。

$G = \{\Gamma; S_i; u_i; i \in \Gamma\}$。

针对这种两个博弈参与人，并且参与人策略是有限的博弈，也可以用一个矩阵列表方式简明扼要地将以上三要素描述清楚，称为矩阵式描述的形式。其具体做法是将两个博弈参与人以及他们的所有策略分别列在矩阵列表的左方和上方，表2-1是"房地产开发博弈"的例子中开发商 A 和 B 同时行动博弈的矩阵式表述，其中（a）是高需求的情况，（b）是低需求的情况。表中左列是 A 的策略空间，上行是 B

的策略空间，每一个数字格是对应策略组合下的支付（利润），其中第一个数字是 A 的支付，第二个数字是 B 的支付，比如说，表 2-1（a）第一行第二列（8000，0）是从策略组合（开发，不开发）得到的支付：A 的利润为 8000 万元，B 的利润是 0 元。

表 2-1 房地产开发博弈

（a）高需求情况

开发商 B

	开发	不开发
开发	4000，4000	8000，0
不开发	0，8000	0，0

开发商 A（行）

（b）低需求情况

开发商 B

	开发	不开发
开发	−3000，−3000	1000，0
不开发	0，1000	0，0

开发商 A（行）

特别提请注意：这种矩阵式描述只适用于仅有两个博弈参与人，并且参与人的策略是有限的情形。

下面再举一个参与人有无限策略情形的策略式描述模型。

例 2-2：古诺产量博弈。这个博弈例子是 1838 年由法国著名的数学家奥古斯丁·古诺（Augustin Cournot）提出的一个双头垄断企业竞争模型。后人在古诺模型的基础上又发展出许多的变型。古诺模型的主要内容如下。

设某地区有两个寡头企业生产同质产品，它们在该地区共同占有这种产品的市场。这两个寡头企业分别称为企业 1 和企业 2，每个企业的策略是选择产量，收益是利润，它是两个企业产量的函数。我们用 $q_i \in [0, \infty)$ 表示第 i 个企业的产量，$C_i(q_i)$ 表示成本函数。并且根据微观经济学的需求供给分析原理，为简单起见，假设市场出清价格 $P=P(q_1+q_2)$ 是总供给的逆需求函数（其中，P 是价格，$Q=q_1+q_2$ 是总产量即总供给）。则第 i 个企业的利润函数为：

$$\pi_i(q_1, q_2) = q_i P(q_1+q_2) - C_i(q_i), \quad i=1, 2 \tag{2-1}$$

问题：该如何用博弈语言描述呢？

显然，在该例中两寡头企业是博弈参与人，企业的策略是产量，支付是利润，则该博弈的策略式表述为：

博弈的参与人集合：$\Gamma = \{$企业 1，企业 2$\}$。

每个参与人的策略空间 $S_i = \{q_i : q_i \geq 0\}$，$i \in \Gamma$。

每个参与人的支付函数 $\pi_i(q_1, q_2) = q_i P(q_1+q_2) - C_i(q_i)$，$i=1, 2$。

$G = \{q_1 \geq 0, q_2 \geq 0; \pi_1(q_1, q_2), \pi_2(q_1, q_2)\}$。

这里，q_i 和 π_1 分别是第 i 个企业的产量和利润。

一个博弈被称为有限博弈（Finite Game），需要：第一，参与人的个数是有限的；第二，每个参与人可选择的策略也是有限的。

★讨论

【提示问题】

（1）构成一个完整博弈所需要具备的三大要素是什么？

（2）如何理解博弈中的信息？试结合本章引导案例来说明完全信息等概念。

（3）如何理解博弈中的策略和行动？策略和行动的区别是什么？

（4）怎样理解博弈模型？试结合本章引导案例来构建一个矩阵式博弈模型。

【教师注意事项及问题提示】

（1）根据本章引导案例，通过引导学生构建其博弈模型，引出博弈概念的主要构成要素等。

（2）通过引导学生构建本章引导案例的不同博弈规则下所形成的不同博弈模型，进而让学生了解如何根据研究目的构建合适的博弈模型，并引出后续关于博弈模型均衡解的思考。

第二节　纳什均衡

本章以下部分集中讨论完全信息静态博弈，完全信息指的是每个参与人对所有其他参与人的特征（包括策略空间、支付函数等）有完全的了解，静态指的是所有参与人同时选择行动且只选择一次。应该指出的是，"同时行动"在这里是一个信息概念而非日历上的时间概念；只要每个参与人在选择自己的行动时不知道其他参与人的选择，我们就说他们在同时行动。日历概念上的同时行动是信息概念上的同时行动的一种特殊情况，尽管从数量上讲它可能是多数情况。

完全信息静态博弈是一种最简单的博弈，在这种博弈中，由于每个人是在不知道其他参与人行动的情况下选择自己的行动，策略和行动实际上是一回事儿。

博弈分析的目的是预测博弈的均衡结果，即给定每个参与人都是理性的（Rational），每个参与人都知道每个参与人都是理性的，什么是每个参与人的最优策略？什么是所有参与人的最优策略组合？纳什均衡是完全信息静态博弈解的一般概念，也是所有其他类型博弈解的基本要求。在本节中，我们先沿着博弈论发展的历史足迹，逐一阐述历史上所定义过的几种均衡（它们后来被证实是纳什均衡的特殊情形），然后讨论纳什均衡的一般概念。

一、占优策略均衡

一般来说，由于每个参与人的效用（支付）是博弈中所有参与人的策略的函数，因此每个参与人的最优策略选择依赖于所有其他参与人的策略选择。但在一些特殊的博弈中，一个参与人的最优策略可能并不依赖于其他参与人的策略选择，就是说，不论其他参与人选择什么策略，他的最优策略是唯一的，这样的最优策略被称为占优策略（Dominant Strategy）。下面我们结合例子来说明。

例2-3：囚徒困境博弈。囚徒困境博弈讲的是，两个嫌疑犯作案后被警方抓住，目前警方只掌握两个嫌疑犯一个比较小案件的确凿证据（该罪证可以判疑犯坐牢1年），但警方知道两人犯有更严重的罪（该罪证可以判疑犯坐牢8年），只是缺乏足够的证据定罪，除非两人当中至少有一人坦白。为了获取罪证，警察将两个嫌疑犯分别关在不同的房间里接受审讯。警察告诉每个人：如果两人中一个人坦白，另一个人抵赖，坦白的释放出去，抵赖的判刑10年。这样，每个嫌疑犯面临四个可能的后果：获释（自己坦白同伙抵赖）、被判刑1年（自己抵赖同伙也抵赖）、被判刑8年（自己坦白同伙也坦白）、被判刑10年（自己抵赖但同伙坦白）（见表2-2）。

表 2-2 囚徒困境博弈

囚犯 B

		坦白	抵赖
囚犯 A	坦白	-8, -8	0, -10
	抵赖	-10, 0	-1, -1

表 2-2 概述了囚徒困境的问题。在这个博弈中，每个囚徒都有两种可选择的策略：坦白或抵赖。显然，不论同伙选择什么策略，每个囚徒的最优策略是"坦白"，比如，如果 B 选择坦白，A 选择坦白时的支付为-8，选择抵赖时的支付为-10，因而坦白比抵赖好；如果 B 选择抵赖，A 坦白时的支付为 0，抵赖时的支付为-1，因而坦白还是比抵赖好。就是说，"坦白"是囚徒 A 的占优策略。类似地，"坦白"也是 B 的占优策略。

一般地，s_i^* 称为参与人 i 的（严格）占优策略，如果对应所有的 s_{-i}，s_i^* 是 i 的严格最优选择，即

$$u_i(s_i^*, s_{-i}) > u_i(s_i', s_{-i}) \quad \forall \; s_i' \neq s_i^* \tag{2-2}$$

这里，$s_{-i} = (s_1, \cdots, s_{i-1}, s_{i+1}, \cdots, s_n)$，是 i 之外所有参与人策略的组合。对应地，所有 $s_i' \neq s_i^*$ 被称为劣策略。

定义 2-1：在博弈的策略式表述中，如果对于所有的 i，s_i^* 是 i 的占优策略，那么，策略组合 $s^* = (s_1^*, \cdots, s_n^*)$ 称为占优策略均衡（Dominant-strategy Equilibrium）。

在一个博弈中，如果所有参与人都有占优策略存在，那么，占优策略均衡是可以预测到的唯一的均衡，因为没有一个理性的参与人会选择劣策略。例如，在"房地产开发博弈"中，当市场需求大时，在完全信息静态的"房地产开发博弈"中（见表 2-1），企业 1 和 2 都有占优策略"开发"，因此博弈的结果为占优策略均衡（开发，开发）。此外，占优策略均衡只要求每个参与人是理性的，而并不要求每个参与人知道其他参与人是理性的（也就是说，不要求"理性"是共同知识），这是因为，不论其他参与人是不是理性的，占优策略总是一个理性参与人的最优选择。

考查表 2-3 所示的策略式博弈，其中参与人 1 有两个策略：a_1 和 a_2，参与人 2 有四个策略：b_1、b_2、b_3 和 b_4。在参与人 2 的四个策略中，策略 b_3 是参与人 2 的占优策略。

表 2-3 抽象博弈 1

参与人 2

		b_1	b_2	b_3	b_4
参与人 1	a_1	2, 1	-2, -6	1, 2	0, 1
	a_2	3, 0	-1, 2	3, 3	-1, -2

【课程思政点】

囚徒困境体现出的是机制设计理念，在分析囚徒们为何会说"真话"的同时，也可以为国家法制的推进和社会正气的弘扬提供制度上的借鉴，激发学生对法制和制度的思考。

二、重复剔除的占优均衡

在每个参与人都有占优策略的情况下，占优策略均衡是一个非常合理的预测，但是在绝大多数博弈中，占优策略均衡是不存在的。尽管如此，在有些博弈中，我们仍可以应用占优的逻辑找出均衡。为了准确地理解"重复剔除的占优均衡"概念，我们需要对"占优策略"和"劣策略"的概念做适当的重新

定义。

定义 2-2：对于参与人 i，若下面条件始终成立：
$$u_i(s_i', s_{-i}) > u_i(s_i'', s_{-i}), \quad s_i' \neq s_i'' \tag{2-3}$$
则对于 i 来说，称策略 s_i' 严格优于策略 s_i''。若上式"＞"改成"≥"，则 s_i' 称为相对 s_i'' 的弱占优策略。反之，称为（弱）劣策略。

重复剔除的占优均衡：策略组合 $s^* = (s_1^*, s_2^*, \cdots, s_n^*)$ 称为重复剔除的占优均衡，如果它是重复剔除劣策略后剩下的唯一的策略组合。如果这种唯一的策略组合是存在的，我们说该博弈是重复剔除占优可解的。

注意，该定义使用了"唯一"一词。如果重复剔除后剩下的策略组合不唯一，我们说该博弈不是重复剔除占优可解的。相当多的博弈是无法使用重复剔除劣策略的方法找到均衡解的。

作为理性者，显然没有哪个参与者会选择严格劣策略，因而可以将严格劣策略从参与者的策略空间中剔除。通过不断剔除严格劣策略就可能最终得到博弈的均衡解。下面我们用例子来加以说明。考虑表 2-4 所表示的抽象博弈。

表 2-4　抽象博弈 2

		参与人 2		
		左	中	右
参与人 1	上	1, 0	1, 2	0, 1
	下	0, 3	0, 1	2, 0

在这个博弈中，参与人 1 显然不存在严格占优策略，也不存在严格劣策略。参与人 2 虽不存在严格占优策略，但却存在严格劣策略。策略"右"相对策略"中"就是一个严格劣策略。因为无论参与人 1 选择什么策略，参与人 2 选择"中"都要优于选择"右"。如果参与者是理性的，无论什么情况，参与人 2 绝对不会选择"右"，因而我们可以将"右"从参与人 2 的策略空间中剔除，从而得到表 2-5。

表 2-5　抽象博弈 2 剔除劣策略"右"后形成的博弈

		参与人 2	
		左	中
参与人 1	上	1, 0	1, 2
	下	0, 3	0, 1

从表 2-5 中可以看到，对于参与者 1 而言，"下"是一个严格劣策略，可以从参与者 1 的策略空间中剔除，最终得到表 2-6。

表 2-6　抽象博弈 2 剔除劣策略"下"后形成的博弈

	参与人 2	
	左	中
参与人 1　上	1, 0	1, 2

显然，（上，中）就是该博弈唯一的均衡解。这种方法在博弈论中被称为重复剔除严格劣策略。

与占优策略不同，重复剔除的占优策略不仅要求每个参与人是理性的，而且要求"理性"是参与人的共同知识。参与人的策略空间越大，需要剔除的步骤就越多，对共同知识的要求就越严格。

三、纳什均衡

具有占优策略均衡和重复剔除严格劣策略均衡的博弈仍然是少数，对于更为一般的博弈，如何定义更一般的均衡并求出该均衡解呢？这就引出了"纳什均衡"这个概念。

纳什均衡是完全信息静态博弈的一般概念，构成纳什均衡的策略一定是重复剔除严格策略过程中不能被剔除的策略，就是说，没有任何一个策略严格优于纳什均衡策略，当然逆定理不一定成立；更为重要的是，许多不存在占优策略均衡或重复剔除的占优均衡的博弈，却存在纳什均衡。

首先来看一下纳什均衡的哲学含义：设想 n 个参与人在博弈之前就达成一个协议，规定每一个参与人选择一个特定的策略。令 $s^* = (s_1^*, \cdots, s_i^*, \cdots, s_n^*)$ 代表这个协议，其中 s_i^* 是协议规定的第 i 个参与人的策略。我们要问的一个问题是，给定其他参与人都遵守这个协议，在没有外力强制的情况下，是否有任何参与人有积极性不遵守这个协议？显然，只有当遵守协议的效用大于不遵守协议的效用时，参与人才会遵守这个协议。如果没有任何参与人有积极性不遵守这个协议，则说明该协议是可以自动实施的。能够自动实施的协议就可以看作一个纳什均衡；否则，它就不是一个纳什均衡。从本质上来说，纳什均衡的概念对社会计划者和理论家施加了一个约束，使他们不能建议或者预测一种非均衡行为。

下面给出纳什均衡的正式定义。

定义 2-3：在有 n 个参与人的策略式表述博弈 $G = \{S_1, \cdots, S_n; u_1, \cdots, u_n\}$ 中，策略组合 $s^* = (s_1^*, s_2^*, \cdots, s_n^*)$ 是一个纳什均衡，如果对于每一个 i，s_i^* 是给定其他参与人的选择 $s_{-i}^* = (s_1^*, \cdots, s_{i-1}^*, s_{i+1}^*, \cdots, s_n^*)$ 的情况下第 i 个人的最优策略，即：

$$u_i(s_i^*, s_{-i}^*) \geq u_i(s_i, s_{-i}^*), \ \forall \ s_i \in S_i, \ \forall \ i \in \{1, 2, \cdots, n\} \tag{2-4}$$

或者用另一种表示方式，s_i^* 是下述最大化问题的解：

$$s_i^* \in \mathrm{argmax} \ u_i(s_1^*, \cdots, s_{i-1}^*, s_i, s_{i+1}^*, \cdots, s_n^*), \quad i = 1, 2, \cdots, n \tag{2-5}$$

因此，当且仅当没有一个参与人能从单方面背离某个策略组合的预见中增加自己的收益时，这个策略组合就是纳什均衡。此处，符号 $\mathrm{argmax} \ u_i$ 表示函数 u_i 的极值点集合，在本书以下章节中我们将沿用这一记号及其含义。

四、求解纳什均衡的方法

如何求出纳什均衡解呢？当然最直接的方法是根据定义，验证哪个策略组合满足纳什均衡的定义，则该策略组合自然就是纳什均衡了。但这往往不容易做到，所以下面将介绍求解纳什均衡的方法。

（一）有限策略的离散型博弈纳什均衡的求解方法——划线法

对有限策略的离散型博弈，求解纳什均衡常用的方法称为划线法。它基本的分析思路是：先找出自己针对其他参与人每种策略或策略组合（对多人博弈）的最佳对策，即自己的可选策略中与其他参与人的策略或策略组合配合，给自己带来最大支付的策略（这种相对最佳策略总是存在的，不过不一定唯一），然后在此基础上，通过对其他参与人策略选择的判断，包括对其他参与人对自己策略判断的判断等，预测博弈的可能结果和确定自己的最优策略。下面以表 2-7 的抽象博弈为例，介绍该方法的使用。首先考虑参与人 A 的策略，对于参与人 B 每一个给定的策略，找出参与人 A 的最优策略，在其对应的支付下画一横线，然后再用类似的方法找出参与人 B 的最优策略。在完成这个过程后，如果某个支付格的两个数字下都有短线，这个数字格对应的策略组合就是一个纳什均衡。在该例中，对应参与人 B 的三个

不同策略 L、C、R，参与人 A 的最优策略分别是 M、U、D，给定参与人 A 的三个不同策略 U、M、D，参与人 B 的最优策略分别是 L、C、R，因此，$(D，R)$ 是一个纳什均衡。

表 2-7　抽象博弈 3

参与人 B

		L	C	R
参与人 A	U	0, $\underline{4}$	$\underline{4}$, 0	5, 3
	M	$\underline{4}$, 0	0, $\underline{4}$	5, 3
	D	3, 5	3, 5	$\underline{6}$, $\underline{6}$

这里需要指出的是，前面提到的"占优策略均衡"和"重复剔除的占优均衡"也可以通过划线法求解。以囚徒困境博弈为例，囚犯 A 针对囚犯 B 选择"坦白""抵赖"两种策略，找出其最佳对策（都是"坦白"），分别在对应的支付-8 和 0 下画上短线；同样，囚犯 B 针对囚犯 A 选择"坦白""抵赖"两种策略，找出其最佳对策（也都是"坦白"），分别在对应的支付-8 和 0 下画上短线，从而得到表 2-8。

表 2-8　用划线法分析的囚徒困境博弈

囚犯 B

		坦白	抵赖
囚犯 A	坦白	$\underline{-8}$, $\underline{-8}$	$\underline{0}$, -10
	抵赖	-10, $\underline{0}$	-1, -1

在表 2-8 支付矩阵的四个支付组合中，只有策略组合（坦白，坦白）对应的支付组合（-8，-8）的两个数字下都画有短线，意味着（坦白，坦白）满足双方的策略相互是对方策略的最佳应对之策，因此（坦白，坦白）是该博弈的纳什均衡。

纳什均衡是参与人将如何博弈的一致性（Consistent）预测：如果所有参与人预测到一个特定的纳什均衡将出现，那么，没有人有兴趣作不同的选择。从而，也只有纳什均衡具有这样的特征：参与人预测到均衡，参与人预测到其他参与人预测到均衡，等等。对比之下，预测一个非纳什均衡的策略组合将意味着至少有一个参与人会犯错误，尽管这样的错误的确有可能出现。

说纳什均衡是一致性预测并不意味着纳什均衡一定是一个好的预测。正如我们将在本章第六节看到的，一个博弈可能有多个纳什均衡。为了预测到哪一个纳什均衡实际会出现，我们需要知道博弈的具体过程。

（二）无限策略的连续型博弈纳什均衡的求解方法——反应函数法

在有些博弈中，参与人可以选择的策略是实数轴上的连续变量，尤其在经济学模型中这种情况更为常见。求解连续策略博弈纳什均衡的常用方法称为反应函数法，具体的思路为：首先求出每个参与人对其他参与人策略组合的反应函数，即在其他参与人策略组合给定时最大化自己的支付，得到的最佳反应对策表现为其他参与人策略组合的函数；得到每个参与人的反应函数后，将这些反应函数联立求解即可得到博弈的纳什均衡。下面通过几个经典模型来表现这种博弈局势以及其中纳什均衡的求解方法。

第三节　应用举例——经典模型

一、古诺（Cournot）寡头博弈模型

现在运用前面所讲的知识来具体分析一个经典的博弈模型——古诺寡头博弈模型，从而使读者进一步明确：①如何将一个博弈转化为策略式；②如何利用纳什均衡的概念求出博弈的均衡解。

例2-4：古诺寡头博弈模型的求解。例2-2中已经给出古诺寡头博弈模型的描述。为了方便读者阅读，本部分简单阐述如下。设有两个参与人，分别称为企业 1 和企业 2，每个企业的策略是选择产量，收益是利润，它是两个企业产量的函数。我们用 $q_i \in [0, \infty)$ 表示第 i 个企业的产量，$C_i(q_i)$ 表示成本函数，$P = P(q_1 + q_2)$ 表示逆需求函数 [P 是价格，$Q(P)$ 是原需求函数]。第 i 个企业的利润函数为：

$$\pi_i(q_1, q_2) = q_i P(q_1 + q_2) - C_i(q_i), \quad i = 1, 2 \tag{2-6}$$

博弈的策略式表述是：

$$G = \{q_1 \geq 0, q_2 \geq 0; \pi_1(q_1, q_2), \pi_2(q_1, q_2)\} \tag{2-7}$$

下面用反应函数法来讨论该模型的求解。

设策略组合 (q_1^*, q_2^*) 是纳什均衡，则根据反应函数法，产量 q_1^* 和 q_2^* 必定分别是其支付函数的极值点，即：

$$q_1^* \in \text{argmax } \pi_1(q_1, q_2^*) = q_1 P(q_1 + q_2^*) - C_1(q_1)$$
$$q_2^* \in \text{argmax } \pi_2(q_1^*, q_2) = q_2 P(q_1^* + q_2) - C_2(q_2) \tag{2-8}$$

此处，符号 $\text{argmax } \pi_i$ 表示函数 π_i 的极值点集合。

由于支付函数 π_i 是可导的，因此找出纳什均衡的一个办法是对每个企业的利润函数求一阶导数并令其为零，即一阶最优条件是：

$$\partial \pi_1 / \partial q_1 = P(q_1 + q_2) + q_1 P'(q_1 + q_2) - C_1'(q_1) = 0$$
$$\partial \pi_2 / \partial q_2 = P(q_1 + q_2) + q_2 P'(q_1 + q_2) - C_2'(q_2) = 0 \tag{2-9}$$

上述两个一阶条件分别定义了两个反应函数（Reaction Function）：

$$q_1^* = R_1(q_2)$$
$$q_2^* = R_2(q_1) \tag{2-10}$$

反应函数意味着每个企业的最优策略（产量）是另一个企业产量的函数，两个函数的交点就是纳什均衡 $q^* = (q_1^*, q_2^*)$，如图2-1所示。

为了得到更具体的结果，来考虑上述模型的简单情况。假定每个企业具有相同的不变单位成本，即：$C_1(q_1) = q_1 c$，$C_2(q_2) = q_2 c$，需求函数取如下线性形式：$P = a - (q_1 + q_2)$。那么，最优化的一阶条件分别为：

$$\partial \pi_1 / \partial q_1 = a - (q_1 + q_2) - q_1 - c = 0$$
$$\partial \pi_2 / \partial q_2 = a - (q_1 + q_2) - q_2 - c = 0 \tag{2-11}$$

反应函数为：

$$q_1^* = R_1(q_2) = (a - q_2 - c)/2$$
$$q_2^* = R_2(q_1) = (a - q_1 - c)/2 \tag{2-12}$$

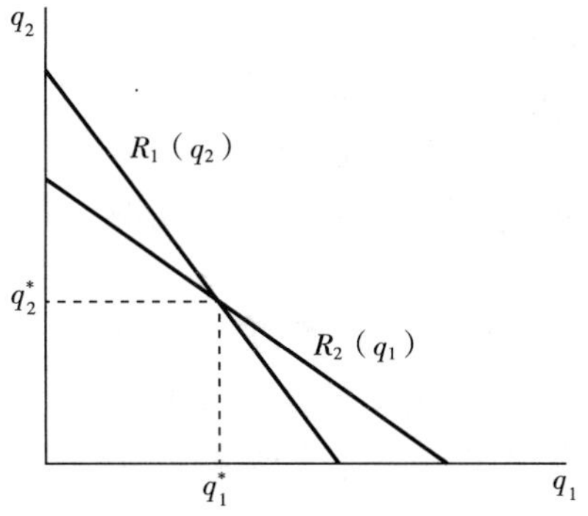

图 2-1　古诺模型的纳什均衡

就是说，j 每增加 1 个单位的产量，i 将减少 $1/2$ 单位的产量。

解两个反应函数，我们得到纳什均衡为：

$$q_1^* = q_2^* = (a-c)/3 \qquad\qquad (2-13)$$

每个企业的纳什均衡利润分别为：

$$\pi_1(q_1^*, q_2^*) = \pi_2(q_1^*, q_2^*) = (a-c)^2/9 \qquad\qquad (2-14)$$

即如果给定第 2 个企业的产量为 $(a-c)/3$，那么第 1 个企业的最优产量为 $(a-c)/3$；如果给定第 1 个企业的产量为 $(a-c)/3$，那么第 2 个企业的最优产量为 $(a-c)/3$，所以 $[(a-c)/3, (a-c)/3]$ 为古诺模型的纳什均衡。

为了与垄断情况作比较，计算一下垄断企业的最优产量和均衡利润。垄断情形，是指该两个企业联合起来形成一个卡特尔，该联合的卡特尔共同确定一个垄断最优产量以使卡特尔的利润最大，然后两个企业平分产量和利润。因此卡特尔的问题是：

$$\max_Q \pi = Q(a-Q-c) \qquad\qquad (2-15)$$

容易算出，垄断卡特尔的最优产量为 $Q^* = (a-c)/2 < q_1^* + q_2^* = 2(a-c)/3$；垄断利润为 $\pi^* = (a-c)^2/4 > (a-c)^2/9$。可见，卡特尔情形下，每个企业的最优产量为 $q^* = (a-c)/3$，而利润为 $\pi^* = (a-c)^2/8 > (a-c)^2/9$。但是，在卡特尔情形，若一方坚持联盟规定的垄断产量，而另一方偏离（通常是悄悄增大产量），则坚持的一方利润将大幅下降，而增大产量的一方的利润将大幅增加。因此，双方都坚持联盟产量并不是一个均衡。寡头企业将面临是坚持联盟产量还是偏离联盟产量这样一个两难的尴尬境地，从这个角度而言，它是一个典型的囚徒困境问题。寡头竞争的总产量大于垄断产量的原因在于每个企业在选择自己的最优产量时，只考虑对本企业利润的影响，而忽视对另一个企业的外部负效应。

二、博特兰德（Bertrand）双头垄断模型

下面讨论双头垄断中两个企业相互竞争的另一模型。博特兰德（1883）提出企业在竞争时选择的是产品价格，而不像古诺模型中选择产量。首先应该明确博特兰德模型和古诺模型是两个不同的博弈，这一点十分重要：参与人的策略空间不同，支付函数也不同，并且在两个模型的纳什均衡中，企业行为也不同。一些学者分别用古诺均衡和博特兰德均衡来概括所有这些不同点，但这两种提法有时可能导致误解：它只表示古诺和博特兰德博弈的差别，以及两个博弈中均衡行为的差别，而不是博弈中使用的均衡概念不同。在两个博弈中，所用的都是前面定义的纳什均衡。

例 2-5：博特兰德寡头博弈模型及其求解。考虑某地区有两个寡头企业生产同类型产品，它们在该地区共同占有这种产品的市场，两种产品有差异，具有一定的相互替代性。两个企业的问题是如何各自

独立地选择自己产品的价格，以使企业利润最大。

假设企业 1 和企业 2 分别选择价格 p_1 和 p_2，消费者对企业 i 的产品需求函数为：

$$q_i(p_i, p_j) = a - p_i + bp_j \tag{2-16}$$

其中 $b>0$，即只限于企业 i 的产品为企业 j 产品的替代品的情况（这个需求函数在现实中并不存在，因为只要企业 j 的产品价格足够高，无论企业 i 要多高的价格，对其产品的需求都是正的。后面将分析到，只有在 $b<2$ 时问题才有意义）。和前面讨论过的古诺模型类似，我们假定企业生产没有固定成本，并且边际成本为常数 c，$c<a$，两个企业是同时行动（选择各自的价格）的。

要寻找纳什均衡，首先需要把对问题的叙述化为博弈的策略式。参与人仍为两个，不过这里每个企业可以选择的策略是不同的价格，而不再是其产品产量。我们假定小于 0 的价格是没有意义的，但企业可选择任意非负价格，且无最高的限制价格。这样，每个企业的策略空间可以表示为所有非负实数 $S_i = [0, \infty)$，其中企业 i 的一个典型策略 s_i 是所选择的价格 $p_i \geq 0$。

我们仍假定每个企业的支付函数等于其利润额，当企业 i 选择价格 p_i，其竞争对手选择价格 p_j 时，企业 i 的利润为：

$$\pi_i(p_i, p_j) = q_i(p_i, p_j)(p_i - c) = (a - p_i + bp_j)(p_i - c) \tag{2-17}$$

综合以上分析，该博弈的策略式表述为：

博弈的参与人集合 $\Gamma = \{1, 2\}$，$i=1$ 表示企业 1，$i=2$ 表示企业 2。

每个参与人的策略空间 $S_i = \{p_i : p_i \geq 0\}$，$i \in \Gamma$。

每个参与人的支付函数 $\pi_i(p_i, p_j) = q_i(p_i, p_j)(p_i - c) = (a - p_i + bp_j)(p_i - c)$，$i=1, 2$。

$G = \{p_1 \geq 0, p_2 \geq 0; \pi_1(p_1, p_2), \pi_2(p_1, p_2)\}$。

这里，p_i 和 π_1 分别是第 i 个企业的价格和利润。

下面利用反应函数法求解其纳什均衡。假设价格组合 (p_1^*, p_2^*) 是纳什均衡，那么，对每个企业 i，p_i^* 应是以下最优化问题的解：

$$\max_{p_i \geq 0} \pi_i(p_i, p_j^*) = (a - p_i + bp_j^*)(p_i - c) \tag{2-18}$$

对企业 i 求此最优化问题，得：

$$p_i^* = (a + bp_j^* + c)/2 \tag{2-19}$$

由上可知，如果价格组合 (p_1^*, p_2^*) 为纳什均衡，企业选择的价格应满足：

$$p_1^* = (a + bp_2^* + c)/2 \text{ 和 } p_2^* = (a + bp_1^* + c)/2 \tag{2-20}$$

解这一对方程式得：

$$p_1^* = p_2^* = (a + c)/(2 - b), \quad b < 2 \tag{2-21}$$

即该博弈模型的纳什均衡是 $(p_1^*, p_2^*) = [(a+c)/(2-b), (a+c)/(2-b)]$。

当两厂商的产品完全无差异时，该模型中的需求函数要修改，此时必须考虑消费者对价格的敏感性。如果所有消费者对价格都非常敏感，则两厂商的价格竞争将导致均衡价格等于边际成本。在这种情形下，即使不是完全竞争，价格也等于边际成本，当固定成本为零且边际成本为常数时，利润就等于零，这被称为 Bertrand 悖论（Bertrand Paradox）。

三、豪泰林（Hotelling）价格竞争模型

上面分析了 Bertrand 悖论：在产品同质的情况下，即使只有两个企业，在均衡情况下，价格等于边际成本，企业的利润为零，与完全竞争市场均衡一样。如何解开这个悖论呢？方法之一就是引入产品的差异性。如果不同企业生产的产品是有差异的，替代弹性就不会是无限的，此时消费者对不同企业的产品有着不同的偏好，价格不是他们感兴趣的唯一变量。在存在产品差异的情况下，均衡价格不会等于边

际成本。

产品差异有多种形式，现在考虑一种特殊的差异，即空间上的差异，这就是经典的豪泰林模型（Hotelling，1929）。

例 2-6：豪泰林博弈模型及其求解。假定有一个长度为 1 的线性城市，消费者均匀地分布在 $[0, 1]$ 区间里，分布密度为 1。有两个商店，分别位于城市的两端，为分析简便，设商店 1 在 $x=0$，商店 2 在 $x=1$，出售物质性能相同的产品。每个商店提供单位产品的成本为 c，消费者购买产品的运输成本与离商店的距离成正比，单位距离的成本为 t。这样，住在 x 的消费者如果在商店 1 采购，要花费 tx 的运输成本；如果在商店 2 采购，要花费 $t(1-x)$。假定消费者具有单位需求，即消费 1 个单位或者消费 0 个单位。消费者从消费中得到的效用水平为 U。

在 Hotelling 模型中，产品在物质性能上是相同的，但在空间位置上有差异。因为不同位置上的消费者要支付不同的运输成本，他们关心的是价格与运输成本之和，而不单是价格。

现在考虑两商店之间价格竞争的纳什均衡。假定两个商店同时选择自己的销售价格。为了简单起见，假定 U 相对购买总成本（价格加运输成本）而言足够大，从而所有消费者都购买 1 个单位的产品。令 p_i 为商店 i 的价格，$D_i(p_1, p_2)$ 为需求函数，$i=1, 2$。如果住在 x 的消费者在两个商店之间是无差异的，那么，所有住在 x 左边的消费者都将在商店 1 购买，而住在 x 右边的消费者将在商店 2 购买，从而得到两商店产品的需求函数分别为 $D_1=x$，$D_2=1-x$。这里，x 满足：

$$p_1+tx=p_2+t(1-x) \tag{2-22}$$

解上式的需求函数分别为：

$$D_1(p_1, p_2) = x = (p_2-p_1+t)/2t$$
$$D_2(p_1, p_2) = 1-x = (p_1-p_2+t)/2t \tag{2-23}$$

利润函数分别为：

$$\pi_1(p_1, p_2) = (p_1-c)D_1(p_1, p_2) = (p_1-c)(p_2-p_1+t)/2t$$
$$\pi_2(p_1, p_2) = (p_2-c)D_2(p_1, p_2) = (p_2-c)(p_1-p_2+t)/2t \tag{2-24}$$

商店 i 选择自己的价格 p_i 最大化利润 π_i，给定 p_j，两个一阶条件分别是：

$$\partial\pi_1/\partial p_1 = p_2+c+t-2p_1 = 0$$
$$\partial\partial\pi_2/\partial p_2 = p_1+c+t-2p_2 = 0 \tag{2-25}$$

二阶条件是满足的。解上述两个一阶条件，得最优解为（注意对称性）：

$$p_1^* = p_2^* = c+t \tag{2-26}$$

每个企业的均衡利润为：

$$\pi_1 = \pi_2 = t/2 \tag{2-27}$$

我们将消费者的位置差异解释为产品差异，这个差异进一步可解释为消费者购买产品的运输成本。运输成本越高，产品的差异就越大，均衡价格从而均衡利润也就越高。原因在于，随着运输成本的上升，不同商店出售的产品之间的替代性下降，每个商店对附近的消费者的垄断力加强，商店之间的竞争越来越弱，消费者对价格的敏感度下降，从而每个商店的最优价格更接近于垄断价格。另外，当运输成本为零时，不同商店的产品之间具有完全的替代性，没有任何一个商店可以把价格定得高于成本，我们得到博特兰德均衡结果。

以上分析假定两个商店分别位于城市的两个极端。事实上，均衡结果对于商店的位置是很敏感的。考虑另一个极端的情况，假定两个商店位于同一个位置 x。此时，它们出售的是同质的产品，消费者关心的只是价格，那么，博特兰德均衡是唯一的均衡：

$$p_1^* = p_2^* = c, \ \pi_1 = \pi_2 = 0 \tag{2-28}$$

更为一般地，我们可以讨论商店位于任何位置的情况。假定商店 1 位于 $a \geq 0$，商店 2 位于 $1-b$（这里 $b \geq 0$）。为不失一般性，假定 $1-a-b \geq 0$（商店 1 位于商店 2 的左边）。如果运输成本为二次式，

即运输成本为 td^2，这里 d 是消费者到商店的距离，那么，需求函数分别为 $D_1 = x$，$D_2 = 1-x$。这里，x 满足：

$$p_1 + t(x-a)^2 = p_2 + t(1-b-x)^2 \qquad (2-29)$$

解上式的需求函数分别为：

$$D_1(p_1, p_2) = x = a + \frac{1-a-b}{2} + \frac{p_2-p_1}{2t(1-a-b)}$$

$$D_2(p_1, p_2) = 1-x = b + \frac{1-a-b}{2} + \frac{p_1-p_2}{2t(1-a-b)} \qquad (2-30)$$

需求函数的第一项是商店自己的"地盘"（a 是住在商店 1 左边的消费者，b 是住在商店 2 右边的消费者），第二项是位于两商店之间的消费者中靠近自己的一半，第三项代表需求对价格差异的敏感度。

纳什均衡为：

$$p_1^*(a, b) = c + t(1-a-b)\left[1 + (a-b)/3\right]$$
$$p_2^*(a, b) = c + t(1-a-b)\left[1 + (b-a)/3\right] \qquad (2-31)$$

当 $a = b = 0$ 时，商店 1 位于 0，商店 2 位于 1，我们回到前面讨论的第一种情况：

$$p_1^*(0, 0) = p_2^*(0, 0) = c + t \qquad (2-32)$$

当 $a = 1-b$ 时，两个商店位于同一位置，我们走到另一个极端：

$$p_1^*(a, 1-a) = p_2^*(a, 1-a) = c \qquad (2-33)$$

四、两党政治

西方发达资本主义国家在政治制度上基本实行多党制。从政治主张来看，可以划分为保守主张和激进主张。由于党派之间的斗争存在明显的策略依存性，因而多党制竞争是一种博弈过程，我们可以用所学的博弈论知识来抽象概括这种多党制竞争。为了简单起见，这里只考虑两党制。

假设保守主张用 0 来表示，激进主张用 1 来表示。选民在保守主张和激进主张之间均匀分布，即在 0 和 1 之间均匀分布。两党需要确定某种政治主张以吸引选民投他的票，获得的选票越多越好。用图 2-2 来说明两个党派如何争夺选民。

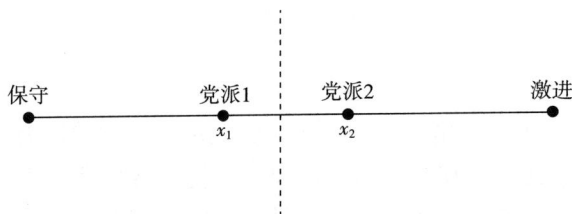

图 2-2 两党争夺选民

如果党派 1 的政治主张（策略）为 x_1，他较偏向于保守主张，那么他能获得保守选民的选票，即得到分布在 $[0, x_1]$ 的选民支持。由于假设选民均匀分布在 $[0, 1]$ 的区间，所以他获得的投票数可用 x_1 来表示。对于党派 2 而言，他的政治主张为 x_2，较偏向激进主张，所以他能够获得激进选民的选票，即获得分布在 $[x_2, 1]$ 的选民支持。他获得的选票数可用 $1-x_2$ 来表示。由于选民平均分布在 $[0, 1]$ 之间，所以分布在 $[x_1, x_2]$ 的选民的选票被两个党派平分。图 2-2 中虚线的左边为支持党派 1 的选民，虚线的右边为支持党派 2 的选民。显然，在给定党派 1 的策略 x_1，党派 2 的策略 x_2 越接近 x_1，获得的选民就会越多；对于党派 1 同样存在这样的情况。那么在这个两党政治中纳什均衡是什么？

（1）参与人：党派 i 定义为 i，$i=1$，2。

（2）策略集：党派 i 的策略集 $S_i=[0,1]$，策略 $x_i \in S_i$，$i=1$，2。

（3）支付函数：两个党派的收益实际上就是两个党派所能获得的选民数，因而支付函数为两个党派的政治主张的函数。根据已知条件，党派 1 的支付函数 $u_1(x_1,x_2)$ 为：

$$u_1(x_1,x_2)=\begin{cases} \dfrac{x_1+x_2}{2}, & x_1<x_2 \\ \dfrac{1}{2}, & x_1=x_2 \\ 1-\dfrac{x_1+x_2}{2}, & x_1>x_2 \end{cases} \tag{2-34}$$

党派 2 的支付函数 $u_2(x_1,x_2)$ 为：

$$u_1(x_1,x_2)=\begin{cases} \dfrac{x_2+x_1}{2}, & x_2<x_1 \\ \dfrac{1}{2}, & x_2=x_1 \\ 1-\dfrac{x_2+x_1}{2}, & x_2>x_1 \end{cases} \tag{2-35}$$

上述支付函数的思想相当简单：如果党派 1 偏向保守主张，即 $x_1<x_2$，那么他得到 $(x_1+x_2)/2$ 的选票；如果他和政党 2 的政治主张一样，那么双方各得 1/2 的选票；如果党派 1 偏向激进主张，即 $x_1>x_2$，那么他得到 $1-(x_1+x_2)/2$ 的选票。对于党派 2，其支付函数同理。

两个党派显然都力求是他的支付最大化，即：

$$\max_{x_i \in [0,1]} u_i(x_i, x_j^*) \quad \text{其中} i,j=1,2,i \neq j \tag{2-36}$$

当 $x_1 \neq x_2$ 时，党派 1 的最优策略是 $x_1 \to x_2$，即党派 1 的政治主张越向党派 2 靠拢，"争取"到的选票越多；而党派 2 的最优策略也是 $x_2 \to x_1$，即党派 2 的政治主张越向党派 1 靠拢，"争取"到的选票越多。因而，无论党派 1 还是党派 2，他们的支付最大化的必要条件是 $x_1=x_2$。在 $x_1=x_2$ 时，党派 1 和党派 2 分别获得 1/2 的选票。但是，当 $x_1=x_2 \neq 1/2$，即不位于中点（代表政治上的中间路线）时，党派 1 和党派 2 都有积极性向中点移动（意味着政治主张趋于中间路线）。因为如果党派 j 的策略不变，即 $x_j \neq 1/2$，党派 i 向中间移动（奉行中间路线）至少可以获得 $1/2+(1/2-x_i)/2$ 的选民，显然高于 1/2。所以只有当 $x_1=x_2$ 并位于中点时，党派 1 和党派 2 才没有动机偏离。因此，中点是两党政治唯一的纳什均衡。

两党政治的模型虽然简单，但却深刻地说明了西方国家无论什么政党上台，长期奉行的政治路线通常为中间路线，既不过分保守，也不过分激进。像美国、英国这些两党制的国家就是典型。此外，它还揭示出各党派的政治主张具有趋同性，奉行中间路线的党派最有可能获胜，这意味着真正的政治改革通常难以实行，日本就是一个很好的例子。

两党政治这个模型还可以进一步变形，如三党制。在三党制下，纳什均衡不唯一，而是有无穷多的均衡可能，但最为核心的东西并没有变，那就是没有哪一个党派能够获得绝对多数选民的支持，因而通常的政府和议会是以党派联合执政的方式出现的，这就解释了为什么实行多党制（$i>2$）的国家通常是联合党执政，而很少出现像美国那样的情况。

五、公地悲剧

18 世纪初期，资本主义生产方式在英国得到了确立，并开始迅速发展。而它的最初动力是纺织品市场需求的日益扩大，使毛纺工业迅速发展，纺织机、蒸汽机相继得到运用，直接导致了第一次工业革命。羊毛作为原料，市场需求巨大。但当时英国农村的土地属于公社所有，牧场更是如此。在这种情况下，土地公有实际上成为有效生产羊毛的一个重要障碍，最终导致马克思称为"羊吃人"的圈地运动。1968 年，哈丁（Hardin）在其所写的一篇文章中指出，公共牧场实际上会导致过度放牧，从而为英国圈地运动的产生提供了一种说明。在经济学中，公地悲剧现在已称为说明私有制度存在理由的经典模型之一。

公地悲剧讲述的是一个村社有 $n \geq 2$ 个牧民。村社的公共牧场向每一个村社的成员开放。在春天，牧民同时选择所需要饲养的羊群数。假设羊群数是连续可分的。每年夏季，所有的牧民都在村社的公共牧地上放牧自己的羊群。如果第 i 个牧民拥有的羊群数为 g_i，那么村社所有的羊群数 $G = g_1 + g_2 + \cdots + g_n$。购买和饲养一只羊的成本为 c，这里我们假定它是一个常数。每只羊的价值 v 为羊的总数量的函数，即 $v = v(G)$。由于每只羊都需要一定数量的草才能生存，因而村社的牧场所能供养的羊群数就有一个上限，我们定义为 G_{max}，并假设当所饲养的羊群数超过牧场所能供养的上限时，每只羊的价格为 0（羊群过多造成牧场退化，由于没有足够的饲料，从而引起羊群死亡）。用公式表示为：$v(G) > 0$，$G < G_{max}$；$v(G) = 0$，$G \geq G_{max}$。由于一开始饲养的羊群数很少，因而增加一只羊的数量对已经饲养的羊来说不会造成太大的伤害，但这种伤害是递增的，即当 $G < G_{max}$ 时，$v'(G) < 0$，$v''(G) < 0$。一阶导数为负表明，随着羊的数量增加，每只羊的价值会下降；二阶导数为负则表明，随着羊的数量增加，每只羊的价值下降是递增的。这种关系可用图 2-3 表示。

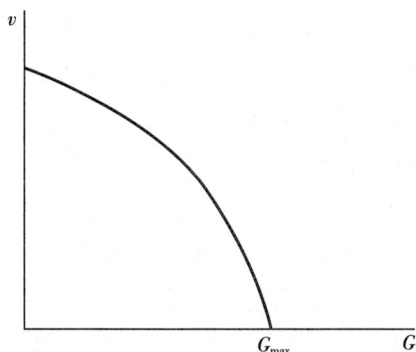

图 2-3　每只羊的价值随着饲养总量的增加而下降

现在将该问题的描述转化为博弈的策略式表述：

（1）参与人：牧民 1，2，…，n。

（2）策略集：$S_i = \{g_i \mid 0 \leq g_i < G_{max}\}$。

（3）支付函数：牧民 i 的收益为：

$$u_i(g_1, \cdots, g_i, \cdots, g_n) = g_i v(g_1, \cdots, g_{i-1}, g_i, g_{i+1}, \cdots, g_n) - cg_i, \quad i = 1, 2, \cdots, n \quad (2\text{-}37)$$

每个牧民追求收益最大化，即：

$$\max_{g_i} u_i(g_1, \cdots, g_n) \quad (2\text{-}38)$$

假如 $(g_1^*, \cdots, g_i^*, \cdots, g_n^*)$ 是纳什均衡，对于每一个牧民 i 而言，在给定其他人的策略组合 $g_{-i}^* = (g_1^*, \cdots, g_{i-1}^*, g_{i+1}^*, \cdots, g_n^*)$ 下，g_i^* 一定会使式（2-37）最大化。

最大化的必要条件（一阶条件）为：

$$v(g_i + g_{-i}^*) + g_i v'(g_i + g_{-i}^*) - c = 0, \quad i = 1, 2, \cdots, n \quad (2\text{-}39)$$

上述一阶条件定义了 n 个反应函数，n 个反应函数联立限可得到纳什均衡 $(g_1^*, g_2^*, \cdots, g_n^*)$。

将 g_i^* 代入式（2-39），并将所有牧民的必要条件相加，得：

$$nv(G^*)+G^*v'(G^*)-nc=0 \tag{2-40}$$

在式（2-40）两端同除以 n：

$$v(G^*)+\frac{1}{n}G^*v'(G^*)-c=0 \tag{2-41}$$

其中 $G^*=g_1^*+\cdots+g_i^*+\cdots+g_n^*$。式（2-42）是纳什均衡下，所有牧民所养羊之和必须满足的条件。

与私人利益最大化相对立的是社会的收益最大化，社会的目标是使下式达最大，即：

$$\max_{G} Gv(G)-Gc \tag{2-42}$$

一阶条件为：

$$v(G^{**})+G^{**}v'(G^{**})-c=0 \tag{2-43}$$

二阶条件为：

$$2v'(G^{**})+G^{**}v''(G^{**})<0 \tag{2-44}$$

G^{**} 是社会的最优解。现在需要证明的是 $G^*>G^{**}$，即公地存在过度利用，怀海特（Whitehead）把这种情况称为公地悲剧。

用反证法证明。假设 $G^*\leqslant G^{**}$。

因为 $v'<0$

所以 $v(G^*)\geqslant v(G^{**})$ 　　　　　　　　（第 1 项）

又因为 $v''<0$

所以 $0>v'(G^*)\geqslant v'(G^{**})$

所以 $|v'(G^*)|\leqslant|v'(G^{**})|$ 　　　　　　（第 2 项）

根据假设 $G^*\leqslant G^{**}$

所以 $\dfrac{G^*}{n}<G^{**}$ 　　　　　　　　　　（第 3 项）

根据（第 1 项）、（第 2 项）、（第 3 项）比较式（2-41）和式（2-42），可得式（2-41）大于式（2-43）的结论。显然这与式（2-41）和式（2-43）都等于 0 相矛盾，所以 $G^*>G^{**}$。命题得证。

$G^*>G^{**}$ 表明：第一，公共牧场被过度利用，资源没有达到有效配置；第二，拥有羊群越多的牧民损失越多，因为每只羊的价值 $v(G)$ 是 G 的减函数。因而从效率的角度来看，圈地运动必然要求实行公共牧场的私有化，并按照养羊数量的多少划分土地专属权的大小。历史的发展恰恰与上述的理论分析是一致的，由于养羊数量少的牧民占绝大多数，因而就出现了被马克思称为"羊吃人"的现象。然而，如果没有圈地运动这场"农业革命"，随后的英国工业革命是不可能发生的。

"公地悲剧"反映出了极其深刻的哲理——大家都拥有（公地）的自由，却导致了大家都受损的结局。这也正是哲学家怀海特把其称为"公地悲剧"的原因。在怀海特的著作中这样写道："悲剧的实质不在于不幸，而在于（这种不幸是由大家共有）这一神圣性（所造成的）。"要避免公地悲剧的发生，如果排除私有化的可能性，靠技术是不可能解决的，它实际上取决于人们崇高的思想境界。

从以上几个实例可以看出，对具有无限策略博弈的纳什均衡求解方法是：首先求出每个参与人对其他参与人策略组合的反应函数，即在其他参与人策略组合给定时最大化自己的支付，得到的最佳反应策略，表现为其他参与人策略组合的函数；得到每个参与人的反应函数后，将这些反应函数联立求解即可得到博弈的纳什均衡。

★讨论

【提示问题】

（1）如何理解纳什均衡的本质"给定你的策略我的策略是我最好，给定我的策略你的策略是你最好"？

（2）求解纳什均衡的画线法是如何体现纳什均衡定义的本质含义的？试结合本章引导案例进行求解说明。

（3）求解纳什均衡的反应函数法是如何体现纳什均衡定义的本质含义的？试结合本章典型应用例子进行求解说明。

（4）是不是每个博弈模型的纳什均衡都是唯一的？试构建一个博弈模型进行讨论说明。

【教师注意事项及问题提示】

（1）根据本章引导案例，通过引导学生求解其各种定义过的均衡，引出博弈均衡的不同定义的意义所在。

（2）通过引导学生讨论本章典型应用案例的纳什均衡解的求解，进而让学生掌握如何根据所遇到的实际问题，变通应用纳什均衡的求解方法。

（3）引导学生构建一个博弈模型，该模型没有纯策略纳什均衡，并引出后续关于混合策略纳什均衡解的思考。

第四节　混合策略纳什均衡

纳什均衡的概念已经相当圆满地解决了不少博弈问题，但是现实中，许多决策问题构成的博弈中根本不存在具有稳定性的各参与人都接受的纳什均衡策略组合，也就是说，根据前面的定义，有些博弈不存在纳什均衡，如猜硬币博弈。

这个故事讲的是，两个儿童手里各拿着一枚硬币，决定要显示正面向上还是反面向上。如果两枚硬币同时正面向上或者同时反面向上，儿童 A 付 1 分钱给儿童 B；如果两枚硬币只有一枚正面向上，儿童 B 付 1 分钱给儿童 A。表 2-9 给出了这个博弈的支付矩阵。

表 2-9　猜硬币博弈

		儿童 B	
		正面	反面
儿童 A	正面	-1, 1	1, -1
	反面	1, -1	-1, 1

这个博弈事实上是一个零和博弈，一方所得即另一方所失，没有纳什均衡。比如说，（正面，正面）不是纳什均衡，因为给定 B 选择正面，A 的最优选择是反面；（反面，正面）也不是纳什均衡，因为如果 A 选择反面，B 也将选择反面。类似地，（正面，反面）和（反面，反面）都不是纳什均衡。

再来考虑一个博弈：社会福利博弈。在这个博弈里，参与人是政府和一个流浪汉，流浪汉有两个策略：寻找工作或游荡；政府也有两个策略：救济或不救济。政府想帮助流浪汉，但前提是后者必须试图寻找工作，否则，前者不予帮助；而流浪汉只有在得不到政府救济时才会寻找工作。表 2-10 给出了这个博弈的支付矩阵。

这个博弈也不存在纳什均衡。给定政府救济，流浪汉的最优策略是游荡；给定流浪汉游荡，政府的最优策略是不救济；给定政府不救济，流浪汉的最优策略是寻找工作；而给定流浪汉寻找工作，政府的最优策略是救济；如此等等，没有一个策略组合构成纳什均衡。

表 2-10 社会福利博弈

流浪汉

		寻找工作	游荡
政府	救济	3, 2	-1, 3
	不救济	-1, 1	0, 0

上述两个博弈的显著特征是，每一个参与人都想猜透对方的策略，而每一个参与人又都不能让对方猜透自己的策略。这样的问题在诸如扑克比赛、橄榄球赛、战争等情况中都会出现。在所有这类博弈中，都不存在纳什均衡。

但是，尽管上述两个博弈不存在前面所定义的纳什均衡，却存在下面将要定义的混合策略纳什均衡。混合策略指的是参与人以一定的概率选择某种策略，比如，参与人以 0.3 的概率选择第一种策略，以 0.5 的概率选择第二种策略，以 0.2 的概率选择第三种策略。如果一个参与人采取混合策略，他的对手就不能准确地猜出他实际上会选择的策略，尽管在均衡点，每个参与人都知道其他参与人不同策略的概率分布。为了区别于这种情况，我们将前面定义的纳什均衡称为"纯"策略纳什均衡。

定义 2-4：在博弈 $G=\{S_1, \cdots, S_n; u_1, \cdots, u_n\}$ 中，假定参与人 i 有 k 个纯策略：$S_i=\{s_{i1}, \cdots, s_{ik}\}$，那么，概率分布 $\sigma_i=(\sigma_{i1}, \cdots, \sigma_{ik})$ 称为参与人 i 的一个混合策略，这里 $\sigma_{ij}=\sigma_{ij}(s_{ij})$ 是参与人 i 选择 s_{ij} 的概率，对于所有的 $j=1, \cdots, k$，$0\leq\sigma_{ij}\leq 1$，$\sum \sigma_{ij}=1$。

这样的纯策略可以理解为混合策略的特例，比如说，纯策略 s_i 等价于混合策略 $\sigma_i=(1, 0, \cdots, 0)$，即选择纯策略 s_i 的概率为 1，选择任何其他纯策略的概率为 0。

在纯策略情况下，参与人 i 的支付 u_i 是纯策略组合 $(s_1, \cdots, s_i, \cdots, s_n)$ 的函数，即 $u_i=u_i(s_1, \cdots, s_i, \cdots, s_n)$；对于任何给定的策略组合 $s=(s_1, \cdots, s_i, \cdots, s_n)$，$u_i$ 取一个确定的值。与混合策略相伴随的是支付的不确定性，因为一个参与人并不知道其他参与人的实际策略选择。此时，参与人关心的是期望效用，我们用 $v_i(\sigma)=v_i(\sigma_i, \sigma_{-i})$ 表示参与人 i 的期望效用函数［其中，$\sigma_{-i}=(\sigma_1, \cdots, \sigma_{i-1}, \sigma_{i+1}, \cdots, \sigma_n)$ 是除 i 之外所有其他参与人的混合策略组合］，它可以定义为：

$$v_i(\sigma_i, \sigma_{-i})= \sum \left[\prod \sigma_j(s_j)\right]u_i(s) \tag{2-45}$$

定义 2-5：在 n 个参与人博弈的策略式表述 $G=\{S_1, \cdots, S_n; u_1, \cdots, u_n\}$ 中，混合策略组合 $\sigma^*=(\sigma_1^*, \cdots, \sigma_i^*, \cdots, \sigma_n^*)$ 是一个纳什均衡，如果对于所有的参与人 $i=1, 2, \cdots, n$，下式成立：

$$v_i(\sigma_i^*, \sigma_{-i}^*)\geq v_i(\sigma_i, \sigma_{-i}^*), \forall \sigma_i\neq\sigma_i^* \tag{2-46}$$

以社会福利博弈为例求解混合策略纳什均衡。假定政府的混合策略为 $\sigma_G=(\theta, 1-\theta)$，即政府以 θ 的概率选择救济，$(1-\theta)$ 的概率选择不救济，流浪汉的混合策略为 $\sigma_L=(\gamma, 1-\gamma)$，即流浪汉以 γ 的概率选择寻找工作，$(1-\gamma)$ 的概率选择游荡。那么，政府的期望效用函数为：

$$v_G(\sigma_G, \sigma_L)=\theta\times[3\times\gamma+(-1)\times(1-\gamma)]+(1-\theta)\times[(-1)\times\gamma+0\times(1-\gamma)]$$
$$=\theta\times(4\gamma-1)-(1-\theta)\times\gamma=\theta\times(5\gamma-1)-\gamma \tag{2-47}$$

对上述效用函数求微分，得到政府最优化的一阶条件为：

$$\frac{\partial v_G}{\partial \theta}=5\gamma-1=0 \tag{2-48}$$

因此，

$$\gamma^*=0.2$$

也就是说，在混合策略均衡下，流浪汉以 0.2 的概率选择寻找工作，0.8 的概率选择游荡。

为了找出政府的均衡混合策略，需要求解流浪汉的最优化问题。给定 $\sigma_G=(\theta, 1-\theta)$，$\sigma_L=(\gamma, 1-\gamma)$，流浪汉的期望效用函数为：

$$V_L(\sigma_G, \sigma_L) = \gamma \times [2 \times \theta + 1 \times (1-\theta)] + (1-\gamma) \times [3 \times \theta + 0 \times (1-\theta)]$$
$$= \gamma \times (\theta+1) + 3(1-\gamma) \times \theta = \gamma \times (1-2\theta) + 3\theta \tag{2-49}$$

最优化的一阶条件为：

$$\frac{\partial v_L}{\partial \gamma} = (2\theta - 1) = 0 \tag{2-50}$$

因此，

$$\theta^* = 0.5$$

可以对 $\theta^* = 0.5$ 作类似于对 $\gamma^* = 0.2$ 所作的解释。如果 $\theta < 0.5$，流浪汉的最优选择是寻找工作；如果 $\theta > 0.5$，流浪汉的最优选择是游荡；只有当 $\theta = 0.5$ 时，流浪汉才会选择混合策略（$\gamma \neq 0$，1）或任何纯策略。

因此，在社会福利博弈中，$\theta^* = 0.5$，$\gamma^* = 0.2$ 是唯一的纳什均衡。

以上求解混合策略纳什均衡的方法被称为支付（效用）最大化法。思路是由参与人的期望效用得到一阶最优条件而求得对方参与人混合策略。

读者或许感到奇怪，我们解的是政府的最优化问题，但得到的却是流浪汉的混合策略。这个问题可以作如下解释：首先假定最优混合策略是存在的，给定流浪汉选择混合策略（γ，$1-\gamma$），政府选择纯策略救济（$\theta = 1$）的期望效用为：

$$v_G(1, \gamma) = 3 \times \gamma + (-1) \times (1-\gamma) = 4\gamma - 1 \tag{2-51}$$

这里，省略了选择第二个纯策略的概率。选择纯策略不救济（$\theta = 0$）的期望效用为：

$$v_G(0, \gamma) = (-1) \times \gamma + 0 \times (1-\gamma) = -\gamma \tag{2-52}$$

如果一个混合策略（$\theta \neq 0$，1）是政府的最优选择，那一定意味着政府在救济与不救济之间是无差异的，即：

$$v_G(1, \gamma) = 4\gamma - 1 = -\gamma = v_G(0, \gamma) \tag{2-53}$$

上述等式意味着 $\gamma^* = 0.2$。也就是说，如果 $\gamma < 0.2$，政府将选择不救济；如果 $\gamma > 0.2$，政府将选择救济；只有当 $\gamma = 0.2$ 时，政府才会选择混合策略（$\theta \neq 0$，1）或任何纯策略。

以上求解混合策略纳什均衡的方法被称为支付等值法。思路是如果一个混合策略是参与人的最优选择，那一定意味着该参与人在不同的策略选择之间是无差异的，也就是说，参与人选择不同纯策略下的期望收益是一样的。

纳什均衡要求每个参与人的混合策略是给定对方的混合策略下的最优选择。因此，在社会福利博弈中，$\theta^* = 0.5$，$\gamma^* = 0.2$ 是唯一的纳什均衡。也就是说，在均衡情况下，政府以 0.5 的概率选择救济，0.5 的概率选择不救济；流浪汉以 0.2 的概率选择寻找工作，0.8 的概率选择游荡。

可以从反面来说明 $\theta^* = 0.5$，$\gamma^* = 0.2$ 确实是一个纳什均衡。假定政府认为流浪汉选择寻找工作的概率严格小于 0.2，那么，政府唯一最优的选择是纯策略不救济；但如果政府以 1 的概率选择不救济，流浪汉的最优选择是寻找工作，这又将导致政府选择救济的策略，流浪汉则选择游荡，如此等等。因此，$\gamma < 0.2$ 不构成纳什均衡。类似地，假定政府认为流浪汉寻找工作的概率严格大于 0.2，那么，政府唯一最优的选择是纯策略救济；但如果政府以 1 的概率选择救济，流浪汉的最优选择是游荡，因此，$\gamma > 0.2$ 也不构成纳什均衡。容易验证，$\theta < 0.5$ 和 $\theta > 0.5$ 都不构成纳什均衡。

上述混合策略均衡也可以用几何图形来表示。当参与人可以选择混合策略时，他选择任何一个纯策略的概率在 0 与 1 之间是连续的。在讨论连续纯策略均衡时（如古诺模型），我们使用了反应函数的概念。现在，我们可以使用反应应对的概念来描述一个参与人对应于其他参与人混合策略的最优选择。两个概念的区别仅仅在于，反应函数表示的是一个参与人只有一个特定的策略是其他参与人给定策略的最优选择，而反应应对允许一个参与人有多个（甚至无穷多个）策略是其他参与人给定策略的最优选择。在上述博弈中，政府和流浪汉的反应应对分别为：

政府：

$$\theta=\begin{cases} 0, & if\ \gamma<0.2 \\ [0,\ 1], & if\ \gamma=0.2 \\ 1, & if\ \gamma>0.2 \end{cases} \qquad (2-54)$$

流浪汉：

$$\gamma=\begin{cases} 0, & if\ \theta<0.5 \\ [0,\ 1], & if\ \theta=0.5 \\ 1, & if\ \theta>0.5 \end{cases} \qquad (2-55)$$

图 2-4 画出了政府和流浪汉的反应曲线。两条反应曲线的交点就是纳什均衡点。这种求解纳什均衡的方法被称为反应曲线交叉法。值得注意的是，反应曲线交叉法不仅可以选择混合策略纳什均衡，也可以寻找纯策略纳什均衡：当两条反应曲线在（0，0）或（1，1）处交叉时，对应的就是纯策略纳什均衡。

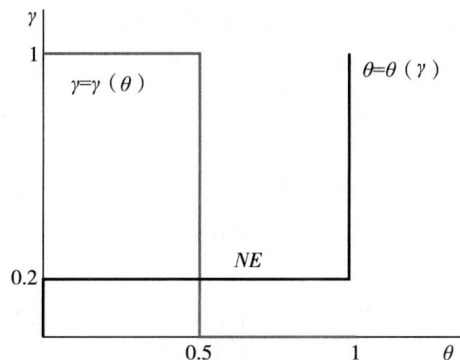

图 2-4　混合策略纳什均衡

前面的讨论表明，找出混合策略纳什均衡可以有两种方法：一种是支付最大化方法，另一种是支付等值法，这两种方法是等价的。读者可以仿照我们求解社会福利博弈的步骤找出猜谜游戏博弈的纳什均衡：每个参与人的均衡混合策略是以 0.5 的概率随机地选择任意一个纯策略。

有趣的是，尽管在均衡的情况下，每个参与人在所有构成均衡的纯策略之间是无差异的，均衡却要求每个参与人以特定的概率选择纯策略。进一步，一个参与人选择不同纯策略的机率分布不是由他自己的支付决定的，而是由他的对手的支付决定的。

由于这个原因，许多人认为混合策略纳什均衡是一个难以令人满意的概念，难道在现实世界人们真的是使用类似掷硬币的方法来决定选择什么行动的吗？既然参与人在构成混合策略的不同纯策略之间是无差异的，他为什么不选择一个特定的纯策略而要以将定的概率随机地选择不同的纯策略呢？对此可以作出的一个解释是，一个参与人选择混合策略的目的是给其他参与人造成不确定性，这样，尽管其他参与人知道他选择某个特定纯策略的概率是多少，但他们并不能猜透他实际上会选择哪个纯策略。事实上，正是因为他在几个（或全部）策略之间是无差异的，他的行为才难以预测，混合策略均衡才会存在。如果他严格偏好于某个特定的纯策略，他的行为就会被其他参与人准确地猜透，就不会有混合策略均衡出现。

海萨尼对混合策略的解释是，混合策略等价于不完全信息下的纯策略均衡。在前例中，假定有两类特征的流浪汉：一类选择寻找工作，另一类选择游荡；每个流浪汉都知道自己的特征，但政府并不知道流浪汉的准确特征，只知道一个流浪汉有 20% 的概率属于第一类，80% 的概率属于第二类。在这种情况下，政府在选择自己的策略时似乎面临的是一位选择混合策略的流浪汉。关于海萨尼对混合策略的解释，我们将在后面进行讨论。

尽管混合策略不像纯策略那样直观，但它确实是一些博弈中参与人的合理行为方式。扑克比赛、垒球比赛、划拳就是这样的例子，在这类博弈中，参与人总是随机行动以使自己的行为不被对手所预测。在后面的章节（应用举例——扩展讨论），我们将通过监督博弈的例子来继续介绍参与人是如何选择混合策略的。

第五节　纳什均衡的存在定理和奇数定理

前面已经讨论过纯策略纳什均衡以及混合策略纳什均衡这两层均衡的概念，我们可以将纯策略纳什均衡理解为混合策略纳什均衡的特例。用比较学术化的语言来讲就是，纯策略纳什均衡集合是混合策略纳什均衡集合的子集。读者可能会问，是不是所有的博弈都存在纳什均衡呢？这可不一定。但是，纳什（1950）却证明了，任何有限博弈都存在至少一个纳什均衡。注意，这里所说的有限，是指参与博弈的参与人的数目有限并且每个参与人都只有有限个纯策略可供选择。这就是著名的纳什均衡存在定理（Nash Equilibrium Existence Theorem）。

纳什均衡存在定理：在包含 n 个参与人的策略型博弈 $G=\{S_1, S_2, \cdots S_n; u_1, u_2, \cdots, u_n\}$ 中，如果对每个参与人 i，他的策略集 S_i 都是有限集，则该博弈至少存在一个纳什均衡，但是这个均衡可能是混合策略纳什均衡。

纳什均衡存在定理是一个了不起的结果，它在非合作博弈论中具有奠基性意义，可以说是现代非合作博弈论的基石。具体的证明过程不做赘述，对于这个证明有兴趣的读者，可以参阅纳什（1950）及其他相关文献。

通过前面的例子，读者可能还发现了一些问题：为什么有的博弈只有一个均衡，而有些博弈却不止一个均衡？均衡的数量有没有什么奥秘呢？威尔逊（Wilson，1971）指出，一般地说，如果一个博弈有两个纯策略纳什均衡，那么就一定存在第三个混合策略的纳什均衡。

奇数定理（Oddness Theorem）：几乎所有有限同时博弈的纳什均衡的数目都有限，并且这个数目是奇数。

需要注意的是，"几乎所有"并不等于"所有"，因此，可能存在少数博弈的纳什均衡是偶数个或者无穷多个的非奇数情形。具体证明过程从略。

第六节　多重纳什均衡及其选择

纳什均衡的存在性不等于唯一性，许多博弈往往有多个纳什均衡，甚至是无穷多个纳什均衡。有时不同的纳什均衡之间也没有明显的优劣关系。在这种情况下，哪个纳什均衡最有可能成为最终的纳什均衡，往往取决于某种能使参与人产生一致性预测的机制或判断标准。然而，当一个博弈有多个纳什均衡时，纳什均衡的一致性预测也难以实现，因为要所有参与人都预测同一个纳什均衡是困难的。这些情况的存在，表明纳什均衡分析仍然是有局限性的，对博弈问题仅仅进行纳什均衡分析是不够的。

当博弈中存在的纳什均衡不止一个时，我们把它叫作多重纳什均衡的博弈。多重纳什均衡博弈非常普遍，我们有必要对多重纳什均衡导致的选择问题做一些分析。

一、帕累托优势均衡

在多重纳什均衡博弈中，并不是所有的多重纳什均衡博弈都是难以选择的。事实上，虽然有些博弈存在多个纳什均衡，但这些纳什均衡之间存在明显的优劣差异，所有参与人对其中的某一个纳什均衡有着共同的偏好。如果某个纳什均衡给所有参与人带来的收益，都大于其他所有纳什均衡会带来的收益，这时参与人的选择倾向性就会完全相同，各个参与人不仅会自己选择该纳什均衡策略，而且预测其他参与人也会选择该纳什均衡策略，共同追求经济学中的帕累托效率最优，因此称此纳什均衡为帕累托优势均衡。

上述多重纳什均衡选择所依据的，实际上就是经济学中帕累托效率意义上的优劣关系。博弈论大师海萨尼和泽尔腾认为，这种按照收益大小选择得到的纳什均衡，比其他纳什均衡具有帕累托优势，我们把用这种方法选择出来的纳什均衡，叫作"帕累托优势均衡"。帕累托优势均衡的例子是很多的，这里用"战争与和平"博弈问题为例作一些说明。

国家之间关于战争与和平的选择，在人类社会的历史中经历了许许多多。从国家和人民总体的长远利益出发进行客观的分析，战争通常对任何一方都是有害无益的。选择战争比选择和平有利的唯一情况是对方已经选择了战争，因为这时不奋起反击就会任人宰割。可以用表 2-11 中的支付矩阵，表示两个国家在战争与和平之间的选择和利益关系。该支付矩阵充分反映了战争对双方都是不利的，但当一个国家选择战争时，另一个国家不作抗争会更悲惨的一般规律。

表 2-11　帕累托优势均衡

		国家 2	
		战争	和平
国家 1	战争	-5，-5	8，-10
	和平	-10，8	10，10

从博弈分析的角度，这个博弈中有两个纯策略纳什均衡，分别是（战争，战争）和（和平，和平）。很显然，（和平，和平）是这两个纳什均衡中，在帕累托效率意义上明显较好的一个，因此（和平，和平）构成本博弈的一个帕累托优势均衡。换句话说，如果两个国家的决策者都是理性的，那么这两个国家之间就不应该发生战争。因为虽然对双方来说，在这个博弈中的最佳选择都取决于对方的选择，当对方选择和平时自己选择和平最佳，而当对方选择战争时则自己的最佳选择也是战争，但因为和平共处对双方都更有利，因此每个国家都不但自己希望实现（和平，和平），而且指望对方也会选择和平，因此（和平，和平）应该是这个博弈的合理结果。这正是帕累托优势均衡的现实基础和意义。

上述分析结论可能会给读者带来疑问，那就是既然上述博弈证明理性的国家之间不会选择战争，那么为什么世界历史上会有那么多战争？这个问题的答案可以包括决策者考虑短期利益、个人或小集团利益更多，决策者确实缺乏理智和理性，或者局部地区或特定时期战争的利益比上述博弈中假设的要大等。此外，其他国家选择战争时还击比不还击损失小，先发制人则更能使自己相对有利，也是导致发生战争机会增大的重要原因。

寡头市场的价格竞争与两国之间关于战争与和平的选择其实是很相似的。企业之间的价格竞争有时就是一场战争，因此上述战争与和平的选择模型也可以用来分析寡头市场的价格竞争问题，可以用帕累托优势均衡进行分析的博弈问题其实还有很多，读者不妨自己找一些例子来进行分析。

二、风险优势均衡

在多重纳什均衡博弈的选择中，选择纳什均衡的另一种方法就是风险优势均衡法。虽然帕累托优势均衡作为均衡选择的标准是合理的，然而并不是帕累托优势均衡都能够成为多重纳什均衡博弈选择的标准，有时其他某种同样是合理的选择逻辑的作用会超过帕累托效率的选择逻辑，比如基于风险因素的考虑就是这样一种情况。当从多重纳什均衡中选择一个合理的预测常常依赖于预测风险的大小的时候，人们一般倾向于接受预测风险比较小的结果。这里我们先用投资博弈来说明上述观点。

假设有两家公司准备共同投资，一种投资机会为股票市场，另一种投资机会为房地产，用表 2-12 的支付矩阵表示两家公司的投资选择和收益关系。

表 2-12　投资博弈

公司 2

		股票	房地产
公司 1	股票	9, 9	4, 8
	房地产	8, 4	7, 7

显然，这个博弈中有两个纯策略纳什均衡（股票，股票）和（房地产，房地产），并且（股票，股票）的双方收益大于（房地产，房地产）的双方收益，因此前一个纳什均衡是这个博弈的一个帕累托优势均衡。

那么，这个结果是否必然是两家公司双方共同采用的帕累托优势均衡（股票，股票）呢？回答是不一定的，因为虽然当双方确实都采用帕累托优势均衡（股票，股票）的策略时，两家公司的收益都会比采用另一个纳什均衡（房地产，房地产）多 2 个单位，但是如果一家公司采用 ｛股票｝ 的策略时，另一家公司却没有采用 ｛股票｝ 的策略，那么此时前者的收益是很差的（4 个单位），比他们分别采取 ｛房地产｝ 的收益（至少 7 个单位，不管对方的策略是什么）要低得多。这意味着采用（股票，股票）对两家公司来说都是有较大风险的。所以，如果考虑风险因素，（房地产，房地产）就有相对优势，因为虽然它在帕累托效率意义上不如（股票，股票），但在风险较小的意义上却优于（股票，股票）。当两家公司希望保险一些，想要回避风险时，就会选择（房地产，房地产）而不是（股票，股票）。我们称（房地产，房地产）是这个博弈的一个"风险优势均衡"。

风险优势均衡的一种简单理解方法或识别标准是，如果所有参与人在预计其他参与人采用两种纳什均衡策略的概率相同时，都偏爱其中某一纳什均衡，则该纳什均衡就是一个风险优势均衡。

猎鹿（Stag-hunting）博弈是体现风险优势均衡思想的另一个生动例子。猎鹿博弈是这样的：两个人同时发现 1 头鹿和 2 只兔子，如果两人合力抓鹿，则可以把这头价值 10 单位的鹿抓住，兔子当然是抓不到了；如果两人都去抓兔子，则各可以抓 1 只价值 3 单位的兔子，鹿就会跑掉；但如果一个人选择了抓兔子而另一个人选择了抓鹿，那么选择抓兔子的能抓到 1 只兔子，选择抓鹿的人则什么也抓不到。由于两人的决策必须是瞬间作出，根本来不及商量，因此这就成了一个双方必须同时作出决策的静态博弈问题。如果合作猎获 1 头鹿后双方会平分收获，那么这个博弈的收益关系如表 2-13 的支付矩阵所示。

很显然，这个博弈也有两个纳什均衡（鹿，鹿）和（兔子，兔子），而且前一个纳什均衡也是本博弈的一个帕累托优势均衡。但我们也容易看出，由于在另一人选择抓兔子的情况下，选择抓鹿的人会一无所获，而选择抓兔子的收益则是有保障的，因此选择抓鹿有很大的风险，并不一定是最好的选择，例如，从其中一人的立场上，假设另一人选择抓鹿和抓兔子的概率都是 1/2，那么此时他抓兔子能够得到确定性的收益 3 单位，而选择抓鹿的期望收益为 2.5 单位，前者显然优于后者。因此，（兔子，兔子）是这个猎鹿博弈的一个风险优势均衡，精明的猎人往往会选择抓兔子而不是抓鹿。

表 2-13　猎鹿博弈

		猎人 2	
		鹿	兔子
猎人 1	鹿	5, 5	0, 3
	兔子	3, 0	3, 3

如果对风险优势均衡进一步分析，我们还会发现，参与人对风险优势均衡的选择倾向有一种自我强化的机制。当部分或所有参与人选择风险优势均衡的可能性增强的时候，任一参与人选择帕累托优势均衡的期望收益都会进一步变小，这就使参与人更倾向于选择风险优势均衡，而这又进一步使选择帕累托优势均衡策略的收益更小，从而形成一种选择风险优势均衡的正反馈机制，使其出现的机会越来越大。事实上，正是因为存在上述反馈机制，往往会使开始时并不是很大的各个参与人采用风险优势均衡策略的概率，甚至只是对其他参与人可能会使用风险优势均衡策略的担心，演变为实现相对低效率的风险优势均衡的现实。而且上述反馈机制会随着信任的难度而加强。例如，当合作猎鹿需要 10 人同心协力才能成功，只要其中 1 人不合作就必然失败时，人们就很难自觉选择合作，因为相信其他 9 人会同时选择合作，比相信其他 1 人会选择合作要难得多，此时选择合作的风险非常大。

风险优势均衡是人们经济决策和行为的重要规律之一，如果忽视这种均衡或行为规律的存在，忽略人们选择风险优势均衡的可能性，就可能无法对许多决策问题进行准确的分析判断，无法对许多经济现象作出合理的解释。

三、聚点均衡

其实，多重纳什均衡给我们带来的主要尴尬之处，主要还在于不存在有差别的帕累托优势均衡，比如下面的"性别之争"博弈。

该博弈讲的是一对处在热恋中的男女，有些业余活动要安排，可以选择去看足球比赛，或者看芭蕾舞演出。男孩偏好足球，女孩则更喜欢芭蕾舞，但他们都宁愿在一起，不愿分开。表 2-14 给出支付矩阵。

表 2-14　性别之争

		女	
		足球	芭蕾
男	足球	2, 1	0, 0
	芭蕾	0, 0	1, 2

不难得到这个博弈有三个纳什均衡，其中两个纯策略纳什均衡：（足球，足球)(芭蕾，芭蕾），和一个混合策略纳什均衡：[(2/3, 1/3)，(1/3, 2/3)]，即男孩以 2/3 的概率选择足球赛，以 1/3 的概率选择芭蕾舞；女孩以 1/3 的概率选择足球赛，2/3 的概率选择芭蕾舞。在这三个纳什均衡中，除了混合策略纳什均衡明显较差以外，其他两个纯策略纳什均衡之间不存在帕累托效率意义上的优劣关系，一个对男孩有利，另一个对女孩有利，因此无法判断这两个人究竟会怎样作出选择。

但实际上，并不是在所有无帕累托优劣关系的多重纳什均衡博弈中，人们的选择都没有规律性。在现实生活中，博弈人可能使用某些被标准博弈模型抽象掉的信息来达到一个所谓的"聚点"（Focal Point），从而帮助进行选择。

谢林（C. Schelling）于1960年提出的"聚点"理论指出，在某些日常生活中，人们在作选择时，往往通过利用由策略形式提供的信息来协调而最后选择某些特殊的均衡，从而使得某一均衡发生的概率大于另一均衡。例如，根据人们对类似"性别之争"博弈，有两个纯策略纳什均衡的博弈所进行的实验，发现大多数博弈人通常似乎知道在这样的博弈中该怎么选择，而且博弈人之间经常能够相互理解对方的行为，也发现博弈人往往会利用博弈规则以外的特定信息，如博弈人共同的文化背景中的习惯或规范、共同的知识、历史经验、具有特定意义事物的特征、某些特殊的数量、位置关系等来进行选择。

例如，让两个人同时报一个时间，如果两人所报时间相同，每人得到一定的奖励，如果所报时间不同则不能获得奖励，这时两个人对所报时间的选择就是一个博弈。很显然，这个博弈有无穷多个纳什均衡，双方选择任何相同的时间都是该博弈的纳什均衡，而且这些均衡之间完全不存在帕累托效率意义上的优劣关系。但是我们不难发现，该博弈的两个参与人选择类似"中午12点""0点"的可能性比较大，双方同时选择这种时间的机会也较大，而选择类似"上午10点01分""下午3点46分"等时间的可能性就很小，更不大可能同时成为双方的选择。理由是前两个时间既是整点，而且又都有特殊意义——第一个代表上下午的分界，第二个则是一天的开始，因此双方同时想到的希望较大。而后面两个时间则没有什么特殊的意义，即使某个博弈人想选择这样的时间，也不敢指望对方会作同样的选择，而这就足以使该博弈人放弃这类打算了。因此，在上述博弈中两博弈人必选都会选择类似"中午12点"和"0点"等时间，虽然不能保证双方的选择一致，但至少大大提高了双方选择一致的概率。

我们称"中午12点"和"0点"这样的策略为上述博弈的"聚点"或谢林点（Schelling Point）。在多重纳什均衡的博弈中，双方同时选择一个聚点构成的纳什均衡称为"聚点均衡"。当然聚点均衡首先是纳什均衡，是多重纳什均衡中比较容易被选择的纳什均衡。

聚点均衡的另一个经典例子是"城市博弈"，其简化版本可以这样描述：要求两博弈人各自独立将上海、南京、长春、哈尔滨4个城市分为每组2个城市的2组，若两人分法相同则各得一定的奖励，否则没有奖励。显然这个博弈中也有多个纳什均衡，包括分别将上海和南京分为一组、将上海和长春分为一组、将上海和哈尔滨分为一组，然后将余下的两个城市分为一组的三种分法。如果是两个中国人参加这个博弈，通常两人会将上海和南京分为一组，长春和哈尔滨分为一组。理由很简单，因为上海和南京是相对于长春和哈尔滨的南方城市，这种以地理位置给城市分类的方法是具有基本地理常识的人容易想到的，因此它是一个聚点。如果有一个博弈人仅仅因为自己的父母分别来自哈尔滨和上海，就将这两个城市分为一组，那么恐怕不能指望获得奖励。

其实"性别之争"博弈也是适用聚点均衡的博弈问题，生日、双方的性格脾气等都可能作为聚点的根据。此外，现实中可以用聚点来分析和解释的博弈问题是很多的。例如，在中国内地的交通规则中，所有的车辆都靠右行驶，而在中国香港，所有的车辆都靠左行驶就是一个聚点均衡。

从我们讨论的几个聚点均衡的例子可以看出，聚点均衡确实反映了人们在多重纳什均衡选择中的某些规律性，但它们涉及的方面众多，因此虽然对每个具体的博弈问题可能可以找出聚点，但对一般的博弈却很难总结普遍规律，只能具体问题具体分析。

【课程思政点】

从"性别之争"博弈的多个纳什均衡（两个纯策略纳什均衡，一个混合策略纳什均衡），可以发现强势者的存在反而制约了某些不确定性，据此可以解读为"社会中的主导者有利于社会利益的最大化"，为阐释我国党派执政制度提供理论视角。

四、相关均衡

纳什均衡假定每个参与人独立地行动。然而在现实中，当人们遇到多重均衡选择困难时，常会通过收集更多的信息，形成特定的机制和规则，依据某人或某些共同观测到的信息选择行动，设计某种形式的均衡选择机制，以解决多重纳什均衡选择问题，使所有参与人受益，这与各参与人的决策是相关的。如两家房地产公司进行市场竞争，假定市场出现某种信号，如国家对房地产市场进行宏观调控，在双方观察到这个信号之后所进行的策略选择就是相关的。"相关均衡"就是这样的一种均衡选择机制。

为了说明相关均衡的概念，我们考虑下面由 2005 年诺贝尔经济学奖获得者奥曼（Aumann）曾经提出的博弈例子。设想一个由表 2-15 中支付矩阵表示的博弈。

表 2-15 支付矩阵

参与人 2

		L	R
参与人 1	U	5, 1	0, 0
	D	4, 4	1, 5

该博弈有三个纳什均衡：两个纯策略纳什均衡 (U, L) 和 (D, R)，另外一个混合策略纳什均衡 $[(1/2, 1/2), (1/2, 1/2)]$，即两个参与人都以 1/2 的概率在自己的两个纯策略中随机选择，他们的收益分别为 $(5, 1)$，$(1, 5)$，$(2.5, 2.5)$。虽然该博弈的两个纯策略纳什均衡，都能使两个参与人各得到 $0.5 \times 5 + 0.5 \times 1 = 3$ 个单位的收益，但在这两个纳什均衡下双方的收益相差很大，因此很难在两个参与人之间形成自然的妥协，聚点均衡的概念不适用。如果采用混合策略纳什均衡，有 1/4 的可能性遇到最不理想的 (U, R)，因此双方的期望收益都只有 $\frac{1}{2}\left(\frac{1}{2} \times 5 + \frac{1}{2} \times 0 + \frac{1}{2} \times 4 + \frac{1}{2} \times 1\right) = 2.5$ 单位，显然不理想。

为了避免出现 (U, R)，使结果符合双方的利益，双方有可能通过协商约定采用如下的行动规则：如果明天是晴天，参与人 1 选择 U，参与人 2 选择 L；如果明天是阴天，参与人 1 选择 D，参与人 2 选择 R。按照这样的规则选择，两个参与人的选择就相关了，而且两个纯策略纳什均衡 (U, L) 和 (D, R) 各有 1/2 出现的可能，且可以保证排除采用混合策略可能出现的 (U, R)，双方的期望收益都是 3，好于双方各自采用混合策略的期望收益，也解决了双方在两个纯策略纳什均衡选择方面的僵局。同样的相关选择也可以用到"性别之争"博弈中双方可能形成的约定："如果天气好一起去看足球赛，天气不好则一起去看芭蕾舞。"

进一步拓展上述思路，该博弈中参与人在收到不同但又相关的信号的情况下还可能实现更好的期望收益。该博弈有一个总收益更高的策略组合 (D, L)，由于它不是纳什均衡，因此除了混合策略纳什均衡中包含采用它的可能性外，在一次博弈中无法实现它。如果我们设计出一种能够包含进这个策略组合，同时又能排除 (U, R) 的方法，就可以实现参与人收益的改进，这种方法的关键是发出下列"相关信号"（Correlated Signals）以实现博弈收益的改进：①该机制以相同的可能性（各 1/3）发出 A、B、C 三种信号；②参与人 1 只能看到该信号是否为 A，参与人 2 只能看到该信号是否为 C；③参与人 1 看到 A 采用 U，否则采用 D；参与人 2 看到 C 采用 R，否则采用 L。

不难发现该机制有下列重要性质：①保证 U 和 R 不会同时出现，从而排除掉了 (U, R)；②保证 (U, L) (U, D) 和 (D, R) 各以 1/3 的概率出现，从而两个参与人的期望收益达到 $3+1/3$；③上述策略组合是一个纳什均衡；④上述相关机制并不影响双方各种策略组合下的收益。因此并不影响原来的均衡。就是说，如果一个参与人忽视了信号，另一个参与人也可以忽视信号，并不影响各参与人原来可能实现的收益。我们称双方根据上述相关机制选择策略构成的纳什均衡为"相关均衡"。

第七节　应用举例——扩展讨论

监督博弈是猜谜游戏博弈的变种，它概括了税收检查、质量检查、惩治犯罪、雇主监督雇员等这样一类情况。这里，我们以税收检查为例。这个博弈的参与人包括税收机关和纳税人。税收机关的纯策略选择是检查或不检查，纳税人的纯策略选择是逃税或不逃税，表 2-16 概括了对应不同纯策略组合的支付矩阵。这里，a 是应纳税款，C 是检查成本，F 是罚款。我们假定 $C<a+F$。在这个假设下，不存在纯策略纳什均衡，让我们来求解混合策略纳什均衡。

表 2-16　监督博弈

		纳税人	
		逃税	不逃税
税收机关	检查	$a-C+F$, $-a-F$	$a-C$, $-a$
	不检查	0, 0	a, $-a$

用 θ 代表税收机关检查的概率，γ 代表纳税人逃税的概率。给定 γ，税收机关选择检查（$\theta=1$）和不检查（$\theta=0$）的期望收益分别为：

$$\pi_C(1, \gamma) = (a-C+F) \times \gamma + (a-C) \times (1-\gamma) = \gamma F + a - C$$
$$\pi_C(0, \gamma) = 0 \times \gamma + a \times (1-\gamma) = a(1-\gamma) \tag{2-56}$$

解 $\pi_C(1, \gamma) = \pi_C(0, \gamma)$，得：$\gamma^* = C/(a+F)$。即如果纳税人逃税的概率小于 $C/(a+F)$，税收机关的最优选择是不检查；如果纳税人逃税的概率大于 $C/(a+F)$，税收机关的最优选择是检查；如果纳税人逃税的概率等于 $C/(a+F)$，税收机关随机地选择检查或不检查。

给定 θ，纳税人选择逃税和不逃税的期望收益分别为：

$$\pi_P(\theta, 1) = -(a+F) \times \theta + 0 \times (1-\theta) = -(a+F)\theta$$
$$\pi_P(\theta, 0) = -a \times \theta + (-a) \times (1-\theta) = -a \tag{2-57}$$

解 $\pi_P(\theta, 1) = \pi_P(\theta, 0)$，得：$\theta^* = a/(a+F)$。即如果税收机关检查的概率小于 $a/(a+F)$，纳税人的最优选择是逃税；如果税收机关检查的概率大于 $a/(a+F)$，纳税人的最优选择是不逃税；如果税收机关检查的概率等于 $a/(a+F)$，纳税人随机地选择逃税或不逃税。

因此，混合策略纳什均衡是 $\theta^* = a/(a+F)$，$\gamma^* = C/(a+F)$，即税收机关以 $a/(a+F)$ 的概率检查，纳税人以 $C/(a+F)$ 的概率选择逃税。这个均衡的另一个可能的（或许更为合理的）解释是，经济中有许多个纳税人，其中有 $C/(a+F)$ 比例的纳税人选择逃税，有 $[1-C/(a+F)]$ 比例的纳税人选择不逃税，税收机关随机地检查 $a/(a+F)$ 比例的纳税人的纳税情况。

监督博弈的纳什均衡与应纳税款 a、对逃税的惩罚 F，以及检查成本 C 有关。对逃税的惩罚越重，应纳税款越多，纳税人逃税的概率就越小；检查成本越高，纳税人逃税的概率就越大。为什么应纳税款越多，纳税人逃税的概率反而越小呢？这是因为，应纳税款越多，税收机关检查的概率越高，逃税被抓住的可能性越大，因而纳税人反而不敢逃税了。这一点或许可以解释为什么逃税现象在小企业中比在大企业中更为普遍，在低收入阶层比在高收入阶层更普遍。当然，这个结论与我们关于逃税技术和检查成本的假设有关。我们假定一旦税收机关检查，逃税就会被发现。如果不是这样，比如说，如果高收入者有更好的办法隐瞒收入从而逃税行为更难被发现，这个结论就不一定成立了。而且，如果检查成本与应纳税款有关，比如说，应纳税款越多，检查成本越高，那么，上述结论也就难以成立了。此外，应纳税款较多的纳税人可能更有积极性贿赂税务官员，在这种情况下，上述结论也难以成立。将所有这些情况考虑进去，逃税概率与应纳税款的关系可能是非单调的，比如，最遵纪守法的是中上等收入阶层。但有一点可以肯定的是，通过提高对逃税者的惩罚，纳税人逃税的积极性就会下降，税收机关检查的必要性也就降低。

★讨论

【提示问题】

（1）如何理解混合策略，在混合策略下，关于博弈的策略式表述形式上有怎样的变化？

（2）求解混合策略纳什均衡的两种方法在本质上有异同吗？

（3）结合你们小组的问题，讨论如何构建你们的一个基本博弈模型并进行求解分析。

【教师注意事项及问题提示】

（1）根据本章引导案例，通过引导学生求解其各种定义过的均衡，引出博弈均衡的不同定义的意义所在。

（2）通过引导学生讨论本章典型应用案例的纳什均衡解的求解，进而让学生掌握如何根据所遇到的实际问题，变通应用纳什均衡的求解方法。

（3）引导学生构建一个博弈模型，该模型没有纯策略纳什均衡，并引出后续关于混合策略纳什均衡解的思考。

习题2

（1）（投票博弈）假定有三个参与人（1，2和3）要在三个项目（A，B和C）中投票选择一个，三个参与人同时投票，不允许弃权，因此，策略空间为$S_i = \{A, B, C\}$。得到最多选票的项目被选中，如果没有任何项目得到多数票，则项目A被选中。参与人的支付函数如下：

$$u_1(A) = u_2(B) = u_3(C) = 2$$
$$u_1(B) = u_2(C) = u_3(A) = 1$$
$$u_1(C) = u_2(A) = u_3(B) = 0 \qquad (2\text{-}58)$$

试求出这个博弈的所有的纳什均衡。

（2）（古诺博弈）假定有n个古诺寡头企业，每个企业具有相同的不变单位成本c，市场逆需求函数$p = a - Q$，其中p是市场价格，$Q = \sum_j q_j$是总供给量，a是大于0的常数，企业i的策略是选择产量q_i最大化利润$\pi_i = q_i(a - Q - c)$，给定其他企业的产量q_{-i}，求古诺—纳什均衡，均衡产量和价格如何随n的变化而变化？为什么？

（3）（博特兰德博弈）假定两个寡头企业之间进行价格竞争（而不是产量竞争），两个企业生产的产品是完全替代的，并且单位生产成本相同且不变为c，企业1的价格为p_1，企业2的价格为p_2。如果$p_1 < p_2$，企业1的市场需求函数是$q_1 = a - p_1$，企业2的市场需求函数是0；如果$p_1 > p_2$，企业1的市场需求函数是0，企业2的市场需求函数是$q_2 = a - p_2$；如果$p_1 = p_2 = p$，市场需求在两个企业之间平分，即$q_i = (a - p)/2$，什么是纳什均衡价格？

（4）有表2-17所示的博弈支付矩阵：

表 2-17　支付矩阵

	L	M	R
U	3, 2	3, 1	2, 3
C	4, 2	1, 2	2, 1
D	1, 3	3, 3	1, 1

求出其中的纯策略纳什均衡，设法求出一个混合策略纳什均衡。

（5）一群赌徒围成一圈赌博，每个人将自己的钱放在身边的地上（每个人都知道自己有多少钱），突然一阵风吹来将所有的钱混在了一起，使他们无法分辨哪些钱属于自己，他们为此而发生争执，最后请来一位律师。律师宣布了这样的规则：每个人将自己的钱数写在纸条上，然后将纸条交给律师；如果所有人要求的加总不大于钱的总数，每个人得到自己要求的部分（如果有剩余的话，剩余部分归律师）；如果所有人要求的加总大于钱的总数，所有的钱都归律师所有。写出这个博弈中每个参与人的策略空间和支付函数，并给出纳什均衡。纳什均衡是唯一的吗？

本章扩展学习资源

约翰·福布斯·纳什

1. 人物简介

纳什（John Forbes Nash Jr.，1928～2015 年）。出生于美国西弗吉尼亚州（West Virginia）。1950 年，约翰·纳什获得美国普林斯顿高等研究院的博士学位，他那篇仅仅 27 页的博士论文中有一个重要发现，这就是后来被称为"纳什均衡"的博弈理论。纳什是现代非合作博弈理论研究的奠基者，1994 年，他和其他两位博弈论学家约翰·海萨尼和莱因哈德·泽尔腾共同获得了诺贝尔经济学奖。

2. 学术贡献

纳什的主要学术贡献体现在 1950 年和 1951 年的两篇论文之中（包括一篇博士论文）。1950 年他才把自己的研究成果写成题为《非合作博弈》的长篇博士论文，1950 年 11 月刊登在美国全国科学院每月公报上，立即引起轰动。约翰·纳什在其博士论文《非合作博弈》（1950 年）中首先给出并区分了合作与非合作博弈。他对非合作博弈的重要贡献就在于他把两人零和博弈的解概念一般化，也就是在注意多个博弈人和偏好任意的情形下，给出一个一般性的解概念。这种解概念后来被称为纳什均衡（Nash Equilibrium）。在一个纳什均衡点中，所有博弈人的期望都得以实现，而且他们的选择是最优的；如果其他博弈人不改变策略，任何一个博弈人都不能通过改变自己的策略来得到更大的效用或收益。但纳什均衡存在的问题是：第一，纳什均衡是基于一个不变的环境，它忽视了在此间某些博弈人发生策略变换的可能性。第二，纳什均衡基于完全信息假设，忽视了在现实中博弈人往往在不确定性中进行决策。

主要论著如下：

[1] Nash J F. Equilibrium Points in N-person Games [J]. Proceedings of the National Academy of Sciences, 1950, 36（1）: 48-49.

[2] Nash J F. The Bargaining Problem [J]. Econometrica, 1950, 18（2）: 155-162.

[3] Nash J F. Non-Cooperative Games [J]. Annals of Mathematics, 1951, 54（2）: 286-295.

[4] Nash J F. Two-person Cooperative Games [J]. Econometrica, 1953, 21（1）: 128-140.

第三章
完全信息动态博弈

上一章讨论了参与人"同时"行动的完全信息静态博弈。而我们通过观察发现，现实社会经济活动的决策行动大多数是有先后顺序的，而且后行动者能够看到先行动者的决策内容，在先行动者的决策结果之后再定夺自己的策略。这样的经济行为比比皆是，如商业活动中的讨价还价、拍卖活动中的轮流竞价、资本市场上的收购兼并和反收购兼并都是如此。依次选择与一次性同时选择有很大的差异，因此这种决策问题构成的博弈从时间序列上也有别于静态博弈，我们称为动态博弈（Dynamic Games）。例如，下象棋通常需要两个参与人，我们定义为红方和黑方，红方先走，黑方后走，就是一个典型的完全信息动态博弈。本章我们将逐一介绍有关的概念与分析方法。

【学习目标】

本章讨论完全信息动态博弈。上一章讨论的静态博弈只是博弈问题中的一类，现实中的许多决策活动往往是依次选择行为而不是同时选择行为，而且后选择行为者能够看到先选择行为者的选择内容。依次选择与一次性同时选择有很大差异，因此这种决策问题构成的博弈与静态博弈有很大的区别，这种博弈称为"动态博弈"。本章引入博弈分析的动态思想，通过本章的学习，将形成动态博弈描述的思路与分析概念，为后面讨论更复杂博弈建立基础。

通过本章的学习掌握以下问题：

（1）掌握完全信息动态博弈的扩展式表述。

（2）理解扩展式博弈中的纳什均衡——子博弈精炼纳什均衡的概念，并掌握子博弈精炼纳什均衡的求解方法。

（3）理解并掌握完全信息动态博弈的经典模型，并掌握这些经典模型在经济管理领域中的应用。

（4）掌握一类特殊的动态博弈——重复博弈。

【能力目标】

（1）帮助学生形成对完全信息动态博弈模型特点的认识。

（2）注重培养学生运用完全信息动态博弈模型分析与解决实际经济管理问题的能力。

动态博弈由于添加了时间因素，因而更加贴近现实。根据参与人是否相互了解收益情况，可分为完全信息动态博弈和不完全信息动态博弈，根据所有参与人是否都对自己选择前的博弈过程完全了解，可分为完美信息动态博弈和不完美信息动态博弈。

本章首先对博弈的扩展式表达给出完整的定义，为动态博弈的分析奠定基础；其次，从扩展式表述博弈的纳什均衡分析逐步深入子博弈精炼纳什均衡，为动态博弈的分析提供可行的方法，接下来介绍两种完全信息动态博弈经典模型；最后，讨论重复博弈及无名氏定理。

第一节　博弈的扩展式表述

在静态博弈中，所有参与人同时行动（或行动虽有先后，但没有人在自己行动之前观测到别人的行动）；在动态博弈中，参与人的行动有先后顺序，且后行动者在自己行动之前能观测到先行动者的行动。正如博弈论专家习惯于用策略式表述描述和分析静态博弈一样。他们也习惯于用扩展式表述（Extensive Form Representation）来描述和分析动态博弈。回顾一下，博弈的策略式表述包括三个要素：①参与人集合；②每个参与人的策略集合；③由策略组合决定的每个参与人的支付。博弈的扩展式表述所"扩展"的主要是参与人的策略空间。策略式表述简单地给出参与人有些什么策略可以选择，而扩展式表述要给出每个策略的动态描述：谁在什么时候行动，每次行动时有些什么具体行动可供选择，以及知道些什么。简单地说，在扩展式表述中，策略对应于参与人的相机行动规则（Contingent Action Plan），即什么情况下选择什么行动，而不是简单的、与环境无关的行动选择。

具体来讲，博弈的扩展式表述包括以下要素：

（1）参与人集合：$i=1, \cdots, n$，此外，我们将用 N 代表虚拟参与人"自然"。

（2）参与人的行动顺序（The Order of Moves）：谁在什么时候行动。

（3）参与人的行动空间（Action Set）：在每次行动时，参与人有些什么选择。

（4）参与人的信息集（Information Set）：每次行动时，参与人知道些什么。

（5）参与人的支付函数（Payoff）：在行动结束之后，每个参与人得到些什么（支付是所有行动的函数）。

（6）外生事件（自然的选择）的概率分布。

如同两人有限策略博弈的策略式表述可以用博弈矩阵表来表示一样，n 人有限策略博弈的扩展式表述可以用博弈树来表示。为了说明这一点，我们考虑房地产开发博弈的例子。假定该博弈的行动顺序如下：①开发商 A 首先行动，选择开发或不开发；②在 A 决策后，自然选择市场需求的大小；③开发商 B 在观测到 A 的决策和市场需求后，决定开发或不开发。

图 3-1 是上述房地产开发博弈的博弈树。博弈从空心圆圈开始，空心圆圈旁边写着 A 表示开发商 A 在此点决策。A 有两个行动可以选择：开发或不开发，分别用标有"开发"和"不开发"的两个枝表示。A 选择开发（或不开发）后博弈进入标有 N 的结点（实心圆），表示不受参与人控制的自然开始行动。自然以 1/2 的概率选择"大"、以 1/2 的概率选择"小"，分别用标有"大"和"小"的枝表示。在自然选择之后，博弈进入标有 B 的结点（实心圆），表示开发商 B 开始行动。B 的行动分别用标有"开发"和"不开发"的枝表示。在 B 选择之后，博弈结束。对应于不同的行动路径（Path），我们得到不同的支付向量，其中每个向量的第一个数字是 A 的支付，第二个数字是 B 的支付（这里，为了书写的方便，所有数字都以千为单位）。①

博弈树给出了有限博弈几乎所有的信息。结合上面的例子，我们给出博弈树的概念。博弈树的基本建筑材料（Building Block）包括结（Node）、枝（Branch）和信息集（Information Set）。

（1）结：结包括决策结（Decision Nodes）和终点结（Terminal Nodes）两类；决策结是参与人采取行动的时点，终点结是博弈行动路径的终点。在上例中，决策结包括空心圆和所有 6 个实心圆，终点结包括对应 8 个支付向量的点。

---

① 注：习惯上，支付向量的顺序与博弈树上行动顺序是对应的。

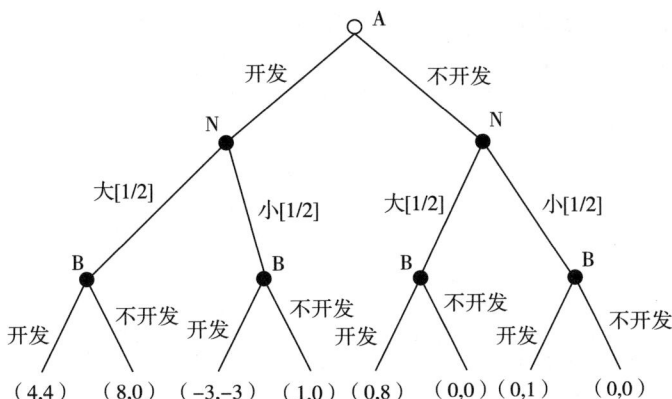

图 3-1　房地产开发博弈 I

一般地，用 X 表示所有结的集合，$x \in X$ 表示某个特定的结。定义 $P(x)$ 为在 x 之前的所有结的集合，简称为 x 的前列集（The Set of Predecessors）；定义 $T(x)$ 为 x 之后的所有结的集合，简称为 x 的后续集（The Set of Successors）。如果 $P(x) = \phi$，x 称为初始结（Initial Node，即前列集为空集）；如果 $T(x) = \phi$，x 称为终点结（Terminal Node，即后续集为空集）。除终点结之外的所有结都是决策结，在图 3-1 中，A 的决策结（空心圆）是博弈的初始结；B 的决策结（四个实心圆）之后的结为终点结。在图示中，一般将用空心圆代表初始结，实心圆代表其他决策结。除初始结之外，对于所有的 $x \in X$，如果存在一个 $x' \in P(X)$，使对于所有的 x 之前的结点 x''，若 $x'' \neq x'$ 意味着 x'' 在 x' 之前，那么 x' 称为 x 的直接前列结（Immediate Predececessor）。如果 x' 是 x 的直接前列结，那么 x 称为 x'' 的直接后续结（Immediate Sucecessor）。一般来说，如图 3-1 所示，除终点结没有直接后续结外，一个结有多个直接后续结（依赖于可选择的行动的数量）。

（2）枝：在博弈树上，枝是从一个决策结到它的直接后续结的连线（有时用箭头表示），每一个枝代表参与人的一个行动选择。例如，在图 3-1 中，开发商 A 有两个选择，分别用标有"开发"和"不开发"的两个枝来表示。

（3）信息集：博弈树上的所有决策结分割成不同的信息集。每一个信息集是决策结集合的一个子集，该子集包括所有满足下列条件的决策结：①每一个决策结都是同一参与人的决策结；②该参与人知道博弈进入该集合的某个决策结，但不知道自己究竟处于哪一个决策结。引入信息集目的是描述下列情况：当一个参与人要做出决策时，他可能并不知道"之前"发生的所有事情（这里我们将之前放在引号内，因为博弈树中的决策结的排列并不一定与行动的时间顺序相一致）。

一般地，我们用 H 代表信息集的集合，$h \in H$ 代表一个特定的信息集。特别地，我们将用 $h(x)$ 表示包含决策结 x 的信息集。对 $h(x)$ 可以作如下理解：$h(x)$ 是一个信息集，意味着在 x 点决策的参与人 i 不确定他是否处在 x 或其他的 $x'' \in h(x)$。这一点意味着一个决策结属于一个并且只属于一个信息集。此外，用 $A(h)$ 表示给定信息集 h 下的行动集合。

为了给出信息集的直观解释，让我们考虑房地产开发博弈的几种可能的情况。图 3-1 假定开发商 B 是在知道 A 的选择和自然的选择之后决策的，此时，博弈树的 7 个决策结分割成 7 个信息集，其中一个（初始结）属于 A，两个属于 N，四个属于 B；每个信息集只包含一个决策结，意味着所有参与人在决策时准确地知道自己处于哪一个决策结。现在让我们对上述假设作一个小小的改动，假定行动顺序如前，但 B 在决策时并不确切地知道自然的选择。此时，B 的信息集由原来的四个变成两个，每个信息集包含两个决策结。两个信息集分别对应着 B 必须作出的两个不同的决策：如果 A 开发，自己是否开发；如果 A 不开发，自己是否开发。图 3-2 用虚线将属于同一信息集的两个决策结连接起来（有些作者喜欢把属于同一信息集的决策结用虚线圈起来）。注意，尽管图 3-1 和图 3-2 非常相似，但二者之间有一个很重要的不同，这就是 B 的信息集的不同。

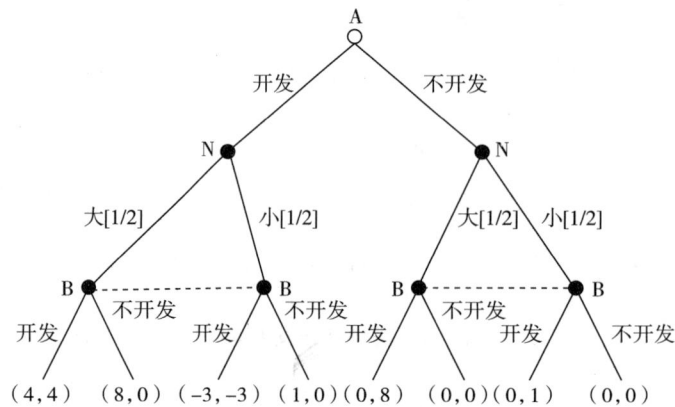

图 3-2　房地产开发博弈 II

房地产开发博弈的另一种可能的情况是，B 知道自然的选择，但不知道 A 的选择（如 B 和 A 同时决策）。此时，B 也有两个信息集，每个信息集包含两个决策结；两个信息集分别对应着两种不同情况下的决策：需求大是否开发和需求小是否开发。如图 3-3 所示。

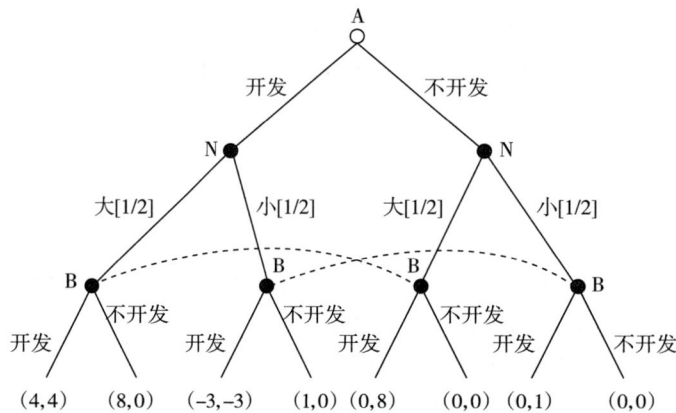

图 3-3　房地产开发博弈 III

一个信息集可能包含多个决策结，也可能只包含一个决策结。只包含一个决策结的信息集称为单结（Singleton）信息集。如果博弈树的所有信息集都是单结的，该博弈称为完美信息博弈（Game of Perfect Information）。完美信息博弈意味着博弈中没有任何两个参与人同时行动，并且所有后行动者能确切地知道前行动者选择了什么行动，所有参与人观测到自然的行动。在博弈树上，完美信息意味着没有任何两个决策结之间是用虚线连起来的。不过，有一个涉及虚拟参与人"自然"的问题需要特别说明。在博弈论中，自然的信息集总是假定为单结的。因为自然是随机行动的，自然在参与人决策之后行动等价于自然在参与人决策之前行动但参与人不能观测到自然的行动。由于这个原因，博弈树上是否出现连接不同决策结的虚线取决于我们画决策结的顺序。比如，图 3-1 看起来像一个完美信息博弈，但如果我们将自然的决策结作为初始结，A 在不知道自然的选择时决策，我们得到的就是一个不完美信息博弈，如图 3-4 所示（这里，A 的一个信息集包含两个决策结，分别对应自然的选择"大"和"小"）。

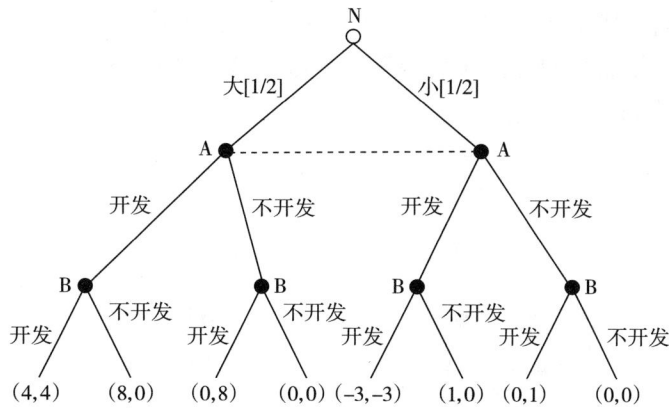

图 3-4　房地产开发博弈 I：另一种表述

上述例子也说明，不同的博弈树可能代表相同的博弈。不过，这里有一个基本的规则必须遵守，就是，一个参与人在决策之前知道的事情（可能是其他参与人的行动或自然的行动）必须出现在该参与人的决策结之前。比如说，如果 B 在决策时知道 A 的选择，那么 A 的决策结必须是 B 的决策结的前列结。图 3-4 和图 3-1 代表相同的博弈，图 3-1 中决策结的顺序是 A→N→B，图 3-4 中决策结的顺序是 N→A→B；但我们不能用 A→B→N 或 B→A→N 代表相同的博弈，因为 B 在决策时知道 N 和 A 的选择。此外，应注意的是，信息集必须准确地表达出来（同一个参与人在代表同一博弈的不同博弈树中的信息集的数量必须相同，自然除外）。作为一个练习，读者可以检验图 3-5 和图 3-6 代表与图 3-3 相同的博弈，在这个博弈中，B 知道 N 的选择但不知道 A 的选择，A 既不知道 N 的选择也不知道 B 的选择，因此，在所有三个博弈树中，B 有两个信息集，A 有一个信息集（图 3-6 中，A 的信息集包含四个决策结，意味着他在决策时不知道自己处于四个结中的哪一个）。注意，终点结的支付向量要作适当调整；特别地，图 3-6 中向量的第一个数字是 B 的支付，第二个数字是 A 的支付。

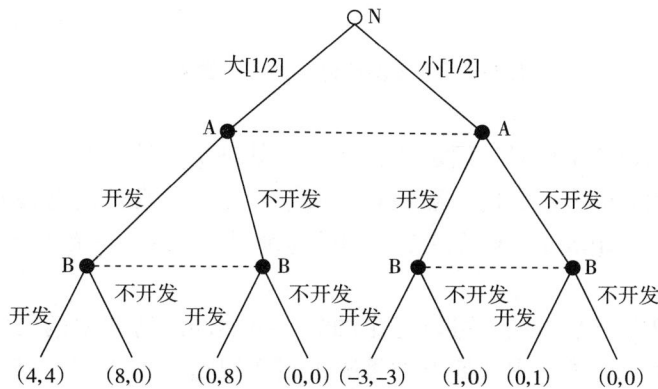

图 3-5　房地产开发博弈 III：第二种表述

上述分析也说明，有了信息集的概念，扩展式表述也可以用于表述静态博弈（参与人同时行动的博弈）。这里，因为所有参与人同时行动，博弈树可以从任何一个参与人的决策结开始；因为没有参与人在决策时知道其他参与人的选择，每个参与人都只有一个信息集。考虑囚徒困境博弈，图 3-7（a）和图 3-7（b）分别是这个博弈的两个不同的扩展式表述。注意，在图 3-7（a），囚徒 A 的决策结标在囚徒 B 的两个决策结之前，而在图 3-7（b），囚徒 B 的决策结标在囚徒 A 的两个决策结之前；但在每一种情况，使用一个信息集来表明下述事实："第二个"参与人在决策时不知道"第一个"参与人选择了什么。另外应注意的是，习惯上，终点结的支付向量的第一个数字总是"第一个"参与人的支付，第二个数字总是"第二个"参与人的支付。

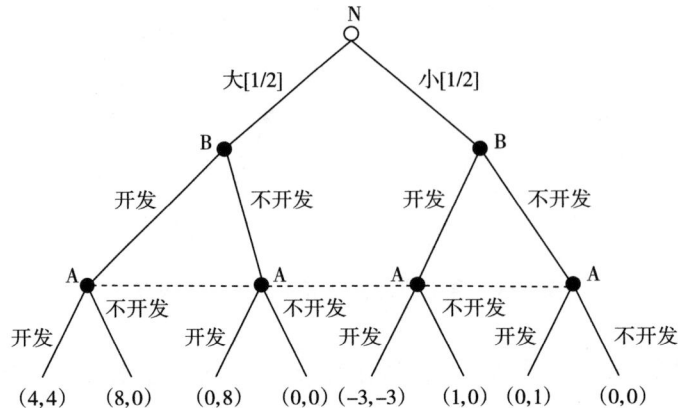

图 3-6　房地产开发博弈Ⅲ：第三种表述

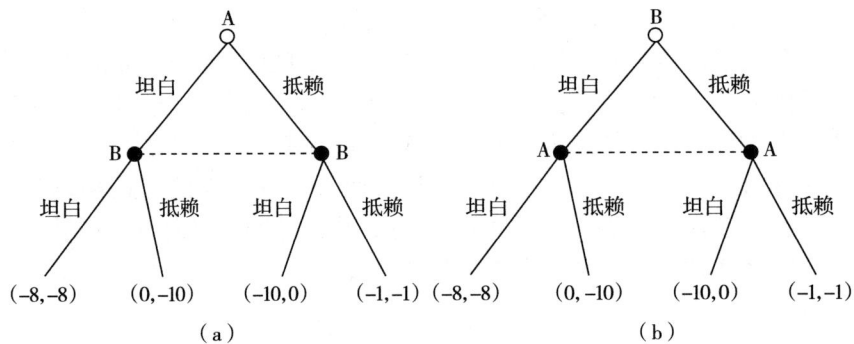

图 3-7　囚徒困境博弈的扩展式表述

　　当博弈涉及外生的不确定性事件时，假定"自然"以某种概率选择某个特定事件。在博弈树上，我们一般用方括号内的数字代表概率。我们一般假定，所有参与人对自然的选择具有相同的先验概率，即所谓海萨尼公理（Harsanyi Doctrine）。有关这个问题的详细讨论将在下一章给出。

　　纳什均衡的问题：

　　本节开始讨论动态博弈的分析方法。可以肯定的是，虽然动态博弈中的策略概念与静态博弈中有所不同，但当我们重新定义了动态博弈中博弈方的策略的概念以后，动态博弈仍然还是具有策略和利益相互依存性的决策问题。那么，我们在静态博弈分析中针对具有策略和利益相互依存特性决策问题发展的核心分析方法，也就是纳什均衡分析，在动态博弈分析中是否仍然适用呢？

　　为了使用上一章定义的纳什均衡概念，我们的第一步工作是将博弈的扩展式表述和策略式表述联系起来。我们仍用 s_i 表示纯策略，u_i 表示支付函数。就是说，同样的纯策略既可以解释为扩展式的，也可以解释为策略式的。不同之处在于，在扩展式表述博弈中，参与人是相机行事，即"等待"博弈到达自己的信息集（包含一个或多个决策结）后再决定如何行动；在策略式表述博弈中，参与人似乎是在博弈开始之前就制订出了一个完全的相机行动计划，即"如果……发生，我将选择……"

　　为了说明如何从扩展式表述构造策略式表述，再次考虑房地产开发博弈的例子。假定在博弈开始之前自然就选择了"低需求"，并且已成为参与人的共同信息；再假定开发商 A 先决策，开发商 B 在观测到 A 的选择后决策。那么，博弈的扩展式表述如图3-8所示。这是一个完美信息博弈（每个人的信息集都是单结的）。为了构造出这个博弈的策略式表述，首先注意到，A 只有一个信息集，两个可选择的行动，因而 A 的行动空间也即策略空间：$S_A =$（开发，不开发）。但 B 有两个信息集，每个信息集上有两个可选择的行动，因而 B 有四个纯策略，分别为：①不论 A 开发还是不开发，我开发；②A 开发我开发，A 不开发我不开发；③A 开发我不开发，A 不开发我开发；④不论 A 开发还是不开发，我不开发。如果我们将 B 的信息集从左到右排列，上述四个纯策略可以简写成：｛开发，开发｝｛开发，不开发｝｛不开发，开发｝和｛不开发，不开发｝，表3-1是这个博弈的策略式表述。

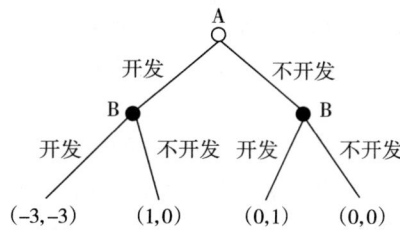

图3-8　房地产开发博弈Ⅳ

表3-1　房地产开发博弈：策略式表述

		开发商 B			
		｛开发，开发｝	｛开发，不开发｝	｛不开发，开发｝	｛不开发，不开发｝
开发商 A	开发	-3, -3	-3, -3	1, 0	1, 0
	不开发	1, 1	0, 0	0, 1	0, 0

从策略式表述中，我们发现这个博弈有三个纯策略纳什均衡，分别为(开发，｛不开发，开发｝)(开发，｛不开发，不开发｝)和(不开发，｛开发，开发｝)。在每一个均衡上，给定对方的策略，自己的策略是最优的。前两个均衡的结果是(开发，不开发)，即 A 开发，B 不开发；第三个均衡的结果是(不开发，开发)，即 A 不开发，B 开发。注意，这里，均衡与均衡结果是不同的（不同的均衡可能对应相同的均衡结果）。

我们将图3-8复制为图3-9。这个博弈是一个完美信息博弈，开发商 A 先行动，开发商 B 在知道 A 的选择后再行动。我们知道，这个博弈有三个纳什均衡，分别为(不开发，｛开发，开发｝)(开发，｛不开发，开发｝)和(开发，｛不开发，不开发｝)。那么，这三个纳什均衡中哪一个是合理的，哪一个是不合理的呢？

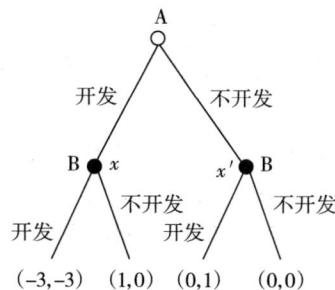

图3-9　房地产开发博弈

　　首先考虑策略组合(不开发，{开发，开发})。这个策略组合之所以构成一个纳什均衡，是因为 B 威胁不论 A 选择开发还是不开发，自己将选择开发，A 相信了 B 的这个威胁，不开发是 A 的最优选择。类似地，B 假定 A 将选择不开发；给定这个假设，{开发，开发}是 B 的最优策略。但是，A 为什么要相信 B 的威胁呢？毕竟，如果 A 真的选择开发，B 的信息集是 x，此时，B 选择开发得到-3 的支付，选择不开发得到 0 的支付，显然，B 的最优选择是不开发。如果 A 知道 B 是理性的，A 将选择开发，迫使 B 选择不开发，自己得到 1 的支付，而不是选择不开发，让 B 开发，自己得到 0 的支付。用博弈论的语言来说，纳什均衡(不开发，{开发，开发})是不可置信的(Incredible)，因为它依赖于 B 的一个不可置信的威胁策略；B 的策略是不可置信的，因为给定 A 选择开发，B 不会实施这个威胁。

　　再来看纳什均衡(开发，{不开发，不开发})。尽管这个结果(A 开发，B 不开发)似乎是合理的，但均衡策略本身是不合理的。如果 A 选择开发，B 的信息集是 x，最优选择是不开发。但是，如果 A 选择不开发，B 的信息集是 x'，最优选择是开发而不是不开发。因此，{不开发，不开发}不是 B 的合理策略，或者说，不是一个可置信的策略。

　　容易看出，只有(开发，{不开发，开发})是一个合理的均衡，因为构成这个均衡的每个参与人的均衡策略都是合理的。如果 A 选择开发，B 的最优选择是不开发；如果 A 选择不开发，B 的最优选择是开发。A 预测到自己的选择对 B 选择的影响，开发是 A 的最优选择。均衡结果是，A 选择开发，B 选择不开发，A 的支付为 1，B 的支付为 0。事实上，(开发，{不开发，开发})是这个博弈的唯一的合理的纳什均衡。

　　基于以上分析不难发现，纳什均衡在动态博弈中具有一种内在不稳定性，并不是真正稳定的。而纳什均衡在动态博弈中缺乏稳定性的根源，正是在于它不能排除博弈方策略中所包含的不可信的行为设定，不能解决动态博弈的相机选择引起的可信性问题。纳什均衡概念的这种缺陷，使它在分析动态博弈时往往不能做出可靠的判断和预测，作用和价值受到很大限制，也使我们必须考虑引起更有效的分析动态博弈的概念和方法。实际上，上面的分析已经提醒我们，动态博弈的有效分析概念，除了要符合纳什均衡的基本要求以外，还必须满足另一个关键的要求，那就是它(或者它们)必须能够排除博弈方策略中不可信的行为设定，也就是各种不可信的威胁和承诺。只有满足这样要求的均衡概念在动态博弈分析中才有真正的稳定性，才能对动态博弈做出有效的分析和预测。

★ 讨论

【提示问题】

　　(1) 如何理解完全信息动态博弈的概念，在动态博弈情形下，关于博弈参与人的"行动"与"策略"有何区别？

　　(2) 是否可以直接将完全信息静态博弈模型的纳什均衡概念应用到完全信息动态博弈模型？其理由是什么？

　　(3) 结合你们小组选择的问题，讨论如何构建你们的另一个基本博弈模型即完全信息动态博弈模型。

【教师注意事项及问题提示】

　　(1) 根据本章引导案例，通过引导学生构建完全信息动态博弈模型，引出动态博弈模型所应包含的新要素及其意义所在。

　　(2) 注意引导学生讨论动态博弈情形由于参与人的"相机行为"所带来的影响。

　　(3) 引导学生构建一个动态博弈模型，该模型在等价的"完全信息静态博弈"意义上可能有多个纯策略纳什均衡，但其中有的纳什均衡不符合参与人的"相机行为"，从而引出后续关于子博弈精炼纳什均衡该如何重新定义的思考。

第二节　子博弈精炼纳什均衡

一、引言

通过前面的分析已经看到，策略式表述可以用来表述任何复杂的扩展式博弈，从而，纳什均衡的概念适用于所有博弈，而不仅仅是参与人同时行动的静态博弈。但是，如果博弈分析的目的是预测博弈中参与人的行为，纳什均衡给出的可能并不是一个非常合理的预测。我们在上一章已经指出，一个博弈可能有多个（甚至无穷多个）纳什均衡，究竟哪一个均衡更为合理，博弈论没有一般的结论，但是，均衡的多重性并不是纳什均衡存在的最严重的问题。最严重的问题是，纳什均衡假定每一个参与人在选择自己的最优策略时所有其他参与人的策略选择是给定的，就是说，参与人并不考虑自己的选择对其他人选择的影响。由于这个原因，纳什均衡很难说是动态博弈的一个合理解，因为在动态博弈中，参与人的行动有先有后，后行动者的选择空间依赖于先行动者的选择，先行动者在选择自己的策略时不可能不考虑自己的选择对后行动者选择的影响。纳什均衡的这个缺陷促使博弈论专家从 20 世纪 60 年代开始就不断寻求改进（Perfecting）和精炼（Refining）纳什均衡概念，以得到更为合理的博弈解。本节将要讨论的泽尔腾的"子博弈精炼纳什均衡"是纳什均衡概念的第一个最重要的改进，它的目的是把动态博弈中的"合理纳什均衡"与"不合理纳什均衡"分开。正如纳什均衡是完全信息静态博弈解的基本概念一样，子博弈精炼纳什均衡是完全信息动态博弈解的基本概念。

为了说明上述论点，考虑上一节讨论过的房地产开发博弈的例子。为了叙述的方便，我们将图 3-8 复制为图 3-10。这个博弈是一个完美信息博弈，开发商 A 先行动，开发商 B 在知道 A 的选择后再行动。从上一节的讨论中我们知道，这个博弈有三个纳什均衡，分别为(不开发，{开发，开发})（开发，{不开发，开发}）和(开发，{不开发，不开发})。那么，这三个纳什均衡中哪一个是合理的，哪一个是不合理的呢？首先考虑策略组合(不开发，{开发，开发})。这个策略组合之所以构成一个纳什均衡，是因为 B 威胁不论 A 选择开发还是不开发，自己将选择开发，A 相信了 B 的这个威胁，不开发是 A 的最优选择。类似地，B 假定 A 将选择不开发；给定这个假设，{开发，开发}是 B 的最优策略。但是，A 为什么要相信 B 的威胁呢？毕竟，如果 A 真的选择开发，B 的信息集是 x，此时，B 选择开发得到-3 的支付，选择不开发得到 0 的支付，显然，B 的最优选择是不开发。如果 A 知道 B 是理性的，A 将选择开发，迫使 B 选择不开发，自己得到 1 的支付，而不是选择不开发，让 B 开发，自己得到 0 的支付。用博弈论的语言来说，纳什均衡(不开发，{开发，开发})是不可置信的（Incredible），因为它依赖于 B 的一个不可置信的威胁策略；B 的策略是不可置信的，因为给定 A 选择开发，B 不会实施这个威胁。

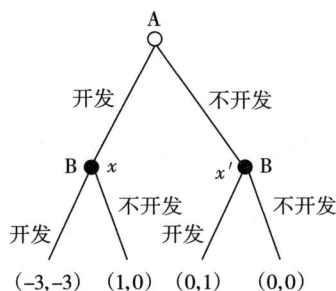

图 3-10　房地产开发博弈

再来看纳什均衡（开发，{不开发，不开发}）。尽管这个结果（A 开发，B 不开发）似乎是合理的，但均衡策略本身是不合理的。如果 A 选择开发，B 的信息集是 x，最优选择是不开发。但是，如果 A 选择不开发，B 的信息集是 x'，最优选择是开发而不是不开发。因此，{不开发，不开发}不是 B 的合理策略，或者说，不是一个可置信的策略。

容易看出，只有（开发，{不开发，开发}）是一个合理的均衡，因为构成这个均衡的每个参与人的均衡策略都是合理的。如果 A 选择开发，B 的最优选择是不开发；如果 A 选择不开发，B 的最优选择是开发。A 预测到自己的选择对 B 选择的影响，开发是 A 的最优选择。均衡结果是，A 选择开发，B 选择不开发，A 的支付为 1，B 的支付为 0。事实上，（开发，{不开发，开发}）是这个博弈的唯一的子博弈精炼纳什均衡。

二、子博弈精炼纳什均衡

泽尔腾引入子博弈精炼纳什均衡（Subgame Perfect Nash Equilibrium）概念的目的是将那些包含不可置信威胁策略的纳什均衡从均衡中剔除，从而给出动态博弈结果的一个合理预测。简单地说，子博弈精炼纳什均衡要求均衡策略的行为规则在每一个信息集上都是最优的。

为了给出子博弈精炼纳什均衡概念的正式定义，需要定义"子博弈"的概念。粗略地说，子博弈是原博弈的一部分，它本身可以作为一个独立的博弈进行分析。正式地，我们有下述定义：

定义 3-1：一个扩展式表述博弈的子博弈 G 由一个决策结 x 和所有该决策结的后续结 $T(x)$（包括终点结）组成，它满足以下条件：

（1）x 是一个单结信息集，即 $h(x)=\{x\}$。

（2）对于所有的 $x_1 \in T(x)$，如果 $x'' \in h(x_1)$，那么 $x'' \in T(x)$。

现在对上述定义中的两个条件作些解释。条件（1）说的是一个子博弈必须从一个单结信息集开始。这一点意味着当且仅当决策者在原博弈中确切地知道博弈进入一个特定的决策结时，该决策结才能作为一个子博弈的初始结；如果一个信息集包含两个以上（包括两个）决策结，没有任何一个决策结可以作为子博弈的初始结。显然，一个完美信息博弈的每一个决策结都开始一个子博弈（每一个决策结和它的后续结构成一个子博弈）。比如，图 3-11 中，决策结 x 和它的后续结构成一个子博弈；决策结 x' 和它的后续结也可以构成一个子博弈。但是在图 3-12 中，x 和 x' 都不能作为子博弈的初始结。

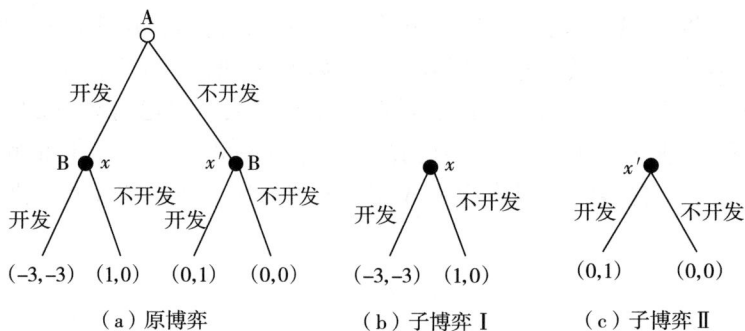

（a）原博弈　　　　（b）子博弈 I　　　　（c）子博弈 II

图 3-11　房地产开发博弈

条件（2）说的是，子博弈的信息集合支付向量都直接继承自原博弈，就是说，当且仅当 x 和 x' 在原博弈中属于同一信息集时，它们在子博弈中才属于同一信息集；子博弈的支付函数只是原博弈支付函数留存在子博弈上的一部分。特别地，条件（2）和（1）意味着子博弈不能切割原博弈的信息集。为了说明这一点，考虑图 3-13 所示的博弈。在这个博弈中，参与人 2 的两个信息集都是单结的，但由于参与人 3 的一个信息集包含三个决策结（另一个信息集是单结的），参与人 2 的信息集不能作为一个子博弈的初始结，否则的话，参与人 3 的信息集将被切割。

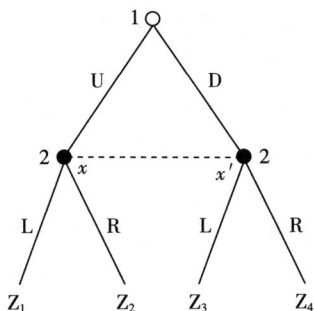

图 3-12 子博弈初始结

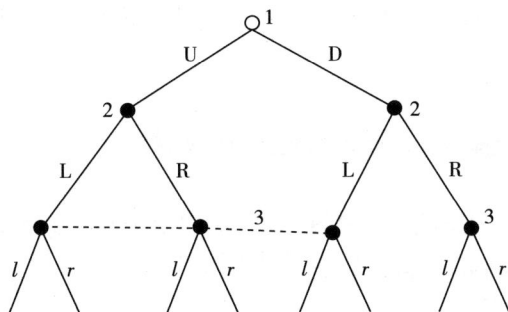

图 3-13 信息集不可切割

要求子博弈满足上述两个条件的目的是保证子博弈对应于原博弈中可能出现的情况。如果不满足这两个条件，参与人在原博弈中不知道的信息在子博弈中就变成知道的信息，从子博弈中得出的结论对原博弈就没有意义。比如，在图 3-13 中，如果从参与人 2 左边的信息集开始一个子博弈，参与人 3 的信息集就由原来的三个决策结变成两个决策结，他在子博弈中的选择就不同于在原博弈中的选择。有了上述两个条件，当原博弈进入某个子博弈时，支付函数有着很好的定义，我们可以检查一个特定的纳什均衡是否在子博弈上也构成一个纳什均衡，从而检查这个纳什均衡是不是一个合理的结果。

习惯上，任何博弈本身称为自身的一个子博弈。这样，图 3-10 有三个子博弈（除原博弈外另外有两个子博弈，如图 3-11 所示），图 3-12 除原博弈外没有其他子博弈。

有了子博弈的概念，我们引进适合动态博弈的新的均衡概念，它必须满足：一是纳什均衡，从而具有策略稳定性；二是不能包含任何的不会信守的许诺或威胁。这样的动态博弈的策略组合称为子博弈精炼纳什均衡。

定义 3-2：扩展式表述博弈的策略组合 $s^* = (s_1^*, \cdots, s_i^*, \cdots, s_n^*)$ 是一个子博弈精炼纳什均衡，如果：①它是原博弈的纳什均衡；②它在每一个子博弈上给出纳什均衡。

子博弈精炼纳什均衡是分析动态博弈的关键概念。而逆向归纳法正是寻找动态博弈的子博弈精炼纳什均衡的基本方法。子博弈精炼纳什均衡能够排除均衡策略中不可置信的威胁，这意味着每阶段各参与人的选择都是按最大利益原则决策的，因此在每个子博弈中都只能采用纳什均衡的策略或行为选择。

现在以图 3-11 所示的房地产开发博弈为例说明子博弈精炼纳什均衡的概念。这个博弈有三个子博弈，除原博弈外，子博弈（b）和（c）实际上是两个单人博弈（即在每个博弈中，只有开发商 B 在决策）。我们已经知道，这个博弈有三个纳什均衡，分别是：（不开发，{开发，开发}）（开发，{不开发，开发}）和（开发，{不开发，不开发}）。现在我们来看这三个纳什均衡是否满足子博弈精炼纳什均衡的要求。在子博弈（b）中，B 的最优选择是不开发；在子博弈（c）中，B 的最优选择是开发。纳什均衡（不开发，{开发，开发}）中 B 的均衡策略{开发，开发}在子博弈（c）上构成纳什均衡，但在子博弈（b）上不构成纳什均衡，因此，（不开发，{开发，开发}）不是一个子博弈精炼纳什均衡；类似地，纳什均衡（开发，{不开发，不开发}）中 B 的均衡策略{不开发，不开发}在子博弈（b）上构成纳什均衡，但在子博弈（c）上不构成纳什均衡，因此，（开发，{不开发，不开发}）也不是一个子博弈精炼纳什均衡。与上述两个纳什均衡不同，纳什均衡（开发，{不开发，开发}）中 B 的均衡策略 {不开发，开发} 无论在子博弈（b）上还是在子博弈（c）上都构成纳什均衡（如果 A 开发，B 不开发；如果 A 不开发，B 开发），因此，（开发，{不开发，开发}）是这个博弈的唯一的子博弈精炼纳什均衡。我们有理由相信"A 开发 B 不开发"是这个博弈唯一合理的均衡结果。

对图 3-9 所示的博弈（见上一节），这个博弈有两个子博弈（参与人 2 的决策结开始一个子博弈），纳什均衡 (U, R) 不是精炼均衡，因为在从 2 的决策结开始的子博弈上，R 不是一个均衡，而纳什均衡 (D, L) 是一个精炼均衡：当 1 选择 D 博弈进入 2 的决策结时，2 选择 L 得到 1 单位的支付，选择 R 得到 0 单位的支付，因此，2 将选择 L。

三、用逆向归纳法求解子博弈精炼纳什均衡

对于有限完美信息博弈，逆向归纳法是求解子博弈精炼纳什均衡的最简便方法。因为有限完美信息博弈的每一个决策结都是一个单独的信息集，每一个决策结都开始一个子博弈。为了求解子博弈精炼纳什均衡，我们从最后一个子博弈开始。

给定博弈到达最后一个决策结，该决策结上行动的参与人有一个最优选择，这个最优选择就是该决策结开始的子博弈的纳什均衡（如果该决策结上的最优行动多于一个，那么我们允许参与人选择其中的任何一个，如果最后一个决策者有多个决策结，那么每一个决策结开始的子博弈都有一个纳什均衡）。

然后，我们回到倒数第二个决策结（最后决策结的直接前列结），找出倒数第二个决策者的最优选择（假定最后一个决策者的选择是最优的），这个最优选择与我们在第一步找出的最后决策者的最优选择构成从倒数第二个决策结开始的子博弈的一个纳什均衡。

如此不断直到初始结，每一步都得到对应子博弈的一个纳什均衡，并且，根据定义，这个纳什均衡一定是该子博弈的所有子博弈（可以称为子子博弈）的纳什均衡，在这个过程的最后一步得到的整个博弈的纳什均衡也就是这个博弈的子博弈精炼纳什均衡。

可以对上述逆向归纳法过程作如下形式化描述。为简单起见，假定博弈有两个阶段，第一阶段参与人 1 行动，第二阶段参与人 2 行动，并且 2 在行动前能观测到 1 的选择。令 A_1 是参与人 1 的行动空间，A_2 是参与人 2 的行动空间。当博弈进入第二阶段，给定参与人 1 在第一阶段的选择 $a_1 \in A_1$，参与人 2 面临的问题是：

$$\max_{a_2 \in A_2} u_2(a_1, a_2) \tag{3-1}$$

显然参与人 2 的最优选择 a_2^* 依赖于参与人 1 的选择 a_1。我们用 $a_2^* = R_2(a_1)$ 代表上述最优化问题的解（2 的反应函数）。因为参与人 1 应该预测到参与人 2 在博弈的第二阶段将按 $a_2^* = R_2(a_1)$ 的规则行动，参与人 1 在第一阶段面临的问题是：

$$\max_{a_1 \in A_1} u_1[a_1, R_2(a_1)] \tag{3-2}$$

令上述问题的最优解为 a_1^*。那么，这个博弈的子博弈精炼纳什均衡为 $[a_1^*, R_2(a_1)]$，均衡结果为 $[a_1^*,$

$R_2(a_1^*)$]。[a_1^*，$R_2(a_1)$]是一个精炼均衡，因为 $a_2^* = R_2(a_1)$ 在博弈的第二阶段是最优的；除 $a_2^* = R_2(a_1)$ 之外，任何其他的行为规则都不满足精炼均衡的要求。

图 3-10 的房地产开发博弈就是这样一个两阶段完美信息博弈。用逆向归纳法求解这个博弈的精炼均衡的步骤如下：在第二阶段，B 的最优行动规则是：{不开发，开发}，即如果 A 在第一阶段选择了开发，B 在第二阶段选择不开发；如果 A 在第一阶段选择了不开发，B 在第二阶段选择开发。因为 A 在第一阶段预测到 B 在第二阶段会按这个规则行动，A 在第一阶段的最优选择是开发。用逆向归纳法得到的精炼均衡是（开发，{不开发，开发}）。

如图 3-14 所示是一个三阶段完美信息博弈。在第三阶段（参与人 1 第二次行动），参与人 1 的最优选择是 U'（选择 D' 得到 0 单位的支付，选择 U' 得到 3 单位的支付）；在第二阶段，因为参与人 2 知道，如果自己选择 R，参与人 1 将在第三阶段选择 U'，因此参与人 2 在第二阶段的最优选择是 L（选择 L 得到 1 单位的支付，选择 R 得到 0 单位的支付）；在第一阶段，参与人 1 知道，如果博弈进入第二阶段，参与人 2 将选择 L，因此参与人 1 在第一阶段的最优选择是 U（选择 U 得到 2 单位的支付，选择 D 得到 1 单位的支付）。这样，均衡结果是参与人 1 在第一阶段选择 U 结束博弈，参与人 1 得到 2 个单位的支付，参与人 2 得到 0 个单位的支付[这个博弈的子博弈精炼纳什均衡是：（{U，U'}，L），这里 U' 和 L，分别是参与人 1 和参与人 2 在非均衡路径上的选择]。

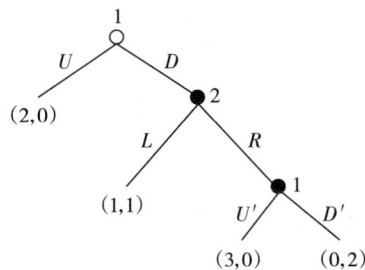

图 3-14　三阶段完善信息博弈

上述分析表明，用逆向归纳法求解子博弈精炼纳什均衡的过程，实质是重复剔除劣策略过程在扩展式表述博弈上的扩展：从最后一个决策结开始依次剔除掉每个子博弈的劣策略，最后留存下来的策略构成精炼纳什均衡。如同重复剔除的占优均衡要求"所有参与人是理性的"是共同知识一样，用逆向归纳法求解均衡也要求"所有参与人是理性的"是共同知识。在图 3-14 中，即使两个参与人都是理性的，如果参与人 1 不认为参与人 2 是理性的，参与人 1 在第一阶段可能选择 D，期待参与人 2 在第二阶段选择 R，从而自己有机会在第三阶段选择 U' 得到 3 单位的支付，而不是一开始就选择 U 只得 2 单位的支付。或者，即使参与人 2 知道参与人 1 是理性的，但如果参与人 1 不认为参与人 2 会相信自己是理性的，参与人 1 可能在第一阶段选择 D，期待参与人 2 认为自己不是理性的因而在第二阶段选择 R 期待自己在第三阶段选择 D'。由于这个原因，如果博弈由很多阶段组成，从逆向归纳法得到的均衡可能并不非常令人信服。我们将在本节的最后更详细地讨论逆向归纳法的缺陷。

根据定义，逆向归纳法只适用于完美信息博弈。但是，有些非完美信息博弈也可以运用逆向归纳法的逻辑求解。比如，在多阶段博弈，如果最后一个阶段所有参与人都有占优策略，我们可以用占优策略替代最后阶段的策略，然后考虑倒数第二阶段，等等。即使博弈的最后阶段并没有占优策略，逆向归纳法的逻辑也有助于我们找出精炼均衡。考虑图 3-15，这里，参与人 2 的最后一个信息集上没有任何一个选择优于其他选择（事实上，最后一个子博弈是零和博弈），因此，逆向归纳法不适用。但是，如果我们接受逆向归纳法的逻辑，下列推论似乎是合理的：从参与人 1 的第二个信息集开始的子博弈有唯一的混合策略纳什均衡，带给每个参与人的期望支付为 0，只有当参与人 2 相信他有 1/4 或更高的概率在最后的子博弈猜透参与人 1 的策略从而获得 2 而不是-2 的支付时，参与人 2 才会在自己的第一个信息集上选择 R。因为参与人 2 知道参与人 1 是理性的，他不可能期望自己比参与人 1 做得更好。因此，参与人 2 在第一个信息集上应该选择 L；进一步，参与人 1 在第一个信息集上应该选择 D。这样的推论正是子博弈精炼均衡的逻辑：用纳什均衡支付向量代替子博弈，然后考虑这个简化博弈的纳什均衡。一旦从参与人 1 的第二个信息集开始的子博弈被它的纳什均衡结果取代，图 3-15 的博弈就简化为图 3-9 所示的博弈。

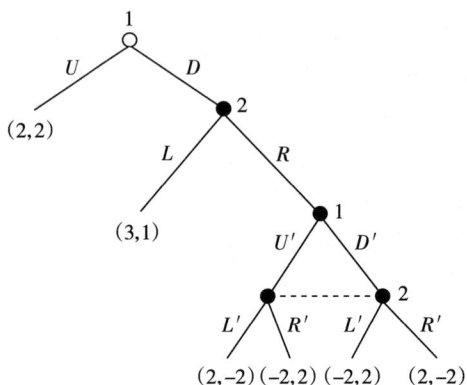

图 3-15　不完全信息博弈

四、承诺行动与子博弈精炼纳什均衡

我们已经看到，有些纳什均衡之所以不是精炼均衡，是因为它们包含了不可置信的威胁策略。这一点意味着，如果参与人能在博弈之前采取某种措施改变自己的行动空间或支付函数，原来不可置信的威胁就可能变得可置信，博弈的精炼均衡就会相应改变。我们将这些为改变博弈结果而采取的措施称为承诺行动（Commitment）。

在许多情况下，承诺行动对当事人是很有价值的，特别地，在有些情况下，一个参与人可以通过减少自己的选择机会使自己受益，原因在于保证自己不选择某些行动可以改变对手的最优选择，承诺行动的一个古典例子是战争中将军过河将桥炸掉以表示绝不撤退的决心。成语"破釜沉舟"讲的是类似的故事，这样的承诺是完全承诺（Total Commitment）：桥一旦被炸，撤退就没有可能（或者说撤退成本为无穷大）。如果一个承诺只是增加某个行动的成本而不是使该行动完全没有可能，我们说这样的承诺是不完全承诺。

将承诺行动纳入模型的一个方法是明确地将承诺行动作为初始阶段的"行动"包括在博弈中（从而得到一个新的博弈）。考虑我们前面讨论过多次的房地产开发博弈的例子，如果在 A 决策之前，B 与某个客户签订一个合同，规定 B 在一个特定的时刻交付客户若干面积的写字楼办公室，如果 B 不能履约，将赔偿客户 3500 万元，这个合同就是一个承诺行动。有了这个承诺行动，B 的｛开发，开发｝就不再是一个不可置信的威胁，而是可置信的威胁，因为此时，不论 A 是否开发，开发是 B 的最优选择（如果 A 开发，B 不开发时损失 3500 万元，开发时损失 3000 万元）。给定 A 知道 B 一定会选择开发，A 的最优选择就是不开发，因此，子博弈精炼纳什均衡是（不开发，｛开发，开发｝）。而不是原来的（开发，｛不开发，开发｝）。注意，3500 万元的赔偿承诺不仅没有使 B 损失什么，反而使 B 得利 1000 万元。

五、逆向归纳法与子博弈精炼均衡存在的局限性

我们已经指出，逆向归纳法理论要求的所有参与人是理性的是所有参与人的共同知识。由于这个原因，尽管在简单的两阶段模型中，逆向归纳法及子博弈精炼均衡给出的解是非常直观的，但是，如果有许多个参与人或每个参与人有多次行动机会，情况可能并非如此。

考虑图 3-16 所示的博弈，这里，每个参与人 i（$<n$）或者选择 D 结束博弈，或者选择 A 使博弈进入下一个参与人的决策结。给定第 i-1 参与人选择 A，如果参与人 i（$<n$）选择 D，每个参与人得到 $1/i$ 单位的支付，如果所有参与人都选择 A，每个参与人得到 2 单位的支付。

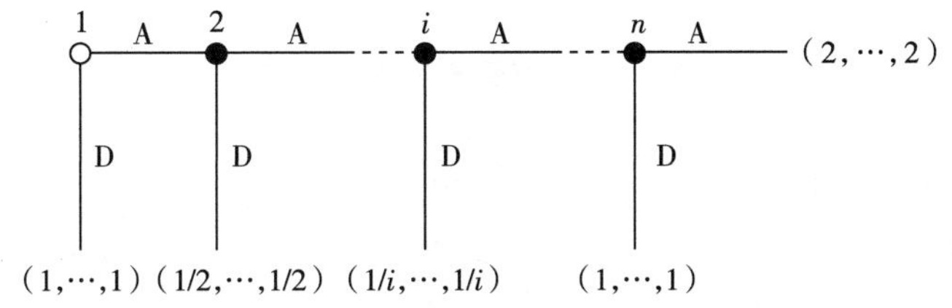

图 3-16　n 个参与人多阶段博弈

这是一个完美信息博弈，使用逆向归纳法，我们预测所有参与人都将选择 A。如果 n 很小，这个预测大概是正确的，但是，如果 n 很大，这个预测就很值得怀疑。考虑参与人 1，获得 2 单位的支付要求所有 n-1 个其他参与人都选择 A。如果参与人 1 不能确信所有 n-1 个其他参与人都将选择 A，他就得考虑是否应该选择 D 以确保 1 单位的安全支付。比如说，如果给定一个参与人选择 A 的概率 $p<1$（由于某种错误），所有 n-1 参与人都选择 A 的概率为 p^{n-1}，即使 p 很大，如果 n 很大的话，p^{n-1} 也会很小。另外，即使参与人 1 确信所有 n-1 个其他参与人都将选择 A，他也可能怀疑参与人 2 是否相信 n-2 个其他参与人都会选择 A。

与此相关的另一个问题是逆向归纳法要求支付向量是所有参与人的共同知识。即"参与人 1 知道参与人 2 知道参与人 3 知道……支付向量"。如果 n=2，逆向归纳法假定参与人 1 知道参与人 2 的支付；如果 n=3，逆向归纳法不仅要求参与人 1 和 2 知道参与人 3 的支付，而且要求参与人 1 知道参与人 2 知道参与人 3 的支付，因为只有满足这个要求，参与人 1 才能预测参与人 2 对参与人 3 的选择的预测。如果参与人 1 认为参与人 2 不可能正确地预测参与人 3 的选择，参与人 1 可能会选择 D。显然，参与人越多（从而倒推链条越长），共同知识的要求就越难满足。

图 3-17 代表的是另一种复杂情况，这个例子来自罗森塞尔（Rosenthal）。这里只有两个参与人，但每个参与人有 100 个决策结。根据逆向归纳法理论，每个参与人在自己的信息集上都选择 D，子博弈精炼均衡结果是参与人 1 在初始结上选择 D，博弈结束，每人得到 1 单位的支付。给定如果每个人选择 A，各得 100 单位的支付，这个均衡结果确实是很令人失望的。想象你是参与人 2，你知道参与人 1 是理性的，你也知道他知道你是理性的，因此你确信参与人 1 会在一开始就选择 D。但是，假如与你的预测相反，参与人 1 选择了 A，你应该如何选择呢？逆向归纳法意味着你应该选择 D，因为如果参与人 1 得到下一个机会的话他将选择 D；但是逆向归纳法也意味着参与人一开始就会选择 D。因此，当你碰到预料之外的情况发生时，你的最优选择应该依赖于你如何预测参与人未来的行为，特别是，你如何修正你对参与人 1 理性程度的评价或你认为他对你的理性程度的评价。参与人 1 一开始就选择 A 可能是因为他自己是非理性的，也可能是因为他认为你是非理性的。如果参与人 1 不是理性的，或者如果他不认为你是理性的，或者如果他不确信你认为他是理性的，那么，你或许应该选择 A，然后看看你们究竟可以走多远。

现在再设想你处于参与人 1 的位置，你如何考虑你选择 A 对参与人 2 的影响呢？你会不会故意选择 A 以诱使参与人 2 认为你是非理性的因而也选择 A，期待这个"将错就错"过程一直下去以得到 100 个单位的支付呢？如果是这样，参与人 2 为什么要从你选择了 A 这个事实就推断你是非理性的或你不认为他是理性的呢？

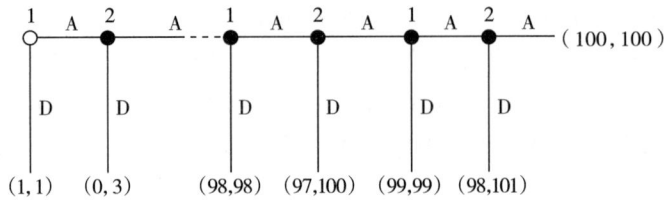

图 3-17　罗森塞尔蜈蚣博弈

　　逆向归纳法理论没有为当某些未曾预料到的事情出现时参与人如何形成他们的预期提供解释。这使逆向归纳法的逻辑受到怀疑。弗登伯格、克瑞普斯和莱文（Fudenberg, Kreps & Levine）将偏离行为解释为是有关"支付函数"信息的不确定性造成的，也就是说，实际的支付函数不同于原来认为的支付函数，从而参与人在观测到未曾预料到的行为时应该修正有关支付函数的信息。因为任何观测到的行为都可以用博弈对手的某种特定支付函数来解释，上述解释把偏离行为出现之后如何预测博弈结果的问题归结为选择哪一个支付函数的问题，从而回避了当零概率事件出现时如何形成新的信念的困难。弗登伯格和克瑞普斯（Fudenberg & Kreps, 1988）将这一论点进一步上升到方法论原则，他们认为，任何一种有关博弈行为的理论都应该是完备的（Complete），这里的完备性指的是，理论应该对任何可能的行为选择赋予严格正的概率（没有任何事件是不可能的），从而当某事件出现时，参与人对随后的博弈行为的条件预测总是很好定义的。

　　泽尔腾从捍卫逆向归纳法理论的角度出发，将偏离行为解释为参与人在博弈过程中犯的错误，或者说，均衡的"颤抖"（Trembles）。他认为，扩展式表述博弈隐含了参与人犯错误的可能；如果参与人在每个信息集上犯错误的概率是独立的（因而参与人不会犯系统性错误），那么，不论过去的行为与逆向归纳法预测的如何不同，参与人应该继续使用逆向归纳法预测从现在开始的子博弈中的行为。一个相关的问题是，参与人自己会如何看待偏离行为？在图 3-17 中，当参与人 1 一开始就选择了 A，参与人 2 应该将其解释为参与人 1 犯了一个错误还是参与人 1 下一步也将选择 A 的信号呢？关于这个问题，我们将在第五章讨论。

　　因为子博弈精炼纳什均衡是逆向归纳法理论的扩展，上面有关逆向归纳法理论的批评自然也适用于子博弈精炼纳什均衡。

第三节　应用举例——经典模型

一、Stackelberg 寡头竞争模型

　　Stackelberg 模型是一种动态的寡头市场博弈模型。该模型假设寡头市场上的两个厂商中，一方较强一方较弱。较强的一方（称为 Leader）领先行动，而较弱的一方（称为 Follower）则跟在较强的一方之

后行动。

由于该模型中两厂商的选择是有先后的，且后一厂商可以观察到前一厂商的选择，因此这是一个动态博弈。但是，因为两个参与人的决策内容是产量水平，而可能的产量水平有无限多个，因此这是一个双方都有无限多种可能选择的无限策略博弈。Stackelberg 模型与古诺模型相比，唯一的不同是前者有一个选择的次序问题，其他如参与人、策略空间和收益函数等完全都是相同的。

价格函数：$P=P(Q)=a-Q$；产品完全相同（没有固定成本，边际成本相等 $c_1=c_2=c$）；

总产量：（连续产量）$Q=q_1+q_2$；总成本分别为：cq_1 和 cq_2。

收益函数为其利润：

$$u_1(q_1,q_2)=q_1P(Q)-c_1q_1=q_1[a-(q_1+q_2)]-cq_1=q_1[a-(q_1+q_2)-c] \qquad (3-3)$$

$$u_2(q_1,q_2)=q_2P(Q)-c_2q_2=q_2[a-(q_1+q_2)]-cq_2=q_2[a-(q_1+q_2)-c] \qquad (3-4)$$

根据逆推归纳法的思路，首先要分析第二阶段厂商 2 的决策，为此，假设厂商 1 的选择为 q_1 是已经确定的。这实际上就是在给定 q_1 的情况下求使 u_2 实现最大值的 q_2，它必须满足：

$$a-q_1-c-2q_2=0 \Rightarrow q_2=R(q_1)=1/2(a-q_1-c) \qquad (3-5)$$

实际上它就是厂商 2 对厂商 1 的策略的一个反应函数。厂商 1 知道厂商 2 的这种决策思路，因此他在选择 q_1 的时候就知道 q_2^* 是根据 $R(q_1)$ 确定的，因此可将 $q_2=R(q_1)$ 代入它自己的收益函数，然后再求其最大值。

$$u_1[q_1,R(q_1)]=q_1[a-q_1-R(q_1)-c]=q_1(a-q_1-c)/2 \qquad (3-6)$$

上式对 q_1 求导数并令为 0，可得 $q_1^*=(a-c)/2$，此时将 q_1^* 代入 $q_2=R(q_1)$，得 $q_2^*=(a-c)/4$，双方的收益分别为 $(a-c)^2/8$ 和 $(a-c)^2/16$。

与两寡头同时选择的古诺模型的结果相比，Stackelberg 模型的结果有很大的不同。它的产量大于古诺模型，价格低于古诺模型，总利润（两厂商收益之和）小于古诺模型。但是，厂商 1 的收益却大于古诺模型中厂商 1 的收益，更大于厂商 2 的收益。这是因为该模型中两厂商所处地位不同，厂商 1 具有先行动的主动，且他又把握住了理性的厂商 2 总归会根据自己的选择而合理抉择的心理，选择较大的产量得到了好处。

结论：本博弈也揭示了这样一个事实，即在信息不对称的博弈中，信息较多的参与人（如本博弈中的厂商 2，它在决策之前可先知道厂商 1 的实际选择，因此他拥有较多的信息）不一定能得到较多的收益。这一点也正是多人博弈与单人博弈的不同之处。

二、工会与企业之间的劳资博弈

工会和企业之间的博弈是宏观经济学里研究最多的问题之一。考虑列昂惕夫（Leontief）模型，该模型讨论了一个企业和一个垄断的工会组织（作为企业劳动力唯一供给者的工会组织）的相互关系：工会对工资水平说一不二，但企业可以自主决定就业人数（在更符合现实情况的模型中，企业和工会间就工资水平讨价还价，但企业仍自主决定就业，得到的定性结果与本模型相似）。工会的效用函数为 $U(\omega,L)$，其中 ω 为工会向企业开出的工资水平，L 为就业人数。假定 $U_\omega>0$，$U_L>0$，即工会的效用 $U(\omega,L)$ 是工资 ω 和就业人数 L 的增函数。企业的利润函数为 $\pi(\omega,L)=R(L)-\omega L$，其中 $R(L)$ 为企业雇用 L 名工人可以取得的收益，假定 $R(L)$ 是严格递增的凹函数，即 $R'>0$，$R''<0$。

博弈的顺序为：①工会给出需要的工资水平 ω；②企业观测到（并接受）ω，随后选择雇用人数 L；③收益分别为 $U(\omega,L)$ 和 $\pi(\omega,L)$。即使没有假定 $U(\omega,L)$ 和 $R(L)$ 的具体表达式，从而无法明确解出该博弈的均衡解，但我们仍可以就解的主要特征进行讨论。

首先，对工会在第一阶段任意一个工资水平 ω，我们能够分析在第二阶段企业的最优反应 $L^*(\omega)$

的特征。给定 ω，企业选择 $L^*(\omega)$ 最大化利润函数：

$$\max_{L \geq 0} \pi(\omega, L) = \max_{L \geq 0} R(L) - \omega L \tag{3-7}$$

最优化的一阶条件是：

$$R'(L) - \omega = 0 \tag{3-8}$$

因此对具体的问题，只要从 $R'(L) - \omega = 0$ 中解出 L，就是在给定工会选择工资水平 ω 时企业的最优雇用数量。为保证上述一阶条件有解，假定 $R'(0) = \infty$，$R'(\infty) = 0$。

$R'(L) - \omega = 0$ 的经济意义是企业增加雇用人数时的边际收益，也就是企业雇用的最后一个单位劳动力所能增加的收益，恰好等于一单位劳动的边际成本，即支付给工人的工资水平。在收益函数 $R(L)$ 的图形上反映出来，就是企业取得最大利润的雇用数 $L^*(\omega)$ 对应的 $R(L)$ 曲线上点处的切线斜率一定等于工资率，如图 3-18 所示。

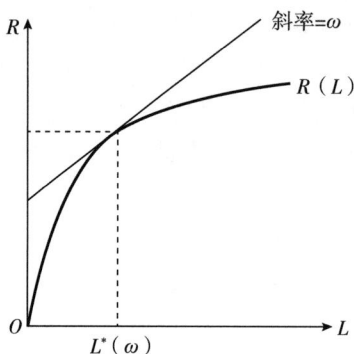

图 3-18 收益函数

图 3-19 把 $L^*(\omega)$ 表示为 ω 的函数，并表示出它和企业每条等利润线相交于最高点。若令 L 保持不变，ω 降低时企业的利润就会提高，于是较低的等利润曲线代表了较高的利润水平。图 3-20 描述了工会的无差异曲线，若令 L 不变，当 ω 提高时工会的福利就会增加，于是较高的无差异曲线代表了工会较高的效用水平。

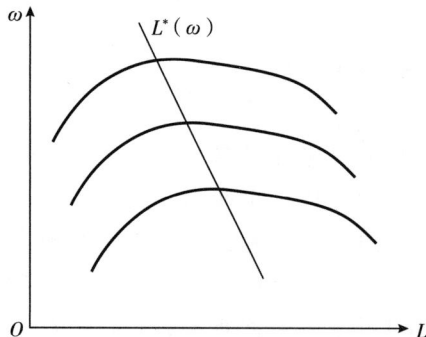

图 3-19 企业的等利润曲线

下面分析工会在第一阶段的选择。因为工会预期企业将根据上述一阶条件进行决策，因此，工会在第一阶段的问题可以表示为：

$$\max_{\omega \geq 0} U[\omega, L^*(\omega)] \tag{3-9}$$

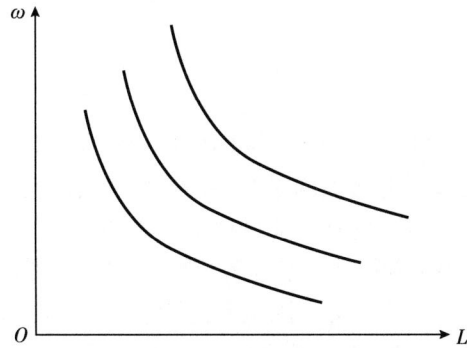

图 3-20　工会的无差异曲线

表现在图 3-20 的无差异曲线上就是，工会希望选择一个工资水平 ω，由此得到的结果 $[\omega, L^*(\omega)]$ 处于可能达到的最高的无差异曲线上。这一最优化问题的解为 ω^*，这样一个工资要求将使工会通过 $[\omega^*, L^*(\omega^*)]$ 的无差异曲线与 $L^*(\omega)$ 相切于该点，从而，子博弈精炼纳什均衡结果是 $[\omega^*, L^*(\omega^*)]$，如图 3-21 所示。

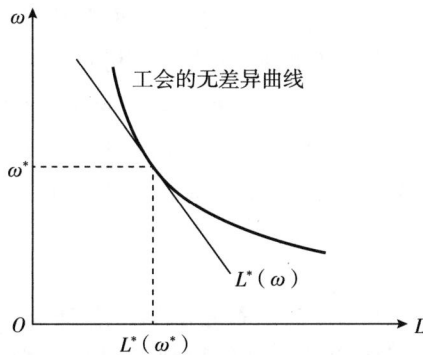

图 3-21　工会与企业博弈的子博弈精炼纳什均衡

尽管 $[\omega^*, L^*(\omega^*)]$ 是一个子博弈精炼纳什均衡结果，但如果对它的效率进行分析，我们将发现它是低效率的，不是帕累托最优点，如图 3-22 所示。显然，如果 ω 和 L 处于阴影部分以内，企业和工会的效用水平都会提高。这种低效率对实践中企业对雇用工人数量保持绝对控制权提出了质疑（允许工人和企业就工资相互讨价还价，但企业仍对雇用工人数量绝对控制，也会得到相似的低效率）。埃斯皮诺萨和里（Espinosa & Rhee, 1989）基于如下事实为这一质疑提供了一个解释：企业和工会之间经常会进行定期或不定期的重复谈判（在美国经常是三年一次），在这样的重复博弈中，可能会存在一个均衡，使工会的选择 ω 和企业的选择 L 都在图 3-22 所示的阴影部分以内，即使在每一次谈判中，这样的 ω 和 L 都不是子博弈精炼纳什均衡。

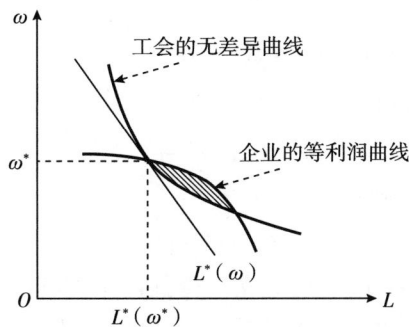

图 3-22　工会与企业的博弈

三、国际贸易与最优关税

现在讨论最优关税选择问题，这个博弈模型是博弈理论在国际贸易领域中的经典应用。模型中有两个相似的国家，分别称为国家 1 和国家 2，这两个国家在本博弈中作为参与人决定本国进口商品的关税税率。

假设两国各有一个企业（可看作国内所有企业的集合体）生产同一种既内销又出口的商品，我们称它们为企业 1 和企业 2。可以把模型中的两个国家理解成两个相互隔离的市场，两国的消费者在各自的国内市场上既可以购买国货，也可以购买进口货，国货和进口货之间是可完全替代的。

用 Q_i 表示国家 i 市场上的商品总供给量，则商品的市场出清价格 P_i 为 Q_i 的函数，不失一般性，假设该函数为 $P_i(Q_i)=a-Q_i$，$i=1,2$。设企业 i 生产 h_i 供内销和 e_i 供出口，因此 $Q_i=h_i+e_j$，$i,j=1,2$，$i\neq j$。再假设两企业的边际生产成本同为常数 c，且都无固定成本，则企业 i 的生产总成本为 $c(h_i+e_i)$。当企业出口时，因为进口国征收的关税也是它的成本，如果国家 j 的关税税率为 t_j，则企业 i 的出口成本为 $ce_i+t_je_i$，国内销售成本为 ch_i。

博弈的先后顺序如下：首先由两国政府同时制定关税税率 t_1 和 t_2；然后企业 1 和企业 2 根据 t_1 和 t_2 同时决定各自的内销和出口产量 h_1、e_1 和 h_2、e_2，这是一个两阶段动态博弈。

在这个博弈中，企业作为参与人的收益是它们所关心的利润：

$$\pi_i=\pi_i(t_i,t_j,h_i,h_j,e_i,e_j)=P_ih_i+P_je_i-c(h_i+e_i)-t_je_i$$
$$=[a-(h_i+e_j)]h_i+[a-(h_j+e_i)]e_i-c(h_i+e_i)-t_je_i \tag{3-10}$$

国家作为参与人的收益则是它们所关心的社会总福利，包括消费者剩余、本国企业的利润和国家的关税收入三部分：

$$w_i=w_i(t_i,t_j,h_i,h_j,e_i,e_j)=(h_i+e_j)^2/2+\pi_i+t_ie_j \tag{3-11}$$

其中 $i=1,2$；$(h_i+e_j)^2/2$ 是国家 i 国内居民作为消费者的消费者剩余，根据消费者剩余的定义，如果消费者用价格 P 购买了一件他愿意出价为 V 的商品，则他得到了 $(V-P)$ 的剩余。给定反需求函数 $P_i=P_i(Q_i)=a-Q_i$，$i=1,2$，如果市场 i 的销售总产量为 $Q_i=h_i+e_j$，$i,j=1,2$，$i\neq j$，则总的消费者剩余为 $Q_i^2/2$，是根据商品的市场出清价格对应的需求函数导出来的。

使用逆向归纳法来分析这个博弈，先从第二阶段企业的选择开始。假设两国已选择关税税率分别为 t_1 和 t_2，则如果 $(h_1^*,e_1^*,h_2^*,e_2^*)$ 是在设定 t_1 和 t_2 情况下两企业之间的一个纳什均衡，那么 (h_i^*,e_i^*) 必须是下述优化问题的解：

$$\max_{h_i,e_i\geq0}\pi_i(t_i,t_j,h_i,h_j^*,e_i,e_j^*) \tag{3-12}$$

由于利润 π_i 可以分成企业在国内市场的利润和国外市场的利润两部分之和，且国内市场的利润取决于 h_i 和 e_j^*，国外市场的利润取决于 e_i 和 h_j^*，因此上述优化问题就可分解为下列两个优化问题：

$$\max_{h_i\geq0}\{h_i[a-(h_i+e_j^*)-c]\} \tag{3-13}$$
$$\max_{e_i\geq0}\{e_i[a-(e_i+h_j^*)-c]-t_je_i\} \tag{3-14}$$

假设 $e_j^*\leq a-c$，从式（3-13）解得：

$$h_i^*=(a-e_j^*-c)/2 \tag{3-15}$$

假设 $h_j^*\leq a-c-t_j$，从式（3-14）解得：

$$e_i^*=(a-h_j^*-c-t_j)/2 \tag{3-16}$$

由于式（3-15）和式（3-16）对 $i,j=1,2$ 均成立，得到四个方程的联立方程组，解得：

$$h_i^*=(a-c+t_i)/3,\quad e_i^*=(a-c-2t_j)/3 \tag{3-17}$$

其中 $i,j=1,2$。这就是在设定 t_1 和 t_2 的情况下，两个企业在第二阶段静态博弈的纳什均衡。

在分析第一阶段之前，先对上述结果做一些简要讨论。如果没有关税，也就是令 t_1 和 t_2 都等于 0，那么本博弈就相当于国内国外两个市场的古诺模型，两企业在两市场的均衡产量确实都为 $(a-c)/3$，与古诺模型的均衡产量完全一样。关税的存在使两企业在两个市场上的边际成本都发生了变化。在 i 国市场，企业 i 的边际成本为 c 而企业 j 的边际成本为 $c+t_i$。因为企业 j 的边际成本高于古诺模型的边际成本，因此它必然会少生产一些，而企业 j 少生产就会使商品的市场出清价格有上升的趋势，从而使企业 i 可以多生产一些。因此，h_i^* 是 t_i 的增函数而 e_j^* 则是 t_i 的减函数。也就是说，一国的关税具有保护本国企业、提高本国企业国内市场占有率、打击外国企业的作用，这也是世界各国普遍设置关税、倾向于提高本国关税的主要原因。

现在回到第一阶段两个国家之间的博弈，即两个国家同时选择 t_1 和 t_2。因为国家 1 和国家 2 都清楚两国企业的决策思路和方式，即知道当两国政府确定 t_1 和 t_2 以后，两国的企业会根据式（3-17）决定均衡产量 $(h_1^*，e_1^*，h_2^*，e_2^*)$，因此两国的收益为 $w_i=w_i(t_1，t_2，h_1^*，e_1^*，h_2^*，e_2^*)$，其中 h_1^*、e_1^*、h_2^*、e_2^* 都是 t_1 和 t_2 的函数。为了方便起见，我们简单地用 $w_i=w_i(t_1，t_2)$ $(i=1，2)$ 来表示上述两国的收益。

对国家 i 来说，它现在是要选择 t_i^*，满足：

$$\max_{t_i \geqslant 0} w_i(t_i，t_j^*) \tag{3-18}$$

将式（3-17）决定的均衡产量 $(h_1^*，e_1^*，h_2^*，e_2^*)$ 代入国家 i 的收益函数，可得：

$$w_i(t_i，t_j^*) = [2(a-c)-t_i]^2/18 + (a-c+t_i)^2/9 + (a-c-2t_j^*)^2/9 + t_i(a-c-2t_j^*)^2/3 \tag{3-19}$$

国家 i 要选择 t_i^*，满足上式达到最大，令导数为零时，解得 $t_i^*=(a-c)/3$ 对 $i=1，2$ 成立，两国的最佳关税都是 $t_1=t_2=(a-c)/3$。将它们代入式（3-17）得最佳内销和出口产量为：

$$h_i^* = 4(a-c)/9，e_i^* = (a-c)/9，i=1，2 \tag{3-20}$$

这就是两企业在第二阶段的最佳内销和出口产量选择。这是一个子博弈精炼纳什均衡解。

四、轮流出价的讨价还价模型

纳什讨价还价解是一个合作博弈模型，它是由几个看起来合理的公理导出的结果，这些公理包括效用测度的无关性（Invariance）、帕累托有效性（Efficiency）、无关选择的独立性（Independence of Irrelevant Alternatives）和对称性（Symmetry）。在实际的讨价还价中，这些公理可能都在背后起作用，但讨价还价通常是一个不断的"出价—还价"（Offer-counteroffer）过程。鲁宾斯坦（Rubinstein，1982）的轮流出价模型（Alternating Offers）试图模型化这样一个过程。在此模型里，两个参与人分割一块蛋糕，参与人 1 先出价（Offer），参与人 2 可以接受（Accept）或拒绝（Reject）。如果参与人 2 接受，博弈结束，蛋糕按参与人 1 的方案分配；如果参与人 2 拒绝，参与人 2 出价（还价），参与人 1 可以接受或拒绝；如果参与人 1 接受，博弈结束，蛋糕按参与人 2 的方案分配；如果参与人 1 拒绝，参与人 1 再出价；如此一直下去，直到一个参与人的出价被另一个参与人接受为止。因此，这是一个无限期完美信息博弈，参与人 1 在时期 1，3，5……出价，参与人 2 在时期 2，4，6……出价。这个博弈有无穷多个纳什均衡，但鲁宾斯坦证明，它的子博弈精炼纳什均衡是唯一的。

用 x 表示参与人 1 的份额，$(1-x)$ 表示参与人 2 的份额，x_1 和 $(1-x_1)$ 分别是参与人 1 出价时参与人 1 和参与人 2 的份额，x_2 和 $(1-x_2)$ 分别是参与人 2 出价时参与人 1 和参与人 2 的份额。假定参与人 1 和参与人 2 的贴现因子分别为 δ_1 和 δ_2。这样，如果博弈在时期 t 结束，t 是参与人 i 的出价阶段，参与人 1 的支付贴现值是 $\pi_1=\delta_1^{t-1}x_i$，参与人 2 的支付贴现值是 $\pi_2=\delta_2^{t-1}(1-x_i)$。

在讨论无限期博弈之前，先来讨论有限期博弈的情况。如果博弈的期限是有限的，我们可以使用逆向纳归法求解子博弈精炼纳什均衡。假定博弈只进行两个时期，在 $T=2$ 时，参与人 2 出价，如果他提出 $x_2=0$，参与人 1 会接受，因为参与人 1 不再有出价的机会（一般地，如果参与人在接受和拒绝之间无差异时，假定他选择接受）。因为参与人 2 在 $T=2$ 时得到 1 单位等价于在 $t=1$ 时的 δ_2 单位，如果参与人 1 在 $t=1$ 时出价 $1-x_1 \geq \delta_2$，参与人 2 会接受；因为参与人 1 没有必要给参与人 2 多于他会接受的最低份额，子博弈精炼均衡结果是参与人 1 得到 $x=x_1=1-\delta_2$，参与人 2 得到 $1-x=\delta_2$。现在假定 $T=3$，在最后阶段，参与人 1 出价，他可以得到的最大份额是 $x_1=1$。因为参与人 1 在 $T=3$ 时 1 单位等价于 $t=2$ 时的 δ_1 单位，如果参与人 2 在 $t=2$ 时出价 $x_2=\delta_1$，参与人 1 将会接受；因为参与人 2 在 $t=2$ 时的 $(1-\delta_1)$ 单位等价于 $t=1$ 时的 $\delta_2(1-\delta_1)$ 单位，如果参与人 1 在 $t=1$ 时出价 $1-x_1=\delta_2(1-\delta_1)$，参与人 2 将会接受。因此，子博弈精炼均衡结果是 $x=1-\delta_2(1-\delta_1)$。假定 $T=4$，参与人 2 最后出价。使用上述结果，因为参与人 2 在 $t=2$ 时最大可得 $1-\delta_1(1-\delta_2)$，参与人 1 在 $t=1$ 时将出价 $1-x_1=\delta_2[1-\delta_1(1-\delta_2)]$，子博弈精炼均衡结果是 $x=1-\delta_2[1-\delta_1(1-\delta_2)]$。假定 $T=5$，参与人 1 最后出价。因为参与人 2 在 $t=2$ 时最大可得 $1-\delta_1[1-\delta_2(1-\delta_1)]$，子博弈精炼均衡结果为 $x=1-\delta_2\{1-\delta_1[1-\delta_2(1-\delta_1)]\}$。读者可以使用上述方法推导出任何给定的 $T<\infty$ 的子博弈精炼纳什均衡。

现在来看看子博弈精炼均衡结果与贴现因子 δ 和博弈期限 T 之间的关系。从上面的例子可以看出，如果 $\delta_1=\delta_2=0$，不论 T 为多少，子博弈精炼均衡结果是 $x=1$；就是说，如果两个参与人都是绝对无耐心的（下阶段的任何支付等价于本阶段的 0），第一个出价的参与人得到整个蛋糕。如果 $\delta_2=0$，不论 δ_1 为多少，子博弈精炼均衡结果仍然是 $x=1$；但是，如果 $\delta_1=0$，$\delta_2>0$，子博弈精炼均衡结果是 $x=1-\delta_2$，因为如果参与人 2 在 $t=1$ 时拒绝了参与人 1 的出价，参与人 2 在 $t=2$ 时得到整个蛋糕，但贴现到 $t=1$ 时只值 δ_2，参与人 2 在 $t=1$ 时将接受任何 $1-x_1 \geq \delta_2$ 的出价。在上述几种情况下，均衡结果与 T 无关（假定 $T \geq 2$）。现在我们考虑另外的情况。假定占 $\delta_1=\delta_2=1$（双方都有无限的耐心），那么，如果 $T=1$，3，5……，均衡结果是 $x=1$，如果 $T=2$，4，6……，均衡结果是 $x=0$。这里，我们得到"后动优势"（Last-mover Advantage），其原因是，给定 $\delta_i=1$，如果参与人 i 最后出价，他将拒绝任何自己不能得到整个蛋糕的出价，一直等到博弈的最后阶段得到整个蛋糕。

一般来说，如果 $0<\delta_i<1$，$i=1$，2，均衡结果不仅依赖于贴现因子的相对比率，而且依赖于博弈时期长度 T 和谁在最后阶段出价。然而，这种依存关系随 T 的变大而变小，当 T 趋于无穷时，我们得到"先动优势"：如果 $\delta_1=\delta_2=\delta$，唯一的均衡结果是 $x=1/(1+\delta)$。

定理 3-1：在无限期轮流出价博弈中，唯一的子博弈精炼纳什均衡结果是（Rubinstein，1982）：

$$x^* = \frac{1-\delta_2}{1-\delta_1\delta_2} \quad [\text{如果 } \delta_1=\delta_2=\delta,\ x^*=1/(1+\delta)] \tag{3-21}$$

定理的证明从略，有兴趣的读者可以自行参考相应的博弈论教材。

贴现率可以理解为讨价还价的一种成本，类似蛋糕随时间的推延而不断缩小，每一轮讨价还价的总成本与剩余的蛋糕成比例。讨价还价的另一类成本是固定成本。

固定成本的一种特殊形式是外部机会（类似机会成本）。可以想象，外部机会越好（从而机会成本越高），参与人越处于不利地位。

★ 讨论

【提示问题】

（1）如何理解子博弈精炼纳什均衡的概念，它与第二章的纳什均衡有何区别？

（2）子博弈精炼纳什均衡是如何剔除博弈人的"不可置信威胁或者承诺"的？怎样利用逆向归纳法针对不同的完全信息动态博弈求解子博弈精炼纳什均衡？

（3）结合你们小组选择的问题，讨论如何求解你们所构建的完全信息动态博弈模型的子博弈精炼纳什均衡。

【教师注意事项及问题提示】

（1）结合本章的典型应用案例，特别注意引导学生讨论清楚子博弈精炼纳什均衡是如何对纳什均衡进行"精炼"的。

（2）根据本章的典型应用案例，着重引导学生掌握利用逆向归纳法求解子博弈精炼纳什均衡的技巧。

（3）引导学生融会贯通"动态博弈"模型构建的精髓所在，以及逆向归纳法的多学科通用性，从而引出后续关于重复博弈设定的思考。

第四节　重复博弈

重复博弈指基本博弈重复进行构成的博弈过程。虽然重复博弈形式上是基本博弈的重复进行，但参与人的行为和博弈结果却不一定是基本博弈的简单重复，因为参与人对于博弈重复进行的意识，会使他们对利益的判断发生变化，从而使他们在重复博弈过程不同阶段的行为选择受到影响。重复博弈在现实中具有普遍性，社会经济活动中存在着许多长期反复的合作和竞争关系。如经济活动中强调经济联盟和价值链整合，以谋求更广阔的市场空间和发展前景，就需要在竞争与合作中不断调整自己的策略选择。

具体来说，重复博弈有下列 3 项基本特征：①阶段博弈之间没有"物质上"的联系（No Physical Links），也就是说，前一阶段的博弈不改变后一阶段博弈的结构（对比之下，序贯博弈涉及物质上的联系）；②所有参与人都观测到博弈过去的历史（如在每一个新的阶段博弈，两个囚徒都知道同伙在过去的每次博弈中选择了抵赖还是坦白）；③参与人的总支付是所有阶段博弈支付的贴现值之和或加权平均值。

一、有限次重复博弈

重复博弈中比较常见的是基本博弈重复两三次或者其他有限的次数，因为即使是社会经济活动中的长期关系，通常其长度也是有限的，即有预定的结束时间。这样的由基本博弈的有限次重复构成的博弈为有限次重复博弈。

定义 3-3：给定一个基本博弈 G（可以是静态博弈，也可以是动态博弈），重复进行 T 次 G，并且在每次重复 G 之前各参与人都能观察到以前博弈的结果，这样的博弈过程称为 G 的 T 次重复博弈，记为 $G(T)$。而 G 则称为 $G(T)$ 的原博弈。$G(T)$ 中的每次重复称为 $G(T)$ 的一个阶段。

注意重复博弈的一个阶段本身就是一个独立的静态博弈或动态博弈，各个参与人都有相应的收益，这是重复博弈与一般动态博弈的主要区别之一。

定理 3-2：令 G 是阶段博弈，$G(T)$ 是 G 重复 T 次的重复博弈（$T<\infty$）。那么，如果 G 有唯一的纳什均衡，重复博弈 $G(T)$ 的唯一子博弈精炼纳什均衡结果是阶段博弈 G 的纳什均衡重复 T 次（每个阶段博弈出现的都是一次性博弈的均衡结果）。

上述定理表明，只要博弈的重复次数是有限的，重复本身并不改变博弈的均衡结果。注意，单阶段博弈纳什均衡的唯一性是一个重要条件。如果纳什均衡不是唯一的，上述结论就不一定成立。

下面来看一下有名的连锁店悖论。连锁店悖论是泽尔腾于 1978 年提出的。连锁店悖论讨论的问题是一个在 n 个市场（也可以理解为 n 个城镇）都开设有连锁店的企业，对于各个市场的竞争者是否应该加以打击排斥的策略选择。由于 n 个市场的竞争者一般不会同时进入竞争，如果忽略各个市场环境、竞争者不同等方面的微小差异，这个问题对上述连锁企业来说相当于一个 n 次重复的重复博弈，重复博弈中的原博弈就是如图 3-23 所示的"先来后到"博弈扩展式。根据前面介绍的分析方法得知，竞争者选择进入，先占领市场的连锁企业选择不打击，是原博弈唯一的子博弈精炼纳什均衡，是两个理性的参与人之间博弈的唯一结果。根据定理或者直接用逆推归纳法很容易证明，在以这个博弈为原博弈的有限次重复博弈中，唯一的子博弈精炼纳什均衡是重复原博弈的纳什均衡。也就是每个市场的竞争者都进入，连锁企业都不打击。但这种理论结论和预言也显然是有问题的，首先现实中类似问题的直觉经验与该理论结论明显不符。其次如果连锁企业对开头几个市场竞争者不计成本地进行打击，那么这种打击的威慑作用应该能够吓退其余市场的潜在竞争者，从而使连锁企业能够独享其余几十个甚至更多市场利益，总体上肯定是合算的。

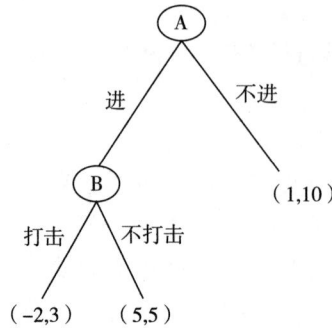

图 3-23　"先来后到"博弈扩展式

二、无限次重复博弈和无名氏定理

理论上重复博弈可以无限制进行下去，不一定经过一定次数重复以后必须结束。如果一个基本博弈 G 一直重复博弈下去，这样的重复博弈我们称为"无限次重复博弈"，记为 $G(\infty)$。无限次重复博弈的基本博弈也称为原博弈。无限次重复博弈是有无限个阶段的动态博弈。

囚徒困境博弈的无限次重复：证明如果参与人有足够的耐心，（抵赖，抵赖）是一个子博弈精炼纳什均衡结果（见表 3-2）。

表 3-2　囚徒困境博弈矩阵

		囚徒 2	
		坦白	抵赖
囚徒 1	坦白	-8, -8	0, -10
	抵赖	-10, 0	-1, -1

我们考虑下列所谓冷酷策略（Grim Strategy）：①开始选择抵赖；②选择抵赖直到有一方选择了坦白，然后永远选择坦白。注意：根据这个策略，一旦一个囚徒在某个阶段博弈中自己选择了坦白，之后他将永远选择坦白。

首先证明冷酷策略是一个纳什均衡。假定囚徒 j 选择上述冷酷策略，冷酷策略是不是囚徒 i 的最优策略呢？因为博弈没有最后阶段，我们不能运用逆向归纳法求解。令 δ 为贴现因子（我们假定两人的贴现因子相同）。如果 i 在博弈的某个阶段首先选择了坦白，他在该阶段得到 0 单位的支付，而不是 -1 单位的支付，因此他的当期净收益是 1 单位。但他的这个机会主义行为将触发囚徒 j 的"永远坦白"的惩罚，因此 i 随后每个阶段的支付都是 -8。因此，如果下列条件满足，给定 j 没有选择坦白，i 将不会选择坦白：

$$0 + \delta \times (-8) + \delta^2 \times (-8) + \cdots \leq -1 + \delta \times (-1) + \delta^2 \times (-1) + \cdots$$

$$或：-\frac{8\delta}{1-\delta} \leq -\frac{1}{1-\delta} \tag{3-22}$$

解上述条件得：$\delta^* \geqslant 1/8$；就是说，如果 $\delta \geqslant 1/8$，给定 j 坚持冷酷策略并且 j 没有首先坦白，i 不会选择首先坦白。

现在假定 j 首先选择了坦白。那么 i 是否有积极性坚持冷酷策略以惩罚 j 的不合作行为呢？给定 j 坚持冷酷策略，j 一旦坦白将永远坦白；如果 i 坚持冷酷策略，他随后每阶段的支付是-8（在任何阶段，如果选择坦白，他达到-8；如果选择抵赖，他达到-10），因此，不论 δ 为多少，i 有积极性坚持冷酷策略。类似地，给定 j 坚持冷酷策略，即使 i 自己首先选择了坦白，坚持冷酷策略（惩罚自己）也是最优的。

由此证明，如果 $\delta \geqslant 1/8$（即参与人有足够的耐心），冷酷策略是无限次囚徒博弈的一个子博弈精炼纳什均衡，帕累托最优（抵赖，抵赖）是每一个阶段的均衡结果，囚徒走出了一次性博弈时的困境。隐藏在这个结果背后的原因是，如果博弈重复无穷次且每个人有足够的耐心，任何短期的机会主义行为的所得都是微不足道的，参与人有积极性为自己建立一个乐于合作的声誉，同时也有积极性惩罚对方的机会主义。

当然这个博弈还有许多其他子博弈精炼均衡。特别地，如同在一次性博弈中一样，在每个阶段博弈两人都选择坦白也是一个子博弈精炼均衡，并且，是唯一一个当期行为独立于过去行为历史的均衡。

无名氏定理（Friedman，1971）：令 G 为一个 n 人阶段博弈，$G(\infty, \delta)$ 为以 G 为阶段博弈的无限次重复博弈，a^* 是 G 的一个纳什均衡（纯策略或者混合策略），$e = (e_1, e_2, \cdots, e_n)$ 是 a^* 决定的支付向量，$v = (v_1, v_2, \cdots, v_n)$ 是一个任意可行的支付向量，V 是可行支付向量集合。那么，对于任何满足 $v_i > e_i$ 的 $v \in V(\forall i)$，存在一个贴现因子 $\delta^* < 1$ 使对于所有的 $\delta \geqslant \delta^*$，$v = (v_1, v_2, \cdots, v_n)$ 是一个特定的子博弈精炼纳什均衡结果。

简单地说，无名氏定理是在无限次重复博弈中，如果参与人有足够的耐心（δ 足够大），那么，任何满足个人理性的可行的支付向量都可以通过一个特定的子博弈精炼均衡得到。在上述定理中，阶段博弈的纳什均衡 a^* 可能是混合策略均衡也可能是纯策略均衡；有 a^* 决定的支付向量 $e = (e_1, e_2, \cdots, e_n)$ 是达到任何精炼均衡结果 v 的惩罚点（或者称为纳什威胁点，Nash Threat Point）。在囚徒困境博弈中，a^* 是（坦白，坦白），$e = (-8, -8)$；在重复寡头博弈中，a^* 是 $q_1 = q_2 = q^c$，$e = (\pi_1^c, \pi_2^c)$。

第五节　应用举例——扩展讨论

动态博弈中参与人的策略是他们自己预先设定的，在各个博弈阶段，针对各种情况的相应行为选择的计划。这些策略实际上并没有强制力，而且实施起来有一个过程，因此只要符合参与人自己的利益，他们完全可以在博弈过程中改变计划。我们称这种状况为动态博弈中的"相机选择"（Contingent Play）问题。相机选择的存在使参与人的策略中，所设定的各个阶段、各种情况下会采取行为的"可信性"（Credibility）有了疑问。也就是说，各个参与人是否会真正、始终按照自己的策略所设定的方案行为，还是可能临时改变自己的行动方案呢？

下面通过一个供货商和客户之间的博弈案例说明动态博弈中相机选择和策略中的可信性对最终决策的影响。假设某客户 B 有一个项目，但为了完成这个项目需要供货商 A 的合作，供货商 A 选择合作，需投入 20 万吨货物，则可以获得 20% 的收益。根据对客户资料的掌握情况，客户的项目运行肯定会获得 20% 的收益，供货商 A 所担心的问题是客户 B 是否能够按时承诺回款，如果供货商 A 不能按时收回货款，那么他不但不能获得收益，而且连本钱都收不回来。用图 3-24 中的扩展式来表示这个博弈问题。

图 3-24 中最上方的圆圈代表供货商 A 的选择信息或者称选择结点（Node），A 在此处有"供货"和"不供货"两个策略可以选择。如果 A 选择不供货，则博弈结束，他能保住 20 万吨的货物不受损失，但得不到合作所获得的收益 20×20%＝4 万元。如果 A 选择供货则达到客户 B 的选择信息集，轮到 B 进行选

择。因为经营过程我们不加以考虑，这里我们关注的是 B 能不能在结账期按时付款，所以在 B 的结点处，有两种可选择的行为"付款"和"不付款"。无论 B 选择"付款"还是"不付款"博弈到此结束。"付款"则 A 收回 20 万元的货款，并且得到 4 万元的收益。B 得到（20+4）×20%＝4.8 万元的收益。若 B 选择"不付款"，则得到 28.8 万元的收益，A 损失 20 万吨货物。图 3-24 中三个终端处的数组，表示由各参与人各阶段行为依次构成的、到达这些终端的"路径"所实现的各参与人收益，其中第一个数字是先行动的 A 的收益，第二个数字是后行动的客户 B 的收益。

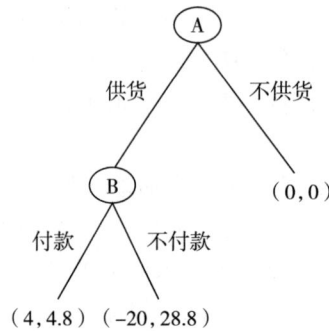

图 3-24　供货商和客户博弈

从图 3-24 中可以看出供货商 A 的处境，选择"不供货"虽然能够使货物不损失，但也不会获得收益，不符合商业经营的原则。选择"供货"，而客户 B 信守承诺，会按期付款，那么 A 不但能够收回本金，而且能够有 4 万元的收益。因此，供货商 A 的决策关键是要判断客户 B 是否会按照约定按时回款。我们在经济行为分析中，一般都是假设参与人为了实现自身利益最大化（收益）的理性行为，在决策的时候，伦理道德的约束在这里是不起作用的，当然在某种情况下，例如，大企业或者注重声誉建设谋求长远发展的实体，也会把遵守承诺这些伦理道德因素折算为经济利益内化到综合收益中的。在这种情况下，可以看出轮到客户做决策时，必然会选择到期"不付款"，来实现自身利益最大化，收益 28.8 万元。供货商 A 清楚 B 的行为准则，因此他不可能被 B 的没有约束的许诺所迷惑，知道一旦供货，到时必然收不回账款，因此最合理的选择是"不供货"而不是"供货"，保住自己的货物。对于供货商 A 来说，本博弈中 B 是一个不可信的许诺。

许诺不可信，使参与人的合作成为不可能，这当然不符合现实的经营目的，因为供货商的货物不能卖出去就无法实现增值的目的（获得收益），客户 B 没有得到 A 的合作，也无法实现自身的利润。那么怎样使参与人的行为继续下去呢？我们可以增加能够制约 B 行为的约束条件。

在图 3-24 中，参与人 B 选择不付款时，A 没有任何约束机制来保障自己的权益，造成了 A 对客户 B 的承诺没有信心，只能采取"不供货"的消极态度来避免被骗带来的损失。如果我们加入法律的因素，也就是客户 B 不遵守承诺时供货商 A 可以通过仲裁的法律手段保障自己的收益，则情况就发生了改观。因为从道理上 B 选择"不付款"是一种受到惩罚的行为，仲裁的结果应该对 A 有利，A 的合法权益也得到了保障，不用害怕被 B 侵吞。这时双方的选择，以及相关的对对方选择的判断，也都发生了变化，博弈的结果就会不同。

考虑到经济仲裁是一次解决，所以就到供货商是否决定仲裁博弈终止。通过法律仲裁要花费费用的，这里我们假设是货款的 20%，也就是 4.8 万元，并且由败诉的一方承担。我们假设仲裁的结果是 B 承担费用，A 收回货物成本并收回利润，而 B 经营所得收益都要付仲裁费，并要向 A 支付货款。这样博弈就成为图 3-25 中的扩展式所表示的两参与人之间的三个阶段动态博弈。与图 3-24 相比，现在多了一个 A 选择是否仲裁的第三个阶段。

图 3-25　有仲裁约束的供货商和客户博弈

　　加上仲裁这个阶段，结果就大不相同了。现在，博弈进行到第三个阶段，即客户 B 选择"不付款"，供货商 A 可以选择法律仲裁来讨回公道。如果 A 选择"不仲裁"，则 B 得到 A 的货款和自己的经营收益 28.8 万元，A 则是不但损失了货款，并且毫无收益，此时"仲裁"的收益远远大于"不仲裁"的收益。仲裁 B 一无所有，A 则能够收回自己的货款并且还有盈利。所以对 B 来说，应该十分清楚 A 的思路，知道 A 在自己"不付款"的选择下，A"仲裁"是可信的，知道如果自己在第二个阶段选择"不付款"等着他的必然是一无所获，因此 B 作为一个有理性的追求自身收益最大化的参与人来说，他必然选择"付款"，那样双方收益 A 是 4 万元，B 是 4.8 万元。也就是说，在加入仲裁威慑的情况下，B 的及时付款成为可信的许诺了。这样，在第一阶段 A"供货"就成了合理的选择。最终结果是 A 在第一阶段选择"供货"，B 在第二阶段选择"付款"，双方都获得自己的收益。也就是说，这时 B"付款"许诺成为可信的诺言。也就是说，在 A 的利益受到法律保障的情况下，B"付款"许诺变成可信的会遵守的许诺。这样，A 第一阶段"供货"也成了合理的选择。最终结果是 A 在第一阶段选择"供货"，B 在第二阶段选择"付款"，从而结束博弈，双方都获得一定的收益。此时 A 的完整策略是"第一阶段选择'供货'，若第二阶段 B 选择'不付款'，第三阶段选择'仲裁'"。B 的完整策略就是"第二阶段选择'付款'"。这就是这个三阶段动态博弈的解。

　　上述的分析是考虑了交易额比较大的情况，如果交易额比较小，而且申请仲裁要先垫付费用，并且有一个最低费用，假设 0.5 万元，这样供货商 A 在客户 B 选择"不付款"的情况下就会重新考虑是否选择"仲裁"，例如，我们把交易额改为 2 万元，重新得到博弈的扩展式为图 3-26。

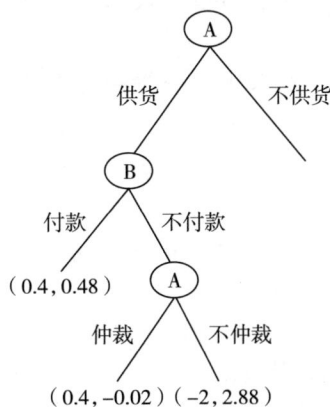

图 3-26　有仲裁约束交易额较小的供货商和客户博弈

从图3-26中可以看出，假设B在第二阶段不按时付款，那么A如果仲裁就有0.4万元的收益，但需要有专门的人来办理这件事情，需要人力资本，并且这里还有很重要的机会成本，如果这个业务人员去寻找其他客户或者维护其他更有价值的客户，那么收益也许更大一些，为了一点损失和收益去奔波的威慑力不可信，那么为了规避B"不付款"的选择，对于较小交易额的客户，A根据掌握的信息会选择"不供货"。对于B来说，他清楚A不会为了一点损失大费周章，所以，为了自身获得最大的利益，会选择"不付款"，使收益最大化。在这里，我们的博弈就难以进行下去了。这种情况在现实当中有很大的意义，一般来说，对于小客户，我们在交易时采取现款现货的方式来规避风险。而不是通过法律手段去进行威慑，因为这种手段的费用一般要大于两者的收益。

通过上面对供货商和客户之间几种不同情况的博弈分析，我们清楚了在动态博弈问题中，各个参与人的选择和博弈的结果，与各个参与人在各个博弈阶段选择各种行为的可信程度有很大关系。有时虽然有些参与人很想或者会声称要采取特定的行动，以影响和制约对方，但如果这些行动缺乏以经济利益为基础的可信性，那么这些威慑最终不会有真正的效力。因此，可信性问题是动态博弈分析的一个中心问题，需要对它十分重视。

★ 讨论

【提示问题】

（1）为什么要在本章设置重复博弈，将它纳入动态博弈的意义所在？

（2）若将原博弈G重复进行有限次，而将这样一个重复博弈整体视为一个完全信息动态博弈模型，其子博弈精炼纳什均衡在每个阶段所规定的行动与原博弈G的纳什均衡所规定的行动有何不同吗？当原博弈G的特性不同时，结论有所不同吗？

（3）在问题（2）当中，如果博弈重复无限次，情况又有什么变化？

【教师注意事项及问题提示】

（1）结合案例，引导学生讨论清楚重复博弈的结构问题，以及博弈人的支付计算问题。

（2）着重引导学生讨论重复博弈设置的含义所在，引导学生掌握构造不同的重复博弈模型，讨论不同问题的技巧。

习题3

（1）参与人1和2必须决定离开家时是否携带雨伞，他们知道有一半的可能下雨。每个参与人的支付函数是：如果下雨，则没人带伞支付为-5，自己带伞支付为-2，自己不带伞而另一个人带伞支付为0；如果不下雨，则自己带伞支付为-1，自己不带伞支付为1。现假设参与人1在离家之前知道天气，参与人2不知道，但可以在选择自己行动之前观察到参与人1的行动。试给出这一博弈的扩展型和策略型表述，并求其子博弈完美均衡。

（2）下面的两人博弈可以解释为两个寡头企业的价格竞争博弈，其中p是企业1的价格，q是企业2的价格。企业1的利润函数是：

$$\pi_1 = -(p-aq+c)^2+q \tag{3-23}$$

企业2的利润函数是：

$$\pi_2 = -(q-b)^2+p \tag{3-24}$$

求解：

1）两个企业同时决策时的（纯策略）纳什均衡。

2）企业1先决策时的子博弈精炼纳什均衡。

3）企业2先决策时的子博弈精炼纳什均衡。

4）是否存在某些参数值(a, b, c)使每一个企业都希望自己先决策？

（3）一个班级内有 2/3 的同学是 20 岁，1/3 是 19 岁，在班中随机抽取一人作为参与人 1，另有一人参与人 2，要求参与人 2 猜参与人 1 的年龄，参与人 1 判断参与人 2 能否猜对，收益如表 3-3 所示。

表 3-3　猜年龄博弈

20 岁 ＼ 2	猜 20	猜 19
对	2, 2	1, 1
错	0, 3	2, 0

19 岁 ＼ 2	猜 20	猜 19
对	1, −1	2, 2
错	2, 0	0, 3

（4）参与人 1、2 对某物品的价值判断分别是 v_1、v_2，是私人信息，v_1、v_2 独立且服从 $[0, 1]$ 内的均匀分布是公共知识，要求二人同时报价，物品由出高价者获得，支付为另一人的出价的 k 倍。求使参与人说真话的 k。

（5）请你运用（重复无限期的）囚徒困境博弈来说明无名氏定理。

本章扩展学习资源

莱因哈德·泽尔腾

1. 人物简介

莱因哈德·泽尔腾（Reinhard Selten，1930~2016 年），子博弈精炼纳什均衡的创立者。泽尔腾 1930 年出生于德国的不莱斯劳（Breslau）。1961 年，获得法兰克福大学数学博士学位。1994 年，泽尔腾因在"非合作博弈理论中开创性的均衡分析"方面的杰出贡献而获诺贝尔经济学奖。

2. 学术贡献

莱因哈德·泽尔腾的主要学术研究领域为博弈论及其应用、实验经济学等。他在其论文《一个具有需求惯性的寡头博弈模型》（1965 年）中，通过引入"子博弈精炼纳什均衡"（Subgame Perfection Nash Equilibrium）概念，为系统消除多余纳什均衡点奠定了基础。基本思想是：一个博弈人在做选择时是向前看的，他和其他博弈人所做的选择是理性的，因此，先行博弈人将利用先行优势及后行博弈人必然做出理性反应的事实，来达到最有利的纳什均衡点即子博弈精炼纳什均衡点。后来泽尔腾对纳什均衡又做出更进一步的精炼，其形式被称为"颤抖的手精炼均衡"（Trembling-hand Perfection Equilibrium）。

20 世纪 60 年代早期，泽尔腾做了寡头博弈的实验。在分析中发现了一个自然均衡（A Natural Equilibrium），但同时发现这个博弈有许多其他的均衡。为了描述他的发现，泽尔腾定义了子博弈精炼（Subgame Perfectness）的概念，并于 1965 年发表了他最著名的博弈论论文《一个具有需求惯性的寡头博弈模型》。这篇文章后来被广泛引用，并成为子博弈精炼均衡（Subgame Perfect Nash Equilibrium）的正式定义，同时为后来获得诺贝尔经济学奖奠定了基础。

主要论著如下：

［1］Selten R. Spieltheoretische behandlung eines oligopolmodells mit nachfrageträgheit：Teil i：Bestimmung des dynamischen preisgleichgewichts［J］. Zeitschrift für die gesamte Staatswissenschaft/Journal of Institutional and Theoretical Economics，1965，121（4）：301-324.

［2］Selten R. Reexamination of the Perfectness Concept for Equilibrium Points in Extensive Games［J］. International Journal of Game Theory，1975，4（1）：25-55.

［3］ Selten R, Stoecker R. End Behavior in Sequences of Finite Prisoner's Dilemma Supergames—A Learning Theory Approach ［J］. Journal of Economic Behavior & Organization, 1986, 7 （1）: 47-70.

［4］ Selten R. A Note on Evolutionarily Stable Strategies in Asymmetric Animal Conflicts ［J］. Journal of Theoretical Biology, 1980, 84 （1）: 93-101.

［5］ Selten R, Mitzkewitz M, Uhlich G R. Duopoly Strategies Programmed by Experienced Players ［J］. Econometrica, 1997, 65 （3）: 517-556.

第四章
不完全信息静态博弈

完全信息是一种理想假设，我们都不可能无所不知。具体到某个特定的博弈过程中，其中的参与人很可能不了解其他参与人在采用某个策略时所能获得的支付是多少，用更规范的语言说即不了解其他参与人的支付函数结构。比如现实中，如果你是一家生产企业的决策者，就很可能不知道你的竞争企业的生产技术、生产成本等方面的全部信息。我们称此种情形为不完全信息。在不完全信息下，博弈参与人该如何决策呢？本章学习在同时行动且信息不完全时的博弈即不完全信息静态博弈的有关知识。

【学习目标】

本章讨论不完全信息静态博弈的基本分析方法，讨论静态博弈与不完全信息结合起来博弈的模型。不完全信息静态博弈本身是一类有重要意义的模型。本章除了本身的内容外，重要的一个方面是学会处理不完全信息的技巧，为讨论更复杂的不完全信息动态博弈打下基础。

通过本章的学习掌握以下问题：

（1）理解并掌握不完全信息静态博弈的概念。

（2）掌握海萨尼转换的思想。

（3）掌握贝叶斯纳什均衡的定义，并掌握不完全信息静态博弈的贝叶斯纳什均衡的求解方法。

（4）了解不完全信息静态博弈在双寡头竞争中的应用。

（5）了解不完全信息静态博弈在拍卖理论中的应用。

【能力目标】

（1）帮助学生形成对不完全信息静态博弈模型特点的认识。

（2）培养学生对不完全信息的处理能力，提高学生运用不完全信息静态博弈模型分析与解决实际经济管理问题的能力。

（3）进一步深入培养学生运用不完全信息博弈思想进行机制设计的能力。

第一节　不完全信息静态博弈和贝叶斯纳什均衡

一、不完全信息博弈

前两章介绍了完全信息博弈。在这种博弈中，每个参与人对所有其他参与人的支付收益函数是完全了解的，即支付收益函数是所有参与者的共同知识。但是在现实的博弈应用当中，许多博弈并不满足完全信息的要求。比方，当你接触一个陌生人时，并不能确定他喜爱什么，通常需要寻找话题来获取信息；

而在一次古玩交易中，当你作为买家时，你并不清楚卖主愿意成交的最低价格是多少。类似上述这些不满足完全信息假设的称为不完全信息博弈。在不完全信息博弈中，至少有一个参与人不知道其他参与人的支付函数。

例 4-1：考虑市场进入博弈的例子。潜在进入企业（参与人 1）决定是否进入一个新的产业，但不知道在位企业（参与人 2）的成本函数，不知道在位者决定默许还是斗争。假定在位者有两种可能的成本：高成本或低成本；对应两种成本情况下的不同策略组合的支付矩阵如表 4-1 所示。

表 4-1　不完全信息下的市场博弈

		在位者			
		高成本情况		低成本情况	
		默许	斗争	默许	斗争
进入者	进入	40, 50	−10, 0	30, 80	−10, 100
	不进入	0, 300	0, 300	0, 400	0, 400

在这个例子中，进入者有关在位者的成本信息是不完全的，但在位者知道进入者的成本函数。从表 4-1 可以看出，如果在位者是高成本，给定进入者进入，在位者的最优选择是默许；如果在位者是低成本，给定进入者进入，在位者的最优选择是斗争。因此，在完全信息情况下，如果在位者是高成本，进入者的最优选择是进入；如果在位者是低成本，进入者的最优选择是不进入。但因为进入者并不知道在位者究竟是高成本还是低成本，进入者的最优选择依赖于它在多大程度上认为在位者是高成本的或低成本的。

假定进入者认为在位者是高成本的概率是 p，低成本的概率是（$1-p$）。那么，进入者选择进入的期望利润是 $p \times 40 + (1-p) \times (-10)$，选择不进入的期望利润是 0。因此，进入者的最优选择是：如果 $p \geq 1/5$，进入；如果 $p < 1/5$，不进入（当 $p = 1/5$ 时，进入者在进入与不进入之间是无差异的，我们假定他进入）。

二、海萨尼转换

在上述的例子中，进入者似乎是在与两个不同的在位者博弈，一个是高成本的在位者，一个是低成本的在位者。一般地，如果在位者有 T 种可能的不同成本函数，进入者就似乎在与 T 个不同的在位者博弈。1967 年以前，博弈论专家认为这样的不完全信息博弈是无法分析的，因为当一个参与者并不知道他在与谁博弈时，博弈的规则是没有定义的。海萨尼在 1967~1968 年提出的转换方法——"海萨尼转换"成为解决这一类博弈问题的标准方法。

海萨尼在博弈中引入一个虚拟参与人——"自然"，自然首先选择行动决定参与人的特征，参与人知道自己的特征，其他参与人不知道（上例中是决定在位者的成本函数，在位者知道自己的特征，进入者不知道在位者的特征）。这样，不完全信息博弈就转换为完全但不完美信息博弈，这就是"海萨尼转换"。图 4-1 是上例的海萨尼转换后的市场进入博弈。

用 θ_i 表示参与人 i 的一个特定类型，Θ_i 表示参与人 i 所有可能类型的集合（$\theta_i \in \Theta_i$）。假定 $\{\theta_i\}_{i=1}^{n}$ 取自某个客观的分布函数 $P(\theta_1, \cdots, \theta_n)$。根据海萨尼公理，我们假定分布函数 $P(\theta_1, \cdots, \theta_n)$ 是所有参与人的共同知识，也就是说，所有参与人知道 $P(\theta_1, \cdots, \theta_n)$，所有参与人知道所有参与人知道 $P(\theta_1, \cdots, \theta_n)$，如此类推。换言之，在博弈开始时，所有参与人有关自然行动的信念是相同的。

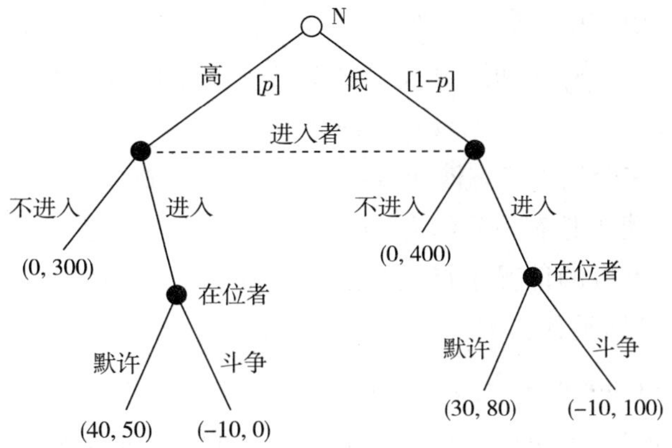

图 4-1　海萨尼转换后的市场进入博弈

用 θ_{-i} 表示除 i 之外的所有参与人的类型组合 $\theta_{-i}=(\theta_1,\cdots,\theta_{i-1},\theta_{i+1},\cdots,\theta_n)$。那么，$\theta=(\theta_1,\cdots,\theta_n)=(\theta_i,\theta_{-i})$。我们称 $p_i(\theta_{-i}\,|\,\theta_i)$ 为参与人 i 的条件概率，给定参与人 i 属于类型 θ_i 的条件下，认为其他参与人属于 θ_{-i} 的概率，根据条件概率规则有：

$$p_i(\theta_{-i}\,|\,\theta_i)=\frac{p(\theta_{-i},\theta_i)}{p(\theta_i)}=\frac{p(\theta_{-i},\theta_i)}{\sum\limits_{-i\in\theta_{-i}}p(\theta_{-i},\theta_i)} \tag{4-1}$$

其中，$p(\theta_i)$ 是边缘概率。如果参与人的类型的分布是独立的，则 $p_i(\theta_{-i}\,|\,\theta_i)=p_i(\theta_{-i})$。

三、不完全信息静态博弈的策略式表述和贝叶斯纳什均衡

贝叶斯纳什均衡是完全信息静态博弈概念在不完全信息静态博弈上的扩展。不完全信息静态博弈也称为静态贝叶斯博弈。在不完全信息静态博弈中，参与人同时行动，参与人 i 的策略空间 S_i 等同于他的行动空间 A_i。但参与人 i 的行动空间 A_i 可能依赖于它的类型，也即行动空间是类型依存的。比如，一个工厂能选择什么样的生产规模依赖于它自身的成本函数，一个人能干什么事儿依赖于他的能力，等等。我们用 $A_i(\theta_i)$ 表示参与人 i 的类型依存行动空间，$a_i(\theta_i)\in A_i(\theta_i)$ 表示 i 的一个特定行动，用 $u_i(a_i,a_{-i};\theta_i)$ 表示参与人 i 的效用函数。我们可以用下面的策略式表述代表静态贝叶斯博弈。

定义 4-1： n 人静态贝叶斯博弈的策略式表述包括：参与人的类型空间 $\Theta_1,\cdots,\Theta_n$，条件概率 $p_1,\cdots,p_n$，类型依存策略空间 $A_1(\theta_1),\cdots,A_n(\theta_n)$ 和类型依存支付函数 $u_1(a_1,\cdots,a_n;\theta_1),\cdots,u_n(a_1,\cdots,a_n;\theta_n)$。参与人 i 知道自己的类型 $\theta_i\in\Theta_i$，条件概率 $p_i=p_i(\theta_{-i}\,|\,\theta_i)$ 描述给定自己属于 θ_i 的情况下，参与人 i 有关其他参与人类型 $\theta_{-i}\in\Theta_{-i}$ 的不确定性。我们用 $G=\{A_1,\cdots,A_n;\theta_1,\cdots,\theta_n;p_1,\cdots,p_n;u_1,\cdots,u_n\}$ 代表这个博弈。

静态贝叶斯博弈的时间顺序如下：（1）自然选择类型向量 $\theta=(\theta_1,\cdots,\theta_n)$，其中 $\theta_i\in\Theta_i$，参与人 i 观测到 θ_i，但参与人 $j(\neq i)$ 只知道 $p_j(\theta_{-j}\,|\,\theta_j)$，观测不到 θ_i；（2）n 个参与人同时选择行动 $a=(a_1,\cdots,a_n)$，其中 $a_i(\theta_i)\in A_i(\theta_i)$；（3）参与人 i 得到 $u_i(a_1,\cdots,a_n;\theta_i)$。

注意，假定 $A_i(\theta_i)$ 和 $u_i(a_1,\cdots,a_n;\theta_i)$ 本身是共同知识。也就是说，虽然其他参与人并不知道参与人 i 的类型 θ_i，但他知道参与人 i 的策略空间和支付函数是如何依赖于他的类型的；或者说，如果他（们）知道 θ_i，也就知道 $A_i(\cdot)$ 和 $u_i(\cdot)$。当我们说其他参与人不知道参与人 i 的支付函数时，准确地讲，指的是其他参与人不知道参与人 i 的支付函数究竟是 $u_i(a_1,\cdots,a_n;\theta_i)$ 还是 $u_i(a_1,\cdots,a_n;\theta_i')$（这里 $\theta_i,\theta_i'\in\Theta_i,\theta_i\neq\theta_i'$）。

给定参与人 i 只知道自己的类型 θ_i 而不知道其他参与人的类型 θ_{-i}，参与人 i 将选择 $a_i(\theta_i)$ 最大化自

己的期望效用。参与人 i 的期望效用函数定义如下：

$$v_i = \sum p_i(\theta_{-i} \mid \theta_i) u_i[a_i(\theta_i), a_{-i}(\theta_{-i}); \theta_i, \theta_{-i}] \tag{4-2}$$

在上述概念的基础下，可以定义贝叶斯纳什均衡如下：

贝叶斯纳什均衡：n 人不完全信息静态博弈 $G = \{A_1, \cdots, A_n; \theta_1, \cdots, \theta_n; p_1, \cdots, p_n; u_1, \cdots, u_n\}$ 的纯策略贝叶斯纳什均衡是一个类型依存策略组合 $\{a_i^*(\theta_i)\}_{i=1}^n$，其中每个参与人 i 在给定自己的类型 θ_i 和其他参与人类型依存策略 $a_{-i}^*(\theta_{-i})$ 的情况下最大化自己的期望效用函数 v_i。换言之，策略组合 $a^* = [a_1^*(\theta_1), \cdots, a_n^*(\theta_n)]$ 是一个贝叶斯纳什均衡，如果对于所有的 i，$a_i(\theta_i) \in A_i(\theta_i)$，

$$a_i^*(\theta_i) \in \arg\max_{a_i} \sum p_i(\theta_{-i} \mid \theta_i) u_i[a_i(\theta_i), a_{-i}(\theta_{-i}); \theta_i, \theta_{-i}] \tag{4-3}$$

与纯策略纳什均衡不同的是，在贝叶斯均衡中参与人 i 只知道具有类型 θ_j 的参与人 j 将选择 $a_j(\theta_j)$ 但并不知道 θ_j。因此，即使纯策略选择也必须取支付函数的期望值。但如同纳什均衡一样，贝叶斯均衡在本质上是一个一致性预测，即每个参与人 i 都能正确预测到具有类型 θ_j 的参与人 j 将选择 $a_j^*(\theta_j)$，因此参与人 i 有关其他参与人的信念（条件概率）并不进入均衡的定义，唯一重要的是参与人 i 自己的信念 p_i 和其他参与人的类型依存策略 $a_{-i}(\theta_{-i})$。

使用上述定义，可以得到上述市场进入博弈的贝叶斯均衡是：高成本的在位者选择默许，低成本的在位者选择斗争；当且仅当 $p \geqslant 1/5$ 时，进入者选择进入。

★讨论

【提示问题】

（1）如何理解海萨尼转换？试结合具体例子来说明如何利用海萨尼转换将静态贝叶斯博弈转换为等价的完全但不完美信息博弈。

（2）如何理解贝叶斯纳什均衡？它与完全信息静态博弈对应的纳什均衡有何区别和联系？

（3）怎样求解贝叶斯纳什均衡？试结合具体例子来构建一个静态贝叶斯博弈，并求解它的贝叶斯纳什均衡。

【教师注意事项及问题提示】

（1）根据本章例子，通过引导学生构建其博弈模型，掌握不完全信息博弈的相关概念及分析处理方法等。

（2）通过引导学生构建生活中不完全信息的博弈模型，让学生思考不完全信息博弈在经济管理问题中的应用。

第二节 应用举例——经典模型

一、不完全信息古诺模型

我们假定逆需求函数是 $P = a - q_1 - q_2$，每个企业都有不变的单位成本。设 c_i 为企业 i 的单位成本，则企业 i 的利润函数如下：

$$\pi_i = q_i(a - q_1 - q_2 - c_i), \quad i = 1, 2 \tag{4-4}$$

假设企业 1 的单位成本 c_1 是共同知识，企业 2 的单位成本可能是 c_2^L 也可能是 c_2^H，$c_2^L < c_2^H$；企业 2

知道自己的成本是 c_2^L 还是 c_2^H，但是企业 1 只知道 $c_2=c_2^L$ 的可能性为 μ，$c_2=c_2^H$ 的可能性为 $(1-\mu)$；μ 是共同知识。也就是说，假定企业 1 只有一个类型，企业 2 有两个类型。为了更具体一些，我们进一步假定 $a=2$，$c_1=1$，$c_2^L=3/4$，$c_2^H=5/4$，$\mu=1/2$（企业 2 的成本期望值与企业 1 的成本相同）。企业 2 知道企业 1 的成本，企业 2 将选择 q_2 最大利润函数：

$$\pi_2=q_2\,(t-q_1^*-q_2) \tag{4-5}$$

其中，$t=a-3/4=5/4$ 或 $t=a-5/4=3/4$，依赖于企业 2 的实际成本。从最优化的一阶条件可得企业 2 的反应函数为：

$$q_2^*(q_1;\ t)=(t-q_1)/2。 \tag{4-6}$$

就是说，企业 2 的最优产量不仅依赖于企业 1 的产量，而且依赖于其本身的成本。令 q_2^L 为 $t=5/4$ 时企业 2 的最优产量，q_2^H 为 $t=3/4$ 时企业 2 的最优产量。那么，

$$q_2^L=\frac{1}{2}(5/4-q_1)；\ q_2^H=\frac{1}{2}(3/4-q_1) \tag{4-7}$$

企业 1 不知道企业 2 的真实成本从而不知道企业 2 的最优化反应是 q_2^L 还是 q_2^H，因此企业 1 将选择 q_1 最大化下列期望利润（$\mu=1/2$）：

$$E\pi_1=\frac{1}{2}q_1(1-q_1-q_2^L)+\frac{1}{2}q_1(1-q_1-q_2^H) \tag{4-8}$$

解最优化的一阶条件得企业 1 的反应函数为：

$$q_1^*=\frac{1}{2}\left(1-\frac{1}{2}q_2^L-\frac{1}{2}q_2^H\right)=\frac{1}{2}(1-Eq_2) \tag{4-9}$$

这里 $Eq_2=q_2^L/2+q_2^H/2$，是企业 1 关于企业 2 产量的期望值。

均衡意味着两个反应函数同时成立，解两个反应函数得贝叶斯均衡为：

$$q_1^*=\frac{2}{3}\left[1-\frac{a}{2}+\frac{1}{4}(c_2^L+c_2^H)\right] \tag{4-10}$$

$$q_2^{H*}=\frac{1}{6}\left(4a-2-\frac{7}{2}c_2^L-\frac{1}{2}c_2^H\right) \tag{4-11}$$

$$q_2^{L*}=\frac{1}{6}\left(4a-2-\frac{1}{2}c_2^L-\frac{7}{2}c_2^H\right) \tag{4-12}$$

由 $a=2$，$c_2^L=3/4$，$c_2^H=5/4$，得：

$$q_1^*=1/3；\ q_2^{H*}=11/24；\ q_2^{L*}=5/24$$

在完全信息博弈下的纳什均衡可算出：

$$q_{1L}^{NE}=1/4,\ q_{2L}^{NE}=1/2\ 或\ q_{1H}^{NE}=5/12,\ q_{2H}^{NE}=1/6$$

这里的下标 L 表示当企业 2 为低成本的情况。

因此，我们有：

$$q_{1L}^{NE}=1/4<q_1^*=1/3；\ q_{2L}^{NE}=1/2>q_2^{L*}=11/24$$
$$q_{1H}^{NE}=5/12>q_1^*=1/3；\ q_{2H}^{NE}=1/6<q_2^{H*}=5/24$$

结论是，与完全信息博弈情况相比，在不完全信息情况下，低成本企业的产量相对较低，高成本企业产量相对较高。原因是，企业 1 不知道企业 2 的 c_2 时，只能生产预期的最优产量，该产量高于完全信息下对低成本竞争对手时的产量，低于完全信息下面对高成本竞争对手时的产量；企业 2 将对此作出反应。图 4-2 是两种情况比较下的直观表示。

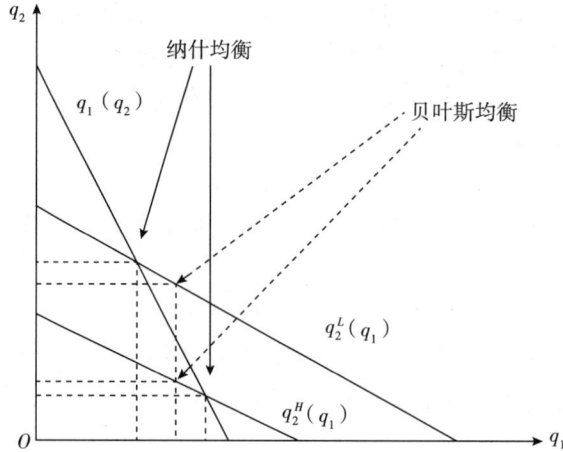

图 4-2　古诺模型：完全信息和不完全信息

二、一级密封价格拍卖（招标）

在拍卖或工程项目的招标投标中，不对称信息是一个关键性的特征因素。当一件古董或名画在拍卖行进行拍卖时，参加竞拍的每一个潜在买主在其心目中对古董或名画都有一个价值评价或估价，这个估价别人是不知道的，是每一个潜在买主的"私人信息"。类似地，当一个地方政府打算在某城区修建一幢商业中心时，参加承建的建筑公司会来竞标承包这一工程。对每个公司来说，它都有一个最低标价，当政府支付的承包价低于这一最低标价时，公司不会接受承包合同。这一最低标价是每个公司的"私人信息"，别人是不清楚的。这样，参加拍卖的潜在买主们每人心中有一个最高价格，它是每个潜在买主的"私人信息"，而参加竞标的每个公司都有一个别的公司和政府都不清楚的最低标价，它是每个竞标公司的"私人信息"。

一级密封价格拍卖是许多拍卖中的一种。这种拍卖的投标人同时将自己的出价写下来装入一个密封信封，然后交给拍卖人，拍卖人将物品按出价最高的价格卖给投标人。在这个过程中，每个投标人的策略是根据自己对物品的评价和对其他投标人评价的判断来选择自己的出价，赢者的支付是对物品评价减去自己的出价，而其他投标人的支付为 0。

首先考虑两个投标人的情况，$i = 1, 2$。投标人 i 对商品的估价为 v_i，投标人 i 的出价为 b，如果中标则 i 的收益为 $v_i - b$。两个投标人对商品的估价相互独立，并服从 $[0, 1]$ 区间上的均匀分布。投标价格不能为负，且双方同时给出各自的投标价。出价较高的一方得到商品，并支付他报的价格；另一方的收益为 0。在投标价相等的情况下，由掷硬币决定谁中标。

要把该问题转化为策略式表述的贝叶斯博弈，必须确定行动空间、类型空间、信念及收益函数。定义该博弈的策略式为 $G = \{A_1, A_2; \theta_1, \theta_2; p_1, p_2; u_1, u_2\}$，其中：①参与人：两个投标人，$i = 1, 2$。②行动空间：参与人 i 的行动是给出一个非负的投标价 b_i，行动空间 $A_i = [0, +\infty)$，$i = 1, 2$。③类型空间：投标人的类型即他的估价 v_i，类型空间 $\Theta_i = [0, 1]$，$i = 1, 2$。④信念：已知密度函数 $f(v_i) = 1$，由于 v_i 是相互独立的，所以根据贝叶斯法则，参与人 i 推断 v_j 服从 $[0, 1]$ 区间上的均匀分布，而不依赖于 v_i 的值，即 $f(v_j \mid v_i) = f(v_j)$。⑤收益函数：参与人 i 的收益函数如下：

$$u_i(b_i, b_j; v_i) = \begin{cases} v_i - b_i, & if\ b_i > b_j \\ \dfrac{1}{2}(v_i - b_i), & if\ b_i = b_j \\ 0, & if\ b_i < b_j \end{cases} \qquad (4\text{-}13)$$

为推导这一博弈的贝叶斯纳什均衡，必须用行动空间和类型空间构建参与人的策略空间。前面已经讲过，在静态贝叶斯博弈中一个策略是从类型映射到行动的函数。从而，参与人 i 的一个策略为函数 $b_i(v_i)$，据此可以决定 i 在每一种类型（对商品的估价）下选择的投标价格。如果策略组合 $[b_1(v_1),b_2(v_2)]$ 是贝叶斯纳什均衡，那么对 $[0,1]$ 中的每一个 v_i，$b_i(v_i)$ 一定满足：

$$\max_{b_i}(v_i-b_i)\operatorname{Prob}\{b_i>b_j(v_j)\}+\frac{1}{2}(v_i-b_i)\operatorname{Prob}\{b_i=b_j(v_j)\} \quad i,j=1,2,i\neq j \tag{4-14}$$

由于各个参与人构成策略的函数关系可以有多种多样的情况，因此参与人的策略空间中的贝叶斯纳什均衡策略通常是非常多的，为此，我们把参与人的策略限制在线性函数的范围内。假设 $b_1(v_1)$ 和 $b_2(v_2)$ 都是线性函数，即 $b_1(v_1)=a_1+c_1v_1$，$b_2(v_2)=a_2+c_2v_2$，其中，$a_1<1$，$a_2<1$ 且 $c_1\geqslant0$，$c_2\geqslant0$（因为如果 $c_1\geqslant0$，$c_2\geqslant0$，且 $a_1\geqslant0$，$a_2\geqslant0$，则意味着 $b_1\geqslant v_1$，$b_2\geqslant v_2$，出价比估价还要高，这是不现实的）。通过分析，我们会发现由于参与人的估价是均匀分布的，这样的线性均衡解不仅存在，而且比其他出价函数的均衡要优，其结果为 $b_i(v_i)=v_i/2$。下面我们给出详细证明。

假设参与人 j 采取策略 $b_j(v_j)=a_j+c_jv_j$，对于一个给定的 v_i 值，参与人 i 的最优反应 b_i 应满足：

$$\max_{b_i}(v_i-b_i)\operatorname{Prob}\{b_i>a_j+c_jv_j\}+\frac{1}{2}(v_i-b_i)\operatorname{Prob}\{b_i=b_j\} \tag{4-15}$$

其中 v_j 服从均匀分布，由于 $b_j=b_j(v_j)=a_j+c_jv_j$，所以 b_j 也服从均匀分布，从而 $\operatorname{Prob}\{b_i=b_j\}=0$。显然参与人 i 的出价不可能低于参与人 j 最低的可能出价 a_j，也不可能高于 j 最高的可能出价，所以有 $a_j\leqslant b_i\leqslant a_j+c_j$，于是：

$$\operatorname{Prob}\{b_i>a_j+c_jv_j\}=\operatorname{Prob}\left\{v_j<\frac{b_i-a_j}{c_j}\right\}=\frac{b_i-a_j}{c_j} \tag{4-16}$$

于是式（4-15）就变为：

$$\max_{b_i}(v_i-b_i)\operatorname{Prob}\{b_i>a_j+c_jv_j\}$$

$$=\max_{b_i}(v_i-b_i)\operatorname{Prob}\left\{v_j<\frac{b_i-a_j}{c_j}\right\}$$

$$=\max_{b_i}(v_i-b_i)\frac{b_i-a_j}{c_j} \tag{4-17}$$

一阶条件为：

$$b_i=(v_i+a_j)/2 \tag{4-18}$$

此即当参与人 j 的策略为 $b_j(v_j)=a_j+c_jv_j$ 时，参与人 i 的最优反应策略。如果 $v_i<a_j$，此时由于 $b_i=(v_i+a_j)/2<a_j$，参与人 i 采用上述线性策略根本不可能中标，此时，$b_i(v_i)$ 采用线性策略就无效了，这时不妨就设 $b_i=a_j$。此时，参与人 i 对参与人 j 策略的最优反应为：

$$b_i(v_i)=\begin{cases}(v_i+a_j)/2, & v_i\geqslant a_j\\ a_j, & v_i<a_j\end{cases} \tag{4-19}$$

如果 $0<a_j<1$，则一定存在某些 v_i 的值，使 $v_i<a_j$，这时 $b_i(v_i)$ 就不可能是线性的了，而是当 $v_i<a_j$ 时是一条水平直线，当 $v_i\geqslant a_j$ 时是一条以 $1/2$ 斜率上升的直线。由于我们要寻找线性的均衡，就可以排除 $0<a_j<1$。因此，如果要求 $b_i(v_i)$ 是线性的，则一定有 $a_j\leqslant0$，这种情况下，参与人 i 的最优反应策略为：

$$b_i(v_i)=(v_i+a_j)/2 \tag{4-20}$$

将此式与 $b_i(v_i)=a_i+c_iv_i$ 相比较，可得 $a_i=a_j/2$ 及 $c_i=1/2$。

我们可以假定参与人 i 采取策略 $b_i(v_i)=a_i+c_iv_i$，对参与人 j 重复上面的分析，得到类似的结果 $a_j=a_i/2$ 及 $c_j=1/2$。解这两组结果构成的方程组，可得 $a_i=a_j=0$ 和 $c_i=c_j=1/2$。亦即前面所讲的 $b_i(v_i)=v_i/2$。

一个自然的想法是，在一级密封价格拍卖博弈中是否还存在另外的贝叶斯纳什均衡？如果投标人估价的概率分布发生变化，均衡的投标价格将如何变化？运用前面的方法（先假定一个线性策略，再推导出是策略符合均衡条件的系数）已不能回到这两个问题，因为其他均衡中 bi 的函数形式具有无穷多种，试图猜测这一博弈其他均衡中 bi 的函数形式是徒劳的，并且当估价服从任何其他分布时，线性均衡也不存在。

下面我们考虑另一种情况——出价函数是对称均衡的，即所有投标人的出价函数都一样，$b_i(v)=b(v)$ 对任意 i 成立，但估价 v_i 仍服从均匀分布。在参与人策略严格递增及可微的假定下，可证明唯一的对称贝叶斯纳什均衡就是前面推导出的线性均衡。这里的分析很容易扩展到较广类型的估价分布，以及两个以上投标人的情况。

假设参与人 j 采取策略 $b(\cdot)$，同时假定 $b(\cdot)$ 严格递增并可微，则对一个给定的值 v_i，参与人 i 的最优投标价格应满足：

$$\max_{b_i}(v_i-b_i)\text{Prob}\{b_i>b_j(v_j)\} \tag{4-21}$$

令 $b^{-1}(b_j)$ 表示参与人 j 在选择投标价格 b_j 时所持有的估价，即如果 $b_j=b(v_j)$，则 $b^{-1}(b_j)=v_j$。由于 v_j 服从区间 $[0，1]$ 上的均匀分布，$b_i>b(v_j)$ 的概率等于 $b^{-1}(b_i)>v_j$ 的概率，后者又等于 $b^{-1}(b_i)$，因为 Prob$\{b_i>b(v_j)\}=\text{Prob}\{b^{-1}(b_i)>v_j\}=b^{-1}(b_i)$。因而参与人 i 最优化问题的一阶条件为：

$$-b^{-1}(b_i)+(v_i-b_i)\frac{d}{db_i}b^{-1}(b_i)=0 \tag{4-22}$$

上面的一阶条件在给定投标人 i 的估价 v_i 时，是关于投标人 i 对投标人 j 的策略 $b(\cdot)$ 最优反应的隐函数。如果要使 $b(\cdot)$ 称为对称的贝叶斯纳什均衡，我们要求一阶条件的解应该等于 $b(v_i)$。也就是说，只要投标人 j 也选择同一策略，对参与人 i 每一可能的估价 v_i，投标人 i 都不希望背离策略 $b(\cdot)$。为加入这一要求，我们用 $b_i=b(v_i)$ 代入一阶条件，得：

$$-b^{-1}[b(v_i)]+[v_i-b(v_i)]\frac{d}{db_i}b^{-1}[b(v_i)]=0 \tag{4-23}$$

上式 $b^{-1}[b(v_i)]$ 就是 v_i，而且 $\frac{d\{b^{-1}[b(v_i)]\}}{db_i}=\frac{1}{b'(v_i)}$。$\frac{d\{b^{-1}(b_i)\}}{db_i}$ 衡量的是如果投标价格发生变动时，投标人 i 的估价可能发生的变化；而 $\frac{1}{b'(v_i)}$ 衡量的是如果估价发生单位变化，其投标价格将随之发生多大变动。因此，$b(\cdot)$ 必须满足一阶微分方程，即：

$$-v_i+[v_i-b(v_i)]\frac{1}{b'(v_i)}=0 \tag{4-24}$$

可以将其简化表示为 $b'(v_i)v_i+b(v_i)=v_i$，微分方程等式的左边恰好等于 d$\{b(v_i)v_i\}/dv_i$，对左右两边同时求不定积分得：

$$\int[b'(v_i)v_i+b(v_i)]dv_i=\int v_i\,dv_i \tag{4-25}$$

$$b(v_i)v_i=\frac{1}{2}v_i^2+k \tag{4-26}$$

其中 k 为常数。要消除 k，我们需要一个边界条件。幸运的是，很简单的经济学理性就提供了一个：没有参与人愿意出高于自己估价的投标价格。因而，我们要求对所有的 v_i，都有 $b(v_i)<v_i$。其中一个特例是 $v_i=0$ 时，我们要求 $b(0)\leq0$。由于投标价格被限制为非负，这意味着 $b(0)=0$，于是 $k=0$，因而 $b(v_i)=v_i/2$，即前面的结论。

根据常识而言，投标人越多，投标人的出价和估价的差异应当越小。假设有 n 个投标人，其他假设同上，那么在给定第 i 个参与人的策略 $b(\cdot)$ 下，对每一个给定的值 v_i，参与人 i 的最优投标价格应满足：

$$\max_{b_i}\left[v_i-b(v_i)\right]\times\prod_{j\neq i}\mathrm{Prob}\left\{b(v_i)>b(v_j)\right\}$$

或

$$\max_{b_i}\left[v_i-b(v_i)\right]\left[F(b_i)\right]^{n-1} \tag{4-27}$$

其中 $F(b_i)=\mathrm{Prob}\{b_i>b_j\}$。

根据对称性和前面的计算可知 $F(b_i)=\mathrm{Prob}\{b_i>b_j\}=v_i$，一阶条件为：

$$-\left[F(b_i)\right]^{n-1}+(v_i-b_i)(n-1)\left[F(b_i)\right]^{n-2}\times\frac{d}{db_i}F(b_i)=0$$

$$-F(b_i)+\left[v_i-b(v_i)\right](n-1)F'(b_i)=0$$

$$-F(b_i)+\left[F(b_i)-b_i\right](n-1)F'(b_i)=0 \tag{4-28}$$

解上述一阶微分方程得：

$$b^*(v_i)=\frac{n-1}{n}v_i \tag{4-29}$$

显然 $b^*(v_i)$ 随着 n 的增加而增加。特别地，当 $n\to\infty$ 时，$b^*\to v_i$。也就是说，当投标人越多时，卖方能得到的价格就越高；当投标人趋于无穷时，卖方几乎可以得到买方价值的全部。所以，让更多的投标人加入竞标是卖方的利益所在。在公共管理中，政府的采购和公共工程招投标中通常规定要进行公开招标，并在参加竞标的公司数目上有下限规定，其缘故正是如此，因为更多的竞争者参加投标会压低工程报价，从而使政府开支得到一定程度的节省。

三、双向拍卖

下面我们试着分析一个简单的双向拍卖博弈模型，买方和卖方对商品的估价都是私人信息。卖方确定一个卖价 p_s，买方同时给出一个买价 p_b。如果 $p_b\geq p_s$，则交易以 $p=(p_s+p_b)/2$ 的价格进行；如果 $p_b<p_s$，则不发生交易。

买方对商品的估价为 v_b，卖方的估价为 v_s，双方的估价都是私人信息，并且服从 $[0,1]$ 区间的均匀分布。如果买方以价格 p 购入商品，则可获得 v_b-p 的效用；如果交易不能进行，买方的效用为 0。如果卖方以价格 p 出售商品，可得到 $p-v_s$ 的效用；如果交易不能进行，卖方的效用也为 0。

在这个静态贝叶斯博弈中，买方的一个策略是函数 $p_b(v_b)$，明确了买方在每一可能的类型下将会给出的买价。类似地，卖方的一个策略函数是 $p_s(v_s)$，明确了卖方在不同的估价情况下将出的卖价。如果以下的两个条件成立，策略组合 $\{p_b(v_b),p_s(v_s)\}$ 即为博弈的贝叶斯纳什均衡：

（1）买方最优：对 $[0,1]$ 区间内的每一 v_b，$p_b(v_b)$ 满足：

$$\max_{p_b}\left\{v_b-\frac{p_b+E\left[p_s(v_s)\mid p_b\geq p_s(v_s)\right]}{2}\right\}\mathrm{Prob}\left\{p_b\geq p_s(v_s)\right\} \tag{4-30}$$

其中 $E\left[p_s(v_s)\mid p_b\geq p_s(v_s)\right]$ 是给定买方出价高于卖方要价的条件下，买方预期的卖方的要价。

（2）卖方最优：对 $[0,1]$ 区间的每一 v_s，$p_s(v_s)$ 满足：

$$\max_{p_s}\left\{\frac{p_s+E\left[p_b(v_b)\mid p_b(v_b)\geq p_s\right]}{2}-v_s\right\}\mathrm{Prob}\left\{p_b(v_b)\geq p_s\right\} \tag{4-31}$$

其中 $E\left[p_b(v_b)\mid p_b(v_b)\geq p_s\right]$ 是给定买方出价高于卖方要价的条件下，卖方预期的买方的出价。

这个博弈可能有无穷多个贝叶斯纳什均衡。这里我们考虑两个特殊的均衡：一个是单一价格均衡，另一个是线性均衡。

所谓单一价格均衡，就是要么以单一的价格成交，要么不成交。设 x 是属于区间 $[0,1]$ 上的任意一个值，令买方的策略为：如果 $v_b\geq x$，则出买价 x，其他情况下的出价为 0；同时令卖方的策略为：如

果 $v_s \leq x$，则出卖价为 x，其他情况下出卖价为 1。注意，在其他情况下，买方出价为 0，卖方要价为 1（v 是 $[0，1]$ 区间上的均匀分布），所以不可能成交。

给定买方的策略，卖方只能在以价格 x 成交或不成交之间进行选择，在 $v_s \leq x$ 下成交，是卖方的严格占优策略，而在 $v_s \geq x$ 下不成交，同样是卖方的严格占优策略。所以在 $v_s \leq x$ 时出卖价为 x，其他情况下出卖价为 1，是卖方对买方策略的最优反应。反之，在给定卖方策略的情况下，买方也只能在价格 x 成交或不成交之间进行选择，在 $v_b \geq x$ 下成交，是买方的严格占优策略，而在 $v_b \leq x$ 下不成交，是买方的严格占优策略。所以在 $v_b \geq x$ 时出买价 x，其他情况下出价 0，是买方对卖方策略的最优反应。因而单一价格策略为该博弈的一个贝叶斯纳什均衡。在这一均衡结果下，如图 4-3 所示区域内的 $(v_s，v_b)$ 组合都发生交易；而对所有 $v_b \geq v_s$ 的 $(v_s，v_b)$ 组合，交易都是有效率的，但图中阴影部分虽满足效率条件，却没有发生交易。

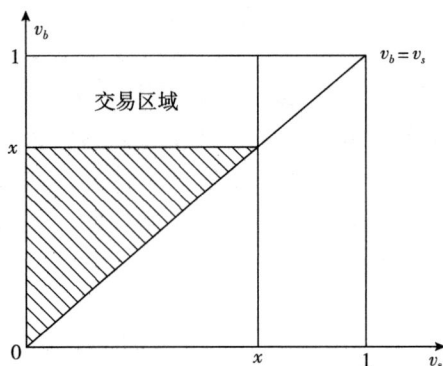

图 4-3　单一价格均衡下的交易区域

现在推导双向拍卖的一个线性的贝叶斯纳什均衡。我们不限制参与者的策略空间，使之只包含线性策略；而仍允许参与者任意选择策略，看是否存在一个均衡，双方策略都是线性的。

设卖方的策略为 $p_s(v_s) = a_s + c_s v_s$，因为 v_s 服从区间 $[0，1]$ 上的均匀分布，故 p_s 服从区间 $[a_s，a_s+c_s]$ 上的均匀分布。因此，我们有：

$$\text{Prob}\{p_b \geq p_s(v_s)\} = \text{Prob}\{p_b \geq a_s + c_s v_s\} = \text{Prob}\left\{v_s \leq \frac{p_b - a_s}{c_s}\right\} = \frac{p_b - a_s}{c_s} \tag{4-32}$$

$$E[p_s(v_s) \mid p_b \geq p_s(v_s)] = \frac{\frac{1}{c_s}\int_{a_s}^{p_b} x\,dx}{\text{Prob}\{p_b \geq p_s(v_s)\}} = \frac{a_s + p_b}{2} \tag{4-33}$$

从而，代入式（4-30）可得：

$$\max_{p_b} \left[v_b - \frac{1}{2}\left(p_b + \frac{a_s + p_b}{2}\right)\right]\frac{p_b - a_s}{c_s} \tag{4-34}$$

由上式的一阶条件可以得出：

$$p_b = \frac{2}{3}v_b + \frac{1}{3}a_s \tag{4-35}$$

类似地，假设买方的策略为 $p_b(v_b) = a_b + c_b v_b$，因为 v_b 服从区间 $[0，1]$ 上的均匀分布，故 p_b 服从区间 $[a_b，a_b+c_b]$ 上的均匀分布，因此，

$$\text{Prob}\{p_b(v_b) \geq p_s\} = \text{Prob}\{a_b + c_b v_b \geq p_s\} = \text{Prob}\left\{v_b \geq \frac{p_s - a_b}{c_b}\right\} = \frac{a_b + c_b - p_s}{c_b} \tag{4-36}$$

$$E\big[p_b(v_b)\,|\,p_b(v_b)\geqslant p_s\big]=\dfrac{\dfrac{1}{c_b}\displaystyle\int_{p_s}^{a_b+c_b}xdx}{\mathrm{Prob}\{p_b(v_b)\geqslant p_s\}}=\dfrac{p_s+a_b+c_b}{2} \qquad(4\text{-}37)$$

从而，代入式（4-31）可得：

$$\max_{p_s}\left[\dfrac{1}{2}\left(p_s+\dfrac{p_s+a_b+c_b}{2}\right)-v_s\right]\dfrac{a_b+c_b-p_s}{c_b} \qquad(4\text{-}38)$$

由上式的一阶条件可得：

$$p_s=\dfrac{2}{3}v_s+\dfrac{1}{3}(a_b+c_b) \qquad(4\text{-}39)$$

这表明，如果卖方选择一个线性策略，则买方最优的策略也是线性的，反之亦然，即存在一个线性均衡。

由式（4-4）可知 $a_b+c_bv_b=p_b=\dfrac{2}{3}v_b+\dfrac{1}{3}a_s$，从而得 $c_b=2/3$，$a_b=a_s/3$；由式（4-39）可知：$a_s+c_sv_s=p_s=\dfrac{2}{3}v_s+\dfrac{1}{3}(a_b+c_b)$，从而得 $c_s=2/3$，$a_s=(a_b+c_b)/3$。

那么，线性均衡策略为：

$$\begin{cases}p_s(v_s)=\dfrac{2}{3}v_s+\dfrac{1}{4}\\[2mm]p_b(v_b)=\dfrac{2}{3}v_b+\dfrac{1}{12}\end{cases} \qquad(4\text{-}40)$$

在均衡线性策略下，当 $v_s>3/4$，卖方的要价 $p_s=1/4+2v_s/3$ 低于其估价，但高于买方的最高出价 $p_b(1)=1/12+2/3=3/4$，因此卖方低于其估价出售的情况不会出现；类似地，当 $v_b<1/4$，买方的出价高于其估价，但低于卖方的最低要价 $p_s(0)=1/4$，买方高于其估计的交易也不会发生，如图4-4所示。

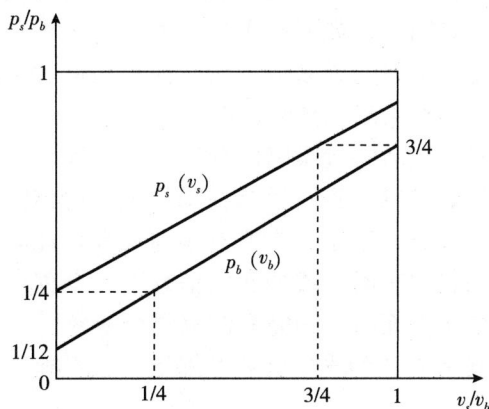

图 4-4 均衡线性策略

在均衡情况下，当且仅当 $p_b\geqslant p_s$ 才发生交易，合并式（4-40）中的两式可知，在线性均衡中，当且仅当 $v_b\geqslant v_s+1/4$ 时才会发生交易，如图4-5所示。

将图4-5与图4-3进行比较，它们分别表示在单一价格均衡及线性均衡中，交易发生所要求的估价组合。在这两种情况下，交易的潜在价值最大时（具体讲，当 $v_s=0$，$v_b=1$），都会发生交易。但是，单一价格均衡漏过了一些有价值的交易（比如 $v_s=0$ 且 $v_b=x-\varepsilon$，其中 ε 是足够小的正数），而且还包含了一些几乎没有价值的交易（比如 $v_s=x-\varepsilon$ 且 $v_b=x+\varepsilon$）。相反，在线性均衡中，漏过了所有价值不大的交易，只包含了价值至少在1/4以上的交易。这表明从参与者可得到的期望获益的角度，线性均衡要优于单一价格均衡。

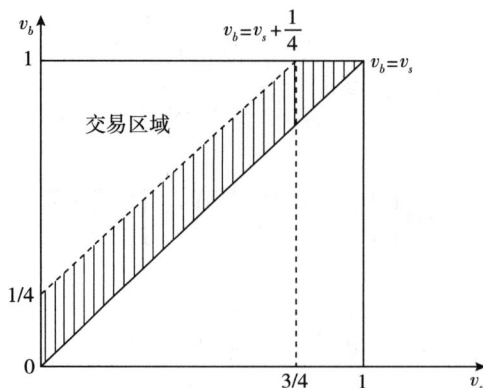

图 4-5　线性均衡下的交易区域

第三节　贝叶斯博弈与混合策略均衡

关于混合策略博弈，前面章节的讨论给出了多种可能的解释，其中主流的诠释来自海萨尼的工作。这里，我们再重新回到这个问题上，并通过一个具体的例子说明海萨尼解释的要点。在引出混合策略博弈时，我们假定信息是完全的，为了获得纳什均衡，我们扩充了参与人的策略空间，在纯策略空间基础上加入了随机选择纯策略的混合策略。这样，参与人在运用混合策略时，表现出来的特征是参与人选择纯策略上的不确定性。海萨尼的理解是：表面上看来似乎存在选择不确定性的混合策略，实际上是参与人在关于其他参与人类型把握上的信息不完全性的反映。当参与人的类型是私人信息时，其他参与人在纯策略选择上就存在不确定性。这是因为，如果对手的类型存在多种可能，特定参与人的最优纯策略也相应地有多种可能的选择。对于特定的参与人来说，倘若他不知道对手的类型，因而也就不知道对手的最优纯策略。因此，当他预测对手的纯策略选择时，他只能根据自己对对手类型的先验信息（对手类型的先验概率分布）作出对手即将选择的各种纯策略的预测，而这种预测是基于概率分布意义上的各种可能性。这样对特定参与人来说，他好像感觉到对手是在随机地进行纯策略选择。给定这种预期，特定参与人就选择其期望支付最大化的纯策略，于是，当所有参与人都如此时，这构成了静态贝叶斯均衡。海萨尼证明，当参与人类型的私人信息很小时，或博弈的信息不完全程度很弱时，这种本质上是静态贝叶斯博弈的博弈在数学形式上就等价于前面给出的完全信息混合博弈。下面，我们以"性别战"模型为例对此加以说明。表 4-2 分别在男孩和女孩的支付函数上添加一个不确定变量 t_b 和 t_g，它们分别是男孩和女孩的私人信息。

假设 t_b 和 t_g 是相互独立且服从 $[0, x]$ 区间上均匀分布的贝叶斯随机变量。这里，两人的类型空间都为 $[0, x]$，条件概率为 $P(t_g \mid t_b) = P(t_b \mid t_g) = \dfrac{1}{x}$。

表 4-2　存在私人信息时的性别战博弈

		女	
		足球	芭蕾
男	足球	$2+t_b$, 1	0, 0
	芭蕾	0, 0	1, $2+t_g$

现在来看这一贝叶斯静态博弈。我们将证明，当男孩和女孩分别采用以下类型依存的策略时，将构成一个贝叶斯纳什均衡。

$$男孩：s_b=\begin{cases}足球, & t_b\geq c\\ 芭蕾, & t_b<c\end{cases}$$

$$女孩：s_g=\begin{cases}芭蕾, & t_g\geq P\\ 足球, & t_g<P\end{cases}$$

其中，c，P 分别是 $[0, x]$ 上的某个待定参数。

给定女孩的策略，男孩选择看足球的期望支付为：

$$\frac{P}{x}(2+t_b)+\frac{x-P}{x}\cdot 0=\frac{P}{x}(2+t_b) \tag{4-41}$$

男孩选择看芭蕾的期望支付为：

$$\frac{P}{x}\cdot 0+\frac{x-P}{x}\cdot 1=1-\frac{P}{x} \tag{4-42}$$

当且仅当 $\frac{P}{x}(2+t_b)\geq 1-\frac{P}{x}$，男孩选择看足球是最优的，这等价于 $t_b\geq\frac{x}{P}-3$，若令 $c=\frac{x}{P}-3$，则男孩选择是最优的。

类似地，给定男孩的策略，女孩选择看芭蕾的期望支付为：

$$\left[\frac{x-c}{x}\right]\cdot 0+\frac{c}{x}\cdot(2+t_g)=\frac{c}{x}(2+t_g) \tag{4-43}$$

女孩选择看足球的期望支付为：

$$\left[\frac{x-c}{x}\right]\cdot 1+\frac{c}{x}\cdot 0=1-\frac{c}{x} \tag{4-44}$$

当且仅当 $\frac{c}{x}(2+t_g)\geq 1-\frac{c}{x}$ 时，女孩选择看芭蕾是最优的，这等价于 $t_g\geq\frac{x}{c}-3$，若令 $P=\frac{x}{c}-3$，则女孩选择是最优的，从而构成一个贝叶斯纳什均衡。联立这两个条件式：

$$c=\frac{x}{P}-3 \tag{4-45}$$

$$P=\frac{x}{c}-3 \tag{4-46}$$

从而，有 $P^2+3P-x=0$，解得：

$$P=\frac{-3+\sqrt{9+4x}}{2} \tag{4-47}$$

由对称性有：

$$P=c=\frac{-3+\sqrt{9+4x}}{2} \tag{4-48}$$

其中的负根按模型含义舍去。

于是，男孩选择看足球的概率为：

$$\frac{x-\dfrac{-3+\sqrt{9+4x}}{2}}{x}=1-\frac{-3+\sqrt{9+4x}}{2x} \tag{4-49}$$

当私人信息 x 很小时，即 $x\to 0$ 时，这一概率的极限为：

$$\lim_{x \to 0}\left(1 - \frac{-3 + \sqrt{9 + 4x}}{2x}\right) = 1 - \lim_{x \to 0}\frac{1}{\sqrt{9 + 4x}} = \frac{2}{3} \tag{4-50}$$

这里使用了洛必达法则。由于对称性，当 x 很小时女孩选择看芭蕾的概率极限也为 $2/3$，而这正是完全信息下性别战博弈的混合策略纳什均衡。

尽管该方法可以说是对混合策略博弈的贝叶斯博弈解释，但与前面对混合策略博弈的说明所不同的是，这里的男孩选择看足球的概率是指女孩对于男孩类型不确定性的认识。男孩自己是知道自己的类型的，因而不存在男孩自己随机地选择纯策略的问题。男孩子选择纯策略的随机性是女孩看来是如此的。但是我们在前面关于混合策略博弈的解释中，男孩是自己随机地选择纯策略的。当然，对于女孩来说，也存在类似的不同。

第四节　应用举例——扩展讨论

显示原理

梅耶森的显示原理说的是，任何一个机制所能达到的配置结果都可以通过一个说实话的直接机制来实现，它是在参与人掌握私人信息时进行博弈设计的重要工具。它可以应用于拍卖及双边贸易，以及其他很多类似的问题。

我们先简要介绍一下显示原理用于拍卖及双边贸易问题中所起的作用。考虑卖方希望设计一个拍卖以使他的期望收入最大化，逐一列出卖方可能考虑的不同的拍卖方式是一项艰巨的工作。例如，在拍卖中，出价最高的投标方付钱给卖方并得到商品，但还存在许多其他可能。如投标方可能还需要支付一定的进入费用。另外，卖方也会制定一个低价，低于这个价格的投标将不会被接受。其他情况还包括物品可能有一定概率不能卖出，当物品确实卖出时，也不是总以最高出价的投标方为获得者。

这时，卖方就可以借助于显示原理来使其问题得到非常大的简化，这有两个方面。第一，卖方可以将其分析集中在以下类型的博弈：①投标方同时声明他们自己的类型。投标方 i 可以自称其类型为 i 的可行类型集 T_i 中的任意 τ_i 而不论其真实类型 t_i 是什么。②在给定的投标方的声明 $(\tau_1, \cdots, \tau_n)$ 下，投标方 i 以 $q_i(\tau_1, \cdots, \tau_n)$ 的概率和支付 $x_i(\tau_1, \cdots, \tau_n)$ 得到标的物品。对所有可能的声明组合 $(\tau_1, \cdots, \tau_n)$，概率 $q_1(\tau_1, \cdots, \tau_n) + \cdots + q_n(\tau_1, \cdots, \tau_n)$ 之和必须小于或等于 1。这种类型博弈称为直接机制。

第二，根据显示原理，卖方可以把分析集中于这样的直接机制，其中每一个投标方实话实说构成一个贝叶斯纳什均衡——也就是，设计适当的支付和概率函数 $(\tau_1, \cdots, \tau_n)\{x_1(\tau_1, \cdots, \tau_n), \cdots, x_n(\tau_1, \cdots, \tau_n); q_1(\tau_1, \cdots, \tau_n), \cdots, q_n(\tau_1, \cdots, \tau_n)\}$ 使每一个参与人 i 的均衡策略是宣布 $\tau_i(t_i) = t_i$，对每一个 T_i 中的 t_i 都是如此。形成贝叶斯纳什均衡的直接机制叫作激励相容。

在拍卖设计之外的其他问题上，显示原理同样可以用于这两个方面。无论原博弈是什么样子，新的贝叶斯博弈总是一个直接机制。更为正式地，我们给出如下定理：

定理 4-1：任何贝叶斯博弈的任何贝叶斯纳什均衡都可以重新表示为一个激励相容的直接机制。

在拍卖中，我们可假定投标方的估价相互独立，同时假定知道投标方 j 的估价并不会改变投标方 i 的估价。我们把这两种假定所表达的特点归纳为投标方的估价相互独立，并且是各自的私人信息。对这样的情况，可计算出什么样的直接机制有实话实说的均衡，以及哪个均衡可以使卖方的期望收益最大化。显示原理又保证了没有另外的拍卖机制，其贝叶斯纳什均衡可以使卖方得到更高的期望收益，因为这样的拍卖机制下的均衡已经被重新表示为一个直接机制中的实话实说机制，并且所有的激励相容直接机制都已经考虑在内了。还可以证明拍卖中对称贝叶斯纳什均衡就相当于这里的收益最大化实话实说机制。

★讨论

【提示问题】

（1）试结合具体的应用例子来讨论其贝叶斯纳什均衡的求解技巧。

（2）哪个典型应用例子特别接近你们小组的问题，如何借鉴这样的例子来构建一个适合你们小组问题的静态贝叶斯博弈，并求解它的贝叶斯纳什均衡。

【教师注意事项及问题提示】

（1）根据本章例子，通过引导学生构建其博弈模型，掌握不完全信息博弈的相关概念及分析处理方法等。

（2）通过引导学生讨论教材中的典型应用例子，构建生活中不完全信息的博弈模型，让学生思考不完全信息博弈在经济管理问题中的应用。

习题4

（1）静态贝叶斯博弈中博弈方的策略有什么特点？为什么？

（2）不完全信息古诺模型可以解决现实生活中哪些问题？举例说明。

（3）海萨尼转换的贡献是什么？可以解决什么问题？

（4）一次拍卖利与弊分别是什么？

（5）根据例4-1计算该不完全信息下市场博弈的纯策略贝叶斯均衡。

（6）考虑以下贝叶斯博弈：①自然决定支付矩阵如表4-3（a）和（b），概率分别为 μ 和 $1-\mu$；②参与人1知道自然选择了（a）还是（b），参与人2不知道自然选择；③参与人1和参与人2同时行动，参与人1选择 T 或 B，参与人2选择 L 或 R。写出博弈的扩展式表述（博弈树）并尝试求出纯策略贝叶斯纳什均衡。

表4-3　自然决定支付矩阵

	L	R
T	1, 1	0, 0
B	0, 0	0, 0

（a）

	L	R
T	0, 0	0, 0
B	0, 0	2, 2

（b）

本章扩展学习资源

约翰·海萨尼

1. 人物简介

约翰·海萨尼（John C. Harsanyi，1920~2000 年），1920 年出生于匈牙利的布达佩斯。他是经济学天才、理性预期学派的重量级代表，是把博弈论发展成为经济分析工具的先驱之一，1994 年获诺贝尔经济学奖。海萨尼老年时患上阿尔茨海默病，2000 年在柏克莱死于心脏病发作。

2. 学术贡献

海萨尼最著名的是对博弈论的研究及博弈论应用于经济学的贡献。特别是他对不完备信息的博弈的高度创新分析。在 1967~1968 年，海萨尼提出了一种处理不完全信息博弈的方法，即引入一个虚拟的参与人——"自然"。自然首先行动，它决定每个参与人的特征。每个参与人知道自己的特征，但不知道别的参与人的特征。这种方法将不完全信息静态博弈变成一个两阶段动态博弈，第一阶段是自然 N 的行动选择，第二阶段是除 N 外的参与人的静态博弈。通过这种转换方法，不完全信息博弈被转换成一个等价的完全信息博弈，从而可以对原来的不完全信息博弈进行研究。目前这一转换方法已称为"海萨尼转换"，是处理不完全信息博弈的标准方法。这一方法极大地拓展了博弈理论的分析范围和应用范围，从而完成了博弈理论发展中的一个里程碑式的成就。正是因为这一贡献，使海萨尼于 1994 年和约翰·福布斯·纳什及莱因哈德·泽尔腾共同获得诺贝尔经济学奖。

主要论著如下：

[1] Harsanyi J C. Games with Incomplete Information Played by "Bayesian" Players，I–III Part I. The Basic Model [J]. Management Science，1967，14（3）：159-182.

[2] Harsanyi J C，Selten R. A General Theory of Equilibrium Selection in Games [M]. MIT Press Books，1988.

[3] Harsanyi J C. Rational Behaviour and Bargaining Equilibrium in Games and Social Situations [M]. CUP Archive，1986.

[4] Harsanyi J C. Games with Incomplete Information Played by "Bayesian" Players Part II. Bayesian Equilibrium Points [J]. Management Science，1968，14（5）：320-334.

第五章
不完全信息动态博弈

【学习目标】

本章讨论不完全信息动态博弈，是基础博弈论中最复杂的一类博弈模型，前面介绍的几类模型都可以看成本章模型的特例。不完全信息动态博弈是静态贝叶斯博弈与完全信息动态博弈的延伸与结合，前面几章的知识是讨论本章的基础。不完全信息动态博弈的许多博弈模型有广泛的应用背景，如信号博弈、声誉效应和其他动态贝叶斯博弈已经广泛地应用到经济管理中的许多领域，如投资与金融、运作与市场以及决策科学等。通过这些模型的学习，本章会为大家打开一扇窗户，提供研究经济问题、管理问题的新思路、新工具。

通过本章的学习，理解并掌握不完全信息动态博弈的概念：

(1) 基于博弈顺序的先验信息的修正，掌握贝叶斯法则的应用。

(2) 掌握精炼贝叶斯纳什均衡的定义，并分析与以前均衡定义的差异性。

(3) 掌握信号博弈的建模要素以及其决策机制，以就业市场信号博弈为例，揣摩其应用。

(4) 理解精炼贝叶斯纳什均衡的再精炼及其他均衡概念。

【能力目标】

(1) 帮助学生形成对不完全信息动态博弈模型特点的认识。

(2) 培养学生将均衡与信念体系进行联系的能力。

(3) 提高学生运用不完全信息动态博弈的思路和方法分析、研究并进一步解决实际经济问题、管理问题的能力。

第一节 精炼贝叶斯纳什均衡

一、基本概念

在完全信息动态博弈的情况下，每个参与人的类型是共同知识（Common Knowledge），每个参与人都是在已知自己以及其他人类型的情形下按照行动顺序进行选择（做出决策）。但是，在不完全信息动态博弈（Dynamic Game of Incomplete Information）的情况下，每个参与人只知道自己的类型而不知道其他参与人的类型，这样就好像是在博弈的开始阶段，存在一个参与人，名为"自然"，它先选择每个参与人的类型，然后参与人开始行动，参与人的行动有先有后，后行动者可以观察到先行动者的行动，但不能观察到先行动者所属于的类型。但是，因为参与人的行动是依据参与人所属类型而作出的，每个参与人的行动都传递着有关自己所属类型的信息，后行动者可以通过先行动者的行动来猜测先行动者的类型或者修正对先行动者所属类型的先验信念（表现为概率分布），然后根据修正后的后验信念选择自己的最优行动。同样，先行动者会预测到自己的行动将被后行动者所利用，就会设法选择某些特定行动来迷惑后行动者，即选择传递对自己最有利的信息、避免传递对自己不利的信息的行动。因此，博弈过程不但是参与人选择行动的过程，而且是参与人不断修正自己信念的过程，比起完全信息动态博弈的情况要更加复杂。精炼贝叶斯均衡（Perfect Bayesian Equilibrium）是不完全信息动态博弈均衡的基本均衡概念，它是泽尔腾的完全信息动态博弈子博弈精炼纳什均衡和海萨尼的不完全信息静态博弈贝叶斯均衡的结合。精炼贝叶斯均衡要求，给定有关其他参与人所属类型的信念，参与人的策略在每一个信息集开始的"后续博弈"上构成贝叶斯均衡，并且，在所有可能的情况下，参与人使用贝叶斯法则修正有关其他参与人的类型的信念。

在不完全信息静态博弈中，有一个与参与人的信念相关的概念，用概率（Probability）来表示，它在整个博弈的过程中是不变的，可以说是一个坚定的信念；而在不完全信息动态博弈的情况下，该概念就不再适用了，因为参与人的信念是会不断修正的，对于参与人的信念，我们分为两类：一类是先验概率（Prior Probability），另一类是后验概率（Posterior Probability）。

为分析不完全信息动态博弈的均衡结果，仅仅使用不完全信息静态博弈中的贝叶斯纳什均衡是不够的。因为在静态贝叶斯均衡中，参与人的信念都是给定的，均衡概念没有规定参与人如何修正自己的信念，或者说在均衡概念中参与人并不需要修正自己原有的信念，这与不完全信息动态博弈的情况是不相符合的；因为，在动态情况下，如果参与人可以任意修正自己的信念，在后面我们可以知道，这个不完全信息动态博弈可以有任意的贝叶斯均衡。这样，对于不完全信息动态博弈，我们除了要定义参与人原先的信念（先验概率）外，还要制定一个合理的（或者说理性的）法则，对参与人的信念进行修正，并得出新的信念（后验概率），这样才能得出特定的、符合理性要求的均衡概念。

在完全信息动态博弈中，我们有子博弈精炼纳什均衡这一概念，尽管在不完全信息情况下，该概念并不适用，不过子博弈精炼均衡概念的逻辑是适用的。子博弈精炼纳什均衡要求均衡策略不仅在整个博弈上构成纳什均衡，而且要求其在每个子博弈上构成纳什均衡。参照这一逻辑，我们可以将从每一个信息集开始的博弈的剩余部分称为一个"后续博弈"（Continuation Game），一个适用于不完全信息动态博弈情况下的均衡应该满足以下要求：给定每一个参与人有关其他参与人所属类型的后验信念（修正依据或规则），参与人的策略组合在每一个后续博弈上构成贝叶斯均衡。

但是，即使按照上述的要求得出均衡策略，均衡策略中也有可能会包含不合理的信念。例如，如果在某一不完全信息动态博弈中，假定其中的一个参与人有这样的一个信念：无论其他人做出什么行为，都不会修正自己对其他人的看法（信念）。正如，无论其他人做出怎样的行为来攻击我，我都会坚定地根据之前的信念，认为其他参与人是善意的盟友。显然，这样的信念是不合理的。但是，如果没有更多的限制，这样不合理的信念确实可能会出现在均衡策略中。要剔除这种不合理的信念，我们可以采用以下方法：假定参与人（在所有可能的情况下）根据贝叶斯规则（Bayes' Rule）修正先验信念；并且，假定"其他参与人选择的是均衡策略"是共同知识。

精炼贝叶斯均衡是贝叶斯均衡、子博弈精炼均衡和贝叶斯推断的结合。它的要求如下：①在每一个信息集上，决策者必须有一个定义在属于该信息集的所有决策结上的一个概率分布（或称信念）；②给定该信息集上的概率分布和其他参与人的后续策略（Subsequent Strategy），参与人的行动必须是最优的；③每一个参与人根据贝叶斯法则和均衡策略修正后验概率。

二、贝叶斯法则

精炼贝叶斯均衡要求每一个参与人根据贝叶斯法则修正后验概率，因此，本节介绍贝叶斯法则，为理解精炼贝叶斯均衡做准备。

　　生活中总是充满未知性，当在某时刻面对未知性（不确定性）时，人们总是习惯于对某件事发生的可能性的大小进行估计。然后，随着时间的推移，可以得到更多相关的信息，此时人们就会根据这些信息对之前的估计进行修正。在统计学上，修正之前的估计称为先验概率，修正之后的估计称为后验概率。而贝叶斯法则正是人们根据新的相关信息修正先验概率、得出后验概率的基本方法。

　　贝叶斯法则的定义如下：

　　定义 5-1：假设存在先验概率 $p(\theta^k) \geq 0$（θ^k 可以表示为某事件发生的概率，假设有可能发生 N 种事件，第 k 种事件记为 θ^k），当与之相关的某事件 a^h 发生后，可以根据发生的事件对先验概率进行修正，得到后验概率 $p(\theta^k \mid a^h)$，该后验概率的计算法则（贝叶斯法则）如下：

$$p(\theta^k \mid a^h) = \frac{p(a^h \mid \theta^k)p(\theta^k)}{\sum_{j=1}^{N} p(a^h \mid \theta^j)p(\theta^j)} \tag{5-1}$$

其中，$p(a^h \mid \theta^j)$ 表示在事件 θ^j 发生的条件下事件 a^h 发生的条件概率，通常是已知的。

　　定义 5-1 就是贝叶斯法则。举例来说明。假设在不完全信息博弈中，有两个参与人 1 和 2，假设现在参与人 1 不知道参与人 2 所属的类型是什么（聪明人或者笨人），只知道参与人 2 属于各种类型的概率分布，根据通常的情况，假设参与人 2 属于两种人的先验概率是相等的，都为 1/2。简称聪明人为 S，笨人为 B。通常参与人 1 可以观察到参与人 2 的行为，我们把参与人 2 的行为分为两大类：聪明的举动（SM）和笨的举动（BM）。聪明人永远不会做笨的举动，用 $p(BM \mid S) = 0$ 表示；笨人因为之前吃了很多亏，所以不想被别人知道自己的类型，以免再次吃亏；因为笨人有很多痛苦的经历，所以在某些事情上，他们会吸取教训，表示出聪明的举动，不过某些事情上，基于自身类型所限，他们只能做出笨的举动。所以，笨人会做出两种举动的可能性均大于 0，用 $0 < p(SM \mid B) < 1$，$0 < p(BM \mid B) < 1$ 来表示。

　　假设，现在我们观测到参与人 2 做了一个聪明的举动，那么，这个人是聪明人的后验概率为：

$$p(S \mid SM) = \frac{p(SM \mid S)p(S)}{p(SM \mid S)p(S) + p(SM \mid B)p(B)} > \frac{1}{2} \tag{5-2}$$

而认为参与人 2 是笨人的后验概率为：

$$p(B \mid SM) = \frac{p(SM \mid B)p(B)}{p(SM \mid S)p(S) + p(SM \mid B)p(B)} < 1/2 \neq 0 \tag{5-3}$$

可以知道，当我们看到参与人 2 做出聪明的举动时，参与人 1 认为参与人 2 是聪明人的后验概率比起先验概率要高，认为参与人 2 是笨人的后验概率要比先验概率低但不为 0。这说明了当参与人 2 做出聪明举动时，参与人 1 对他的评价提高了（认为他更多的是聪明人），但是却不否认其是笨人的可能性，即使其做了一次聪明的举动。

　　那么，当参与人 2 做出了一个笨的举动时，贝叶斯法则又如何修正先验概率呢？这时，我们有：

$$p(S \mid BM) = \frac{p(BM \mid S)p(S)}{p(BM \mid S)p(S) + p(BM \mid B)p(B)} = 0 \tag{5-4}$$

也就是说，如果参与人 2 做出一个笨的举动，参与人 1 将坚定地相信参与人 2 是笨人。因为参与人 1 有这样一个信念：聪明人绝对不会做出笨的举动。有时，即使你之前怎么掩饰，一个不经意的行为可能就会令你之前的努力付之流水。

　　从上面的例子可以看出，我们对一个人的信念并不是一成不变的，而是根据观测到的行为人的行为而不断作出修正的。而贝叶斯法则就是一个非常"理性"的修正法则，特别是应用在精炼贝叶斯均衡中。

三、精炼贝叶斯均衡

　　下面给出精炼贝叶斯均衡概念的正式定义。我们知道，均衡概念有纯策略均衡和混合策略均衡之分，下面将要介绍的是纯策略均衡，不过下述的定义同样适用于混合策略均衡。

假定博弈中有 n 个参与人，参与人 i 的所属类型是 $\theta_i \in \Theta_i$，$i = 1, 2, \cdots, n$，θ_i 是参与人 i 的私人信息，其他参与人并不知道且观察不到。记除了参与人 i 之外的所有其他参与人的所属类型为 θ_{-i}，即 $\theta_{-i} = (\theta_1, \cdots, \theta_{i-1}, \theta_{i+1}, \cdots, \theta_n)$，条件概率 $p_i(\theta_{-i} | \theta_i)$ 是参与人 i 认为除自己外其他参与人所属类型的信念，即先验概率。设 S_i 是参与人 i 的策略空间，它包含参与人 i 所有的可能的策略；$s_i \in S_i$ 是 i 的一个特定策略，它依赖于参与人 i 的类型 θ_i。$a_{-i}^h = (a_1^h, a_2^h, \cdots, a_{i-1}^h, a_{i+1}^h, \cdots, a_n^h)$ 是在第 h 个信息集上参与人 i 观测到的其他参与人的行动组合，它是策略组合 $s_{-i} = (s_1, \cdots, s_{i-1}, s_{i+1}, \cdots, s_n)$ 的一部分，s_{-i} 是除参与人 i 之外的所有参与人的策略组合。条件概率 $\tilde{p}_i(\theta_{-i} | a_{-i}^h)$ 是在观测到行动 a_{-i}^h 的情况下参与人 i 认为其他 $n-1$ 参与人属于类型 θ_{-i} 的后验概率，$\tilde{p}_i$ 是上述的所有后验概率 $\tilde{p}_i(\theta_{-i} | a_{-i}^h)$ 的集合，$u_i(s_i, s_{-i}; \theta_i)$ 是属于类型 θ_i 的参与人 i 在选择策略 s_i、其他参与人选择策略 s_{-i} 的情况下的效用函数。那么，精炼贝叶斯均衡可以定义如下：

定义 5-2：精炼贝叶斯均衡是一个策略组合 $s^*(\theta) = [s_1^*(\theta_1), \cdots, s_n^*(\theta_n)]$ 和一个后验概率组合 $\tilde{p} = (\tilde{p}_1, \cdots, \tilde{p}_n)$，满足：

（P）对于所有的参与人 i，在每一个信息集 h，有：

$$s_i^*(s_{-i}, \theta_i) \in \arg\max_{s_i} \sum_{\theta_{-i}} \tilde{p}_i(\theta_{-i} | a_{-i}^h) u_i(s_i, s_{-i}, \theta_i); \tag{5-5}$$

（B）$\tilde{p}_i(\theta_{-i} | a_{-i}^h)$ 是使用贝叶斯法则从先验概率 $p_i(\theta_{-i} | \theta_i)$、观测到的 a_{-i}^h 以及最优策略 $s_{-i}^*(.)$ 得到（在可能的情况下）。

在上述定义中，（P）是精炼条件（Perfectness Condition），它的意思是，给定其他参与人的策略 $s_{-i} = (s_1, \cdots, s_{i-1}, s_{i+1}, \cdots, s_n)$ 和参与人 i 的后验概率 $\tilde{p}_i(\theta_{-i} | a_{-i}^h)$，每个参与人 i 的策略在所有从信息集 h 开始的后续博弈上都是最优的，或者说，所有参与人都是序贯理性的（Sequential Rationality）。显然，这个条件是子博弈精炼均衡在不完全信息动态博弈上的扩展。在完全信息静态博弈中，正如前文所述，子博弈精炼纳什均衡要求均衡策略在每一个子博弈上构成纳什均衡；类似地，在不完全信息动态博弈中，精炼贝叶斯均衡要求均衡策略在每一个"后续博弈"（与静态情况下的子博弈相对应）上构成贝叶斯均衡。（B）对应的是贝叶斯法则的运用。如果参与人是多次行动的，修正概率就涉及贝叶斯法则的重复使用。这里需要说明的是，因为策略是一个行动规则，它本身是不能被参与人观测到的，因此参与人 i 只能根据观测到的行动组合 $a_{-i} = (a_1, \cdots, a_{i-1}, a_{i+1}, \cdots, a_n)$ 修正概率，但他假定所观测到的行动是最优策略 $s_{-i} = (s_1, \cdots, s_{i-1}, s_{i+1}, \cdots, s_n)$ 规定的行动。限制条件"在可能的情况下"是基于这样的事实：如果 a_{-i} 不是均衡策略下的行动，观测到的 a_{-i} 是一个零概率事件，此时，贝叶斯法则对如何计算后验概率是没有定义的，任何的后验概率 $\tilde{p}_i(\theta_{-i} | a_{-i}) \in [0, 1]$ 都是允许的，只要它与均衡策略相容。对上述情况下的后验概率的定义和限制是很重要的，它会影响到最终的均衡策略。所以，后面的章节将讨论如何对非均衡路径上后验概率施加某些限制以改进精炼贝叶斯均衡，以进一步精炼均衡概念。

上述定义的核心是，精炼贝叶斯均衡是均衡策略和均衡信念的结合：给定信念 $\tilde{p} = (\tilde{p}_1, \tilde{p}_2, \cdots, \tilde{p}_n)$，策略 $s^* = (s_1^*, s_2^*, \cdots, s_n^*)$ 是最优的；给定策略 $s^* = (s_1^*, s_2^*, \cdots, s_n^*)$，信念 $\tilde{p} = (\tilde{p}_1, \tilde{p}_2, \cdots, \tilde{p}_n)$ 是使用贝叶斯法则从均衡策略和所观测到的参与人的行动得到的。因此，在数学概念上，精炼贝叶斯均衡是一个对应的不动点（Fixed Point of a Correspondence）：

$$\begin{cases} s \in s^*[\tilde{p}(s)] \\ \tilde{p} \in \tilde{p}^*[s^*(\tilde{p})] \end{cases} \tag{5-6}$$

求解精炼贝叶斯均衡的过程中，有一点需要注意的是：在完全信息博弈中，我们习惯用逆向归纳法（Backward Induction）求解精炼均衡；但是，在不完全信息博弈的情况下，因为精炼贝叶斯均衡是一个不动点，后验概率与策略是相互依存的关系，两者互相依赖，这样，如果不清楚先行动者的行动选择，就不可能知道后行动者应该如何选择。因此，逆向归纳法在不完全信息博弈求解中是不适用的，取而代之，必须使用前向法（Forward Manner）进行贝叶斯修正。

再一次考虑市场进入博弈的例子。假定有两个时期，$t=1$，2。在 $t=1$，市场上有一个垄断企业（"在位者"）在生产，一个潜在的进入者考虑是否进入；如果进入者进入，在 $t=2$，两个企业进行古诺博弈，否则，在位者仍然是一个垄断者。假定在位者有两个可能的类型：高成本或低成本，进入者在博弈开始时只知道在位者是高成本的概率为 μ，低成本的概率为 $1-\mu$。这个概率称为进入者的先验信念（Prior Belief）。假定进入者只有一个类型：进入成本为 2；如果进入的话，生产成本函数与高成本的在位者的成本函数相同。在 $t=1$，在进入者决定是否进入之前，作为垄断者的在位者要决定该时期的价格（或生产量），假定只有三种可能的价格选择：$p=4$、$p=5$ 或 $p=6$。如果在位者是高成本，对应三种价格选择的利润分别是：2、6 或 7；如果在位者是低成本，对应的利润分别是：6、9 或 8。因此，高成本在位者的单阶段最优垄断价格是 $p=6$，低成本的单阶段最优垄断价格是 $p=5$。在 $t=2$，如果进入者已经进入，在位者的成本函数变成共同知识；如果在位者是高成本，两个企业的成本函数相同，对称的古诺均衡产量下每个企业的利润是 3，扣除进入成本 2，进入者的净利润是 1；如果在位者是低成本，两个企业的成本函数不同，非对称古诺均衡产量下在位者的利润是 5，进入者的利润是 1，扣除进入成本 2，进入者的净利润是 -1。如果进入者不进入，$t=2$ 时期在位者仍然是一个垄断者，不同价格选择下的利润水平与第一阶段相同。我们构造了这些数字使在完全信息情况下，如果在位者是高成本，进入者选择进入；如果在位者是低成本，进入者选择不进入。

图 5-1 是这个博弈的一个简化的扩展式表述。图中在位者有两个单结信息集，表示在位者知道"自然"的选择（自己的类型）；三条虚线表示进入者有三个信息集，每个信息集有两个决策结（用虚线连接），表示进入者能观测到在位者的价格选择但不能观测到在位者的成本函数（进入者观测到 $p=4$，$p=5$ 或 $p=6$，但每一种价格可能是高成本在位者的选择，也可能是低成本在位者的选择）。我们将第一阶段不同价格选择下的利润向量写在博弈树的终点结，尽管实际支付在进入者决定是否进入之前就已实现。注意，进入者第一阶段的利润恒为 0。我们省略了第二阶段博弈的扩展式，代之以古诺均衡支付向量和垄断利润。这样做的理由是，在博弈进入第二阶段后，如果进入者已经进入，古诺均衡产量（和对应的价格）是每个企业的最优选择；如果进入者没有进入，单阶段垄断产量（和价格）是在位者的最优选择。

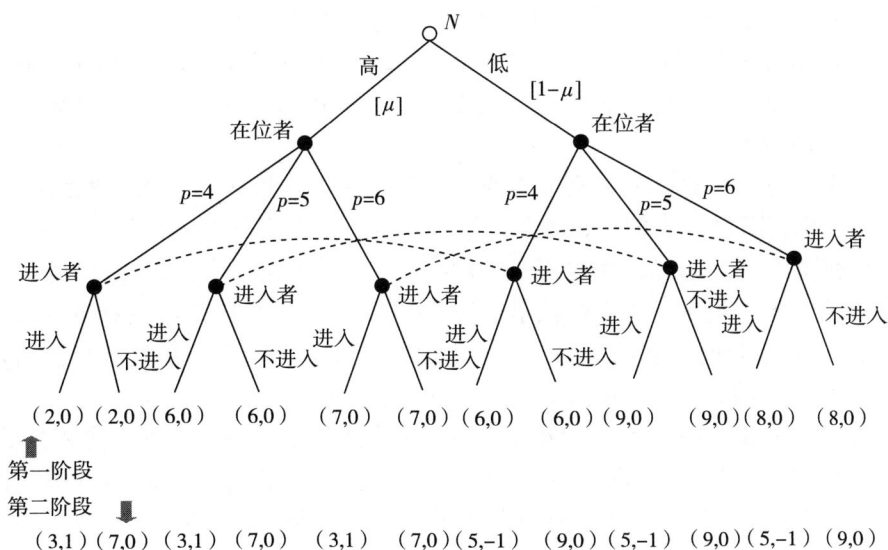

图 5-1 市场进入博弈

尽管当博弈进入第二阶段后，企业的行动选择是一个简单的静态博弈决策问题，但第一阶段的选择要复杂得多。进入者是否进入依赖于它对在位者成本函数的判断：给定在位者是高成本时进入的净利润为 1，低成本时进入的净利润是-1，当且仅当进入者认为在位者是高成本的概率大于 1/2 时，进入者才会选择进入。这一点与我们在上一章讨论的不完全信息静态博弈的进入决策没有什么不同。但与静态博弈不同的是，现在，在观测到在位者第一阶段的价格选择后，进入者可以修正对在位者成本函数的先验概率 μ，因为在位者的价格选择可能包含着有关其成本函数的信息。比如说，无论在何种情况下，低成本的在位者不会选择 $p=6$（因为低成本的在位者不希望进入者认为自己是高成本），因此，如果进入者观测到在位者选择了 $p=6$，它就可以推断在位者一定是高成本，选择进入是有利可图的。预测到选择 $p=6$ 会招致进入者进入，即使高成本的在位者也可能不会选择 $p=6$，尽管 $p=6$ 是单阶段的最优垄断价格。类似地，低成本的在位者也可能不会选择 $p=5$，如果 $p=5$ 会招致进入者进入的话。这里，问题的核心是在位者必须考虑价格选择的信息效应：不同的价格如何影响进入者的后验概率从而影响进入者的进入决策。一个非单阶段最优价格会减少现期利润，但如果它能阻止进入者进入，从而使在位者在第二阶段得到垄断利润而不是古诺均衡利润，如果垄断利润与古诺均衡利润之间的差距足够大，如果在位者有足够的耐心，选择一个非单阶段最优价格可能是最优的。我们将看到，在均衡情况下，在位者究竟选择什么价格，不仅与其成本函数有关，而且与进入者的先验概率 μ 有关；而不论 μ 为多少，单阶段最优垄断价格不构成一个均衡。

有了精炼贝叶斯均衡的定义后，让我们利用该定义，分析它的精炼贝叶斯均衡。在这个例子中，在位者有两个潜在类型，进入者只有一个类型。因此，只有进入者修正信念。令 $\tilde{\mu}(p)$ 是进入者在观测到在位者的价格选择后认为在位者是高成本的后验概率（注意，这里 p 代表价格而不是概率）。我们首先证明，不论先验概率 μ 是多少，在第一阶段，高成本在位者选择单阶段最优垄断价格 $p=6$ 和低成本在位者选择单阶段最优垄断价格 $p=5$ 不是一个精炼贝叶斯均衡。这一点很容易证明。如果在位者这样选择，进入者观测到 $p=6$ 就知道在位者是高成本，即 $\tilde{\mu}(6)=1$；观测 $p=5$ 就知道在位者是低成本，即 $\tilde{\mu}(5)=0$。给定这个后验信念，我们知道，进入者将进入，当且仅当他观测到 $p=6$。但是，考虑高成本的在位者。如果他选择 $p=6$，第一阶段得到 7 单位的垄断利润，第二阶段得到 3 单位的寡头利润，总贴现利润为 10 单位（假定没有贴现）。但是，如果他模仿低成本企业，选择 $p=5$，第一阶段的利润是 6 单位，第二阶段的利润是 7 单位，总利润是 13 单位。因此，$p=6$ 不是高成本在位者的最优选择，上述策略不构成精炼贝叶斯均衡（为了表述的方便，以下我们用"他"代表在位者，"她"代表进入者）。

现在考虑两种不同情况下的均衡，即 $\mu<1/2$ 和 $\mu\geqslant1/2$。首先考虑 $\mu<1/2$ 的情况。我们将证明，在这种情况下，精炼贝叶斯均衡是：不论高成本还是低成本，在位者选择 $p=5$；进入者将进入，当且仅当她观测到 $p=6$ ［基于 $\tilde{\mu}(6)=1$］。

给定进入者的后验概率和策略，如果高成本在位者选择 $p=6$，进入者进入，他第一阶段的利润是 7，第二阶段的利润是 3，总利润是 10；但是，如果他选择 $p=5$，进入者不进入，他第一阶段的利润是 6，第二阶段的利润 7，总利润是 13。因此，牺牲第一阶段的 1 单位利润以换取第二阶段的 4 单位利润是合算的，$p=5$ 是最优的。类似地，给定进入者的后验概率和策略，低成本在位者选择 $p=5$ 时的总利润是 9+9=18，大于选择任何其他价格时的利润，因此，$p=5$ 也是低成本在位者的最优选择。给定两类在位者都选择 $p=5$，进入者不能从观测到的价格中得到任何新的信息，即 $\tilde{\mu}(5)=(1\times\mu)/[1\times\mu+1\times(1-\mu)]=\mu<1/2$，进入的期望利润是 $\mu\times1+(1-\mu)\times(-1)=2\mu-1<0$，不进入的期望利润是 0，因此不进入是最优的。

上述均衡称为混同均衡（Pooling Equilibrium），因为两类在位者选择相同的价格。直观地讲，因为 $\mu<1/2$，如果进入者不能从在位者的价格选择中得到新的信息，她选择不进入。因此，高成本的在位者可以通过选择与低成本的在位者相同的价格隐藏自己是高成本这个事实，低成本的在位者也没有必要揭露自己是低成本这个事实。

现在考虑 $\mu\geqslant1/2$ 的情况。首先注意到，如果不同类型的在位者选择相同的价格，进入者得不到新的信息，她将选择进入，因为 $1 \times \mu + (1-\mu) \times (-1) = 2\mu - 1 \geq 0$。但是，进入者一定会进入，在位者的最优选择是单阶段最优垄断价格，即高成本在位者选择 $p=6$，低成本在位者选择 $p=5$。而我们已经证明，这不可能是一个均衡。

现在证明，如果 $\mu \geq 1/2$，精炼贝叶斯均衡是：低成本的在位者选择 $p=4$，高成本的在位者选择 $p=6$；进入者选择不进入，如果观测到 $p=4$ [基于 $\tilde{\mu}(4)=0$]；选择进入，如果观测到 $p=6$ 或 $p=5$ [基于 $\tilde{\mu}(6)=1$，$\tilde{\mu}(5)=1/2$]。

考虑低成本在位者的策略。给定进入者的后验概率和策略，如果低成本的在位者选择 $p=4$，进入者不进入，他的第一阶段利润是 6，第二阶段的利润是 9，总利润是 15；如果他选择单阶段垄断价格 $p=5$，进入者进入，他的总利润是 $9+5=14$，因此，选择 $p=4$ 是最优的。再考虑高成本在位者的策略。给定进入者的后验概率和策略，如果高成本的在位者选择 $p=4$，进入者不进入，他的第一阶段利润是 2，第二阶段的利润是 7，总利润是 9，如果他选择单阶段垄断价格 $p=6$，进入者进入，他的总利润是 $7+3=10$，因此，选择 $p=6$ 是最优的。现在考虑进入者的后验概率和策略。给定在位者的策略，$\tilde{\mu}(6)=1$ 和 $\tilde{\mu}(4)=0$ 是正确的，因此进入者的最优策略是：如果观测到 $p=6$，选择进入；如果观测到 $p=4$，选择不进入。因为 $p=5$ 不是均衡策略，我们可以规定 $\tilde{\mu}(5) \geq 1/2$。读者可以检查，所有 $\tilde{\mu}(5) \geq 1/2$ 与均衡都是相容的，而所有 $\tilde{\mu}(5) < 1/2$ 不构成均衡 [提示 $\tilde{\mu}(5) < 1/2$，两类在位者都将选择 $p=5$，但给定这个策略，$\tilde{\mu}(5) \equiv \mu \geq 1/2$]。因此，所假定的策略和后验概率是一个精炼贝叶斯均衡。

上述均衡称为分离均衡（Separating Equilibrium），因为不同类型的在位者选择不同的价格，特别地，低成本在位者选择了非单阶段最优价格 $p=4$，高成本的在位者选择了单阶段最优垄断价格 $p=6$。直观地讲，如果低成本在位者选择单阶段垄断价格 $p=5$，他将无法把自己与高成本的在位者分开，进入者将进入，但如果他选择 $p=4$，高成本在位者不会模仿，进入者不进入，因此低成本的在位者宁愿放弃 3 单位的现期利润以换取 4 单位的下期利润。高成本的在位者之所以不选择 $p=4$，是因为他的成本太高，下阶段的 4 单位利润不足以弥补现期 5 单位的损失。注意，在这个均衡中，进入者的实际进入决策与完全信息下相同（在位者是高成本时进入，低成本时不进入）；不完全信息带来的唯一后果是，低成本的在位者损失 3 单位的利润，这可以说是他为证明自己是低成本而支付的"认证"费用。当然，从消费者的角度看，这是一件好事。

四、不完美信息博弈的精炼贝叶斯均衡

因为不完全信息博弈可以通过海萨尼转换变为不完美信息博弈，因此精炼贝叶斯均衡概念也适用于不完美信息博弈。考虑图 5-2 所示的博弈，在这个博弈中，有两个参与人，$i=1, 2$。参与人 1 首先行动，选择 L、M 或 R。如果他选择 L，博弈结束，支付向量为 $(1, 3)$；如果他选择 M 或 R，参与人 2 选择 U 或

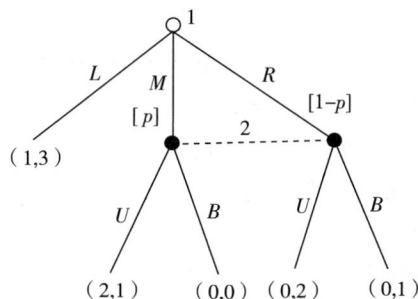

图 5-2 不完美信息博弈

B，但参与人 2 在作出自己的决策时并不知道参与人 1 是选择了 M 还是 R，尽管他知道 L 没有被选择。这个博弈有两个纯策略纳什均衡：(L, B) 和 (M, U)。检查一下为什么 (L, B) 是一个纳什均衡：给定参与人 1 选择 L，参与人 2 的信息集没有到达；给定参与人 2 选择 B，L 是参与人 1 的最优选择。进一步，因为这个博弈只有一个子博弈，即原博弈，(L, B) 和 (M, U) 都是子博弈精炼纳什均衡。但是，精炼纳什均衡 (L, B) 显然依赖于一个不可置信的威胁：如果博弈进入参与人 2 的信息集，U 严格优于 B，选择 B 不是序贯理性的；因此，参与人 1 不应该相信参与人 2 会选择 B。

尽管子博弈精炼均衡不能剔除 (L, B)，我们可以使用精炼贝叶斯均衡剔除 (L, B)。根据精炼贝叶斯均衡，当博弈进入参与人 2 的信息集时，参与人 2 必须有一个参与人 1 选择了 M 和 R 的概率分布。假定参与人 2 认为参与人 1 选择 M 和 R 的概率分别为 p 和 $(1-p)$。给定这个信念，参与人 2 选择 U 的期望效用是 $p \times 1 + (1-p) \times 2 = 2-p$，选择 B 的期望效用是 $p \times 0 + (1-p) \times 1 = 1-p$。因为不论 p 为何值，$2-p > 1-p$，参与人 2 一定会选择 U。给定参与人 1 知道参与人 2 将选择 U，参与人 1 的最优选择是 M。但给定 M 是参与人 1 的最优策略，当参与人 2 观测到参与人 1 没有选择 L 时，他知道参与人 1 一定选择了 M，即 $p=1$。因此，这个博弈的唯一的精炼贝叶斯均衡是 $(M, U; p=1)$。

★讨论

【提示问题】

（1）如何理解不完全信息动态博弈中的先验概率和后验概率？

（2）精炼贝叶斯纳什均衡和贝叶斯纳什均衡的区别在哪里？

（3）试结合本章引导案例来说明如何对先验信息进行修正？

（4）试结合本章引导案例来构建一个不完全信息动态博弈模型，并求解其精炼贝叶斯纳什均衡解。

【教师注意事项及问题提示】

（1）根据本章引导案例，通过引导学生构建其博弈模型，帮助学生理解不完全信息动态博弈中先验概率和后验概率的区别。

（2）通过引导学生根据本章引导案例构建不完全信息动态博弈模型，让学生掌握如何根据所研究的问题构建合适的不完全信息动态博弈模型，求其均衡解，并分析各种不同情形下均衡解的含义。

第二节　信号传递博弈

一、信号传递博弈的定义

信号传递博弈（Signaling Games）是一种比较简单的不完全信息动态博弈，虽然形式简单，但有广泛的应用意义。在这个博弈中，有两个参与人 i，$i=1, 2$；参与人 1 称为信号发送者（行为类似于发出信号），而另一参与人 2 相对地称为信号接收者（因为其行为类似于接收发出的信号）；参与人 1 的类型是私人信息，只有参与人自己知道，而参与人 2 只有一种类型，因此参与人 2 的类型是共同知识。

信号传递博弈的顺序如下：

（1）"自然"首先选择参与人 1 的类型 $\theta \in \Theta$，这里 $\Theta = \{\theta^1, \theta^2, \cdots, \theta^K\}$ 是参与人 1 的类型空间，参与人 1 知道 θ，但参与人 2 不知道，只知道参与人 1 属于 θ 的先验概率是 $p = p(\theta)$，$\sum_{k=1}^{K} p(\theta^k) = 1$。这里 $p(\theta^k)$ 表示参与人 1 属于类型 θ^k 的先验概率。

（2）参与人 1 在知道（观测到）自己所属的类型 θ 后选择发出信号 $m \in M$，其中 M 的信号空间，定义为 $M = \{m^1, m^2, \cdots, m^J\}$。

（3）参与人 2 在观测到参与人 1 发出的信号 m（注意，这里观测到的是参与人 1 发出的信号，并不是参与人 1 的类型 θ），使用贝叶斯法则从先验概率 $p = p(\theta)$ 得到后验概率 $\tilde{p} = \tilde{p}(\theta \mid m)$，然后选择行动 $a \in A$，这里，$A = \{a^1, a^2, \cdots, a^H\}$ 是参与人 2 的行动空间，它包括参与人 2 所有可能的行动。

（4）参与人 1 和参与人 2 的支付函数分别为 $u_1(m, a, \theta)$ 和 $u_2(m, a, \theta)$。

图 5-3 是一个简单的信号传递博弈的扩展式表述，这里定义 $K = J = H = 2$，$\tilde{p} = \tilde{p}(\theta^1 \mid m^1)$，$\tilde{q} = \tilde{p}(\theta^1 \mid m^2)$ 并且省略支付向量。

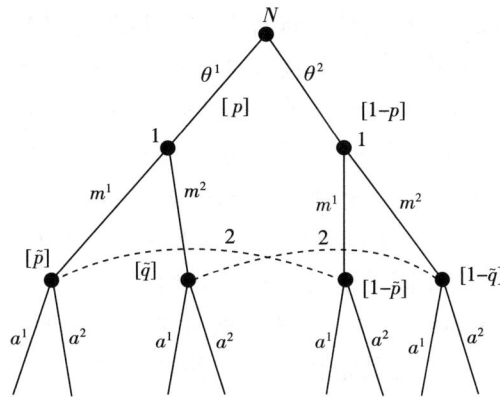

图 5-3　信号传递博弈

不难看出，信号传递博弈实际上是 Stackelberg 模型的变形，是 Stackelberg 模型在不完全信息情况下的应用。这里，信号发送者类似于领导者（Leader），信号接收者则类似于跟随者（Follower）。当参与人 1 发出信号时，他预测到参与人 2 将根据他发出的信号修正对自己类型的判断，因而参与人 1 会选择一个最优策略，这个最优策略是与参与人 1 的类型相关的（或者说相互依存的）；同样，参与人 2 知道参与人 1 的选择是与参与人 1 自身的类型相关并且考虑到信息效应的情况下的最优策略，因此使用贝叶斯法则修正对参与人 1 的类型判断，选择自己的最优行动。我们在上一节讨论过的市场进入博弈事实上就是一个信号传递博弈。这里，在位者是信号发送者，进入者是信号接收者。当在位者选择价格时，他知道进入者将根据自己选择的价格判断自己是高成本还是低成本的概率；进入者确实是根据观测到的价格修正对在位者类型的判断，然后选择进入还是不进入。

二、精炼贝叶斯均衡在信号传递博弈中的定义

根据前一小节的定义，令 $m(\theta)$ 是参与人 1 的类型依存信号策略（考虑到自己类型与信息效应后作出的策略），$a(m)$ 是参与人 2 的行动策略。那么，信号传递博弈的精炼贝叶斯均衡可以定义如下（该定义同样适用于存在混合策略的情况）：

定义 5-3：信号传递博弈的精炼贝叶斯均衡是策略组合 $[m^*(\theta), a^*(m)]$ 和后验概率 $\tilde{p}(\theta \mid m)$ 的结合，它满足下式。

$$(P_1) \, a^*(m) \in \arg \max_a \sum_\theta \tilde{p}(\theta \mid m) u_2[m^*(\theta), a, \theta]$$

$$(P_2) \, m^*(\theta) \in \arg \max_m u_1[m, a^*(m), \theta] \tag{5-7}$$

$(B)\tilde{p}(\theta \mid m)$ 是参与人 2 使用贝叶斯法则从先验概率 $p(\theta)$、观测到的信号 m 和参与人 1 的最优策略

$m^*(\theta)$ 得到的（在可能的情况下）。

上述定义中，（P_1）和（P_2）是精炼条件，与上一节中精炼贝叶斯均衡中的精炼条件（P）等价。（P_1）表示的是，给定后验概率（B）$\tilde{p}(\theta \mid m)$，参与人 2 对于参与人 1 发出的信号作出最优反应；而（P_1）表示的是，预测到参与人 2 的最优反应 $a^*(m)$，参与人 1 选择自己的最优策略。（B）是贝叶斯法则在精炼贝叶斯均衡中的运用。限制条件"在可能的情况下"的含义与上一节定义中的相同。

上一节介绍了精炼贝叶斯均衡中的其中两种：混同均衡以及分离均衡。事实上，除了以上两种均衡，还有一种精炼贝叶斯均衡，就是准分离均衡。在信号传递博弈里，所有可能的精炼贝叶斯均衡可以划分为三类，即混同均衡、分离均衡和准分离均衡。分别定义如下：

混同均衡（Pooling Equilibrium）：不同类型的发送者（参与人 1）选择相同的信号，或者说，所有类型的发送者的选择都是相同的，没有一种类型的选择会异于其他类型的发送者，因此，接收者不能从观测到的行动中得到新的信息，接收者将不对先验概率进行修正。假定 m^j 是均衡策略，那么，

$$u_1[m^j, a^*(m), \theta^1] \geq u_1[m, a^*(m), \theta^1]$$
$$u_1[m^j, a^*(m), \theta^2] \geq u_1[m, a^*(m), \theta^2]$$
$$\tilde{p}(\theta^k \mid m^j) \equiv p(\theta^k) \tag{5-8}$$

分离均衡（Separating Equilibrium）：不同类型的发送者（参与人 1）以 1 的概率选择不同的信号，或者说，没有任何类型选择与其他类型相同的信号。在分离均衡下，信号准确地表示了发信者的类型，是对发信者进行区分的依据。在上述的例子中，分离均衡意味着：如果 m^1 是发送者类型 θ^1 的最优选择，那么，对于发送者类型 θ^2 来说，m^1 不是其最优选择，并且，在只存在两种类型、两种信号的情况下，m^2 一定是 θ^2 的最优选择。即：

$$u_1[m^1, a^*(m), \theta^1] \geq u_1[m^2, a^*(m), \theta^1]$$
$$u_1[m^1, a^*(m), \theta^2] \geq u_1[m^2, a^*(m), \theta^2] \tag{5-9}$$

因此，对应的后验概率是：

$$\tilde{p}(\theta^1 \mid m^1) = 1, \tilde{p}(\theta^1 \mid m^2) = 0$$
$$\tilde{p}(\theta^2 \mid m^1) = 0, \tilde{p}(\theta^2 \mid m^2) = 1 \tag{5-10}$$

准分离均衡（Semi-separating Equilibrium）：一些类型的发送者（参与人 1）随机地选择信号（表现为至少有两种信号被选择的可能性大于 0），另一些类型的发送者选择特定的信号（表现为以概率 1 选择一种信号）。假定类型 θ^1 的发送者随机地选择 m^1 或 m^2（随机性表现为两个正的概率），类型 θ^2 的发送者以 1 的概率选择 m^2，如果这个策略组合是均衡策略组合，那么有：

$$u_1[m^1, a^*(m), \theta^1] = u_1[m^2, a^*(m), \theta^1]$$
$$u_1[m^1, a^*(m), \theta^2] < u_1[m^2, a^*(m), \theta^2]$$

$$\tilde{p}(\theta^1 \mid m^1) = \frac{\alpha \times p(\theta^1)}{\alpha \times p(\theta^1) + 0 \times p(\theta^2)} = 1$$

$$\tilde{p}(\theta^1 \mid m^2) = \frac{(1-\alpha) \times p(\theta^1)}{(1-\alpha) \times p(\theta^1) + 1 \times p(\theta^2)} < p(\theta^1)$$

$$\tilde{p}(\theta^2 \mid m^2) = \frac{1 \times p(\theta^2)}{(1-\alpha) \times p(\theta^1) + 1 \times p(\theta^2)} > p(\theta^2) \tag{5-11}$$

也就是说，如果参与人 2 观测到参与人 1 选择 m^1，就知道参与人 1 一定属于类型 θ^1（因为类型 θ^2 的发送者不会选择 m^1）；如果观测到参与人 1 选择了 m^2，参与人 2 就不能准确地知道参与人 1 的类型，但他会推断参与人 1 属于类型 θ^1 的概率下降了，属于类型 θ^2 的概率上升了。这里要说明的是，在上述表达式中，α 表示类型为 θ^1 的参与人 1 选择 m^1 的概率。

正如之前所述，在求解精炼贝叶斯均衡的过程中都要进行再精炼，也就是说在上述三个定义中，都

应该适当加上参与人 2 的最优化条件和非均衡路径上的后验概率。

信号传递博弈中经济学领域具有非常广泛的应用，很多经济学相关的情况都可以通过建立信号传递博弈模型来进行分析。在学习的过程中，我们要多留意信号传递博弈，了解信号传递博弈的精炼贝叶斯均衡的求解过程。因为，信号传递博弈除了有重要的经济学意义外，对读者掌握贝叶斯均衡的求解技巧也是非常重要的。

★讨论

【提示问题】
（1）能够传递信息的行为有怎样的特征？
（2）信号机制起作用的条件是什么？
（3）试结合本章引导案例来分析哪些行为起到了有效传递信息的作用？
【教师注意事项及问题提示】
通过引导学生分析本章引导案例中的信号传递，帮助学生理解信号传递博弈模型的特点。

第三节　应用举例——经典模型

一、斯彭斯（Spence）的就业市场信号博弈模型

信号传递博弈能够得到广泛的关注和深入的研究，离不开斯彭斯（1973）提出的就业市场信号博弈模型。该模型不仅开创了广泛运用扩展式来描述经济问题的先河，还给出了不少诸如完美贝叶斯均衡这样的概念，在当时，可以说是非常具有开创性的，无论是其模型，还是他给出的各种概念。

斯彭斯的模型是基于信号效应的作用来构建的，所谓信号效应，意思是因为市场上存在着信息不对称的情况，而作为处于信息掌握程度比较低的一方（参与人），为了更好地作出决策，需要在市场上获得"信号"来帮助自己也就是信息缺乏的一方对其他参与人进行识别，这时帮助进行识别的信号所起到的作用就称为"信号效应"。我们知道，在现今市场中，信息不对称的情况是常见的，几乎任何经济领域都会牵涉信息不对称的情况。因此，如果能对信息传递博弈模型有深入的了解，明白"信号效应"的机制，将会有非常重要的意义。而作为信息传递博弈模型中的典型——就业市场信号博弈模型，就是我们一个很好的研究对象。虽然它主要是分析劳动就业市场上教育（可看成一种信息）所起的信号作用，但是，只要能够明白其中的作用机制，那么就能把同样的分析思路应用在经济领域的其他方面。

二、经典的就业市场信号博弈模型

下面研究一个简单的就业市场信号博弈模型。

假设在市场上，有一个雇主（用 R 表示）和求职者（用 S 表示）。对于求职者来说，他有两种可能的类型：高能力和低能力，我们用 H 表示高能力，L 表示低能力，有 $T=\{H, L\}$。求职者知道自己所属的类型而雇主并不知道，也就是说，求职者的类型是求职者的私人信息。雇主知道求职者属于高能力的先验概率为 $\mu(H)=1-q$，属于低能力的先验概率为 $\mu(L)=q$。由于雇主不能直接观测到求职者的能力，因此雇主只能通过某些与求职者相关的信号来对求职者所属的类型（能力的高低）进行判断。这里假设求职者的受教育程度 e 是求职者所发出的与其类型相关的信号，而雇主的最优回应是给出一个相应的工资水

平w。因为求职者的受教育程度与其能力相关，可以假设能力高的人获得同等教育程度的成本要小于能力低的人，这是斯彭斯就业市场信号博弈模型的一个重要假设，显然该假设也是合理的。即：

$$c_e(L, e) > c_e(H, e) \tag{5-12}$$

其中，$c_e(t, e)$表示类型为t、教育水平为e的求职者进一步接受教育的边际成本。根据这一假定，如果能力高和能力低的求职者分别付出努力达到相同的教育程度，那么，作为对其花费在提高教育程度上的成本的补偿所获得的工资w，低能力求职者所要求的最低工资（至少能弥补付出成本的报酬）水平明显要高于高能力求职者的要求。受教育水平高显然需要更高的工资来弥补付出的成本。由于低能力求职者要获得更高的教育程度需要付出更多的努力，于是会要求工资增加得更多一些，才足以弥补他所付出的心血。这里我们把受教育程度解释为相同学历的学生在学校表现的差异，而不是受教育的时间年限。如果受教育程度表现为受教育的年限，那么这个博弈会变成一个蜈蚣博弈，因为每一年求职者都会选择是继续上学还是工作：如果选择工作，该博弈结束；如果选择继续上学，那么博弈进行到下一个阶段。

为了分析的方便，假设该劳动市场是一个完全竞争市场，因而雇主提供的工资水平是一个期望值，为$w_\mu(e) = \mu(H|e) \times y(H, e) + \mu(L|e) \times y(L, e)$。其中，$\mu(H|e)$表示雇主认为教育程度为$e$的求职者属于类型$t$的概率，而$y(t, e)$则表示受教育程度是$e$、类型为$t$的求职者的产出。在这样的假设下，无论求职者的策略是什么，按期望产出支付工资都是雇主的最优策略。如果雇主相信求职者是高能力者，那么就有$\mu(H|e) = 1$，从而有$w = y(H, e)$。因为已经给定了雇主的最优策略，所以只需要专注于信号发送者（求职者）的行为研究，而不用考虑信号接收者（雇主）的策略行为，同时又不失一般性。再次为了分析的简易，我们假设产出$y(t, e)$是线性的。那么，在完全竞争市场中，求职者可得的工资为$w(e) = y(t, e)$，从而能力为t的求职者根据以下规则选择效用最大化的e：

$$\max_e U_s(t) = y(t, e) - c(t, e) \tag{5-13}$$

其中，$c(t, e)$表示类型为t的求职者为达到教育程度e所付出的成本。我们用$e^*(t)$表示上式的最优解，如图5-4所示，工资$w^*(t) = y[t, e^*(t)]$。

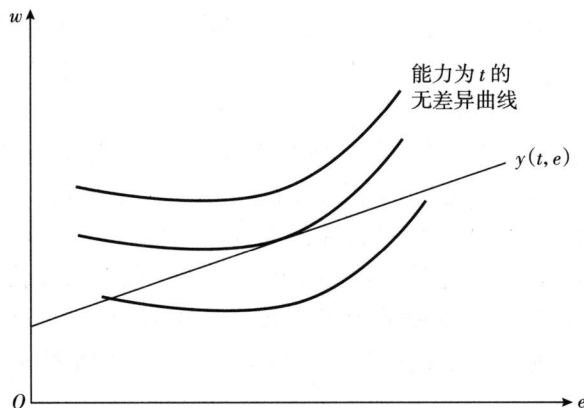

图5-4 完全信息下的工资

下面介绍一个引理，该引理有助于我们简化问题的推论分析过程。

引理5-1：考虑上述就业市场模型中的某一序列均衡，而e是这一均衡的均衡外信号。则不论信号接收者在这一均衡外信号e下的猜测是什么，这个均衡一定也可以被$\mu^*(L|e) = 1$这个猜测所支持。也就是说，在某一序列均衡下，在碰到任何一个均衡外信号e时，它对S（求职者）类型是L（低能力）的猜测$\mu^*(L|e)$，都可以用$\mu^*(L|e) = 1$去代替而使均衡行为不变。

引理的证明是非常简单的。这里把证明留给读者（课后习题中）。

利用引理5-1的结论，可以很容易就找出就业市场信号博弈模型的分离均衡和混同均衡。更为重要

的是，它可以简化我们对问题的分析过程[只需要考虑 $\mu^*(L|e)=1$ 的情况，而不用考虑 $\mu^*(L|e)=1-r$]。

我们令：

$$\hat{e}(t)= \arg \max [y(t,\ e)-c(t,\ e)] \qquad (5\text{-}14)$$

其中，$\hat{e}(t)$ 是类型为 t 的求职者，当被其他人认为他是类型 t 时，使他的效用最大化的信号。例如，一个类型为 L 的求职者，当别人也知道他的类型是 L 时，令他的效用最大化的信号就是 $\hat{e}(L)$。令 $\bar{U}(L)=U_S$ $[L,\ \hat{e}(L),\ y(L,\ e)]$。显然，作为一个类型为 L 的求职者，在均衡时他的最低效用绝对不会低于 $\bar{U}(L)$，因为在最坏的情况下他会讲真话，表明自己所属的类型。

令：

$$\hat{e}(H,\ L)= \arg \max_m [y(L,\ e)-c(H,\ e)] \qquad (5\text{-}15)$$

$\hat{e}(H,\ L)$ 是类型为 H 的求职者被人们认为是类型 L 时，使他的效用达到最大化的信号。这时，我们把效用定义为 $\bar{U}(H)=U_S[H,\ \hat{e}(H,\ L),\ y(L,\ e)]$。$\bar{U}(H)$ 表示的是一个类型是 H 的求职者，在均衡时所能得到的最低效用。以上描述可以用图 5-5 来表示。图 5-5 中处于上方的无差异曲线要比处于下方的无差异曲线所代表的效用高，同时类型为 L（低能力者）的求职者的无差异曲线，也要比类型为 H（高能力者）的求职者的无差异曲线更加陡峭。

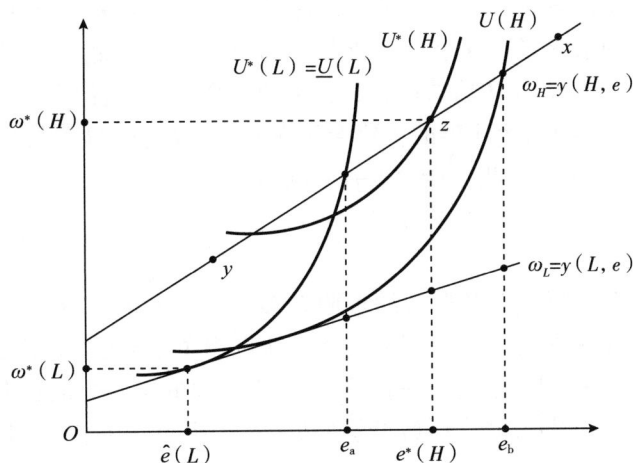

图 5-5　分离均衡情况

下面对该模型进行分析，并给出分离均衡以及混同均衡的形式。

（一）分离均衡

正如本章第一节中的定义所述，在分离均衡的情况下，不同类型的参与人会选择不同类型的行动。而在就业市场模型中，分离均衡表示的是两种不同类型的求职者会发出不同的受教育程度信号。这种情况下，雇主可以根据求职者发出信号的类型来判断求职者所属类型（这是雇主所乐于看到的情况）。这表明类型为 L 的求职者的工资会在 $w_L=y(L,\ e)$ 线上的某一点。由于类型为 L 的求职者代表的是生产力相对低下者，所以他一定会选择一个 e 令自己的效用最大化，而这个信号实际上就是 $\hat{e}(L)$。也就是，类型为 L 的求职者的无差异曲线会和 $w_L=y(L,\ e)$ 这条线相切于点 $\hat{e}(L)$，而他所获得的效用正好为 $\bar{U}(L)$。因此，在分离均衡下，作为类型为 L 的求职者，有 $e^*(L)=\hat{e}(L)$ 以及 $\bar{U}(L)=U^*(L)$。

下面看看类型为 H 的求职者的相关分析。作为高能力的求职者，他所发出的均衡信号 $e^*(H)$ 不会大于 e_b。这是因为如果有 $e^*(H)>e_b$，那么高能力（H）的求职者所获得的工资会在 $w_H=y(H,\ e)$ 线上，e_b 右边的某一点上，比如图 5-4 中的点 x；但是，在这种情况下，他宁可选择发出信号 $\hat{e}(H, L)$。这是因为，如果他发出信号 $\hat{e}(H, L)$，那么根据引理 5-1，他会被雇主认为是属于类型 L 的求职者，得到 $w = y(L, e)$ 的工资，因此得到 $\bar{U}(H)$ 的效用。而由图 5-5 可以看出，通过点 x 的无差异曲线的效用要小于 $\bar{U}(H)$。因此，偏离到 $\hat{e}(H, L)$ 所获得的效用会比发出信号 $e^*(H)$ 所获得的效用要高。

$e^*(H)$ 也不会小于 e_a。因为，如果 $e^*(H) < e_a$，那么高能力(H)的求职者将会得到像图 5-6 中点 y 的工资。但是在点 y，类型为 L 的求职者所得到的效用将会大于 $U^*(L)$，因此，类型为 L 的求职者一定会偏离 $e^*(L)$ 而发出信号 $e^*(H)$，因为这样他会被雇主认为是高能力(H)的求职者，从而得到更高的效用。这和 $e^*(L)$ 是均衡信号的结论相矛盾。因此，我们有 $e_a \leqslant e^*(H) \leqslant e_b$。

综合上述分析，可以得到以下命题。

命题 5-1：只要任何一个 $e^*(H)$ 满足条件 $e_a \leqslant e^*(H) \leqslant e_b$，那么下列策略和后验概率是分离均衡。

(1) $e^*(L) = \hat{e}(L)$，$e^*(H) = \hat{e}(H)$。

(2) $\mu^*[L \mid e^*(L)] = 1$，$\mu^*[H \mid e^*(H)] = 1$，$\mu^*(L \mid e) = 1$，$\forall e \neq e^*(L)$，$e^*(H)$。

证明：由于分离均衡的特点，再加上引理 5-1 的结论，命题 5-1 中的条件（2），对 μ^* 的设定明显成立。因此只需要证明在 μ^* 的设定下，$e^*(L)$ 和 $e^*(H)$ 分别是两种类型 L 和 H 的求职者的最优选择即可。如果类型为 L 的求职者没有选择 $\hat{e}(L)$，而是发出了信号 $e^*(H)$，那么他会被认为是类型为 H 的求职者，从而得到的工资会落在 $w_H = y(H, e)$ 这条线上，且对应于 $e^*(H)$ 的点 z 上。但是，由于 $e^* \geqslant e_a$，因此从图上可以看出类型为 L 的求职者在这个点上所获得的效用反而变低了。因此类型为 L 的求职者不会选择信号 $e^*(H)$。同样，对于类型为 H 的求职者，如果他选择偏离到任何一个不等于 $e^*(H)$ 的信号，那么雇主就会认为他属于类型 L，因而所获得的工资会落在 $w_L = y(L, e)$ 这条线上。从图中可以看出，这种情况下的效用绝对不比 $U^*(H)$ 大。至此，命题 5-1 得证。

（二）混同均衡

根据定义，在混同均衡下，两种不同类型的求职者会发出相同的信号，因此将得到一样的工资。令 $e^*(H) = e^*(L) = e^*$。由于两个求职者发出相同的信号，所以雇主不会（或者说不能）修正对求职者所属类型的先验概率，因此有 $\mu(L) = q$。由于求职者的工资是雇主对他的生产力的预期，因此在均衡状态下，两个求职者的工资在 $w_\mu = \mu(H) \times y(H) + \mu(L) \times y(L)$ 这条线上。图 5-6 是对混同均衡情况下的描述。

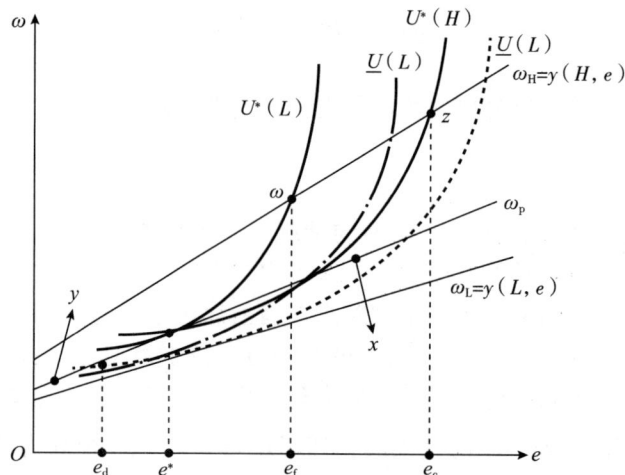

图 5-6　混同均衡情况

要证明在均衡时，两种类型的求职者所选择发出相同的信号，一定落在 e_d 与 e_f 之间。这是因为，如果 $e^* > e_f$，那么类型 L 的求职者所得到的效用，会比 $U^*(L)$ 还要低。例如，无差异曲线经过图中点 x 的类型为 L 的求职者，所获得的效用会落在 $U^*(L)$ 这条无差异曲线之下，因此，这种情况下，类型为 L 的求职者会愿意偏离 e^* 而选择发出 $\hat{e}(L)$ 的信号，以得到 $U^*(L)$ 的效用。同理，如果 $e^* < e_d$，那么类型为 H 的求职者所得到的效用，会比 $\bar{U}(H)$ 还要低。例如，经过图 5-6 中点 y 的类型为 H 的求职者，所得到的效用会落在 $\bar{U}(H)$ 这条无差异曲线之下，因此，这种情况下，类型为 H 的求职者会选择偏离 $e^*(H)$ 而发出信号 $\hat{e}(H, L)$，以得到 $\bar{U}(H)$ 的效用。不但如此，我们还可以证明落在 e_d 与 e_f 之间的任何信号，都可以是混同均衡的选择。

命题 5-2：只要 $e_d \leq e^* \leq e_f$，那么下列策略和后验概率是混同均衡：

(1) $e^*(H) = e^*(L) = e^*$。

(2) $\mu^*(L \mid e^*) = q$，$\mu^*(H \mid e^*) = 1-q$，$\mu(L \mid e) = 1$，$\forall e \neq e^*$。

证明：条件（2）的证明是很容易的，类似于分离均衡的情况，读者可以自行进行证明。那么，证明条件（1）等价于证明 $e^*(L)$ 和 $e^*(H)$ 分别是类型 L 和类型 H 的求职者的最优选择。定义 $\max U^*(t) = w_p - c(t, e)$。如果低能力（$L$）的求职者发出任何一个 $e \neq e^*$ 的信号，那么有条件（2）雇主会认为他是属于类型 L 的求职者。由于 $e_f \geq e^*$，因此很容易就可以从图中得出 $U^*(L) > \bar{U}(L)$。由此可知信号 $e^*(L)$ 是类型为 L 的求职者的最优选择。同理，如果高能力（H）的求职者发出任何一个 $e \neq e^*$ 的信号，那么雇主会认为他是属于类型 L 的求职者。因此他最好也只能得到效用 $\bar{U}(H)$。由于 $e^* \geq e_d$，因此从图中可以看出 $U^*(H) > \bar{U}(H)$。所以信号 $e^*(H)$ 是类型为 H 的求职者的最优选择。至此，命题 5-2 得证。

混同均衡和分离均衡其实并不是就业市场信号博弈模型的所有均衡，因为还有很多均衡既不是混同均衡也不是分离均衡。不过，其他类型的均衡一方面求解不易，另一方面也不太具有重要的意义，因此我们只对上述两种均衡有兴趣并进行分析。

第四节　精炼贝叶斯均衡的再精炼及其他均衡概念

通过前面的介绍，我们可以看到，利用精炼贝叶斯均衡，通过对后验概率的限制，可以剔除出不是精炼贝叶斯均衡的子博弈精炼纳什均衡，达到再精炼的效果。

事实上，精炼贝叶斯均衡的再精炼除了能剔除不是精炼贝叶斯均衡的子博弈精炼纳什均衡外，还可以对精炼贝叶斯均衡再进行一次甚至是多次的再精炼，以改进精炼贝叶斯均衡，得到更加合理的均衡结果。下面的章节我们首先简单讨论两个精炼贝叶斯均衡的基本改进：剔除劣策略和直观标准。之后将介绍两个比精炼贝叶斯均衡更强的均衡概念：克瑞普斯—威尔逊（Kreps-Wilson）的序贯均衡（Sequential Equilibrium）和泽尔腾的颤抖手精炼均衡（Trembling-hand Perfect Equilibrium）。

一、剔除劣策略

精炼均衡概念中的一个基本要求是，在任何一个信息集上，没有参与人选择严格劣策略。但是在前面的例子我们看到，在不完全信息情况下，一个参与人在均衡情况下的劣策略常常依赖于其他参与人如何规定非均衡路径上的后验概率。剔除劣策略方法（Elimination of Weakly Dominated Strategies）的思路是把"不选择劣策略"的要求扩展到非均衡路径的后验概率上。剔除劣策略的基本思想是，在一个博弈中，如果存在某些行动或策略，对于某些类型的参与人来说，要劣于另一些行动或策略（也就是理性的参与人的策略空间中存在劣策略），而这些劣策略对于其他类型的参与人来说并不是他们的劣策略，那么，当其他参与人观测到某参与人选择这一类策略或行动的时候，他不应该以任何正的概率认为选择该行动的参与人属于前一类参与人（也就是绝不会认为作出该行动的参与人是属于前一类型）。上述对非均衡路径后验概率的简单限制可以大大减少精炼贝叶斯均衡的数量。

让我们回顾一下前面提到的不完美信息博弈。在这个博弈中，有两个纯策略精炼贝叶斯均衡：$(M, U; \tilde{p}=1)$ 和 $(L, B; \tilde{p} \leqslant 1/2)$。在前一个均衡，参与人 2 的信息集在均衡路径，贝叶斯法则定义 $\tilde{p}=1$；而在后面的均衡中，参与人 2 的信息集在非均衡路径上，贝叶斯法则并没有对其定义，$\tilde{p} \leqslant 1/2$ 与均衡相容（给定 $\tilde{p} \leqslant 1/2$，如果参与人 1 不选择 L，那么博弈将进入第二阶段，博弈进入参与人 2 的信息集，他将选择 B）。但是，显然，R 严格劣于 L，弱劣于 M（选择 R 得到 1 或 0，选择 L 得到 2，选择 M 得到 3 或 0）。因此，在博弈开始，参与人 2 不应该认为参与人 1 会以任何正的概率选择 R；如果博弈进入参与人 2 的信息集，他应该认为参与人 1 选择 M 的概率是 1（$\tilde{p}=1$）。在这个要求下，均衡 $(L, B; \tilde{p} \leqslant 1/2)$ 被剔除，只有 $(M, U; \tilde{p}=1)$ 是满足这个要求的精炼贝叶斯均衡。

现在以信号传递博弈为例给出剔除劣策略方法的正式定义。

定义 5-4：令 a_1^1 和 a_1^2 是参与人 1（信号发送者）的两个可以选择的行动（信号），$a_1^1, a_1^2 \in A_1$，A_1 表示参与人 1 的行动（信号）空间。对于参与人 2（信号接收者）的所有行动 $a_2^1, a_2^2 \in A_2$，如果下列条件成立，对于类型属于 θ_1 的参与人 1 来说，行动 a_1^1 弱劣于 a_1^2：

$$u_1(a_1^1, a_2^1, \theta_1) \leqslant u_1(a_1^2, a_2^2, \theta_1) \tag{5-16}$$

其中至少有一个严格不等式对于某些 (a_2^1, a_2^2) 成立。

在上述定义中，a_2^1 与 a_2^2 可能是相等的（相同的行动策略）。可以看出，上述定义与完全信息静态博弈中的定义是有差异的。完全信息静态博弈中的定义是：a_1^1 劣于 a_1^2，如果对于所有的 $a_2 \in A_2$，$u_1(a_1^1, a_2) \leqslant u_1(a_1^2, a_2)$。而这里的定义是：不论 a_1^1 与怎样的 a_2^1 进行组合、a_1^2 与怎样的 a_2^2 进行组合，参与人 1 从选择行动 a_1^1 得到的效用总是小于从选择行动 a_1^2 得到的效用。显然，这里的要求更为严格：在所有的信息集上，对于参与人 2 的每一个可能的后验概率和行动，行动 a_1^1 弱劣于行动 a_1^2。这样严格要求的原因是，参与人 1 在选择自己的行动时，必须考虑自己的行动传递给参与人 2 的有关自己（参与人 1）类型的信息。

但是，在某些情况下，剔除劣策略的方法会显得非常无力。例如，在某些存在混同均衡的博弈中，剔除劣策略的方法并不能帮助我们减少混同均衡的数量。这是因为，在这些情况下，参与人并不存在劣策略。为了剔除不合理的混同均衡，我们必须对非均衡路径的后验概率作更加严格的限制。直观标准就是这样的一个工具，它能作为剔除劣策略方法的一个很好的补充。下面让我们对其进行简单的介绍。

二、直观标准

克瑞普斯（Kreps，1984）和克瑞普斯—曹（Kreps-Cho，1987）的直观标准（Intuitive Criterion）将劣策略扩展到相对均衡策略的劣策略，从而通过剔除更多劣策略的办法减少均衡数量，进一步改进了精炼贝叶斯均衡概念。

下面直接给出直观标准的描述和定义。

定义 5-5：假定 $(a_1^*, a_2^*; \tilde{\mu})$ 是博弈的一个精炼贝叶斯均衡。令 $u_1^*(\theta_1)$ 是类型为 θ_1 的参与人 1 的均衡效用水平。那么，我们称 $a_1^1 \in A_1$ 是参与人 1 相对均衡 $(a_1^*, a_2^*; \tilde{\mu})$ 的一个劣策略，如果对于博弈的参与人 2 的所有行动 $a_2 \in A_2$，下列条件成立：

$$u_1(a_1^1, a_2, \theta_1) \leqslant u_1^*(\theta_1) \tag{5-17}$$

其中至少有一个严格不等式对某些 $a_2 \in A_2$ 成立。

更进一步，我们令 $\tilde{\Theta}_1 \subset \Theta_1$ 是所有满足上述不等式的 θ_1 的集合。如果有 $\tilde{\Theta}_1 \neq \Theta_1$，那么，参与人 2 在非均衡路径上合理的后验概率为：

$$\sum_{\theta_1 \in \tilde{\Theta}_1} \tilde{\mu}(\theta_1 \mid a_1^1) = 0 \tag{5-18}$$

定义中条件 $u_1(a_1^1, a_2, \theta_1) \leqslant u_1^*(\theta_1)$ 表示的是，没有任何一种类型 $\theta_1 \in \tilde{\Theta}_1$ 的参与人 1 想偏离均衡；条件 $\tilde{\Theta}_1 \neq \Theta_1$ 则意味着，至少有一类型的参与人 1（不属于 $\tilde{\Theta}_1$）想偏离均衡。因此，当观测到不可能的行动（事件）a_1^1 时，参与人 2 应该认为，参与人 1 属于类型 $\theta_1 \in \tilde{\Theta}_1$ 的后验概率为 0。

上述定义允许参与人 2 在非均衡路径上选择任何行动 $a_2 \in A_2$。实际上，对于参与人 2 来说，某些行动 a_2 是不合理的。毕竟，不论后验概率是什么，参与人 2 总是选择最优的行动。如果我们将上述定义中的 a_2 限于给定任何后验概率 $\tilde{\mu}$ 下的参与人 2 的最优行动（最优反应），即：

$$a_2 \in \arg\max \left[\sum_{\theta_1 \in \tilde{\Theta}_1} \tilde{\mu}(\theta_1 \mid a_1^1) u_2(a_1^1, a_2, \theta_1) \right] \tag{5-19}$$

那么，在上述限制下，劣策略的范围可以进一步扩大。

根据上述观点，如果一个均衡存在着某些 a_1^1 和某些 θ_1 使 $u_1(a_1^1, a_2, \theta_1) \leqslant u_1^*(\theta_1)$ 和 $\theta_1 \in \tilde{\Theta}_1 \neq \Theta_1$，这个均衡就是不合理的。因此，"直观标准"剔除所有这些不合理的贝叶斯均衡。进一步改进了精炼贝叶斯均衡。

三、克瑞普斯—威尔逊（Kreps-Wilson）序贯均衡

从博弈论发展史的角度看，精炼贝叶斯均衡的概念可以说是一系列不同名称的均衡概念的一个收敛极限。在下面的两部分，我们将会简单地介绍序贯均衡和颤抖手均衡。在介绍的过程中，我们将不会结合或者很少结合例子来进行介绍，而这两个概念的具体应用我们将在本章的第五节进行介绍。在下面的介绍中，我们将会看到，颤抖手均衡是比序贯均衡更为精炼的概念，而后者又比精炼贝叶斯均衡更加精炼。

总的来说，序贯均衡是在贝叶斯均衡概念的基础上增加了一个新的要求，这个新的要求是：在博弈到达的每一个信息集上，无论该信息集是否在均衡路径上，参与人的行动必须由某种与之前所发生的事件（参与人的类型或者行动）相关的信念（概率）"合理化"（Rationalized）。我们知道，均衡路径的后验概率由贝叶斯法则定义，而序贯均衡则对非均衡路径上的后验概率作了限制，具体是：假定在每一个信息集上，参与人选择严格混合策略（Strictly Mixed Strategies），从而博弈到达每一个信息集的概率严格为正，贝叶斯法则在每一个信息集上都有定义；然后将均衡作为严格混合策略组合和与此相联系的后验概率序列的极限。这样，我们就把判断一个策略组合和后验概率是不是一个均衡的问题转化为一个极限的判断问题。

为了给出序贯均衡的定义，我们结合有关博弈树的一些基本概念来进行介绍。考虑一个 n 人有限博弈。我们用 X 表示决策结的集合，$x \in X$ 表示一个特定的决策结，$h(x)$ 表示包含决策结 x 的信息集，$i(x)$ 或者 $i(h)$ 表示在决策结 x 或信息集 h 上行动的参与人 i，$\sigma_i(\cdot \mid x)$ 或 $\sigma_i[\cdot \mid h(x)]$ 表示参与人 i 在 x 上的混合策略，$\sum$ 表示所有策略组合 $\sigma = (\sigma_1, \sigma_2, \cdots, \sigma_n)$ 的集合。给定 σ，$P^\sigma(x)$ 和 $P^\sigma[h(x)]$ 分别表示博弈进入决策结 x 和信息集 h 的概率，$\mu(x)$ 或 $\mu[h(x)]$ 表示给定博弈到信息集 $h(x)$ 的情况下参与人 i（h）在 $h(x)$ 上的概率分布，μ 表示所有 $\mu[h(x)]$ 的集合，$U_{i(h)}[\sigma \mid h, \mu(h)]$ 表示参与人 $i(h)$ 在 $h(x)$ 的期望效用。令 $\sum^0$ 表示所有严格混合策略组合的集合，如果 $\sigma \in \sum^0$，那么，对于所有的决策结 x，$P^\sigma(x) > 0$，即博弈到达每一个决策结的概率严格为正，因此，贝叶斯法则在每一个信息集上都有定义：$\mu(x) =$

$P^{\sigma}(x)/P^{\sigma}[h(x)]$。

克瑞普斯和威尔逊称 (σ, μ) 为一个"状态"（Assessment），它由所有参与人的策略组合和所有信息集上的概率分布组成。令 Ψ 为所有 (σ, μ) 的集合，Ψ^0 是所有 σ 为严格混合策略的 (σ, μ) 的集合。序贯均衡可以定义如下：

定义 5-6：(σ, μ) 是一个序贯均衡，如果它满足下列两个条件：

(S) (σ, μ) 是序贯理性的（sequentially rational）：在所有的信息集 h 上，给定后验概率 $\mu(h)$，没有任何参与人 i 想偏离 $\sigma_{i(h)}$；即对于所有的可行策略 $\sigma_{i(h)}^1$，满足：

$$u_{i(h)}[\sigma\mid h, \mu(h)]\geq u_{i(h)}[(\sigma_{i(h)}^1, \sigma_{-i(h)})\mid h, \mu(h)] \tag{5-20}$$

(C) (σ, μ) 是一致的（consistent）：存在一个严格混合策略组合序列 $\{\sigma^m\}$ 和贝叶斯法则决定的概率序列 μ^m，使得 (σ, μ) 是 (σ^m, μ^m) 的极限，即：

$$(\sigma, \mu)=\lim_{m\to+\infty}(\sigma^m, \mu^m) \tag{5-21}$$

可以将上述定义与本章第一节中的精炼贝叶斯均衡定义作一个比较：其中条件 (S) 是条件 (P) 的扩展，条件 (C) 是条件 (B) 的扩展。而对于多阶段博弈而言，条件 (S) 等价于条件 (P)，条件 (C) 则与条件 (B) 等价。

在序贯均衡的定义中，一致性要求 (C) 是序贯均衡概念最重要的创造。序列 (σ^m, μ^m) 可以理解为均衡 (σ, μ) 的"颤抖"；颤抖的存在使贝叶斯法则可以应用于博弈的所有路径。这也是序贯均衡与精炼贝叶斯均衡的主要区别，一致性条件 (C) 比贝叶斯法则中的条件 (B) 更强，满足一致性条件的均衡一定满足贝叶斯法则，但是逆定理是不成立的。也就是说，序贯均衡比精炼贝叶斯均衡的范围更小、更加精炼。不过，弗德伯格和泰勒尔（Fudenberg and Tirole, 1991）证明，在多阶段不完全信息博弈中，如果每个参与人最多只有两种类型，或者博弈只有两个阶段，那么，条件 (B) 等价于条件 (C)，因此，在这种情况下，精炼贝叶斯均衡与序贯均衡是重合的。克瑞普斯和威尔逊证明，在"几乎所有的"博弈中，序贯均衡与贝叶斯均衡是相同的概念。因此，贝叶斯均衡得到了更加广泛的使用。

四、泽尔腾的颤抖手均衡

泽尔腾（1975）使用策略式博弈引入颤抖手均衡的概念（Trembling-hand Perfect Equilibrium）。颤抖手的基本思想是，在博弈中，任何一个参与人都不是完美无缺的，都有一定的概率犯错误（Mistakes）；犯错误的过程就像是一个人用手抓住他想抓住的东西时，手一颤抖，他就可能抓不住那个东西了。基于以上的思想，我们认为，博弈的一个策略组合，只有当所有参与人都可能犯错误且这个策略仍然是每一个参与人的最优策略时，才是一个均衡。泽尔腾将非均衡事件的出现定义为参与人的"颤抖"，参与人并不是蓄意做出这样不符合均衡的举动，而是一个非蓄意的错误。通过引入"颤抖"的概念，博弈树上的每个决策结出现的概率都为正，从而每一个决策结上的最优策略都有定义，原博弈的均衡就可以理解为被颤抖扰动后的博弈的均衡的极限。

下面我们给出颤抖手均衡的正式定义。与上一节定义序贯均衡概念时类似，我们借助有关博弈树的一些基本概念进行定义。

定义 5-7：在 n 人策略式表述博弈中，纳什均衡 $(\sigma_1, \sigma_2, \cdots, \sigma_n)$ 是一个颤抖手均衡，如果对于每一个参与人 i，存在一个严格混合策略序列 $\{\sigma_i^m\}$，使下列条件满足：

(Q) 对于每一个 i，$\lim_{m\to+\infty}\sigma_i^m=\sigma_i$。

(K) 对于每一个 i 和 $m=1, 2, \cdots$，σ_i 是策略组合 $\sigma_{-i}^m=(\sigma_1^m, \sigma_2^m, \cdots, \sigma_{i-1}^m, \sigma_{i+1}^m, \cdots, \sigma_n^m)$ 的最优反应，即对任何可选择的混合策略 $\sigma_i'\in\sum_i$，

$$u_i(\sigma_i, \sigma_{-i}^m)\geq u_i(\sigma_i', \sigma_{-i}^m) \tag{5-22}$$

上述定义所说的是，在博弈中，每一个参与人 i 打算选择 σ_i，并且假定其他参与人打算选择 σ_{-i}；不过，参与人这样的信念并不是坚定不移的，每个参与人 i 都会怀疑其他参与人可能错误地选择 $\sigma_{-i}^m (\neq \sigma_{-i})$。条件 (Q) 说的是，尽管每个参与人都有犯错误的可能，但最终错误收敛于 0（颤抖的手最终都能抓住想抓住的东西）；条件 (K) 表示的是，每一个参与人选择的策略 σ_i 不仅在其他参与人不犯错时是最优的，而且在其他人"颤抖"的情况下也是最优的（其他人选择了 σ_{-i}^m）。

但是，上述利用策略式博弈定义的颤抖手均衡有一个缺陷，就是：策略式博弈允许同一参与人在博弈的不同阶段所犯的错误（颤抖）具有相关性。这样将导致在某些博弈中得出的颤抖手均衡并不一定是子博弈精炼均衡，还将影响颤抖手均衡概念在精炼方面的能力和准确性。为了排除参与人犯错误的动态相关性，泽尔腾（1975）引入了"代理人—策略式表述"以修正颤抖手均衡的概念。这样，在修正的颤抖手均衡的概念中，两个不同参与人颤抖的概率将会是独立的，就能避免上述所讲的情况（颤抖手均衡并不一定是子博弈精炼均衡），使颤抖手均衡的定义更加合理、更加精炼。

除序贯均衡和颤抖手均衡外，还有两个需要注意的均衡概念是梅耶森（Myerson，1978）的适度均衡（Proper Equilibrium）和考尔伯格和默顿（Kohlberg and Merten，1986）的稳定均衡（Stable Equilibrium）。适度均衡是在颤抖手均衡的概念上再加上一个要求，而稳定均衡则是一个相对来说比较复杂的均衡概念。[1]

第五节　应用举例——扩展讨论

基于序贯均衡比精炼贝叶斯均衡更加精炼、颤抖手均衡又比序贯均衡更加精炼的事实，我们下面将介绍一个例子，并且利用颤抖手均衡概念对例子进行分析和研究，说明"颤抖"是如何改进（精炼）均衡集的；并在例子的研究中加入代理人—策略式表述，我们将看到，代理人—策略式表达将对颤抖手均衡的精炼起着重要的作用。

例 5-1：在一个动态博弈中，有两个参与人 1 和 2。参与人 1 先行动，他有两个可能的选择：A 和 B。如果参与人 1 选择行动 A，则博弈结束，两个参与人得到的支付（Payoff）为（1，2）；如果参与人 1 选择行动 B，则博弈进入第二阶段；在第二阶段，轮到参与人 2 行动，他同样有两个选择：M 和 N。如果参与人 2 选择 M，则博弈结束，参与人得到的支付为（0，3）；如果参与人 2 选择行动 N，则博弈进入第三阶段。在这个阶段，无论参与人 1 选择什么行动，博弈都将结束。参与人 1 此时有两种选择：A_1 和 B_1。如果参与人 1 选择 A_1，则得到的支付是（2，1）；如果参与人 1 选择 B_1，则得到的支付将会是（3，4）。表 5-1 表示了该博弈。

表 5-1　博弈矩阵

		参与人 2	
		M	N
参与人 1	A	（1，2）	（1，2）
	BA_1	（0，3）	（2，1）
	BB_1	（0，3）	（3，4）

下面利用未引入代理人—策略式表述（Agent-strategic Form）的颤抖手均衡对上述例子进行分析。我

---

① 有关适度均衡和稳定均衡的更详细讨论，请参阅原文或者弗德伯格和泰勒尔（1991）。

们可以知道，策略 (A, M) 是一个颤抖手均衡（概念未引入代理人—策略式表述，可以说是旧的颤抖手均衡概念），这是因为：如果参与人 2 选择行动 M 的概率非常大（大于 2/3），参与人 1 的最优选择就是 A；如果参与人 1 以 $(1-2/k)$ 选择行动 A，分别以 $1/k$ 的概率选择行动 BA_1 或者 BB_1（这时，可以把 $2/k$ 看成参与人 1 犯错误的概率），那么，参与人 2 选择行动 M 的期望是 $2 \times (1-2/k) + 3 \times 1/k + 3 \times 1/k = 2 + 2/k$，选择行动 N 的期望则是 $2 + 1/k$，所以，对于参与人 2 来说，行动 M 优于 N；令 $k \to +\infty$，我们就能得到 (A, M) 是一个颤抖手均衡。

但是，正如上面所述，如果不在颤抖手均衡的概念中引入代理人—策略式表述，那么，上述均衡将会在重复剔除劣策略的过程中被剔除掉：因为，从表中我们可以看出，策略 BA_1 弱劣于 BB_1；在剔除策略 BA_1 后，行动 N 弱优于 M。因此，(A, M) 被剔除了。

把代理人—策略式表述引入颤抖手均衡以对均衡概念进行修正，就可以避免上述情况的发生。根据代理人—策略式表述，可以把博弈中参与人 1 所做的两次策略选择转化为两个不同参与人的一次策略选择。我们把转化出来的两个不同的参与人称为代理人（类似于参与人 1 雇用的帮助其进行决策的代理人）。因为每个代理人都是独立行动的，因而假定他们犯错误（颤抖）的概率也是独立的。在这个假定下，我们就能避免颤抖手均衡被重复剔除劣策略所剔除的情况出现。表 5-2 是表 5-1 中博弈的代理人—策略式表述，这里，参与人 1 "雇用" 了两个代理人 1 和 2 分别为其进行决策：代理人 1 的任务是为参与人 1 选择哪一个矩阵，是 (a) 或者是 (b)；而代理人 2 的任务则是在选定的矩阵中为参与人 1 参与的博弈进行决策。

表 5-2 代理人—策略式表述

矩阵 (a)				
			参与人 2	
			M	N
代理人 2		A_1	$(1, 3)$	$(2, 1)$
		B_1	$(1, 3)$	$(3, 4)$
矩阵 (b)				
			参与人 2	
			M	N
代理人 2		A_1	$(0, 1)$	$(0, 1)$
		B_1	$(0, 1)$	$(0, 1)$

实际上，代理人—策略式表述博弈是一个纯技术性工具，因此，有关精炼均衡的其他概念，如子博弈精炼均衡、精炼贝叶斯均衡、序贯均衡、适度均衡以及稳定均衡等的均衡概念，都可以定义在代理人—策略式博弈上。巧妙地利用代理人—策略式表述博弈的特点，将对于均衡概念的合理性以及精炼性有很大的帮助。

习题 5

（1）分析信贷行为中的不完全信息动态博弈。

（2）出口退税问题的不完全信息动态博弈分析。

（3）给定如图 5-7 所示的博弈树：

1）求它的纳什均衡。

2）参与人 1 选 A 结束是子博弈精炼纳什均衡吗？

3）证明 $(A, D, P=1/3)$ 序贯均衡。

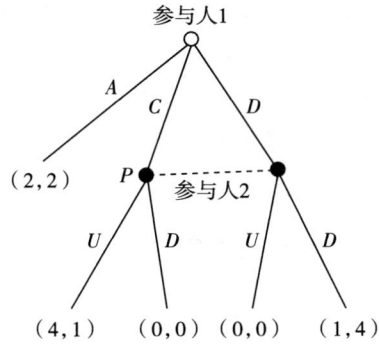

图 5-7　博弈树

（4）给出表 5-3 的扩展式表述（博弈树），并找出博弈的子博弈精炼纳什均衡和精炼贝叶斯均衡。

表 5-3　博弈矩阵

		参与人 2	
		M	N
参与人 1	C	(5, 2)	(1, 1)
	B	(4, 1)	(1, 2)
	A	(3, 3)	(3, 3)

（5）在一个博弈中，参与人 1 有两种类型：θ_1（强大）和 θ_2（弱小），参与人 1 属于这两种类型的概率分别为 0.9 和 0.1；参与人 2 只要一种类型：恃强凌弱。参与人 1 知道自己的类型，参与人 2 只知道参与人 1 的类型的分布函数。参与人 1 的行动是选择吃午餐时是否喝啤酒；参与人 2 观测到参与人 1 午餐的内容，然后判断参与人 1 所属的类型，选择是否袭击他。如果参与人 1 是强者，对应不同行动组合的支付矩阵如表 5-4（a）所示；如果参与人 1 是弱者，那么对应不同行动组合的支付矩阵如表 5-4（b）所示。试证明：（不喝啤酒，不袭击；$p=0.1$，$q \geq 1/2$）是一个混同精炼博弈树均衡，这个混同均衡满足"剔除劣策略标准"，但不满足"直观标准"（这里，p 是给定参与人 1 不喝啤酒的情况下，参与人 2 认为参与人 1 属于弱者的概率；q 是给定参与人 1 喝啤酒的情况下，参与人 2 认为参与人 1 属于弱者的概率）。

表 5-4　喝啤酒—袭击博弈

(a) 参与人 1 是强者			
		参与人 2	
		袭击	不袭击
参与人 1	喝啤酒	(1, -1)	(3, 0)
	不喝啤酒	(0, -1)	(2, 0)

(b) 参与人 1 是弱者			
		参与人 2	
		袭击	不袭击
参与人 1	喝啤酒	(0, 1)	(2, 0)
	不喝啤酒	(0, 1)	(3, 0)

（6）考虑劫机事件。假定劫机者的目的是逃走，政府有两种可能的类型：人道型和非人道型。人道政府出于人道的考虑，为了解救人质，同意放走劫机者；非人道政府在任何时候总是选择把飞机击落。如果是完全信息，非人道统治下将不会有劫机者，人道政府统治下将会有劫机者。现在假定信息是不完全的，政府知道自己的类型，（潜在）劫机者不知道。什么是人道政府的最优选择？如何才能使人道政府的政策变得可信？

本章扩展学习资源

戴维·克瑞普斯

1. 人物简介

戴维·克瑞普斯（David M. Kreps，1950—），斯坦福大学商学院的经济学教授，世界博弈理论研究的领军人物，他与威尔逊提出的序贯均衡概念（Kreps & Wilson，1982），是对不完全信息动态博弈的解的概念的重要突破。克瑞普斯于 1989 年获得有"小诺贝尔奖"之称的克拉克奖。

2. 学术贡献

克瑞普斯教授的博弈论思想对经济学家的思维方式产生了深刻影响。他的《博弈论与经济模型》自 1990 年由牛津大学出版社出版以来，畅销至今。克瑞普斯指出，仅就在经济学上的应用而言，博弈论的主旨是帮助经济学家理解和预测在经济环境中已经发生与将要发生的事情。

KMRW 声誉模型（Reputation Model）讨论的是不完全信息重复博弈中的合作行为。克瑞普斯、米尔格罗姆、罗伯茨和威尔逊四人建立的所谓 KMRW 声誉模型证明：参与人对其他参与人支付函数或策略空间的不完全信息对均衡结果有重要影响，合作行为在有限次重复博弈中会出现，只要博弈重复的次数足够长。特别地，"坏人"可能在相当长一段时期表现得像"好人"一样。当只进行一次性交易时，理性的参与者往往会采取"机会主义"行为，通过欺诈等"非名誉"手段来追求自身利益最大化，其结果只能是"非合作博弈均衡"。但当重复多次交易时，为了获取长期利益，参与者通常需要建立自己的"声誉"，一定时期内"合作博弈均衡"就能够实现。

此外，克瑞普斯在企业文化与人力资源方面也有突出贡献。

主要论著如下：

［1］ Kreps D M. Game Theory and Economic Modelling ［M］. Oxford：Clarendon Press，1990.

［2］ Kreps D M. Notes on the Theory of Choice ［M］. Boulder：Westview Press，1988.

［3］ Kreps D M，Wilson R. Reputation and Imperfect Information ［J］. Journal of Economic Theory，1982，27（2）：253-279.

［4］ Kreps D M，Ramey G. Structural Consistency，Consistency，and Sequential Rationality ［J］. Econometrica，1987，55（6）：1331-1348.

［5］ Fudenberg D，Kreps D M，Maskin E S. Repeated Games with Long-run and Short-run Players ［J］. The Review of Economic Studies，1990，57（4）：555-573.

［6］ Fudenberg D，Kreps D M. Learning Mixed Equilibria ［J］. Games and Economic Behavior，1993，5（3）：320-367.

［7］ Fudenberg D，Tirole J. Perfect Bayesian Equilibrium and Sequential Equilibrium ［J］. Journal of Economic Theory，1991，53（2）：236-260.

［8］ Kreps D M，Milgrom P，Roberts J，et al. Rational Cooperation in the Finitely Repeated Prisoners' Dilemma ［J］. Journal of Economic Theory，1982，27（2）：245-252.

［9］ Kreps D M，Cho I K. Signaling Games and Stable Equilibria ［J］. Quarterly Journal of Economics，1987，102（2）：179-221.

罗伯特·威尔逊

1. 人物简介

罗伯特·威尔逊（Robert Wilson，1937—），1963 年获得哈佛大学商业管理博士学位，曾当选为美国科学院院士（1994）和世界计量经济学会主席（1999）。曾任斯坦福大学商学院教授。威尔逊是博弈论及其应用方面的专家，他的研究和教学重点是市场设计、定价、谈判以及产业组织和信息经济学的相关问题。作为产业组织理论早期代表人物之一，他在价格理论、市场设计等领域作出了突出贡献。2020 年获得诺贝尔经济学奖。

2. 学术贡献

威尔逊于 1968 年发表论文《集团理论》，该论文影响了整整一代学习金融、会计和经济学的学生。从 1970 年起，威尔逊开始从事博弈论研究，并作出了重要贡献，尤其是他和克瑞普斯（Kreps）一起提出的序贯均衡概念（Kreps&Wilson，1982），是对不完全信息动态博弈的解的概念的重要突破。

从 1980 年开始，威尔逊对于拍卖机制设计的理论与应用的研究取得重要成果，成为电信、交通和能源等领域的拍卖与竞标机制设计的权威学者。1993 年，威尔逊的价格机制研究的集大成之作《非线性定价》由牛津大学出版社出版，该书对费率设计和电信、交通和能源等公用事业相关主题进行了百科全书式的分析，该权威著作为他赢得了很高荣誉。

主要论著如下：

［1］Wilson R. A Game-theoretic Analysis of Social Choice ［J］. Social Choice（NY：Gordon and Breach，1971），1968：393-408.

［2］Wilson R. Computing Equilibria of N-person Games ［J］. SIAM Journal on Applied Mathematics，1971，21（1）：80-87.

［3］Bloomfield S，Wilson R. The Postulates of Game Theory ［J］. Journal of Mathematical Sociology，1972，2（2）：221-234.

［4］Wilson R. Computing Equilibria of Two-person Games from the Extensive Form ［J］. Management Science，1972，18（7）：448-460.

［5］Wilson R. The Game-theoretic Structure of Arrow's General Possibility Theorem ［J］. Journal of Economic Theory，1972，5（1）：14-20.

［6］Kreps D M，Wilson R. Reputation and Imperfect Information ［J］. Journal of Economic Theory，1982，27（2）：253-279.

［7］Kreps D M，Wilson R. Sequential Equilibria ［J］. Econometrica：Journal of the Econometric Society，1982：863-894.

［8］Wilson R. Game-theoretic Analyses of Trading Processes ［R］//Bewley，Advances in Economic Theory 1985，New York：Cambridge University Press，1987.

［9］Govindan S，Wilson R. Uniqueness of the Index for Nash Equilibria of Two-player Games ［J］. Economic Theory，1997，10（3）：541-549.

［10］Govindan S，Wilson R. A Decomposition Algorithm for N-player Games ［J］. Economic Theory，2010，42（1）：97-117.

第六章
多维博弈

第二至第五章讨论了传统的非合作博弈理论的四大内容，这些博弈模型主要是针对参与人仅仅在单个方面或者单个领域进行竞争的情形，而我们通过观察发现，现实社会经济活动的决策行动许多是参与人在多个方面或者多个领域进行的。本章我们将探讨如何构建这样的多维博弈模型，并且逐一介绍有关的概念与分析方法。

【学习目标】

本章引入多维博弈模型的构建思想，通过本章的学习，将形成多维博弈描述的思路与分析概念，为分析复杂现实问题提供一个新的博弈论方法。

通过本章的学习掌握以下问题：

（1）掌握多维静态博弈、多维动态博弈的模型表述。

（2）理解不同的多维博弈模型中的均衡概念，并掌握均衡的求解方法。

（3）理解并掌握完全信息静态博弈和完全信息动态博弈的经典模型，并掌握这些经典模型在经济管理领域中的应用。

【能力目标】

（1）帮助学生形成对多维博弈模型特点的认识。

（2）注重培养学生运用多维博弈模型分析与解决实际经济管理问题的能力。

第一节　多维博弈及其特征

一、多维博弈

多维博弈就是博弈参与人在多个方面或多个领域内同时进行博弈，且所博弈的各个方面或领域之间可能存在着一定的相互联系和影响。如两个国家（或多个国家）同时在经济、科技和军事领域内竞争和对抗；又如两个企业（或多个企业）同时进行多种产品的价格（或产量）博弈，且产品之间存在着一定的相互影响（如替代性）；再如两个企业（或多个企业）关于某一种产品同时在广告投入、服务投入和价格进行博弈；等等。在现实社会中，这类在多个方面或多个领域内同时进行博弈的例子很多，因此称这类博弈为多维博弈。

二、特征

假设有 n 个参与人在 m 个领域内（或 m 个方面）同时进行多维博弈，那么，其具体的特征可以描述为：

（1）在博弈的每个阶段，博弈参与人 i 选择一个 $m(m \geqslant 2)$ 维行动向量 $(s_{i1}, s_{i2}, \cdots, s_{im})$，$i = 1$，$2$，$\cdots$，$n$，下标 i 表示第 i 个博弈参与人，m 表示博弈领域数，也是参与人选择的行动向量的维数；n 表示博弈参与人数；s_{ij} 表示第 i 个参与人在第 j 个领域内选择的行动。s_{ij} 和 $s_{ik}(j \neq k)$ 分别是参与人 i 在 j 领域内和 k 领域内的行动，且行动 s_{ij} 和 s_{ik} 可能存在着一定的相互联系或影响，即在一个领域内所选择的行动可能影响到其他领域内行动的选择。

（2）在博弈的每个阶段，第 i 个参与人的总支付函数不仅是自己所选择的 m 维行动向量 $(s_{i1}, s_{i2}, \cdots, s_{im})$ 的函数，同时也是其他参与人所选择的 m 维行动向量的函数，即 $U_i = U_i \{(s_{11}, s_{12}, \cdots, s_{1m}), \cdots, (s_{i1}, s_{i2}, \cdots, s_{im}), \cdots, (s_{n1}, s_{n2}, \cdots, s_{nm})\}$。当 $m = 1$ 时，上述所定义的多维博弈退化为一维博弈，也就是目前在应用研究中最多的博弈问题。

（3）在多领域博弈中，博弈参与人所选择的最优策略向量 $(s_{i1}, s_{i2}, \cdots, s_{im})^*$ 从各领域内看，不一定是最优的，即 s_{ij} 不一定是参与人 i 在 j 领域内的最优策略。

三、多维博弈的分类

多维博弈的分类与一维博弈分类相同，也可分为四大类型：完全信息静态多维博弈、完全信息动态多维博弈、不完全信息静态多维博弈、不完全信息动态多维博弈。

第二节　完全信息静态多维博弈

著名博弈论专家泽尔腾（Selten）说：博弈是一种数学模型，其中具有不同目的的多个参与人之间存在策略上的相互作用。具体描述就是在博弈过程中，博弈参与人 i 在其策略空间 S_i（S_i 可以是欧氏空间）中选择策略 s_i 达到自己目的的过程。在具体现实博弈中，所有参与人可能在一个领域或一个方面进行博弈，也可能同时在多个领域或多个方面进行博弈。下面，本章主要研究博弈参与人同时在多个领域或多个方面进行博弈的一类博弈问题，即所称的多维博弈问题。

一、多维博弈的基本概念及策略式描述

（一）基本概念和策略式描述

多维博弈的基本概念包括参与人、行动（或策略）向量、信息、共同知识、策略、总支付（总效用）、结果和多维均衡。其中，参与人、策略和总支付是描述一个多维博弈的最少要素。参与人、行动向量和结果称为多维博弈规则。分析博弈的目的是利用规则预测均衡。

1. 基本概念

（1）参与人。参与人是指一个多维博弈中的决策主体。由于多维博弈是指在多个方面或多个领域内同时博弈，因此参与人的目的是通过选择行动（或策略）向量以最大化自己的总支付（总效用水平）。参与人可能是自然人，也可能是团体，如国家、一个组织（如欧盟）等。

除了一般意义上的参与人外，在博弈论中，"自然"作为"虚拟参与人"来处理。在不完全信息多维博弈中，自然首先选择状态或参与人的类型。与一般参与人不同的是，自然作为虚拟的参与人没有自己的支付和目标函数。

（2）行动（或策略）向量。行动向量是参与人在多维博弈的每个时点的决策向量。如果有 n 个参与人在 m 个领域内同时博弈，一般用 $(a_{i1}, a_{i2}, \cdots, a_{im})$ 表示第 i 个参与人（$i = 1, 2, \cdots, n$）的一个特定行动向量，a_{ij} 表示第 i 个参与人在第 j（$j = 1, 2, \cdots, m$）个领域内的一个特定行动，a_{ij} 和 a_{ik}（$j \neq k$）可能存在着一定的联系和影响，也就是说，参与人所博弈的各个领域之间可能存在相互联系和影响，如在市场上，两个（或多个）企业同时进行多种产品的价格博弈，博弈的产品之间可能存在着替代性，使一个企业在选择一种产品市场价格时，应该考虑对其他有替代性产品的影响，从而也就影响了替代品价格的选择。用 $A_{i1} \times A_{i2} \times \cdots \times A_{im}$ 表示可供参与人 i 选择的行动向量集合，即 $(a_{i1}, a_{i2}, \cdots, a_{im}) \in A_{i1} \times A_{i2} \times \cdots \times A_{im}$，其中 $a_{ij} \in A_{ij}$。参与人的行动向量中的每一个分量行动（在每个领域内的行动）可能是离散的，也可能是连续的。

在 n 人多维博弈中，n 个参与人的行动向量的有序 $\{(a_{11}, a_{12}, \cdots, a_{1m}), (a_{21}, a_{22}, \cdots, a_{2m}), \cdots, (a_{i1}, a_{i2}, \cdots, a_{im}), \cdots, (a_{n1}, a_{n2}, \cdots, a_{nm})\}$ 称为"行动向量组合"，其中的第 i 个向量 $(a_{i1}, a_{i2}, \cdots, a_{im})$ 是第 i 个参与人的行动向量。与行动向量相关的一个重要问题是行动向量的顺序，第一种可能的行动向量顺序是在不完全多维博弈中，自然首先选择状态，然后参与人同时行动；第二种可能的顺序是自然首先选择状态，然后一个参与人（如 A 参与人）先行动，最后另一个参与人（如 B 参与人）再行动；第三种可能的顺序是自然首先选择状态，然后一个参与人（如 B 参与人）先行动，最后另一个参与人（如 A 参与人）再行动。行动顺序对于博弈的结果是十分重要的，在动态博弈中，同样的参与人，同样的行动向量集合，参与人的行动顺序不同，参与人选择的最优行动向量也就不同，博弈的结果也就不同。

（3）信息。信息是参与人有关博弈的知识，如博弈的环境情况、其他参与人的特征和行动向量知识。在博弈论中，信息分为完美信息和完全信息，这里也可以将信息分为完美的和完全的，完美信息是指一个参与人对其他参与人（包括虚拟参与人"自然"）的行动向量的选择有准确的了解；完全信息是指自然不首先行动或自然的初始行动被所有参与人准确观察到的情况，即没有事前的不确定性。显然，不完全信息意味着不完美信息，但逆定理不成立。

（4）共同知识。共同知识是指"所有参与人知道，所有参与人知道所有参与人知道，所有参与人知道所有参与人知道所有参与人知道……"的知识，也就是说，是所有参与人共同知道的知识或信息，并且每个参与人都知道其他参与人也知道自己知道。共同知识在博弈论中是非常强的假定，在现实生活中的博弈，这个假设很少能满足。

（5）策略。策略是参与人在给定信息集的情况下的行动向量规则，它规定参与人在什么时候选择什么行动向量。策略告诉该参与人如何对其他参与人的行动向量做出反应，因而策略是参与人的相机行动向量方案。

在多维博弈中，策略与行动向量是两个不同的概念，策略是行动向量的规则，不是行动向量本身。在静态多维博弈中，参与人的策略就是参与人的行动向量，而在动态多维博弈中，策略是参与人在整个博弈过程所选择行动向量的方案。

（6）总支付（总效用）。在博弈论中，支付是指在一个特定的策略组合下参与人得到的确定效用水平，或是指参与人得到的期望效用水平。在多维博弈中，由于参与人之间是在多个领域内或在多个方面同时博弈，因此，总支付是指在一个特定的策略组合下参与人得到的总体效用水平，或期望总体效用水平。总效用水平可能是参与人在几个领域内的效用水平简单相加的和，在某些特殊情况下，总效用水平不是参与人在几个领域内的效用水平简单的相加和。

令 U_i 为第 i 个参与人的总支付（总效用水平），$U = \{U_1, \cdots, U_i, \cdots, U_n\}$ 为 n 个参与人的总支付组

合。多维博弈的一个基本特征就是一个参与人的总支付不仅取决于自己的策略选择，而且取决于所有其他参与人的策略选择，即 $U_1 = U_1[(s_{11}, s_{12}, \cdots, s_{1m}), \cdots, (s_{i1}, s_{i2}, \cdots, s_{im}), \cdots, (s_{n1}, s_{n2}, \cdots, s_{nm})]$。

（7）结果。结果是博弈分析的主要目的，是指博弈最终的博弈后果，如多维均衡策略组合、多维行动向量组合、多维均衡的总支付组合等。

（8）多维均衡。多维均衡是指在多维博弈中的所有参与人的最优策略组合，一般记为：

$$s^* = \{(s_{11}, s_{12}, \cdots, s_{1m})^*, \cdots, (s_{i1}, s_{i2}, \cdots, s_{im})^*, \cdots, (s_{n1}, s_{n2}, \cdots, s_{nm})^*\} \tag{6-1}$$

其中，$(s_{i1}, s_{i2}, \cdots, s_{im})^*$ 是第 i 个参与人在多维均衡情况下的最优策略，它是第 i 个参与人的所有可能的策略中使 U_i 或 EU_i 最大化的策略。如果用 s_{-i} 表示除第 i 个参与人的其他所有参与人的策略组合 $\{(s_{11}, s_{12}, \cdots, s_{1m}), \cdots, (s_{i-11}, s_{i-12}, \cdots, s_{i-1m}), (s_{i+11}, s_{i+12}, \cdots, s_{i+1m}), \cdots, (s_{n1}, s_{n2}, \cdots, s_{nm})\}$，那么第 i 个参与人的最优策略 $s_i^* = (s_{i1}, s_{i2}, \cdots, s_{lm})^*$ 满足：

$$U_i(s_i^*, s_{-i}) \geq U_i(s_i, s_{-i}), \quad \forall s_i \neq s_i^* \tag{6-2}$$

多维均衡意味着对所有参与人，上式同时成立。

2. 完全信息静态多维博弈的策略式描述

（1）完全信息。就是在多维博弈中，参与人对所有其他参与人的总支付（偏好）函数有完全的了解，并且所有参与人知道所有参与人知道所有参与人在各个领域的信息和总支付函数，即在各个领域内的信息和总支付函数是所有参与人的共同知识。

（2）完全信息静态多维博弈。就是在完全信息条件下，博弈参与人在所博弈的各个领域内"同时"行动选择策略进行博弈，我们称为完全信息静态多维博弈。

策略式又称标准式，其一般用于表述静态多维博弈。多维博弈的策略式描述为：

第一，多维博弈的参与人集合为 Γ，$\Gamma = (1, 2, \cdots, n)$，表示多维博弈中有 n 个参与人进行博弈。

第二，参与人 i 的 m 维策略空间为 $S_{i1} \times S_{i2} \times \cdots \times S_{im}$，$i = 1, 2, \cdots, n$，$S_{ij}$ 表示参与人 i 在第 j 个领域内的策略空间。

第三，每个参与人的总支付函数为：

$$U_i = U_i[(s_{11}, s_{12}, \cdots, s_{1m}), \cdots, (s_{i1}, s_{i2}, \cdots, s_{im}) \cdots (s_{n1}, S_{n2}, \cdots, s_{nm})], \quad i = 1, 2, \cdots, n \tag{6-3}$$

我们一般用 $G = \{S_{11} \times S_{12} \times \cdots S_{1m}, \cdots, S_{n1} \times S_{n2} \times \cdots S_{nm}; U_1, \cdots, U_n\}$ 代表策略式表述多维博弈。

（二）优势策略向量与劣势策略向量

下面用一个例子来说明什么叫优势策略向量和劣势策略向量。

例 6-1： 假设有两个企业都要同时进入两个比邻的 A 和 B 城市开发产品市场，并且两个企业都准备在 A 城市开发产品 1，在 B 城市开发产品 2。由于两个城市较近，两个城市的市场之间相互具有一定影响效应。设每个企业可能采取的策略向量为（开发 A，开发 B）（开发 A，不开发 B）（不开发 A，开发 B）和（不开发 A，不开发 B）。每个企业在相应策略向量下，各企业在两个市场上的总净收益如表 6-1 所示。

表 6-1　收益表　　　　　　　　　　　　　　　　　　　　　　单位：千万元

企业1 ＼ 企业2	（开发 A，开发 B）	（开发 A，不开发 B）	（不开发 A，开发 B）	（不开发 A，不开发 B）
（开发 A，开发 B）	2；2	2.8；1.6	4；0.5	5；0
（开发 A，不开发 B）	1.6；2.8	1.5；1.5	1.8；0.8	1.8；0
（不开发 A，开发 B）	0.5；4	0.8；1.8	0.35；0.35	0.8；0
（不开发 A，不开发 B）	0；5	0；1.8	0；0.8	0；0

从表 6-1 可以看出，企业 1 的策略向量（开发 A，开发 B）优于其他策略向量（开发 A，不开发 B）（不开发 A，开发 B）和（不开发 A，不开发 B）。因此策略向量（开发 A，开发 B）就是一个优势策略向量，并且是严格优势策略向量；其他策略向量（开发 A，不开发 B）（不开发 A，开发 B）和（不开发 A，不开发 B）对于策略向量（开发 A，开发 B）而言，就是劣势策略向量。

1. 优势策略向量

如果对于所有的 $s_{-i} = \{(s_{11}, s_{12}, \cdots, s_{1m}), \cdots, (s_{i-11}, s_{i-12}, \cdots, s_{i-1m}), (s_{i+11}, s_{i+12}, \cdots, s_{i+1m}), \cdots, (s_{n1}, s_{n2}, \cdots, s_{nm})\}$，参与人 i 的策略向量 $s_i^* = (s_{i1}, s_{i2}, \cdots, s_{im})^*$ 满足：

$$U_i(s_i^*, s_{-i}) > U_i(s_i, s_{-i}), \quad \forall s_i \neq s_i^* \tag{6-4}$$

则称 $s_i^* = (s_{i1}, s_{i2}, \cdots, s_{im})^*$ 为参与人 i 的"严格优势"策略向量；如果将上式">"改为"≥"，则称 $s_i^* = (s_{i1}, s_{i2}, \cdots, s_{im})^*$ 为参与人 i 的"弱优势"策略向量。

对应地，对参与人的所有其他的策略向量 $s_i = (s_{i1}, s_{i2}, \cdots, s_{im})$，被称为"严格劣势"策略向量。对于上式，将">"改为"≥"，对参与人的所有其他的策略向量 $s_i = (s_{i1}, s_{i2}, \cdots, s_{im})$，被称为"弱劣势"策略向量。

2. 优势策略向量均衡

在多维博弈的策略式表述中，如果对于参与人 i，$i = 1, 2, \cdots, n$，$s_i^* = (s_{i1}, s_{i2}, \cdots, s_{im})^*$ 是参与人 i 的优势策略向量，那么策略向量组合 $\{(s_{11}, s_{12}, \cdots, s_{1m})^*, \cdots, (s_{i1}, s_{i2}, \cdots, s_{im})^*, \cdots, (s_{n1}, s_{n2}, \cdots, s_{nm})^*\}$ 称为优势策略向量均衡。

我们再看例 6-1，对企业 1，策略向量（开发 A，开发 B）优于其他策略向量（开发 A，不开发 B）（不开发 A，开发 B）和（不开发 A，开发 B）；对企业 2，策略向量（开发 A，开发 B）优于其他策略向量（开发 A，不开发 B）（不开发 A，开发 B）和（不开发 A，不开发 B）。因此，{（开发 A，开发 B），（开发 A，开发 B）} 就是一个优势策略向量均衡，并且是一个严格优势策略向量均衡。

（三）剔除劣势策略向量的应用

剔除劣势策略向量就是将参与人策略向量集合中的劣势策略向量重复剔除掉，最后从剩余的策略向量中寻找均衡，也就是优势策略向量均衡。

在每个参与人都有严格优势策略向量的情况下，严格优势策略向量均衡是一个非常合理的预测，但在大多数多维博弈中，对于每个参与人并不都存在严格优势策略向量。

例 6-2：对于例 6-1，假设是如下情况，如果企业 1 的原先的其他产品在 A 和 B 两个城市已经有了较好的品牌知名度，而企业 2 原先其他产品在 A 城市的市场有较好的品牌知名度，对 B 市场原先没有进入过（B 城市消费者对企业 2 的产品没有认识）。并且由于两个企业资金和人力上的限制，两个企业都不能对两个市场同时进行开发。每个企业能采取的策略向量为（开发 A，不开发 B）（不开发 A，开发 B）和（不开发 A，不开发 B）。每个企业在相应策略向量下，各企业在两个市场上的总净收益如表 6-2 所示。

表 6-2 总收益表　　　　　　单位：千万元

企业1 ＼ 企业2	（开发 A，不开发 B）	（不开发 A，开发 B）	（不开发 A，不开发 B）
（开发 A，不开发 B）	1.5；1.5	3；1.4	3.2；0
（不开发 A，开发 B）	2；2.8	1；0.5	2.2；0
（不开发 A，不开发 B）	0；3	0；1.5	0；0

由表 6-2 可知，对于企业 1 没有严格优势策略向量，但策略向量（不开发 A，不开发 B）是劣势策略向量；对企业 2，策略向量（不开发 A，开发 B）和（不开发 A，不开发 B）是劣势策略向量，被剔

除。这样，企业 1 知道企业 2 一定选择策略向量（开发 A，不开发 B），因此，企业 1 只能选择策略向量（不开发 A，开发 B）。所以，均衡解为 ｛（不开发 A，开发 B）（开发 A，不开发 B）｝。

二、多维纳什均衡

（一）多维纳什均衡

对于绝大多数的博弈，尤其是多维博弈，其实无法使用上节的重复剔除劣势策略向量的办法找出均衡解。为此，对这类多维博弈，下面引入纳什均衡概念。

纳什均衡是完全信息静态博弈解的一般概念。对于多维博弈的纳什均衡的形式具体如下：用 $G = \{S_{11} \times S_{12} \times \cdots S_{1m}, \cdots, S_{n1} \times S_{n2} \times \cdots \times S_{nm}; U_1, \cdots, U_n\}$ 表示具有 n 个参与人同时在 m 个领域内的完全信息静态多维博弈的策略式形式，其多维纳什均衡的定义如下：

定义 6-1：设具有 n 个参与人的多维博弈为 $G = \{S_{11} \times S_{12} \times \cdots S_{1m}, \cdots, U_i, \cdots, U_n\}$。$m$ 维策略组合 $\{(s_{11}, s_{12}, \cdots, s_{1m})^*, \cdots, (s_{i1}, s_{i2}, \cdots, s_{im})^*, \cdots, (s_{n1}, s_{n2}, \cdots, s_{nm})^*\}$ 是一个均衡，如果对任意 $i \in \{1, \cdots, n\}$，在给定 $s_{-i}^* = \{(s_{11}, s_{12}, \cdots, s_{1m})^*, \cdots, (s_{i-1,1}, s_{i-1,2}, \cdots, s_{i-1,m})^*, (s_{i+1,1}, s_{i+1,2}, \cdots, s_{i+1,m})^*, \cdots, (s_{n1}, s_{n2}, \cdots, s_{nm})^*\}$ 的条件下，$s_i^* = (s_{i1}, s_{i2}, \cdots, s_{im})^*$ 满足 $U_i(s_i^*, s_{-i}^*) \geq U_i(s_i, s_i^*)$，对任意 $s_i = (s_{i1}, s_{i2}, \cdots, s_{im}) \in S_{i1} \times S_{i2} \times \cdots \times S_{im}$。

我们把上述均衡称为多维纳什均衡，当 $m=1$（所有参与人在一个领域内博弈）时，多维纳什均衡就是一维纳什均衡；当所博弈的各领域之间或各领域内策略之间没有任何"联系或影响"时，多维纳什均衡实质是在各领域内独立博弈时得到的所有一维纳什均衡的简单组合。

例 6-3：二维游戏博弈。

假设有 A 和 B 两个人进行一种游戏，游戏形式为：

博弈 1：A 和 B 两人都背着对方从 ｛0，1｝ 中同时任选一个数。规则规定：如果二人选出的数字相同，每人各得到所选数值作为自己的得分；如果二人选出的数字不同，每个人各得到-1 分。

博弈 2：A 和 B 两人也都背着对方从 ｛1，2｝ 中同时任选出一个数字。规则规定：如果二人选出的数字相同，每人各得到所选数值的负值作为自己的得分；如果二人选出的数字不同，每人各得到所选数值作为自己的得分。

要求：两个人同时进行博弈 1 和 2（每个人同时从 ｛0，1｝ 和 ｛1，2｝ 选出一个数），并且每个人同时选出的数不能相同。

用策略式表述这两个博弈（见表 6-3、表 6-4）：

表 6-3　博弈 1 支付

A　＼　B	0	1
0	0, 0	-1, -1
1	-1, -1	1, 1

表 6-4　博弈 2 支付

A　＼　B	1	2
1	-1, -1	1, 2
2	2, 1	-2, -2

从以上规定的博弈规则可以看到，参与人在一个博弈中选择策略影响到他在另一个博弈中选择策略，即在一个博弈中参与人选择了1，就不能在另一个博弈中选择1。因此，导致两个参与人的策略集合分别为：

参与人 A 的二维策略集合 $S_A = \{(0, 1), (0, 2), (1, 2)\}$。

参与人 B 的二维策略集合 $S_B = \{(0, 1), (0, 2), (1, 2)\}$。

如果写成二维策略向量的支付矩阵表为表 6-5。

表 6-5　支付矩阵表

A＼B	(0, 1)	(0, 2)	(1, 2)
(0, 1)	-1, -1	1, 2	0, 1
(0, 2)	2, 1	-2, -2	-3, -3
(1, 2)	1, 0	-3, -3	-1, -1

模仿现在博弈论教材中的寻找纳什均衡方法，易得到二维游戏博弈的二维纳什均衡解为 {(0, 2), (0, 1)} 和 {(0, 1), (0, 2)}，A 和 B 相应的支付值为表 6-5 中方框中的数值。

从这个二维游戏博弈可以看到，多维博弈的多维纳什均衡和一维博弈一样，其均衡也不一定唯一，一般情况下，多维博弈有唯一均衡的情况比一维博弈有唯一均衡的情况要少得多。

（二）混合策略向量及混合策略向量纳什均衡

为了将混合策略向量和前面用到的策略向量区别开，前面用到的策略向量可以称为纯策略向量。

混合策略向量是纯策略向量上的一种联合概率分布，记为 σ_i，混合策略向量组合的收益是映射纯策略向量收益的期望值。混合策略向量集合包含纯策略向量，即退化的联合概率分布情况。

如果将参与人 i 的混合策略向量集合记为 $\sum_i$，其中 $\sigma_i[(s_{i1}, s_{i2}, \cdots, s_{im})]$ 是 σ_i 赋予 $(s_{i1}, s_{i2}, \cdots, s_{im})$ 的概率，$\sigma_i \in \sum_i$。混合策略向量的组合记为 σ，在组合 σ 下参与人的期望收益为：

$$\sum_{(s_{i1}, \cdots, s_{im}) \in S_{i1} \times \cdots \times S_{im}} \{\prod_{j=1}^{n} \sigma_j[(s_{j1}, \cdots, s_{jm})]\} U_i[(s_{i1}, \cdots, s_{im})] \qquad (6-5)$$

混合策略向量组合 σ^* 是一个纳什均衡，如果对于所有参与人 i $(i=1, 2, \cdots, n)$ 的期望收益，有：

$$\bar{U}_i(\sigma_i^*, \sigma_{-i}^*) \geqslant \bar{U}_i(\sigma_i, \sigma_{-i}^*), \quad \forall \sigma_i \in \sum_i \qquad (6-6)$$

在上述定义中，如果参与人使用了退化的混合策略向量，其就是本节中定义的多维博弈的纳什均衡。如果参与人在纳什均衡中使用了非退化的混合策略向量，则他对于赋予正概率的所有纯策略向量是无差异的。

例 6-4：税务机关与企业集团之间的多维博弈及均衡分析。随着我国加入 WTO 和市场经济的进一步发展和完善，将有更多的跨国公司进入我国，这必将进一步加剧企业之间的市场竞争。为了增加市场竞争能力和抵御市场风险，将有更多的企业或公司组成企业集团或结成联盟。由于企业集团一般由多个企业所组成，并且集团中的每个企业在财务上既具有独立性又被集团总部所操纵，这样税务机关在监督企业集团纳税问题上将面临更加复杂的情况和困难。在目前情况下，由于我国税务机关的人力和财力等方面的原因，税务机关对企业集团监督过程中，有时不可能对集团下属的所有企业都进行税务检查，而企业集团如果知道税务机关不可能对下属所有企业都进行税务检查时，税务机关如何对企业集团进行税务检查和企业集团以何种形式进行逃税之间就存在着博弈过程。下面在完全信息条件下，以企业集团下属企业为例来分析它们之间的静态博弈。

　　假设集团有两个企业，一个是企业 A，另一个是企业 B，企业 A 是一个大型企业，企业 B 是一个小型企业；企业 A 的应纳税款 T_A 是企业 B 应纳税款 T_B 的 r 倍（$T_A = r \cdot T_B = r \cdot T$，$T_B = T$）。再假设税务机关检查每个企业的成本 C 为常数，对企业逃税的罚款 F 是应纳税款的 α 倍，并假设如果税务机关对逃税企业进行检查就一定能查出（令 $C < T + F$），同时假设如果集团的全部企业都逃税，将增加一定数额的罚款 β。

　　从企业角度看，企业 A 选择是否逃税与企业 B 选择是否逃税没有什么关系，但由于两个企业属于一个集团，从集团整体利益看，一旦都逃税，集团将可能另外附加一定的"成本" β，因此集团就要从总体利益出发来选择策略。从总体博弈角度看，集团选择哪个企业是否逃税的策略就有一定影响或联系。对于税务机关，由于知道集团会将两个企业是否逃税联合考虑，因此，在选择对哪个企业是否进行检查时，也会考虑这种联系和影响，这样也导致了税务机关在选择对哪个企业是否进行检查的策略之间实际上也产生了一定影响。所以，这个博弈可以从二维博弈角度进行分析。

　　集团的二维策略空间为 $S^2 = \{$（企业 A 逃税，企业 B 逃税）（企业 A 逃税，企业 B 不逃税）（企业 A 不逃税，企业 B 逃税）（企业 A 不逃税，企业 B 不逃税）$\}$；

　　税务机关的二维策略空间为 $S^2 = \{$（检查 A，检查 B）（检查 A，不检查 B）（不检查 A，检查 B）（不检查 A，不检查 B）$\}$。

　　它们之间的二维策略型形式，可用表 6-6 给予描述。

表 6-6　税务机关与集团的二维策略型博弈

税务机关　╲　集团	（企业 A 逃税，企业 B 逃税）	（企业 A 逃税，企业 B 不逃税）	（企业 A 不逃税，企业 B 逃税）	（企业 A 不逃税，企业 B 不逃税）
（检查企业 A，检查企业 B）	$(r+1)(1+\alpha)T+\beta-2C$, $-(r+1)(1+\alpha)T-\beta$	$(r+1)T+\alpha rT-2C$, $-(r+1)T-\alpha rT$	$(r+1)T+\alpha T-2C$, $-(r+1)T-\alpha T$	$(r+1)T-2C$, $-(r+1)T$
（检查企业 A，不检查企业 B）	$rT+\alpha rT-C$, $-rT-\alpha rT$	$(r+1)T+\alpha rT-C$, $-(r+1)T-\alpha rT$	$rT-C$, $-rT$	$(r+1)T-C$, $-(r+1)T$
（不检查企业 A，检查企业 B）	$T+\alpha T-C$, $-T-\alpha T$	$T-C$, $-T$	$(r+1)T+\alpha T-C$, $-(r+1)T-\alpha T$	$(r+1)T-C$, $-(r+1)T$
（不检查企业 A，不检查企业 B）	0, 0	T, $-T$	rT, $-rT$	$(r+1)T$, $-(r+1)T$

注：在每一个小格中，第一行代表税务机关的支付，第二行代表集团的支付。

　　在 $C < T + F$ 条件下，纯策略二维纳什均衡不存在。令 p_i 表示集团选择第 i 策略的概率，$i = 1$，2，3，4；q_j 表示税务机关选择第 j 个策略的概率，$j = 1$，2，3，4。根据支付等值法，我们可获得如下的混合策略二维纳什均衡。

　　集团决策者的混合策略为 $p_1 = 0$，$p_2 = C[rT(1+\alpha)]^{-1}$，$p_3 = C[T(1+\alpha)]^{-1}$，$p_4 = 1 - C(1+r^{-1})[T(1+\alpha)]^{-1}$，其中，要求 $0 \leqslant C(1+r^{-1})[T(1+\alpha)]^{-1} \leqslant 1$。

　　税务机关的混合策略为 $q_1 = 0$，$q_2 = q_3 = (\alpha+1)^{-1}$，$q_4 = (-1)(\alpha+1)^{-1}$，其中，要求 $\alpha \geqslant 1$。

　　通过对上述混合策略二维均衡结果的分析，我们可得到如下结论。

　　（1）$p_1 = 0$ 表示在混合均衡条件下集团通过一定不采取所有企业逃税的策略。这表明，增加一定数额（β）的罚款能起到遏制全面逃税的作用。

　　（2）$q_1 = 0$ 表示税务机关一定不采取对集团全部企业都进行检查的策略。这也许表明税务机关知道由于增加了对全部逃税的集团的罚款力度而使集团不敢采取全部逃税的策略的原因。

　　（3）当 $C(1+r^{-1})[T(1+\alpha)]^{-1} = 1$ 时，集团所有企业都逃税的概率为零，此时所采取的策略是以 $1 - (1+r^{-1})^{-1}$ 概率进行企业 A 逃税和企业 B 不逃税的策略，以 $(1+r^{-1})^{-1}$ 的概率进行企业 A 不逃税和企业 B 逃税的策略。

（4）当 $\alpha=1$ 时，即税务机关对检查到的逃税企业采取按逃税额进行 100% 罚款时，税务机关将采取各以 1/2 的概率对企业 A 和 B 进行检查。此时，集团采取的混合策略是以 $C\,(2rT)^{-1}$ 概率进行企业 A 逃税和企业 B 不逃税的策略，以 $C\,(2T)^{-1}$ 的概率进行企业 A 不逃税和企业 B 逃税的策略，以 $1-(2T)^{-1}C(1+r^{-1})$ 的概率进行都不逃税的策略。

三、应用研究

本节将通过研究经济上在多领域内和在多个方面上的几个多维博弈及两个国家在经济、科技和军事上竞争和对抗的多维博弈应用例子来展示多维博弈的特征。通过这几个应用例子能看到多维博弈更具有一般性和广泛性，同时多维博弈也更具有应用性。

例 6-5： 双寡头 Cournot 静态二维博弈。Cournot 竞争模型是关于单一产品产量为策略的具有完全信息静态博弈模型。根据本章多维博弈的定义，Cournot 竞争模型属于一维博弈模型。下面，将以具有一定替代关系的两种产品为例，讨论 Cournot 双寡头二维竞争模型。

假设某地区有两个企业生产相同的两种产品，并且两个企业垄断了该地区这两种产品的市场，如果在市场上这两种产品之间具有一定的替代性，那么，当这两个企业对这两种产品产量进行博弈时，如何选择各自的产量才能使自己的总利润最大？显然这是一个多维的博弈问题。

设企业 i 选择这两种产品的产量策略为 $(q_{i1},\,q_{i2})\geqslant 0$，$i=1,\,2$，$(q_{i1},\,q_{i2})\in Q_{i1}\times Q_{i2}$，$Q_{i1}\times Q_{i2}$ 表示企业 i 关于这两种产品的产量策略空间（是一个二维空间）。由于这两种产品之间存在着一定替代性，所以每种产品的市场单价不仅与市场上该产品的总产量密切相关，而且也与另一种产品的总产量有关，因此我们可将这两种产品的市场单价分别设为：$p_1=p_1(q_{11}+q_{21},\,q_{12}+q_{22})$，$p_2=p_2(q_{11}+q_{21},\,q_{12}+q_{22})$。以 $C_{ij}(q_{ij})$ 表示企业 i 生产第 j 种产品产量为 q_{ij} 所需成本。于是企业 i 的利润函数（即盈利函数）为：

$$U_i=[q_{i1}p_1-C_{i1}(q_{i1})]+[q_{i2}p_2-C_{i2}(q_{i2})] \tag{6-7}$$

其中，$i=1,\,2$；设企业 1 和企业 2 的反应函数分别为：

$$R_1:Q_{21}\times Q_{22}\rightarrow Q_{11}\times Q_{12},R_2:Q_{11}\times Q_{12}\rightarrow Q_{21}\times Q_{22} \tag{6-8}$$

倘若 $U_i(i=1,\,2)$ 满足一定条件（盈利函数满足均衡存在性条件），我们可以解得企业 1 和企业 2 的向量反应函数。即对于企业 1 选择的产量向量 $(q_{11},\,q_{12})$，企业 2 的最佳向量反应函数为 $(q_{21},\,q_{22})=R_2(q_{11},\,q_{12})$，它满足：

$$(\partial U_2/\partial q_{21},\,\partial U_2/\partial q_{22})=0 \tag{6-9}$$

此时将 $(q_{11},\,q_{12})$ 视为固定；同理，对于企业 2 选择的产量向量 $(q_{21},\,q_{22})$，企业 1 的最佳向量反应函数 $(q_{11},\,q_{12})=R_1(q_{21},\,q_{22})$ 应满足：

$$(\partial U_1/\partial q_{11},\,\partial U_1/\partial q_{12})=0 \tag{6-10}$$

由式（6-9）和式（6-10）解出 $R_2(q_{11},\,q_{12})$ 和 $R_1(q_{21},\,q_{22})$，然后求出两个函数的交点，交点即为多维纳什均衡。为了使问题更直观和易于理解，我们令：

$$p_1=p_1(q_{11}+q_{21},\,q_{12}+q_{22})=\max\{0,\,a-(q_{11}+q_{21})-k_1(q_{12}+q_{22})\} \tag{6-11}$$

$$p_2=p_2(q_{11}+q_{21},\,q_{12}+q_{22})=\max\{0,\,b-(q_{12}+q_{22})-k_2(q_{11}+q_{21})\} \tag{6-12}$$

其中，k_1 和 k_2 分别表示第二种产品的总产量对第一种产品市场价格的影响系数和第一种产品的总产量对第二种产品市场价格的影响系数。为了演绎上的方便，我们在式（6-11）和式（6-12）中都去除了量纲，再假设两个企业生产这两种产品的边际成本分别为常数 C_1 和 C_2，则企业 i 生产第一种和第二种产品的总成本分别为：$C_{i1}(q_{i1})=C_1q_{i1}$ 和 $C_{i2}(q_{i2})=C_2q_{i2}$。不影响讨论问题本质的情况下，不失一般性，假设 $p_1>0$，$p_2>0$，并假设两个企业生产这两种产品的固定成本为零，那么将式（6-11）和式（6-12）及成本函数 $C_{i1}(q_{i1})=C_1q_{i1}$，$C_{i2}(q_{i2})=C_2q_{i2}$ 代入式（6-9）和式（6-10），然后通过式（6-9）和式（6-10）计算得到两个企业向量反应函数 R_2 和 R_1 为：

$$\begin{pmatrix} q_{21} \\ q_{22} \end{pmatrix} = \frac{1}{4-(k_1+k_2)^2}\begin{pmatrix} 2 & -(k_1+k_2) \\ -(k_1+k_2) & 2 \end{pmatrix}\left[\begin{pmatrix} a-c_1 \\ b-c_2 \end{pmatrix} - \begin{pmatrix} 1 & k_1 \\ k_2 & 1 \end{pmatrix}\begin{pmatrix} q_{11} \\ q_{12} \end{pmatrix}\right] \tag{6-13}$$

$$\begin{pmatrix} q_{11} \\ q_{12} \end{pmatrix} = \frac{1}{4-(k_1+k_2)^2}\begin{pmatrix} 2 & -(k_1+k_2) \\ -(k_1+k_2) & 2 \end{pmatrix}\left[\begin{pmatrix} a-c_1 \\ b-c_2 \end{pmatrix} - \begin{pmatrix} 1 & k_1 \\ k_2 & 1 \end{pmatrix}\begin{pmatrix} q_{21} \\ q_{22} \end{pmatrix}\right] \tag{6-14}$$

解式（6-13）和式（6-14）的联立方程组，可得到二维纳什均衡解为 $\{(q_{11}, q_{12})^T, (q_{21}, q_{22})^T\}^*$，$T$ 代表向量的转置。为了表达和计算方便，我们设代表向量的转置。

$$A = \frac{1}{4-(k_1+k_2)^2}\begin{pmatrix} 2 & -(k_1+k_2) \\ -(k_1+k_2) & 2 \end{pmatrix}\begin{pmatrix} a-c_1 \\ b-c_2 \end{pmatrix} \tag{6-15}$$

$$B = \frac{1}{4-(k_1+k_2)^2}\begin{pmatrix} 2 & -(k_1+k_2) \\ -(k_1+k_2) & 2 \end{pmatrix}\begin{pmatrix} 1 & k_1 \\ k_2 & 1 \end{pmatrix} \tag{6-16}$$

则式（6-13）和式（6-14）为：

$$\begin{pmatrix} q_{21} \\ q_{22} \end{pmatrix} = A - B\begin{pmatrix} q_{11} \\ q_{12} \end{pmatrix} \tag{6-17}$$

$$\begin{pmatrix} q_{11} \\ q_{12} \end{pmatrix} = A - B\begin{pmatrix} q_{21} \\ q_{22} \end{pmatrix} \tag{6-18}$$

由式（6-17）和式（6-18）联立，解得二维纳什均衡解为：

$$\begin{pmatrix} q_{11} \\ q_{12} \end{pmatrix}^* = (I+B)^{-1}A, \quad \begin{pmatrix} q_{21} \\ q_{22} \end{pmatrix}^* = (I+B)^{-1}A \tag{6-19}$$

这里不妨假设参数分别为：$k_1=k_2=0.5$（k_1 和 k_2 分别为两种产品对另一种产品的替代系数），$a=10$，$b=12$，$C_1=C_2=0$（不影响讨论问题的情况下，这里假设了企业生产无须成本）。将这些数值代入矩阵 A 和 B，可得到：

$$A = \frac{1}{3}\begin{pmatrix} 8 \\ 14 \end{pmatrix}, \quad B = \begin{pmatrix} 0.5 & 0 \\ 0 & 0.5 \end{pmatrix}$$

得到二维纳什均衡为：$(q_{11}, q_{12})^{*T}=(16/9, 28/9)^T$，$(q_{21}, q_{22})^{*T}=(16/9, 28/9)^T$，两个企业在二维纳什均衡条件下各自总利润为：$U_1=U_2=18\frac{10}{27}$。

例 6-6：Bertrand 静态二维博弈。著名的双寡头 Bertrand 博弈模型是关于单一产品价格策略的具有完全信息静态的博弈模型。根据多维博弈定义，双寡头 Bertrand 博弈模型属于具有完全信息静态的一维博弈模型。下面，以两个企业对具有一定替代性两种产品的完全信息静态价格博弈为例，讨论双寡头 Bertrand 二维博弈模型。

假设某地区有两个企业生产两种同类产品，并且两个企业所生产的这两种产品完全供应该地区，同时又垄断该地区这两种产品的市场。再假设两个企业所生产的同类产品是不同质量、不同品牌的，并且在市场上这两种产品之间又存在一定替代性，这两个企业各自选择这两种产品的价格，使自己的总利润达到最大，这是一个二维博弈问题，也可称为 Bertrand 二维博弈问题。下面在完全信息条件下讨论这个二维博弈问题。

设企业 i 选择这两种产品的市场价格为 $(p_{i1}, p_{i2}) \geq 0$，$i=1, 2$，$(p_{i1}, p_{i2}) \in P_{i1} \times P_{i2}$，$P_{i1} \times P_{i2}$ 表示企业 i 关于这两种产品的价格策略空间（可选择的价格策略集合），第一个下标表示企业，第二个下标表示产品。由于在市场上这两种产品之间存在一定替代性，那么对于一个企业的某一种产品，其顾客需求量不仅与本企业该产品市场价格有关，而且也与对手同类产品的市场价格有关，同时也与另一种产品的价格有关。因此，企业 i 的第 $k(k=1, 2)$ 种产品顾客需求函数应为 $Q_{ik}=Q_{ik}(p_{ik}, p_{i,3-k}, p_{3-i,k}, p_{3-i,3-k})$。

我们假设一个企业某一种产品的顾客需求函数与本企业该产品价格，与对手该产品价格和另一种产品价格有如下线性关系：

$$Q_{i1} = a - p_{i1} + \alpha p_{j1} + r_1 \left(\frac{p_{i2} + p_{j2}}{2} \right) \tag{6-20}$$

$$Q_{i2} = b - p_{i2} + \beta p_{j2} + r_2 \left(\frac{p_{i1} + p_{j1}}{2} \right) \tag{6-21}$$

其中，$i = 1, 2$，$j = 3 - i$，$\alpha (\alpha > 0)$ 表示企业 j 的第一种产品市场价格对企业 i 的第一种产品顾客需求量的影响系数；$\beta (\beta > 0)$ 表示企业 j 的第二种产品市场价格对企业 i 的第二种产品顾客需求量的影响系数；r_1 $(r_1 > 0)$ 表示第二种产品的平均市场价格对企业 i 的第一种产品顾客需求量的影响系数；$r_2 (r_2 > 0)$ 表示第一种产品的平均市场价格对企业 i 的第二种产品顾客需求量的影响系数。[①]

在不影响讨论问题的情况下，我们不考虑固定生产成本，假设两个企业所生产的两种产品边际成本相同，并分别为常数 C_1 和 C_2，$C_1 < a$，$C_2 < b$，则企业 i 的总盈利函数为：

$$U_i \{ (p_{11}, p_{12}), (p_{21}, p_{22}) \} = Q_{i1}(p_{i1} - C_1) + Q_{i2}(p_{i2} - C_2)$$

$$= \left[a - p_{i1} + \alpha p_{j1} + r_1 \left(\frac{p_{i2} + p_{j2}}{2} \right) \right] (p_{i1} - C_1) + \left[b - p_{i2} + \beta p_{j2} + r_2 \left(\frac{p_{i1} + p_{j1}}{2} \right) \right] (p_{i2} - C_2) \tag{6-22}$$

由于盈利函数 U_i 光滑可导，对企业 1 盈利函数 U_1 求关于 p_{11} 和 p_{12} 的导数，并令 $\partial U_1 / \partial p_{11} = 0$，$\partial U_1 / \partial p_{12} = 0$，即：

$$\frac{\partial U_1}{\partial p_{11}} = a - p_{11} + \alpha p_{21} + r_1 \left(\frac{p_{12} + p_{22}}{2} \right) - p_{11} + C_1 + \frac{r_2}{2} (p_{12} - C_2) = 0 \tag{6-23}$$

$$\frac{\partial U_1}{\partial p_{12}} = \frac{r_1}{2} (p_{11} - C_1) + b - p_{12} + \beta p_{22} + r_2 \left(\frac{p_{11} + p_{21}}{2} \right) - p_{12} + C_2 = 0 \tag{6-24}$$

合并整理，并写成如下矩阵形式：

$$\begin{pmatrix} -2 & (r_1 + r_2)/2 \\ (r_1 + r_2)/2 & -2 \end{pmatrix} \begin{pmatrix} p_{11} \\ p_{12} \end{pmatrix} + \begin{pmatrix} \alpha & r_1/2 \\ r_2/2 & \beta \end{pmatrix} \begin{pmatrix} p_{21} \\ p_{22} \end{pmatrix} = \begin{pmatrix} r_2 C_2/2 - C_1 - a \\ r_1 C_1/2 - C_2 - b \end{pmatrix} \tag{6-25}$$

可得到企业 1 的向量反应函数为：

$$\begin{pmatrix} p_{11} \\ p_{12} \end{pmatrix} = \frac{1}{2 \left[1 - \left(\frac{r_1 + r_2}{4} \right)^2 \right]} \begin{pmatrix} 1 & (r_1 + r_2)/4 \\ (r_1 + r_2)/4 & 1 \end{pmatrix} \left[\begin{pmatrix} \alpha & r_1/2 \\ r_2/2 & \beta \end{pmatrix} \begin{pmatrix} p_{21} \\ p_{22} \end{pmatrix} + \begin{pmatrix} a + C_1 - r_2 C_2/2 \\ b + C_2 - r_1 C_1/2 \end{pmatrix} \right] \tag{6-26}$$

同理，对企业 2 的盈利函数 U_2，通过最优化一阶条件 $\partial U_2 / \partial p_{21} = 0$，$\partial U_2 / \partial p_{22} = 0$，得到企业 2 的向量反应函数为：

$$\begin{pmatrix} p_{21} \\ p_{22} \end{pmatrix} = \frac{1}{2 \left[1 - \left(\frac{r_1 + r_2}{4} \right)^2 \right]} \begin{pmatrix} 1 & (r_1 + r_2)/4 \\ (r_1 + r_2)/4 & 1 \end{pmatrix} \left[\begin{pmatrix} \alpha & r_1/2 \\ r_2/2 & \beta \end{pmatrix} \begin{pmatrix} p_{11} \\ p_{12} \end{pmatrix} + \begin{pmatrix} a + C_1 - r_2 C_2/2 \\ b + C_2 - r_1 C_1/2 \end{pmatrix} \right] \tag{6-27}$$

为了计算和表达方便，设：

$$A = \frac{1}{2 \left[1 - \left(\frac{r_1 + r_2}{4} \right)^2 \right]} \begin{pmatrix} 1 & (r_1 + r_2)/4 \\ (r_1 + r_2)/4 & 1 \end{pmatrix} \begin{pmatrix} \alpha & r_1/2 \\ r_2/2 & \beta \end{pmatrix} \tag{6-28}$$

---

① 注意，上式中实质有两点假定：第一，在市场上两个企业所生产的同一种产品相互之间有相同的影响系数；第二，某一种产品的平均市场价格对两个企业的另一种产品的顾客需求量影响系数相同。

$$B = \frac{1}{2\left[1-\left(\dfrac{r_1+r_2}{4}\right)^2\right]} \begin{pmatrix} 1 & (r_1+r_2)/4 \\ (r_1+r_2)/4 & 1 \end{pmatrix} \begin{pmatrix} a+C_1-\dfrac{r_2C_2}{2} \\ b+C_2-\dfrac{r_1C_1}{2} \end{pmatrix} \tag{6-29}$$

则两个企业的向量反应函数式（6-26）和式（6-27）可写成：

$$\begin{pmatrix} p_{11} \\ p_{12} \end{pmatrix} = A\begin{pmatrix} p_{21} \\ p_{22} \end{pmatrix} + B \tag{6-30}$$

$$\begin{pmatrix} p_{21} \\ p_{22} \end{pmatrix} = A\begin{pmatrix} p_{11} \\ p_{12} \end{pmatrix} + B \tag{6-31}$$

联立式（6-30）和式（6-31）两式后计算可得均衡：

$$\begin{pmatrix} p_{11} \\ p_{12} \end{pmatrix} = \begin{pmatrix} p_{21} \\ p_{22} \end{pmatrix} = (I-A)^{-1}B \tag{6-32}$$

其中，I 代表单位阵。所以，该二维 Bertrand 博弈模型的二维纳什均衡为 $\{(p_{11}, p_{12})^T, (p_{21}, p_{22})^T\}^* = \{(I-A)^{-1}B, (I-A)^{-1}B\}^*$，上标 T 代表向量的转置。下面，验证在两种特殊状况下其均衡的结论。

第一种情况：假设两个企业都只生产一种产品，不妨假设都只生产第一种产品。此时，求其价格策略纳什均衡只要在式（6-32）中的矩阵 A 和 B 中令 $r_1=r_2=0$，$b=0$，$C_2=0$ 和 $\beta=0$，经过计算易得到：

$$\begin{pmatrix} p_{11} \\ p_{12} \end{pmatrix} = \begin{pmatrix} p_{21} \\ p_{22} \end{pmatrix} = \begin{pmatrix} \dfrac{a+C_1}{2-\alpha} \\ 0 \end{pmatrix} \tag{6-33}$$

得到纳什均衡解为 $p_{11}^* = p_{21}^* = \dfrac{a+C_1}{2-\alpha}$，该均衡结论与 Bertrand 双寡头博弈模型的纳什均衡结论相同。注意，这里此时 $p_{12}=p_{22}=0$ 表示两个企业都不生产第二种产品。

同理，假设两个企业都只生产第二种产品，同样可得到纳什均衡解为 $p_{12}^* = p_{22}^* = \dfrac{b+C_2}{2-\beta}$，这均衡结论也与 Bertrand 双寡头博弈模型的纳什均衡结论相同。

第二种情况：假设这两种产品在市场上没有任何替代关系。求解其二维纳什均衡，只需将 $r_1=r_2=0$ 代入式（6-32）中的矩阵 A 和 B 得到：

$$A = \begin{pmatrix} \alpha/2 & 0 \\ 0 & \beta/2 \end{pmatrix} \quad B = \frac{1}{2}\begin{pmatrix} a+C_1 \\ b+C_2 \end{pmatrix} \tag{6-34}$$

得到二维纳什均衡解为：

$$\begin{pmatrix} p_{11} \\ p_{12} \end{pmatrix} = \begin{pmatrix} p_{21} \\ p_{22} \end{pmatrix} = \begin{pmatrix} \dfrac{a+C_1}{2-\alpha} \\ \dfrac{b+C_2}{2-\beta} \end{pmatrix} \tag{6-35}$$

从上式策略向量分量中可得到两个没有任何替代关系的产品关于其价格策略的纳什均衡分别为：

$$p_{11}^* = p_{21}^* = \frac{a+C_1}{2-\alpha}, \quad p_{12}^* = p_{22}^* = \frac{b+C_2}{2-\beta} \tag{6-36}$$

可以看到两个没有任何替代关系的产品，其二维纳什均衡相当于这两个企业分别对每个产品独立进行价格博弈的纳什均衡简单"组合"。

对于相互之间确实存在着一定替代性或存在着一定影响的两种产品，企业是进行上述形式的多维博弈在均衡下各自的利润大，还是分别对每种产品单独进行博弈在均衡下各自的利润大，或者说哪种情况下所选择的策略是真正最优的策略？假设 $a=10$，$b=12$，$\alpha=0.2$，$\beta=0.4$，$r_1=0.1$，$r_2=0.1$，$C_1=2$，$C_2=1$，来进行验证。

如果两个企业进行上述形式的多维博弈，经过计算得到两个企业的二维纳什均衡解 $\{(p_{11}, p_{12})^T$，$(p_{21}, p_{22})^T\}^* = \{(I-A)^{-1}B, (I-A)^{-1}B\}^* = \{(8.16, 8.76)^T, (8.16, 8.76)^T\}$。在这个二维纳什均衡条件下，各企业的相应总利润为：$U_1^* = U_2^* = 90.106$。

如果两个企业对每种产品价格进行单独博弈，经过计算，得到两个企业关于这两种产品价格的纳什均衡分别为：

$$p_{11}^* = p_{21}^* = \frac{a+C_1}{2-\alpha} = 6.67, \quad p_{12}^* = p_{22}^* = \frac{b+c_2}{2-\beta} = 8.13$$

在这两个纳什均衡条件下，各企业的实际总利润为：$U_1^* = U_2^* = 81.11$。

从以上结果可以看到，如果两种产品相互之间存在着一定的替代性或存在着一定的影响，企业对所博弈的两种产品如果不联合考虑其策略进行多维博弈，而是分别考虑每种产品策略进行单独博弈，其在两个纳什均衡下的各自总利润将小于联合考虑策略进行多维博弈在均衡下的各自总利润，这也说明了进行单独博弈所选择的最优策略从总体看并不是最优策略。

通过例 6-5 和例 6-6 关于具有一定替代性两种产品的双寡头 Cournot 二维竞争模型和 Bertrand 二维博弈模型及均衡的讨论，由于其结果与广为流行的 Cournot 竞争模型和 Bertrand 竞争模型的均衡结论具有一致性。对于 Cournot 双寡头二维竞争模型，当这两个寡头所生产的这两种产品之间没有任何替代关系 ($k_1 = k_2 = 0$) 时，经过验证，Cournot 二维竞争模型的二维纳什均衡就是由两个关于每种产品的 Cournot 竞争模型纳什均衡的简单组合；对于 Bertrand 二维博弈模型，当两种产品之间没有任何替代关系时，其二维纳什均衡解的向量分量就是 Bertrand 双寡头博弈模型的纳什均衡解。由此可见，Cournot 竞争模型和 Bertrand 双寡头博弈模型实质上是例 6-5 和例 6-6 的特例，是一维的模型。

在例 6-6 中，又讨论了对具有一定替代性两种产品价格策略进行博弈时，如果寡头对每种产品分别进行博弈，其总利润将小于其进行二维博弈的利润。由此也说明，当参与人在相互之间具有一定联系或具有一定影响的多领域内同时博弈时，参与人必须把所有领域内的策略联合考虑进行多维博弈，在均衡条件下其总效用才能最大化，所选择的策略才是真正最优策略。

例 6-7：两国关于军事、经济和科技的三维博弈。

众所周知，在国际社会中，两国竞争的实质是同时在多领域内展开竞争，如同时在军事、经济和科技等领域内。当一个国家同另一个国家同时在多个领域展开竞争时，其应考虑如何选择一个策略向量使本国总效用最大化。下面就以两国同时在军事、经济和科技三个领域内竞争为例来展示多维博弈的特征。

设 $S_i^3 = S_{i1} \times S_{i2} \times S_{i3}$ 表示第 $i(i=1, 2)$ 个国家在这三个领域内的三维策略空间，其中 S_{i1}、S_{i2}、S_{i3} 分别表示在军事、经济和科技领域内的策略空间；$U_i = U_i[(s_{11}, s_{12}, s_{13}), (s_{21}, s_{22}, s_{23})]$ 表示第 i 个国家的总效用函数，其中 $(s_{11}, s_{12}, s_{13}) \in S_1^3$，$(s_{21}, s_{22}, s_{23}) \in S_2^3$，并假设 $\partial U_1/\partial s_{1j} > 0$，$\partial U_1/\partial s_{2j} < 0$，$\partial U_2/\partial s_{2j} > 0$，$\partial U_2/\partial s_{1j} < 0$，$j=1, 2, 3$。如果两国在各领域内所选择的策略是在该领域内的资金投入量，那么应满足约束 $s_{11}+s_{12}+s_{13} \leq M_1$，$s_{21}+s_{22}+s_{23} \leq M_1$，$M_1$ 和 M_2 分别表示第一个国家和第二个国家的投入总预算。

假设两国在这三个领域内博弈是完全信息静态的三维博弈，那么其多维纳什均衡就是在两个约束 $s_{11}+s_{12}+s_{13} \leq M_1$ 和 $s_{21}+s_{22}+s_{23} \leq M_2$ 条件下，使第一个国家的总效用函数 $U_1[(s_{11}, s_{12}, s_{13}), (s_{21}, s_{22}, s_{23})]$ 和第二个国家的 $U_2[(s_{11}, s_{12}, s_{13}), (s_{21}, s_{22}, s_{23})]$ 最大化的三维策略向量解，即：

$$U_i[(s_{i1}, s_{i2}, s_{i3})^*, (s_{j1}, s_{j2}, s_{j3})^*] \geq U_i[(s_{i1}, s_{i2}, s_{i3}), (s_{j1}, s_{j2}, s_{j3})^*] \tag{6-37}$$

对任意 $(s_{i1}, s_{i2}, s_{i3}) \in S_i^3$，其中 $i=1, 2$，$j=3-i$。

如果知道两国效用函数的具体形式，就可以通过以上表达形式求出两国同时在军事、经济和科技三个领域内的完全信息静态多维博弈的三维纳什均衡为$\{(s_{11}, s_{12}, s_{13})^*, (s_{21}, s_{22}, s_{23})^*\}$。$(s_{11}, s_{12}, s_{13})^*$和$(s_{21}, s_{22}, s_{23})^*$分别表示国家1和2在均衡下在各领域内的最佳投入量。

为了展示多维博弈的特征，假设各国的总效用函数为如下生产函数形式：

$$U_i\left[(s_{i1},s_{i2},s_{i3}),(s_{j1},s_{j2},s_{j3})\right]=\left(a_i+\frac{s_{i1}}{1+s_{j1}}\right)^{\alpha}\left(b_i+\frac{s_{i2}}{1+s_{j2}}\right)^{\beta}\left(c_i+\frac{s_{i3}}{1+s_{j3}}\right)^{\gamma} \tag{6-38}$$

其中，$i=1, 2$，$j=3-i$；$\alpha+\beta+\gamma=1$，α、β、γ分别表示在军事、经济和科技上投入对国家总效用函数的弹性系数。实际上，在军事、经济和科技上的投入量在不同时期内对国家总体效用的贡献是不同的，如在第二次世界大战期间，各国认为军事实力对本国相对更为重要，在这个时期的国家总体效用函数中，α应该相对大于β和γ；而在和平时期，各国认为发展经济对本国更为重要，这时β相对大于α和γ，所以α、β、γ在不同时期会有不同的值。a_i、b_i、c_i理解为第i个国家分别在三个领域内的本阶段以前投入量在相应领域内形成的"基础"。

下面在约束$s_{11}+s_{12}+s_{13}\leqslant M_1$和$s_{21}+s_{22}+s_{23}\leqslant M_2$条件下，求两个国家在这三个领域内同时博弈的均衡解。

首先，由式（6-38），对效用函数U_1和U_2取对数，得到：

$$\ln U_1=\alpha\ln\left(a_1+\frac{s_{11}}{1+s_{21}}\right)+\beta\ln\left(b_1+\frac{s_{12}}{1+s_{22}}\right)+\gamma\ln\left(c_1+\frac{s_{13}}{1+s_{23}}\right) \tag{6-39}$$

$$\ln U_2=\alpha\ln\left(a_2+\frac{s_{21}}{1+s_{11}}\right)+\beta\ln\left(b_2+\frac{s_{22}}{1+s_{12}}\right)+\gamma\ln\left(c_2+\frac{s_{23}}{1+s_{13}}\right) \tag{6-40}$$

因为对数函数$y=\ln x$是严格递增的，所以反函数存在。我们设$u_1=\ln U_1$，$u_2=\ln U_2$，则式（6-39）和式（6-40）为：

$$u_1=\alpha\ln\left(a_1+\frac{s_{11}}{1+s_{21}}\right)+\beta\ln\left(b_1+\frac{s_{12}}{1+s_{22}}\right)+\gamma\ln\left(c_1+\frac{s_{13}}{1+s_{23}}\right) \tag{6-41}$$

$$u_2=\alpha\ln\left(a_2+\frac{s_{21}}{1+s_{11}}\right)+\beta\ln\left(b_2+\frac{s_{22}}{1+s_{12}}\right)+\gamma\ln\left(c_2+\frac{s_{23}}{1+s_{13}}\right) \tag{6-42}$$

在约束$s_{11}+s_{12}+s_{13}\leqslant M_1$和$s_{21}+s_{22}+s_{23}\leqslant M_2$条件下，求使式（6-41）和式（6-42）的$u_1$和$u_2$最大化的均衡解$\{(s_{11}, s_{12}, s_{13})^*, (s_{21}, s_{22}, s_{23})^*\}$。又因为$U_1=e^{u_1}$，$U_2=e^{u_2}$是严格增函数，所以最优策略向量组合$\{(s_{11}, s_{12}, s_{13})^*, (s_{21}, s_{22}, s_{23})^*\}$也使$U_1$和$U_2$达到最大化。

其次，构造拉格朗日函数$L_i=u_i-\lambda(M_i-S_{i1}-S_{i2}-S_{i3})$，$i=1, 2$。然后利用最优化一阶条件$(\partial L_i/\partial s_{i1}, \partial L_i/\partial s_{i2}, \partial L_i/\partial s_{i3})^T=0$，$\partial L_i/\partial\lambda=0$，可求得两国各自的最优策略向量反应形式分别为：

$$\begin{pmatrix}s_{11}\\s_{12}\\s_{13}\end{pmatrix}=\begin{pmatrix}\beta&-\alpha&0\\0&\gamma&-\beta\\1&1&1\end{pmatrix}^{-1}\left[\begin{pmatrix}-\beta a_1&\alpha b_1&0\\0&-\gamma b_1&\beta c_1\\0&0&0\end{pmatrix}\begin{pmatrix}s_{21}\\s_{22}\\s_{23}\end{pmatrix}+\begin{pmatrix}\alpha b_1-\beta a_1\\\beta c_1-\gamma b_1\\M_1\end{pmatrix}\right] \tag{6-43}$$

$$\begin{pmatrix}s_{21}\\s_{22}\\s_{23}\end{pmatrix}=\begin{pmatrix}\beta&-\alpha&0\\0&\gamma&-\beta\\1&1&1\end{pmatrix}^{-1}\left[\begin{pmatrix}-\beta a_2&\alpha b_2&0\\0&-\gamma b_2&\beta c_2\\0&0&0\end{pmatrix}\begin{pmatrix}s_{11}\\s_{12}\\s_{13}\end{pmatrix}+\begin{pmatrix}\alpha b_2-\beta a_2\\\beta c_2-\gamma b_2\\M_2\end{pmatrix}\right] \tag{6-44}$$

为了计算和表达方便，不妨设：

$$A_1=\begin{pmatrix}\beta&-\alpha&0\\0&\gamma&-\beta\\1&1&1\end{pmatrix}^{-1}\begin{pmatrix}-\beta a_1&\alpha b_1&0\\0&-\gamma b_1&\beta c_1\\0&0&0\end{pmatrix}$$

$$B_1 = \begin{pmatrix} \beta & -\alpha & 0 \\ 0 & \gamma & -\beta \\ 1 & 1 & 1 \end{pmatrix}^{-1} \begin{pmatrix} \alpha b_1 - \beta a_1 \\ \beta c_1 - \gamma b_1 \\ M_1 \end{pmatrix} \qquad (6-45)$$

$$A_2 = \begin{pmatrix} \beta & -\alpha & 0 \\ 0 & \gamma & -\beta \\ 1 & 1 & 1 \end{pmatrix}^{-1} \begin{pmatrix} -\beta a_2 & \alpha b_2 & 0 \\ 0 & -\gamma b_2 & \beta c_2 \\ 0 & 0 & 0 \end{pmatrix}$$

$$B_2 = \begin{pmatrix} \beta & -\alpha & 0 \\ 0 & \gamma & -\beta \\ 1 & 1 & 1 \end{pmatrix}^{-1} \begin{pmatrix} \alpha b_2 - \beta a_2 \\ \beta c_2 - \gamma b_2 \\ M_2 \end{pmatrix} \qquad (6-46)$$

则式（6-43）和式（6-44）可以写成如下形式：

$$\begin{pmatrix} s_{11} \\ s_{12} \\ s_{13} \end{pmatrix} = A_1 \begin{pmatrix} s_{21} \\ s_{22} \\ s_{23} \end{pmatrix} + B_1 \qquad (6-47)$$

$$\begin{pmatrix} s_{21} \\ s_{22} \\ s_{23} \end{pmatrix} = A_2 \begin{pmatrix} s_{11} \\ s_{12} \\ s_{13} \end{pmatrix} + B_2 \qquad (6-48)$$

联立式（6-47）和式（6-48），可解得该多维博弈的三维纳什均衡解为：

$$\begin{pmatrix} s_{11} \\ s_{12} \\ s_{13} \end{pmatrix} = (I - A_1 A_2)^{-1} (A_1 B_2 + B_1) \qquad (6-49)$$

$$\begin{pmatrix} s_{21} \\ s_{22} \\ s_{23} \end{pmatrix} = (I - A_2 A_1)^{-1} (A_2 B_1 + B_2) \qquad (6-50)$$

其中，I 表示单位矩阵，将均衡策略向量组合 $\{(s_{11}, s_{12}, s_{13})^{*T}, (s_{21}, s_{22}, s_{23})^{*T}\}$ 代入式（6-38），就可得到两个国家各自的最大总效用值。如果知道两国的投入总预算 M_1 和 M_2，以及参数 α、β、γ、a_1、b_1、c_1、a_2、b_2、c_2 的值，由式（6-49）和式（6-50）就可得出两国在三维纳什均衡条件下在各领域内具体的最优投入量。

假设在某一时期 $\alpha = 0.3$，$\beta = 0.4$ 和 $\gamma = 0.3$，一个国家在军事、经济和科技内本期投入前的基础 $a_1 = 6$，$b_1 = 5$，$c_1 = 7$，并且在本时期欲投入的总预算 $M_1 = 10$；另一个国家在军事、经济和科技内本期投入前的基础 $a_2 = 5$，$b_2 = 4$，$c_2 = 6$，并且在本时期欲投入的总预算 $M_2 = 12$（两国总投入预算单位为：百亿美元），我们将这些参数代入式（6-49）和式（6-50），可得到两个国家在均衡下的最优投入策略向量分别为 $(s_{11}, s_{12}, s_{13})^{*T} = (2.78, 4.98, 2.24)^T$ 和 $(s_{21}, s_{22}, s_{23})^{*T} = (3.39, 5.77, 2.84)^T$；再将两国均衡策略向量代入式（6-38），得到两国的各自最大效用值分别为 $U_1^* = e^{1.878}$ 和 $U_2^* = e^{1.749}$。

通过上面的讨论，我们可以看到在两国投入总预算固定的条件下，当两国在军事、经济和科技三个领域内同时博弈时，各国应该把三个领域内投入策略联合考虑选择一个最优策略向量，这样才能使本国的总效用最大化，在各国投入总预算固定条件下，如果各国只是单独考虑各领域内的投入策略进行博弈，在均衡下最大化该领域效用，由于一个领域内策略的选择影响其他领域内策略选择，这样在均衡下未必能使本国的总效用最大化。因此，当参与人在多个领域内同时进行博弈，并且各领域或各领域内的策略存在一定的相互影响和联系，参与人在博弈的每个阶段应该考虑如何选择一个最优的策略向量进行多维博弈，这样才能在均衡下使自己的总效用最大化。

例 6-8：产品广告投入、服务投入和价格选择的静态三维博弈。在当今竞争激烈的市场中，企业为了获得某一种产品更大的利润，在与其他企业进行市场竞争时，往往采取从多个方面同时与其他企业进行竞争，如在产品广告投入、产品服务投入和产品价格选择等方面同时采取相应策略。下面，就两个企业对某一种产品同时进行产品广告投入、服务投入和市场价格选择的多维博弈，讨论其博弈模型及存在的均衡策略向量。

假设某地区有两个企业生产不同质量和不同品牌的同一种产品，并且两个企业所生产的这种产品完全供应该地区，同时又垄断了该地区这种产品市场。

在信息完全条件下，两个企业如何选择各自在广告方面投入、在产品服务方面投入和产品市场价格，才能获得最大的利润呢？

设企业 $i(i=1，2)$ 选择这种产品的广告投入、服务投入和市场价格策略向量为 $(a_i，s_i，p_i) \geqslant 0$，$(a_i，s_i，p_i) \in A_i \times S_i \times P_i$，$A_i$、$S_i$、$P_i$ 分别表示企业 i 的产品广告投入、产品服务投入和市场价格的策略空间（可选择的相应策略集合）。在市场上，由于一个企业的产品顾客需求量不仅与本企业该产品市场价格有关，而且也与对手同种产品市场价格有关，并且还与本企业、对手企业在广告和服务上的投入有关，因此，可设企业 i 的该产品的顾客需求函数为 $Q_i=Q_i\{(a_i，s_i，p_i)，(a_{3-i}，s_{3-i}，p_{3-i})\}$。由于企业的产品需求量随着其价格的增高而减少，随着企业广告投入、服务投入的增加而增加，但随着对手的产品价格增高而增加，随着对手的广告投入和服务投入的增加而减少，因此，这里不妨假设一个企业的产品顾客需求与本企业的产品价格、对手的产品价格和两个企业分别在广告、服务上投入量有如下关系式：

$$Q_i=g-k_1 p_i+k_2 p_{3-i}+k_3 \sqrt{a_i}+k_4 \sqrt{s_i}-k_5 \sqrt{a_{3-i}}-k_6 \sqrt{s_{3-i}}，i=1，2 \tag{6-51}$$

其中，$k_j(k_j>0，j=1，2，3，4，5，6)$ 表示相应的策略对企业 i 该产品的顾客需求的影响系数，例如，k_1 表示企业 i 的该产品市场价格策略对该产品顾客需求的影响系数。

在不影响讨论问题的情况下，我们不考虑固定生产成本，假设两个企业所生产的这种产品边际成本相同，并分别为常数 C_1 和 C_2，C_1，$C_2<g$，则企业 i 的盈利函数为：

$$U_i\{(a_i,s_i,p_i)，(a_{3-i},s_{3-i},p_{3-i})\}=Q_i(p_i-C_i)-a_i-s_i$$
$$=(g-k_1 p_i+k_2 p_{3-i}+k_3 \sqrt{a_i}+k_4 \sqrt{s_i}-k_5 \sqrt{a_{3-i}}-k_6 \sqrt{s_{3-i}})(p_i-C_i)-a_i-s_i \tag{6-52}$$

由于盈利函数 U_i 光滑可导，首先对企业 $1(i=1)$ 求关于 a_1、s_1 和 p_1 的偏导数，并令 $\partial U_1/\partial a_1=0$，$\partial U_1/\partial s_1=0$ 和 $\partial U_1/\partial p_1=0$ 即：

$$\frac{\partial U_1}{\partial a_1}=\frac{k_3}{2\sqrt{a_1}}(p_1-C_1)-1=0 \tag{6-53}$$

$$\frac{\partial U_1}{\partial s_1}=\frac{k_4}{2\sqrt{s_1}}(p_1-C_1)-1=0 \tag{6-54}$$

$$\frac{\partial U_1}{\partial p_1}=g-k_1 p_1+k_2 p_2+k_3 \sqrt{a_1}+k_4 \sqrt{s_1}-k_5 \sqrt{a_2}-k_6 \sqrt{s_2}-k_1 p_1+k_1 C_1=0 \tag{6-55}$$

合并整理式（6-53）、式（6-54）和式（6-55），并写成如下矩阵形式：

$$\begin{pmatrix} -1 & 0 & \dfrac{k_3}{2} \\ 0 & -1 & \dfrac{k_4}{2} \\ -k_3 & -k_4 & 2k_1 \end{pmatrix}\begin{pmatrix} \sqrt{a_1} \\ \sqrt{s_1} \\ p_1 \end{pmatrix}+\begin{pmatrix} 0 & 0 & 0 \\ 0 & 0 & 0 \\ k_5 & k_6 & -k_2 \end{pmatrix}\begin{pmatrix} \sqrt{a_2} \\ \sqrt{s_2} \\ p_2 \end{pmatrix}=\begin{pmatrix} \dfrac{k_3 C_1}{2} \\ \dfrac{k_4 C_1}{2} \\ g+k_1 C_1 \end{pmatrix} \tag{6-56}$$

同理，对企业 2 的 U_2，通过最优化一阶条件 $\partial U_2/\partial a_2=0$，$\partial U_2/\partial s_2=0$，$\partial U_2/\partial p_2=0$ 得到：

$$
\begin{pmatrix} -1 & 0 & \dfrac{k_3}{2} \\ 0 & -1 & \dfrac{k_4}{2} \\ -k_3 & -k_4 & 2k_1 \end{pmatrix} \begin{pmatrix} \sqrt{a_2} \\ \sqrt{s_2} \\ p_2 \end{pmatrix} + \begin{pmatrix} 0 & 0 & 0 \\ 0 & 0 & 0 \\ k_5 & k_6 & -k_2 \end{pmatrix} \begin{pmatrix} \sqrt{a_1} \\ \sqrt{s_1} \\ p_1 \end{pmatrix} = \begin{pmatrix} \dfrac{k_3 C_2}{2} \\ \dfrac{k_4 C_2}{2} \\ g+k_1 C_2 \end{pmatrix} \tag{6-57}
$$

为了表达方便，设：

$$
A = \begin{pmatrix} -1 & 0 & \dfrac{k_3}{2} \\ 0 & -1 & \dfrac{k_4}{2} \\ -k_3 & -k_4 & 2k_1 \end{pmatrix}, \quad B = \begin{pmatrix} 0 & 0 & 0 \\ 0 & 0 & 0 \\ k_5 & k_6 & -k_2 \end{pmatrix} \tag{6-58}
$$

$$
D_1 = \begin{pmatrix} \dfrac{k_3 C_1}{2} \\ \dfrac{k_4 C_1}{2} \\ g+k_1 C_1 \end{pmatrix}, \quad D_2 = \begin{pmatrix} \dfrac{k_3 C_2}{2} \\ \dfrac{k_4 C_2}{2} \\ g+k_1 C_2 \end{pmatrix} \tag{6-59}
$$

则式（6-56）和式（6-57）可以分别写成：

$$
A \begin{pmatrix} \sqrt{a_1} \\ \sqrt{s_1} \\ p_1 \end{pmatrix} + B \begin{pmatrix} \sqrt{a_2} \\ \sqrt{s_2} \\ p_2 \end{pmatrix} = D_1 \tag{6-60}
$$

$$
A \begin{pmatrix} \sqrt{a_2} \\ \sqrt{s_2} \\ p_2 \end{pmatrix} + B \begin{pmatrix} \sqrt{a_1} \\ \sqrt{s_1} \\ p_1 \end{pmatrix} = D_2 \tag{6-61}
$$

由于函数 $y=\sqrt{x}$ 是增函数，反函数存在，所以求得企业 i 的最优解 $\sqrt{a_1}$，$\sqrt{s_1}$ 和 p_1，也就能求得企业 i 在产品广告上和在产品服务上的最优投入策略 a_i 和 s_i，以及最优市场价格 p_i。

于是由式（6-60）和式（6-61）得到企业 1 和企业 2 的最优反应向量函数分别为：

$$
\begin{pmatrix} \sqrt{a_1} \\ \sqrt{s_1} \\ p_1 \end{pmatrix} = -A^{-1} B \begin{pmatrix} \sqrt{a_2} \\ \sqrt{s_2} \\ p_2 \end{pmatrix} + A^{-1} D_1 \tag{6-62}
$$

$$
\begin{pmatrix} \sqrt{a_2} \\ \sqrt{s_2} \\ p_2 \end{pmatrix} = -A^{-1} B \begin{pmatrix} \sqrt{a_1} \\ \sqrt{s_1} \\ p_1 \end{pmatrix} + A^{-1} D_2 \tag{6-63}
$$

由于矩阵 A 是非奇异阵，所以 A^{-1} 存在。联立式（6-62）和式（6-63），可计算得到均衡解为：

$$
\begin{pmatrix} \sqrt{a_1} \\ \sqrt{s_1} \\ p_1 \end{pmatrix}^{*} = \left[I-(A^{-1}B)^2 \right]^{-1} A^{-1} (D_1 - BA^{-1} D_2) \tag{6-64}
$$

$$\begin{pmatrix} \sqrt{a_2} \\ \sqrt{s_2} \\ p_2 \end{pmatrix}^* = [I-(A^{-1}B)^2]^{-1}A^{-1}(D_2-BA^{-1}D_1) \tag{6-65}$$

其中，I 代表单位阵。求得上述均衡$\{(\sqrt{a_1}, \sqrt{s_1}, p_1)^{*T}, (\sqrt{a_2}, \sqrt{s_2}, p_2)^{*T}\}$后，就能得到两个企业关于产品广告投入、产品服务投入和产品价格策略的最优策略向量分别为：

$$(a_1,s_1,p_1)^{*T} = [(\sqrt{a_1})^2, (\sqrt{s_1})^2, p_1]^{*T} \tag{6-66}$$

$$(a_2,s_2,p_2)^{*T} = [(\sqrt{a_2})^2, (\sqrt{s_2})^2, p_2]^{*T} \tag{6-67}$$

其中，T 代表向量的转置。

在一个关于产品广告投入、产品服务投入和产品市场价格的实际三维博弈问题中，只需将 g、k_1、k_2、k_3、k_4、k_5、k_6、C_1、C_2 这些参数值代入均衡解(6-83)和(6-84)中，就可得到两个企业的具体均衡解。如参数 $g=1$，$k_1=k_2=1$，$k_3=0.6$，$k_4=0.4$，$k_5=0.3$，$k_6=0.2$，$C_1=0.1$，$C_2=0.2$，可得到两个企业的均衡策略向量为：

$$\begin{pmatrix} \sqrt{a_1} \\ \sqrt{s_1} \\ p_1 \end{pmatrix}^* = \begin{pmatrix} 1.2420 \\ 0.2164 \\ 1.1823 \end{pmatrix} \quad \begin{pmatrix} \sqrt{a_2} \\ \sqrt{s_2} \\ p_2 \end{pmatrix}^* = \begin{pmatrix} 1.2351 \\ 0.2008 \\ 1.2038 \end{pmatrix}$$

则两个企业的最优策略向量分别为：

$$\begin{pmatrix} a_1 \\ s_1 \\ p_1 \end{pmatrix}^* = \begin{pmatrix} 1.5423 \\ 0.0469 \\ 1.1823 \end{pmatrix} \quad \begin{pmatrix} a_2 \\ s_2 \\ p_2 \end{pmatrix}^* = \begin{pmatrix} 1.5254 \\ 0.0403 \\ 1.2038 \end{pmatrix}$$

相应的利润分别为：$U_1=-0.0279$，$U_2=-0.1758$。

第三节 完全信息动态多维博弈

一、扩展式表述多维博弈

（一）多阶段（可观测行动向量）多维博弈

用下面的例子来说明多阶段（可观测行动向量）多维博弈。

假设两个比邻的城市市场 A 和 B，由于两个城市较近，两个市场之间相互具有一定影响效应。如果企业 1 原先是 A 和 B 两个市场的在位者，而企业 2 要准备同时进入 A 和 B 两个市场或其中一个市场。在初期阶段(我们称 1 阶段)，企业 2 的策略向量集合为{(决定进入 A，决定进入 B)(决定进入 A，决定不进入 B)(决定不进入 A，决定进入 B)(决定不进入 A，决定不进入 B)}；企业 1 的策略向量集合为{(阻止进入 A，阻止进入 B)(允许进入 A，阻止进入 B)(阻止进入 A，允许进入 B)(允许进入 A，允许进入 B)}。在初期阶段企业 1 和企业 2 选择自己的策略向量后，如企业 2 选择策略向量(决定进入 A，决定不进入 B)，企业 1 选择了策略向量(允许进入 A，阻止进入 B)，博弈就进入了第二阶段，在第二阶段，企业 2 的策略向量集合为{(投入广告，选择低产品价格)(投入广告，选择高产品价格)(不投入广告，选择低产品价格)(不投入广告，选择高产品价格)}；企业 1 的策略向量集合为{(投入广告，选择低产品价格)(投入广告，选择高产品价格)(不投入广告，选择低产品价格)(不投入广告，选择高产品价格)}。

这个多维博弈的例子就是一个多阶段（可观测行动向量）多维博弈（实质是二阶段可观测行动向量多维博弈）问题，这个博弈意味着：①所有参与人在阶段 k 选择其策略向量时，都知道所有参与人在以前 1，2，…，$k-1$ 阶段所选择的策略向量；②所有参与人在阶段 k 时都是"同时行动"的（如果每个参与人在阶段 k 选择策略向量时不知道其他参与人在 k 阶段选择的策略向量，就可以认为是"同时行动"）。这里的"同时行动"不排除轮流采取行动向量。见例 6-5（Cournot 双寡头二维竞争），如果两个企业中有一个企业先选择策略向量，不妨假设企业 1 首先选择产量向量（q_{11}，q_{12}），企业 2 观察到企业 1 的产量向量（q_{11}，q_{12}）后，再选择自己的产量向量（q_{21}，q_{22}）。它们的策略选择存在先后顺序，第一阶段，企业 1 先"行动"，企业 2 没有"行动"；第二阶段，企业 2 再"行动"——选择产量向量。因此，如果一个多维博弈满足上述①和②两个条件，我们就称这个多维博弈是多阶段（可观测行动）多维博弈。

（二）扩展式

所谓动态多维博弈就是参与人的行动向量选择有先后顺序，且后行动者在自己选择行动向量之前能观测到先行动者选择的行动向量。在博弈论中，描述和分析动态博弈一般都用扩展式表述形式，扩展式是博弈论中的一个基本概念，它主要用来描述动态博弈。下面，我们给出扩展式表述包含的信息：

（1）参与人：$i=1$，2，…，n，并用 N 代表虚拟参与人"自然"。

（2）参与人的行动向量顺序：哪个参与人在什么时候采取什么行动向量。

（3）参与人的行动向量集合：在每次行动时，参与人能够选择的所有策略向量。

（4）参与人的信息集：每次行动时，参与人所知道的所有信息。

（5）参与人的总支付函数：参与人选择行动向量结束后，每个参与人所得到的（如利润等）。

（6）外生事件（即自然的选择）的概率分布。

对于两个参与人的有限多维博弈的策略式表述可以用博弈矩阵表来表示（见例 6-1 和例 6-2），对于 n 个参与人有限博弈的扩展式表述可以用博弈树来表述，博弈树在现在一维博弈论中应用很广泛，它给出了有限博弈的几乎所有信息。对于 n 个参与人有限多维博弈的扩展式表述可以用博弈树来表述，并且与现在一维博弈的博弈树的表示方法几乎相同。

例 6-9：假设有两个企业都要同时进入两个比邻的城市 A 和 B 开发市场，由于两个城市较近，对开发市场，两个城市之间相互具有一定影响效应。假设该多维博弈两个企业开发两个城市 A 和 B 市场有先后顺序：①企业 1 先行动，可选择的行动向量为（开发 A，开发 B）（开发 A，不开发 B）（不开发 A，开发 B）和（不开发 A，不开发 B）；②在企业 1 行动后，企业 2 观察到企业 1 行动后再选择自己的行动向量。这个动态多维博弈的扩展式表述可以用图 6-1 表示。

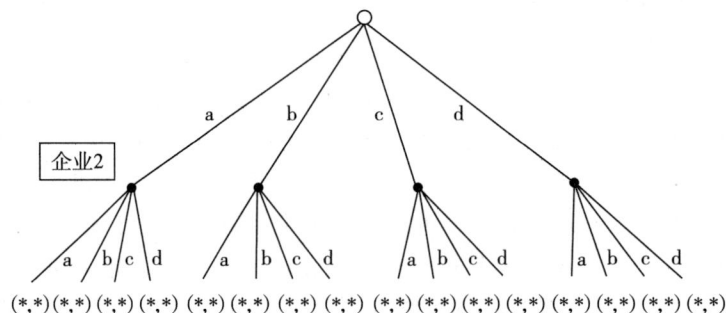

图 6-1 例 6-9 的博弈树

说明：由于"空间"有限，博弈树中，用符号 a、b、c 和 d 分别表示企业选择的行动向量（开发 A，开发 B）（开发 A，不开发 B）（不开发 A，开发 B）和（不开发 A，不开发 B）；用（＊，＊）表示企业 1 选择行动向量后，企业 2 选择相应行动向量后，两个企业获得的总支付值，第一个"＊"表示企业 1 的总支付值，第二个"＊"表示企业 2 的总支付值。

构建多维博弈的"博弈树框架"也与一维博弈的博弈树一样必须包括结、枝和信息集这三个基本要素。

（1）结：结包括决策结和终点结两类。决策结是参与人采取行动向量的时点，如图中空心圆"○"（也称初始结）和实心圆"●"，终点结既是多维博弈行动向量路径的终点，也是参与人的总支付向量的点。

（2）枝：枝是从一个决策结到它的直接后续结的连线，每个枝代表参与人的一个行动向量选择。多维博弈树的"枝"能完整地描述每一个决策结参与人的行动向量集合，而且给出了从一个决策结到下一个决策结的路径，每一个终点结完全决定了博弈树的路径。

（3）信息集：多维博弈的博弈树上的信息集与一维博弈的博弈树上的信息集含义相同，即博弈树上的所有决策结分割成不同的信息集。每一个信息集是决策结集合的一个子集，该子集包含所有满足下列条件的决策结：①每一个决策结都是同一参与人的决策结；②该参与人知道博弈进入该集合的某个决策结，但不知道自己究竟处于哪个决策结。

（三）扩展式表述多维博弈的策略式表述

对于一个扩展式表述的多维博弈，我们也可以构造其策略式表述，这样这个扩展式表述的多维博弈的多维纳什均衡，就可以用策略式表述求多维纳什均衡的方法来得。

我们继续沿用例 6-9 两个企业要开发两个城市 A 和 B 市场的多维博弈来说明扩展式表述多维博弈的策略式表述。

例 6-10：为了下面表达和阐述方便。例 6-9 中，如果每个企业根据企业要求，必须开发市场，但由于财力原因又不能同时开发两个市场，这时企业 1 和企业 2 可选择的行动向量为｛（开发 A，不开发 B）（不开发 A，开发 B）｝。如果企业 1 先行动，企业 2 后行动，这个动态多维博弈的博弈树为图 6-2。

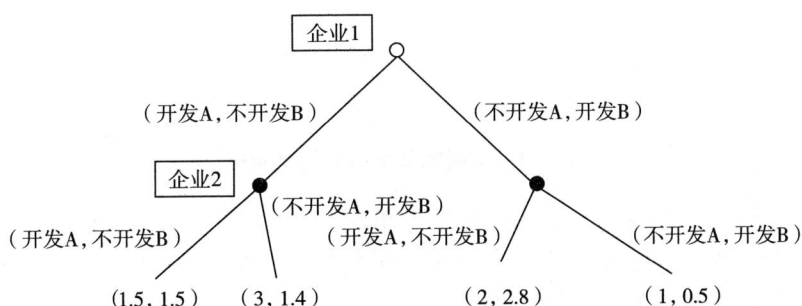

图 6-2　例 6-10 的博弈树

由图 6-2 可知，企业 1 的行动向量有两个，企业 2 有两个信息集，四个可选择的行动向量，因而企业 2 有四个纯策略，分别为：①无论企业 1 选择（开发 A，不开发 B）（不开发 A，开发 B）哪一个，企业 2 都选择（开发 A，不开发 B）；②无论企业 1 选择（开发 A，不开发 B）（不开发 A，开发 B）哪一个，企业 2 都选择（不开发 A，开发 B）；③企业 1 选择（开发 A，不开发 B）则企业 2 选择（开发 A，不开发 B），企业 1 选择（不开发 A，开发 B）则企业 2 选择（不开发 A，开发 B）；④企业 1 选择（不开发 A，开发 B）则企业 2 选择（开发 A，不开发 B），企业 1 选择（开发 A，不开发 B）则企业 2 选择（不开发 A，开发 B）。

如果用策略式表述就是表 6-7 的形式。

从表 6-7 可知，对企业 2，策略{（开发 A，不开发 B）（开发 A，不开发 B）}为优势策略。因为企业 1 知道企业 2 不可能选择其他三个策略，所以，企业 1 应选择策略向量（不开发 A，开发 B）。因此，多维纳什均衡为{（开发 A，不开发 B）（开发 A，不开发 B）}，其均衡结果为{（不开发 A，开发 B）（开发 A，不开发 B）}。

表 6-7　支付表

企业 2　＼　企业 1	（开发 A，不开发 B）	（不开发 A，开发 B）
{（开发 A，不开发 B）（开发 A，不开发 B）}	1.5，1.5	2.8，2
{（不开发 A，开发 B）（不开发 A，开发 B）}	1.4，3	0.5，1
{（开发 A，不开发 B）（不开发 A，开发 B）}	1.5，1.5	0.5，1
{（不开发 A，开发 B）（开发 A，不开发 B）}	1.4，3	2.8，2

通过这个例子可以看到，对于两个参与人有限动态多维博弈，易通过将其扩展式表述"转化"为策略式表述，然后用求完全信息静态多维博弈纳什均衡方法求得其均衡结果。

二、子博弈精炼多维纳什均衡

首先介绍子博弈，子博弈就是在一个扩展式多维博弈中，由一个决策结（是一个单结信息集）和所有该决策结的后续结组成的部分。由定义易知，子博弈是原多维博弈的一部分，并且其本身可以作为一个独立的多维博弈进行分析。扩展式多维博弈的博弈树如图 6-3 所示。

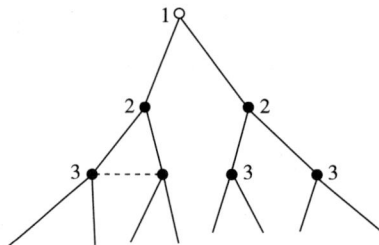

图 6-3　扩展式多维博弈的博弈树

如图 6-3 所示，参与人 1 和参与人 2 的信息集是单结的，因此由参与人 1 和参与人 2 的任何一个决策结开始及后面的所有决策结均可构成子多维博弈，而参与人 3 的信息集不是单结的，因此，图中的参与人 3 左侧的一个决策结就不能构成子多维博弈。

有了子博弈的概念后，我们就可以给出动态多维博弈的一个均衡——子博弈精炼多维纳什均衡的定义。

定义 6-2：扩展式多维博弈的策略组合是一个子博弈精炼多维纳什均衡，如果：①它是原多维博弈的纳什均衡；②它在每一个子多维博弈上给出纳什均衡。

对于有限完美信息多维博弈，利用动态规划中的逆向归纳法，该方法是求解子博弈精炼多维纳什均衡的最简便方法。这是因为有限完美信息多维博弈的每一个决策结都是一个单独的信息集，每一个决策结都开始于一个子博弈，因此，求解子博弈精炼多维纳什均衡，要从最后一个子博弈开始。

三、应用研究

例 6-11：双寡头 Cournot 动态二维博弈。在例 6-5 的基础上，继续讨论关于具有替代性两种产品产量的双寡头动态二维博弈。如果两个企业中有一个企业先选择策略向量，不妨假设企业 1 首先选择产量向量(q_{11}, q_{12})，企业 2 观察到企业 1 的产量向量(q_{11}, q_{12})后，再选择自己的产量向量(q_{21}, q_{22})。由于它们的策略选择存在先后顺序，因此博弈是动态的，这样就不能像上节讨论的完全信息静态二维博弈的方法那样来预测结局，而应该采取以下方法预测结局：

首先企业 1 选择产量向量(q_{11}, q_{12})，企业 2 在观察到(q_{11}, q_{12})后，确定自己的产量向量(q_{21}, q_{22})。企业 2 对于观察到的每一个(q_{11}, q_{12})，必定选择某一个向量(q_{21}, q_{22})来使自己的总盈利函数 U_2 最大化。根据最优化一阶条件$(\partial U_2/\partial q_{21}, \partial U_2/\partial q_{22}) = 0$，易得出企业 2 最优反应策略向量：

$$\binom{q_{21}}{q_{22}} = \frac{1}{4-(k_1+k_2)^2} \begin{pmatrix} 2 & -(k_1+k_2) \\ -(k_1+k_2) & 2 \end{pmatrix} \left[\binom{a-c_1}{b-c_2} - \begin{pmatrix} 1 & k_1 \\ k_2 & 1 \end{pmatrix} \binom{q_{11}}{q_{12}} \right] \qquad (6-68)$$

均衡则要求企业 1 在给定$(q_{21}, q_{22}) = R_2(q_{11}, q_{12})$时极大化自己的总盈利函数 U_1。尽管企业 1 观察不到企业 2 的产量向量(q_{21}, q_{22})，理性的企业 1 一定知道企业 2 观察到自己产量向量(q_{11}, q_{12})之后的最佳反应的产量向量是$(q_{21}, q_{22}) = R_2(q_{11}, q_{12})$，即式（6-68），因此式（6-68）也是企业 1 可以预测到的。此时企业 1 总盈利函数为 $U_1\{(q_{11}, q_{12}), R_2(q_{11}, q_{12})\}$，即将式（6-68）代入，再根据最优化一阶条件$\left(\frac{\partial U_1}{\partial q_{11}}, \frac{\partial U_1}{\partial q_{12}}\right) = 0$，可得出$(q_{11}, q_{12})$值，然后再通过式（6-68），可得出企业 2 的最佳策略向量$(q_{21}, q_{22})^*$。

下面，仍沿用在例 6-5 中对各参数的假设值（$k_1 = k_2 = 0.5$，$a = 10$，$b = 12$，$C_1 = C_2 = 0$）来求这两个企业动态二维博弈的多维纳什均衡解。

首先在给定企业 1 产量向量(q_{11}, q_{12})条件下，企业 2 的最佳向量反应函数是$(q_{21}, q_{22}) = R_2(q_{11}, q_{12}) = (8/3 - 0.5q_{11}, 14/3 - 0.5q_{12})$，此时推出企业 1 的盈利函数为：

$$U_1\{(q_{11}, q_{12}), R_2(q_{11}, q_{12})\} = q_{11}(5 - 0.5q_{11} - 0.25q_{12}) + q_{12}(6 - 0.5q_{12} - 0.25q_{11}) \qquad (6-69)$$

由$(\partial U_1/\partial q_{11}, \partial U_1/\partial q_{12}) = 0$，可得到企业 1 最优产量向量为：$(q_{11}, q_{12})^{T*} = (8/3, 14/3)^{T*}$。

再通过企业 2 的最佳向量反应函数 R_2，可以确定企业 2 的最优产量向量为：$(q_{21}, q_{22})^{T*} = (4/3, 7/3)^{T*}$。

此时，两个企业相应的总盈利分别为：$U_1 = 20\frac{2}{3}$，$U_2 = 10\frac{1}{2}$。

通过以上关于两种产品产量为策略的双寡头动态二维博弈的讨论和已得到的二维纳什均衡结果，我们可以看到，企业 2 的向量反应函数 R_2 是$(q_{11}, q_{12})^T$的递减函数，因此，具有"先入为主"的特点，使先行者（企业 1）的总盈利高于静态二维博弈时在二维纳什均衡下的总盈利，而后入者（企业 2）两种产品的产量和总盈利却低于静态二维博弈时在二维纳什均衡下的水平。由此可见，以上所得到的二维纳什均衡结论与 Cournot 竞争模型和 Stackelberg 竞争模型的纳什均衡结论具有一致性。

例 6-12：产品广告投入、服务投入和价格选择的动态三维博弈。例 6-8 讨论了关于产品广告投入、服务投入和价格选择的完全信息静态三维博弈。下面在此基础上，讨论其完全信息动态三维博弈。

为了阅读方便和连贯性，我们再描述一下基本假设和背景。

假设某地区有两个企业生产不同质量和不同品牌的同一种产品，并且两个企业所生产的这种产品完全供应该地区，同时又垄断了该地区这种产品市场。在信息完全条件下，如果企业 1 先行动，企业 2 后行动，那么两个企业如何选择在广告上投入、服务上投入和产品价格，才能使各自的利润最大化？

设企业 $i(i=1,2)$ 选择这种产品的广告投入、服务投入和市场价格策略向量为 $(a_i,s_i,p_i) \geq 0$，$(a_i,s_i,p_i) \in A_i \times S_i \times P_i$，$A_i$、$S_i$、$P_i$ 分别表示企业 i 在产品广告投入、服务投入和市场价格的策略空间（可选择的相应策略集合）。在市场上，由于一个企业的产品顾客需求量不仅与本企业的产品市场价格有关，也与对手的产品市场价格有关，并且还与本企业、对手在广告上和服务上的投入量有关。因此，可设企业 i 的产品顾客需求函数为 $Q_i = Q_i[(a_i,s_i,p_i),(a_{3-i},s_{3-i},p_{3-i})]$。由于企业的产品需求量随着其价格的增高而减少，随着企业广告投入、服务投入的增加而增加，但随着对手的产品价格增高而增加，随着对手的广告投入和服务投入的增加而减少，因此，这里不妨假设一个企业的产品顾客需求与本企业的产品价格、对手的产品价格和两个企业分别在广告、服务上的投入量有如下关系式：

$$Q_i = g - k_1 p_i + k_2 p_{3-i} + k_3 \sqrt{a_i} + k_4 \sqrt{s_i} - k_5 \sqrt{a_{3-i}} - k_6 \sqrt{s_{3-i}}, \quad i = 1,2 \qquad (6-70)$$

其中，g 表示产品的社会总需求，k_j（$k_j > 0$，$j = 1,2,3,4,5,6$）表示相应的策略对企业 i 的产品顾客需求的影响系数，例如，k_1 表示企业 i 的该产品市场价格策略对该产品顾客需求的影响系数。

在不影响问题讨论的情况下，我们不考虑固定生产成本，同时假设两个企业生产产品的边际成本分别为常数 C_1 和 C_2，且 C_1，$C_2 < g$，于是企业 i 的利润函数为：

$$U_i\{(a_i,s_i,p_i),(a_{3-i},s_{3-i},p_{3-i})\} = Q_i(p_i - C_i) - a_i - s_i$$
$$= (g - k_1 p_i + k_2 p_{3-i} + k_3 \sqrt{a_i} + k_4 \sqrt{s_i} - k_5 \sqrt{a_{3-i}} - k_6 \sqrt{s_{3-i}})(p_i - C_i) - a_i - s_i \qquad (6-71)$$

利用逆向归纳法，首先给定企业 1 选择策略向量 (a_1,s_1,p_1)，企业 2 在观察到 (a_1,s_1,p_1) 后，确定自己的最优反应策略向量 (a_2,s_2,p_2)。即可以通过给定企业 1 选择策略向量 (a_1,s_1,p_1) 条件下，对企业 2 的利润函数 U_2，即在式（6-71）中令 $i = 2$，求关于 a_2，s_2 和 p_2 的偏导数，并令 $\partial U_2/\partial a_2 = 0$，$\partial U_2/\partial s_2 = 0$ 和 $\partial U_2/\partial p_2 = 0$，得到：

$$\frac{\partial U_2}{\partial a_2} = \frac{k_3}{2\sqrt{a_2}}(p_2 - C_2) - 1 = 0$$

$$\frac{\partial U_2}{\partial s_2} = \frac{k_4}{2\sqrt{s_2}}(p_2 - C_2) - 1 = 0$$

$$\frac{\partial U_2}{\partial p_2} = g - k_1 p_2 + k_2 p_1 + k_3 \sqrt{a_2} + k_4 \sqrt{s_2} - k_5 \sqrt{a_1} - k_6 \sqrt{s_1} - k_1 p_2 + k_1 C_2 = 0 \qquad (6-72)$$

合并整理后写成如下矩阵形式：

$$\begin{pmatrix} -1 & 0 & \dfrac{k_3}{2} \\ 0 & -1 & \dfrac{k_4}{2} \\ -k_3 & -k_4 & 2k_1 \end{pmatrix} \begin{pmatrix} \sqrt{a_2} \\ \sqrt{s_2} \\ p_2 \end{pmatrix} + \begin{pmatrix} 0 & 0 & 0 \\ 0 & 0 & 0 \\ k_5 & k_6 & -k_2 \end{pmatrix} \begin{pmatrix} \sqrt{a_1} \\ \sqrt{s_1} \\ p_1 \end{pmatrix} = \begin{pmatrix} \dfrac{k_3 C_2}{2} \\ \dfrac{k_4 C_2}{2} \\ g + k_1 C_2 \end{pmatrix} \qquad (6-73)$$

为了表达方便，不妨设：

$$A = \begin{pmatrix} -1 & 0 & \dfrac{k_3}{2} \\ 0 & -1 & \dfrac{k_4}{2} \\ -k_3 & -k_4 & 2k_1 \end{pmatrix}, \quad B = \begin{pmatrix} 0 & 0 & 0 \\ 0 & 0 & 0 \\ k_5 & k_6 & -k_2 \end{pmatrix}, \quad D = \begin{pmatrix} \dfrac{k_3 C_2}{2} \\ \dfrac{k_4 C_2}{2} \\ g + k_1 C_2 \end{pmatrix} \qquad (6-74)$$

由式（6-73）得到企业 2 在给定企业 1 策略向量 (a_1,s_1,p_1) 条件下的最优反应策略向量为：

$$\begin{pmatrix} \sqrt{a_2} \\ \sqrt{s_2} \\ p_2 \end{pmatrix} = R[(\sqrt{a_1},\sqrt{s_1},p_1)^T] = -A^{-1} B \begin{pmatrix} \sqrt{a_1} \\ \sqrt{s_1} \\ p_1 \end{pmatrix} + A^{-1} D \qquad (6-75)$$

在完全信息条件下，尽管企业 1 观察不到企业 2 的策略向量 (a_2, s_2, p_2)，但理性的企业 1 知道企业 2 观察到自己策略向量 (a_1, s_1, p_1) 之后的最优反应策略向量为式（6-75），而均衡则要求企业 1 在给定企业 2 的最优反应为式（6-75）情况下极大化如下形式的自己总盈利函数：

$U_1 = U_1[(\sqrt{a_1}, \sqrt{s_1}, p_1), R(\sqrt{a_1}, \sqrt{s_1}, p_1)]$，即：

$$U_1 = (g - k_1 p_1 + k_2 p_2 + k_3 \sqrt{a_1} + k_4 \sqrt{s_1} - k_5 \sqrt{a_2} - k_6 \sqrt{s_2})(p_1 - C_1) - a_1 - s_1$$

$$= [g + (k_3, k_4, k_1)(\sqrt{a_1}, \sqrt{s_1}, p_1)^T + (-k_5, -k_6, k_2)(\sqrt{a_2}, \sqrt{s_2}, p_2)^T](p_1 - C_1) - a_1 - s_1$$

$$= \{g + (k_3, k_4, k_1)(\sqrt{a_1}, \sqrt{s_1}, p_1)^T + (-k_5, -k_6, k_2)[-A^{-1}B(\sqrt{a_1}, \sqrt{s_1}, p_1)^T + A^{-1}D]\}(p_1 - C_1) - a_1 - s_1 \tag{6-76}$$

其中，T 表示向量转置。再利用最优化一阶条件 $(\partial U_1/\partial a_1, \partial U_1/\partial s_1, \partial U_1/\partial p_1)^T = 0$，解得：

$$\frac{\partial U_1}{\partial a_1} = \left[(k_3, k_4, -k_1)\left(\frac{1}{2\sqrt{a_1}}, 0, 0\right)^T - (-k_5, -k_6, k_2)A^{-1}B\left(\frac{1}{2\sqrt{a_2}}, 0, 0\right)^T\right](p_1 - C_1) - 1 = 0$$

$$\frac{\partial U_1}{\partial s_1} = \left[(k_3, k_4, -k_1)\left(0, \frac{1}{2\sqrt{s_1}}, 0\right)^T - (-k_5, -k_6, k_2)A^{-1}B\left(0, \frac{1}{2\sqrt{s_2}}, 0\right)^T\right](p_1 - C_1) - 1 = 0$$

$$\frac{\partial U_1}{\partial p_1} = g + (k_3, k_4, -k_1)(\sqrt{a_1}, \sqrt{s_1}, p_1)^T - (-k_5, -k_6, k_2)A^{-1}B(\sqrt{a_1}, \sqrt{s_1}, p_1)^T + (-k_5, -k_6, k_2)$$

$$A^{-1}D + [(k_3, k_4, -k_1)(0, 0.1)^T - (-k_5, -k_6, k_2)A^{-1}B(0, 0.1)^T](p_1 - C_1) = 0 \tag{6-77}$$

整理后可写成如下矩阵形式：

$$\begin{pmatrix} \sqrt{a_1} \\ \sqrt{s_1} \\ p_1 \end{pmatrix}^* = F\left[(k_5, k_6, -k_2)A^{-1}D - g - C_1\left(2k_1 + \frac{k_2 k_3 k_5 + 2k_2 k_4 k_6 - 2k_6}{k_3^2 + k_4^2 - 2k_1}\right)\right] \tag{6-78}$$

其中：

$$F = \begin{pmatrix} k_3 + \dfrac{k_3 k_5^2 + k_2 k_5 k_6 - 2k_2 k_5}{k_3^2 + k_4^2 - 2k_1} & 0 & 0 \\ 0 & k_4 + \dfrac{k_4 k_6^2 + k_3 k_5 k_6 - 2k_2 k_6}{k_3^2 + k_4^2 - 2k_1} & 0 \\ 0 & 0 & -2k_1 - \dfrac{3k_2 k_3 k_5 + 4k_2 k_4 k_6 - 4k_2^2}{k_3^2 + k_4^2 - 2k_1} \end{pmatrix}^{-1} \tag{6-79}$$

将式（6-78）代入式（6-75），得到：

$$\begin{pmatrix} \sqrt{a_2} \\ \sqrt{s_2} \\ p_2 \end{pmatrix}^* = -A^{-1}BF\left[(k_5, k_6, -k_2)A^{-1}D - g - C_1\left(2k_1 + \frac{k_2 k_3 k_5 + 2k_2 k_+ k_6 - 2k_6}{k_3^2 + k_4^2 - 2k_1}\right)\right] + A^{-1}D \tag{6-80}$$

这样，由式（6-78）和式（6-80），我们就得到了两个企业关于产品广告投入、服务投入和产品价格的完全信息动态三维博弈的均衡解为 $\{(\sqrt{a_1}, \sqrt{s_1}, p_1)^{*T}, (\sqrt{a_2}, \sqrt{s_2}, p_2)^{*T}\}$，上标 T 代表向量的转置。由于二次根函数 $y = \sqrt{x}$ 是严格递增函数，其反函数存在，所以，求得上述均衡后就可得到两个企业关于产品广告投入、服务投入和产品价格的最优策略向量为：

$$\{(a_1, s_1, p_1)^{*T}, (a_2, s_2, p_2)^{*T}\} = \{[(\sqrt{a_1})^2, (\sqrt{s_1})^2, p_1]^{*T}, [(\sqrt{a_2})^2, (\sqrt{s_2})^2, p_2]^{*T}\} \tag{6-81}$$

上面讨论了两个企业关于产品广告投入、服务投入和产品价格的完全信息动态三维博弈的均衡解。

两个企业在完全信息下，仍然企业 1 先行动，企业 2 后行动，如果两个企业只进行广告投入和产品价格二维博弈而不进行服务投入博弈，只需在上述得到的式（6-78）和式（6-80）均衡解中令 $k_4=0$，$k_6=0$ 即可得到相应的均衡解，即：

$$\begin{pmatrix} \sqrt{a_1} \\ 0 \\ p_1 \end{pmatrix}^* = F\left[(k_5,\ 0,\ -k_2)A^{-1}D - g - C_1\left(2k_1 + \frac{k_2 k_3 k_5}{k_3^2 - 2k_1}\right) \right] \tag{6-82}$$

$$\begin{pmatrix} \sqrt{a_2} \\ 0 \\ p_2 \end{pmatrix}^* = -A^{-1}BF\left[(k_5,\ 0,\ -k_2)A^{-1}D - g - C_1\left(2k_1 + \frac{k_2 k_3 k_5}{k_3^2 - 2k_1}\right) \right] + A^{-1}D \tag{6-93}$$

其中，

$$A = \begin{pmatrix} -1 & 0 & \dfrac{k_3}{2} \\ 0 & -1 & 0 \\ -k_3 & 0 & 2k_1 \end{pmatrix},\ B = \begin{pmatrix} 0 & 0 & 0 \\ 0 & 0 & 0 \\ k_5 & 0 & -k_2 \end{pmatrix},\ D = \begin{pmatrix} \dfrac{k_3 C_2}{2} \\ 0 \\ g + k_1 C_2 \end{pmatrix}$$

$$F = \begin{pmatrix} k_3 + \dfrac{k_3 k_5^2 - 2k_2 k_5}{k_3^2 - 2k_1} & 0 & 0 \\ 0 & 0 & 0 \\ 0 & 0 & -2k_1 - \dfrac{3k_2 k_3 k_5 - 4k_2^2}{k_3^2 - 2k_1} \end{pmatrix}^{-1} \tag{6-84}$$

注：对于式（6-82）和式（6-83）中 $(\sqrt{a_1},\ 0,\ p_1)^*$ 和 $(\sqrt{a_2},\ 0,\ p_2)^*$ 的"0"表示两个企业在服务上不进行投入博弈。

对于两个企业只进行产品服务投入和产品价格的二维博弈而不进行广告投入博弈，只需在式（6-78）和式（6-80）均衡解中令 $k_3=0$ 和 $k_5=0$ 同理即可得到。

假设企业 2 先行动，企业 1 后行动。首先企业 2 选择策略向量 (a_2, s_2, p_2)，企业 1 在观察到 (a_2, s_2, p_2) 后，确定自己的策略向量 (a_1, s_1, p_1)。企业 1 对于观察到的每一个 (a_2, s_2, p_2)，必定选择某一个向量 (a_1, s_1, p_1) 来使自己的总盈利函数 U_1 最大化。根据最优化一阶条件 $(\partial U_1/\partial a_1,\ \partial U_1/\partial s_1,\ \partial U_1/\partial p_1) = 0$，易得出企业 1 的最优反应策略向量为：

$$\begin{pmatrix} \sqrt{a_1} \\ \sqrt{s_1} \\ p_1 \end{pmatrix} = -A^{-1}B\begin{pmatrix} \sqrt{a_2} \\ \sqrt{s_2} \\ p_2 \end{pmatrix} + A^{-1}D_1 \tag{6-85}$$

均衡则要求企业 2 在给定企业 1 最优反应 $(\sqrt{a_1},\ \sqrt{s_1},\ p_1) = R_1(\sqrt{a_2},\ \sqrt{s_2},\ p_2)$ 时极大化自己的总盈利函数 U_2。尽管企业 2 观察不到企业 1 的策略向量 (a_1, s_1, p_1)，理性的企业 2 一定知道企业 1 观察到自己策略向量 (a_2, s_2, p_2) 之后的最佳反应的策略向量是 $(\sqrt{a_1},\ \sqrt{s_1},\ p_1) = R_1(\sqrt{a_2},\ \sqrt{s_2},\ p_2)$，因此，式（6-85）也是企业 2 可以预测到的。此时企业 2 总盈利函数为 $U_2\{R_1(\sqrt{a_2},\ \sqrt{s_2},\ p_2),\ (\sqrt{a_2},\ \sqrt{s_2},\ p_2)\}$，再根据最优化一阶条件 $(\partial U_2/\partial a_2,\ \partial U_2/\partial s_2,\ \partial U_2/\partial p_2) = 0$，可得出 $(\sqrt{a_2},\ \sqrt{s_2},\ p_2)^*$ 值，然后再通过式（6-85），可得出企业 1 的最优策略向量 $(\sqrt{a_1},\ \sqrt{s_1},\ p_1)^*$。

下面仍沿用在例 6-8 中对各参数的假设值（$g=1$，$k_1=k_2=1$，$k_3=0.6$，$k_4=0.4$，$k_5=0.3$，$k_6=0.2$，$C_1=0.1$，$C_2=0.2$）来求这两个企业关于产品广告投入、服务投入和价格选择的完全信息动态二维博弈的多维纳什均衡解。

首先在给定企业 1 产量向量 $(\sqrt{a_1}, \sqrt{s_1}, p_1)$ 条件下，企业 2 的最优策略向量反应函数是：

$$(\sqrt{a_2}, \sqrt{s_2}, p_2) = R_2(\sqrt{a_1}, \sqrt{s_1}, p_1)$$

$$= (1.2803 + 0.1724p_1 - 0.0517\sqrt{a_1} - 0.0344\sqrt{s_1}, \ 0.9544 + 0.1149p_1 - 0.0345\sqrt{a_1} -$$

$$0.023\sqrt{s_1}, \ 4.3678 + 0.5747p_1 - 0.1724\sqrt{a_1} - 0.11494\sqrt{s_1}) \qquad (6-86)$$

此时推出企业 1 的盈利函数为：

$$U_1\{(a_1, s_1, p_1), R_2(a_2, s_2, p_2)\} = (4.813 - 0.5p_1 + 0.45\sqrt{a_1} + 0.3\sqrt{s_1})(p_1 - 0.1) - a_1 - s_1 \qquad (6-87)$$

由 $(\partial U_1/\partial a_1, \partial U_1/\partial s_1, \partial U_1/\partial p_1) = 0$，可得到企业 1 最优策略向量为：$(\sqrt{a_1}, \sqrt{s_1}, p_1)^* = (1.216, 0.81, 5.603)^*$。

再通过企业 2 的最优策略向量反应函数 R_2，可以确定企业 2 的最优策略向量为：$(\sqrt{a_2}, \sqrt{s_2}, p_2)^* = (7.285, 2.183, 1.538)^*$。

此时，两个企业相应的总盈利分别为：$U_1 = 12.85$，$U_2 = 1.986$。

从计算的结果可以看到，在市场上又一次说明了"先入为主"的特点。

第四节　不完全信息静态多维博弈

前两节主要讨论了完全信息静态和完全信息动态的多维博弈问题，这两种多维博弈类型都是参与人在完全信息条件下进行的多维博弈。本节讨论不完全信息条件下参与人进行的静态多维博弈，即不完全信息静态多维博弈。简单地说，不完全信息静态多维博弈就是至少一个参与人不完全清楚其他至少一个参与人总支付情况的静态多维博弈。

一、不完全信息静态多维博弈描述

（一）不完全信息

在本章第二节给出了完全信息的概念，那么什么是不完全信息呢？所谓"不完全信息"就是在多维博弈中至少有参与人对博弈环境或其他参与人的总支付函数不完全了解或者不知道，我们称是不完全信息的。不完全信息并不意味着完全没有信息，不完全信息的参与人至少需要有其他参与人支付相关因素取值范围和联合概率分布的知识，而且这种知识是参与人之间的共同知识。

其实在现实生活中，大部分博弈是属于不完全信息的，完全信息博弈很少，这其实是一种"理想化"的博弈。在现实社会中，不完全信息的多维博弈更是普遍存在，因为多维博弈是在多个领域内或在多个方面博弈，因此参与人对所有博弈领域内信息都知道是很困难的，可能知道一部分领域内的信息，不知道另一部分领域内的信息。

（二）不完全信息静态多维博弈

所谓类型，就是一个参与人所拥有的所有个人信息，称为参与人的类型。参与人的类型是其个人特征的一个完备描述，其定义形式与一维博弈中的参与人类型定义相似。

不完全信息静态多维博弈就是在静态多维博弈中，至少有一个参与人有多个类型。如果用 θ_i 表示参

与人 i 的一个特定类型，Φ_i 表示参与人 i 所有可能类型的集合，则有 $\theta_i \in \Phi_i$，在不完全信息静态多维博弈中，其他参与人不知道参与人 i 的类型具体是 Φ_i 中的哪一个。如果设所有参与人的类型 $\{\theta_1, \theta_2, \cdots, \theta_n\}$ 的分布函数为 $F(\theta_1, \theta_2, \cdots, \theta_n)$，且 $F(\theta_1, \theta_2, \cdots, \theta_n)$ 为所有参与人的共同知识，即所有参与人知道分布函数 $F(\theta_1, \theta_2, \cdots, \theta_n)$，所有参与人知道所有参与人知道 $F(\theta_1, \theta_2, \cdots, \theta_n)$，如此等等。如用 $\theta_{-i} = (\theta_1, \cdots, \theta_{i-1}, \theta_{i+1}, \cdots, \theta_n)$ 表示参与人 i 之外的所有参与人的类型组合，且设 $\theta = (\theta_1, \cdots, \theta_i, \cdots, \theta_n) = (\theta_i, \theta_{-i})$。我们称 $p_i(\theta_{-i} \mid \theta_i)$ 为参与人 i 的条件概率，即给定参与人 i 属于类型 θ_i 的条件下，其他参与人属于类型组合为 θ_{-i} 的概率。由概率论中的条件概率公式，得到：

$$p_i(\theta_{-i} \mid \theta_i) = \frac{p(\theta_{-i}, \theta_i)}{p(\theta_i)} = \frac{p(\theta_{-i}, \theta_i)}{\sum_{-i \in \Phi_{-i}} p(\theta_{-i}, \theta_i)} \tag{6-88}$$

其中，$p(\theta_i)$ 是 $p(\theta_{-i}, \theta_i)$ 的边际概率。如果所有参与人的类型分布是相互独立的，则 $p_i(\theta_{-i} \mid \theta_i) = p_i(\theta_{-i})$。

在不完全信息静态多维博弈中，所有博弈参与人"同时"在所有博弈领域内选择行动，不妨设在 m 个领域内博弈，参与人 i 的行动空间为 $A_{i1} \times \cdots \times A_{im}(\theta_i)$，$A_{i1} \times \cdots \times A_{im}(\theta_i)$ 表示参与人 i 的行动空间依赖于他的类型 θ_i，$(a_{i1}, \cdots, a_{im})(\theta_i) \in A_{i1} \times \cdots \times A_{im}(\theta_i)$ 表示参与人 i 的一个特定行动向量。这样，参与人 i 的总支付函数也是依赖他的类型 θ_i 的，用 $U_i(a_i, a_{-i}; \theta_i)$ 表示参与人 i 的总支付函数，其中 $a_i = (a_{i1}, \cdots, a_{im})$，$a_{-i} = \{(a_{i1}, \cdots, a_{im}), \cdots, (a_{i-1,1}, \cdots, a_{i-1,m}), (a_{i+1,1}, \cdots, a_{i+1,m}), \cdots, (a_{n1}, \cdots, a_{nm})\}$。那么不完全信息静态多维博弈的策略式表述形式为：

（1）多维博弈的参与人集合为 Γ，$\Gamma = (1, 2, \cdots, n)$，表示多维博弈中有 n 个参与人进行博弈。

（2）参与人 i 的类型空间为 Φ_i，$i = 1, 2, \cdots, n$，$\theta_i \in \Phi_i$ 表示参与人 i 的一个特定类型，p_i 表示条件概率，即 $p_i(\theta_{-i} \mid \theta_i)$。

（3）参与人 i 的 m 维行动空间为 $A_{i1} \times A_{i2} \times \cdots \times A_{im}(\theta_i)$，$i = 1, 2, \cdots, n$，$m$ 表示参与人行动空间维数，也是博弈的领域数，A_{ij} 表示第 i 个参与人在第 j 个领域内的行动空间，$(a_{i1}, \cdots, a_{im})(\theta_i) \in A_{i1} \times \cdots \times A_{im}(\theta_i)$ 表示参与人 i 所选择的一个特定行动向量。

（4）参与人 i 的总支付函数为：$U_i = U_i[(a_{11}, a_{12}, \cdots, a_{1m}), \cdots, (a_{i1}, a_{i2}, \cdots, a_{im}), \cdots, (a_{n1}, a_{n2}, \cdots, a_{nm}); \theta_i]$，$i = 1, 2, \cdots, n$。

一般用 $G = \{A_{11} \times A_{12} \times \cdots A_{1m}, \cdots, A_{n1} \times A_{n2} \times \cdots \times A_{nm}; \theta_1, \theta_2, \cdots, \theta_n; p_1, p_2, \cdots, p_n; U_1, \cdots, U_n\}$ 代表不完全信息静态多维博弈的策略式形式。

二、贝叶斯多维纳什均衡

贝叶斯多维纳什均衡是完全信息静态多维博弈的多维纳什均衡概念在不完全信息静态多维上的扩展。不完全信息静态多维博弈的"时间"顺序如下：

（1）自然选择参与人的类型向量 $\theta = (\theta_1, \cdots, \theta_i, \cdots, \theta_n)$，其中 $\theta_i \in \Phi_i$，参与人 i 知道 θ_i，但其他参与人 $j(j \neq i)$ 只知道条件概率 $p_j(\theta_{-j} \mid \theta_j)$，而不知道 θ_i；

（2）n 个参与人在 m 个领域内同时选择行动向量 $\{(a_{11}, a_{12}, \cdots, a_{1m}), \cdots, (a_{i1}, a_{i2}, \cdots, a_{im}), \cdots, (a_{n1}, a_{n2}, \cdots, a_{nm})\}$，其中 $(a_{i1}, \cdots, a_{im})(\theta_i) \in A_{i1} \times \cdots \times A_{im}(\theta_i)$；

（3）参与人 i 得到 $U_i = U_i[(a_{11}, a_{12}, \cdots, a_{1m}), \cdots, (a_{i1}, a_{i2}, \cdots, a_{im}), \cdots, (a_{n1}, a_{n2}, \cdots, a_{nm}); \theta_i]$，$i = 1, 2, \cdots, n$。

其实在具体问题中，参与人 j 可能知道参与人 i 类型的某些信息，如两个企业同时进行具有替代性的两种产品价格的多维博弈，企业 1 的类型为其两种产品的单位生产成本，而企业 2 知道企业 1 第一种产品的单位生产成本，不知道第二种单位生产成本。当然，企业 2 也可能完全不知道企业 1 的类型，即两种产品的单位生产成本都不知道。一个参与人知道另一个参与人"类型"的某些信息，这对他选择最优行动向量将起到很大的益处。

如果所有参与人的类型空间只包含一个类型，即对 $\forall i$，$\Phi_i = \{\theta_i\}$，这时不完全信息静态多维博弈就退化为完全信息静态多维博弈。由此可见，完全信息静态多维博弈实质是不完全信息静态多维博弈的特例。如果参与人之间的类型具有相关性，且参与人知道他们类型的相关形式，当参与人知道自己的类型后，也就知道其他参与人的类型，这时该博弈也属于完全信息的。因此，一般假设参与人的类型具有独立性。

不完全信息静态多维博弈通常假定对所有参与人，$A_{i1} \times \cdots \times A_{im}(\theta_i)$ 和 $U_i = U_i[(a_{11}, a_{12}, \cdots, a_{1m}), \cdots, (a_{i1}, a_{i2}, \cdots, a_{im}), \cdots, (a_{n1}, a_{n2}, \cdots, a_{nm}); \theta_i]$ 是共同知识；也就是说，其他参与人不知道参与人 i 的类型 θ_i，但知道参与人 i 的行动向量空间和总支付函数是如何依赖于他的类型 θ_i 的；或者说，如果知道了参与人 i 的类型 θ_i，也就能知道了他的行动向量空间和总支付函数的具体形式。

给定参与人 i 只知道自己的类型 θ_i 而不知道其他参与人的类型 θ_{-i}，参与人将选择行动向量 $(a_{i1}, \cdots, a_{im})(\theta_i)$ 最大化自己的期望效用。参与人 i 的期望效用函数定义如下：

$$EU_i = \sum_{\theta_{-i}} p_i(\theta_{-i} | \theta_i) U_i[a_i(\theta_i), a_{-i}(\theta_{-i}); \theta_i, \theta_{-i}] \tag{6-89}$$

其中，$a_i(\theta_i) = (a_{i1}, \cdots, a_{im})(\theta_i)$，$a_{-i}(\theta_{-i}) = \{(a_{11}, \cdots, a_{1m})(\theta_1), \cdots, (a_{i-1,1}, \cdots, a_{i-1,m})(\theta_{i-1}), (a_{i+1,1}, \cdots, a_{i+1,m})(\theta_{i+1}), \cdots, (a_{n1}, \cdots, a_{nm})(\theta_n)\}$。

贝叶斯多维纳什均衡：n 个参与人在 m 个领域内同时博弈的不完全信息静态多维博弈策略型为 $G = (A_{11} \times A_{12} \times \cdots \times A_{1m}, \cdots, A_{n1} \times A_{n2} \times \cdots \times A_{nm}; \theta_1, \theta_2, \cdots, \theta_n; p_1, p_2, \cdots, p_n; U_1, \cdots, U_n)$ 策略向量组合 $\{(a_{11}, \cdots, a_{1m}) \times (\theta_1), \cdots, (a_{i,1}, \cdots, a_{i,m}) \times (\theta_i), \cdots, (a_{n1}, \cdots, a_{nm}) \times (\theta_n)\}$ 是一个贝叶斯多维纳什均衡，如果对所有的 i，$a_i^*(\theta_i) = (a_{i1}, \cdots, a_{im})^*(\theta_i) \in A_{i1} \times \cdots \times A_{im}(\theta_i)$，有 $EU_i[a_i^*(\theta_i), a_{-i}^*(\theta_{-i}); \theta_i, \theta_{-i}] \geq EU_i[a_i(\theta_i), a_{-i}^*(\theta_{-i}); \theta_i, \theta_{-i}]$，对 $\forall a_i(\theta_i) = (a_{i1}, \cdots, a_{im})(\theta_i) \in A_{i1} \times \cdots \times A_{im}(\theta_i)$。

其中，$EU_i = \sum_{\theta_{-i}} p_i(\theta_{-i} | \theta_i) U_i[a_i(\theta_i), a_{-i}(\theta_{-i}); \theta_i, \theta_{-i}]$。

混合策略贝叶斯多维纳什均衡的概念类似可定义。

贝叶斯多维纳什均衡是所有参与人的一致性预测，即每个参与人 i 都能正确预测到具有类型的 θ_j 参与人 j 将选择 $(a_{j1}, \cdots, a_{jm})(\theta_j)$，因此参与人 i 有关其他参与人的信念（条件概率）并不进入均衡中，唯一重要的是参与人 i 自己的信念和其他参与人的类型依存策略向量 $a_{-i}(\theta_{-i}) = \{(a_{11}, \cdots, a_{1m})(\theta_1), \cdots, (a_{i-1,1}, \cdots, a_{i-1,m})(\theta_{i-1}), (a_{i+1,1}, \cdots, a_{i+1,m})(\theta_{i+1}), \cdots, (a_{n1}, \cdots, a_{nm})(\theta_n)\}$。

三、应用研究

例 6-13：不完全信息静态 Bertrand 二维博弈。假设某地区有两个企业生产相同的两种产品，并且两个企业所生产的这两种产品完全供应该地区，同时又垄断该地区的这两种产品市场。如果假设两个企业所生产的同类产品在质量上有差异，并且在市场上这两种产品之间又具有一定替代性。设第一个企业所生产的两种产品单位成本分别为 C_{11} 和 C_{12}，第二个企业所生产的两种产品单位成本分别为 C_{21} 和 C_{22}，如果假设企业 1 两种产品的单位成本是共同知识（即两个企业都知道的），而企业 2 两种产品的单位成本只有企业 2 自己知道，企业 1 不知道，但企业 2 两种产品的单位成本概率分布是共同知识，那么，这两个企业各自如何选择这两种产品的价格，才能使自己的总利润达到最大，这显然是一个不完全信息静态的多维博弈问题，也可称为不完全信息静态 Bertrand 二维博弈问题。下面来讨论这个二维博弈模型。

设企业 i 选择这两种产品的市场价格为 $(p_{i1}, p_{i2}) \geq 0$，$i=1$，2，$(p_{i1}, p_{i2}) \in P_{i1} \times P_{i2}$，$P_{i1} \times P_{i2}$ 表示企业 i 这两种产品的价格策略空间（即可选择的价格策略集合），第一个下标表示企业，第二个下标表示产品。由于在市场上这两种产品之间存在一定的替代性，那么对于一个企业的某一种产品，其顾客需求量不仅与本企业该产品市场价格有关，而且也与对手同类产品的市场价格有关，同时也与另一种产品的价格有关。因此，企业 i 的第 j 种产品顾客需求函数应为 $Q_{ij}=Q_{ij}(p_{11}, p_{12}, p_{21}, p_{22})$。如果我们假设一个企业某一种产品的顾客需求函数与本企业该产品价格，与对手该产品价格和另一种产品价格有如下线性关系：

$$Q_{i1}=a-p_{i1}+\alpha p_{j1}+r_1\left(\frac{p_{i2}+p_{j2}}{2}\right) \tag{6-90}$$

$$Q_{i2}=b-p_{i2}+\beta p_{j2}+r_2\left(\frac{p_{i1}+p_{j1}}{2}\right) \tag{6-91}$$

其中，i，$j=1$，2，$(i \neq j)$ i 和 j 代表不同的企业；$\alpha(\alpha>0)$ 表示企业 j 的第一种产品市场价格对企业 i 的第一种产品顾客需求量的影响系数；$\beta(\beta>0)$ 表示企业 j 的第二种产品市场价格对企业 i 的第二种产品顾客需求量的影响系数；$r_1(r_1>0)$ 表示第二种产品的平均市场价格对企业 i 的第一种产品顾客需求量的影响系数；$r_2(r_2>0)$ 表示第一种产品的平均市场价格对企业 i 的第二种产品顾客需求量的影响系数（注意，上式中实质有两点假定：①在市场上两个企业所生产的同一种产品相互之间有相同的影响系数；②某一种产品的平均市场价格对两个企业的另一种产品的顾客需求量影响系数相同）。

在不影响讨论问题的情况下不考虑固定生产成本，并假设企业 2 的两种产品单位成本的概率分布密度函数为 $F(C_{21}, C_{22})$，且 C_{21} 和 C_{22} 是相互独立的，则有 $F(C_{21}, C_{22})=F_1(C_{21}) \cdot F_2(C_{22})$。企业 i 的总利润函数为：

$$U_i=U_i\{(p_{11},p_{12}), (p_{21},p_{22})\}=Q_{i1}(p_{i1}-C_{i1})+Q_{i2}(p_{i2}-C_{i2})$$

$$=\left[a-p_{i1}+op_{j1}+r_1\left(\frac{p_{i2}+p_{j2}}{2}\right)\right](p_{i1}-C_{i1})+\left[b-p_{i2}+\beta p_{j2}+r_2\left(\frac{p_{i1}+p_{j1}}{2}\right)\right](p_{i2}-C_{i2}) \tag{6-92}$$

上式的利润函数是光滑可导的，首先对企业 2 的利润函数 U_2 求关于 p_{21} 和 p_{22} 的导数，并令 $\partial U_2/\partial p_{21}=0$，$\partial U_2/\partial p_{22}=0$，即：

$$\frac{\partial U_2}{\partial p_{21}}=-p_{21}+C_{21}+a-p_{21}+\alpha p_{11}+\frac{r_1}{2}p_{22}+\frac{r_1}{2}p_{12}+\frac{r_2}{2}p_{22}-\frac{r_2}{2}C_{22}=0 \tag{6-93}$$

$$\frac{\partial U_2}{\partial p_{22}}=\frac{r_1}{2}p_{21}-\frac{r_1}{2}C_{21}-p_{22}+C_{22}+b-p_{22}+\beta p_{12}+\frac{r_2}{2}p_{21}+\frac{r_2}{2}p_{11}=0 \tag{6-94}$$

通过合并整理，可写成如下矩阵形式：

$$\begin{pmatrix} -2 & \frac{r_1+r_2}{2} \\ \frac{r_1+r_2}{2} & -2 \end{pmatrix}\begin{pmatrix} p_{21} \\ p_{22} \end{pmatrix}+\begin{pmatrix} \alpha & \frac{r_1}{2} \\ \frac{r_2}{2} & \beta \end{pmatrix}\begin{pmatrix} p_{11} \\ p_{12} \end{pmatrix}=\begin{pmatrix} \frac{r_2}{2}C_{22}-C_{21}-a \\ \frac{r_1}{2}C_{21}-C_{22}-b \end{pmatrix} \tag{6-95}$$

于是得到企业 2 的向量反应函数为：

$$\begin{pmatrix} p_{21} \\ p_{22} \end{pmatrix}=\frac{1}{2\left[1-\left(\frac{r_1+r_2}{4}\right)^2\right]}\begin{pmatrix} 1 & \frac{r_1+r_2}{4} \\ \frac{r_1+r_2}{4} & 1 \end{pmatrix} \cdot \left[\begin{pmatrix} \alpha & \frac{r_1}{2} \\ \frac{r_2}{2} & \beta \end{pmatrix}\begin{pmatrix} p_{11} \\ p_{12} \end{pmatrix}+\begin{pmatrix} a+C_{21}-\frac{r_2C_{22}}{2} \\ b+C_{22}-\frac{r_1C_{21}}{2} \end{pmatrix}\right] \tag{6-96}$$

对于企业 1，由于不知道企业 2 两个产品的具体单位成本，而只知道其联合概率分布，企业 1 只能希望使它的期望利润最大化。企业 1 盈利函数的期望利润 EU_1 为：

$$EU_1 = \iint F(C_{21} \cdot C_{22}) U_1 dC_{21} dC_{22}$$

$$= \iint F_1(C_{21}) F_2(C_{22}) U_1 dC_{21} dC_{22} \tag{6-97}$$

通过最优化一阶条件 $\partial EU_1/\partial p_{11}=0$，$\partial EU_1/\partial p_{12}=0$，即：

$$\frac{\partial EU_1}{\partial p_{11}} = \iint F_1(C_{21}) F_2(C_{22}) \left(a-2p_{11}+\alpha p_{21}+\frac{r_1+r_2}{2}p_{12}+\frac{r_1}{2}p_{22}+C_{11}-\frac{r_2}{2}C_{12}\right) dC_{21} dC_{22} = 0 \tag{6-98}$$

$$\frac{\partial EU_1}{\partial p_{12}} = \iint F_1(C_{21}) F_2(C_{22}) \left(b-2p_{12}+\beta p_{22}+\frac{r_1+r_2}{2}p_{11}+\frac{r_2}{2}p_{21}+C_{12}-\frac{r_1}{2}C_{11}\right) dC_{21} dC_{22} = 0 \tag{6-99}$$

通过计算整理后，得到企业 1 的向量反应函数为：

$$\binom{p_{11}}{p_{12}} = \frac{1}{2\left[1-\left(\frac{r_1+r_2}{4}\right)^2\right]} \begin{pmatrix} 1 & \frac{r_1+r_2}{4} \\ \frac{r_1+r_2}{4} & 1 \end{pmatrix} \begin{pmatrix} \alpha & \frac{r_1}{2} \\ \frac{r_2}{2} & \beta \end{pmatrix} \cdot \left(\binom{\iint F_1 F_2 p_{21} dC_{21} dC_{22}}{\iint F_1 F_2 p_{22} dC_{21} dC_{22}} + \binom{a+C_{11}-\frac{r_2 C_{12}}{2}}{b+C_{12}-\frac{r_1 C_{11}}{2}} \right) \tag{6-100}$$

为了计算和表达方便，设：

$$A = \frac{1}{2\left[1-\left(\frac{r_1+r_2}{4}\right)^2\right]} \begin{pmatrix} 1 & \frac{r_1+r_2}{4} \\ \frac{r_1+r_2}{4} & 1 \end{pmatrix} \quad B = \begin{pmatrix} \alpha & \frac{r_1}{2} \\ \frac{r_2}{2} & \beta \end{pmatrix}$$

$$C_1 = \begin{pmatrix} a+C_{11}-\frac{r_2 C_{12}}{2} \\ b+C_{12}-\frac{r_1 C_{11}}{2} \end{pmatrix} \quad C_2 = \begin{pmatrix} a+C_{21}-\frac{r_2 C_{22}}{2} \\ b+C_{22}-\frac{r_1 C_{21}}{2} \end{pmatrix} \tag{6-101}$$

于是两个企业的向量反应函数可写成：

$$\binom{p_{21}}{p_{22}} = AB\binom{p_{11}}{p_{12}} + AC_2 \tag{6-102}$$

$$\binom{p_{11}}{p_{12}} = AB\binom{\iint F_1(C_{21}) F_2(C_{22}) p_{21} dC_{21} dC_{22}}{\iint F_1(C_{21}) F_2(C_{22}) p_{22} dC_{21} dC_{22}} + AC_1 \tag{6-103}$$

联立（6-102）和（6-103）两式，计算可得贝叶斯多维纳什均衡为：

$$\binom{p_{11}}{p_{12}}^* = \left[I-(AB)^2\right]^{-1} \left[ABA\begin{pmatrix} a+EC_{21}-\frac{r_2}{2}EC_{22} \\ b+EC_{22}-\frac{r_1}{2}EC_{21} \end{pmatrix} + AC_1 \right] \tag{6-104}$$

$$\binom{p_{21}}{p_{22}}^* = AB\left\{ \left[I-(AB)^2\right]^{-1} \left[ABA\begin{pmatrix} a+EC_{21}-\frac{r_2}{2}EC_{22} \\ a+EC_{22}-\frac{r_1}{2}EC_{21} \end{pmatrix} + AC_1 \right] \right\} + AC_2 \tag{6-105}$$

其中，I 代表单位阵；$EC_{21} = \int C_{21} F_1(C_{21}) dC_{21}$，$EC_{22} = \int C_{22} F_2(C_{22}) dC_{22}$，显然它们分别是 C_{21} 和 C_{22} 的均值。如果我们知道产品之间的影响系数 r_1、r_2、α、β 和企业 1 两种产品的单位成本 C_{11} 和 C_{12} 及企业

2 的两种产品单位成本联合概率密度 $F(C_{21}, C_{22})$，我们就可得到这两个企业在贝叶斯多维纳什均衡下的最优价格策略。

单独博弈最优策略与多维博弈最优策略的最优性分析：在市场上，当企业对互相之间存在一定替代性或相互之间存在一定影响的两种（或多种）产品进行博弈时，是分别考虑每种产品策略单独进行博弈在均衡下所选择的策略最优，还是联合考虑所有产品策略进行多维博弈在均衡下所选择的策略最优。

在上节讨论的基础上，以具体实例来回答问题。假设 $a=10$，$b=12$，$\alpha=0.4$，$\beta=0.2$，$r_1=0.1$，$r_2=0.2$；企业 1 两种产品的实际单位成本为 $C_{11}=1$，$C_{12}=1.6$；企业 2 两种产品的实际单位成本为 $C_{21}=0.8$，$C_{22}=1.6$；共同知识是企业 1 两种产品的单位成本和企业 2 两种产品的单位成本分布，设企业 2 两种产品的单位成本分布均服从正态分布：$C_{21} \sim N(1, 4)$，$C_{22} \sim N(1.4, 4)$。

将上述参数代入式（6-104）和式（6-105），得到两个企业进行多维博弈在贝叶斯多维纳什均衡下的最优策略向量为：$(p_{11}, p_{12})^{*T}=(8.1064, 8.7931)^T$，$(p_{21}, p_{22})^{*T}=(6.8649, 7.9068)^T$；两个企业相应的总利润分别为：$U^*_1=84.1159$，$U^*_2=90.0925$。

如果两个企业分别对每个产品价格独立进行博弈，经过计算得到两个企业关于第一种产品的贝叶斯纳什均衡为：$\{p_{11}, p_{21}\}^*=\{6.336, 6.4147\}$，关于第二种产品的贝叶斯纳什均衡为：$\{p_{12}, p_{22}\}^*=\{7.3854, 7.5385\}$。在这两个贝叶斯纳什均衡条件下，两个企业的实际总利润分别为：$U^*_1=80.7062$，$U^*_2=81.7901$。

从以上结果可以看到，两个企业分别对每个产品价格独立进行博弈在均衡下的各自总利润小于联合考虑两个产品价格进行多维博弈在均衡下各自总利润。由此可见，当企业同时进行多个产品博弈时，如果所博弈的产品相互之间存在着一定的替代性或相互存在着一定的影响，企业应该对所博弈的产品联合考虑其策略参与多维博弈，只有这样，在均衡下其效用才能最大化，所选择的策略才是真正的最优策略。

例 6-14：关于产量策略的不完全信息静态二维博弈。模型假设某地区有两个企业生产相同并相互之间具有一定替代性的两种产品，并且两个企业垄断了该地区这两种产品市场。如果在成本不完全信息条件下，两个企业如何选择这两种产品的产量策略才能最大化自己的总利润？下面就讨论不完全信息下的 Cournot 二维博弈模型。

设这两种产品的逆需求函数（市场价格函数）为：

$$p_1(q_{11}+q_{21}, q_{12}+q_{22}) = \max\{0, a-(q_{11}+q_{21})-k_1(q_{12}+q_{22})\} \tag{6-106}$$

$$p_2(q_{11}+q_{21}, q_{12}+q_{22}) = \max\{0, b-(q_{12}+q_{22})-k_2(q_{11}+q_{21})\} \tag{6-107}$$

其中，q_{11} 和 q_{12} 分别为企业 1 这两种产品的产量，q_{21} 和 q_{22} 分别为企业 2 这两种产品的产量；k_1 和 k_2 分别表示第二种产品市场总量对第一种产品市场价格的影响系数和第一种产品市场总量对第二种产品市场价格的影响系数。设 $C_{ij}(q_{ij})$ 表示企业 i 生产第 j 种产品产量为 q_{ij} 所需的成本（$i=1, 2$；$j=1, 2$），则企业 i 的利润函数为：

$$U_i = [q_{i1}p_1 - C_{i1}(q_{i1})] + [q_{i2}p_2 - C_{i2}(q_{i2})], \quad i=1, 2 \tag{6-108}$$

如果设企业 1 生产这两种产品的成本 $C_{11}(q_{11})$ 和 $C_{12}(q_{12})$ 是共同知识（即两个企业都知道的），而企业 2 生产这两种产品的成本 $C_{21}(q_{21})$ 和 $C_{22}(q_{22})$，只有企业 2 自己知道而企业 1 不知道，但 $\{C_{21}(q_{21}), C_{22}(q_{22})\}$ 的联合概率分布是共同知识。

在不影响讨论问题本质的情况下，设两个企业所生产的这两种产品都有不变的单位成本（这里不考虑固定成本），则有 $C_{ij}(q_{ij}) = C_{ij} \cdot q_{ij}$。如果企业 i 选择这两种产品的产量为 $(q_{i1}, q_{i2}) \geq 0$，$(q_{i1}, q_{i2}) \in Q_{i1} \times Q_{i2}$，$Q_{i1} \times Q_{i2}$ 表示企业 i 这两种产品产量的二维策略空间，由式（6-108），则企业 i 的利润函数为：

$$U_i = \{q_{i1}[a-(q_{11}+q_{21})-k_1(q_{12}+q_{22})]-C_{i1} \cdot q_{i1}\} + \{q_{i2}[b-(q_{12}+q_{22})-k_2(q_{11}+q_{21})]-C_{i2} \cdot q_{i2}\} \tag{6-109}$$

在这个问题中，参与人的类型是成本函数。设企业 2 的每种产品单位成本可能有两种类型：低单位成本和高单位成本，即 C^L_{21} 和 C^H_{21}、C^L_{22} 和 C^H_{22}，上标 L 和 H 分别表示低单位成本和高单位成本，则有 $C^L_{21} <$

C_{21}^H、$C_{22}^L<C_{22}^H$，于是企业2可能有的成本类型为：(C_{21}^L,C_{22}^L)、(C_{21}^L,C_{22}^H)、(C_{21}^H,C_{22}^L)和(C_{21}^H,C_{22}^H)。企业2知道自己成本属于四种中的哪一种，假设企业1只知道企业2成本类型的联合概率分布为：$P_1(C_{21}^L,C_{22}^L)=\mu_1$，$P_2(C_{21}^L,C_{22}^H)=\mu_2$，$P_3(C_{21}^H,C_{22}^L)=\mu_3$，$P_4(C_{21}^H,C_{22}^H)=\mu_4$，$\mu_1+\mu_2+\mu_3+\mu_4=1$，联合概率分布为共同知识。

给定企业2知道企业1这两种产品的单位成本(C_{11},C_{12})的条件下，企业2将选择这两种产品的产量策略$(q_{21},q_{22})\in Q_{21}\times Q_{22}$来最大化自己的利润函数$U_2$，即：

$$U_2=\{q_{21}[a-(q_{11}+q_{21})-k_1(q_{12}+q_{22})]-C_{21}\cdot q_{21}\}+\{q_{22}[b-(q_{12}+q_{22})-k_2(q_{11}+q_{21})]-C_{22}\cdot q_{22}\}$$
(6-110)

在式（6-110）中，企业2的单位成本(C_{21},C_{22})是(C_{21}^L,C_{22}^L)、(C_{21}^L,C_{22}^H)、(C_{21}^H,C_{22}^L)和(C_{21}^H,C_{22}^H)中的之一（但只有企业2自己知道），通过最优化的一阶条件：

$$(\partial U_2/\partial q_{21},\ \partial U_2/\partial q_{22})^T=0$$
(6-111)

（T表示转置）经过计算和整理，可得企业2的向量反应函数为：

$$\begin{pmatrix}q_{21}\\q_{22}\end{pmatrix}=\begin{pmatrix}2&k_1+k_2\\k_1+k_2&2\end{pmatrix}^{-1}\left[\begin{pmatrix}a-C_{21}\\b-C_{22}\end{pmatrix}-\begin{pmatrix}1&k_1\\k_2&1\end{pmatrix}\begin{pmatrix}q_{11}\\q_{12}\end{pmatrix}\right]$$
(6-112)

从式（6-112）可知，在k_1，k_2，a，b已知情况下，企业2两种产品的最优产量$(q_2,q_{22})^T$不仅依赖于企业1两种产品的产量$(q_{11},q_{12})^T$，而且依赖于本企业的这两种产品的单位成本类型(C_{21},C_{22})。

如当企业2两种产品的单位成本(C_{21},C_{22})为(C_{21}^L,C_{22}^L)时，企业2对企业1这两种产品产量$(q_{11},q_{12})^T$的最优反应产量向量$(q_{21},q_{22})^T$是：

$$\begin{pmatrix}q_{21}\\q_{22}\end{pmatrix}=\begin{pmatrix}2&k_1+k_2\\k_1+k_2&2\end{pmatrix}^{-1}\left[\begin{pmatrix}a-C_{21}^L\\b-C_{22}^L\end{pmatrix}-\begin{pmatrix}1&k_1\\k_2&1\end{pmatrix}\begin{pmatrix}q_{11}\\q_{12}\end{pmatrix}\right]$$
(6-113)

当单位成本(C_{21},C_{22})为其他三种情况时，由式（6-112），同理可得到企业2在相应单位成本下对企业1两种产品产量$(q_{11},q_{12})^T$的最优反应产量向量。

对于企业1，由于它不知道企业2两种产品的真实单位成本，从而不知道企业2为上述四种最优向量反应函数中哪一种，因此企业1将选择最大化下列期望利润函数的产量向量：

$$EU_1=\mu_1U_1^{(L,L)}+\mu_2U_1^{(L,H)}+\mu_3U_1^{(H,L)}+\mu_4U_1^{(H,H)}$$
(6-114)

其中，$U_1^{(L,L)}$，$U_1^{(L,H)}$，$U_1^{(H,L)}$和$U_1^{(H,H)}$分别表示企业1对企业2在相应单位成本(C_{21}^L,C_{22}^L)、(C_{21}^L,C_{22}^H)、(C_{21}^H,C_{22}^L)和(C_{21}^H,C_{22}^H)下的两种产品产量$(q_{21},q_{22})^T$的最优反应产量向量所得到的利润，例如，

$$U_1^{(L,L)}=\{q_{11}[a-(q_{11}+q_{21}^{(L,L)})-k_1(q_{12}+q_{22}^{(L,L)})]-C_{11}q_{11}\}+\{q_{12}[b-(q_{12}+q_{22}^{(L,L)})-k_2(q_{11}+q_{21}^{(L,L)})]-C_{12}q_{12}\}$$
(6-115)

其中，$q_{21}^{(L,L)}$和$q_{22}^{(L,L)}$是企业2在单位成本为(C_{22}^L,C_{22}^L)条件下的两种产品的产量。同理，对（6-114）式中其他三种利润函数$U_1^{(L,H)}$，$U_1^{(H,L)}$和$U_1^{(H,H)}$的解释与此类似。通过最优化一阶条件$(\partial EU_1/\partial q_{11},\partial EU_1/\partial q_{12})^T=0$，可以得到企业1向量反应函数为：

$$\begin{pmatrix}q_{11}\\q_{12}\end{pmatrix}=\begin{pmatrix}2&k_1+k_2\\k_1+k_2&2\end{pmatrix}^{-1}\left[\begin{pmatrix}a-C_{11}\\b-C_{12}\end{pmatrix}-\begin{pmatrix}1&k_1\\k_2&1\end{pmatrix}\begin{pmatrix}Eq_{21}\\Eq_{22}\end{pmatrix}\right]$$
(6-116)

其中，Eq_{21}和Eq_{22}分别是企业1对企业2的每种产品产量期望值，即：

$$Eq_{21}=\mu_1q_{21}^{(L,L)}+\mu_2q_{21}^{(L,H)}+\mu_3q_{21}^{(H,L)}+\mu_{4+}q_{21}^{(H,H)}$$
(6-117)

$$Eq_{22}=\mu_1q_{22}^{(L,L)}+\mu_2q_{22}^{(L,H)}+\mu_3q_{22}^{(H,L)}+\mu_4q_{22}^{(H,H)}$$
(6-118)

为了表达和计算方便，令：

$$A=\begin{pmatrix}2&k_1+k_2\\k_1+k_2&2\end{pmatrix}^{-1}\qquad B^{(L,L)}=\begin{pmatrix}a-C_{21}^L\\b-C_{22}^L\end{pmatrix}$$

$$B^{(L,H)}=\begin{pmatrix}a-C_{21}^L\\b-C_{22}^H\end{pmatrix}\quad B^{(H,L)}=\begin{pmatrix}a-C_{21}^H\\b-C_{22}^L\end{pmatrix}\quad B^{(H,H)}=\begin{pmatrix}a-C_{21}^H\\b-C_{22}^H\end{pmatrix}$$

$$C=\begin{pmatrix}1&k_1\\k_2&1\end{pmatrix}\quad B=\begin{pmatrix}a-C_{11}\\b-C_{12}\end{pmatrix}\tag{6-119}$$

则式（6-116）可以写成：

$$\begin{pmatrix}q_{11}\\q_{12}\end{pmatrix}=AB-AC\begin{pmatrix}Eq_{21}\\Eq_{22}\end{pmatrix}\tag{6-120}$$

根据式（6-112），企业 2 在四种不同单位成本下的向量反应函数分别为：

$$\begin{pmatrix}q_{21}\\q_{22}\end{pmatrix}^{(L,L)}=AB^{(L,L)}-AC\begin{pmatrix}q_{11}\\q_{12}\end{pmatrix}\tag{6-121}$$

$$\begin{pmatrix}q_{21}\\q_{22}\end{pmatrix}^{(L,H)}=AB^{(L,H)}-AC\begin{pmatrix}q_{11}\\q_{12}\end{pmatrix}\tag{6-122}$$

$$\begin{pmatrix}q_{21}\\q_{22}\end{pmatrix}^{(H,L)}=AB^{(H,L)}-AC\begin{pmatrix}q_{11}\\q_{12}\end{pmatrix}\tag{6-123}$$

$$\begin{pmatrix}q_{21}\\q_{22}\end{pmatrix}^{(H,H)}=AB^{(H,H)}-AC\begin{pmatrix}q_{11}\\q_{12}\end{pmatrix}\tag{6-124}$$

将式（6-120）和式（6-121）、式（6-122）、式（6-123）、式（6-124）联立，解得企业 1 和企业 2 关于这两种产品产量博弈的贝叶斯二维纳什均衡为：

$$\begin{pmatrix}q_{11}\\q_{12}\end{pmatrix}^*=[I-(AC)^2]^{-1}\left[AB-ACA\begin{pmatrix}a-EC_{12}\\b-EC_{22}\end{pmatrix}\right]\tag{6-125}$$

其中，$EC_{21}=\mu_1C_{21}^L+\mu_2C_{21}^L+\mu_3C_{21}^H+\mu_4C_{21}^H$，$EC_{22}=\mu_1C_{22}^L+\mu_2C_{22}^H+\mu_3C_{22}^L+\mu_4C_{22}^H$。

$$\begin{pmatrix}q_{21}\\q_{22}\end{pmatrix}^{*(L,L)}=AB^{(L,L)}-AC\left\{[I-(AC)^2]^{-1}\left[AB-ACA\begin{pmatrix}a-EC_{21}\\b-EC_{22}\end{pmatrix}\right]\right\}\tag{6-126}$$

$$\begin{pmatrix}q_{21}\\q_{22}\end{pmatrix}^{*(L,H)}=AB^{(L,H)}-AC\left\{[I-(AC)^2]^{-1}\left[AB-ACA\begin{pmatrix}a-EC_{21}\\b-EC_{22}\end{pmatrix}\right]\right\}\tag{6-127}$$

$$\begin{pmatrix}q_{21}\\q_{22}\end{pmatrix}^{*(H,L)}=AB^{(H,L)}-AC\left\{[I-(AC)^2]^{-1}\left[AB-ACA\begin{pmatrix}a-EC_{21}\\b-EC_{22}\end{pmatrix}\right]\right\}\tag{6-128}$$

$$\begin{pmatrix}q_{21}\\q_{22}\end{pmatrix}^{*(H,H)}=AB^{(H,H)}-AC\left\{[I-(AC)^2]^{-1}\left[AC-ACA\begin{pmatrix}a-EC_{21}\\b-EC_{22}\end{pmatrix}\right]\right\}\tag{6-129}$$

单独博弈的均衡产量策略与多维博弈的均衡产量策略最优性分析：

假设 $a=2$，$b=2$，$k_1=0.5$，$k_2=0.5$；企业 1 的单位成本为 $C_{11}=0.6$，$C_{12}=0.8$；企业 2 两种产品的低成本可能为：$C_{21}^L=0.4$，$C_{22}^L=0.6$；高单位成本可能为：$C_{21}^H=0.8$，$C_{22}^H=1$；两种产品的单位成本联合分布列为：$P_1(C_{21}^L,C_{22}^L)=\mu_1=0.4$，$P_2(C_{21}^L,C_{22}^H)=\mu_2=0.1$，$P_3(C_{21}^H,C_{22}^L)=\mu_3=0.1$，$P_4(C_{21}^H,C_{22}^H)=\mu_4=0.4$。将上述参数代入上节所得到的贝叶斯多维纳什均衡解，得到：

$$\begin{pmatrix}q_{11}\\q_{12}\end{pmatrix}^*=\begin{pmatrix}16/45\\2/9\end{pmatrix}\tag{6-130}$$

$$\begin{pmatrix}q_{21}\\q_{22}\end{pmatrix}^{*(L,L)}=\begin{pmatrix}19/45\\13/45\end{pmatrix}\quad\begin{pmatrix}q_{21}\\q_{22}\end{pmatrix}^{*(L,H)}=\begin{pmatrix}14/45\\1/45\end{pmatrix}\tag{6-131}$$

$$\begin{pmatrix} q_{21} \\ q_{22} \end{pmatrix}^{*(H,L)} = \begin{pmatrix} 7/45 \\ 19/45 \end{pmatrix} \quad \begin{pmatrix} q_{21} \\ q_{22} \end{pmatrix}^{*(H,H)} = \begin{pmatrix} 13/45 \\ 7/45 \end{pmatrix} \tag{6-132}$$

两个企业在上述最优策略向量下的各自总利润分别为 $U_1^* = 539.1/2025$、$U_2^{*(L,L)} = 777/2025$、$U_2^{*(L,H)} = 530/2025$、$U_2^{*(H,L)} = 714/2025$、$U_2^{*(H,H)} = 309/2025$。

两个企业如果对这两种产品独立考虑产量策略进行博弈，可计算出两个企业关于每种产品的贝叶斯纳什均衡，并能得到在两个贝叶斯纳什均衡条件下的各自企业的总利润。

我们继续沿用上面给出的参数，根据概率论理论（联合分布列与边际分布的关系），企业 2 第一种产品的单位成本分布列为：$P_1(C_{21}^L) = 0.5$，$P_2(C_{21}^H) = 0.5$，第二种产品的单位成本分布列为：$P_1(C_{22}^L) = 0.5$，$P_2(C_{22}^H) = 0.5$；利用信息不对称 Cournot 竞争模型可计算出两个企业对每种产品单独博弈的贝叶斯纳什均衡，由于篇幅所限，这里只给出计算结果。两个企业对第一种产品单独博弈的贝叶斯纳什均衡为：$q_{11}^* = 0.7$；$q_{21}^{L*} = 0.45$，$q_{21}^{H*} = 0.25$。对第二种产品单独博弈的贝叶斯纳什均衡为：$q_{12}^* = 0.6$；$q_{22}^{L*} = 0.4$，$q_{22}^{H*} = 0.2$。在这两个贝叶斯纳什均衡条件下，两个企业实际总利润为：$U_1^* = -0.205$；$U_2^{*(L,L)} = -0.0925$，$U_2^{*(L,H)} = -0.0525$，$U_2^{*(H,L)} = -0.0925$，$U_2^{*(H,H)} = -0.0925$。

通过以上结果可以看出，企业对互相之间具有一定替代性或有一定影响的产品进行产量博弈时，如果不进行多维博弈，而是分别考虑每种产品产量策略并独立地进行每种产品的博弈，其结果是，在所有的关于每种产品产量单独博弈贝叶斯纳什均衡下，企业各自的实际总利润将小于联合考虑产品产量策略进行多维博弈的贝叶斯纳什均衡下的实际总利润。所以，从总体看，对每种产品单独博弈选择的最优策略并不是真正最优策略，从而也不可能使总利润真正达到最大[①]。

在现实生活和社会实践中多领域同时博弈的问题普遍存在，通过本节中不完全信息静态多维博弈和第二节中完全信息静态多维博弈对诸多例子的讨论和分析，读者一定感到，多维博弈要比一维博弈复杂得多，尤其所博弈的领域如果具有一定相互影响时，参与人选择策略必须将所博弈的这些领域内策略联合考虑选择一个最优策略向量，这样才能在均衡下使自己的总支付达到最大，此时所选择的策略从总体看才是真正最优策略。

第五节 不完全信息动态多维博弈

所谓不完全信息动态多维博弈就是在多维博弈中至少部分参与人没有关于总支付全部信息的动态博弈。不完全信息动态多维博弈是不完全信息静态多维博弈的自然延伸。

在不完全信息动态多维博弈中，"自然"首先选择参与人的类型，参与人自己知道，其他参与人不知道。在自然选择之后，参与人开始行动，参与人的行动有先后次序，后行动者能观测到先行动者在各个领域内的行动，但不能观测到先行动者的类型。因为参与人的行动向量是依赖类型的，因此每个参与人的行动向量都传递着有关自己类型的某种信息，后行动者可以通过观测先行动者所选择的行动向量来推断其类型或修正对其类型的先验概率，然后选择自己的最优行动向量。先行动者能预测到自己的行动向量将被后行动者观察到后所利用，就选择传递对自己有利的信息，避免被后行动者所利用。因此，不完全信息动态多维博弈是参与人在各个领域内选择行动的过程，而且也是参与人不断修正先验

---

① 注：在本例中，进行单独博弈时总利润出现了负值，并不能说明凡是进行单独博弈，参与人的支付就一定是负值，只是这里所给出的两种产品之间相互影响系数（$k_1 = 0.5$，$k_2 = 0.5$）较大的原因，但一定能说明在相互之间有影响的领域内同时博弈，如果单独考虑每个领域内策略分别进行各领域博弈，在均衡下参与人的总支付值一定小于联合考虑策略进行多维博弈均衡下的总支付值。

概率的过程。

一、均衡路径与非均衡路径

不完全信息动态多维博弈涉及均衡路径与非均衡路径问题。其实，从本质上来说，与不完全信息动态一维博弈均衡路径和非均衡路径是一样的。只是在本书所探讨的多维博弈中，不管是在均衡路径还是在非均衡路径上，参与人在每个结点选择的策略都是一个向量，即在这个结点上同时在各个博弈领域内选择策略的"组合"。

给定展开型多维博弈中的一个均衡结果（无论是前面介绍的多维纳什均衡、子博弈精炼多维均衡、贝叶斯多维纳什均衡，还是下面介绍的精炼贝叶斯多维纳什均衡）对应一个均衡路径。如果按照均衡策略进行多维博弈，将以正概率到达的信息集，则称这个信息集在均衡路径上，如果按照均衡策略肯定达不到的信息集，则被称作不在均衡路径上。

对不完全信息动态多维博弈，通过引进"自然人"可以将其转化为完全但不完美的动态多维博弈。这样，在完全但不完美的动态多维博弈中，后行动者在他将要采取策略向量的信息集（含有多结时）上由于不知道哪一个结将要达到，则我们将要求其对于这个问题要有一定的信念，并在这个信念下采取最优的策略向量要求满足的条件是：

（1）在每一个信息集，在该集具有行动的参与人关于博弈到达信息集中的哪个结必须有一个信念（对于非单结信息集，信念是信息集中各个结上的概率分布；对于单结信息集，信念则置概率 1 于单决策结上）。

（2）在给定的信念下，参与人的策略向量是序贯理性的。就是说，在每一个信息集，具有行动的参与人所采取的策略向量在给定该参与人在该信息集上的信念与其他参与人以后的策略向量必须是最优的。

由于不同的均衡策略向量组合有不同的均衡路径，因此对于均衡路径上的信念再要求：

（3）参与人在均衡路径上信息集的信念，是通过贝叶斯法则与参与人的均衡策略来确定的。

例如：在两个领域内同时博弈，参与人 1 首先采取策略向量，二维策略空间为 $S_1 \times S_2 = \{(L_1, L_2), (M_1, M_2), (R_1, R_2)\}$；参与人 2 后行动，他的二维策略空间为 $S_1 \times S_2 = \{(W_1, W_2), (V_1, V_2)\}$；参与人 2 有一个信息集，并且含有两个结点，信念是 p，$1-p$，$0 \leq p \leq 1$。

博弈过程如图 6-4 所示。

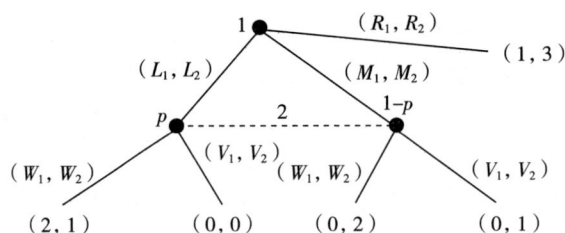

图 6-4　不完全信息动态多维博弈

这是一个完全但不完美信息的动态多维博弈，在这个多维博弈的子博弈精炼多维均衡 $\{(L_1, L_2), (W_1, W_2)\}$ 中，如果给定参与人 1 的均衡策略向量是 (L_1, L_2)，参与人 2 知道在不完美的信息集中到达的是哪一个结，其信念必定是 $p = 1$。倘若该模型中存在另一个混合策略均衡，参与人 1 以概率 q_1 取 (L_1, L_2)，以概率 q_2 取 (M_1, M_2)，以概率 q_3 取 (R_1, R_2)，利用贝叶斯法则，不难得到参与人 2 的信念 $p = q_1/$

(q_1+q_2)。

对于非均衡路径的信念，要求满足：

（4）在非均衡路径上信息集的信念通过贝叶斯法则和参与人的可能的均衡策略来确定。

这个条件，可以使我们排除不合理的纳什均衡与信念，得到合理的贝叶斯多维纳什均衡，即将要定义的精炼贝叶斯多维纳什均衡。

例如：

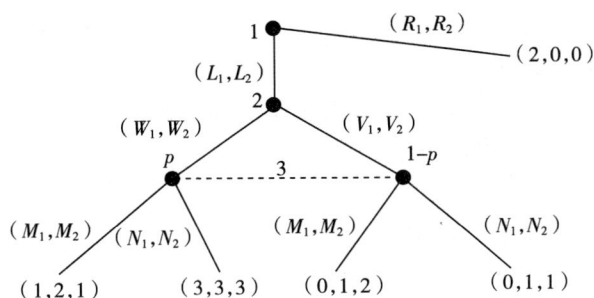

图 6-5 三人动态二维博弈

图 6-5 是一个三人动态二维博弈，除了原博弈外，还存在一个真子二维博弈，即从参与人 2 单结信息集开始，由于参与人 3 对参与人 2 的行动是信息不完美的，可以看作两个参与人同时行动，因此易得到这个子多维博弈有唯一的多维纳什均衡 $\{(W_1，W_2)，(N_1，N_2)\}$，所以整个博弈有唯一的子博弈精炼多维纳什均衡 $\{(L_1，L_2)，(W_1，W_2)，(N_1，N_2)\}$。对于这个策略组合，根据要求（1），我们对参与人 3 的信息集赋予信念 $(p，1-p)$。从参与人 3 的观点看问题，如果参与人 1 选择策略向量 $(L_1，L_2)$，那么策略 $(V_1，V_2)$ 是参与人 2 的劣策略向量，因而取 $p=1$，在给定这个信念下，显然参与人 3 的最优策略向量是 $(N_1，N_2)$。可见，策略向量组合 $\{(L_1，L_2)，(W_1，W_2)，(N_1，N_2)\}$ 与 $p=1$ 满足要求（1）、（2）和（3）。对于要求（4），因为我们从博弈树上能发现，不存在任何一个信息集不在该均衡路径上，这意味着要求（4）是得到满足的。

我们考察另一个策略向量组合 $\{(R_1，R_2)，(W_1，W_2)，(M_1，M_2)\}$ 以及信念 $p=0$。首先断定，这个策略向量组合是一个多维纳什均衡，因为没有一个参与人会单方偏离该策略向量组合，由于信念 $p=0$，参与人 1 一旦偏离 $(R_1，R_2)$ 将使其的总支付减少；而当参与人选择了 $(R_1，R_2)$ 后，事实上博弈将结束，参与人 2 和 3 不存在偏离的行为。其次，这些策略向量和信念也满足要求（1）、（2）和（3），即每个参与人在其信息集上有信念。参与人 3 拥有信念 $p=0$，在给定这个信念下，参与人 3 的最优选择显然是 $(M_1，M_2)$，在参与人 2 预测到参与人 3 将采取策略向量 $(M_1，M_2)$ 情况下，参与人 2 必将采取 $(W_1，W_2)$ 才是最优的策略向量，而参与人 2 和 3 可能这样选取的条件下，参与人 1 的最优选择必定是 $(R_1，R_2)$。

多维纳什均衡 $\{(R_1，R_2)，(W_1，W_2)，(M_1，M_2)\}$ 不是一个子博弈精炼多维纳什均衡，因为我们知道在这个多维博弈中只有一个子博弈拥有唯一一个多维纳什均衡 $\{(W_1，W_2)，(N_1，N_2)\}$。同时均衡 $\{(R_1，R_2)，(W_1，W_2)，(M_1，M_2)\}$ 在真子博弈中实现的 $\{(W_1，W_2)，(M_1，M_2)\}$ 不是这个子博弈的多维纳什均衡，$\{(R_1，R_2)，(W_1，W_2)，(M_1，M_2)\}$ 自然不是子博弈精炼多维纳什均衡。为什么呢？虽然它也满足条件（1）、（2）和（3），但参与人 3 的信念 $p=0$ 与参与人 2 选择策略向量 $(W_1，W_2)$ 不相合，因为 $p=0$ 意味着参与人 2 将采取策略向量 $(V_1，V_2)$。而条件（1）、（2）和（3）没有对参与人 3 的信念进行限制，如果按照指定的策略向量组合 $\{(R_1，R_2)，(W_1，W_2)，(M_1，M_2)\}$ 进行博弈，参与人 3 的信息集不能达到，或者说，参与人 3 的信息集不在多维纳什均衡 $\{(R_1，R_2)，(W_1，W_2)，(M_1，M_2)\}$ 的路径上。而条件（4）可以处理这些非均衡路径上的信念确定问题，它使我们可以使用参与人 2 的策略向量来确定参与人 3 的信念，这就出现了"参与人可能的均衡策略向量"的说法。它使条件（4）可以对参与人 3 的信念进行限制，即如果参与人 2 选择策略向量（W_1，W_2），那么参与人 3 的信念一定是 $p=1$；如果参与人 2 的策略向量是（V_1，V_2），那么参与人 3 的信念一定是 $p=0$；这样，非均衡路径信息集上的信念得到了确定。

我们看到，如果参与人 3 的信念相当于参与人 2 的可能均衡策略向量（W_1，W_2）是 $p=1$，那么条件（2）必定使参与人 3 选取（N_1，N_2）而不是（W_1，W_2），这表明，策略向量组合｛（R_1，R_2），（W_1，W_2），（M_1，M_2）｝以及信念 $p=0$ 不满足条件（1）至条件（4）。因此，我们可以看到，由于条件（4）的作用，我们排除了不合理的多维纳什均衡与信念。

这样，条件（1）至（4）帮助我们精炼出合理的贝叶斯多维纳什均衡，这个多维均衡就是精炼贝叶斯多维纳什均衡。下面，描述精炼贝叶斯多维纳什均衡。

二、精炼贝叶斯多维纳什均衡

假设有 n 个参与人同时在 m 个领域内进行不完全信息的动态博弈，参与人 i 的类型 $\theta_i=(\theta_{i1}, \cdots, \theta_{im}) \in \Phi_i$，$\theta_i=(\theta_{i1}, \cdots, \theta_{im})$ 是私人信息，$p_i(\theta_{-i}|\theta_i)$ 是属于类型 θ_i 的参与人 i 认为其他 $n-1$ 个参与人属于类型 $\theta_i=(\theta_1, \cdots, \theta_{i-1}, \theta_{i+1}, \cdots, \theta_n)$ 的先验概率。令 $S_{i1} \times \cdots \times S_{im}(\theta_i)$ 是 i 的策略向量空间，$(s_{i1}, \cdots, s_{im})(\theta_i) \in S_{i1} \times \cdots \times S_{im}(\theta_i)$，$a_{-i}^h=\{(a_{11}, \cdots, a_{1m})^h, \cdots, (a_{i-11}, \cdots, a_{i-1m})^h, (a_{i+11}, \cdots, a_{i+1m})^h, \cdots, (a_{n1}, \cdots, a_{nm})^h\}$ 是在第 h 个信息集上参与人 i 观测到的其他 $n-1$ 个参与人的行动向量组合，它是策略向量组合 $s_{-i}=\{(s_{11}, \cdots, s_{1m}), \cdots, (s_{i-11}, \cdots, s_{i-1m}), (s_{i+11}, \cdots, s_{i+1m}), \cdots, (s_{n1}, \cdots, s_{nm})\}$ 的一部分，$\tilde{p}_i(\theta_{-i}|a_{-i}^h)$ 是在观测到 a_{-i}^h 的情况下参与人 i 认为其他 $n-1$ 个参与人属于类型 $\theta_{-i}=(\theta_1, \cdots, \theta_{i-1}, \theta_{i+1}, \cdots, \theta_n)$ 的后验概率。设 $\tilde{p}_i$ 是所有后验概率 $\tilde{p}_i(\theta_{-i}|a_{-i}^h)$ 的集合（即 $\tilde{p}_i$ 包括了参与人 i 在每一个信息集 h 上的后验概率），$U_i=U_i[(s_{11}, s_{12}, \cdots, s_{1m}), \cdots, (s_{i1}, s_{i2}, \cdots, s_{im}), \cdots, (s_{n1}, s_{n2}, \cdots, s_{nm}); \theta_i]$ 是参与人 i 的总支付函数。那么精炼贝叶斯多维纳什均衡的定义如下：

精炼贝叶斯多维纳什均衡是一个策略组合 $\{(s_{11}, s_{12}, \cdots, s_{1m})^*(\theta_1), \cdots, (s_{i1}, s_{i2}, \cdots, s_{im})^*(\theta_i), \cdots, (s_{n1}, s_{n2}, \cdots, s_{nm})^*(\theta_n)\}$ 和一个后验概率组合 $\tilde{P}_i=(\tilde{p}_1, \cdots, \tilde{p}_n)$，其满足：

（1）对于博弈中的任意一个参与人 i，在每个信息集 h，

$$(s_{i1}, \cdots, s_{im})^*(s_{-i}, \theta_i) \in \underset{(i1, \cdots, sim)}{\operatorname{argmax}} \sum_{\theta_{-i}} \tilde{p}_i(\theta_{-i}|a_{-i}^h) U_i[(s_{11}, \cdots, s_{1m}), \cdots, (s_{n1}, \cdots, s_{nm}); \theta_i]$$

（2）$\tilde{p}_i(\theta_{-i}|a_{-i}^h)$ 是使用贝叶斯法则从先验概率 $p_i(\theta_{-i}|\theta_i)$ 观测到的 a_{-i}^h 和最优策略 $s_{-i}^*=\{(s_{11}, \cdots, s_{1m})^*, \cdots, (s_{i-11}, \cdots, s_{i-1m})^*, (s_{i+11}, \cdots, s_{i+1m})^*, \cdots, (s_{n1}, \cdots, s_{nm})^*\}$ 在可能情况下得到的。

对于混合策略贝叶斯多维纳什均衡，与上述定义相同，只是将定义中策略向量改为相应的概率即可。

在定义中，条件（1）表明在给定其他参与人的策略向量组合为：

$s_{-i}=\{(s_{11}, \cdots, s_{im}), \cdots, (s_{i-11}, \cdots, s_{i-1m}), (s_{i+11}, \cdots, s_{i+1m}), \cdots, (s_{n1}, \cdots, s_{nm})\}$ 和参与人 i 的后验概率 $\tilde{p}_i(\theta_{-2}|a_{-1}^h)$，每个参与人 i 的策略向量在所有从信息集 h 开始的后续多维博弈上都是最优的。条件（2）对应的是贝叶斯法则的运用。例如，参与人是进行多次在各个领域内同时行动，修正概率涉及贝叶斯法则的重复运用。

第六节　案例教学——扩展讨论

一、案例介绍

假设某地区有两个企业生产相同并相互之间具有一定替代性的两种产品，并且两个企业垄断了该地区这两种产品市场。如果在企业 2 成本不完全信息条件下，企业 2 先行动，企业 1 后行动，那么两个企业如何选择这两种产品的产量策略才能最大化自己的总利润？这个不完全信息下的 Cournot 二维博弈就是不完全信息动态的二维博弈问题。

二、案例分析

设这两种产品的逆需求函数（即市场价格函数）为：

$$p_1(q_{11}+q_{21}, -q_{12}+q_{22}) = \max\{0, a-(q_{11}+q_{21})-k_1(q_{12}+q_{22})\} \tag{6-133}$$

$$p_2(q_{11}+q_{21}, -q_{12}+q_{22}) = \max\{0, b-(q_{12}+q_{22})-k_2(q_{11}+q_{21})\} \tag{6-134}$$

其中，q_{11} 和 q_{12} 分别为企业 1 这两种产品的产量，q_{21} 和 q_{22} 分别为企业 2 这两种产品的产量；k_1 和 k_2 分别表示第二种产品市场总量对第一种产品市场价格的影响系数和第一种产品市场总量对第二种产品市场价格的影响系数。设 $C_{ij}(q_{ij})$ 表示企业 i 生产第 j 种产品产量为 q_{ij} 所需的成本（$i=1, 2$；$j=1, 2$），则企业 i 的利润函数为：

$$U_1 = [q_{i1}p_1-C_{i1}(q_{i1})]+[q_{i2}p_2-C_{i2}(q_{i2})], \quad i=1, 2 \tag{6-135}$$

如果设企业 1 生产这两种产品的成本 $C_{11}(q_{11})$ 和 $C_{12}(q_{12})$ 是共同知识（两个企业都知道的），而企业 2 生产这两种产品的成本 $C_{21}(q_{21})$ 和 $C_{22}(q_{22})$，只有企业 2 自己知道而企业 1 不知道，但 $\{C_{21}(q_{21}), C_{22}(q_{22})\}$ 的联合概率分布是共同知识。

在不影响讨论问题本质的情况下，设两个企业所生产这两种产品都有不变的单位成本（这里不考虑固定成本），则有 $C_{ij}(q_{ij})=C_{ij}\cdot q_{ij}$。如果企业 i 选择这两种产品的产量为 $(q_{i1}, q_{i2})\geqslant 0$，$(q_{i1}, q_{i2})\in Q_{i1}\times Q_{i2}$，$Q_{i1}\times Q_{i2}$ 表示企业 i 这两种产品产量的二维策略空间，由式（6-135），则企业 i 的利润函数为

$$U_i = \{q_{i1}[a-(q_{11}+q_{21})-k_1(q_{12}+q_{22})]-C_{i1}\cdot q_{i1}\}+\{q_{i2}[b-(q_{12}+q_{22})-k_2(q_{11}+q_{21})]-C_{i2}\cdot q_{i2}\} \tag{6-136}$$

在这个问题中，参与人的类型是成本函数。设企业 2 的每种产品单位成本可能有两种类型：低单位成本和高单位成本，即 C_{21}^L 和 C_{21}^H、C_{22}^L 和 C_{22}^H，上标 L 和 H 分别表示低单位成本和高单位成本，则有 $C_{21}^L < C_{21}^H$、$C_{22}^L < C_{22}^H$，于是企业 2 可能有的成本类型为：(C_{21}^L, C_{22}^L)、(C_{21}^L, C_{22}^H)、(C_{21}^H, C_{22}^L) 和 (C_{21}^H, C_{22}^H)。企业 2 知道自己成本属于四种中的哪一种，假设企业 1 只知道企业 2 成本类型的联合概率分布为：$P_1(C_{21}^L, C_{22}^L)=\mu_1$，$P_2(C_{21}^L, C_{22}^H)=\mu_2$，$P_3(C_{21}^H, C_{22}^L)=\mu_3$，$P_4(C_{21}^H, C_{22}^H)=\mu_4$，$\mu_1+\mu_2+\mu_3+\mu_4=1$，联合概率分布为共同知识。

这是一个两阶段不完全信息动态二维博弈。下面采用动态规划中的逆向归纳法求其精炼贝叶斯二维均衡。

第二阶段：

由式（6-136）可知，企业 1 的总利润函数为：

$$U_1 = \{q_{11}[a-(q_{11}+q_{21})-k_1(q_{12}+q_{22})]-C_{11}\cdot q_{11}\}+\{q_{12}[b-(q_{12}+q_{22})-k_2(q_{11}+q_{21})]-C_{12}\cdot q_{12}\}$$

$$\tag{6-137}$$

通过最优化一阶条件 $(\partial U_1/\partial q_{11},\ \partial U_1/\partial q_{12})^T=0$，可以得到企业1最优策略向量反应函数为：

$$\frac{\partial U_1}{\partial q_{11}}=a-2q_{11}-q_{21}-k_1(q_{12}+q_{22})-C_{11}-k_2q_{12}=0 \tag{6-138}$$

$$\frac{\partial U_1}{\partial q_{12}}=-k_1q_{11}+b-2q_{12}-q_{22}-k_2(q_{11}+q_{21})-C_{12}=0 \tag{6-139}$$

将式（6-138）和式（6-139）写成如下矩阵形式：

$$\begin{pmatrix} 2 & k_1+k_2 \\ k_1+k_2 & 2 \end{pmatrix}\begin{pmatrix} q_{11} \\ q_{12} \end{pmatrix}=\begin{pmatrix} a-C_{11} \\ b-C_{12} \end{pmatrix}-\begin{pmatrix} 1 & k_1 \\ k_2 & 1 \end{pmatrix}\begin{pmatrix} q_{21} \\ q_{22} \end{pmatrix} \tag{6-140}$$

由此得到企业1的最优策略向量反应函数为：

$$\begin{pmatrix} q_{11} \\ q_{12} \end{pmatrix}=\begin{pmatrix} 2 & k_1+k_2 \\ k_1+k_2 & 2 \end{pmatrix}^{-1}\left[\begin{pmatrix} a-C_{11} \\ b-C_{12} \end{pmatrix}-\begin{pmatrix} 1 & k_1 \\ k_2 & 1 \end{pmatrix}\begin{pmatrix} q_{21} \\ q_{22} \end{pmatrix}\right] \tag{6-141}$$

为了表达方便，设：

$$A=\begin{pmatrix} 2 & k_1+k_2 \\ k_1+k_2 & 2 \end{pmatrix}^{-1}\quad B=\begin{pmatrix} a-C_{11} \\ b-C_{12} \end{pmatrix},\quad D=\begin{pmatrix} 1 & k_1 \\ k_2 & 1 \end{pmatrix} \tag{6-142}$$

则，式（6-141）可写成：

$$\begin{pmatrix} q_{11} \\ q_{12} \end{pmatrix}=A\left[B-D\begin{pmatrix} q_{21} \\ q_{22} \end{pmatrix}\right] \tag{6-143}$$

第一阶段：

如果企业2的成本是 $(C_{21}^L,\ C_{22}^L)$，由式（6-136）可知，企业2的总利润函数为：

$$U_2=\{q_{21}[a-(q_{11}+q_{21})-k_1(q_{12}+q_{22})]-C_{21}^L\cdot q_{21}\}+\{q_{22}[b-(q_{12}+q_{22})-k_2(q_{11}+q_{21})]-C_{22}^L\cdot q_{22}\} \tag{6-144}$$

由式（6-141）获得：

$$q_{11}=\frac{2a-(k_1+k_2)b-2C_{11}+(k_1+k_2)C_{12}}{4-(k_1+k_2)^2}-\frac{2-k_1k_2-k_2^2}{4-(k_1+k_2)^2}q_{21}+\frac{k_2-k_1}{4-(k_1+k_2)^2}q_{22} \tag{6-145}$$

$$q_{12}=\frac{2b-(k_1+k_2)a-2C_{12}+(k_1+k_2)C_{11}}{4-(k_1+k_2)^2}+\frac{k_1-k_2}{4-(k_1+k_2)^2}q_{21}-\frac{2-k_1^2-k_1k_2}{4-(k_1+k_2)^2}q_{22} \tag{6-146}$$

将式（6-145）和式（6-146）代入式（6-144），得到：

$$
\begin{aligned}
U_2=&\Big\{q_{21}\Big[a-\frac{2a-(k_1+k_2)b-2C_{11}+(k_1+k_2)C_{12}}{4-(k_1+k_2)^2}+\frac{2-k_1k_2-k_2^2}{4-(k_1+k_2)^2}q_{21}-\frac{k_2-k_1}{4-(k_1+k_2)^2}q_{22}-\\
&q_{21}\frac{k_1[2b-(k_1+k_2)a-2C_{12}+(k_1+k_2)C_{11}]}{4-(k_1+k_2)^2}-\frac{k_1(k_1-k_2)}{4-(k_1+k_2)^2}q_{21}+\frac{k_1(2-k_1^2-k_1k_2)}{4-(k_1+k_2)^2}q_{22}-k_1q_{22}\Big]-C_{21}^Lq_{21}\Big\}+\\
&\Big\{q_{22}\Big[b-\frac{2b-(k_1+k_2)a-2C_{12}+(k_1+k_2)C_{11}}{4-(k_1+k_2)^2}-\frac{k_1-k_2}{4-(k_1+k_2)^2}q_{21}+\frac{2-k_1^2-k_1k_2}{4-(k_1+k_2)^2}q_{22}-q_{22}-\\
&\frac{k_2[2a-(k_1+k_2)b-2C_{11}+(k_1+k_2)C_{12}]}{4-(k_1+k_2)^2}+\frac{k_2(2-k_1k_2-k_2^2)}{4-(k_1+k_2)^2}q_{21}-\frac{k_2(k_2-k_1)}{4-(k_1+k_2)^2}q_{22}-k_2q_{21}\Big]-C_{22}^Lq_{22}\Big\}
\end{aligned}
\tag{6-147}
$$

通过最优化的一阶条件 $(\partial U_2/\partial q_{21},\ \partial U_2/\partial q_{22})^T=0$，并整理得到：

$$4(1-k_1k_2)q_{21}+(4k_1+2k_2-k_1^3-3k_1^2k_2-2k_1k_2^2)q_{22}=[4-(k_1+k_2)^2](a-C_{21}^L)-(2-k_1k_2-k_1^2)\cdot(a-C_{11})-(k_1-k_2)(b-C_{12}) \tag{6-148}$$

$$2(2k_1+4k_2-k_2^3-3k_1k_2^2-2k_1^2k_2)q_{21}+4(1-k_1k_2)q_{22}=[4-(k_1+k_2)^2](b-C_{22}^L)-(2-k_1k_2-k_2^2)\cdot(b-C_{12})-(k_2-k_1)(a-C_{11}) \tag{6-149}$$

由式（6-148）和式（6-149）得到在均衡下企业2的策略向量解：

$$\begin{pmatrix} q_{21} \\ q_{22} \end{pmatrix}^* = E \cdot F^{(L,L)} \tag{6-150}$$

其中

$$E = \begin{pmatrix} 4(1-k_1 k_2) & (4k_1+2k_2-k_1^3-3k_1^2 k_2-2k_1 k_2^2) \\ (2k_1+4k_2-k_2^3-3k_1 k_2^2-2k_1^2 k_2) & 4(1-k_1 k_2) \end{pmatrix}^{-1}$$

$$F^{(L,L)} = \begin{pmatrix} [4-(k_1+k_2)^2](a-C_{21}^L)-(2-k_1 k_2-k_1^2) \cdot (a-C_{11})-(k_1-k_2)(b-C_{12}) \\ [4-(k_1+k_2)^2](b-C_{22}^L)-(2-k_1 k_2-k_1^2) \cdot (b-C_{12})-(k_2-k_1)(a-C_{11}) \end{pmatrix} \tag{6-151}$$

将式（6-150）代入式（6-143）得到在均衡下企业1的策略向量解：

$$\begin{pmatrix} q_{11} \\ q_{12} \end{pmatrix}^* = A \cdot [B-D \cdot E \cdot F^{(L,L)}] \tag{6-152}$$

当企业2的成本分别为(C_{21}^L, C_{22}^H)、(C_{21}^H, C_{22}^L)和(C_{21}^H, C_{22}^H)，同理，分别可得到两个企业在均衡下的策略向量解为：

$$\begin{pmatrix} q_{11} \\ q_{12} \end{pmatrix}^* = A \cdot [B-D \cdot E \cdot F^{(L,H)}], \quad \begin{pmatrix} q_{21} \\ q_{22} \end{pmatrix}^* = E \cdot F^{(L,H)} \tag{6-153}$$

$$\begin{pmatrix} q_{11} \\ q_{12} \end{pmatrix}^* = A \cdot [B-D \cdot E \cdot F^{(H,L)}], \quad \begin{pmatrix} q_{21} \\ q_{22} \end{pmatrix}^* = E \cdot F^{(H,L)} \tag{6-154}$$

$$\begin{pmatrix} q_{11} \\ q_{12} \end{pmatrix}^* = A \cdot [B-D \cdot E \cdot F^{(H,H)}], \quad \begin{pmatrix} q_{21} \\ q_{22} \end{pmatrix}^* = E \cdot F^{(H,H)} \tag{6-155}$$

其中，

$$F^{(L,H)} = \begin{pmatrix} [4-(k_1+k_2)^2](a-C_{21}^L)-(2-k_1 k_2-k_1^2) \cdot (a-C_{11})-(k_1-k_2)(b-C_{12}) \\ [4-(k_1+k_2)^2](b-C_{22}^H)-(2-k_1 k_2-k_1^2) \cdot (b-C_{12})-(k_2-k_1)(a-C_{11}) \end{pmatrix} \tag{6-156}$$

$$F^{(H,L)} = \begin{pmatrix} [4-(k_1+k_2)^2](a-C_{21}^H)-(2-k_1 k_2-k_1^2) \cdot (a-C_{11})-(k_1-k_2)(b-C_{12}) \\ [4-(k_1+k_2)^2](b-C_{22}^L)-(2-k_1 k_2-k_1^2) \cdot (b-C_{12})-(k_2-k_1)(a-C_{11}) \end{pmatrix} \tag{6-157}$$

$$F^{(H,H)} = \begin{pmatrix} [4-(k_1+k_2)^2](a-C_{21}^H)-(2-k_1 k_2-k_1^2) \cdot (a-C_{11})-(k_1-k_2)(b-C_{12}) \\ [4-(k_1+k_2)^2](b-C_{22}^H)-(2-k_1 k_2-k_1^2) \cdot (b-C_{12})-(k_2-k_1)(a-C_{11}) \end{pmatrix} \tag{6-158}$$

以上得到了当"自然"分别选择参与人2的类型(C_{21}^L, C_{22}^L)、(C_{21}^L, C_{22}^H)、(C_{21}^H, C_{22}^L)和(C_{21}^H, C_{22}^H)后，通过逆向归纳法，得到了在不完全信息条件下两种企业关于具有替代性两种产品动态二维博弈的精炼贝叶斯多维纳什均衡。当两种产品不存在替代关系时，即$k_1=k_2=0$，得到：

$$A = \begin{pmatrix} 2 & 0 \\ 0 & 2 \end{pmatrix}^{-1} B = \begin{pmatrix} a-C_{11} \\ b-C_{12} \end{pmatrix} D = \begin{pmatrix} 1 & 0 \\ 0 & 1 \end{pmatrix} E = \begin{pmatrix} 4 & 0 \\ 0 & 4 \end{pmatrix}^{-1} \tag{6-159}$$

$$F^{(L,L)} = \begin{pmatrix} 4(a-C_{21}^L)-2(a-C_{11}) \\ 4(b-C_{22}^L)-2(b-C_{12}) \end{pmatrix} F^{(L,H)} = \begin{pmatrix} 4(a-C_{21}^L)-2(a-C_{11}) \\ 4(b-C_{22}^H)-2(b-C_{12}) \end{pmatrix} \tag{6-160}$$

$$F^{(H,L)} = \begin{pmatrix} 4(a-C_{21}^H)-2(a-C_{11}) \\ 4(b-C_{22}^L)-2(b-C_{12}) \end{pmatrix} F^{(H,H)} = \begin{pmatrix} 4(a-C_{21}^H)-2(a-C_{11}) \\ 4(b-C_{22}^H)-2(b-C_{12}) \end{pmatrix} \tag{6-161}$$

当企业2产品单位成本为(C_{21}^L, C_{22}^L)时，则两个企业的精炼贝叶斯多维纳什均衡为：

$$\binom{q_{11}}{q_{12}}^* = \begin{pmatrix} \dfrac{a-3C_{11}+2C_{21}^{L^*}}{4} \\ \dfrac{b-3C_{12}+2C_{22}^{L}}{4} \end{pmatrix}, \quad \binom{q_{21}}{q_{22}}^* = \begin{pmatrix} \dfrac{a-2C_{21}^{L}+C_{11}}{2} \\ \dfrac{b-2C_{22}^{L}+C_{12}}{2} \end{pmatrix} \tag{6-162}$$

当企业 2 产品单位成本为 (C_{21}^{L}, C_{22}^{H}) 时，则两个企业的精炼贝叶斯多维纳什均衡为：

$$\binom{q_{11}}{q_{12}}^* = \begin{pmatrix} \dfrac{a-3C_{11}+2C_{21}^{L}}{4} \\ \dfrac{b-3C_{12}+2C_{22}^{H}}{4} \end{pmatrix}, \quad \binom{q_{21}}{q_{22}}^* = \begin{pmatrix} \dfrac{a-2C_{21}^{L}+C_{11}}{2} \\ \dfrac{b-2C_{22}^{H}+C_{12}}{2} \end{pmatrix} \tag{6-163}$$

当企业 2 产品单位成本为 (C_{21}^{H}, C_{22}^{L}) 时，则两个企业的精炼贝叶斯多维纳什均衡为：

$$\binom{q_{11}}{q_{12}}^* = \begin{pmatrix} \dfrac{a-3C_{11}+2C_{21}^{H}}{4} \\ \dfrac{b-3C_{12}+2C_{22}^{L}}{4} \end{pmatrix}, \quad \binom{q_{21}}{q_{22}}^* = \begin{pmatrix} \dfrac{a-2C_{21}^{H}+C_{11}}{2} \\ \dfrac{b-2C_{22}^{L}+C_{12}}{2} \end{pmatrix} \tag{6-164}$$

当企业 2 产品单位成本为 (C_{21}^{H}, C_{22}^{H}) 时，则两个企业的精炼贝叶斯多维纳什均衡为：

$$\binom{q_{11}}{q_{12}}^* = \begin{pmatrix} \dfrac{a-3C_{11}+2C_{21}^{H}}{4} \\ \dfrac{b-3C_{12}+2C_{22}^{H}}{4} \end{pmatrix}, \quad \binom{q_{21}}{q_{22}}^* = \begin{pmatrix} \dfrac{a-2C_{21}^{H}+C_{11}}{2} \\ \dfrac{b-2C_{22}^{H}+C_{12}}{2} \end{pmatrix} \tag{6-165}$$

★讨论

【提示问题】

（1）如何理解多维博弈论中的"多维性"？它如何影响参与者的决策过程？

（2）在实际生活中，有哪些例子可以运用多维博弈进行描述？

（3）在多维博弈中，一个维度上的决策如何影响其他维度上的决策？

（4）如何求解多维博弈的均衡解？试构建一个多维博弈模型进行讨论说明。

【教师注意事项及问题提示】

（1）清晰界定多维博弈的概念，强调与一维博弈的区别。

（2）针对本章案例分析，剖析多维博弈的框架结构，引导学生掌握多维博弈均衡解的求解方法。

（3）通过案例分析，组织学生讨论，让学生体验在多维度上做出策略选择的复杂性和挑战性。

习题 6

（1）请简述多维博弈的定义。多维博弈可分为哪几种类型？

（2）请简述不同类型多维博弈的均衡解的概念。

第七章
演化博弈

【学习目标】

演化博弈理论是以有限理性假设为基础，结合生态学、社会学、心理学及经济学的最新发展成果，在假定博弈的主体具有有限理性前提下，分析博弈者的资源配置行为以及对所处的博弈进行策略选择，它分析的是有限理性博弈者的博弈均衡问题。

通过本章的学习掌握以下问题：

（1）了解演化博弈与经典博弈论的区别，以及它如何结合了生物学中关于进化和适应性的思想。

（2）认识演化博弈在经济学、社会科学、政治学等多个领域的应用价值。

（3）理解并掌握最优反应动态和复制动态方程的构建过程。

（4）理解演化稳定策略的概念和含义。

（5）学会构建和分析鹰鸽博弈、蛙鸣博弈等演化博弈模型，并掌握这些经典模型在经济管理领域中的应用。

【能力目标】

（1）帮助学生掌握如何针对实际问题构建演化博弈模型，并学会运用演化博弈理论分析和解释现实生活中的个体在群体中的策略选择和行为演化。

（2）培养学生能够将演化博弈理论与其他学科的知识和方法进行整合，能够从多学科的视角理解和解释个体在群体中的策略选择和行为演化问题，形成跨学科的分析和解决问题的能力。

第一节　有限理性博弈及其分析框架

一、有限理性及其对博弈的影响

如果一个人做错过数学题，必须花一些时间才能学会玩一个新游戏，记不住经历过的全部事情，或失手打碎过杯盘，那么他（或她）的理性就有局限性。从这个意义上讲，完全理性的人根本就不可能存在。不过博弈分析研究的是人类在特定问题中的行为和决策，因此重要的不是始终一贯意义上的理性，而是人们在具体问题中的理性。在后面这种意义上完全理性假设是有可能成立的，但理性局限的情况也很普遍。人们在具体问题中的理性程度，除了与个体差异有关以外，与问题的复杂程度也有很大的关系，在分析相对简单的问题时有完全理性的人在处理比较复杂的问题时就可能有很大的理性局限性。这些都有现实观察和实验经济学的充分证据加以证明。如果具体博弈的参与人不满足完全理性假设，称为有限理性参与人（Boundedly Rational Player），存在有限理性参与人的博弈则可称为有限理性博弈，参与人都有完全理性的博弈则称为完全理性博弈。本书前面分析的大多是完全理性博弈。

完全理性包括（追求最大利益的）理性意识、分析推理能力、识别判断能力、记忆能力和准确行为能力等多方面的完美性要求，其中任何一方面不完美就属于有限理性。因此虽然完全理性是唯一的，但有限理性却有多种情况和层次。例如，有些参与人的理性意识和分析推理能力很强，但会犯偶然的错误（颤抖手均衡讨论了这种情况）；有些参与人有很强的理性意识，但分析推理能力、理解复杂交互关系的能力稍差；有些是理性意识和分析能力都有问题，既会冲动不理智也会犯错误；有些对静态环境的判断分析能力较强，但缺乏预见能力，因此能认识和改正错误。进一步在具有认识和改正错误能力的情况下，认识和改正错误的方式和速度也有差异，有些是分析基础上的调整，另一些只是简单模仿；有些学习速度很快，另一些则很慢。人类参与人的理性既可能有较高的层次，也可能只有较低的层次，实际情况必须根据具体的问题进行判断。判断参与人的理性属于哪种情况是有意义的，因为关系到参与人的行为模式和博弈均衡的性质。

有限理性意味着参与人往往不会一开始就找到最优策略，会在博弈过程中学习博弈，必须通过试错寻找较好的策略；有限理性也意味着一般至少有部分参与人不会采用完全理性博弈的均衡策略，意味着均衡是不断调整和改进而不是一次性选择的结果，而且即使达到了均衡也可能再次偏离。不管是所有参与人有限理性还是部分参与人有限理性这些结论都是成立的，因为博弈问题中相互依存关系的特征很容易使部分参与人的理性缺陷，甚至只是参与人相互对对方理性的怀疑，引向对完全理性博弈分析预测作用的毁灭性破坏。因此要对有限理性博弈作出有效的分析预测，必须发展适合分析参与人的学习和策略调整过程，适合分析这种学习和调整的动态过程中的稳定性和动态趋势的概念和分析方法。

二、有限理性博弈分析框架

对有限理性博弈的上述简单分析，已经给我们指出了适用于分析有限理性博弈的均衡概念的基本特征。在有限理性博弈中具有真正稳定性和较强预测能力的均衡，必须是能通过参与人模仿、学习的调整过程达到，具有能经受错误偏离的干扰，在受到少量干扰后仍能"恢复"的稳健的均衡。在以往一次性静态、动态博弈的分析框架内，很难引进具有上述性质的均衡概念。因为参与人的一次性选择根本无法反映参与人的学习过程，也无法讨论均衡的动态稳定性问题。虽然重复博弈有一个时间过程，但重复博弈分析是以参与人有高度的预见和分析能力，有能力把重复博弈作为一个完整过程，并制定在整个重复博弈过程中行动计划意义上的策略为基础的，当然也无法包含有限理性参与人可以预期的错误和学习过程。

有限理性博弈的有效分析框架是有限理性参与人构成的、一定规模的特定群体内成员的某种反复博弈。例如，某个由缺乏足够预见性的个体组成的小群体，其成员都对当前局面作出反应，或者相互学习、模仿邻居的优势策略的情况。也可以是在大量参与人组成的群体中成员之间随机配对的反复博弈，相当于现实经济中对象或伙伴不固定的，多个或大量个体之间的较长期经济关系。这些分析框架通常假设参与人有一定的统计分析能力和对不同策略效果的事后判断能力，但没有事先的预见和预测能力。这种分析框架与人们在现实决策活动中的实际行为模式是比较接近的。在这种分析框架中，博弈分析的核心不是参与人的最优策略选择（这是大多数经济分析、决策分析的核心），而是有限理性参与人组成的群体成员的策略调整过程、趋势和稳定性。此处稳定性指群体成员采用特定策略的比例不变，而非某个参与人的策略不变。这种博弈分析既可以检验博弈策略在有限理性参与人的学习和动态调整过程中的稳定性，因此有一种均衡选择作用，也可以研究有限理性参与人的学习和策略调整将导致的群体（社会）意义上的策略均衡及其效率意义，解释各种社会经济现象。不难理解，这种有限理性博弈分析不仅在现实性方面比完全理性博弈分析优越，而且在理论意义和应用性方面也绝对不差于完全理性博弈分析。

有限理性博弈分析的关键是确定参与人学习和策略调整的模式，或者说机制。由于有限理性参与人有很多理性层次，学习和策略调整的方式和速度有很大不同，因此必须用不同的机制来模拟参与人的策略调整过程。例如，当参与人的理性程度比较低或者涉及集体决策时，可以采用生物进化的复制动态机制模拟参与人的学习和动态调整，因为这时候参与人意识到错误和调整策略的能力较差，经济行为的变化更多是缓慢的进化而不是快速的学习。但当参与人有较强的学习能力，如只要各种策略的支付略有差异，所有参与人都会立即模仿较成功策略时，参与人的行为就不能用生物进化的复制动态来模拟，而必须用反映这种快速学习能力的动态机制来模拟等。事实上，不仅不同博弈的参与人的理性和学习能力有差异，需要多种动态机制来模拟，甚至同一个博弈中的不同参与人在理性方面也可能会有很大差异，需要不同的动态机制来描述和分析。

当然，作为博弈论的基础教材，我们不可能对所有层次的有限理性博弈都作介绍，只能讨论一些比较基本典型的情况。本书讨论的一种情况是有快速学习能力的小群体成员的反复博弈，相应的动态机制称为最优反应动态（Best-response Dynamics）。本书介绍的另一种情况是学习速度很慢的成员组成的大群体随机配对的反复博弈，策略调整用生物进化的复制动态（Replicator Dynamics）机制模拟。这两种情况都有很大的代表性，对我们理解有限理性博弈都有重要意义。特别是其中的后一种情况，因为它的理性要求特别基本，因此对这种情况的分析更能有效帮助我们理解有限理性博弈的意义，对理解其他情况有很大的作用。

人类的有限理性博弈可以用生物进化的动态机制来模拟，肯定对我们有思想上的震动。因为人类区别于其他动物的根本特征正是具有分析和学习能力，特别是具有预见能力，因此即使我们考虑人类参与人的理性局限，通常也仍然会认为人们的理性层次是较高的，如属于分析复杂情况有一定困难或会犯偶然的错误，但很快能发现并改正的情况。这也正是以往的博弈和经济分析都以完全理性为基本假设，忽视理性局限的主要依据。但实际上人类的理性远没有我们想象或希望的那么好，缺乏预见和犯愚蠢错误的事情经常发生，在集体选择问题中表现出来的理性则更差，甚至并不比低等动物、生物种群的选择能力强多少。人类社会频繁发生各种战争和冲突，企业和国家选择领导人方面表现出来的盲目性和低效率等许多问题，都是人类理性有很大局限性的证据。而人类以外的动植物虽然没有多少推理能力，更不会用必要和充分条件解博弈。但动物也有一定的策略选择性和学习模仿能力，它们对领地和配偶的竞争与人类的许多行为很相似。而且人类面对比较复杂的选择问题时也常常是凭本能直觉行为而不是根据优化分析、博弈分析决策和行为，或者只是模仿比较成功的策略，与其他动物的行为模式很接近。此外，人类社会的制度和格局、领导人的选择以及文明的产生和消亡，通常也不是社会和政治家等选择的结果，而是通过自然选择淘汰的进化过程，在长期的国际竞争中逐步形成的，这与生物社会的进化过程也很相似。因此可以借鉴生物进化的动态机制分析人类的博弈问题并不奇怪。

其实，不仅有限理性参与人的学习和策略调整可以用生物进化的复制动态机制模拟，而且前面提出的分析有限理性博弈的有效均衡概念的特征，也与生物演化博弈的演化稳定策略（Evolutionary Stable Strategy，ESS）概念非常相似。正是因为这些原因，通常也把研究有限理性博弈的理论称为演化博弈理论或经济学中的演化博弈理论。

由上面的讨论可知，有限理性条件下演化博弈分析的意义主要不是在于对一次性博弈结果或短期经济均衡等的预测，而在于对比较稳定的环境中，人们之间非固定对象经济关系长期稳定趋势的分析。因此，演化博弈分析的结论除了可以作为完全理性博弈分析结论的印证和选择工具以外，主要可以用来预测某些经济关系未来长期中的变化趋势，只有在我们所研究的经济关系或问题已经存在了较长的时间，这种结论才可以直接用于对当前或近期情况的判断。

第二节　最优反应动态

本节首先讨论代表性的情况之一，即少数有快速学习能力的有限理性参与人之间的反复博弈和策略进化。这种分析框架对参与人的理性假设为相当快的学习能力，虽然在复杂局面下准确判断分析和运用预见性的能力稍差，但它们能对不同策略的结果作出比较正确的事后评估，并相应调整策略。因此给定前期的经验（博弈结果），各个参与人本期都能找到和采用针对前期其他参与人（全部或临近的部分参与人）策略的最佳反应策略。最适合描述这种理性层次参与人的策略调整的动态机制，就是所谓最优反应动态（Best Response Dynamics）。

一、协调博弈的有限参与人快速学习模型

下面通过一个 5 个有限理性参与人之间，相邻参与人相互博弈的快速学习动态调整模型，讨论具有快速学习能力的有限理性参与人的动态策略调整和稳定性问题，介绍最优反应动态的思想和分析方法。

假设参与人的博弈内容是表 7-1 中支付矩阵表示的两人对称静态博弈，我们称它为协调博弈（Coordination Game）（协调博弈实际上是与囚徒的困境相似的，有共同性质的博弈）。

表 7-1　协调博弈

参与人 2

		A	B
参与人 1	A	50, 50	49, 0
	B	0, 49	60, 60

通过纳什均衡分析不难发现，该博弈有两个纯策略纳什均衡（A，A）和（B，B）。这两个纳什均衡中，后者明显帕累托优于前者。但如果参与人之一有采用 A 的可能性，或者两个参与人相互怀疑对方可能采用 A，那么前者就是相对后者的风险上策均衡。因此，如果是在完全理性参与人之间进行这个博弈，通常的预测结果应该是（B，B），但如果考虑参与人相互对对方理性的信任问题，或者对风险的敏感性等因素，那么风险上策均衡（A，A）可能是更好的预测。也就是说，由于该博弈本身是一个有多重纳什均衡的博弈，因此在一次性博弈中，即使参与人都是高度理性的，博弈结果也有不确定性，很难作出完全保险的预测。这种协调博弈正是人们在决策方面经常遇到的难题。

由于现实中参与人的理性其实是有限的而不是完全的，因此不妨干脆在有限理性的基础上分析上述博弈问题。要对该博弈进行有限理性博弈分析，必须先确定分析框架，包括参与人的理性层次决定的学习和策略调整的方式、特征，以及相互博弈、学习和模仿的环境条件。对于第一个方面，假设参与人虽然缺乏分析交互动态关系和预见能力，但是能够马上对上一阶段的博弈结果进行总结，并立即作出相应的策略调整。当然考虑到对手的策略也在调整，因此这些参与人的策略调整针对上一期对手肯定是正确的，但对当前的对手策略不一定正确，事实上这正是这些参与人有限理性、缺乏预见能力的体现。上述参与人学习和调整策略的方式，就是最优反应动态的思路或者说学习调整机制，因为参与人的调整都是针对对手的（上一期）策略作最优反应。对于第二个方面，假设共有 5 个参与人分别处于如图 7-1 中圆周上的 5 个位置上（可理解为 5 户居民环山而居，每户居民都与各自的左右邻居反复博弈）。

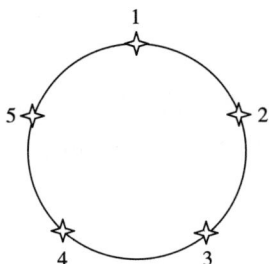

图 7-1 参与人的分布

可以肯定的是，既然参与人都是有限理性的，那么在初次进行博弈时每个位置的参与人都既可能采用 A，也可能采用 B。因此，初次博弈总共有 $2^5=32$ 种可能的情况，图 7-2 中给出了其中部分可能情况。这 32 种情况包括一种全部采用 A 策略和一种全部采用 B 策略，其他都是两种策略都有人采用。当然，32 种情况中有不少实质上是相同的，只是哪个参与人采用 A 或 B 有所不同，把圆周作一定旋转或对称反射就能完全重合。根据采用 A 参与人的数量和分布，总共有无 A、1A、有相邻 2A、有不相邻 2A、有 3 连 A、有非 3 连 A、4A、5A 共 8 种有实质差异，无法通过圆周旋转或反射重合的情况。

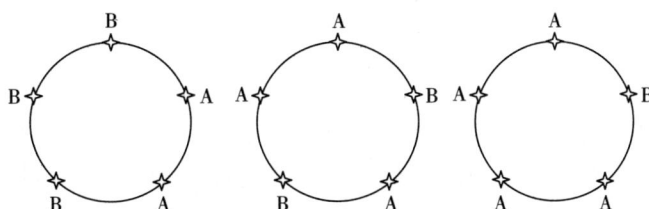

图 7-2 参与人的分布

现在的问题当然不是研究有限理性参与人一次性进行该博弈可能出现的情况种类，而是 5 个参与人从各种可能的初次博弈情况出发，按照我们设定的理性特征和策略调整机制，在与相邻参与人反复进行该博弈的过程中，是否会出现的收敛，是否会趋向于一个唯一的稳定状态？或者是否初始博弈的情况不同，收敛性和稳定状态也会不同？

为此，先对这些参与人根据最优反应动态进行策略调整的规则作一些分析。假设 $x_i(t)$ 为在 t 时期参与人 i 的邻居中采用 A 策略邻居的数量，该数量有 0、1、2 三个可能的值。采用 B 策略邻居的数量相应为 $2-x_i(t)$，也有 0、1、2 三个可能值。针对第 t 期的相关情况 $x_i(t)$，参与人 i 采用 A 的支付为 $x_i(t)\times 50+[2-x_i(t)]\times 49$，采用 B 则支付 $x_i(t)\times 0+[2-x_i(t)]\times 60$。因此根据最优反应动态机制，当：

$$x_i(t)\times 50+[2-x_i(t)]\times 49>x_i(t)\times 0+[2-x_i(t)]\times 60$$

即 $x_i(t)>22/61$ 时，参与人 i 在 $t+1$ 时期会采用 A，而当：

$$x_i(t)\times 50+[2-x_i(t)]\times 49<x_i(t)\times 0+[2-x_i(t)]\times 60$$

即 $x_i(t)<22/61$ 时，参与人 i 在 $t+1$ 时期会采用 B。由于 $x_i(t)$ 只能取 0、1、2 三个整数，因此上述反应规则实际上就是，如果在 t 时期参与人 i 的两个邻居中只要有 1 个采用 A，那么博弈 i 在 $t+1$ 时期采用 A，如果两个邻居都没有采用 A，那么参与人 i 在 $t+1$ 时期采用 B。上述最优反应动态策略调整法则的一个有意思的特点是，参与人 i 在 $t+1$ 时期的策略与自己在第 t 期采取策略反而没有直接关系。

由于 5 个参与人是完全相似的，因此上述法则对他们都适用。我们不难证明，除了初次博弈时所有参与人都采用 B 的一种情况以外，从其余所有的情况出发，经过或多或少时期的最优反应动态法则的调整，最终都会收敛到所有参与人都采用 A 的稳定状态。事实上根据前面的分析，初次博弈有实质性差异的情况只有 8 种。其中 5 个参与人全部采用 A 或 B 的情况不需要讨论，因为前一种已经不需要调整，后一种则就是上面所说的例外情况，它们实际上都不会发生变化。因此需要讨论的是除了上述两种极端情况以外的，采用 A 策略参与人数量和位置有实质差异的 6 种情况。

先讨论初次博弈只有 1 个参与人采用 A 的情况。根据上述策略调整法则，不难给出最优反应动态的全部过程，如图 7-3 所示。其中 5 个参与人经过 4 个时期的反复策略调整，最终收敛到了所有参与人都采用 A 的稳定状态，此时最优反应动态就不再要求任何参与人改变策略，这不仅是单个参与人的策略稳定性，而且是群体意义上的策略稳定性。

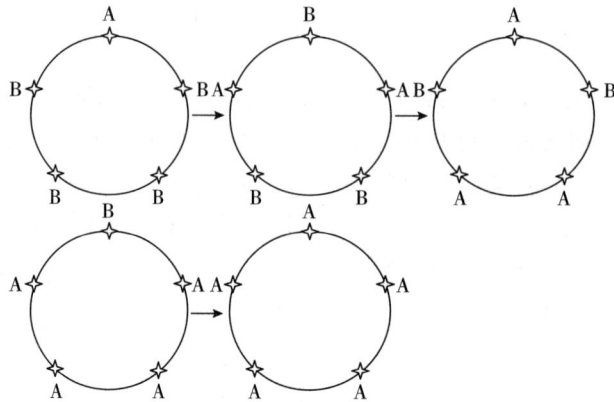

图 7-3　初次博弈为 1A 的最优反应动态

不难看出，图 7-3 的最优反应动态调整过程已经包含了有两个不相邻参与人采用 A、三个非相连参与人采用 A、四个参与人采用 A 这几种初次博弈情况的最优反应动态调整过程，它们分别需要三个、两个和一个时期的调整收敛到都采用 A 的稳定状态。这些情况不需要另外再作分析了。

现在只剩下初次博弈有两个相邻参与人采用 A 和三个相连参与人采用 A 两种情况需要讨论。两个相邻参与人采用 A 的最优反应动态策略调整过程在图 7-4 中给出。不难看出这时候也只需要两个时期的动态调整就能收敛到 5 个参与人都采用 A 的稳定状态。

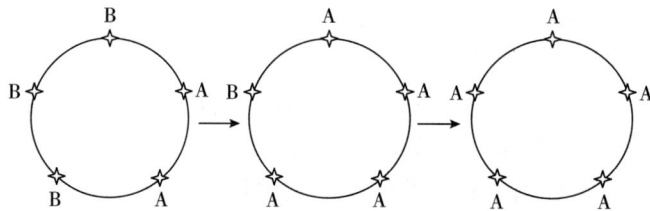

图 7-4　初次博弈为相邻 2A 的最优反应动态

最后再分析初次博弈三个相连参与人采用 A 的最优反应动态调整过程。图 7-5 给出了该过程。结论是只需要一个时期的调整就会收敛到所有参与人都采用 A 的稳定状态。

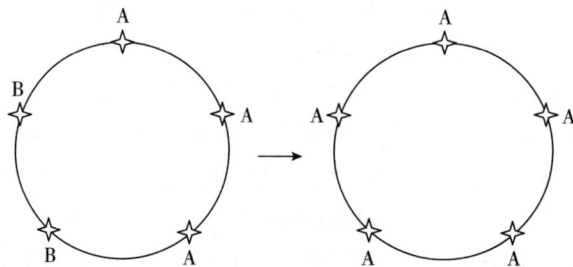

图 7-5　初次博弈为相邻 3A 的最优反应动态

上述分析证明了在上述设定下，总共 32 种可能的初次博弈情况中，只有 1 种是稳定于所有参与人采用 B 的状态，其余 31 种都会收敛到采用 A 的状态。这说明所有参与人都采用 A 策略和所有参与人都采用 B 策略都是有限理性参与人进行上述协调博弈的稳定状态，但前一种稳定状态显然更重要一些，因为参与人的策略调整收敛到这种情况的机会要大大高于后一种情况。上述有限理性博弈的最优反应动态分析，实际上也相当于对协调博弈中两种策略 A 和 B，或者两个纳什均衡（A，A）和（B，B）各自被参与人采用的机会作出了一种角度的判断，结论显然是当参与人的理性有局限性时，参与人采用策略 A，实现均衡（A，A）的机会要大大高于采用 B 和实现均衡（B，B）的机会。

进一步容易理解的是，正因为除了所有参与人都采用 B 的一种情况以外，其余各种情况下最优反应动态都收敛于所有参与人都采用 A 的稳定状态，如果在达到所有参与人都采用 A 的稳定状态后出现少数参与人偏离 A 的情况，最优反应动态会使参与人的策略很快回到都采用 A 的状态，所有参与人都采用 A 的稳定状态是具有稳健性的。相反，所有参与人都采用 B 的均衡状态却不是稳健的，因为一旦某个参与人偏离 B，那么最优反应动态会使参与人的策略离该均衡状态越来越远，因此该均衡并不是真正稳定的。因此，在上述协调博弈最优反应动态的两种稳定状态中，只有所有参与人都采用 A 的"策略"同时具有在参与人的动态策略调整中会达到，又对少量偏离的扰动有稳健性两个性质。同时具有这两种性质的稳定状态，在演化博弈论中被称为"演化稳定策略"。在上述协调博弈中，A 就是一个演化稳定策略，而 B 则不是演化稳定策略。

本例假设的参与人理性层次和最优反应动态策略调整模式，以及参与人群体的规模、分布和相互博弈方式，只是一种特例。其他问题中的参与人，特别是现实中的决策者是否按照这样的方式和机制调整策略，是否以这样的方式进行博弈，包括是否所有参与人采用同样的博弈和策略调整模式，都是值得认真分析的。也就是说，当我们运用上述有限理性博弈分析方法时，特别是应用这种分析方法分析现实问题时，必须考虑到现实基础和适用性的问题，必须根据实际情况建立分析框架。

二、古诺调整过程

事实上，最优反应动态在参与人数量不是很多的多种有限理性博弈分析中都是适用的，包括只有两个没有预见能力的有限理性参与人的反复相互博弈，博弈的策略也不一定是两种或是离散的，完全可以研究无限多种连续分布策略的情况。Cournot 在 1838 年提出的寡头竞争中的古诺调整问题，就是最优反应动态的一个典型例子。因为古诺调整就是假设寡头通过外推和学习不断调整自己的产量，每方所选择的产量都是对对手上一期产量的最佳反应。

我们采用第二章古诺模型例子中的假设。在这个模型中，两个寡头的反应函数分别是：

$$q_1 = 3 - \frac{q_2}{2} \tag{7-1}$$

$$q_2 = 3 - \frac{q_1}{2} \tag{7-2}$$

因此，如果两个参与人都是有博弈分析能力、有预见能力的完全理性参与人，那么他们都能够计算出各自的最佳均衡产量，即各生产 2 单位。这个产量也称为古诺产量。

现在假设这两个参与人都是有限理性的，但都属于知道自己的反应函数（意味着知道自己的利润函数），只是不知道对方的利润、反应函数，也没有预见能力。在这种假设下，两个寡头在第一个时期，也就是第一次博弈时选择的产量就很难确定。例如，一个寡头可能猜测对方会生产 1 单位，因此自己选择生产 2.5 单位；另一个寡头则可能根本没有意识到还有另一个寡头的存在，因此选择自己生产 3 单位。但在第一个时期的结果出来以后，也就是相互知道对方产量以后，两个寡头就会根据各自的反应函数作相应的调整。

不妨以上面提到的一个寡头生产 2.5 单位，另一个寡头生产 3 单位为第一个时期的结果，来演示一下两个寡头的产量调整过程。设生产 2.5 单位的是寡头 1，生产了 3 单位的是寡头 2。把这两个产量分别代入寡头 2 和寡头 1 的反应函数，很容易得到两个寡头第二期的产量将分别是 1.5 单位和 1.75 单位；然后再把这两个产量分别代入寡头 2 和寡头 1 的反应函数，不难得到第三期双方的产量为 2.125 单位和 2.25 单位；依次类推可得到第四期双方产量为 1.875 单位和 1.9375 单位……不难看出，上述动态调整过程趋向收敛于两寡头各生产 2 单位产量，也就是完全理性博弈的古诺产量，也即唯一的纯策略纳什均衡。这正是这个有限理性博弈的稳定状态，由于这个稳定状态也具有对微小扰动的稳健性，因此它是这个博弈在上述最优反应动态下的演化稳定策略（ESS）。

如果把上述古诺模型改成一个动态博弈，也就是两个参与人的选择是依次的而不是同时的，结果也是相同的，有限理性博弈的最优反应动态也会收敛到两寡头各生产 2 单位的古诺产量。这一点与一次性博弈有明显的不同，因为在一次性动态博弈的情况下，两个参与人的产量均衡与一次性静态博弈有很大的不同。读者不妨自己作一些讨论，并解释为什么会有这样的区别。

对于上述古诺调整过程，需要注意的一个问题是收敛性其实是有条件的，不管两寡头是否同时反应，上述动态调整过程收敛的充分条件为：两寡头的反应函数满足 $\left| \dfrac{\mathrm{d}r_1}{\mathrm{d}q_2} \right| \left| \dfrac{\mathrm{d}r_2}{\mathrm{d}q_1} \right| < 1$。其中两导数为寡头 i 的反应函数的斜率。需要注意的另一个问题是，古诺调整过程的逻辑基础是两个寡头始终假设对方的产量不变，但这个逻辑基础是值得推敲的，因为任何人在连续几次发觉对方并不保持产量不变的情况下，还会继续假设下期对方产量保持不变是很难令人信服的。因此如果假设各个参与人对对手过去各期的平均产量作出反应，可能要更加合理一些，但这就构成了另一种不同的动态机制。

第三节　复制动态和演化稳定性：两人对称博弈

有限理性参与人有多种不同的理性层次，学习的速度差别也很大。上一节在少量参与人之间反复博弈的分析框架中，讨论了具有较快学习速度的有限理性参与人的策略调整和策略稳定性。本节分析学习速度较慢的有限理性参与人的动态策略调整及其稳定性，分析框架是这种参与人组成的大群体成员的随机配对反复博弈。分析框架中的大群体成员随机配对博弈暗指所有参与人都是相似的，也意味着进行的博弈是博弈位置无差异的两人对称博弈。参与人的学习速度较慢表现为向优势策略转变是一个渐进的过程，不是所有参与人同时调整，策略调整速度可以用生物进化的进化动态方程——复制动态公式表示。本节进一步讨论群体成员有差异的、进行非对称博弈的情况。

一、签协议博弈的复制动态和演化稳定策略

以一个简单的签协议博弈为例，说明学习速度很慢、理性层次较低的有限理性参与人通过模仿学习博弈和调整策略的复制动态和策略稳定性。

在社会经济活动中合作的意义任何人都明白，没有合作，许多社会经济活动根本不可能进行，许多经济利益和社会利益都不能实现。例如，商业性拳击赛可以带来很大的商业利润，也能给人们提供娱乐。但要成功组织一场拳击赛，需要两个拳手的合作，只有双方都同意比赛才可能进行，一方不同意就不可能举行，商业利益和社会利益就无从谈起。经济活动中的各种合作都可以用签协议来代表，因为一旦签订协议，那么重要的经济合作就有了保障。表 7-2 中支付矩阵表示的就是一个关于签协议的博弈。在这个博弈中两个参与人都有"同意"和"不同意"两种可选策略，只有在双方都选择"同意"的情况下才

能够获得合作的利益各1单位，有一方或两方"不同意"合作利益就不存在，双方支付都是0。为了简单起见，不妨假设两个参与人的选择是同时的，因此是一个静态博弈。

表7-2 签协议博弈

参与人2

		同意	不同意
参与人1	同意	1, 1	0, 0
	不同意	0, 0	0, 0

根据该博弈的支付情况不难看出，它有两个纯策略纳什均衡（同意，同意）和（不同意，不同意），其中前一个纳什均衡帕累托优于后一个纳什均衡。因此如果是在两个满足完全理性假设的参与人之间进行该博弈，那么可以预期这个博弈的结果是双方都"同意"签协议。但在参与人理性层次很低的情况下结果就不同了。

现在在理性层次较低的有限理性参与人组成的大群体成员随机配对反复博弈的分析框架内分析该博弈。如果群体中成员的理性层次确实很低，那么就不会是所有参与人一开始就找到最佳策略，不可能所有博弈结果都是（同意，同意），通常应该是既有参与人"同意"，也有参与人"不同意"。现实中并不缺乏此类理性局限的例子。我们可以把采用不同策略的参与人看作不同"类型"的参与人，但这种"类型"不是给定的，而是随着参与人的策略而改变的。一般地，可以假设整个群体中"同意"类型的参与人比例是x，那么"不同意"类型参与人的比例当然是$1-x$。群体中参与人随机配对进行该博弈时，每个参与人都既可能遇到"同意"类型的对手，也可能遇到"不同意"类型的对手，前者概率是x，后者概率是$1-x$（注意对大群体来说，可忽略所考察的参与人本身对其他类型参与人比例的影响）。

在上述假设下，一个参与人的支付一方面取决于自己的类型，另一方面则取决于随机配对遇到的对手类型。不难计算出"同意"和"不同意"两种类型参与人各自的期望支付u_y和u_n分别为：

$$u_y = x \times 1 + (1-x) \times 0 = x \tag{7-3}$$

$$u_n = x \times 0 + (1-x) \times 0 = 0 \tag{7-4}$$

因此群体成员的平均支付为：

$$\bar{u} = x \times u_y + (1-x) \times u_n = x^2 \tag{7-5}$$

根据上述结果可以看出，除非$x=0$（即所有参与人都是"不同意"类型），否则两类参与人的支付就有明显差异，"同意"类型参与人的支付高于"不同意"类型的，也高于平均支付（因为$0<x<1$，因此$x>x^2>0$），"不同意"类型的则低于"同意"类型的支付和平均支付。只要参与人有基本的，包括直觉和经验的判断能力，早晚会发现上述支付差异，支付较差类型的参与人或早或迟会发现改变策略对自己是有利的，并开始模仿另一种类型的参与人。这意味着两种类型参与人的比例x和$1-x$不是固定不变的，而是随时间变化的，可以写成时间的函数$x(t)$和$1-x(t)$，当然为简单起见仍写成x和$1-x$。

参与人策略类型比例动态变化是有限理性博弈分析的核心，其关键是动态变化的速度（方向可由速度的正负号反映）。上述比例动态变化的速度则取决于参与人学习模仿的速度。通常情况下，参与人学习模仿速度取决于两个因素：一是模仿对象的数量大小（可用相应类型参与人的比例表示），因为这关系到观察和模仿的难易程度；二是模仿对象的成功程度（可用模仿对象策略支付超过平均支付的幅度表示），因为这关系到判断差异的难易程度和对模仿激励的大小。

以采用"同意"策略类型参与人的比例为例，其动态变化速度可以用下列动态微分方程表示：

$$\frac{dx}{dt} = x(u_y - \bar{u}) \tag{7-6}$$

其中，x 即"同意"类型参与人的比例，u_y 即采用"同意"策略的期望支付，$\bar{u}$ 为所有参与人的平均策略，$\dfrac{\mathrm{d}x}{\mathrm{d}t}$ 即"同意"类型参与人比例随时间的变化率。该动态微分方程的意义是，"同意"类型参与人比例的变化率与该类型参与人的比例成正比，与该类型参与人的期望支付大于所有参与人平均支付的幅度也成正比。上述动态微分方程与生物进化中描述特定性状个体频数变化自然选择过程的"复制动态"方程是一致的，因此也称它为复制动态或复制动态方程。我们把采用"同意"策略参与人的期望支付和群体所有参与人的平均支付代入上述复制动态方程，可以得到：

$$\frac{\mathrm{d}x}{\mathrm{d}t}=x(x-x^2)=x^2(1-x)=x^2-x^3 \tag{7-7}$$

式中，x 有大于 0 和等于 0 两种情况。当 $x=0$ 时，上述速率等于 0，即如果初始时刻没有参与人采用"同意"策略，那么采用这种策略的参与人就始终不会出现。现实根据是对于有限理性的参与人来说，一定要有模仿的对象才能进行模仿，当 $x=0$ 时就不可能有学习模仿的榜样，因此所有的参与人都不会有意识地改变策略。

当 $x>0$，也就是开始时有采用"同意"策略的参与人时，如果采用这种策略的期望支付超过平均支付的幅度为正（本例中因 $x>x^2$，因此符合），那么上述变化率为正，即采用"同意"策略的参与人会逐渐增加；当上述幅度小于 0 时（本例因 $0<x<1$，故不可能出现），上述变化率为负，即采用"同意"策略的参与人会减少；当该幅度为 0 时（本例只有在 $x=1$ 时成立），变化率就等于 0，即采用"同意"策略的参与人比例不会发生变化。

在上述有限理性参与人的群体成员随机配对反复进行前述签协议博弈的过程中，参与人动态策略调整的复制动态，最终会使参与人的策略趋向怎样的情况，是否会出现某种稳定状态呢？要讨论这些问题，我们可以先给出上述复制动态微分方程的相位图，如图 7-6 所示。

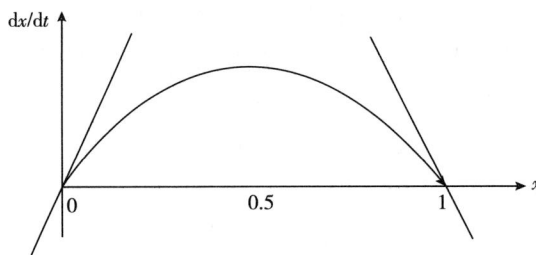

图 7-6 签协议博弈复制动态方程相位图

根据上述复制动态方程及其相位图我们不难看出，除了开始时所有参与人都采用"不同意"策略，没有一个参与人采用"同意"策略这一种情况，也就是 $x=0$ 以外，该博弈从其他所有初始情况出发的复制动态过程，最终会使所有参与人都趋向于"同意"，也就是 $x=1$。换句话说，$x^*=0$ 和 $x^*=1$ 是复制动态的两个稳定状态，其中 $x^*=1$ 是对应大多数初始状态的稳定状态。

在本博弈中，复制动态描述的实际上就是有限理性参与人学习如何博弈，学习采用"同意"策略的过程。当复制动态过程达到 $x^*=1$，即所有参与人都采用"同意"策略以后，学习过程就停止了，有限理性的参与人通过学习最终找到了本博弈比较有效率的纳什均衡。从这个意义上讲，有限理性博弈的复制动态机制是对完全理性博弈纳什均衡分析的支持，因为上述结论意味着只要参与人的理性满足复制动态的学习过程要求的程度，完全理性假设下纳什均衡分析的预测仍然是成立的，当然在有限理性参与人的情况下需要允许参与人有一个学习的过程。

需要注意的是，即使上述学习过程已经停止了，意味着所有参与人都通过学习找到了最好的策略，也不能排除参与人还会"犯错误",也就是说参与人仍然可能偏离上述复制动态收敛到的纳什均衡策略。这给我们提出的进一步问题是,如果参与人的策略偏离复制动态收敛到的稳定状态,学习过程是否还会再回到同样的稳定状态?或者换句话说,复制动态收敛到的稳定状态对于少量"错误"的干扰具有稳健性吗?

对于签协议博弈来说,我们可以假设在参与人通过学习、模仿都已经收敛到"同意"策略的情况下,出现了比例为 ε 的少数参与人"犯错误",偏离"同意"策略选择了"不同意"策略。此时,选择"同意"策略的比例为 $1-\varepsilon$。因此,采用"同意"和"不同意"两种策略参与人的期望支付和群体平均支付分别为:

$$u_y = (1-\varepsilon)\times 1 + \varepsilon \times 0 = 1-\varepsilon \tag{7-8}$$

$$u_n = (1-\varepsilon)\times 0 + \varepsilon \times 0 = 0 \tag{7-9}$$

$$\bar{u} = (1-\varepsilon)\times u_y + \varepsilon \times u_n = (1-\varepsilon)^2 \tag{7-10}$$

因为 $u_y = 1-\varepsilon > 0$ 且接近于 1,因此犯错误参与人的期望支付远远低于没有犯错误的参与人,也远低于群体平均支付,因此犯错误的参与人会逐步改正错误,最终仍然会趋向于 $x^* = 1$,即所有参与人都采用"同意"策略。

因此 $x^* = 1$,也就是所有参与人都采用"同意",不仅是复制动态会收敛到的一个稳定状态,而且具有对少量错误偏离的稳健性,根据上一节的介绍 $x^* = 1$ 是这个签协议博弈的有限理性博弈,在上述复制动态下的一个演化稳定策略(ESS)。

但上述复制动态中的另一个稳定状态 $x^* = 0$,也就是所有参与人都采用"不同意"策略,就不是演化稳定策略。因为虽然当处于 $x^* = 0$ 时复制动态并不会改变它,但一方面初始状态不在此处时复制动态不会收敛于它,而且当有少量参与人偏离这个稳定状态时,复制动态会使得结果离它越来越远,不会再收敛于它。例如,当有比例 ε 的少量参与人偏离"不同意"采用"同意"时,采用"同意"和"不同意"策略参与人的期望支付和群体平均支付分别为:

$$u_y = \varepsilon \times 1 + (1-\varepsilon)\times 0 = \varepsilon \tag{7-11}$$

$$u_n = \varepsilon \times 0 + (1-\varepsilon)\times 0 = 0 \tag{7-12}$$

$$\bar{u} = \varepsilon \times u_y + (1-\varepsilon)\times u_n = \varepsilon^2 \tag{7-13}$$

由于采用"不同意"策略参与人的期望支付为 0,小于采用"同意"策略参与人支付和群体平均支付,因此采用"不同意"策略的参与人在复制动态过程中会不断减少,最终收敛到 $x^* = 1$,也就是所有参与人都采用"同意"策略的稳定状态。

同样的方法,也可以给出采用"不同意"策略类型参与人比例变化的复制动态方程,并根据这个复制动态方程分析稳定状态和演化稳定策略。但实际上采用"不同意"策略参与人的比例可以根据采用"同意"策略参与人的比例计算出来,两者的变化速度也不是相互独立的,而是相互决定的,因此没有必然作重复的讨论。

二、一般两人对称博弈的复制动态和演化稳定策略

上一节以签协议博弈为例讨论了有限理性对博弈的影响,讨论了有限理性参与人在长期反复博弈的动态过程中是如何进行博弈、学习博弈的,讨论了在参与人只有有限理性的情况下,真正稳定的博弈均衡是什么,其中我们引进了复制动态概念。复制动态和演化稳定策略是有限理性博弈,或者说是演化博弈论的两个最重要的基本概念。

当然,签协议博弈只是一个简单的特例,根据这个博弈进行的分析是否具有一般意义,我们还需要作进一步的讨论。为此我们进一步对一般 2×2 对称博弈的复制动态和演化稳定策略作一些分析,希望能

得出比较一般的结论。一般 2×2 对称博弈可以用表 7-3 中支付矩阵表示。

表 7-3 一般 2x2 对称博弈

参与人 2

		策略 1	策略 2
参与人 1	策略 1	a, a	b, c
	策略 2	c, b	d, d

表 7-3 是一个一般 2×2 对称博弈的支付矩阵。如果不给出支付的具体数值，该博弈有哪些纳什均衡并不清楚。现在我们考虑该博弈的有限理性博弈问题。事实上，对于有限理性的参与人来说，能否知道纳什均衡其实并不重要。因为有限理性参与人本身不一定有能力找到纳什均衡，不一定会采用纳什均衡策略，或者换句话说，不管是不是纳什均衡策略，任何策略都可能有部分参与人会采用。

我们现在考虑在一个大群体的成员间随机配对进行该博弈。假设在该群体中，有比例为 x 的参与人采用策略 1，比例 $1-x$ 参与人采用策略 2。那么，采用两种策略参与人的期望支付和群体平均期望支付分别为：

$$u_1 = x \times a + (1-x) \times b \tag{7-14}$$

$$u_2 = x \times c + (1-x) \times d \tag{7-15}$$

$$\bar{u} = x \times u_1 + (1-x) \times u_2 \tag{7-16}$$

把签协议博弈有限理性博弈分析的复制动态思想用到这个一般的 2×2 对称博弈中，根据上述支付得到复制动态方程：

$$\begin{aligned}
\frac{dx}{dt} &= x(u_1 - \bar{u}) \\
&= x[u_1 - xu_1 - (1-x) \times u_2] \\
&= x(1-x)(u_1 - u_2) \\
&= x(1-x)[x(a-c) + (1-x)(b-d)]
\end{aligned} \tag{7-17}$$

当给定 a、b、c、d 的数值时，$\frac{dx}{dt}$ 为 x 的单元函数。因此，一般地可以把上述复制动态方程简记为：

$$\frac{dx}{dt} = F(x) \tag{7-18}$$

在上述复制动态方程的基础上，我们也可以讨论该博弈的演化稳定策略 ESS。先找出复制动态的稳定状态，也就是在复制动态的过程中，采用两种策略参与人比例不变的水平。这只要令复制动态方程中 $F(x) = 0$，即可解出所有的复制动态稳定状态。然后再讨论这些稳定状态的邻域稳定性，也就是对于微小的偏离扰动具有稳健性的均衡状态。

根据上述复制动态方程的 $F(x) = x(1-x)[x(a-c) + (1-x)(b-d)]$ 不难知道，该复制动态最多有三个稳定状态，分别是 $x^* = 0$、$x^* = 1$ 和 $x^* = (b-d)/(a-b-c+d)$，注意其中第三个稳定状态可能与前两个中的一个相同，因此实际有可能只有两个稳定状态。例如，把前面介绍的签协议博弈作为一般 2×2 对称博弈的一个特例，把 $a=1$、$b=c=d=0$ 代入复制方程，并令 $F(x) = x(1-x) = 0$，就只能解得 $x^* = 0$ 和 $x^* = 1$ 两个稳定状态。

根据演化稳定策略的性质可知，一个稳定状态必须对微小扰动具有稳健性才能称为演化稳定策略。也就是说，作为演化稳定策略的点 x^*，除了本身必须是均衡状态以外，还必须具有这样的性质，那就是如果某些参与人由于偶然的错误偏离了它们，复制动态仍然会使其回复到 x^*。在数学上，这相当于要求

当干扰使 x 出现低于 x^* 时，$\dfrac{dx}{dt}=F(x)$ 必须大于 0，当干扰使 x 出现高于 x^* 时，$\dfrac{dx}{dt}=F(x)$ 必须小于 0。换句话说，也就是在这些稳定状态处 $F(x)$ 的导数（也就是切线的斜率）$F'(x^*)$ 必须小于 0。这就是微分方程的稳定性定理。用复制动态方程的相位图表示，那就是与水平轴相交且交点处切线斜率为负的点，为相应博弈复制动态的演化稳定策略。如图 7-7 中的 x^* 点。注意在图 7-7 对应的博弈问题中，$x=0$ 和 $x=1$ 都不是演化稳定策略，因为在这两点复制动态方程的切线斜率都大于 0，只有中间的 x^* 处该切线斜率才小于 0，因此这个 x^* 是该博弈的演化稳定策略。

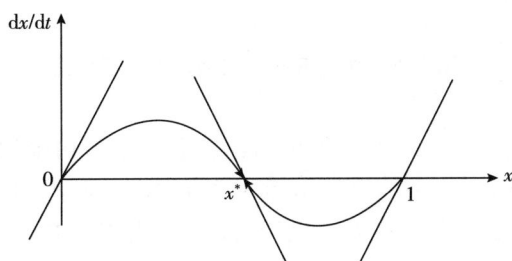

图 7-7　2×2 对称博弈复制动态方程相位图

我们回头看一下签协议博弈复制动态方程的相位图（见图 7-6），也可以发现，在其复制动态曲线与水平轴的两个交点中，只有 $x^*=1$ 处的切线斜率为负，而 $x^*=0$ 处的切线斜率为正，这正好与前面得出的 $x^*=1$ 是演化稳定策略，而 $x^*=0$ 不是演化稳定策略的结论相符。

三、协调博弈的复制动态和演化稳定策略

作为一般 2×2 对称博弈演化博弈分析的应用，首先分析一下第二节中用最优反应动态分析过的协调博弈。通过对该博弈用两种不同的动态机制进行有限理性博弈分析，我们既可以对参与人学习和策略协调动态机制的差异对博弈结果的影响有更多认识，也能对有限理性本身有更深刻的认识。为了清楚起见，我们这里再给出其支付矩阵，如表 7-4 所示。

表 7-4　协调博弈

		参与人 2	
		策略 1	策略 2
参与人 1	策略 1	50, 50	49, 0
	策略 2	0, 49	60, 60

很显然，协调博弈就是一个标准的 2×2 对称博弈。因为前面已经得到了一般 2×2 对称博弈复制动态方程的一般公式，因此我们直接把 $a=50$、$b=49$、$c=0$、$d=60$ 代入该一般复制动态方程，得到：

$$\frac{dx}{dt}=F(x)=x(1-x)[x(a-c)+(1-x)(b-d)]$$
$$=x(1-x)(61x-11) \tag{7-19}$$

令 $F(x)=0$ 可解出三个稳定状态，分别为 $x^*=0$、$x^*=1$ 和 $x^*=11/61$。并且不难验证，$F'(0)<0$，$F'(1)<0$，而 $F'(11/61)>0$。根据前述微分方程稳定性定理，可知 $x^*=0$、$x^*=1$ 都是该博弈的演化稳定策略，而 $x^*=11/61$ 则不是本博弈的演化稳定策略。上述复制动态方程的相位图如图 7-8 所示。从图中

也可以看出 $x^* = 0$ 和 $x^* = 1$ 是该博弈的 ESS，$x^* = 11/61$ 不是该博弈的 ESS。

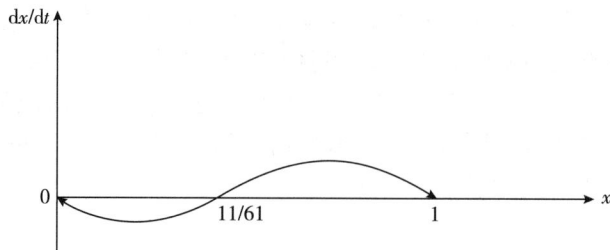

图 7-8　协调博弈复制动态方程相位图

根据上述复制动态相位图我们进一步可以得出结论，那就是当初始的 x 水平落在区间（0，11/61）时，复制动态会趋向于稳定状态 $x^* = 0$，即所有参与人都采用策略 2。而当初始的 x 水平落在区间（11/61，1）时，复制动态会趋向于 $x^* = 1$，即所有参与人都采用策略 1。由于所有参与人都采用策略 2 的均衡是两个均衡中效率较高的，每个参与人都能得到 60 单位支付，而所有参与人都采用策略 1 的均衡每个参与人只能得到 50 单位支付，因此前一种情况代表更理想的结果。但按照上述分析可知，如果初次进行这个博弈时群体成员采用两种策略的比例落在［0，1］区间任一点的概率相同，那么通过复制动态最终实现前一种更高效率演化稳定策略均衡的机会是 11/61，实现后一种相对较差演化稳定策略均衡的机会却有 50/61，后者明显大于前者。

这个结论也说明，有限理性参与人通过复制动态的学习和策略调整也并不一定能实现最理想的结果，并不一定能实现最优化，往往只能实现次佳的结果。上述结果的另一个重要意义是，复制动态演化博弈的结果常常是取决于带有很大偶然性的初始状态的，事实上这也正是为什么在相似的规律作用下，事物的形态特点会如此丰富多彩的根本原因。

我们再把上述协调博弈以复制动态为核心的演化博弈分析结果，与以最优反应动态为核心的演化博弈分析结果作一些对比。不难发现，这两种结果既有相似的地方，也有一定的差别。相似之处是两者都是大部分情况下会趋向于所有参与人都采用策略 1 的效率较低的均衡，趋向于所有参与人都采用策略 2 的较高效率均衡的情况都较少。主要差异是复制动态趋向于效率较高均衡的机会（11/61），比最优反应动态趋向于较高效率均衡的机会（1/32）要更高一些。这种差异也具有非常重要的意义，因为复制动态模拟的是学习速度很慢、理性层次非常低的参与人，而最优反应动态模拟的则是相对来说学习速度较快、理性层次要高一些的参与人，因此上述差异又一次给我们提供了这样的证据，那就是当（人们总体的）理性达不到完美性要求时，理性程度稍高的参与人并不一定能得到比理性稍差的参与人更理想的结果。其实上述结果差异也是囚徒困境的一种表现形式。

四、鹰鸽博弈的复制动态和演化稳定策略

下面分析一个称为鹰鸽博弈的经典博弈问题的复制动态和演化稳定策略。鹰鸽博弈研究的实际上并不是鹰和鸽两种动物之间的博弈，恰恰是同一物种、种群内部竞争和冲突中的策略和均衡问题，其中鹰和鸽分别指攻击型和和平型的两种策略，或者两种策略类型。鹰鸽博弈是研究动物世界和人类社会中普遍存在的竞争和冲突现象的经典博弈，鹰鸽博弈的演化博弈分析则可以揭示人类社会或动物世界发生战争或激烈冲突的可能性及其频率，国际关系中霸道和软弱、侵略和反抗、威胁和妥协等共存的原因等。用支付矩阵表示，鹰鸽博弈如表 7-5 所示。

表 7-5 鹰鸽博弈

参与人 2

		鹰	鸽子
参与人 1	鹰	$\frac{v-c}{2}, \frac{v-c}{2}$	$v, 0$
	鸽子	$0, v$	$\frac{v}{2}, \frac{v}{2}$

上述支付矩阵中各个支付的意义如下：v 代表双方争夺的利益（可以是军事利益、经济利益或政治利益，也可以是动物的领地和增殖机会），c 是争夺中失败一方的损失。如果双方都采用攻击策略，那么双方获胜和失败的概率都是 1/2，因此各自的期望利益都是（$v-c$）/2。如果双方都采用和平策略，那么双方能够分享目标利益，各得 $v/2$ 单位利益。如果和平策略遇到攻击策略，那么采用攻击策略者获得利益而采用和平策略者得不到任何利益，但也没有损失。该博弈的纳什均衡取决于 v 和 c 的具体数值，v 和 c 未知时则不清楚。

现在考虑有限理性博弈的复制动态和演化稳定策略。因为这个博弈也是一个 2×2 对称博弈，因此可以直接运用 2×2 对称博弈复制动态的一般公式。用 x 表示采用"鹰"策略参与人的比例，把 $a=(v-c)/2$，$b=v$，$c=0$，$d=v/2$ 代入，可得采用"鹰"策略参与人比例的复制动态方程为：

$$\frac{\mathrm{d}x}{\mathrm{d}t}=F(x)=x(1-x)\left[\frac{x(v-c)}{2}+\frac{(1-x)v}{2}\right] \tag{7-20}$$

为了直观起见，这里给出 v 和 c 的一组具体数值，如 $v=2$，$c=12$[①]，那么复制动态方程就为：

$$\frac{\mathrm{d}x}{\mathrm{d}t}=F(x)=x(1-x)(1-6x) \tag{7-21}$$

根据该复制动态方程，不难解出复制动态的三个稳定状态分别为 $x^*=0$、$x^*=1$ 和 $x^*=1/6$。进一步容易证明，在这三个均衡点中只有 $x^*=1/6$ 是演化稳定策略，因为 $F'(0)>0$，$F'(1)>0$，而 $F'(1/6)<0$。其实根据图 7-9 中复制动态方程的相位图，也可看出只有 $x^*=1/6$ 是真正稳定的演化稳定策略。

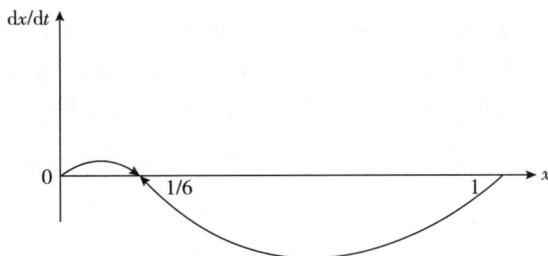

图 7-9 鹰鸽博弈动态复制相位图

上述演化博弈分析结论的现实意义是，当人们争夺、竞争的利益和严重冲突的后果损失符合上述设定时，在较大规模群体长期的进化中，采取攻击型策略的参与人的数量最终会稳定在 1/6 左右的水平，大多数人（5/6）会采用比较和平的策略。这意味着发生严重战争的机会虽然存在，但可能性比较小（大约 1/36），相互间和平共处的可能性最大（约占 25/36），比较忍让的一方受到比较霸道一方欺负的机会居中（约 10/36）。这是比较稳定的状态，实际情况通常会在该水平上下波动。这样的格局与国际政治

---

① 注：通过战争、激烈冲突获得的利益常常是低于为此造成的损失的，特别是对其中失败的一方，因此假设的两个相对数值水平是有现实根据的。

军事关系的实际情况还是很相似的。

五、蛙鸣博弈的复制动态和演化稳定策略

我们一开始就强调经济学的演化博弈分析与生物进化理论的关系，但到目前为止还没有认真讨论过一个完全是生物进化中的博弈问题。这里把青蛙特定器官、行为的进化，作为一般 2×2 对称博弈演化博弈分析的例子进行一些讨论，作为对第一节相关论述的呼应。注意下面的分析只保证适用特定种类、环境的青蛙，对其他青蛙并不一定适用，因为不同种类和环境条件中青蛙的器官和行为特征是有很大差异的。

亿万年以前青蛙的祖先既无耳朵也不会发声。但经过长期进化的现代青蛙却变成雄蛙能够非常响亮地鸣叫，而雌蛙则有相当好的听力。雄蛙之所以变得如此热衷于"歌唱"，当然不是因为要给人类提供免费音乐会。与所有动物各种性状的进化演变一样，青蛙进化发展出这些雌雄不同能力的根本原因，也是为了获得更多的交配和繁殖后代的机会，把自身的基因最大限度遗传下去。或者说是因为能够发声的雄蛙和有较好听力的雌蛙有较大的交配机会，从而更能把自己的基因特征（包含发声和听力的表现型）遗传下去。因为在青蛙交配季节的活动环境里，雄蛙的响亮叫声是吸引雌蛙注意、有机会交配的重要手段（实验表明，两只都不鸣叫的雄蛙获得交配的机会各为 50%，但当一只雄蛙鸣叫而另一只不鸣叫时，前者获交配的概率上升到 60%）。

值得注意的是，发声对于雄蛙来说并不总是好的竞争策略，因为蛙鸣对雄蛙来说也有很大的成本代价或风险。首先是发声的雄蛙更容易被它们的天敌蛇发现（注意雄蛙的叫声也是蛇的听力的进化动力），有丧命的危险；其次是蛙鸣会消耗掉宝贵的能量，气温比较低的地区和季节也是致命的问题；最后是雄蛙在鸣叫问题上也有"搭便车"的现象，也就是不叫的雄蛙往往会从其他雄蛙的鸣叫中得益，因为鸣叫的雄蛙吸引来的雌蛙也会增加没有鸣叫雄蛙的交配机会，而不鸣叫就不需要承担鸣叫的成本代价。因此，鸣叫和不鸣叫对雄蛙来说并不是一个简单的问题，而是有明显博弈特征的重要选择问题。在这个博弈中，鸣叫的雄蛙并不总是获利较多的，因此现实中的雄蛙既有鸣叫的，也有根本不会鸣叫的。也许正是这个原因，青蛙的叫声才没有发展到我们不能忍受的地步！

如果把蛙鸣问题抽象为两只雄蛙之间的策略博弈，那么可以这样假设：在某一范围内有两只雄蛙。如果它们都不鸣叫，则吸引来的雌蛙数量为 0，即它们都没有交配的机会；如果有一只雄蛙鸣叫，那么会吸引来 1 只雌蛙，而鸣叫的雄蛙获得交配的机会为 m，$0.5<m<1$，但鸣叫者有成本 z；如果它们都鸣叫，则各能吸引 P 只雌蛙，或者说获得交配的机会为 P，$0<P<1$，此时各有成本 z。这样两只雄蛙之间构成了表 7-6 支付矩阵代表的博弈。

表 7-6 蛙鸣博弈

		雄蛙 2	
		鸣叫	不鸣叫
雄蛙 1	鸣叫	$P-z$, $P-z$	$m-z$, $1-m$
	不鸣叫	$1-m$, $m-z$	0, 0

该博弈的纳什均衡取决于其中 P、m、z 的具体水平或者说相对水平。根据上述假设，首先知道 $P-z>m-z$ 是成立的。

如果 $m-z<0$，也就是 $m<z$，那么因为 $P<1$，因此必然有 $P-z<1-m$，这时候两只雄蛙都不鸣叫是该博弈唯一的纳什均衡。因为在这种情况下鸣叫总是不合算的，不鸣叫是双方的上策。

如果 $m-z>0$，也就是 $m>z$，但 $P-z<1-m$ 仍然成立，则 $P-1+m<z<m$。此时上述博弈存在两个纯策略纳什均衡，分别是两只雄蛙一只鸣叫和一只不鸣叫。此时还存在一个混合策略的纳什均衡，两只雄蛙都以一定的概率随机决定是否鸣叫。

如果在 $m-z>0$ 的情况下，$P-z>1-m$，那么两只雄蛙都鸣叫是唯一的纯策略纳什均衡，因为此时鸣叫对两只雄蛙来说都是上策。

上述分析结论说明，在这个蛙鸣博弈中，除了鸣叫与不鸣叫在吸引雌蛙和获得交配机会方面的差异以外，鸣叫的成本代价大小也是决定雄蛙是否鸣叫的关键因素。上述几种结果可归结为如图 7-10 所示的 m 和 z 坐标平面图中的几个不同的区域。

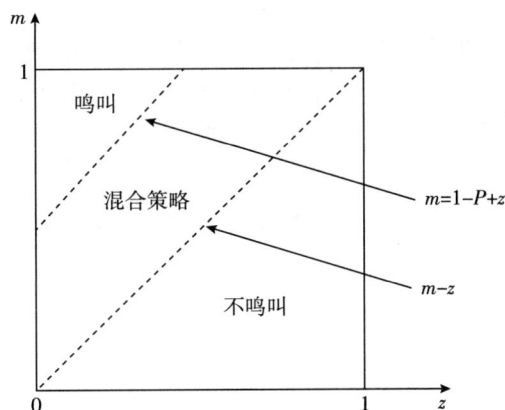

图 7-10　蛙鸣博弈不同均衡的条件

当然，我们通常不会认为青蛙有进行如此复杂推理分析、最优化选择的能力，甚至也不会相信青蛙有通过观察分析相互学习模仿成功策略的能力。事实上，青蛙的发声器官并不能在短时间内发育生长出来，因此用上述完全理性条件下的策略博弈描述青蛙对自身重要器官特征的选择，不仅脱离实际，而且也不能说明雄蛙从不发声到发声的实际进化过程。

要更好地反映和理解青蛙这个物种或者其种群对自身器官特征选择的规律，以及青蛙从不发声转变成发声的过程。我们只有根据基本上没有理性要求，或者说只有本能起作用的条件下，通过遗传特征的变异和自然选择决定青蛙器官特征的动态进化过程来分析。首先假设开始时所有雄蛙都是不发声的，但由于某种原因部分雄蛙发生了变异，开始发声，而同时部分雌蛙则有了一定的听力，那么由于这部分青蛙获得交配的机会较大，因此把这些变异的特征遗传下去的可能性很大，从而使继承它们这种发声特征的后代数量在整个种群中的比例发生变化、增加。根据上述交配机会的博弈关系，我们不难构建关于雄蛙发声特征进化遗传过程的动态规律，也就是复制动态方程。设在雄蛙中鸣叫雄蛙的比例为 x，那么随着时间的变化，该比例的变化率也取决于鸣叫雄蛙的原有比例，以及鸣叫雄蛙的利益，也就是交配机会与所有雄蛙平均交配机会的相对关系，前者是否超过后者以及超过的幅度。由于上述博弈关系是 2×2 对称博弈，因此复制动态可直接根据一般公式得到：

$$\frac{\mathrm{d}x}{\mathrm{d}t}=x(1-x)\left[x(P-z-1+m)+(1-x)(m-z)\right] \tag{7-22}$$

根据该复制动态方程，不难求出其三个不动点，也就是可能的稳定状态点(具体数量事实上与 P、m、z 的数值有关)，分别为 $x^*=0$，$x^*=1$，$x^*=(m-z)(1-P)$。

当 $0<(m-z)(1-P)<1$ 时(也就是 $m>z$ 和 $P-z<1-m$ 同时成立，或 $P-1+m<z<m$)，上述进化过程复制动态的三个稳定状态都是合理的，因为都处于 $0\leqslant x\leqslant 1$ 的有效范围。这时候复制动态方程的相位图如图 7-11 所示。

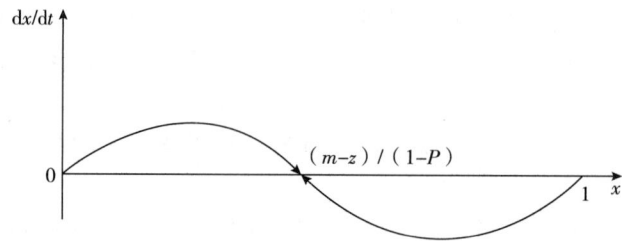

图 7-11 蛙鸣博弈复制动态相位图 [0< (m-z) / (1-P) <1]

不难看出，其中只有 $x^* = (m-z)(1-P)$ 是演化稳定策略。事实上，这意味着如果上述由环境条件等决定的蛙鸣的利益关系是稳定的，那么一旦发生少数雄蛙从不鸣叫到鸣叫的变异，那么这种变异雄蛙的数量会不断增加，直到达到占整个雄蛙数量的比重为 $x^* = (m-z)(1-P)$。如果雄蛙中鸣叫雄蛙所占比重超过这个水平，甚至全部是鸣叫的，那么这时候少量不鸣叫的变异则又会在种群中扩散，因为此时不鸣叫雄蛙"搭便车"的机会和利益特别大，最终仍然会回到 $x^* = (m-z)(1-P)$ 的均衡比例。

当 $(m-z)(1-P)<0$ 也就是 $m<z$ 时，上述复制动态方程的不动点只有 $x^* = 0$ 和 $x^* = 1$ 两点符合要求。此时复制动态方程的相位图如图 7-12 所示。

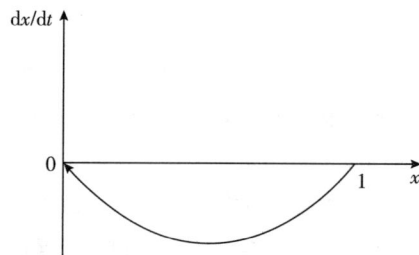

图 7-12 蛙鸣博弈复制动态相位图 [(m-z) / (1-P) <0]

根据上述相位图不难看出，这时候复制动态的唯一稳定的均衡点，也就是 ESS 为 $x^* = 0$，也即所有雄蛙都是不鸣叫的。换句话说，如果从所有雄蛙都是不鸣叫的开始，那么即使出现少量鸣叫的变异，它们也很快就会消失掉。只要不是开始时所有雄蛙都是鸣叫的极端情况，最终都会在长期的动态变化中趋向于不鸣叫。即使是所有雄蛙都鸣叫的极端情况，也是一旦出现变异，变异就会不断扩散，最终还是会趋向于所有雄蛙都不鸣叫的均衡。

最后一种情况是 $(m-z)(1-P)>1$，也就是 $m-z>1-P$ 的情况。此时，复制动态的三个不动点中也只有 $x^* = 0$ 和 $x^* = 1$ 两点符合要求。复制动态方程的相位图如图 7-13 所示。

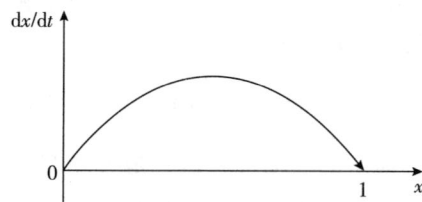

图 7-13 蛙鸣博弈复制动态相位图 [(m-z) / (1-P) >1]

根据该相位图可以看出，现在的演化稳定策略是 $x^* = 1$，也就是所有雄蛙都鸣叫。这种情况在青蛙的天敌较少，而且气候不是很寒冷，从而鸣叫的好处大大超过成本代价时是合理的。

上面用两人对称博弈的复制动态演化博弈分析的方法，讨论了生物演化博弈中的蛙鸣问题。事实上，同样的方法也可以用来研究其他生物物种的性状特征的进化演变，并研究环境条件因素对生物进化过程的影响等许多问题。当然，如果有相互关系的不同物种的进化放在一起研究，那么就需要运用下面这种非对称博弈的演化博弈分析框架，才能进行有效的研究。

第四节　复制动态和演化稳定性：两人非对称博弈

上一节分析了两人对称博弈的复制动态和演化稳定策略。两人对称博弈的演化博弈分析，对应的是相似参与人群体的策略进化和稳定性。但很显然，有限理性的参与人也会进行非对称博弈。这时候一个大群体成员间随机配对反复博弈就不再是合适的分析框架了，必须用两个（或多个）有差别的有限理性参与人群体的成员，相互之间随机配对博弈的分析框架进行分析。本节主要介绍两人非对称博弈的演化博弈分析。

一、市场阻入博弈的复制动态和演化稳定策略

仍然通过具体的例子来说明非对称博弈的复制动态演化博弈分析。市场阻入博弈是常见的经济博弈问题，也是典型的动态博弈。为了简单起见，我们假设所讨论的市场阻入博弈就是表7-7中这个给出具体支付数字的例子。其中在参与人1位置博弈的是可能进入市场的潜在竞争者，在参与人2位置博弈的是先占领市场的阻止进入一方。

当然，只要另外说明双方选择的次序，该博弈也可以用支付矩阵表示，如表7-7所示。

表7-7　市场阻入博弈得益矩阵

		参与人2	
		打击	不打击
参与人1	打击	0, 0	2, 2
	不打击	1, 5	1, 5

可以肯定的是，这个博弈的两个参与人既不是同时选择，且策略选择和支付情况也不对称，因此肯定是一个非对称的两人博弈。根据上述扩展形和支付矩阵都容易看出，这个博弈中有两个纳什均衡策略组合那就是（进，不打击）和（不进，打击）。但这两个策略纳什均衡中，只有前者是子博弈完美纳什均衡。因此如果参与人1是在两个完全理性的参与人之间进行这个博弈，那么该博弈的均衡应该是前者，双方各得2单位利益。

下面来讨论这个博弈的有限理性博弈，也就是有限理性参与人进行这个博弈的情况。参与人有限理性意味着参与人没有求子博弈完美纳什均衡策略的能力和坚持这种策略的信心，因此博弈结果往往不是上述子博弈完美纳什均衡，但一次性博弈中参与人究竟会作怎样的选择，博弈的结果究竟会是什么则很难预言。我们仍然需要在适当的分析框架下对该博弈进行有限理性的演化博弈分析。

由于本博弈是一个非对称博弈，因此不能套用对称博弈的分析框架。关键是现在实际上有两个不同的参与人群体，一个是在参与人1位置博弈的潜在的进入者群体，另一个是在参与人2位置博弈的阻入

者群体，每次博弈实际上都是前一个群体的一个成员与后一个群体的一个成员进行的。因此现在我们的分析框架是，反复在两个群体中各随机抽取一个成员配对进行上述市场阻入博弈，参与人的学习和策略模仿局限在他们所在群体内部，策略调整的机制仍然是与两人对称博弈中相似的复制动态。这样，我们就可以分别对两个群体成员进行复制动态和演化稳定策略分析，分析的方法与两人对称博弈是相似的。

假设在参与人 1 位置博弈的群体中，采用"进"策略的参与人比例为 x，那么采用"不进"策略的比例则为 $1-x$；同时假设在参与人 2 位置博弈的群体中采用"打击"策略的参与人的比例为 y，那么采用"不打击"策略的比例就为 $1-y$。这样在参与人 1 位置博弈的"进"、"不进"两类参与人的期望支付 u_{1e}、u_{1n} 和群体平均支付 $\bar{u}_1$ 分别为：

$$u_{1e}=y\times0+(1-y)\times2=2(1-y) \tag{7-23}$$

$$u_{1n}=y\times1+(1-y)\times1=1 \tag{7-24}$$

$$\bar{u}_1=x\times u_{1e}+(1-x)u_{1n}=2x(1-y)+(1-x) \tag{7-25}$$

在参与人 2 位置博弈的"打击"、"不打击"两类参与人的期望支付 u_{2s}、u_{2n}，和群体平均支付 $\bar{u}_2$ 分别为：

$$u_{2s}=x\times0+(1-x)\times5=5-5x \tag{7-26}$$

$$u_{2n}=x\times2+(1-x)\times5=5-3x \tag{7-27}$$

$$\bar{u}_2=y\times u_{2s}+(1-y)u_{2n}=5-2xy-3x \tag{7-28}$$

现在分别把两人对称博弈演化博弈的复制动态分析，用于两个位置博弈的参与人群体，得到在参与人 1 位置博弈的参与人类型比例的复制动态方程为：

$$\begin{aligned}
\frac{\mathrm{d}x}{\mathrm{d}t}&=x(u_{1e}-\bar{u}_1)\\
&=x[2(1-y)-2x(1-y)-(1-x)]\\
&=x[2(1-y)(1-x)-(1-x)]\\
&=x(1-x)(1-2y)
\end{aligned} \tag{7-29}$$

在参与人 2 位置博弈的参与人类型比例的复制动态方程为：

$$\begin{aligned}
\frac{\mathrm{d}y}{\mathrm{d}t}&=y(u_{2s}-\bar{u}_2)\\
&=y(5-5x-5+2xy-3x)\\
&=y(2xy-2x)\\
&=y(1-y)(-2x)
\end{aligned} \tag{7-30}$$

先对参与人 1 位置博弈的群体的复制动态方程作一些分析。根据该动态方程，如果 $y=1/2$，那么 $\frac{\mathrm{d}x}{\mathrm{d}t}$ 始终为 0，这意味着所有 x 水平都是稳定状态；如果 $y\neq1/2$，则 $x^*=0$ 和 $x^*=1$ 是两个稳定状态，其中 $y>1/2$ 时 $x^*=0$ 是 ESS，$y<1/2$ 时 $x^*=1$ 是 ESS。图 7-14 中的三个相位图分别给出了上述三种情况下 x 的动态趋势及稳定性。

现在再分析在参与人 2 位置博弈的群体的复制动态方程。根据该动态方程，当 $x=0$ 时，$\frac{\mathrm{d}y}{\mathrm{d}t}$ 始终为 0，即所有 y 都是稳定状态；当 $x\neq0$ 时（此时必然 $x>0$），$y^*=0$ 和 $y^*=1$ 是两个稳定状态，其中 $y^*=0$ 是 ESS。图 7-15 中的两个相位图给出了 y 的动态趋势及稳定性。

进一步，可以把上述两个群体类型比例变化复制动态的关系，在以两个比例为坐标的坐标平面图上表示出来，如图 7-16 所示。

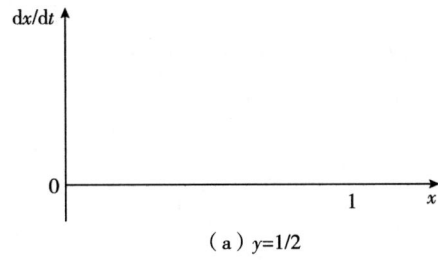

（a）y=1/2

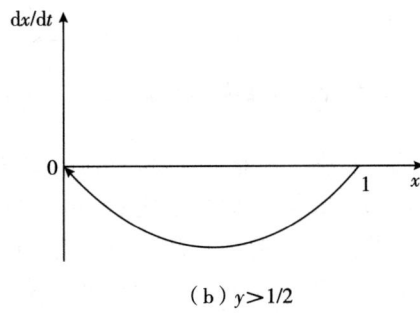

（b）y＞1/2

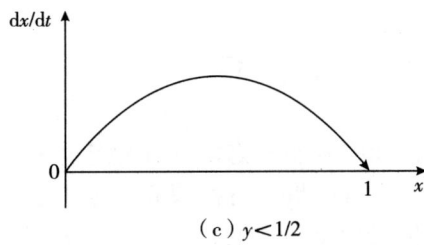

（c）y＜1/2

图 7-14　参与人 1 位置博弈群体复制动态相位图

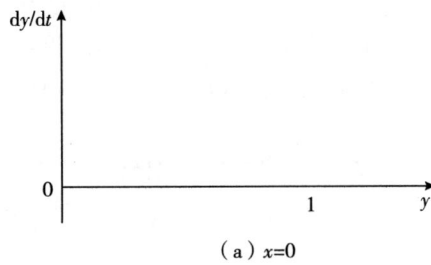

（a）x=0

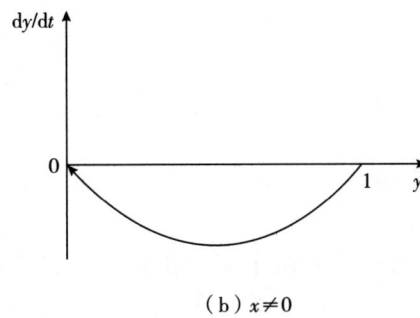

（b）x≠0

图 7-15　参与人 2 位置博弈群体复制动态相位图

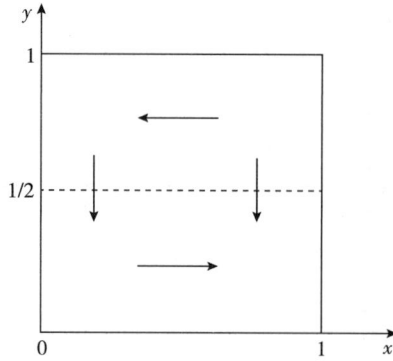

图 7-16　非对称博弈两群体复制动态的关系和稳定性

根据图 7-16 中反映的复制动态和稳定性，不难看出本博弈的演化稳定策略只有 $x^* = 1$ 和 $y^* = 0$ 一点，其他所有点都不是复制动态中收敛和具有抗扰动的稳定状态。这意味着有限理性的参与人通过长期反复博弈，学习和调整策略的结果是，潜在进入者最终都会进入市场竞争，而先占领市场的阻入一方则会放弃采取不理智的报复措施。这与完全理性条件下博弈的子博弈完美纳什均衡完全一致，说明在这个问题上有限理性的参与人通过学习是能够掌握子博弈完美纳什均衡策略的。

二、非对称鹰鸽博弈的演化博弈分析

上一节分析了鹰鸽博弈有限理性博弈的复制动态和演化稳定策略，其中作为基本博弈的鹰鸽博弈是一个两人对称博弈。实际上，鹰鸽博弈也可以是非对称博弈，因为当人们（或者其他动物）为了某件事物发生冲突竞争的时候，所争夺的目标对冲突各方的价值并不一定是一致的。例如，当问题中一个国家试图侵略另一个国家，另一个国家考虑是否抗击入侵者时，双方所争夺的国土对前者来说意味着一块殖民地，后者则是自己的祖国，显然对于双方来说价值是完全不同的，对后者的价值通常要远远高于前者。如果假设鹰鸽博弈所争夺的目标对参与人 1 位置博弈的参与人价值为 v_1，对参与人 2 位置博弈的参与人价值为 v_2，并设 $v_1 > v_2 > 0$。再假设其余方面都与对称鹰鸽博弈的假设相同。那么，现在这个鹰鸽博弈的支付矩阵如表 7-8 所示。很显然，这是一个双方利益不对称的非对称博弈。

表 7-8　非对称鹰鸽博弈 1

参与人 2

博弈方 1		鹰	鸽
	鹰	$\frac{v_1-c}{2}, \frac{v_2-c}{2}$	$v_1, 0$
	鸽	$0, v_2$	$\frac{v_1}{2}, \frac{v_2}{2}$

为了简单起见，进一步假设上述博弈中 $v_1 = 10$，$v_2 = 2$，$c = 12$，这样该博弈的支付矩阵进一步变为表 7-9 中的情况。

我们直接分析表 7-9 非对称博弈鹰鸽博弈两个博弈位置博弈群体各自的复制动态和演化稳定策略。我们假设在参与人 1 位置博弈的群体中，采用"鹰"策略的参与人比例为 x，那么采用"鸽"策略的比例则为 $1-x$；同时假设在参与人 2 位置博弈的群体中采用"鹰"策略的参与人比例为 y，那么采用"鸽"策略的比例就为 $1-y$。这样在参与人 1 位置博弈的"鹰"、"鸽"两类参与人的期望支付 u_{1e}、u_{1d} 和群体平均支付 $\overline{u_1}$ 分别为：

表 7-9 非对称鹰鸽博弈 2

参与人 2

		鹰	鸽
博弈方 1	鹰	-1, -5	10, 0
	鸽	0, 2	5, 1

$$u_{1e} = y \times (-1) + (1-y) \times 10 = 10 - 11y \qquad (7\text{-}31)$$

$$u_{1d} = y \times 0 + (1-y) \times 5 = 5 - 5y \qquad (7\text{-}32)$$

$$\bar{u}_1 = x \times u_{1e} + (1-x) u_{1d} = 5 + 5x - 5y - 6xy \qquad (7\text{-}33)$$

在参与人 2 位置博弈的"鹰"、"鸽"两类参与人的期望支付 u_{2e}、u_{2d} 和群体平均支付 $\bar{u}_2$ 则分别为：

$$u_{2e} = x \times (-5) + (1-x) \times 2 = 2 - 7x \qquad (7\text{-}34)$$

$$u_{2d} = x \times 0 + (1-x) \times 1 = 1 - x \qquad (7\text{-}35)$$

$$\bar{u}_2 = y \times u_{2e} + (1-y) u_{2d} = 1 - x + y - 6xy \qquad (7\text{-}36)$$

分别把复制动态方程用于两个位置博弈的参与人群体，得到参与人 1 位置博弈的参与人类型比例的复制动态方程为：

$$\frac{\mathrm{d}x}{\mathrm{d}t} = x(u_{1e} - \bar{u}_1) = x(1-x)(5-6y) \qquad (7\text{-}37)$$

参与人 2 位置博弈的参与人类型比例的复制动态方程为：

$$\frac{\mathrm{d}y}{\mathrm{d}t} = y(u_{2e} - \bar{u}_2) = y(1-y)(1-6x) \qquad (7\text{-}38)$$

首先对参与人 1 位置博弈群体的复制动态方程进行分析，不难知道当 $y=5/6$ 时，$\mathrm{d}x/\mathrm{d}t$ 始终为 0，也就是所有 x 都是稳定状态；当 $y>5/6$ 时，$x^*=0$ 和 $x^*=1$ 是 x 的两个稳定状态，其中 $x^*=1$ 是演化稳定策略；当 $y<5/6$ 时，$x^*=0$ 和 $x^*=1$ 仍然是两个稳定状态，但 $x^*=1$ 是演化稳定策略。图 7-17 给出了上述三种情况的 x 动态变化的相位图和稳定状态。

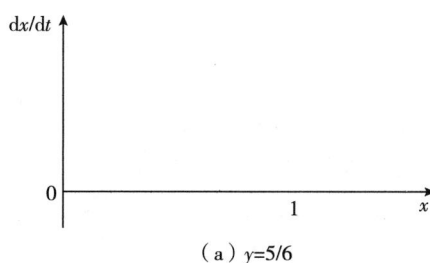

（a）$y=5/6$

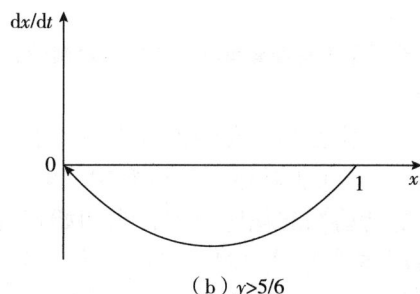

（b）$y>5/6$

图 7-17 非对称鹰鸽博弈参与人 1 群体复制动态相位图

（c）y<5/6

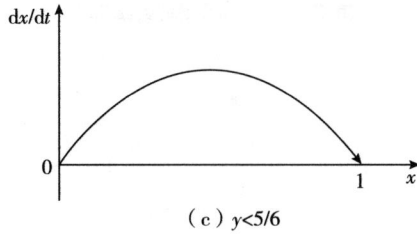

图 7-17　非对称鹰鸽博弈参与人 1 群体复制动态相位图（续）

同样地，当 $x=1/6$ 时所有 y 都是稳定状态；当 $x>1/6$ 时，$y^*=0$ 和 $y^*=1$ 是 y 的两个稳定状态，其中 $y^*=1$ 是演化稳定策略；当 $x<1/6$ 时，$y^*=0$ 和 $y^*=1$ 仍然是两个稳定状态，但 $y^*=0$ 是演化稳定策略。图 7-18 给出了上述三种情况的 y 动态变化的相位图和稳定状态。

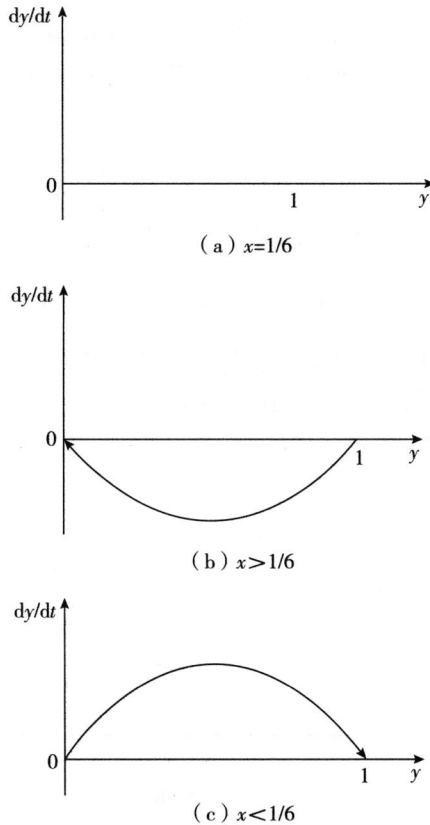

（a）x=1/6

（b）x>1/6

（c）x<1/6

图 7-18　非对称鹰鸽博弈参与人 2 群体复制动态相位图

进一步，把上述两个群体类型比例变化复制动态的关系用一个坐标平面图表示，如图 7-19 所示。

根据图 7-19 中箭头的方向不难看出，在非对称鹰鸽博弈中，$x^*=1$、$y^*=0$ 和 $x^*=0$、$y^*=1$ 是这个博弈的演化稳定策略。在这个博弈的复制动态演化博弈中，当初始情况落在 A 区域时会收敛到演化稳定策略 $x^*=0$、$y^*=1$，即参与人 1 位置群体都采用"鸽"策略，参与人 2 位置群体都采用"鹰"策略；当初始情况落在 D 区域时会收敛到演化稳定策略 $x^*=1$、$y^*=0$，即参与人 1 位置群体都采用"鹰"策略，参与人 2 位置群体都采用"鸽"策略；当初始情况落在 B 和 C 两个区域时，大部分可能性也是最终收敛到演化稳定策略 $x^*=1$、$y^*=0$。因此在本博弈中，有限理性参与人通过长期的学习和策略调整，大部分情况下最终会收敛于参与人 1 采用比较强硬的"鹰"策略，参与人 2 采用比较保守的"鸽"策略的均衡。但在少数比较极端的情况下，也会出现相反的结果。应该说这个结论也是符合这个博弈的利益结构所决定的各个参与人的行为取向的。

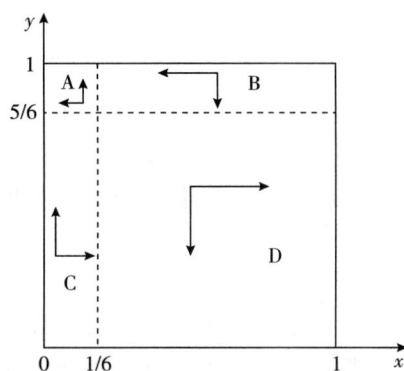

图 7-19　非对称鹰鸽两参与人群体复制动态和稳定性

第五节　案例教学——扩展讨论

一、案例介绍

知识付费是移动互联网时代一种基于认知盈余共享的新的商业模式。以前这些盈余的认知的分享是免费的，而如今，随着经济的发展、人们消费水平的提高和消费观念的升级，加之科技的发展和互联网持续渗透，这种免费的知识共享正在慢慢地退出历史舞台，由此开始进入知识付费的新时代。

我国的知识付费经济大致分为初步探索和高速发展两个阶段。2011 年开始在小规模范围内进行初步探索。豆丁网首先推出付费阅读和下载功能，随后，2013 年罗振宇带领的《逻辑思维》实行付费会员制，紧接着微博和微信陆续开通打赏功能，知识付费市场在酝酿中发展。

2016 年各类知识付费平台如雨后春笋般纷纷涌现，知识付费经济开始进入高速发展阶段。4 月，知乎团队推出了值乎，我国开始真正意义上进入了知识付费时代；紧接着 5 月，知乎又推出知乎 Live，开启实时知识问答；同时，果壳团队推出分答；6 月，得到上线的《李翔商业内参》；喜马拉雅 FM 紧随其后，推出第一个付费节目《好好说话》并创造了首日销售额破 500 万元的佳绩。2017 年知识付费的浪潮更近一步，各家网络平台都加码知识付费领域，喜马拉雅 FM 推出"66 会员日"和第二届"123 知识狂欢节"；知乎推出"市场"独立入口；"分答"开设付费语音小讲；网易的云课堂、36 氪、十点课堂与之齐头并进，也纷纷推出了属于自己的知识付费产品。根据 iiMedia Research 的数据显示，2017 年知识付费用户规模约达 1.88 亿人，总体经济规模约达 500 亿元。

2018 年以后，虽然新一轮资本仍在不断进入知识付费领域，但它却事故百出：千聊平台与演讲冠军刘媛媛因课程费用而发生的纠纷事件，新世相因明目张胆的"知识分销"而被封杀等纷争接连不断地涌现，将知识付费推到了风口浪尖，也说明知识付费行业整体陷入发展困境。

知识付费行业目前在我国的发展处于初级阶段，存在体验差、缺乏内容评价体系和筛选体系、复购意愿不高等问题。本案例基于此,构建知识付费参与三方的演化博弈模型,得出政府的罚金和补贴是影响知识付费平台遵守网络规制的主要原因;平台的成本、收益和第三方监管机构的监督力度,是政府是否进行检查的重要影响因素;而影响第三方监管机构监督概率的主要因素为知识付费平台的成本、收益和政府的检查力度,并提出相对应的政策建议,为我国新兴的知识付费行业的发展提供参考。

二、案例分析

知识付费平台是否遵守网络规制,对用户上传的内容进行把关和控制会受到政府和第三方监管机构的压力影响,形成知识付费平台、政府、第三方监管部门的三方博弈。

(一)博弈假设

参与博弈的各参与人均为理性经济人。政府以社会整体效益最大化为诉求,知识付费平台以追求自身利益最大化为目标选择策略。知识付费平台可能选择遵守网络规制,也可能选择不遵守;政府对知识付费平台所提供的产品有进行管理和检查的职责,一方面可以通过政策支持、投资等措施,为其提供适当的补贴和支持,激发其积极性,另一方面可以对不遵守的知识付费平台进行惩罚,因此政府也有两种策略选择:对网络媒介平台是否遵守网络规制进行检查,或者不检查;同时第三方监管机构作为重要的社会监督力量,在辅助政府监督方面有着举足轻重的作用,同样有监督或者不监督两种策略选择。

为方便描述,记网络媒介平台、政府和第三方监管机构分别为 M、P、G,三方均有两种策略选择,分别记为 $(M_1,M_2)(P_1,P_2)(G_1,G_2)$,则三方总共形成 8 种策略组合,记为:
$$(M_1,P_1,G_1)(M_1,P_1,G_2)(M_1,P_2,G_1)(M_1,P_2,G_2)$$
$$(M_2,P_1,G_1)(M_2,P_1,G_2)(M_2,P_2,G_1)(M_2,P_2,G_2)$$

(二)博弈模型的建立及求解

知识付费平台如果自觉遵守网络规制,自觉对相关内容进行把关和控制,一方面会产生相应的时间成本和专业成本 C_m,另一方面也会因为其内容质量高而带来用户流量经济从而增加收益 R_m;如果知识服务提供方不自觉遵守行业规制,会因第三方监管部门曝光其不良行为而受到损失 L_m。政府对知识付费平台进行检查时,会对自觉遵守规制的知识付费平台给予奖励补贴 K_{pm},对不顺从的知识付费平台处以罚金 S_{pm},同时产生检查成本 C_p;如果不检查,则会因不良的社会效益而导致其经济绩效损失 L_p。第三方监管部门如果对知识内容提供方进行监督并把其不良行为公之于众,产生监督成本 C_g,同时受到来自政府的资助 α 和群众的资助 β。各参数均为大于 0 的常数。由上述描述可得到各参与主体的收益矩阵,如表 7-10 所示。

表 7-10　各参与主体的收益矩阵

策略组合	收益结果
(M_1,P_1,G_1)	$(-C_m+R_m+K_{pm},\ -C_p-K_{pm}-\alpha,\ -C_g+\alpha+\beta)$
(M_1,P_1,G_2)	$(-C_m+R_m+K_{pm},\ -C_p-K_{pm},\ 0)$
(M_1,P_2,G_1)	$(-C_m+R_m,\ -\alpha,\ -C_g+\alpha+\beta)$
(M_1,P_2,G_2)	$(-C_m+R_m,\ 0,\ 0)$
(M_2,P_1,G_1)	$(-S_{pm}-L_m,\ -C_p+S_{pm}-\alpha-L_p,\ -C_g+\alpha+\beta)$
(M_2,P_1,G_2)	$(-S_{pm},\ -C_p+S_{pm}-L_p,\ 0)$

策略组合	收益结果
(M_2, P_2, G_1)	$(-L_m, -L_p-\alpha, -C_g+\alpha+\beta)$
(M_2, P_2, G_2)	$(0, -L_p, 0)$

设 x 和 $1-x$ 分别表示参与方 M 在一次博弈中选取策略 M_1 和 M_2 的概率，同理，y 和 $1-y$ 分别表示参与方 P 在一次博弈中选取策略 P_1 和 P_2 的概率，z 和 $1-z$ 分别表示参与方 G 在一次博弈中选取策略 G_1 和 G_2 的概率。

则 U_{P_1} 表示 P 采取策略 P_1 时的期望收益：

$$U_{P_1} = x[z(-C_p-K_{pm}-\alpha)+(1-z)(-C_p-K_{pm})]+(1-x)[z(-C_p+S_{pm}-\alpha-L_p)+(1-z)(-C_p+S_{pm}-L_p)]$$
$$= x(L_p-K_{pm}-S_{pm})+S_{pm}-L_p-C_p-z\beta \tag{7-39}$$

U_{P_2} 表示 P 采取策略 P_2 时的期望收益：

$$U_{P_2} = x[z(-C_p+S_{pm}-\alpha-L_p)+(1-z)(-C_p+S_{pm}-L_p)]+(1-x)[z(-L_p-\alpha)+(1-z)(-L_p)]$$
$$= (x-1)L_p-z\beta \tag{7-40}$$

当政府进行检查和不检查的期望收益相等时，实现博弈均衡，即 $U_{P_1}=U_{P_2}$。

$$x(L_p-K_{pm}-S_{pm})+S_{pm}-L_p-C_p-z\beta = (x-1)L_p-z\beta \tag{7-41}$$

解得：

$$x = \frac{S_{pm}-C_p}{S_{pm}+K_{pm}} \tag{7-42}$$

同理，U_{M_1} 表示 M 采取策略 M_1 时的期望收益：

$$U_{M_1} = y[z(-C_m+R_m+K_{pm})+(1-z)(-C_m+R_m+K_{pm})]+(1-y)[z(-C_m+R_m)+(1-z)(-C_m+R_m)]$$
$$= yK_{pm}+R_m-C_m \tag{7-43}$$

U_{M_2} 表示 M 采取策略 M_2 时的期望收益：

$$U_{M_2} = y[z(-S_{pm}-L_m)+(1-z)(-S_{pm})]+(1-y)[z(-L_m)+(1-z)(0)]$$
$$= -zL_m-yS_{pm} \tag{7-44}$$

当平台遵守规制与不遵守规制的期望收益相等时，实现博弈均衡，即 $U_{M_1}=U_{M_2}$。

$$yK_{pm}+R_m-C_m = -zL_m-yS_{pm} \tag{7-45}$$

解得：

$$y = \frac{C_m-R_m-zL_m}{S_{pm}+K_{pm}} \tag{7-46}$$

U_{G_1} 表示 G 采取策略 G_1 时的期望收益：

$$U_{G_1} = x[y(-C_g+\alpha+\beta)+(1-y)(-C_g+\alpha+\beta)]+(1-x)[y(-C_g+\alpha+\beta)+(1-y)(-C_g+\alpha+\beta)]$$
$$= -C_g+\alpha+\beta \tag{7-47}$$

U_{G_2} 表示 G 采取策略 G_2 时的期望收益：

$$U_{G_2} = 0 \tag{7-48}$$

当第三方监管机构进行监督和不监督的期望收益相等时，实现博弈均衡，即 $U_{G_1}=U_{G_2}$。

$$-C_g+\alpha+\beta = 0 \tag{7-49}$$

解得：

$$z = \frac{C_m-R_m-y(S_{pm}+K_{pm})}{L_m} \tag{7-50}$$

因此，知识付费平台选择自觉遵守网络规制的概率为 $x = \dfrac{S_{pm} - C_p}{S_{pm} + K_{pm}}$，政府选择对知识付费平台进行检查的概率为 $y = \dfrac{C_m - R_m - zL_m}{S_{pm} + K_{pm}}$，第三方监管机构选择辅助政府对知识付费平台进行监督的概率为 $z = \dfrac{C_m - R_m - y\,(S_{pm} + K_{pm})}{L_m}$。

（三）模型结果分析

1. 影响网络媒介平台顺从网络规制的因素

知识付费平台顺从网络规制的概率为 x，由 $x = \dfrac{S_{pm} - C_p}{S_{pm} + K_{pm}}$ 可知 x 的大小与 S_{pm}、K_{pm} 和 C_p 三个变量有关。其中 x 是 S_{pm} 的增函数，即知识付费平台遵守网络规制的概率随着政府罚金的增加而增大。一方面，高罚金会增加政府的经济利益，从而政府会加大对平台的检查力度；另一方面，高额的罚金会让平台面临巨大的经济损失，因此平台顺从网络规制的可能性就增大。x 是 C_p 和 K_{pm} 的减函数，即平台顺从网络规制的概率随着政府检查成本和政府补贴的增加而减小。一方面，政府检查成本越高，政府的检查概率就越小。另一方面，影响知识付费平台是否遵守网络规制的因素中没有政府补贴这一因子，因此，政府的高补贴并不会促进知识付费平台自觉遵守网络规制。所以政府可以通过降低补贴 S_{pm} 和检查成本 C_p，提高罚金 K_{pm}，从而增大知识付费平台自觉遵守网络规制的概率。

2. 影响政府检查平台的因素

政府履行检查的概率为 y，由 $y = \dfrac{C_m - R_m - zL_m}{S_{pm} + K_{pm}}$ 可知 y 的大小由 C_m、R_m、L_m、S_{pm} 和 K_{pm} 这五个因素决定。其中，y 是 C_m 的增函数，即政府履行检查的概率随着知识付费平台遵守网络规制成本的增加而增大。知识付费平台遵守网络规制所付出的成本越大，其自觉遵守的积极性就越小，此时政府就会加大检查与监管力度。y 是 R_m、L_m、S_{pm}、K_{pm} 的减函数，即政府履行检查的概率随着知识付费平台的收益、被曝光后的损失、政府补贴和政府罚金的增加而减小。知识付费平台遵守网络规制能够获得的利益越大，则越会主动按照网络规制的要求来对内容进行把控，此时政府则可以降低检查力度。如果知识付费平台因被第三方监管机构曝光后所蒙受的损失增大，同样会主动遵守网络规制，由此可以看出第三方监管机构的监督能够有效地帮助政府规范网络文明。

3. 影响第三方监管机构辅助政府监督平台行为的因素

第三方监管机构辅助政府对平台进行监督的概率为 z，由 $z = \dfrac{C_m - R_m - y(S_{pm} + K_{pm})}{L_m}$ 可知，z 的大小由 C_m、R_m、L_m、S_{pm}、K_{pm} 决定。其中 z 是 C_m 的增函数，即第三方监管机构的监督概率会随着平台遵守网络公约成本的增加而减小。平台遵守的成本越大，其积极性就越小。z 是 R_m、L_m、S_{pm}、K_{pm} 的减函数，即第三方监管机构的监督概率随着平台收益、政府补贴和政府罚金以及平台被曝光后的损失的增加而减小。平台遵守网络规制的收益越大，则越会主动遵守网络规制，第三方监管机构则可降低监督力度。$y(S_{pm} + K_{pm})$ 反映的是政府的检查力度，政府检查力度越大，第三方监管机构监督的概率越小。

（四）结论与政策建议

第一，政府罚金和政府补贴是影响知识付费平台遵守网络规制的主要因素，并且高罚金对平台的管制效果会更好。罚金设置得越高越可以有效地提高平台遵守网络规制的积极性和主动性。而高罚金和高补贴并存的管理制度会降低企业积极性和主动性。另外，只有在政府的罚金大于政府检查成本的情况下，政府才会执行检查，平台才会遵守网络规制，所以政府罚金的设置需以检查成本为依据。

第二，影响政府检查概率的主要因素为平台的成本、收益和第三方监管机构的监督力度。对于政府而言，知识付费平台成本的降低和收益的增加直接导致平台遵守网络规制的积极性提高，则政府可降低检查力度；同时第三方监管力度提高促使政府检查力度的降低，可以说明第三方监管机构对政府有辅助监管作用。

第三，影响第三方监管机构监督概率的主要因素为知识付费平台的成本、收益和政府的检查力度。同理，就第三方监管机构而言，知识付费平台遵守网络规制成本的降低和收益的增加使第三方监管机构的监督力度降低；政府检查力度的提高促使第三方监管机构的监督力度的降低，也证明了政府和第三方监管机构之间存在相辅相成、相互促进的关系。

★讨论

【提示问题】

（1）有限理性参与人之间的博弈与完全理性参与人之间的博弈有什么区别？在完全理性假设下分析有限理性参与人之间的博弈可能导致什么问题？

（2）如何理解演化博弈论中的"演化"概念？

（3）根据最优反应动态和复制动态进行的演化博弈分析的结论，有什么理论和现实意义，对预测当前的经济均衡有没有作用？

【教师注意事项及问题提示】

（1）根据本章给出的案例，引导学生求解不同情形问题的演化稳定策略；借助图表、动画、仿真软件等教学工具，帮助学生直观地理解演化博弈的动态过程；

（2）引导学生针对具体的经济管理问题，构建一个演化博弈模型，分析其演化稳定策略，并探讨该演化稳定策略对预测和分析经济管理问题，尤其是具有较长历史的社会经济管理问题的指导意义。

习题7

（1）在 2×2 对称博弈的复制动态演化博弈中，如果 $a=b=c=d$，该博弈是否存在演化稳定策略 ESS？

（2）是否每个 2×2 对称博弈的复制动态演化博弈都存在 ESS？是否都存在纯策略 ESS？

（3）若表7-5的鹰鸽博弈中 $v=2$，$c=100$，发生剧烈冲突的机会有多大？若 $v=12$，$c=10$，发生剧烈冲突的机会有多大？这些结论对我们有什么启发？

（4）对于表7-6得益矩阵表示的蛙鸣博弈，如果 $m=0.6$，$P=0.8$，蛙鸣成本 z 分别满足什么条件时，有：①不叫是 ESS；②部分鸣叫部分不叫是 ESS；③鸣叫是 ESS。

第八章
非零和微分博弈

本章将讨论这样一类博弈问题，在此类博弈中，多人联合行动，每个人独立决策，跨时影响共同的状态变量或者彼此的支付，这种情况被模型化为微分博弈。特别地，我们集中讨论非合作博弈，在这里，个人（被称为参与人）在选择控制变量取值的时候不是明确合作的，并且系统状态根据一个或者多个微分方程而变化。因此，在微分博弈中，参与人跨时重复地相互影响。然而，他们的相互影响不是原来博弈的简单重复，因为随着时间的连续变化，每个博弈的初始条件都不相同。

【学习目标】

掌握微分博弈模型的构建技巧，能够运用最大值原理和动态规划原理求解博弈的纳什均衡，同时了解如何使用微分博弈方法分析现实决策问题。

通过本章的学习掌握以下问题：

（1）掌握微分博弈的基本概念，了解它的构造和基本假设。

（2）理解使用最大化原理求解开环纳什均衡的方法。

（3）理解使用动态规划原理求解状态反馈纳什均衡的方法。

（4）了解 Stackelberg 均衡的概念及求解方法。

【能力目标】

（1）促使学生能够运用微分博弈及其相关概念描述现实问题，即将现实情境中的连续时间竞争或对抗问题抽象描述为微分博弈问题。

（2）培养学生运用微分博弈方法分析与解决实际经济管理问题的能力。

第一节　引言

微分博弈是由参与人共同控制（以他们随时间变化的行动作为输入）的并且由微分方程描述的动态系统博弈。因此，博弈在连续时间范围内发展（这个范围的长度对所有参与人来说是已知的，作为共同知识），在这个范围内，每个参与人都希望优化特定的目标函数（通常对于不同的参与人来说是不同的），该目标函数取决于描述博弈演化的状态变量，参与人自身的行动变量，可能还取决于其他参与人的行动变量。每个参与人的目标函数可以是收益（或回报、效用）函数，这种情况下参与人是最大化者，也可以是成本（或损失）函数，这种情况下参与人是最小化者。在本章中，不失一般性，我们采用前者，因为优化收益函数的负数将使对应的参与人成为最小化者。参与人以优化目标函数的方式确定他们的行动，同时利用他们在博弈过程中获得的状态和其他参与人行动的信息，也就是说，他们的行动是作为从信息集到行动集的映射所设计的控制策略的结果。如果只有两个参与人且他们的目标函数总和为零，那么这就涵盖了两种完全相反目标的情景——一个参与人想要的最小化结果正是另一个参与人想要的最大化结果。这种微分博弈称为零和微分博弈。否则，微分博弈则被称为非零和微分博弈。

对微分博弈的研究（更准确地说，是零和微分博弈）起源于 20 世纪 50 年代和 60 年代初的 Rand 公司的 Rufus Isaacs 一系列备忘录。他的书于 1965 年出版，该研究被认为是这个领域的起点。随后的早期著作，如 Blaquière 等（1969）、Friedman（1971）、Krassovski 和 Subbotin（1977）的研究大部分都涉及两个参与人的零和微分博弈。事实上，最初的微分博弈研究受到军事应用和对抗性因素的驱动，重点局限在零和领域。

受管理科学、运筹学、工程学和经济学应用的推动，微分博弈理论扩展到了多个参与人控制动态系统并进行非零和微分博弈的情况。不难发现，非零和微分博弈具有比零和微分博弈更丰富的特性，特别是在信息结构和均衡性质之间的相互作用方面。Case 于 1969 年发表了关于这个主题的第一篇论文（Case 1969），紧接着 Starr 和 Ho 于 1969 年发表了两篇论文。之后学者们出版了很多关于这个主题的书籍，如 Leitmann（1974）、Basar 和 Olsder（1999）、Mehlmann（1988）、Dockner 等（2000），后者专注于微分博弈在经济学和管理科学中的应用。其他一些重要的研究成果包括 Engwerda（2005）专门研究线性二次微分以及多阶段博弈，Jørgensen 和 Zaccour（2004）研究微分博弈在市场营销中的应用，Yeung 和 Petrosjan（2005）侧重于研究合作微分博弈。本章介绍非合作非零和微分博弈的基本理论，并通过示例进行说明。它的大部分内容基于 Basar 和 Olsder（1999）的研究，以及 Haurie 等（2012）的研究。

第二节 微分博弈的一般框架

一、m 个参与人控制的系统

（一）系统动态

考虑一个由 m 个参与人控制的 n 维动态系统，时间间隔为 $[t^0, T]$，其中 $T > t^0$，T 是终端时刻，可以是给定的数据，也可以内生地定义为达到给定目标的时间，后面会详细说明。为了便于后面使用，用 $M = \{1, \cdots, m\}$ 表示参与人的集合。动态系统具有以下要素：

（1）状态变量 $x \in X \subset \mathbb{R}^n$，对于每个参与人 $j \in M$，有一个控制向量 $u_j \in U_j \subset \mathbb{R}^{p_j}$，其中 X 和 U_j 是开区域。

（2）状态方程（它是一个 n 维常微分方程），以及状态的初始值（在时刻 t^0）分别为：

$$\dot{x}(t) = f(x(t), u(t), t) \tag{8-1}$$
$$x(t^0) = x^0 \tag{8-2}$$

其中，$\{x(t): t \in [t^0, T]\}$ 是状态轨迹，$\{u(t) \triangleq (u_1(t), \cdots, u_m(t)): t \in [t^0, T]\}$ 是由 m 个参与人选择的控制（或行动）方案（简称为控制），$u_j(\cdot)$ 是由参与人 j 生成的一个 p_j 维函数。$\dot{x}(t)$ 表示变量 $x(t)$ 对时间 t 的导数，即 $\dot{x}(t) := \dfrac{\mathrm{d}}{\mathrm{d}t} x(t)$。假设函数 $f(\cdot, \cdot, \cdot): \mathbb{R}^n \times \mathbb{R}^{p_1 + \cdots + p_m} \times \mathbb{R} \mapsto \mathbb{R}^n$ 在 x，u 和 t 上是连续可微的。

（3）如果由这 m 个参与人生成的控制向量是关于 t 的可测函数，或者更简单地说，是分段连续的函数，那么在时间范围 $[t^0, T]$ 内，方程（8-1）和方程（8-2）存在唯一的状态轨迹，而参与人 $j \in M$ 在此时间段内获得了累积回报，记为：

$$J_j(u(\,\cdot\,); x^0, t^0) = \int_{t^0}^T g_j(x(t), u(t), t)\mathrm{d}t + S_j(x(T), T) \tag{8-3}$$

这里，g_j 是参与人 j 的即时回报，而 S_j 则是终端回报。假设 $g_j(\,\cdot\,, \,\cdot\,, \,\cdot\,): \mathbb{R}^n \times \mathbb{R}^{p_1+\cdots+p_m} \times \mathbb{R} \mapsto \mathbb{R}$（其中 $j \in M$）在 x，u 和 t 上连续可微，则 $S_j(\,\cdot\,, \,\cdot\,): \mathbb{R}^n \times \mathbb{R} \mapsto \mathbb{R}$（其中 $j \in M$）在 x 和 t 上连续可微。

（二）控制约束

对于每个 $t \in [t^0, T]$，参与人 j 的控制策略受到一个点逐点的约束：

$$u_j(t) \in U_j, \quad t \in [t^0, T] \tag{8-4}$$

其中，U_j 被称为参与人 j 的可行逐点控制集合。在更一般的情况下，可行控制集合可能依赖于时间 t 和状态 $x(t)$。因此，控制策略受到约束限制：

$$u_j(t) \in U_j(x(t), t), \quad t \in [t^0, T] \tag{8-5}$$

假设对应关系或逐点到集合的映射 $\{U_j(\,\cdot\,, \,\cdot\,): \mathbb{R}^n \times \mathbb{R} \mapsto 2^{\mathbb{R}^{p_j}}\}$ 是上半连续的。在这种情况下，参与人 j 当然也需要访问当前状态的值，这引出了一个问题，即参与人在构建控制之前需要访问哪些信息；这与微分博弈的信息结构有关，如果没有信息结构，微分博弈的形式就不完整。关于信息结构将在后面进行介绍。

（三）目标

终端时间 T 的确定可以是预先指定的（作为初始数据的一部分），$T \in \mathbb{R}^+$，也可以是状态轨迹达到目标的结果。目标由一个方程刻画的曲面或流形定义：

$$\Theta(x, t) = 0 \tag{8-6}$$

其中 $\Theta(\,\cdot\,, \,\cdot\,): \mathbb{R}^n \times \mathbb{R} \mapsto \mathbb{R}$ 是连续可微的。轨迹在满足条件 $\Theta(x(T), T) = 0$ 时结束（达到目标），并计算回报。

（四）无限时域博弈

在经济和工程应用中，人们还考虑终端时间 $T \to \infty$ 的博弈，此时参与人 j 的收益则被定义为：

$$J_j(u(\,\cdot\,); x^0, t^0) = \int_{t^0}^{\infty} e^{-\rho_j t} g_j(x(t), u(t), t)\mathrm{d}t \tag{8-7}$$

注意，参与人 j 的收益不包括终端回报，并且收益率通过折现因子 $e^{-\rho_j t}$ 明确地依赖于时间 t，$\rho_j \geq 0$ 表示折现率，因参与人而异。在无限时域动态优化问题中（上述问题的单人版本），一个重要问题是当折现率 ρ_j 设为零时，收益函数（8-7）可能不是良定义的，因为积分可能对于所有可行的控制路径 $u(\,\cdot\,)$ 无法收敛到有限值，在某些情况下甚至无法收敛。在这种情况下，我们需要依赖于不同的最优性概念，如超最优性（Overtaking Optimality），这个概念在 Carlson（1991）的研究中给出了详细的解释。

二、信息结构和策略

（一）开环和状态反馈（Open Loop versus State Feedback）

要完整描述微分博弈的形式，需要准确描述每个参与人在时间 t 选择控制时可获得的信息（关于状态和其他参与人过去行动的信息）。关注微分博弈应用中常见的两种信息结构，即开环和状态反馈信息结构。设 $\nu(t)$ 表示一个参与人在时刻 t 可获得的信息，如果信息结构是开环的，则有

$$\nu(t) = \{x^0, t\} \tag{8-8}$$

即参与人可获得的信息包括当前时间和初始状态。如果一个信息结构是状态反馈的，那么有：

$$\nu(t) = \{x(t), t\} \tag{8-9}$$

即参与人可获得的信息除了当前时间外还包括系统的当前状态。如果博弈中的每个参与人都具有开环（或状态反馈）信息，则称微分博弈具有开环（或状态反馈）信息结构。当然，也可能是某些参与人可以具有开环信息，而其他参与人则具有状态反馈信息，但我们在后面将看到，除非那些能够获得当前状态的参与人还能够获得初始状态的值，否则这种混合的信息结构并不会导致一个良定义的微分博弈，也就是说有：

$$\nu(t) = \{x(t), x^0, t\} \tag{8-10}$$

另一种更一般的信息结构是具有记忆的结构，也称为带有记忆的闭环结构，在任意时刻 t，参与人可以获得当前状态的值，并回忆起所有过去的状态值，也就是说有：

$$\nu(t) = \{x(s), s \leq t\} \tag{8-11}$$

前面提到的前两种信息结构（开环和状态反馈）在最优控制理论中很常见。在确定性系统的最优控制中，这两种信息结构在某种意义上是等价的。通常情况下，通过"合成"所有可能初始状态定义的最优开环控制，可以获得最优状态反馈控制。也可以通过使用动态规划或等效的贝尔曼最优性原理（Bellman，1957）来获得最优状态反馈控制。然而，在非零和微分博弈中，情况则完全不同。开环和状态反馈信息结构通常导致两种截然不同的微分博弈类型，除了两人零和微分博弈的情况，以及参与人的目标函数相同的微分博弈（称为动态团队，它们等价于我们处理确定性系统时的最优控制问题），或者与零和微分博弈或动态团队问题在策略上等价的微分博弈。现在，为了便于理解（仅）在不同信息结构上微分博弈的不等价性，考虑控制集依赖于状态的情况，即 $u_j(t) \in U_j(x(t), t)$。在最优控制的情况下，控制系统中只有一个参与人选择控制策略，此时他可以计算出相应的唯一状态轨迹。实际上，选择一种控制策略就相当于选择一条轨迹。可以同时选择控制策略和相关的轨迹，以确保在每个时刻 t 约束条件 $u(t) \in U(x(t), t)$ 得到满足。因此，可以构想出这样一个系统的开环控制。现在，假设还有另一个参与控制系统的参与人，我们称他们分别为参与人 1 和参与人 2。当参与人 1 定义他的控制策略时，他不知道另一个参与人的控制策略，除非两个参与人之间已经交换信息并默许协调他们的控制策略。因此，参与人 1 不知道参与人 2 会做什么，即在时刻 t 决定的控制策略不一定在可行的集合 $U_1(x(t), t)$ 中。在这种情况下，参与人无法设计可行且可实施的开环控制，而在状态反馈信息结构下则可以做到。两种信息结构之间的差异实际上更加微妙，因为即使可行的控制集不依赖于状态，在每个时刻 t 知道状态 $x(t)$ 或者没有访问这些信息将导致两种不同类型的非合作博弈，对此我们将在后续章节中详细介绍。

（二）策略

在博弈论中，策略是指一个规则，它将参与人在博弈位置上可用的信息与一次行动关联起来。在微分博弈中，参与人 j 的策略 γ_j 是一个函数，它将每个可能的信息 $\nu(t)$ 在 t 时刻关联到一个可行控制集中的控制 $u_j(t)$。因此，对于上面介绍的每种信息结构，对应的微分博弈会有不同类别的策略。下面我们详细说明与前两种信息结构（即开环和状态反馈）相对应的策略类别。

定义 8-1： 假设可行的控制集 U_j 不依赖于状态，对于参与人 $j(j \in M)$，一种开环策略 γ_j 根据以下规则选择控制行为。

$$u_j(t) = \gamma_j(x^0, t), \quad \forall x^0, \quad \forall t, \, j \in M \tag{8-12}$$

其中，对于每个固定的 x^0，$\gamma_j(\cdot, \cdot): \mathbb{R}^n \times \mathbb{R} \mapsto U_j$ 是一个在 t 上可测（或分段连续）的函数。参与人 j 的所有这种策略组成的类别记为 Γ_j^{OL}，或简记为 Γ_j。

定义 8-2： 对于参与人 $j(j \in M)$，一种状态反馈策略 γ_j 根据以下状态反馈规则选择控制行为。

$$u_j(t) = \gamma_j(x(t), t), \, j \in M \tag{8-13}$$

其中，$\gamma_j(\cdot, \cdot)$：$\mathbb{R}^n \times \mathbb{R} \mapsto U_j$ 是一个给定的函数，满足对反馈控制所施加的正则性条件。参与人 j 的所有这种策略组成的类别记为 Γ_j^{SF}，或简记为 Γ_j。

备注 8-1：在动态/微分博弈的文献中，状态反馈策略有时被称为"马尔科夫"，与"开环"相对应，其论点是前者比后者的"承诺"更少。这样的解释有两个方面的误导：一是实际上这两类策略都可视为马尔科夫的，因为它们在每个时刻 t 上只利用了时刻 t 收到的信息。这些策略不利用时刻 t 之前收到的历史信息，事实上这些历史信息也是不可得的。二是在这两种情况下，策略都是完全承诺的。使用开环策略意味着参与人在初始时刻就对其控制的固定时间路径进行承诺，即他在每个时间点的控制选择是预先确定的。当使用状态反馈策略时，参与人承诺使用伺服机制来控制系统，即他对系统状态相关信息的反应是预先确定的。状态反馈策略的主要优势在于：首先，如果存在随机微分博弈［一种状态动态用随机扰动（或噪声）描述的微分博弈］，则状态反馈策略是必不可少的；事实上，如果将确定性微分博弈视为随着噪声逐渐消失的一系列随机博弈的"极限"，我们得到的就是状态反馈策略。其次，状态反馈策略允许我们引入"子博弈精炼纳什均衡"的概念，这个概念在经济应用中非常受欢迎，下面将详细介绍。

（三）纳什均衡

回顾一下在标准形式下纳什均衡的定义。

定义 8-3：在固定初始状态 x^0 的情况下，考虑一个由 m 个参与人组成的微分博弈，对于每个参与人 j（$j \in M$），有策略集合 Γ_j 和支付函数为：

$$\bar{J}_j: \Gamma_1 \times \cdots \times \Gamma_j \times \cdots \times \Gamma_m \mapsto \mathbb{R}, \ j \in M \tag{8-14}$$

纳什均衡是一个 m 元组 $\gamma^* = (\gamma_1^*, \cdots, \gamma_m^*)$，对于每个参与人 j，满足以下条件：

$$\bar{J}_j(\gamma^*) \geq \bar{J}_j([\gamma_j, \gamma_{-j}^*]), \ \forall \gamma_j \in \Gamma_j \tag{8-15}$$

其中，$\gamma_{-j}^* := (\gamma_i^*: i \in M \backslash j)$，$[\gamma_j, \gamma_{-j}^*]$ 是在 γ^* 的基础上将 γ_j^* 替换为 γ_j 得到的 m 元组。换句话说，在纳什均衡中，对每个参与人 j，策略 γ_j^* 是其他参与人选择的 $(m-1)$ 个策略 γ_{-j}^* 的最佳回应。

对应于微分博弈中的前两种信息结构，现在定义两个不同的标准形式博弈，从而得到非零和微分博弈的两个不同纳什均衡概念。

第三节 不同类别的纳什均衡

一、开环纳什均衡（Open-Loop Nash Equilibrium，OLNE）

假设可行控制集合 U_j，$j \in M$，不依赖于状态。如果参与人使用开环策略式（8-12），每个 γ_j 都为每个初始状态 x^0 定义了一个唯一的控制调度 $u_j(\cdot)$：$[0, T] \mapsto U_j$，则标准形式博弈的支付函数定义如下：

$$\bar{J}_j(\gamma) \geq J_j(u(\cdot); x^0, t^0), \ j \in M \tag{8-16}$$

其中，$J_j(\cdot; \cdot, \cdot)$ 是在式（8-3）中定义的回报函数。那么，我们有定义 8-4。

定义 8-4：m 元组 $u^*(\cdot) = (u_1^*(\cdot), \cdots, u_m^*(\cdot))$ 是在 (x^0, t^0) 处的开环纳什均衡（OLNE），但需满足以下条件：

$$J_j(u^*(\cdot); x^0, t^0) \geq J_j([u_j(\cdot), u_{-j}^*(\cdot)]; x^0, t^0), \ \forall u_j(\cdot), j \in M \tag{8-17}$$

其中，$u_j(\cdot)$ 是参与人 j 的任意可行控制，$[u_j(\cdot), u_{-j}^*(\cdot)]$ 是通过将 $u^*(\cdot)$ 中的第 j 个分量替换

为 $u_j(\cdot)$ 而获得的 m 元组。

注意，在开环纳什均衡中，对每个参与人 j，$u_j^*(\cdot)$ 是下述最优控制问题的解。

$$\max_{u_j(\cdot)}\left\{\int_{t^0}^T g_j(x(t),\ [u_j(\cdot),\ u_{-j}^*(\cdot)],\ t)\,\mathrm{d}t + S_j(x(T))\right\} \tag{8-18}$$

受状态方程的约束，见方程（8-19）。

$$\dot{x}(t)=f(x(t),\ [u_j(\cdot),\ u_{-j}^*(\cdot)],\ t),\ x(t^0)=x^0 \tag{8-19}$$

该解也受到控制约束 $u_j(t)\in U_j$ 和目标 $\Theta(\cdot,\ \cdot)$ 的限制。进一步地，开环纳什均衡策略通常还取决于初始状态 x^0，但这是每个参与人在开环信息结构下可获得的信息。

二、状态反馈纳什均衡（State-Feedback Nash Equilibrium，SFNE）

现在考虑一个具有状态反馈信息结构的微分博弈。系统由状态反馈策略 $\gamma(x,\ t)=(\gamma_j(x,\ t)：j\in M)$ 驱动，其中 $\gamma_j\in\Gamma_j^{SF}(j\in M)$。博弈系统的定义如下：

$$\dot{x}(t)=f(x(t),\ \gamma(x(t),\ t),\ t),\ x(t^0)=x^0 \tag{8-20}$$

在 $(x^0,\ t^0)$ 处，博弈的标准形式由以下的支付函数定义：

$$J_j(\gamma；\ x^0,\ t^0)=\int_{t^0}^T g_j(x(t),\ \gamma(x(t),\ t),\ t)\,\mathrm{d}t+S_j(x(T)) \tag{8-21}$$

其中，对于每个固定的 x^0，$x(\cdot)：[0,\ T]\mapsto\mathbb{R}^n$ 是式（8-20）的状态轨迹解。

与开环情况中的惯例一致，引入以下符号：

$$\gamma_{-j}(t,\ x(t))\triangleq(\gamma_1(t,\ x(t)),\ \cdots,\ \gamma_{j-1}(t,\ x(t)),\ \gamma_{j+1}(t,\ x(t)),\ \cdots,\ \gamma_m(t,\ x(t))) \tag{8-22}$$

表示参与人 j 的策略不出现时的 $(m-1)$ 元策略组。

定义 8-5：对于任意的初值 $(x^0,\ t^0)\in X\times[t^0,\ T]\subset\mathbb{R}^n\times\mathbb{R}^+$，$m$ 元组 $\gamma^*=(\gamma_1^*,\ \cdots,\ \gamma_m^*)$ 是在 $X\times[t^0,\ T]$ 上的状态反馈纳什均衡（SFNE），以下条件满足：

$$\overline{J}_j(\gamma^*；\ x^0,\ t^0)\geqslant\overline{J}_j([\gamma_j(\cdot),\ \gamma_{-j}^*(\cdot)]；\ x^0,\ t^0),\ \forall\gamma_j(\cdot)\in\Gamma_j^{SF},\ j\in M \tag{8-23}$$

其中，$[\gamma_j,\ \gamma_{-j}^*]$ 是通过将 γ^* 中的第 j 个分量替换为 γ_j 而得到的 m 维策略向量。

换句话说，$\{u_j^*(t)\equiv\gamma_j^*(x^*(t),\ t)：t\in[t^0,\ T]\}$，这里的 $x^*(\cdot)$ 是由 γ^* 从 $(x^0,\ t^0)$ 生成的均衡轨迹，是下述最优控制问题的解，有：

$$\max_{u_j(\cdot)}\left\{\int_{t^0}^T g_j(x(t),\ [u_j(t),\ \gamma_{-j}^*(x(t),\ t)],\ t)\,\mathrm{d}t + S_j(x(T))\right\} \tag{8-24}$$

受状态方程的约束，见方程（8-25）。

$$\dot{x}(t)=f(x(t),\ [u_j(t),\ \gamma_{-j}^*(x(t),\ t)],\ t),\ x(t^0)=x^0 \tag{8-25}$$

该解也受到控制约束 $u_j(t)\in U_j(x(t),\ t)$ 和目标 $\Theta(\cdot,\ \cdot)$ 的限制。我们还可以说 γ_j^* 是式（8-24）和式（8-25）的最优状态反馈控制 $u_j^*(\cdot)$。注意到，单个参与人的优化问题即式（8-24）和式（8-25）是一个标准的最优控制问题，其解可以与状态反馈信息结构兼容的方式表示，即仅作为当前状态值和当前时间的函数，而不是作为初始状态和初始时间的函数，下面的备注进一步阐述了这一点。

备注 8-2：开环纳什均衡仅针对给定的初值定义，而状态反馈纳什均衡的定义要求均衡属性对于区域 $X\times[t^0,\ T]\subset\mathbb{R}^n\times\mathbb{R}^+$ 中的所有初值都成立。这等同于要求状态反馈纳什均衡在博弈论术语中是子博弈精炼的（Selten，1975），或者是强时间一致的（Basar，1989）。事实上，即使状态轨迹受到扰动，无论是因为参与人的手发生了颤抖还是发生了意外的小震荡，坚持相同的状态反馈策略仍将在扰动消失时构成纳什均衡；这种性质在线性二次微分博弈（状态动态是线性的，收益函数在状态和控制变量中是联合二次的，并且时间跨度是固定的）的情况下更为显著，在这种情况下，只要随机扰动在状态方程中的均值为零，它们就不必趋近于零（Basar，1976；1977）。应清楚明了，开环纳什均衡策略没有这样的性质。

三、纳什均衡的必要条件

为了简化下面的表述，我们从现在开始把目标集限制为通过一个终端时刻来定义，即集合 $\{(t, x): t=T\}$。同时，控制约束集 U_j，$j \in M$，假定与状态和时间无关。正如前面所提到的，在纳什均衡点上，每个参与人都解决了一个最优控制问题，其中系统动态受到其他参与人策略选择的影响。因此，我们可以为每个最优控制问题写出最优性的必要条件，这将构成纳什均衡的一组必要条件。在整个过程中，我们假设正则性条件满足，以确保必要条件中出现的所有导数都存在。

（一）开环纳什均衡的必要条件

使用从最大原理中得到的开环最优控制的必要条件（Basar and Olsder，1999；Bryson et al.，1975），得到下述条件即式（8-26）、式（8-27）、式（8-28）、式（8-29）和式（8-30），这是开环纳什均衡的必要条件。引入哈密尔顿函数，参与人 j 的哈密尔顿函数 H_j 为：

$$H_j(x, u, \lambda_j, t) = g_j(x, u, t) + \lambda_j(t) f(x, u, t) \tag{8-26}$$

其中 $\lambda_j(\cdot)$ 是伴随（或共轭）变量，满足伴随方程（8-27），以及横截条件式（8-28）：

$$\dot{\lambda}_j(t) = -\frac{\partial}{\partial x} H_j \big|_{x^*(t), u^*(t), t} \tag{8-27}$$

$$\lambda_j(T) = \frac{\partial}{\partial x} S_j \big|_{x^*(T), T} \tag{8-28}$$

此外，对于 u_j，H_j 在其他所有参与人的控制固定在纳什均衡点上时被最大化，即：

$$u_j^*(t) = \arg \max_{u_j \in U_j} H_j(x^*(t), u_j, u_{-j}^*(t), \lambda_j(t), t) \tag{8-29}$$

如果上述最大化问题的解在 U_j 的内部，那么一个必要条件是对于所有的 t，u_j^* 处的一阶导数为零，即：

$$\frac{\partial}{\partial u_j} H_j \big|_{x^*(t), u^*(t), t} = 0 \tag{8-30}$$

并且对于二阶导数（关于 u_j）的 Hessian 矩阵是非负定的。

（二）状态反馈纳什均衡的必要条件

状态反馈的纳什均衡可以通过多种不同的方式获得。可以再次使用上面的方法，但要注意，在参与人面临的最优控制问题中，其他参与人的策略现在取决于当前状态的值。第二种方法是将最优控制中用于直接获得状态反馈控制的方法（即动态规划）应用于该问题。我们在此讨论这两种方法，在本小节中讨论前一种方法。参与人 j 的哈密尔顿函数为：

$$H_j(x, u, \lambda_j, t) = g_j(x, u, t) + \lambda_j(t) f(x, u, t) \tag{8-31}$$

对于 $i \in M \setminus j$，控制 u_i 由状态反馈规则 $\gamma_i^*(x, t)$ 定义。在均衡轨迹 $\{x^*(t): t \in [t^0, T]\}$ 上，参与人 j 的最优控制是 $u_j^*(t) = \gamma_j^*(x^*(t), t)$。然后，对应于式（8-27）和式（8-28），$\lambda_j(\cdot)$ 应满足的条件（作为必要条件）为：

$$\dot{\lambda}_j(t) = -\left(\frac{\partial}{\partial x} H_j + \sum_{i \in M \setminus j} \frac{\partial}{\partial u_j} H_j \frac{\partial}{\partial x} \gamma_i^*\right) \big|_{x^*(t), u^*(t), t} \tag{8-32}$$

$$\lambda_j(T) = \frac{\partial}{\partial x} S_j \big|_{x^*(T), T} \tag{8-33}$$

式（8-32）中的第二项涉及求和，是因为 H_j 不仅通过 g_j 和 f 依赖于 x，还通过其他参与人的策略依

赖于 x。正是这个额外项的存在使得状态反馈解的必要条件比开环解更加复杂。

同样，对于每个 t，$u_j^*(t) = \gamma_j^*(x^*(t), t)$ 在其他所有变量固定在均衡点的情况下最大化了哈密尔顿函数 H_j：

$$u_j^*(t) = \arg \max_{u_j \in U_j} H_j(x^*(t), u_j, \gamma_{-j}^*(x^*(t), t), \lambda_j(t), t) \tag{8-34}$$

如果上述最大化问题的解位于 U_j 的内部，那么就像式（8-30）一样，一个必要条件是对于所有 t，u_j^* 处的一阶导数为零，即：

$$\frac{\partial}{\partial u_j} H_j \Big|_{x^*(t), u_j^*(t), \gamma_{-j}^*(x^*(t), t), t} = 0 \tag{8-35}$$

并且对于二阶导数（关于 u_j）的 Hessian 矩阵是非负定的。

备注 8-3： 在下述三种情况下，式（8-32）中的求和项不存在。一是最优控制问题中（$m=1$），因为 $\frac{\partial}{\partial u} H \frac{\partial u}{\partial x} = 0$；二是两人零和微分博弈中，因为 $H_1 \equiv -H_2$，所以对于参与人 1，$\frac{\partial}{\partial u_2} H_1 \frac{\partial u_2}{\partial x} = -\frac{\partial}{\partial u_2} H_2 \frac{\partial u_2}{\partial x} = 0$，对于参与人 2 同样如此；三是开环非零和微分博弈中，因为 $\frac{\partial u_j}{\partial x} = 0$。它在非零和微分博弈的状态反馈信息结构中也不存在，这些博弈与第一种情况（单目标）团队问题（再进一步等价于单人最优控制问题）或第二种情况两人零和微分博弈在策略上等价（Basar and Olsder，1999）。

四、使用充分性最大值原理构建状态反馈纳什均衡

如上所述，状态反馈纳什均衡的必要条件并不适用于计算状态反馈纳什均衡，因为我们必须推断出均衡策略的偏导数的形式，以便写出伴随方程（8-32）。然而，作为一种替代方法，下面给出的充分最大值原理在具有预先猜测的均衡策略类别时可以是一个有用的工具（Haurie et al.，2012）。

定理 8-1： 假设终端回报函数 S_j 是连续可微且凹的，令 $X \subset \mathbb{R}^n$ 为状态约束集。假设存在一个 m 元组 $\gamma^* = (\gamma_1^*, \cdots, \gamma_m^*)$ 的状态反馈策略 $\gamma_j: X \times [t^0, T] \mapsto \mathbb{R}^{p_j}$，$j \in M$，满足以下条件：

（1）在几乎所有的 x 点上，$\gamma^*(x, t)$ 在 x 上是连续可微的，在 t 上是分段连续的。

（2）$\gamma^*(x, t)$ 在 (x^0, t^0) 生成一个唯一的轨迹 $x^*(\cdot): [t^0, T] \mapsto X$，满足微分方程式（8-36）。

$$\dot{x}(t) = f(x(t), \gamma^*(x, t), t), \quad x(t^0) = x^0 \tag{8-36}$$

该轨迹是绝对连续的且保持在 X 的内部。

（3）存在 m 个伴随变量 $\lambda_j: X \times [t^0, T] \mapsto \mathbb{R}^n$，它们是绝对连续的且对于所有 $j \in M$，如果我们定义哈密尔顿函数为：

$$H_j(x(t), [u_j, u_{-j}], \lambda_j(t), t) = g_j(x(t), [u_j, u_{-j}], t) + \lambda_j(t) f(x(t), [u_j, u_{-j}], t) \tag{8-37}$$

以及均衡哈密尔顿函数为：

$$\mathcal{H}_j^*(x^*(t), \lambda_j(t), t) = \max_{u_j \in U_j} H_j(x^*(t), [u_j, \gamma_{-j}^*(x^*(t), t)], \lambda_j(t), t) \tag{8-38}$$

式（8-38）的最大值是在 $\gamma_j^*(x^*(t), t)$ 处达到的，为：

$$\mathcal{H}_j^*(x^*(t), \lambda_j(t), t) = \max_{u_j \in U_j} H_j(x^*(t), \gamma^*(x^*(t), t), \lambda_j(t), t) \tag{8-39}$$

（4）对于所有的 $t \in [t^0, T]$ 和 $j \in M$，函数 $x \mapsto H_j^*(x, \lambda_j(t), t)$ 在位置 (t, x) 处是连续可微且凹的，其中 H_j^* 的定义如式（8-38）。

（5）对于几乎所有的 $t \in [t^0, T]$，伴随变量 $\lambda_j(\cdot)$，$j \in M$，满足以下微分方程：

$$\dot{\lambda}_j(t) = -\frac{\partial}{\partial x} \mathcal{H}_j^* \Big|_{(x^*(t), u^*(t), t)} \tag{8-40}$$

同时满足横截条件：

$$\lambda_j(T) = \frac{\partial}{\partial x}S_j \big|_{(x^*(T),T)} \tag{8-41}$$

那么，$(\gamma_1^*, \cdots, \gamma_m^*)$ 在 (x^0, t^0) 处是一个状态反馈纳什均衡（SFNE）。

五、使用 Hamilton-Jacobi-Bellman 方程构建状态反馈纳什均衡

现在讨论另一种动态规划方法，该方法直接提供状态反馈解，而无须合成或猜测解决方案。下面的定理概括了这种用于状态反馈纳什均衡的有效工具的要点（Basar and Olsder, 1999；Haurie et al., 2012）。

定理 8-2：假设存在一个 m 元组 $\gamma^* = (\gamma_1^*, \cdots, \gamma_m^*)$ 的状态反馈策略，满足以下条件：

（1）对于任意可行的初始点 (x^0, t^0)，存在唯一的绝对连续解 $t \in [t^0, T] \mapsto x^*(t) \in X \subset \mathbb{R}^n$，满足微分方程（8-42）。

$$\dot{x}^*(t) = f(x^*(t), \gamma_1^*(t, x^*(t)), \cdots, \gamma_m^*(t, x^*(t)), t), \quad x^*(t^0) = x^0 \tag{8-42}$$

（2）存在连续可微的价值泛函 $V_j^*: X \times [t^0, T] \mapsto \mathbb{R}$，使得对于所有的 $(x, t) \in X \times [t^0, T]$，以下耦合的 Hamilton-Jacobi-Bellman（HJB）偏微分方程成立。

$$-\frac{\partial}{\partial t}V_j^*(x, t) = \max_{u_j \in U_j}\left\{g_j(x, [u_j, \gamma_{-j}^*(x, t)], t) + \frac{\partial}{\partial x}V_j^*(x, t)f(x, [u_j, \gamma_{-j}^*(x, t)], t)\right\}$$

$$= g_j(x, \gamma^*(x, t), t) + \frac{\partial}{\partial x}V_j^*(x, t)f(x, \gamma^*(x, t), t) \tag{8-43}$$

（3）边界条件见式（8-44）。

$$V_j^*(x, T) = S_j(x) \tag{8-44}$$

式（8-44）对所有的 $x \in X$ 和 $j \in M$ 成立。那么，$\gamma_j^*(x, t)$ 是参与人 j 的 HJB 方程右侧的最大化者，而 m 元组 $(\gamma_1^*, \cdots, \gamma_m^*)$ 在每个初始点 $(x^0, t^0) \in X \times [t^0, T]$ 处是一个状态反馈纳什均衡（SFNE）。

备注 8-4：注意，一旦确定了完整的价值泛函集合 $\{V_j, j \in M\}$，那么式（8-43）就直接给出了参与人的状态反馈纳什均衡策略。因此，在这种方法中，我们无须猜测状态反馈纳什均衡，而是需要确定每个参与人价值函数的结构；这种方法可以应用到许多博弈中，其中一类典型的博弈是线性二次微分博弈。此外，定理 8-2 为状态反馈纳什均衡提供了一组充分条件，因此一旦找到一组满足这些条件的策略，我们就可以确保它们具有状态反馈纳什均衡属性。由于该方法涉及动态规划，根据式（8-43），将原始微分博弈得到的状态反馈纳什均衡策略自然地限制在较短的时间区间 $[s, T]$ 上，其中 $s > t^0$，构成了在较短时间区间 $[s, T]$ 上同样制定的微分博弈的状态反馈纳什均衡。因此，状态反馈纳什均衡是子博弈精炼的且是强时间一致的。

六、无限时域情形

定理 8-1 和定理 8-2 是在有限时间范围假设下给出的。如果时间范围无限，则需要对定理 8-1 中的横截或边界条件进行修改，即修改定理 8-1 中的 $\lambda_j(T) = \frac{\partial}{\partial x}S_j(x(T), T)$ 和定理 8-2 中的 $V_j(x(T), T) = S_j(x(T), T)$。以下我们简要说明所需的修改，并在后文进行一个标量示例以说明这一点。

如果时间范围是无限的，动态系统是自治的（即 f 不依赖于 t），参与人 j 的目标函数如式（8-7）所示，则定理 8-1 中的横截条件被极限条件取而代之：

$$\lim_{t\to+\infty}e^{\rho_j t}q_j(t)=0,\quad \forall j\in M \tag{8-45}$$

其中，$q_j(t)=e^{\rho_j t}\lambda_j(t)$ 称为当前值伴随变量。在定理 8-2 的耦合 HJB 方程组中，价值函数 $V_j^\star(x,\ t)$ 被分解为：

$$V_j^\star(x,\ t)=e^{\rho_j t}V_j^\star(x) \tag{8-46}$$

并且边界条件为：

$$\lim_{t\to\infty}V_j^\star(x,\ t)\to 0 \tag{8-47}$$

如果 $V_j^\star(x)$ 是有界的，则该条件将自动满足。

七、构建纳什均衡示例

本部分内容考虑一个具有标量线性动力学和二次收益函数的两人无限时间范围微分博弈，用以对前文的结果进行说明，同时也可以视为定理 8-1 和定理 8-2 在无限时间范围情况下的说明。

设 $u_j(t)$ 为参与人 j 的控制变量，$j=1,\ 2$，$x(t)$ 为状态变量，其中 $t\in[0,\ \infty)$。参与人 j 的优化问题定义如下：

$$\max_{u_j}\left\{J_j=\int_0^\infty e^{-\rho t}\left(u_j(t)\left(\kappa-\frac{1}{2}u_j(t)\right)-\frac{1}{2}\varphi x^2(t)\right)\mathrm{d}t\right\} \tag{8-48}$$

$$s.t.$$

$$\dot x(t)=u_1(t)+u_2(t)-\alpha x(t),\ x(0)=x^0 \tag{8-49}$$

其中，φ 和 κ 是正参数，$0<\alpha<1$，$\rho>0$ 是折现参数。该博弈具有以下特点：一是参与人 j 的目标函数对于控制变量和状态变量是二次的，并且仅依赖于参与人自己的控制变量；二是两个参与人的控制变量之间以及控制变量与状态变量之间没有相互作用（耦合）；三是在状态和控制变量上，博弈在两个参与人之间是完全对称的；四是对 $j=1,\ 2$，通过在被积函数 J_j 中添加 $e^{-\rho t}\left(u_i(t)\left(\kappa-\frac{1}{2}u_i(t)\right)\right)$，$i\neq j$，可以使两个目标函数相同：

$$J=\int_0^\infty e^{-\rho t}\left(u_1(t)\left(\kappa-\frac{1}{2}u_1(t)\right)+u_2(t)\left(\kappa-\frac{1}{2}u_2(t)\right)-\frac{1}{2}\varphi x^2(t)\right)\mathrm{d}t \tag{8-50}$$

当我们讨论开环纳什均衡（OLNE）时，最后一个特征的重要性很快就会变得清楚。在下面的分析中，当没有歧义时，我们省略时间参数。

开环纳什均衡（OLNE）：我们首先讨论此标量微分博弈所展现的特征第四点的重要性。注意，在微分博弈的信息结构是开环的情况下，在参与人（如参与人 1）的目标函数添加只涉及另一位参与人（参与人 2）的控制项并不改变参与人 1 所面临的优化问题。因此，无论参与人 j 是最大化 J_j 还是最大化式（8-50）所示的 J，对于博弈的 OLNE 来说并没有区别。由于这适用于两个参与人，很容易推出原始微分博弈的每个 OLNE 也是单目标优化问题（每个参与人最大化 J）的 OLNE。在这种情况下，我们说这两个博弈在战略上是等价的，并且注意第二个博弈（由单目标函数 J 描述）是一个动态团队。现在，团队中的纳什均衡（NE）对应于个人最优性，而不是团队最优性（即团队成员的联合优化），但是当每个个人最优解也是团队最优解时（反向蕴含关系总是成立），可以通过求解团队的最优解（或等价地，全局最优解）来得到与特定动态团队战略等价的所有博弈的纳什均衡。此外，在确定性团队中求解团队最优解时，无论信息结构是开环还是状态反馈都没有任何区别，如前所述。在此示例的特定动态团队中，由于 J 对 u_1、u_2 和 x 是严格凹的，并且状态方程是线性的，每个个人最优解确实是团队最优解，由于严格凹性，问题存在唯一的全局最优解。因此，原始博弈的 OLNE 存在且唯一。

在确立了与确定性团队的对应关系以及唯一 OLNE 的存在性之后，现在转向这里的主要目标，即将先前获得的 OLNE 条件应用于本例中的标量微分博弈。为此，引入参与人 j 的当前值哈密尔顿函数：

$$\mathcal{H}_j(x,\ \lambda,\ u_1,\ u_2)=u_j\left(\kappa-\frac{1}{2}u_j\right)-\frac{1}{2}\varphi x^2+q_j(u_1+u_2-\alpha x),\ i=1,\ 2 \tag{8-51}$$

其中 $q_j(t)$ 是当前时间 t 的共轭变量，定义如下：

$$q_j(t)=e^{\rho_j t}\lambda_j(t) \tag{8-52}$$

由于 $\mathcal{H}_j$ 在 u_j 中严格凹，故存在唯一的最大值，由式（8-53）实现：

$$u_j=\kappa+q_j,\ j=1,\ 2 \tag{8-53}$$

注意，两个参与人的哈密尔顿函数关于 x 严格凹，因此均衡的哈密尔顿函数也是如此。故均衡条件为：

$$\dot{q}_j=\rho q_j-\frac{\partial}{\partial x}\mathcal{H}_j=(\rho+\alpha)q_j+\varphi x,\lim_{t\to+\infty}e^{\rho_j t}q_j(t)=0,\ j=1,\ 2 \tag{8-54}$$

$$\dot{x}=2\kappa+q_1+q_2-\alpha x,\ x(0)=x^0 \tag{8-55}$$

很容易看出，对 $\forall t\in[0,\ \infty)$，有 $q_1(t)=q_2(t)=q(t)$，因此有 $u_1(t)=u_2(t)$，$\forall t\in[0,\ \infty)$。当考虑到博弈的对称性后，这一结果并不奇怪。然后，以 x 和 q 为状态变量构建一个微分方程组：

$$\begin{pmatrix}\dot{x}\\\dot{q}\end{pmatrix}=\begin{pmatrix}-\alpha & 2\\\varphi & \rho+\alpha\end{pmatrix}\begin{pmatrix}x\\q\end{pmatrix}+\begin{pmatrix}2\gamma\\0\end{pmatrix} \tag{8-56}$$

寻找收敛到稳态的方程组的解，该稳态由式（8-57）给出：

$$(x_{ss},q_{ss})=\left(\frac{2\kappa(\alpha+\rho)}{\alpha^2+\alpha\rho+2\varphi},\ -\frac{2\kappa\varphi}{\alpha^2+\alpha\rho+2\varphi}\right) \tag{8-57}$$

该解可以写成：

$$x(t)=(x^0-x_{ss})e^{\mu_1 t}+x_{ss} \tag{8-58}$$

$$q(t)=-(x^0-x_{ss})\frac{2\varphi}{2\alpha+\rho+\sqrt{(2\alpha+\rho)^2+8\varphi}}e^{\mu_1 t}+q_{ss} \tag{8-59}$$

其中，μ_1 是与微分方程系统相关的矩阵的负特征值，由式（8-60）确定：

$$\mu_1=\frac{1}{2}\left[\rho-\sqrt{(2\alpha+\rho)^2+8\varphi}\right] \tag{8-60}$$

使用 $q(t)$ 的对应表达式来计算式(8-53)中的 q_j，将得到 OLNE 策略（具有对称性）。

状态反馈纳什均衡（SFNE）：上面建立的对于开环微分博弈与团队问题之间的策略等价并不适用于带有状态反馈信息结构的微分博弈，因为在 J_1 中添加任何涉及参与人 2 的控制 u_2 的项都会改变参与人 1 所面临的优化问题，因为 u_2 通过状态 x 依赖于 u_1。因此，该示例系统在状态反馈信息下是一个真正的博弈，因此获得其 SFNE 的唯一方法是根据前文所讨论的无限时间问题的扩展，采用定理 8-2。参与人 j 的 HJB 方程，针对当前值函数 $V_j(x)=e^{\rho t}V_j(t,\ x)$，可以写成：

$$\rho V_j(x)=\max_{u_j}\left[u_j\left(\kappa-\frac{1}{2}u_j\right)-\frac{1}{2}\varphi x^2+\frac{\partial}{\partial x}V_j(x)(u_1+u_2-\alpha x)\right] \tag{8-61}$$

由于在 u_j 上严格凹，故方程（8-61）的右侧存在唯一最大值，并且最大化的解为：

$$u_j(x)=\kappa+\frac{\partial}{\partial x}V_j(x) \tag{8-62}$$

鉴于该博弈的对称性质，我们将重点关注对称均衡策略。考虑到微分博弈的线性二次性，可以猜测当前值函数是二次的（由于博弈是对称的，并且我们关注对称解，因此价值函数对于两个参与人是相同的），即表示为：

$$V_j(x)=\frac{a}{2}x^2+bx+c,\ j=1,\ 2 \tag{8-63}$$

其中，a，b，c 是待定的参数。使用式（8-62）得到 $u_j(x)=\kappa+ax+b$。将其代入方程（8-61）的右侧，得到：

$$\frac{1}{2}(3a^2-2a\alpha-\varphi)x^2+(3ab-b\alpha+2a\kappa)x+\frac{1}{2}(3b^2+4b\kappa+\kappa^2) \tag{8-64}$$

方程（8-61）的左侧为：

$$\rho\left(\frac{a}{2}x^2+bx+c\right) \tag{8-65}$$

将 x 的二次项、一次项和常数项的系数进行匹配，得到关于未知数 a，b 和 c 的三个方程。解这些方程，得到以下非合作策略价值函数的系数：

$$a=\frac{\rho+2\alpha\pm\sqrt{(\rho+2\alpha)^2+16\varphi}}{6} \tag{8-66}$$

$$b=\frac{-2a\kappa}{3a-(\rho+\alpha)} \tag{8-67}$$

$$c=\frac{\kappa^2+4b\kappa+3b^2}{2\rho} \tag{8-68}$$

备注 8-5：系数 a 是一个具有两个根（一个正根和一个负根）的二次多项式的根。选择负根即：

$$a=\frac{\rho+2\alpha-\sqrt{(\rho+2\alpha)^2+16\varphi}}{6} \tag{8-69}$$

可以确保状态轨迹的全局稳定性。得到的非合作均衡状态轨迹为：

$$x^*(t)=\left[x^0+\frac{2(\kappa+b)}{2a-\alpha}\right]e^{(2a-\alpha)t}-\frac{2(\kappa+b)}{2a-\alpha} \tag{8-70}$$

如果 $a-\alpha<0$，那么该博弈的状态动态将具有全局渐近稳定的稳定状态。可以证明，为了确保这个不等式和系统的全局渐近稳定性，唯一的可能性是选择 $a<0$。

八、线性二次微分博弈（Linear-Quadratic Differential Games，LQDGs）

在前文中，我们看到在一个特定的标量微分博弈的情境下，线性二次结构（线性动态和二次收益函数）使得 OLNE 和 SFNE 策略（无限时域博弈）的显式计算成为可能。现在进行更进一步的分析，讨论有限时间内线性二次（LQ）博弈的一般情形，并展示 LQ 结构（使用早期获得的 OLNE 和 SFNE 的必要和充分条件）导致计算可行的均衡策略。为此，在以下定义中明确考虑的 LQ 微分博弈类别（实际上我们定义了一个稍微更大的微分博弈类别，即仿射二次微分博弈，其中状态系统由已知的外部输入驱动）。在定义之后，我们按顺序讨论 OLNE 和 SFNE 策略的表征。在整个表述中，x' 表示向量 x 的转置，B' 表示矩阵 B 的转置。

定义 8-6：如果 $U_j=\mathbb{R}^{p_j}(j\in M)$，则 m 人固定时间 $[0,T]$ 微分博弈属于仿射二次型，有：

$$f(t,x,u)=A(t)x+\sum_{i\in M}B_i(t)u_i+c(t) \tag{8-71}$$

$$g_j(t,x,u)=-\frac{1}{2}(x'Q_j(t)x+\sum_{i\in M}u'_iR_j^i(t)u_i) \tag{8-72}$$

$$S_j(x)=-\frac{1}{2}x'Q_j^fx \tag{8-73}$$

其中，$A(\cdot)$，$B_i(\cdot)$，$Q_j(\cdot)$，$R_j^i(\cdot)$ 是适当维度的矩阵，$i,j\in M$，$c(\cdot)$ 是一个 n 维向量。此外，Q_j^f，$Q_j(\cdot)$ 是对称的，$R_j^j(\cdot)>0(j\in M)$，$R_j^i(\cdot)\geq0(i\neq j,i,j\in M)$。如果 $c\equiv0$，则仿射二次微分

博弈属于线性二次型。

（一）开环纳什均衡

对于上述定义的仿射二次微分博弈，进一步假设 $Q_i(\,\cdot\,)\geqslant 0$，$Q_i^f\geqslant 0$。那么，在开环信息结构下，对于所有其他参与人的可行控制 $u_{-j}(\,\cdot\,)$ 和所有的 $x^0\in\mathbb{R}^n$，参与人 j 的支付函数 $J_j([u_j,\ u_{-j}];\ x^0,\ t^0=0)$，由式（8-3）定义，它是关于 $u_j(\,\cdot\,)$ 的严格凹函数。这意味着在本章第三节中导出的 OLNE 的必要条件也是充分条件，并且每个一阶条件的解集都提供了一个 OLNE。现在，参与人 j 的哈密尔顿函数为：

$$H_j(x,\ u,\lambda_j,\ t)=-\frac{1}{2}(x'Q_jx+\sum_{i\in M}u'_iR_j^iu_i)+\lambda_j(Ax+\sum_{i\in M}B_iu_i+c)\tag{8-74}$$

其关于 $u_j(t)\in\mathbb{R}^{p_j}$ 最大化的问题有唯一解，有：

$$u_j^*(t)=R_j^i(t)^{-1}B_j(t)'\lambda_j(t),\ j\in M\tag{8-75}$$

相应地，伴随方程为：

$$\dot{\lambda}_j=Q_jx-A'\lambda_j,\lambda_j(T)=-Q_j^fx(T),\ j\in M\tag{8-76}$$

最优状态轨迹由式（8-77）生成：

$$\dot{x}^*=Ax^*+c-\sum_{i\in M}B_iR_i^{i-1}B'_i\lambda_i,\ x^*(0)=x^0\tag{8-77}$$

这组微分方程构成了一个两点边值问题，它的解可以写为 $\{\lambda_j(t)=-K_j(t)x^*(t)-k_j(t),\ j\in M;\ x^*(t),\ t\in[0,\ T]\}$，其中 $K_j(\,\cdot\,)$ 是 $n\times n$ 维矩阵，$k_j(\,\cdot\,)$ 是 n 维向量。将 $\lambda_j=-K_jx^*-k_j(j\in M)$ 代入伴随方程（8-76），可以得到，$K_j(j\in M)$ 满足以下矩阵微分方程：

$$\dot{K}_j+K_jA+A'K_j+Q_j^j-K_j\sum_{i\in M}B_iR_i^{i-1}B'_iK_i=0,K_j(T)=Q_j^f,\ j\in M\tag{8-78}$$

$k_j(j\in M)$ 满足以下向量微分方程：

$$k_j+A'k_j+K_jc-K_j\sum_{i\in M}B_iR_i^{i-1}B'_ik_i=0,\ k_j(T)=0,\ j\in M\tag{8-79}$$

再将 $\lambda_j=-K_jx^*-k_j$ 代入式（8-75），可以得到 OLNE 策略的表达式，类似地，相关的状态轨迹 x^* 可由式（8-77）得出。下面的定理概括了这个结果（Basar and Olsder，1999）。

定理 8-3：对于满足 $Q_j(\,\cdot\,)\geqslant 0$，$Q_j^f\geqslant 0(j\in M)$ 的 m 人仿射二次微分博弈，假设耦合矩阵 Riccati 微分方程（8-78）存在唯一解集 $\{K_j,\ j\in M\}$。那么，该微分博弈存在唯一的 OLNE 解，该解由下式给出：

$$\gamma_j^*(x^0,\ t)\equiv u_j^*(t)=-R_j^i(t)^{-1}B_j(t)'[K_j(t)x^*(t)+k(t)],\ j\in M\tag{8-80}$$

其中，$\{k_j(\,\cdot\,),\ j\in M\}$ 是线性微分方程（8-79）的唯一解，$x^*(\,\cdot\,)$ 表示相应的 OLNE 状态轨迹，由式（8-77）生成，可以写成：

$$x^*(t)=\Phi(t,\ 0)x^0+\int_0^t\Phi(t,\ \sigma)\eta(\sigma)d\sigma\tag{8-81}$$

$$\frac{d}{dt}\Phi(t,\ \sigma)=F(t)\Phi(t,\ \sigma),\ \Phi(\sigma,\ \sigma)=I\tag{8-82}$$

$$F(t):=A-\sum_{i\in M}B_iR_i^{i-1}B'_iK_i(t)\tag{8-83}$$

$$\eta(t):=c(t)-\sum_{i\in M}B_iR_i^{i-1}B'_ik_i(t)\tag{8-84}$$

备注 8-6（OLNE 的不存在性和多重性）：注意，仿射二次微分博弈的 OLNE 的存在取决于耦合矩阵 Riccati 方程（8-78）的解的存在，因为第二个微分方程（8-79）是 k_i 的线性方程，故始终有解。此外，只要方程（8-78）的解是唯一的，OLNE 就是唯一的。然而，OLNE 可能不存在，就像静态二次博弈中纳什均衡可能不存在（反映平面可能没有交点）或者可能存在多个 OLNE（根据之前的静态博弈的类比，反映平面可能有多个交点）。还要注意，即使在线性二次微分博弈情况下（即 $c\equiv 0$），当 $k_j\equiv 0,\ j\in M$ 时，相同的 OLNE 不存在性或多重性的可能性仍然成立。

关于定理 8-3 中 OLNE 的一个要点是，解不依赖于仿射二次微分博弈的所有参数，特别是矩阵 $\{R_j^i, i \neq j, i, j = 1, 2\}$。因此，如果将 g_j 替换为 $\widetilde{g}_j(t, x, u_i) = -\frac{1}{2}(x'Q_j(t)x + u'_i R_j^j(t)u_i)$，OLNE 仍保持不变。实际上，根据我们在上一节关于策略等价性的讨论，这并不意外。在开环信息结构下，将一个博弈的 g_j (t, x, u) 与 u_{-j} 的任何函数相加会生成另一个与第一个博弈在策略上等价的博弈，因此具有相同的 OLNE 策略集。在这种特殊情况下，将 $\frac{1}{2} \sum_{i \neq j} u'_i R_j^i(t)u_i$ 添加到 g_j 中会生成 $\widetilde{g}_j$。再进一步，从 $\widetilde{g}_j$ 中减去 $\frac{1}{2} \sum_{i \neq j} u'_i R_j^i(t)u_i$，并假设状态权重矩阵 $Q_j(\cdot)$ 和 Q_j^f 在所有参与人之间是相同的［即分别为 $Q(\cdot)$ 和 Q^f］，我们得到了一个适用于所有参与人的单目标函数（省略了权重矩阵中对 t 的依赖）：

$$J_j(u(\cdot), x^0) := J(u(\cdot), x^0) = -\frac{1}{2}\left(\int_0^T (x'Qx + \sum_{i \in M} u'_i R_i^i u_i)\,dt + x'(T)Q^f x(T)\right) \tag{8-85}$$

因此，当 $Q_j(\cdot)$ 和 Q_j^f 在所有参与人之间相同时，仿射二次微分博弈与一个团队问题在策略上等价。该团队问题是确定性的，实际上是一个最优控制问题。令 $u := (u'_1, \cdots, u'_m)$，$B := (B_1, \cdots, B_m)$，并且 $R = \mathrm{diag}(R_1^1, \cdots, R_m^m)$，这个仿射二次最优控制问题具有状态方程：

$$\dot{x} = A(t)x + B(t)u(t) + c(t), \quad x^*(0) = x^0 \tag{8-86}$$

以及支付函数如下：

$$J(u(\cdot), x^0) = -\frac{1}{2}\left(\int_0^T (x'Q(t)x + u'R(t)u)\,dt + x'(T)Q^f x(T)\right) \tag{8-87}$$

其中，$R(\cdot) > 0$。由于是严格凹（并且仿射二次），这个最优控制问题存在唯一的全局最优解：

$$u^*(t) = -R^{-1}(t)B'(t)[K(t)x^*(t) + k(t)], \quad t \geq 0 \tag{8-88}$$

其中，$K(\cdot)$ 是矩阵 Riccati 方程的唯一非负定解：

$$\dot{K} + KA + A'K + Q - KBR^{-1}B'K = 0, \quad K(T) = Q^f \tag{8-89}$$

$k(\cdot)$ 是式（8-90）的唯一解：

$$\dot{k} + A'k + Kc - KBR^{-1}B'k = 0, \quad k(T) = 0 \tag{8-90}$$

$x^*(\cdot)$ 是最优状态轨迹：

$$F(t) = A - BR^{-1}B'K(t), \quad \eta(t) = c(t) - BR^{-1}B'k(t), \quad t \geq 0 \tag{8-91}$$

注意，对于 u 的每个分量，最优控制可以写为：

$$\gamma_j^*(x^0, t) \equiv u_j^*(t) = -R_j^j(t)^{-1}B_j(t)'[K(t)x^*(t) + k(t)], \quad t \geq 0, j \in M \tag{8-92}$$

根据策略等价性，这是唯一的 OLNE。以下推论总结了定理 8-3 的结果。

推论 8-1：在定义 8-6 中，具有开环信息结构的仿射二次微分博弈的特殊类别，$Q_j = Q \geq 0\ \forall j \in M$ 和 $Q_j^f = Q^f \geq 0\ \forall j \in M$，与严格凹优化控制问题具有策略等价关系，并具有唯一的 OLNE，它由式（8-92）给出，其中 $K(\cdot)$ 是式（8-90）的唯一非负定解，$k(\cdot)$ 是式（8-90）的唯一解，$x^*(\cdot)$ 是如上定义的唯一 OLNE 状态轨迹。

备注 8-7（策略等价性与对称性）：符合推论 8-1 所涵盖一类特殊仿射二次微分博弈是对称微分博弈，其中参与人不可区分（对于所有参与人，即下标 j 自由，B_j，Q_j，Q_j^f，R_j^j 相同）。因此，具有 $Q_j = Q \geq 0\ \forall j \in M$，$Q_j^f = Q^f \geq 0\ \forall j \in M$，$R_j^j = \overline{R} > 0\ \forall j \in M$ 和 $B_j = \overline{B}\ \forall j \in M$ 的对称仿射二次微分博弈具有唯一的 OLNE：

$$\gamma_j^*(x^0, t) \equiv u_j^*(t) = -\overline{R}^{-1}(t)\overline{B}'(t)[K(t)x^*(t) + k(t)], \quad t \geq 0, j \in M \tag{8-93}$$

其中，$K(\cdot)$ 和 $k(\cdot)$ 是方程（8-94）和方程（8-95）的唯一解，而 $x^*(\cdot)$ 如上定义。

$$\dot{K} + KA + A'K + Q - mK\overline{B}\,\overline{R}^{-1}\overline{B}'K = 0, \quad K(T) = Q^f \tag{8-94}$$

$$k+A'k+Kc-mK\overline{B}\overline{R}^{-1}\overline{B}'k=0,\ k(T)=0 \tag{8-95}$$

备注 8-8（零和微分博弈）：非零和微分博弈的一类特殊情况是零和微分博弈，在一般情形中，$m=2$ 且 $J_2 \equiv -J_1 := J$。此时，两个参与人具有完全对立的目标，因此一个参与人在最小化目标函数时，另一个参与人在最大化目标函数。在这种情况下，纳什均衡对应于鞍点均衡，若记参与人 1 是 J 的最小化者，参与人 2 是最大化者，策略组合（γ_1^*，γ_2^*）是鞍点均衡策略，则它们满足下述不等式：

$$J(\gamma_1^*,\ \gamma_2) \le J(\gamma_1^*,\ \gamma_2^*) \le J(\gamma_1,\ \gamma_2^*),\ \forall \gamma_j \in \Gamma_j,\ j=1,\ 2 \tag{8-96}$$

仿射二次零和微分博弈的定义如同定义 8-6 所述，其中 $m=2$，并且省略对时间 t 的依赖，则有：

$$g_2 \equiv -g_1 := g(x,\ u_1,\ u_2,\ t)=-\frac{1}{2}(x'Qx+u'_1R_1u_1-u'_2R_2u_2),\ Q \ge 0, R_i>0,\ i=1,\ 2 \tag{8-97}$$

$$S_2(x) \equiv -S_1(x):=S(x)=-\frac{1}{2}x'Q^f x, Q^f \ge 0 \tag{8-98}$$

需要注意的是，这个表述不能视为收益函数中状态上具有非正定权重和控制上具有负定权重的两人仿射二次非零和微分博弈的特殊情况（使得收益函数在各自的控制上严格凹，从而使他们各自的最大化问题自动得到良定义），因为在这种情况下进行最大化的参与人（参与人 2）在状态上具有非负定权重，这可能导致参与人 2 的优化问题无解。为了使博弈良定义，我们需要确保它是凸-凹的。J 相对于 u_1 的凸性很容易满足，但是对于 u_2 的凹性，我们需要加上额外的条件。事实上，参见 Basar 和 Bernhard（1995）、Basar 和 Olsder（1999）的相关研究，检查 J 相对于 u_2 的严格凹性的一种实用方法是确保以下的 Riccati 微分方程在区间 $[0,\ T]$ 上有一个连续可微的非负定解，即没有共轭点：

$$\dot{\hat{S}}+\hat{S}A+A'\hat{S}+Q+\hat{S}B_2R_2^{-1}B'_2\hat{S}=0,\ \hat{S}(T)=Q^f \tag{8-99}$$

可以证明该博弈在开环策略下存在唯一的鞍点解，这可以直接从定理 8-3 得到，注意到 $K_2=-K_1 := \hat{K}$ 和 $k_2=-k_1:=\hat{k}$，它们满足以下条件：

$$\dot{\hat{K}}+\hat{K}A+A'\hat{K}+Q-\hat{K}(B_1R_1^{-1}B'_1-B_2R_2^{-1}B'_2)\hat{K}=0,\hat{K}(T)=Q^f \tag{8-100}$$

$$\dot{\hat{k}}+A'\hat{k}+\hat{K}c-\hat{K}(B_1R_1^{-1}B'_1-B_2R_2^{-1}B'_2)\hat{k}=0,\ \hat{k}(T)=0 \tag{8-101}$$

在式（8-99）具有良定义解，矩阵 Riccati 微分方程（8-100）具有唯一的连续可微非负定解的条件下，满足式（8-96）的开环鞍点（OLSP）策略为：

$$\gamma_1^*(x^0,\ t)=-R_1^{-1}B'_1[\hat{K}(t)x^*(t)+\hat{k}(t)] \tag{8-102}$$

$$\gamma_2^*(x^0,\ t)=-R_2^{-1}B'_2[\hat{K}(t)x^*(t)+\hat{k}(t)],\ t \ge 0 \tag{8-103}$$

其中，$x^*(t)$ 是由式（8-104）生成的鞍点状态轨迹：

$$\dot{x}=[A-(B_1R_1^{-1}B'_1-B_2R_2^{-1}B'_2)\hat{K}]x-(B_1R_1^{-1}B'_1-B_2R_2^{-1}B'_2)\hat{k}+c,\ x(0)=x^0 \tag{8-104}$$

因此，OLSP 的存在取决于矩阵 Riccati 微分方程（8-99）存在一个非负定解，正如前面所提到的，这与区间 $[0,\ T]$ 中不存在共轭点有关，而这又与博弈在无穷维函数空间（本例中为希尔伯特空间）是凸-凹还是非凸-凹有关。关于此问题的详细论述，可参考 Basar 和 Bernhard（1995）的论文。

（二）状态反馈纳什均衡

现在转向具有状态反馈信息结构的仿射二次微分博弈（参见定义 8-6）。前面已经看到（参见定理 8-2），闭环纳什均衡策略可以从耦合 HJB 偏微分方程的解中获得。对于仿射二次微分博弈，这些方程可以被明确地求解，因为它们的解具有一般二次（关于 x）的结构。这也很容易得到一组能够用闭合形式表达的 SFNE 策略。以下定理概括了这个结果，该定理通过在耦合的 HJB 方程中使用仿射二次博弈的结构规范（参见定义 8-6），测试解的结构 $V_j(t,\ x)=-\frac{1}{2}x'Z_j(t)x-x'\zeta_j(t)-n_j(t)$，$j \in M$ 的一致性，并且使 x

的幂次相等，得到 Z_j，ζ_j 和 n_j 的微分方程（Basar and Olsder，1999）。

定理 8-4：对于定义 8-6 中引入的 m 个参与人的仿射二次微分博弈，其中 $Q_j(\cdot) \geqslant 0$，$Q_j^f \geqslant 0 (j \in M)$，假设存在一组满足以下 m 个耦合矩阵 Riccati 微分方程的矩阵值函数 $Z_j(\cdot) \geqslant 0$，$j \in M$，则有：

$$\dot{Z}_j + Z_j \widetilde{F} + \widetilde{F}' Z_j + \sum_{i \in M} Z_i B_i R_i^{i-1} R_j^i R_i^{i-1} B'_i Z_i + Q_j = 0, Z_j(T) = Q_j^f \tag{8-105}$$

其中：

$$\widetilde{F}(t) = A(t) - \sum_{i \in M} B_i(t) R_i^i(t)^{-1} B'_i(t) Z_i(t) \tag{8-106}$$

在状态反馈信息结构下，微分博弈具有一个基于当前状态值的仿射 SFNE 解，其形式为：

$$\gamma_j^*(x, t) = -R_j^j(t)^{-1} B'_j(t) [Z_j(t) x(t) + \zeta_j(t)], j \in M \tag{8-107}$$

其中，$\zeta_j (j \in M)$ 是耦合线性微分方程（8-108）的解：

$$\dot{\zeta}_j + \widetilde{F}' \zeta_j + \sum_{i \in M} Z_i B_i R_i^{i-1} R_j^i R_i^{i-1} B'_i \zeta_i + Z_j \beta = 0, \zeta_j(T) = 0 \tag{8-108}$$

其中有：

$$\beta := c - \sum_{i \in M} B_i R_i^{i-1} B'_i \zeta_i \tag{8-109}$$

相应的最优支付函数为：

$$\overline{J}_j^* = V_j(x^0, 0) = -\frac{1}{2} x^{0'} Z_j(0) x^0 - x^{0'} \zeta_j(0) - n_j(0), j \in M \tag{8-110}$$

其中，$n_j(\cdot)(j \in M)$ 是方程（8-111）的解：

$$\dot{n}_j + \beta' \zeta_j + \frac{1}{2} \sum_{i \in M} \zeta'_i B_i R_i^{i-1} R_j^i R_i^{i-1} B'_i \zeta_i = 0, n_j(T) = 0 \tag{8-111}$$

备注 8-9：定理 8-4 中对于 $Z_j(\cdot)$ 的"半正定性"要求是由于 $V_j(x, t) \geqslant 0$，$\forall x \in \mathbb{R}^n$，$t \in [0, T]$，这个特征是由于 $Q_j(\cdot)$，Q_j^f 和 $R_j^i(\cdot)$ 在先验上对特征值的限制造成的。支付函数的对应"纳什"值可以从以下事实中得出：$V_j(x, t)$ 是在任意点 (x, t) 处参与人 j 的 SFNE 的值函数。我们还注意到，定理 8-4 仅提供了仿射二次微分博弈的一个 SFNE 策略集，并没有为该解集赋予任何唯一性特征。然而，可以证明，当参与人一开始被限制为仿射无记忆状态反馈策略时，SFNE 的唯一性是可以保证的（Basar and Olsder，1999）。

备注 8-10：上述结果很容易扩展到更一般的仿射二次微分博弈中，其中参与人的支付函数包含 x 的线性项，即在定义 8-6 中，g_j 和 S_j 分别扩展为：

$$g_j = -\frac{1}{2} \{ x'[Q_j(t) x + 2l_j(t)] + \sum_{i \in M} u'_i R_j^i u_i \}, S_j(x) = -\frac{1}{2} x'(Q_j^f x + 2l_j^f) \tag{8-112}$$

其中，对于每个 $j \in M$，$l_j(\cdot)$ 是一个已知的在 $[0, T]$ 上连续 n 维向量值函数，而 l_j^f 是一个固定的 n 维向量。那么，定理 8-4 的陈述保持不变，只是生成 $\zeta_j(\cdot)$ 的微分方程（8-108）变为：

$$\dot{\zeta}_j + \widetilde{F}' \zeta_j + \sum_{i \in M} Z_i B_i R_i^{i-1} R_j^i R_i^{i-1} B'_i \zeta_i + Z_j \beta + l_j = 0, \zeta_j(T) = l_j^f \tag{8-113}$$

将 SFNE 与 OLNE 相比较，一个问题是在 SFNE 的情况下是否存在类似于推论 8-1 的对应物。答案是否定的，因为将涉及其他参与人控制的项添加到 g_j 中通常会导致参与人 j 面临不同的优化问题，因为 $i \neq j$ 的 u_i 依赖于 x，并且通过它依赖于 u_j。因此，一般来说，具有状态反馈信息结构的微分博弈不能与一个团队（因此是最优控制）问题在战略上等价。然而，当博弈是对称的时候，可以解决简化一组充分条件［特别是耦合的矩阵 Riccati 微分方程（8-105）］的问题。使用与备注 8-7 相同的设置，同时引入符号 $\hat{R}$ 来表示其他参与人控制变量的加权矩阵 R_j^i，$i \neq j$ 出现在参与人 j 的支付函数中，对于所有的 $j \in M$（注意，在开环信息的情况下，这不是一个问题，因为 R_j^i，$i \neq j$ 与 OLNE 无关），关注对称 SFNE，可以将参与人 j 的 SFNE 策略（8-107）重新写成：

$$\gamma_j^*(x,\ t)=-\overline{R}^{-1}(t)\,\overline{B}'(t)\big[Z(t)x(t)+\zeta(t)\big],\ j\in M \tag{8-114}$$

其中，$Z(\cdot)\geqslant 0$ 是方程（8-115）的解：

$$\dot{Z}+Z\widetilde{F}+\widetilde{F}'Z+Z\overline{B}\overline{R}^{-1}\overline{B}'Z+\sum_{i\neq j,\ i\in M}Z\overline{B}\overline{R}^{-1}\hat{R}\overline{R}^{-1}\overline{B}'Z=0,\ Z(T)=Q^f \tag{8-115}$$

由式（8-106）可知：

$$\widetilde{F}:=A(t)-m\overline{B}(t)\overline{R}^{-1}(t)\overline{B}'(t)Z(t) \tag{8-116}$$

将 $\widetilde{F}$ 的表达式带入式（8-115）中，得到以下替代（更具启示性）的表示：

$$\dot{Z}+ZA+A'Z+Z\overline{B}\overline{R}^{-1}\overline{B}'Z+Q-(m-1)Z\overline{B}\overline{R}^{-1}(2\overline{R}-\hat{R})\overline{R}^{-1}\overline{B}'Z=0,\ Z(T)=Q^f \tag{8-117}$$

根据标准最优控制中出现的与矩阵 Riccati 微分方程相似的特征（将其与备注 8-7 中 K 的微分方程进行比较），可以得出结论，即只要条件：

$$2\overline{R}-\hat{R}<0 \tag{8-118}$$

成立，方程（8-117）就存在唯一连续可微的半正定解。这个条件可以解释为参与人在自身控制上（在其支付函数中）相对更加重视，而不是其他个体参与人。实际上，如果权重相等，则有 $\overline{R}=\hat{R}$，而式（8-117）等价于式（8-94）；这当然并不令人惊讶，因为具有 $\overline{R}=\hat{R}$ 的对称博弈本质上是一个最优控制问题（参与人具有相同的支付函数），OL 和 SF 解具有相同的 Riccati 微分方程。

现在，为了完整描述对称微分博弈的 SFNE，我们根据对称性规定的要求，写出 ζ_j 的微分方程。自然地，它不再依赖于下标 j，并且可以简化为以下形式：

$$\dot{\zeta}+\{A'-Z\overline{B}\overline{R}^{-1}[(2m-1)\overline{R}-(m-1)\hat{R}]\overline{R}^{-1}\overline{B}'\}\zeta+Zc=0,\ \zeta(T)=0 \tag{8-119}$$

我们以下述推论来总结上述讨论的要点。

推论 8-2：对于上面引入的对称仿射二次微分博弈，假设矩阵 Riccati 微分方程（8-117）存在唯一连续可微的半正定解 $Z(\cdot)$。那么该博弈存在一个对称的闭环纳什均衡解，它对所有参与人是对称的，并且可以表示为：

$$\gamma_j^*(x,\ t)=-\overline{R}^{-1}(t)\overline{B}'(t)\big[Z(t)x(t)+\zeta(t)\big],\ t\geqslant 0,\ j\in M \tag{8-120}$$

其中，$\zeta(\cdot)$ 由式（8-119）唯一生成。此外，如果式（8-118）成立，则 $Z(\cdot)$ 存在且唯一。

备注 8-11（具有 SF 信息的零和微分博弈）：与备注 8-8 关于鞍点均衡的对应结果也可以在状态反馈信息结构下得出，这次将定理 8-4 专门用于两人零和微分博弈。根据备注 8-8 中相同的设置，对定理 8-4 进行检验可知 $Z_2=-Z_1:=\hat{Z}$ 和 $\zeta_2=-\zeta_1:=\hat{\zeta}$，其中 $\hat{Z}$ 和 $\hat{\zeta}$ 所满足的微分方程正是 OL 情况下 $\hat{K}$ 和 $\hat{k}$ 所满足的方程，即式（8-100）和式（8-101）。在矩阵 Riccati 微分方程（8-100）存在确切（唯一连续可微的非负定）解的条件下，满足式（8-96）的参与人的状态反馈鞍点（SFSP）策略可表示为（直接从定理 8-4 得出）：

$$\gamma_1^*(x,\ t)=-R_1^{-1}B_1'[\hat{K}(t)x(t)+\hat{k}(t)],\ \gamma_2^*(x,\ t)=-R_2^{-1}B_2'[\hat{K}(t)x(t)+\hat{k}(t)],\ t\geqslant 0 \tag{8-121}$$

请注意，这些策略与 OLSP 策略具有相同的形式，区别在于它们现在是状态的实际当前值的函数，而不是像在 OLSP 情况下那样计算出来的值。OLSP 和 SFSP 之间的另一个区别是，后者不需要先验凹性条件，因此在状态反馈信息下式（8-99）是否存在解是无关紧要的；该条件被式（8-100）的解的存在所代替。由于 OLSP 和 SFSP 策略的形式相同，只要满足相应的存在条件，则它们生成相同的状态轨迹（因此导致 J 的相同值）。

★讨论

【提示问题】

（1）如何理解开环纳什均衡和状态反馈纳什均衡的概念？二者的区别是什么？

（2）试结合身边的例子来说明开环策略和状态反馈策略的不同。

【教师注意事项及问题提示】

以身边具体发生的例子，如同学们之间进行的多轮猜数字游戏为例，如果使用开环策略，就相当于每个同学在一开始就决定好自己每次猜什么数字，不管中间过程发生什么都不改变策略。而如果是状态反馈纳什均衡，同学们会根据每一轮其他人猜的情况以及得到的反馈（比如大了还是小了）来调整自己接下来猜的数字，动态地优化自己的策略。需要注意的是，这只是一个简单的示例，实际情况中这两种概念在更复杂的博弈场景中有更深入的体现和应用。

第四节　斯塔克尔伯格均衡

在前面的部分中，假设参与人在没有任何交流的情况下同时选择策略。现在考虑一个不同的情景：在一个两人博弈中，一个参与人是领导者（Leader），另一个参与人是追随者（Follower），领导者在追随者之前做出决策。这种先后行动最早是由 von Stackelberg 在垄断博弈的背景下引入（von Stackelberg，1934）。

记 L 为领导者，记 F 为追随者。假设 $u_L(t)$ 和 $u_F(t)$ 分别是 L 和 F 的控制向量。对于所有的 t，满足控制约束 $u_L(t) \in U_L$ 和 $u_F(t) \in U_F$。状态动态和收益函数与之前的式（8-1）、式（8-2）和式（8-3）相同，不失一般性，我们将初始时间取为 $t^0 = 0$。与纳什均衡类似，我们除了介绍开环斯塔克尔伯格均衡（OLSE），还将介绍所谓的反馈（或马尔科夫）斯塔克尔伯格均衡（FSE），它使用状态反馈信息并且只给予领导者时间增量的领先优势。

一、开环斯塔克尔伯格均衡（OLSE）

当两个参与人都使用开环策略 μ_L 和 μ_F 时，它们的控制路径分别由 $u_L(t) = \mu_L(x^0, t)$ 和 $u_F(t) = \mu_F(x^0, t)$ 确定。这里 μ_j 表示参与人 j 的开环策略。

博弈过程如下：在 $t = 0$ 时刻，领导者宣布他的控制路径 $u_L(\cdot)$，其中 $t \in [0, T]$。暂时假设追随者相信这个宣布。他能做的最好的选择是选择自己的控制路径 $u_F(\cdot)$，以最大化目标函数：

$$J_F = \int_0^T g_F(x(t), u_L(t), u_F(t), t)dt + S_F(x(T)) \tag{8-122}$$

其状态动态限制条件和控制约束条件为：

$$\dot{x}(t) = f(x(t), u_L(t), u_F(t), t), \quad x(0) = x^0 \tag{8-123}$$

$$u_F(t) \in U_F \tag{8-124}$$

这是一个标准的最优控制问题。为了解决该问题，引入追随者的哈密尔顿函数：

$$H_F(x(t), \lambda_F(t), u_L(t), u_F(t), t) = g_F(x(t), u_L(t), u_F(t), t) + \lambda_F f(x(t), u_L(t), u_F(t), t) \tag{8-125}$$

其中，伴随变量 $\lambda_F = \lambda_F(t)$ 是一个 n 维向量。假设哈密尔顿函数 H_F 在 $u_F \in U_F$ 上严格凹，其中 U_F 是一个凸集。那么对于 $t \in [0, T]$，H_F 关于 u_F 的最大化条件唯一地确定了 $u_F(t)$ 作为 t，x，u_L 和 λ_F 的函数，将其写为：

$$u_F(t) = R(x(t), t, u_L(t), \lambda_F(t)) \tag{8-126}$$

这定义了追随者对领导者宣布的时间路径 $u_L(\cdot)$ 的最佳回应。

追随者的伴随方程及边界条件如下所示：

$$\dot{\lambda}_F(t) = -\frac{\partial}{\partial x} H_F, \lambda_F(T) = \frac{\partial}{\partial x} S_F(x(T)) \tag{8-127}$$

将最佳回应函数 R 代入状态和共轭方程中得到一个两点边值问题。解决这个问题，即 $(x(t)$，$\lambda_F(t))$，可以插入函数 R 中。这代表了追随者在领导者宣布的时间路径 $u_L(\cdot)$ 下的最优行为。

领导者可以复制追随者的论证。这意味着，由于他知道追随者所知道的一切，领导者可以计算出对于他可能宣布的任何 $u_L(\cdot)$，追随者的最佳回应 R。那么领导者的问题就是给定 F 的回应，选择一个控制路径 $u_L(\cdot)$，以最大化他的收益，也就是最大化式（8-128）：

$$J_L = \int_0^T g_L(x(t)，u_L(t)，R(x(t)，t，u_L(t)，\lambda_F(t))，t)dt + S_L(x(T)) \tag{8-128}$$

受限于以下条件：

$$\dot{x}(t) = f(x(t)，u_L(t)，R(x(t)，t，u_L(t)，\lambda_F(t))，t)，x(0) = x^0 \tag{8-129}$$

$$\dot{\lambda}_F(t) = -\frac{\partial}{\partial x} H_F(x(t)，u_L(t)，R(x(t)，t，u_L(t)，\lambda_F(t))，t) \tag{8-130}$$

$$\lambda_F(T) = \frac{\partial}{\partial x} S_F(x(T)) \tag{8-131}$$

以及控制约束条件：

$$u_L(t) \in U_L \tag{8-132}$$

需要注意的是，领导者的动力系统包括两个状态方程，一个用于描述原始状态变量 x 的演化，另一个用于描述追随者的伴随变量 λ_F 的演化，这些伴随变量现在被视为状态变量。我们再次面临一个最优控制问题，可以使用最大值原理来解决。为此，引入领导者的哈密尔顿函数：

$$H_L(x(t)，u_L(t)，R(x(t)，t，u_L(t)，\lambda_F(t))，\lambda_L(t)，\theta(t)，t) = g_L(x(t)，u_L(t)，R(x(t)，t，u_L(t)，\lambda_F(t))，t) + \lambda_L(t)f(x(t)，u_L(t)，R(x(t)，t，u_L(t)，\lambda_F(t))，t) + \theta(t)\left(-\frac{\partial}{\partial x}H_F(x(t)，\lambda_F(t)，R(x(t)，t，u_L(t)，\lambda_F(t))，u_L(t)，t)\right) \tag{8-133}$$

其中，$\lambda_L = \lambda_L(t)$ 是附加到状态方程 $x(t)$ 的 n 维伴随变量，边界条件为：

$$\lambda_L(T) = \frac{\partial}{\partial x} S_L(x(T)) \tag{8-134}$$

$\theta = \theta(t)$ 是附加到状态方程 $\lambda_F(t)$ 的 n 维伴随变量，满足初值条件：

$$\theta(0) = 0 \tag{8-135}$$

这个初值条件是因为 $\lambda_F(0)$ 是"自由"的，即没有受到任何支付函数中的软约束的限制，与进入终端回报项的 $x(T)$ 不同。

下面的定理总结了 OLSE 的所有这些内容，参见 Basar 和 Olsder（1999）的研究。

定理 8-5：对于在本小节中提出的两个人开环 Stackelberg 微分博弈，设 $u_L^*(t) = \mu_L^*(x^0，t)$ 为领导者的开环均衡策略，$u_F^*(t) = \mu_F^*(x^0，t)$ 为追随者的策略。给定状态方程（8-122）和控制约束方程（8-123），假设存在唯一的满足式（8-126）的追随者最优化问题[由式（8-122）确定的最大化 J_F 的解]。那么：

（1）领导者的开环 Stackelberg 策略 μ_L^* 在给定控制约束和 $2n$ 维关于 x 和 λ_F 微分方程系统 [在式（8-128）后给出] 的混合边界条件下最大化式（8-128）。

（2）追随者的开环 Stackelberg 策略 μ_F^* 可通过将式（8-126）中的 u_L 替换为 u_L^* 得到。

备注 8-12：根据本小节讨论得出的定理 8-5，可以列出一组必要条件（基于最大值原理），用于求解 L 的开环策略 μ_L^*。请注意，在这个最大化问题中，除了具有指定初始条件的标准状态（微分）方程之外，还需要具有指定终端条件的伴随变量方程，因此最大化问题的动力学约束涉及一个带有混合边界条件的 $2n$ 维微分方程[参见式(8-128)之后的 x 和 λ_F 的方程]。相关的哈密尔顿函数是在定理 8-5 之前定义的 H_L，它的参数是两个共轭变量 λ_L 和 θ，分别对应于 x 和 λ_F 的微分方程演化。因此，根据最大值原理，这些新的伴随变量满足以下微分方程：

$$\dot{\lambda}_F(t) = -\frac{\partial}{\partial x} H_L(x(t),\ u_L(t),\ R(x(t),\ t,\ u_L(t),\lambda_F(t))\ ,\lambda_L(t),\ \theta(t),\ t) \tag{8-136}$$

$$\lambda_L(T) = \frac{\partial}{\partial x} S_L(x(T)) \tag{8-137}$$

$$\dot{\theta}(t) = -\frac{\partial}{\partial \lambda_F} H_L(x(t),\ u_L(t),\ R(x(t),\ t,\ u_L(t),\lambda_F(t))\ ,\lambda_L(t),\ \theta(t),\ t) \tag{8-138}$$

$$\theta(0) = 0 \tag{8-139}$$

$u_L^*(t) = \mu_L^*(x^0,\ t)$ 通过对哈密尔顿函数 H_L 的最大化得到(在此省略了对 t 的依赖)：

$$u_L^* = \arg \max_{u_L \in U_L} H_L(x,\ u_L,\ R(x,\ u_L,\lambda_F),\lambda_L,\ \theta) \tag{8-140}$$

二、反馈斯塔克尔伯格均衡（FSE）

像在 SFNE 的情况下那样，现在为两个参与人提供状态反馈信息。SFNE 是一种无记忆信息结构，不允许参与人回忆起状态的初始值 x^0，除非在 $t=0$ 时。在纳什均衡的情况下，这导致了一个有意义的解，它还具有吸引人的特点，即子博弈精炼和强时间一致。在本部分中，我们将看到这个吸引人的特性在当领导者提前公布整个博弈期间的策略时并不适用于 Stackelberg 均衡，实际上，微分博弈变得没有定义。这将迫使我们在状态反馈信息结构下再次引入一种不同的 Stackelberg 均衡概念，称为反馈 Stackelberg，在其中强时间一致性被预先施加。然后，这将导致一个与 SFNE 相似的推导过程。

解决在参与人使用状态反馈信息时经典 Stackelberg 解的"没有定义性"问题，在这种情况下，他们的策略是从 $\mathbb{R}^n \times [0,\ T]$ 到 U_L 和 U_F 的映射，其中对 L 和 F，状态-时间对 $(x,\ t)$ 映射到 $\gamma_L \in \Gamma_L$ 和 $\gamma_F \in \Gamma_F$。因此，这些策略的实现导致控制动作(或控制路径)：对 L 和 F，分别有 $u_L(t) = \gamma_L(x,\ t)$ 和 $u_F(t) = \gamma_F(x,\ t)$。现在，根据上文讨论的 OLSE，在 Stackelberg 均衡下，领导者在零时刻宣布他的策略 $\gamma(x,\ t)$，并承诺在整个博弈过程中使用这个策略。然后，追随者会理性地对领导者的宣布做出反应，以最大化他的收益函数。预期到这一点，领导者选择一种最大化他的收益函数的策略，同时满足追随者最佳反应所施加的约束。

先来看一下追随者的最优控制问题。使用动态规划的方法，用 Hamilton-Jacobi-Bellman（HJB）方程来描述追随者 F 对公布的 $\gamma_L \in \Gamma_L$ 的最佳反应：

$$-\frac{\partial}{\partial t} V_F(x,\ t) = \max_{u_F \in U_F} \left\{ g_F(x,\ u_F(t),\ \gamma_L(x,\ t),\ t) + \frac{\partial}{\partial x} V_F(x,\ t) f(x(t),\ u_F(t),\ \gamma_L(x,\ t),\ t) \right\} \tag{8-141}$$

其中，V_F 是 F 的值函数，具有终端条件 $V_F(x,\ T) = S_F(x(T))$。注意，对于每个固定的 $\gamma_L \in \Gamma_L$，HJB 方程右侧 F 的最大化控制是当前时间和状态的函数，它是 Γ_F 的元素。因此，F 的最大化问题及最优解与状态反馈信息结构是相容的，因此在这个阶段我们有一个有定义的问题。然而，这个最佳反应对 γ_L 的依赖关系将会非常复杂（比开环情况下要复杂得多），因为我们得到的是一个在无限维空间中的函数依赖关系。尽管如此，至少在形式上，我们可以将这个关系写成一个最佳反应函数 $\tilde{R}: \Gamma_L \to \Gamma_F$，对于追随者来说：

$$\gamma_F = \tilde{R}(\gamma_L) \tag{8-142}$$

现在，领导者 L 也可以进行这样的计算，根据 Stackelberg 均衡概念也被称为全局 Stackelberg 解（Basar and Olsder，1999），他必须在这个反应函数和状态方程约束下最大化他的收益，形式上为：

$$\max_{\gamma_L \in \Gamma_L} J_L(\gamma_L, \tilde{R}(\gamma_L)) \tag{8-143}$$

撇开这个优化问题的复杂性（由于反应函数存在，其依赖于 L 在整个博弈时间间隔上的完整策略），我们注意到，这个优化问题是没有定义的，因为对于每个选择的 $\gamma_L \in \Gamma_L$，$J_L(\gamma_L, \tilde{R}(\gamma_L))$ 一般而言不是一个实数，而是初始状态 x^0 的函数，而 L 无法获得这个初始状态。因此，我们面临的是一个多目标优化问题，而不是单目标优化问题，这使得具有标准（全局）Stackelberg 均衡概念的微分博弈问题是没有定义的。解决这个困难的一种方法是允许领导者（以及追随者）回忆起初始状态［从而修改他们的信息集为 $\nu(x(t), x^0, t)$］，甚至在状态上具有完全记忆［这种情况下，ν 为 $\nu(x(s), s \leq t; t)$］，这将使得博弈成为良定义的，但需要使用不同的工具来求解（Basar and Olsder，1980；1999；Basar and Selbuz，1979），这也与激励设计和诱使串谋行为有关，后文将进一步讨论。我们还应该注意到，将 x^0 包括在信息集中也可以得到混合信息集下的全局 Stackelberg 均衡，其中 F 的信息劣于 L，如 L 的信息为 $\nu_L(x(t), x^0, t)$，F 的信息为 $\nu(x^0, t)$。这样的微分博弈也是有定义的。

解决状态反馈信息结构下全局 Stackelberg 解的定义问题的另一种方法是只给领导者在每个时刻 t 上一个即时优势（在离散时间情况下称为阶段性先行优势）；在连续时间中，这意味着在每个时刻 t 都有一个瞬时优势（Basar and Haurie，1984）。这种点对点（按时间）的优势导致了所谓的反馈 Stackelberg 均衡（FSE），它也是强时间一致的（Basar and Olsder，1999）。对于 $j \in \{L, F\}$，这样的均衡的特征包括 HJB 方程：

$$\left\{ -\frac{\partial}{\partial t} V_j(x, t) \right\}_{j=1,2} = \text{Sta} \left\{ g_j(x, [u_F, u_L]) + \frac{\partial}{\partial x} V_j(x, t) f(x, [u_F, u_L], t) \right\}_{j=1,2} \tag{8-144}$$

其中，等式右侧中的"Sta"运算符为每个 $V_j(x, t)$ 解决了大括号中两个参与组合静态博弈的 Stackelberg 均衡解，其中参与人 1 为领导者，参与人 2 为追随者。更具体地说，F 对于 $\gamma_L \in \Gamma_L$ 的点对点（按时间）最佳反应是：

$$\hat{R}(x, t; \gamma_L(x, t)) = \arg \max_{u_F \in U_F} \left\{ g_F(x, [u_F, \gamma_L(x, t)], t) + \frac{\partial}{\partial x} V_F(x, t) f(x(t), [u_F, \gamma_L(x, t)], t) \right\} \tag{8-145}$$

考虑到这一点，L 再次按时间点逐点解决最大化问题：

$$\max_{u_L \in U_L} \left\{ g_L(x, [\hat{R}(x, t; u_L), u_L], t) + \frac{\partial}{\partial x} V_L(x, t) f(x, [\hat{R}(x, t; u_L), u_L], t) \right\} \tag{8-146}$$

将这个最大化问题的解记作 $u_L = \hat{\gamma}_L(x, t)$，那么对于博弈来说，FSE 就是状态反馈策略的一对：

$$\{\hat{\gamma}_L(x, t), \hat{\gamma}_F(x, t) = \hat{R}(x, t; \hat{\gamma}_L(x, t))\} \tag{8-147}$$

当然，根据上面概述的方法，很明显，这对策略的明确推导取决于构造满足 HJB 方程（8-144）的值函数 V_L 和 V_F。因此，为了完整地解决问题，必须求解 $V_L(x, t)$ 和 $V_F(x, t)$ 的 HJB 方程，并在式（8-147）中使用这些函数。主要困难在于明确求解 HJB 方程，不过在某些类别的博弈中可以做到，如那些具有线性动力学和二次收益函数的博弈（此时 V_L 和 V_F 将是 x 的二次函数）（Basar and Olsder，1999）。我们将在后文通过数值例子提供一些可行性证据。

三、示例：构建斯塔克尔伯格均衡

考虑本章第三节的例子，但现在将参与人 1 作为领导者（从现在起称为参与人 L），将参与人 2 作为追随者（参与人 F）。回想一下，参与人 j 的优化问题和状态动态如下：

$$\max_{u_j}\left\{J_j=\int_0^\infty e^{-\rho t}\left(u_j(t)\left(\kappa-\frac{1}{2}u_j(t)\right)-\frac{1}{2}\varphi x^2(t)\right)\mathrm{d}t\right\},\ \ j=L,\ F \tag{8-148}$$

$$\dot{x}(t)=u_L(t)+u_L(t)-\alpha x(t),\ x(0)=x^0 \tag{8-149}$$

其中，φ 和 κ 是正参数，$0<\alpha<1$。在没有歧义的情况下，我们之后将省略时间参数。下面我们将讨论 OLSE 和 FSE，但考虑无限的时间跨度。

（一）开环斯塔克尔伯格均衡（OLSE）

为了得到追随者对领导者路径 $u_L(t)$ 的最佳回应，引入追随者 F 的哈密尔顿函数：

$$H_F(x,\ u_L,\ u_F)=u_F\left(\kappa-\frac{1}{2}u_F\right)-\frac{1}{2}\varphi x^2+q_F(u_L+u_L-\alpha x) \tag{8-150}$$

其中，q_F 是与状态变量 x 相关的追随者的伴随变量。由于 H_F 在 u_F 上是二次的严格凹函数，它有一个唯一的最大值：

$$u_F=\kappa+q_F \tag{8-151}$$

其中，根据最大值原理，q_F 满足：

$$\dot{q}_F=\rho q_F-\frac{\partial}{\partial x}H_F=(\rho+\alpha)q_F+\varphi x,\lim_{t\to\infty}e^{-\rho t}q_F(t)=0 \tag{8-152}$$

在状态方程中使用式（8-151），我们有：

$$\dot{x}(t)=u_L(t)+\kappa+q_F(t)-\alpha x(t),\ x(0)=x^0 \tag{8-153}$$

现在，一种方法是首先求解微分方程（8-152）和微分方程（8-153），然后将解代入式（8-151）中得到追随者的最佳回应，即 $u_F(t)=R(x(t),\ u_L(t),\ q_F(t))$。另一种方法是推迟求解这些微分方程，并将它们作为动态约束条件用于领导者的优化问题中：

$$\max_{u_L}\left\{J_L=\int_0^\infty e^{-\rho t}\left[u_L\left(\kappa-\frac{1}{2}u_L\right)-\frac{1}{2}\varphi x^2\right]\mathrm{d}t\right\} \tag{8-154}$$

$$\dot{q}_F=(\rho+\alpha)q_F+\varphi x,\lim_{t\to\infty}e^{-\rho t}q_F(t)=0 \tag{8-155}$$

$$\dot{x}(t)=u_L(t)+\kappa+q_F(t)-\alpha x(t),\ x(0)=x^0 \tag{8-156}$$

这是一个具有两个状态变量（q_F 和 x）和一个控制变量（u_L）的最优控制问题。引入领导者的哈密尔顿函数：

$$H_L(x,\ u_L,q_F,q_L,\ \theta)=u_L\left(\kappa-\frac{1}{2}u_L\right)-\frac{1}{2}\varphi x^2+\theta[(\rho+\alpha)q_F+\varphi x]+q_L(u_L+\kappa+q_F-\alpha x) \tag{8-157}$$

其中，θ 和 q_L 是与领导者优化问题中的两个状态方程相关联的伴随变量。由于 H_L 在 u_L 上是二次的严格凹函数，因此也有唯一的最大值，由下式给出：

$$u_L=\kappa+q_L \tag{8-158}$$

状态方程和伴随方程有：

$$\dot{\theta}=\rho\theta-\frac{\partial}{\partial q_F}H_L=-\theta\alpha-q_L,\ \theta(0)=0 \tag{8-159}$$

$$\dot{q}_L=\rho q_L-\frac{\partial}{\partial x}H_L=(\rho+\alpha)q_L+\varphi(x-\theta),\lim_{t\to\infty}e^{-\rho t}q_L(t)=0 \tag{8-160}$$

$$\dot{x}=\frac{\partial}{\partial q_L}H_L=u_L+\kappa+q_F-\alpha x,\ x(0)=x^0 \tag{8-161}$$

$$\dot{q}_F=\frac{\partial}{\partial \theta}H_L=(\rho+\alpha)q_F+\varphi x,\lim_{t\to\infty}e^{-\rho t}q_F(t)=0 \tag{8-162}$$

将 u_L 的表达式代入 x 的微分方程中，就得到了一个由四个微分方程组成的系统，以矩阵形式可写为：

$$\begin{pmatrix} \dot{\theta} \\ \dot{q}_L \\ \dot{x} \\ \dot{q}_F \end{pmatrix} = \begin{pmatrix} -\alpha & -1 & 0 & 0 \\ -\varphi & \rho+\alpha & \varphi & 0 \\ 0 & 1 & -\alpha & 1 \\ 0 & 0 & \varphi & \rho+\alpha \end{pmatrix} \begin{pmatrix} \theta \\ q_L \\ x \\ q_F \end{pmatrix} + \begin{pmatrix} 0 \\ 0 \\ 2\kappa \\ 0 \end{pmatrix} \tag{8-163}$$

解上述系统得到 (θ, q_L, x, q_F)。将 q_F 和 q_L 的解插入均衡条件中以获得开环 Stackelberg 均衡控制 u_L 和 u_F。

$$u_F = \kappa + q_F, \quad u_L = \kappa + q_L \tag{8-164}$$

（二）状态反馈斯塔克尔伯格均衡（FSE）

为了获得 FSE，需要考虑式（8-144）的无限时域版本，并计算出 F 对于 $u_L = \gamma_L(x)$ 的最佳回应。F 所面临的最大化问题对应着当前价值函数 $V_F(x)$ 的稳态 HJB 方程 [其中价值函数定义为 $V_F(x, t) = e^{-\rho t} V_F(x)$]：

$$\rho V_F(x) = \max_{u_F} \left[u_F\left(\kappa - \frac{1}{2}u_F\right) - \frac{1}{2}\varphi x^2 + \frac{\partial}{\partial x} V_F(x)(u_L + u_L - \alpha x) \right] \tag{8-165}$$

最大化等式右侧得到（由于严格凹性，结果唯一）：

$$u_F = \kappa + \frac{\partial}{\partial x} V_F(x) \tag{8-166}$$

需要注意的是，上述追随者的反应函数不直接依赖于领导者的控制 u_L，而是通过状态变量间接影响。考虑到追随者的反应，领导者的 HJB 方程为：

$$\rho V_L(x) = \max_{u_L \geq 0} \left[u_L\left(\kappa - \frac{1}{2}u_L\right) - \frac{1}{2}\varphi x^2 + \frac{\partial}{\partial x} V_L(x)\left(u_L + \kappa + \frac{\partial}{\partial x}V_F(x) - \alpha x\right) \right] \tag{8-167}$$

其中，$V_L(x)$ 表示领导者的当前价值函数。最大化等式右侧得到：

$$u_L = \kappa + \frac{\partial}{\partial x} V_L(x) \tag{8-168}$$

将其代入式（8-167）可得：

$$\rho V_L(x) = \left(\kappa + \frac{\partial}{\partial x}V_L(x)\right)\left[\kappa - \frac{1}{2}\left(\kappa + \frac{\partial}{\partial x}V_L(x)\right)\right] - \frac{1}{2}\varphi x^2 + \frac{\partial}{\partial x}V_L(x)\left(\frac{\partial}{\partial x}V_L(x) + \frac{\partial}{\partial x}V_F(x) + 2\kappa - \alpha x\right) \tag{8-169}$$

由于所涉及的博弈是线性二次型的，可以假设当前价值函数为一般二次型。因此，令：

$$V_L(x) = \frac{A_L}{2}x^2 + B_L x + C_L \tag{8-170}$$

$$V_F(x) = \frac{A_F}{2}x^2 + B_F x + C_F \tag{8-171}$$

其分别表示领导者和追随者的当前价值函数，其中六个系数待定。将这些结构形式代入式（8-169）得到：

$$\rho\left(\frac{A_L}{2}x^2 + B_L x + C_L\right) = \frac{1}{2}\left[A_L^2 - \varphi + 2(A_F - \alpha)A_L\right]x^2 + \left[A_L(B_L + B_F + 2\kappa) + (A_F - \alpha)B_L\right]x + \frac{1}{2}(\kappa^2 + B_L^2) + (B_F + 2\kappa)B_L \tag{8-172}$$

利用式（8-165）、式（8-166）、式（8-170）和式（8-171），得到追随者的以下代数方程：

$$\rho\left(\frac{A_F}{2}x^2 + B_F x + C_F\right) = \frac{1}{2}\left[A_F^2 - \varphi + 2(A_F - \alpha)A_F\right]x^2 + \left[A_F(B_L + B_F + 2\kappa) + (A_L - \alpha)B_F\right]x + \frac{1}{2}(\kappa^2 + B_F^2) + (B_L + 2\kappa)B_F \tag{8-173}$$

比较 x 的同次幂的系数，得到以下六个方程描述的非线性代数系统：

$$0 = A_L^2 + (2A_F - 2\alpha - \rho)A_L - \varphi \tag{8-174}$$

$$0 = A_L(B_L + B_F + 2\kappa) + (A_F - \alpha - \rho)B_L \tag{8-175}$$

$$0 = \frac{1}{2}(\kappa^2 + B_L^2) + (B_F + 2\kappa)B_L - \rho C_L \tag{8-176}$$

$$0 = A_F^2 + (2A_L - 2\alpha - \rho)A_F - \varphi \tag{8-177}$$

$$0 = A_F(B_L + B_F + 2\kappa) + (A_L - \alpha - \rho)B_F \tag{8-178}$$

$$0 = \frac{1}{2}(\kappa^2 + B_F^2) + (B_L + 2\kappa)B_F - \rho C_F \tag{8-179}$$

上述系统通常具有多个解。可以根据如收敛到渐进全局稳定状态的条件来排除其中的一些解。设 $(A_L^S, B_L^S, C_L^S, A_F^S, B_F^S, C_F^S)$ 是满足额外期望性质的上述系统的解。那么，一对 FSE 策略如下所示：

$$u_F = \kappa + V'_F(x) = A_F^S x + B_F^S \tag{8-180}$$

$$u_L = \kappa + V'_L(x) = A_L^S x + B_L^S \tag{8-181}$$

四、时间一致性和斯塔克尔伯格均衡

当领导者在博弈开始时宣布他将在整个博弈中使用的策略时，他的目标是以有利于自己的方式影响追随者的策略选择。时间一致性涉及以下问题：在后续时间重新优化的选择下，领导者是否会坚持他最初的计划（即宣布的策略和控制变量的时间路径）？如果领导者采取偏离原计划但对自己有利的行动，则均衡状态称为时间不一致。一个相关的问题是，作为理性的追随者，如果领导者在初始时间做出的宣布不可信，那么为什么会相信这个宣布？答案显然是不会。

在大多数 Stackelberg 微分博弈中，OLSE 是时间不一致的，即领导者宣布的控制路径 $u_L(\cdot)$ 是不可信的。另外，马尔科夫或反馈式 Stackelberg 均衡（FSE）是子博弈精炼的，因此是时间一致的。实际上，它们是强时间一致的，这指的是将领导者最初宣布的策略限制在较短的时间间隔（具有相同的结束时间）仍然是 FSE，而不考虑博弈在该较短时间间隔开始之前的发展情况。本章第四节的 OLSE 是时间不一致的。为了理解这一点，假设领导者在 $\tau > 0$ 时刻有修订计划的选项，并选择一个新的决策规则 $u_L(\cdot)$ 用于剩余的时间段 $[\tau, \infty)$。然后他将选择满足 $\theta(\tau) = 0$ 的规则（因为这个选择将满足共轭变量 θ 的初始条件）。通过使用四个状态和共轭变量方程 $(\dot{x}, \dot{q}_F, \dot{q}_L, \dot{\theta})$，可以证明对于某个时间 $\tau > 0$，将会满足 $\theta(\tau) \neq 0$。因此，领导者将希望在 τ 时刻宣布一个新的策略，这使得原始策略时间不一致，即新策略与原始策略在时间间隔 $[\tau, \infty)$ 上不重合。

在结束本小节之前，我们提出两个有用的观察。

备注 8-13：FSE 的时间一致性（甚至更强的强时间一致性）依赖于信息结构是状态反馈且没有记忆的基本假设，即在任何时间 t，参与人不记得博弈的历史。

备注 8-14：尽管时间不一致，OLSE 在某些短期视角问题中仍然可以作为一个有用的解概念，其中假设领导者不会在中间时间点重新优化是合理的。

第五节 记忆策略和串谋均衡

一、在微分博弈中实施记忆策略

如前所述，关于记忆策略，我们指的是参与人可以在任何时间点回想起任何特定的过去信息。在微分博弈中使用记忆策略的动机在于通过均衡达到一个非合作方式下无法实现的理想结果，而非闭环或状态反馈策略。粗略地说，这要求参与人在整个博弈过程中（通常是合作解）同意（隐含地或不做任何约束）遵循一个期望的轨迹，并愿意在出现偏离时实施惩罚策略。通过引入记忆，信息结构的丰富性使得这种监控成为可能。

如果一方意识到或记得在过去，对方偏离了事先达成的策略，他会实施一些预先计算好的惩罚。由于害怕受到惩罚，参与者们遵守帕累托有效路径，这在严格的非合作博弈中是不可实现的。

惩罚只有在有效的情况下才具有概念上和实践上的吸引力，即它剥夺了参与人受益于偏离的利益，并且具有可信度，也就是说，对于未偏离的参与人来说，实施这种惩罚是符合其最佳利益的。在本节中，我们首先介绍非马尔科夫策略的概念和由此产生的纳什均衡，然后通过一个简单的例子说明这些概念。

考虑一个包含两个参与人的无限时间跨度微分博弈，其状态方程为：

$$\dot{x}(t) = f(x(t), u_1(t), u_2(t), t), \quad x(0) = x^0 \tag{8-182}$$

对于一对控制输入 $(u_1(t), u_2(t))$，存在一个起始于 x^0 的唯一轨迹 $x(\cdot)$。参与人 j 的收益由式（8-183）给出：

$$J_j(u_1(t), u_2(t); x^0) = \int_0^\infty e^{-\rho_j t} g_j(x(t), u_1(t), u_2(t), t) dt, \quad j = 1, 2 \tag{8-183}$$

其中，$g_j(x(t), u_1(t), u_2(t), t)$ 被假定为有界且连续可微。与之前一样，参与人 j 的控制集合为 U_j，状态集合 X 与 $\mathbb{R}^n$ 相同。

到目前为止，策略被定义为从参与人信息空间到其控制集合的映射。然而，在当前情况下，直接方法存在巨大的数学困难。因此，我们将策略定义为无限序列的近似构造，称为 δ-策略。对于参与人 j，考虑时间序列 $t_j = i\delta$，$i = 0, 1, \cdots$，其中 δ 是一个固定的正数。对于任意时间区间 $[t_j, t_{i+1})$，令 U_j^i 为可测控制函数集合 $u_{j,i}: [t_j, t_{i+1}) \to U_j$，并且令 $U^i = U_1^i \times U_2^i$。参与人 j 的 δ-策略是一个映射序列 $\Delta_j^\delta = (\Delta_{j,i})_{i=0,1,\cdots}$，其中有：

$$\Delta_{j,0} \in U_j^0 \tag{8-184}$$

$$\Delta_{j,i} = U^0 \times U^1 \times \cdots \times U^{i-1} \to U_j^i \text{ for } j = 1, 2, \cdots \tag{8-185}$$

参与人 j 的策略是一个 δ-策略的无限序列：

$$\Delta_j = \{\Delta_j^{\delta_n}: \delta_n \to 0, n = 1, 2, \cdots\} \tag{8-186}$$

注意这个定义意味着参与人 j 在时间 t 的信息集为：

$$\{(v_1(s), v_2(s)), 0 \leq s < t\} \tag{8-187}$$

也就是说，参与人选择 δ-策略时，他们使用累积信息来生成可测控制 $(u_1^\delta(\cdot), u_2^\delta(\cdot))$，这些控制依次生成唯一轨迹 $x^\delta(\cdot)$，从而得到唯一结果 $w^{\bar{\delta}} = (w_1^{\bar{\delta}}, w_2^{\bar{\delta}}) \in \mathbb{R}^2$，其中 $\bar{\delta} = (\delta, \delta')$。

$$w_j^{\bar{\delta}} = \int_0^\infty e^{-\rho_j t} g_j(x^{\bar{\delta}}(t), u_1^\delta(t \cdot), u_2^{\delta'}(t), t) dt \tag{8-188}$$

策略对 $\bar{\Delta}$ 的结果是一对 $\bar{w} \in \mathbb{R}^2$，即 δ-策略对 $\bar{\Delta}^{\delta_n} = (\Delta_1^{\delta_n}, \Delta_2^{\delta'_n})$ 的结果序列 $\{w^{\bar{\delta}_n}\}$ 在 n 趋于无穷时收敛于这一对。因此，对于任何初始条件 (t^0, x^0) 和任何策略对 $\bar{\Delta}$，初始状态和时间与一组可能的结果 $v(t^0, x^0; \bar{\Delta})$ 相关联，则这个博弈的定义是好的，当且仅当 $v(t^0, x^0; \bar{\Delta})$ 非空。

定义 8-7：策略对 $\bar{\Delta}^*$ 是在 (t^0, x^0) 的纳什均衡当且仅当以下条件成立：

（1）结果集 $(t^0, x^0; \bar{\Delta})$ 缩减为单例 $w^* = (w_1^*, w_2^*)$。

（2）对于所有策略对 $\bar{\Delta}^{(1)} \triangleq (\Delta_1, \Delta_2^*)$ 和 $\bar{\Delta}^{(2)} \triangleq (\Delta_1^*, \Delta_2)$，当 $j = 1, 2$ 时有如下关系：

$$(w_1, w_2) \in v(t^0, x^0; \bar{\Delta}^{(i)}) \Rightarrow w_j \leq w_j^* \tag{8-189}$$

策略对的均衡条件仅在 (t^0, x^0) 的情况下有效。这意味着一般情况下，刚刚定义的纳什均衡并不是子博弈精炼的。

定义8-8: 如果以下条件成立，则策略对$\overline{\Delta}^*$是在(t^0, x^0)的子博弈精炼纳什均衡：

（1）给定一个控制对$\overline{u}(\cdot):[t^0, t)\to U_1\times U_2$，以及在时间$t$到达的状态$x(t)$，在$(t, x(t))$处定义$\overline{\Delta}^*$的延伸为$\{\Delta^{'*\delta_n}:\delta_n\to 0, n=1, 2, \cdots\}$，其中有：

$$\Delta^{'\delta_n}(\overline{u}_{[t, t+\delta_n]}, \cdots, \overline{u}_{[t+i\delta_n, t+(i+1)\delta_n]})=\Delta^{\delta_n}(\overline{u}_{[0, \delta_n]}, \overline{u}_{[\delta_n, 2\delta_n]}, \cdots, \overline{u}_{[t+i\delta_n, t+(i+1)\delta_n]}) \tag{8-190}$$

（2）在$(t, x(t))$处$\overline{\Delta}^*$的延伸再次构成一个均衡。

在提供一个示例之前，需要明确几点（见备注8-15）。

备注8-15: 第一，在这里，信息集被定义为整个控制历史。另一种定义是$\{x(s), 0\leqslant s<t\}$，即每个参与人基于整个过去状态轨迹来做决策。显然，这种定义需要较少的内存容量，因此可能是一个有吸引力的选择，特别是当微分博弈涉及两个以上的参与人时（Tolwinski et al.，1986）。

第二，对于微分博弈中的记忆策略的考虑可以追溯到Varaiya和Lin（1969）、Friedman（1971）、Krassovski和Subbotin（1977）的研究。他们的设置主要是零和微分博弈，并且他们使用记忆策略作为证明解存在性的方便工具。Basar在20世纪70年代使用记忆策略展示了信息结构的丰富性和冗余性如何导致信息非唯一的纳什均衡（Basar，1974；1975；1976；1977），以及如何利用丰富性和冗余性来求解全局Stackelberg均衡（Basar，1979；1982；Basar and Olsder，1980；Basar and Selbuz，1979）并获得激励设计（Basar，1985）。

二、例子

考虑一个包含两个参与人的微分博弈，状态的演化由方程（8-191）描述：

$$\dot{x}(t)=(1-u_1(t))u_2(t), \quad x(0)=x^0>0 \tag{8-191}$$

其中，$0<u_j(t)<1$。两个参与人最大化以下目标函数：

$$J_1(u_1(t), u_2(t); x^0)=\alpha\int_0^\infty e^{-\rho t}(\ln u_1(t)+x(t))\mathrm{d}t \tag{8-192}$$

$$J_2(u_1(t), u_2(t); x^0)=(1-\alpha)\int_0^\infty e^{-\rho t}(\ln(1-u_1(t))(1-u_2(t))+x(t))\mathrm{d}t \tag{8-193}$$

上式中的$0<\alpha<1$，$0<\rho\leqslant 1/4$。

假设两个参与人希望通过使用非马尔科夫策略和威胁来非合作地实现合作解。

步骤1: 确定合作结果。假设这些结果由参与人收益之和的联合最大化给出。为了解决这个最优控制问题，引入当前价值哈密尔顿函数（省略时间参数）：

$$\mathcal{H}(u_1, u_2, x, \lambda)=\alpha\ln u_1+(1-\alpha)\ln(1-u_1)(1-u_2)+x+q(1-u_1)u_2 \tag{8-194}$$

其中，q是与状态方程（8-191）相关的当前价值伴随变量。必要且充分的最优性条件是：

$$\dot{x}=(1-u_1)u_2, \quad x(0)=x^0>0 \tag{8-195}$$

$$\dot{q}=\rho q-1, \lim_{t\to\infty}e^{-\rho t}q(t)=0 \tag{8-196}$$

$$\frac{\partial\mathcal{H}}{\partial u_1}=\frac{\alpha}{u_1}-\frac{(1-\alpha)}{(1-u_1)}-qu_2=0 \tag{8-197}$$

$$\frac{\partial\mathcal{H}}{\partial u_2}=-\frac{(1-\alpha)}{(1-u_2)}-q(1-u_1)=0 \tag{8-198}$$

很容易验证，唯一的最优解由下式给出：

$$(u_1^*, u_2^*)=\left(\alpha\rho, \frac{1-\rho}{1-\alpha\rho}\right), \quad x^*(t)=x^0+(1-\rho)t \tag{8-199}$$

$$J_1(u_1^*(\,\cdot\,),\ u_2^*(\,\cdot\,);\ x^0) = \frac{\alpha}{\rho}\left(\ln\alpha\rho + x^0 + \frac{1-\rho}{\rho}\right) \tag{8-200}$$

$$J_2(u_1^*(\,\cdot\,),\ u_2^*(\,\cdot\,);\ x^0) = \frac{1-\alpha}{\rho}\left[\ln(1-\alpha)\rho + x^0 + \frac{1-\rho}{\rho}\right] \tag{8-201}$$

注意，两个最优控制满足约束条件 $0<u_j(t)<1$，$j=1$，2。

步骤 2：计算纳什均衡结果。 由于这个博弈是线性状态博弈，开环和状态反馈的纳什均衡是一致的。因此，我们继续推导开环纳什均衡（OLNE），这更容易解决。为了确定这个均衡，先写出两个参与人的当前价值哈密尔顿函数：

$$\mathcal{H}_1(u_1,\ u_2,\ x,q_1) = \alpha\ln(u_1+x) + q_1(1-u_1)u_2 \tag{8-202}$$

$$\mathcal{H}_2(u_1,\ u_2,\ x,q_2) = (1-\alpha)\left[\ln(1-u_1)(1-u_2)+x\right] + q_2(1-u_1)u_2 \tag{8-203}$$

其中，q_j 是参与人 j 附加到状态方程（8-191）的共轭变量。纳什均衡的必要条件为：

$$\dot{x} = (1-u_1)u_2,\ x(0) = x^0 > 0 \tag{8-204}$$

$$\dot{q}_1 = \rho q_1 - 1,\ \lim_{t\to\infty}e^{-\rho t}q_1(t) = 0 \tag{8-205}$$

$$\dot{q}_2 = \rho q_2 - (1-\alpha),\ \lim_{t\to\infty}e^{-\rho t}q_2(t) = 0 \tag{8-206}$$

$$\frac{\partial\mathcal{H}_1}{\partial u_1} = \frac{\alpha}{u_1} - q_1 u_2 = 0 \tag{8-207}$$

$$\frac{\partial\mathcal{H}_2}{\partial u_2} = -\frac{(1-\alpha)}{(1-u_2)} - q_2(1-u_1) = 0 \tag{8-208}$$

很容易验证，纳什均衡是唯一的，可表示为：

$$(\bar{u}_1,\ \bar{u}_2) = \left(\frac{1-k}{2},\ \frac{1+k}{2}\right),\ \bar{x}(t) = x^0 + \left(\frac{1+k}{4}\right)t \tag{8-209}$$

$$J_1(\bar{u}_1(\,\cdot\,),\ \bar{u}_2(\,\cdot\,);\ x^0) = \frac{\alpha}{\rho}\left[\ln\left(\frac{1-k}{2}\right) + x^0 + \frac{1+k}{2\rho} - 1\right] \tag{8-210}$$

$$J_2(\bar{u}_1(\,\cdot\,),\ \bar{u}_2(\,\cdot\,);\ x^0) = \frac{1-\alpha}{\rho}\left(\ln\rho + x^0 + \frac{1+k}{2\rho} - 1\right) \tag{8-211}$$

其中，$k=\sqrt{1-4\rho}$。请注意，均衡控制满足约束条件 $0<u_j(t)<1$，$j=1$，2，并且符合博弈结构的预期，不随时间发生改变。

步骤 3：构建串谋均衡。 到目前为止，我们已经得到了以下结果：

$$(w_1^*,\ w_2^*) = (J_1(u_1^*(\,\cdot\,),\ u_2^*(\,\cdot\,);\ x^0), J_2(u_1^*(\,\cdot\,),\ u_2^*(\,\cdot\,);\ x^0)) \tag{8-212}$$

$$(\bar{w}_1,\ \bar{w}_2) = (J_1(\bar{u}_1(\,\cdot\,),\ \bar{u}_2(\,\cdot\,);\ x^0), J_2(\bar{u}_1(\,\cdot\,),\ \bar{u}_2(\,\cdot\,);\ x^0)) \tag{8-213}$$

计算它们之间的差：

$$w_1^* - \bar{w}_1 = \frac{\alpha}{\rho}\left[\ln\left(\frac{1-k}{2\alpha\rho}\right) + \frac{1+\rho^2-3\rho+k}{2\rho}\right] \tag{8-214}$$

$$w_2^* - \bar{w}_2 = \frac{1-\alpha}{\rho}\left[\ln(1-\alpha) + \frac{1-3\rho+k}{2\rho}\right] \tag{8-215}$$

注意到它们与初始状态 x^0 无关，它们的符号取决于参数值。例如，如果参数值满足以下约束：

$$0<\alpha<\min\left(\frac{1-k}{2\rho\exp\left(\frac{3\rho-1-\rho^2-k}{2\rho}\right)},\ 1-\exp\left(\frac{3\rho-1+k}{2\rho}\right)\right) \tag{8-216}$$

那么 $w_1^* > \bar{w}_1$ 且 $w_2^* > \bar{w}_2$。假设这个条件成立。接下来需要证明的是，将合作（帕累托最优）控制与状态反馈（在这种情况下相当于开环）的纳什策略配对：

$$(\gamma_1(x),\ \gamma_2(x))=(\overline{u}_1,\ \overline{u}_2)=\left(\frac{1-k}{2},\ \frac{1+k}{2}\right) \tag{8-217}$$

可以构建一个子博弈精炼均衡策略，符合定义的要求。

考虑一个策略对：

$$\overline{\Delta}_j=\{\Delta_j^{*\delta_n}:\delta_n\to 0,\ n=1,\ 2,\ \cdots\} \tag{8-218}$$

对于 $j=1,\ 2$，$\Delta_j^{*\delta}$ 定义如下：

$$\Delta_j^{*\delta}=(\Delta_{j,\,i})_{i=0,1,2,\cdots} \tag{8-219}$$

其中有：

$$\Delta_{j,0}^*=u_{j,0}^*(\ \cdot\ ) \tag{8-220}$$

$$-\Delta_{j,\,i}^*=\begin{cases} u_{j,\,i}^*(\ \cdot\ ), & \text{if } \overline{u}(s)=\overline{u}^*(s)\text{ for almost } s\leqslant i\delta \\ \varphi_j(x(j\delta))=\overline{u}_j, & \text{otherwise} \end{cases} \tag{8-221}$$

对 $i=1,\ 2,\ \cdots,\ u_{j,\,i}^*(\ \cdot\ )$ 表示将 $u_j^*(\ \cdot\ )$ 限制截断到子区间 $[i\delta,\ (i+1)\delta]$，$i=0,\ 1,\ 2,\ \cdots,\ x(i\delta)$ 表示在 $t=i\delta$ 时观察到的状态。

刚刚定义的策略称为触发策略。参与人可能会这样陈述触发策略："在 t 时刻，如果对方到目前为止从未作弊，我会执行我的最优解。如果他在 t 时刻作弊，那么我将从 t 时刻开始进行报复，采用状态反馈纳什策略。"由此很容易证明这个触发策略构成了一个子博弈精炼均衡。

第六节　案例教学——扩展讨论

一、随机微分博弈概述

随机微分博弈是博弈论的一个重要分支，它结合了随机过程和微分方程的理论，用于研究多个参与者在不确定环境中的动态交互决策问题。在随机微分博弈中，参与者的策略不仅影响当前的收益，还通过系统的动态演化影响未来的收益。系统的状态通常由随机微分方程来描述，其中包含了随机因素，如布朗运动等。

参与者的目标是选择最优策略以最大化其预期的收益。这个最优策略的选择需要考虑到其他参与者的策略以及系统的随机动态性。

随机微分博弈的复杂性在于需要处理随机因素带来的不确定性，以及多个参与者之间策略的相互作用和动态调整。

二、随机微分博弈的数学描述

以时间区间 $[0,\ T]$ 上的两人博弈为例，博弈系统的状态方程可以用一个随机微分方程描述：

$$dx(t)=f(t,\ x(t),\ u_1(t),\ u_2(t))dt+\sigma(t,\ x(t),\ u_1(t),\ u_2(t))dZ(t) \tag{8-222}$$

其中，$x(t)\in\mathbb{R}^n$ 称为状态变量，$u_i(t)\in\mathbb{R}^{p_i}$ 为参与人 i 的控制，为简化，$Z(t)\in\mathbb{R}$ 代表一个一维标准布朗运动，表示博弈中遇到的外界随机干扰。$f,\ \sigma:[0,\ T]\times\mathbb{R}^n\times\mathbb{R}^{p_1}\times\mathbb{R}^{p_2}\to\mathbb{R}^n$ 的函数。参与人 i 的目标

函数：

$$J_i(u_i, u_j) = \mathbb{E}\left\{\int_0^T L_i(t, x, u_i, u_j)\,dt + \Phi_i(x(T))\right\} \tag{8-223}$$

式（8-223）中 $i, j \in \{1, 2\}$，$i \neq j$，$L_i: [0, T] \times \mathbb{R}^n \times \mathbb{R}^{p_1} \times \mathbb{R}^{p_2} \to \mathbb{R}$ 的实值函数，$\Phi_i: \mathbb{R}^n \to \mathbb{R}$ 的实值函数，$\mathbb{E}\{\cdot\}$ 表示数学期望。

随机微分博弈式（8-222）和式（8-223）中所带有的随机因素，在不同内容的博弈中，代表不同的因素。比如说，在农产品市场中，随机因素可以是温度的变化、雨水的多寡，以及其他能导致农作物收成不确定的因素。在经济活动中，随机因素可以是各种资源的供应、消费者的消费情绪、劳动市场的就业情况等。此外，随机因素也包括很多来自自然界和人类社会的一些不可预料的因素，如自然灾害、人为意外等。

以两家捕鱼企业和有两个投资者的决策情况为例。对于前者，式（8-222）中所描述的是鱼群数量的变化，而其中的布朗运动所描述的，可以是源于天气变化或突如其来的水质变化，所导致的鱼量增减。对于后者，式（8-222）中所描述的是金融指数的变化，而其中的布朗运动所描述的，可以是不同来源的种种利好利空消息所导致的指数升跌。

由于实际情况中，每每充斥着很多来自不同类别的不明朗因素，所以随机微分博弈较之前介绍的确定性微分博弈，更为贴近现实，应用范围也更广泛。

三、随机微分博弈的解法

随机微分博弈的纳什均衡策略可以使用动态规划原理求解。

以状态变量 $x(t)$ 和控制变量 $u_i(t)$ 均取自一维欧式空间为例，定义具有下述形式的函数 $V_i: [0, T] \times \mathbb{R} \to \mathbb{R}$，$i \in \{1, 2\}$：

$$V_i(t, x) = \max_{u_i} J_i(u_i, u_j^*) = \max_{u_i} \mathbb{E}\left\{\int_t^T L_i(s, x, u_i, u_j^*)\,ds + \Phi_i(x(T))\right\} \tag{8-224}$$

式（8-224）中，$V_i(t, x)$ 是参与人 i 在时间和状态分别为 t 和 x 时，他在以后的时间区间 $[t, T]$ 的期望支付，称为他的价值函数。根据动态规划原理，可知 $V_i(t, x)$ 满足下述偏微分方程：

$$\begin{cases} -\dfrac{\partial V_i}{\partial t} = \max_{u_i}\left\{L_i(t, x, u_i(t), u_j^*(t)) + \dfrac{\partial V_i}{\partial x}f(t, x, u_i(t), u_j^*(t)) + \dfrac{\partial^2 V_i}{2\partial x^2}\sigma^2(t, x, u_i(t), u_j^*(t))\right\} \\ V_i(T, x) = \Phi_i(x) \end{cases}$$

$$\tag{8-225}$$

学术界习惯将上述偏微分方程称为 Hamilton-Jacobi-Bellman-Isaacs（HJBI）或泛称 Hamilton-Jacobi-Bellman（HJB）方程。

有了 HJB 方程后，接下来 HJB 方程对参与人 i 的控制变量求导，通过最优化的一阶条件，将最优控制策略表示成价值函数的方程；将最优控制策略的表达式代入 HJB 方程，获得一个关于值函数的非线性偏微分方程，通过该偏微分方程求解值函数（通常求解非常困难，甚至不可能）；假定值函数可解，将它及其偏导数代入控制策略的表达式中获得最优策略的显性解，若不能解得值函数，只能用数值法求解。

在随机微分博弈式（8-222）和式（8-223）的纳什均衡解法中，有以下两点需要注意：

（1）当所有参与人都采用根据当前时间和状态而定的最优策略时，参与人 i 在随机微分博弈式（8-222）和式（8-223）中的价值函数的值将随着时间的进展而随机地转变，而在每一瞬间转变的减数则相当于他的瞬时支付，加上状态的最优变化进展为价值函数的值所带来的转变，再加上状态的随机变化进展为价值函数的值所带来的转变。

（2）参与人 i 的价值函数在最后的时间点的值等于其在博弈的终点支付。

这就是随机微分博弈的动态规划原理解法，下面我们结合具体的例子来展示随机微分博弈理论的应用。

四、随机微分博弈的应用举例

例子：两家保险公司之间的非零和随机微分投资与再保险博弈

近年来，随着社会人群保险意识的增强，保险正在逐步覆盖日常生活的方方面面，如行车保险、人寿保险、意外保险等，但我们也面临一个基本的问题：面对数量繁多的保险公司，究竟应该选择哪家保险公司进行保单投保？一个常用的有效方法就是，通过保险行业的排名评估报告，选择一家排名靠前、规模较大的保险公司进行投保。这就意味着保险公司的排名对保险公司承保业务的发展有着很重要的作用，而保险公司的排名又与保险公司的财务指标等（如资产规模）有很大的关系。这也意味着每家保险公司的管理者在资产管理上都必须比其同行的其他管理者表现得更出色，尽量使自己公司的资产比别的公司财富水平高。这一现象类似于行为金融学中的攀比心理。

针对上述保险公司管理者的攀比行为特征，本部分使用非零和随机微分博弈理论来研究保险公司的最优投资与再保险决策问题。

（一）金融市场与保险市场描述

假设金融市场中所有的资产可以被连续交易。考虑由一种无风险资产（如银行账户）和一种风险资产（如股票）构成的金融市场，这两种资产的价格过程分别记为 $\{S_0(t)\}_{t\geqslant 0}$ 和 $\{S(t)\}_{t\geqslant 0}$。假定所有的过程都是定义在完备概率空间 $(\Omega, \mathcal{F}, \mathbb{P})$ 上，其中 $\mathbb{P}$ 表示一个完备概率测度，$\mathcal{F}=\{\mathcal{F}_t\}_{t\geqslant 0}$ 表示截止到时刻 t 市场上的所有可用信息。

假设无风险资产的价格过程 $S_0(t)$ 由常微分方程（8-226）确定：

$$dS_0(t) = rS_0(t)\,dt \tag{8-226}$$

其中，$r>0$ 表示无风险利率。风险资产的价格过程 $S(t)$ 由随机微分方程（8-227）确定：

$$dS(t) = \mu_s S(t)\,dt + \sigma_s S(t)\,dB_S(t) \tag{8-227}$$

其中，μ_s 和 $\sigma_s>0$ 为常数，分别表示风险资产的预期收益率和波动率，不失一般性，假设 $\mu_s>r$；$B_S(t)$ 是定义在概率空间 $(\Omega, \mathcal{F}, \mathbb{P})$ 上的标准布朗运动。

假设保险市场上有两个相互竞争的保险公司，其盈余过程具有相关性，分别用 $R_k(t)$，$k\in\{1, 2\}$ 表示，具体形式为：

$$dR_k(t) = (p_k-\lambda_k\,\mathbb{E}[\xi_k])\,dt + \sqrt{\lambda_k\,\mathbb{E}[\xi_k^2]}\,dB_k(t) \tag{8-228}$$

式（8-228）中的 $p_k>0$ 表示保险公司 $k\in\{1, 2\}$ 的保费率，$\lambda_k>0$ 表示索赔的次数，$\xi_k\neq 0$ 是一个随机变量表示索赔的额度，满足 $\mathbb{E}[\xi_k^2]<\infty$。为了描述两家竞争的保险公司业务上的关联性，假设 $\{B_1(t)\}_{t\in[0,T]}$ 和 $\{B_2(t)\}_{t\in[0,T]}$ 是相关联的，即 $\mathbb{E}[dB_1(t)dB_2(t)]=\rho dt$，$\rho\in[-1, 1]$。

考虑每家保险公司都可以连续地从同一家再保险公司购买比例再保险合同，用 $a_k(t)\in[0, \infty)$ 表示保险公司 $k\in\{1, 2\}$ 的自留比例，换言之，针对每份保单的索赔，保险公司只赔付 $100a_k(t)\%$ 的比例，余下 $(1-a_k(t))100\%$ 的比例则由再保险公司赔付。在再保险策略 $a_k(t)$ 下，保险公司 $k\in\{1, 2\}$ 的盈余过程可表示为：

$$dR_k^{a_k}(t) = [p_k-a_k(t)\lambda_k\,\mathbb{E}[\xi_k]-(1-a_k(t))\theta_k]\,dt+a_k(t)\sqrt{\lambda_k\,\mathbb{E}[\xi_k^2]}\,dB_k(t) \tag{8-229}$$

其中，$\theta_k>0$ 表示保险公司 k 支付给再保险公司的保费率。为符号上的简便，可将 $R_k^{a_k}(t)$ 简记为：

$$dR_k^{a_k}(t) = (\mu_k+\bar{\theta}_k a_k(t))\,dt+a_k(t)\sigma_k dB_k(t) \tag{8-230}$$

其中有：

$$\mu_k \triangleq p_k - \theta_k \tag{8-231}$$

$$\overline{\theta}_k \triangleq \theta_k - \lambda_k \, \mathbb{E}[\xi_k] \tag{8-232}$$

$$\sigma_k \triangleq \sqrt{\lambda_k \, \mathbb{E}[\xi_k^2]} \tag{8-233}$$

除购买再保险外，假设保险公司 $k \in \{1, 2\}$ 可以将其盈余投资到金融市场中以实现财富的保值增值。令 $b_k(t)$ 表示在时刻 t 投资到风险资产上的财富，余下的财富将投资在无风险资产上，记保险公司 $k \in \{1, 2\}$ 在时刻 t 的投资-再保险策略为 $\pi_k(t) \triangleq (a_k(t), b_k(t))$，则在 $\pi_k(t)$ 下，保险公司 $k \in \{1, 2\}$ 的财富过程 $X_k^{\pi_k}(t)$ 可表示为：

$$dX_k^{\pi_k}(t) = \left[X_k^{\pi_k}(t) - b_k(t) \right] \frac{dS_0(t)}{S_0(t)} + b_k(t) \frac{dS(t)}{S(t)} + dR_t^{a_k}(t)$$

$$= \left[rX_k^{\pi_k}(t) + \mu_k + \overline{\theta}_k a_k(t) + (\mu_s - r) b_k(t) \right] dt + a_k(t) \sigma_k dB_k(t) + b_k(t) \sigma_s dB_S(t) \tag{8-234}$$

定义 8-9（可行策略）：对于任意给定的 $t \in [0, T]$ 和 $k = 1, 2$，策略 $\pi_k(t)$ 称为可行策略，如果满足以下条件：

（1）$\pi_k(t)$ 是 $\mathcal{F}_t$-循序可测的，满足 $\mathbb{E}\left[\int_0^T \|\pi_k(t)\|^2 \right] < +\infty$，其中 $\|\pi_k(t)\|^2 = a_k^2(t) + b_k^2(t)$。

（2）对 $\forall x_{k,0} \in \mathbb{R}$，式（8-234）存在唯一的强解 $X_k^{\pi_k}(t)$。

则将保险公司 k 所有可行策略构成的集合记为 Π_k，$k = 1, 2$。

（二）非零和博弈模型的构建

随着我国金融市场的健康发展，保险公司的力量在不断增强。面对行业中众多势均力敌的竞争者，保险公司的管理者在制定决策时需要充分考虑竞争对手的投资行为，来权衡投资收益与风险。在现实金融市场中，保险公司不仅关注自身绩效，往往还趋向于比较自身与同行业竞争者之间的差距。以购买保险为例，投保人往往会选择购买排名靠前的保险公司，这就要求保险公司的投资目标不仅是实现自身资金终端财富的最大化，同时还要尽可能拉大与同行业中竞争者之间的财富差距，使自身绩效表现更为突出，以吸引更多的投保人。为了准确描述这一特征，参照 Bensoussan 等（2014）研究成果，使用下述形式描述的绝对财富和相对财富的加权平均来描述保险公司的相对绩效关注（Relative Performance Concerns）。假设每家保险公司的目标都是最大化相对财富在终端时刻 T 的期望效用，那么保险公司 $k \in \{1, 2\}$ 面临的优化问题可表述为：

$$\sup_{\pi_k \in \Pi_k} \mathbb{E}\left[U_k \left((1 - \kappa_k) X_k^{\pi_k}(T) + \kappa_k (X_k^{\pi_k}(T) - X_j^{\pi_j}(T)) \right) \right] = \sup_{\pi_k \in \Pi_k} \mathbb{E}\left[U_k (X_k^{\pi_k}(T) - \kappa_k X_j^{\pi_j}(T)) \right] \tag{8-235}$$

其中，$j \neq k \in \{1, 2\}$，$U_k(\cdot)$ 为保险公司 k 的效用函数，是满足严格递增和严格凸的光滑函数（即 $U'_k(\cdot) > 0$ 和 $U''_k(\cdot) < 0$）；式（8-235）中的第一部分 $(1 - \kappa_k) X_k^{\pi_k}(T)$ 衡量保险公司的绝对财富效用，第二部分 $\kappa_k (X_k^{\pi_k}(T) - X_j^{\pi_j}(T))$ 表示保险公司的相对财富（相对业绩）效用，参数 $\kappa_k \in [0, 1]$，表示保险公司 k 对于竞争对手 $j \neq k$ 的财富的敏感度，也可以衡量市场的竞争程度，κ_k 越大，表示保险公司 k 越看重相对财富效用。若 $\kappa_k = 0$，保险公司 k 只关心绝对财富效用；若 $\kappa_k = 1$，保险公司 k 只关心相对财富效用。

优化式（8-235）可将其转化为如下非零和微分博弈问题：寻找纳什均衡策略 $(\pi_1^*, \pi_2^*) \in \Pi_1 \times \Pi_2$，使得对 $\forall \pi_1 \in \Pi_1$ 和 $\pi_2 \in \Pi_2$，都有：

$$\mathbb{E}\left[U_1 (X_1^{\pi_1}(T) - \kappa_1 X_2^{\pi_2^*}(T)) \right] \leq \mathbb{E}\left[U_1 (X_1^{\pi_1^*}(T) - \kappa_1 X_2^{\pi_2^*}(T)) \right] \tag{8-236}$$

$$\mathbb{E}\left[U_2 (X_2^{\pi_2}(T) - \kappa_2 X_1^{\pi_1^*}(T)) \right] \leq \mathbb{E}\left[U_2 (X_2^{\pi_2^*}(T) - \kappa_2 X_1^{\pi_1^*}(T)) \right] \tag{8-237}$$

（三）指数效用函数下的纳什均衡

指数效用函数自提出至今，被广泛地应用至定价、优化等领域，它不仅具有可加性、光滑性等优良性质，而且在财富过程波动较大的情形下也能够很好地刻画其效用变化。因此，假定保险公司 $k \in \{1, 2\}$ 的优化目标是通过选择投资-再保险策略 $\pi_k \in \Pi_k$ 使其相对终端财富 $Z_k^{\pi_k}(T) = X_k^{\pi_k}(T) - \kappa_k X_j^{\pi_j}(T)$ 在指数效用下达到最大。指数效用函数由式（8-238）给出：

$$U_k(z_k) = -\frac{1}{\gamma_k} e^{-\gamma_k z_k}, \quad k = 1, 2 \tag{8-238}$$

其中，$\gamma_k > 0$ 为绝对风险厌恶系数。

令 $Z_k^{\pi_k}(t) \triangleq X_k^{\pi_k}(t) - \kappa_k X_j^{\pi_j}(t)$ 表示保险公司 $k \in \{1, 2\}$ 的相对财富过程，对 $Z_k^{\pi_k}(t)$ 利用 Itô 公式可得

$$dZ_k^{\pi_k}(t) = [rZ_k^{\pi_k}(t) + (\mu_k - \kappa_k \mu_j) + (\overline{\theta}_k a_k(t) - \kappa_k \overline{\theta}_j a_j(t)) + (b_k(t) - \kappa_k b_j(t))(\mu_s - r)]dt + a_k(t)\sigma_k dB_k(t) -$$
$$\kappa_k a_j(t)\sigma_j dB_j(t) + (b_k(t) - \kappa_k b_j(t))\sigma_s dB_S(t) \tag{8-239}$$

其中，$j \neq k \in \{1, 2\}$。

对 $\forall t \in [0, T]$ 和 $j \neq k \in \{1, 2\}$，给定 $Z_k^{\pi_k}(t) = z_k$，令：

$$V_k(t, z_k) = \sup_{\pi_k} \mathbb{E}[U_k(X_k^{\pi_k}(T) - \kappa_k X_j^{\pi_j^*}(T)) \mid Z_k^{\pi_k}(t) = z_k] \tag{8-240}$$

表示定义在 $[0, T] \times \mathbb{R}$ 上的值函数。

利用随机动态规划方法可得，保险公司 $k \in \{1, 2\}$ 的值函数 $V_k(t, z_k)$ 满足下述 Hamilton-Jacobi-Bellman（HJB）方程：

$$\begin{cases} \sup_{\pi_k} \mathcal{L}^{\pi_k} V_k(t, z_k) = 0 \\ V_k(T, z_k) = U_k(z_k) \end{cases} \tag{8-241}$$

其中有：

$$\mathcal{L}^{\pi_k} V_k(t, z_k) \triangleq \frac{\partial V_k(t, z_k)}{\partial t} + [rz_k + (\mu_k - \kappa_k \mu_j) + (\overline{\theta}_k a_k(t) - \kappa_k \overline{\theta}_j a_j^*(t)) + (b_k(t) - \kappa_k b_j^*(t))(\mu_s - r)]\frac{\partial V_k(t, z_k)}{\partial z_k} +$$
$$\frac{1}{2}[(a_k^2(t)\sigma_k^2 - 2a_k(t)a_j^*(t)\kappa_k\sigma_k\sigma_j\rho + \kappa_k^2 a_j^{*2}(t)\sigma_j^2) + (b_k^2(t) - 2\kappa_k b_k(t)b_j^* + \kappa_k^2 b_j^{*2}(t))\sigma_s^2]$$
$$\frac{\partial^2 V_k(t, z_k)}{\partial z_k^2} \tag{8-242}$$

下述定理给出了非零和博弈问题 P 的主要结论。

定理 8-6：对非零和博弈问题 P，假设保险公司 $k \in \{1, 2\}$ 采用形如式（8-238）的指数效用函数，若 $\kappa_1 \kappa_2 \neq 1$，则式（8-241）所示的 HJB 方程存在下述形式的显式解：

$$V_k(t, z_k) = -\frac{1}{\gamma_k} \exp\{-\gamma_k z_k e^{r(T-t)} + f_k(t)\} \tag{8-243}$$

其中有：

$$f_k(t) = \exp\left\{\int_t^T g_k(s) ds\right\} \tag{8-244}$$

$g_k(s)$ 定义为：

$$g_k(s) \triangleq \gamma_k e^{r(T-t)}[(\mu_k - \kappa_k \mu_j) + (\overline{\theta}_k a_k^*(t) - \kappa_k \overline{\theta}_j a_j^*(t)) + (b_k^*(t) - \kappa_k b_j^*(t))(\mu_s - r)] - \frac{1}{2}\gamma_k^2 e^{2r(T-t)}[(a_k^{*2}(t)\sigma_k^2 -$$
$$2a_k^*(t)a_j^*(t)\kappa_k\sigma_k\sigma_j\rho + \kappa_k^2 a_j^{*2}(t)\sigma_j^2) + (b_k^{*2}(t) - 2\kappa_k b_k^*(t)b_j^* + \kappa_k^2 b_j^{*2}(t))\sigma_s^2] \tag{8-245}$$

其中，$j \neq k \in \{1, 2\}$。

对于均衡投资策略 $b_k^*(t)$，$k=1$，2，有：

$$\begin{cases} b_1^*(t) = \dfrac{e^{-r(T-t)}(\mu_s-r)}{(1-\kappa_1\kappa_2)\sigma_s^2}\left(\dfrac{1}{\gamma_1}+\kappa_1\dfrac{1}{\gamma_2}\right) \\ b_2^*(t) = \dfrac{e^{-r(T-t)}(\mu_s-r)}{(1-\kappa_1\kappa_2)\sigma_s^2}\left(\dfrac{1}{\gamma_2}+\kappa_2\dfrac{1}{\gamma_1}\right) \end{cases} \quad (8\text{-}246)$$

对于均衡再保险策略 $a_k^*(t)$，$k=1$，2，有：

$$\begin{cases} a_1^*(t) = \dfrac{e^{-r(T-t)}}{1-\kappa_1\kappa_2\rho^2}\left(\dfrac{\rho\kappa_1\overline{\theta}_2}{\sigma_1\sigma_2\gamma_2}+\dfrac{\overline{\theta}_1}{\sigma_1^2\gamma_1}\right) \\ a_2^*(t) = \dfrac{e^{-r(T-t)}}{1-\kappa_1\kappa_2\rho^2}\left(\dfrac{\rho\kappa_2\overline{\theta}_1}{\sigma_1\sigma_2\gamma_1}+\dfrac{\overline{\theta}_2}{\sigma_2^2\gamma_2}\right) \end{cases} \quad (8\text{-}247)$$

观察式（8-246）中 $b_1^*(t)$ 和 $b_2^*(t)$ 的表达式，发现跟经典的 Merton 问题相比，保险公司的最优投资策略表达式多了一部分，这一部分就是来自竞争对手的竞争，式中用的是 $\kappa_1\dfrac{1}{\gamma_2}$ 和 $\kappa_2\dfrac{1}{\gamma_1}$ 来描述，正是因为考虑了竞争环境，才使保险公司除了对冲原来的资产价格波动风险，还需要对冲竞争对手的竞争风险。

此外，从式（8-246）和式（8-247）可以发现，对 $k=1$，2，均衡投资策略 $b_k^*(t)$ 和均衡再保险策略 $a_k^*(t)$ 两者互不影响，这是因为在模型设置时，保险市场与金融市场的相关参数两者是相互独立的，因此导致最终的均衡策略互不影响。

（四）数值仿真算例

为了使所得结论更为直观，我们通过数值仿真算例展示一下模型主要参数变动对均衡投资与再保险策略的影响。

模型的基本参数取值如下：$r=0.05$，$\mu_s=0.2$，$\sigma_s=0.4$，$T=4$。两家保险公司的相关参数取值如表 8-1 所示。

表 8-1 保险公司的基本参数

保险公司 1 的参数		保险公司 2 的参数	
θ_1	7	θ_2	4
λ_1	0.8	λ_2	0.5
$\mathbb{E}[\xi_1]$	2.5	$\mathbb{E}[\xi_2]$	2
$\mathbb{E}[\xi_1^2]$	80	$\mathbb{E}[\xi_2^2]$	50
γ_1	0.1	γ_2	0.3
κ_1	0.7	κ_2	0.5

运用 Matlab 软件得到相关参数变动对均衡再保险策略与均衡投资策略的仿真结果如图 8-1 至图 8-4 所示。

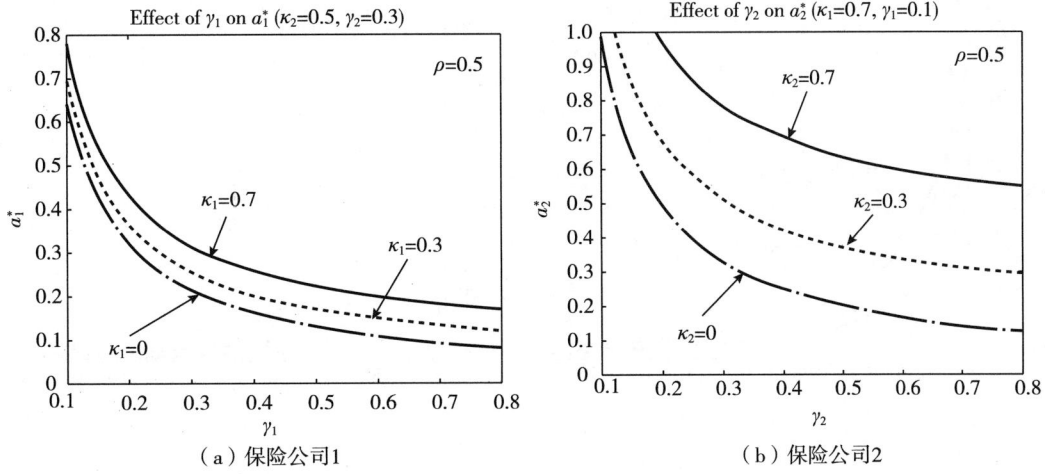

图 8-1 γ_k 对均衡再保险策略 a_k^*（0）的影响，$\rho=0.5$

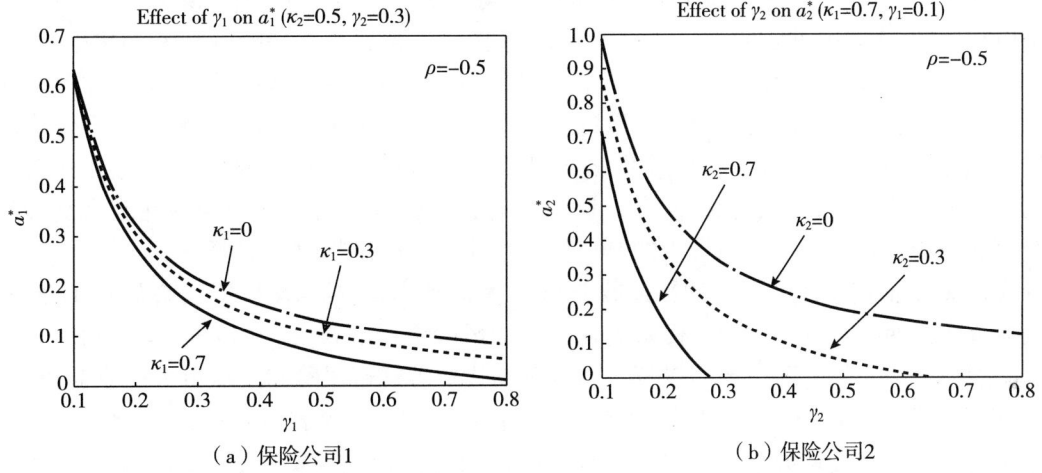

图 8-2 γ_k 对均衡再保险策略 a_k^*（0）的影响，$\rho=-0.5$

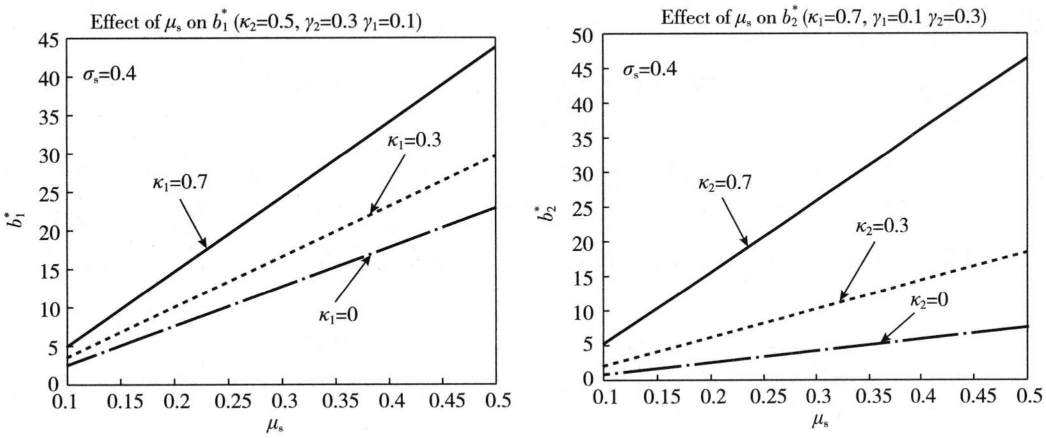

图 8-3 μ_s 对均衡投资策略 b_k^*（0）的影响

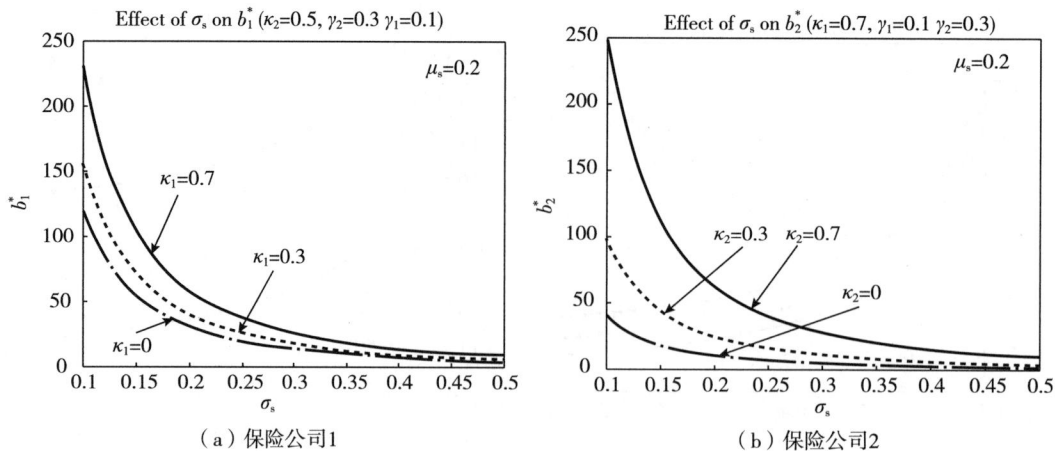

图 8-4 σ_s 对均衡投资策略 b_k^*（0）的影响

图 8-1 和图 8-2 分别在 $\rho = \pm 0.5$ 的情况下刻画了保险公司 k 的均衡再保险策略 a_k^*（0）与其风险厌恶系数 γ_k 之间的关系。从图中可以看出，a_k^*（0）与 γ_k 存在负相关关系。保险公司 k 的风险厌恶系数 γ_k 越大，保险公司对赔付风险更加厌恶，从而会降低自己赔付的比例来减少风险，增加再保险的比例，将风险进行转移，这与金融市场的经济原理是一致的。从图 8-1 中还可以看出，均衡比例再保险策略 a_k^*（0）与竞争参数 κ_k 呈正相关关系。因为竞争系数 κ_k 越大，表示保险公司的管理者更加关注自己与竞争对手的相对表现或是公司的排名，为了赢得博弈，保险公司会减少购买再保险合同，在获得高额财富与面临较大风险的两个选择之间，选择面临较大的赔付风险来换取获得高额财富的概率。

图 8-3 和图 8-4 描述了风险资产的预期收益率 μ_s 及波动率 σ_s 对均衡投资策略 b_k^*（0）的影响。图 8-3 表明随着风险资产预期收益率的增加，保险公司会增加风险资产的投资。图 8-4 显示随着风险资产波动率的增大，保险公司会降低风险资产的投资。这些都与投资者规避风险和期望更大的收益相一致。

图 8-3 和图 8-4 同时还揭示了竞争或攀比心理对保险公司的均衡投资策略的影响。随着竞争参数 κ_k 的增加，保险公司的均衡投资策略 b_k^*（0）也增加，即保险公司会在攀比心理的驱使下，非理性的增加对风险资产的投资，其目的就是在这场博弈中获胜，在评估机构的评估报告中获得好的排名，有利于公司更好的开展承保业务。

习题 8

（1）考虑一个双寡头市场，假设两个企业生产同一种产品，生产成本由总成本函数决定：

$$C(u_i) = cu_i + u_i^2/2, \quad i = 1, \ 2 \tag{8-248}$$

其中，$u_i(t)$ 代表第 i 个企业在 t 时刻的生产水平。每个企业把 t 时刻的所有产出都供应给市场。在每个时点上，企业面临同一个价格 $p(t)$ 以售卖产品。然而，它们在 t 时刻联合供给的数量 $u_1(t) + u_2(t)$ 决定了价格在 t 时刻的变化率，$\mathrm{d}p(t)/\mathrm{d}t = \dot{p}(t)$。在 t 时刻，总供给数量和价格变化之间的关系由微分方程来刻画。

$$\dot{p}(t) = s[a - u_1(t) - u_2(t) - p(t)], \quad p(0) = p_0 \tag{8-249}$$

因此，$p(t)$ 是状态变量。参数 s 代表相对于需求函数上的总供给数量的价格的调整速率。每个企业选择它的产出水平来最大化：

$$J_i = \int_0^{\infty} e^{-rt} [p(t)u_i(t) - C(u_i(t))] \mathrm{d}t, \quad i = 1, \ 2 \tag{8-250}$$

试求出这个博弈的开环纳什均衡和状态反馈纳什均衡。

（2）假定在一个特殊的水体中，微分方程控制鱼的存量的变化：

$$\dot{x}(t) = ax(t) - bx(t)\ln x(t) \tag{8-251}$$

其中，$x(t)$ 和 $\dot{x}(t)$ 分别指鱼在 t 时刻的存量和变化率，$a>0$，$b>0$。假定 $x(t)>2$。为了鱼群能够存续，我们至少需要两条鱼，每种性别一条。由式（8-251）可知，在每个时间点 t，存量 $x(t)$ 导致出生数量 $ax(t)$ 和死亡数量 $bx(t)\ln x(t)$。

现在假设两个捕鱼者都从这个存量中捕鱼。每个捕鱼者的所得直接与他用于这个活动的努力水平和鱼的存量有关。因此有：

$$c_i(t) = \omega_i(t)x(t)，\quad i=1,\ 2 \tag{8-252}$$

其中，c_i 代表第 i 个捕鱼者的所得，$\omega_i(t)$ 代表他在 t 时刻的努力水平。捕鱼者的捕鱼活动减少鱼的存量，将其加入状态方程（8-251）得到：

$$\dot{x}(t) = (a-\omega_1-\omega_2)x(t) - bx(t)\ln x(t) \tag{8-253}$$

每个捕鱼者根据效用函数从捕鱼活动中得到满足感：

$$u_i(c_i(t)) = a_i\ln c_i(t) = a_i\ln\omega_i(t)x(t)，\quad i=1,\ 2 \tag{8-254}$$

其中，$\omega_i(t)x(t)\geqslant 0$，$a_i>0$。试寻找该博弈的反馈纳什均衡策略。

第九章
数字经济中博弈与优化

【学习目标】

本章介绍数字经济的博弈论基础，结合我国实际，给出博弈论在数字经济领域的三个应用，分别从传统竞合博弈、演化博弈和微分博弈的角度进行分析。

（1）理解数字经济的博弈论基础。

（2）掌握利用博弈论分析数字经济中的相关优化问题。

【能力目标】

通过本章的学习掌握以下问题：

（1）掌握数字经济基础博弈原理。

（2）培养学生将博弈思维运用于现实生活领域中的现象分析，具有建立简单的数字经济博弈模型的能力。

第一节　数字经济的博弈论基础[*]

一、博弈论视角下的数字经济

与传统经济不同，在数字经济中，博弈起着核心作用，相当多的技术开发建立在博弈基础上，运行机制依赖博弈而设计。其本质原因是数字经济的穿透力之大、连接力之强和交易速度之快，使得针对传统的、具有相近文化的"慢决策"的经济人交互机制失效。要对数字经济背后运行规律有深刻理解，需要充分结合数字经济的技术特征，对技术发展背后各经济主体的行为逻辑进行系统性分析，深入研究数字经济背后竞争与合作逻辑与传统经济的异同。如果说信息技术是数字经济的"经济基础"，那么博弈论就是数字经济的"上层建筑"。数字经济中各经济主体之间的关系和博弈如图9-1所示。

消费者网络是数字经济的基础活动单元，平台是数字经济的中枢，政府是数字经济的规则制定者和监管者。博弈存在于上述系统的每一个环节之中，消费者之间存在着竞争和合作；平台基于消费者数据信息流，在政府监管和市场纪律之下进行平台与市场设计；平台之间存在竞争与合作；政府与平台及消费者博弈，设计市场规则和监管制度。由此可以看出，博弈论在数字经济中起到核心作用。

---

[*] 本节内容选自李三希等：《数学经济的博弈论基础性科学问题》，《中国科学基金》2021年第5期。

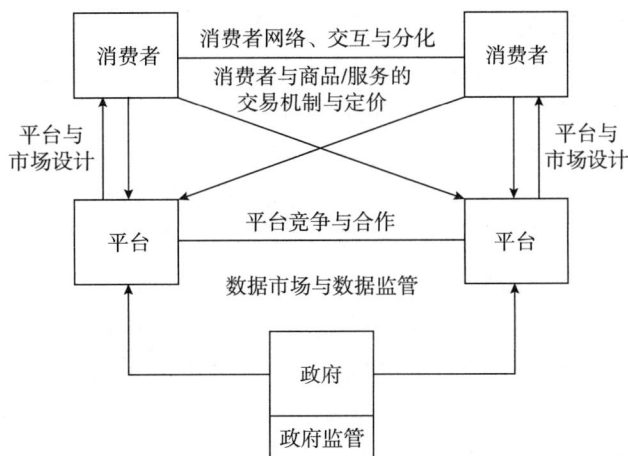

图 9-1　主体关系

二、基础性科学问题凝练

数字经济活动可以简单地划分为后台、中台和前台三部分。后台即数字经济的基础建设部分，中台即数字经济的市场建设部分，前台即数字经济的市场交易部分，本节对这三部分中的博弈论基础问题进行提炼。数字经济的基础建设，有着自己的特有"基础设施"：数据、区块链、数字货币。与传统经济不同，这些基础设施本身都蕴含着大量的博弈问题。数字经济的市场建设，主要是市场设计，包括平台的设计和交易的设计，是典型的机制设计问题。而数字经济的市场交易部分，主要是平台、买方、卖方和监管部门多方面的互动，存在着大量复杂的博弈问题。根据相关问题的实际背景在数字经济中的重要性，凝练出七个数字经济博弈论基础性科学问题，按照后台、中台、前台的顺序陈述如下。

（一）数据要素市场的顶层设计

随着数字经济的发展，"连接—在线—数据"将是数字社会的永恒主题。连接和在线的结果是所有人类行为和经济活动数据化，数据既是过去人类行为的结果，也是预测未来人类行为的基础。因此，数据是数字社会的核心资源，是发展数字经济的关键要素，也是目前所有互联网公司最重要的资产。于是，打车公司收集用户的出行数据，音乐公司收集用户听音乐的习惯数据，搜索引擎收集用户的搜索数据，移动支付厂商收集用户的支付数据，等等。数据这种资源，和其他资源最大的区别在于，它具有非竞争性（Nonrivalry），可以无限复制、重复使用。非竞争性一方面意味着相比于传统的竞争性物质资本，数据资产能给社会带来更多的经济价值，但另一方面也产生了大量的隐私问题。一个机构无法把数据借出几天后再收回，因为数据给出去就再也收不回来了。同时，数据资源也不是天生就属于公司的，数据里面含有大量用户的敏感信息，导致在数据交换的时候，还存在道德和法律风险。因此，在现代社会中，别说公司和公司之间，就算是同一个公司的不同部门，在交换数据的时候也是格外的小心谨慎。不同公司之间建立在共享数据前提下的合作，往往是很难达成的。于是，就产生了所谓的"数据孤岛"问题：各个机构组织各自拥有一部分的数据，却无法和其他的数据共同作用，产生新的收益。通过发展数据要素市场，促进数据交易，有助于打破现有的数据孤岛局面，更好地促进数字经济发展。

2020 年 4 月 9 日，中共中央、国务院发布《关于构建更加完善的要素市场化配置体制机制的意见》，成为构建更加完善的要素市场化配置体制机制的纲领性文件。其中特别提到要加快培育数据要素市场，加强数据资源整合和安全保护。如何在实现数据安全保护的前提下发展数据要素市场，成为数字经济学领域的前沿战略课题。重视数据隐私和安全也已成为了世界性的趋势。每一次公众数据的泄露都会引起媒体和公众的极大关注，如 2018 年 Facebook 的数据泄露事件就引起了大范围的抗议行动。同时各国都在加强对数据安全和隐私的保护。特别是欧盟在 2018 年 5 月 25 日开始实施的《通用数据保护条例》（General Data Protection Regulation，GDPR）对用户的个人隐私和数据安全进行严格保护，并依此对谷歌开出了 5000 万欧元的巨额罚单。因此"一方收集数据，转移到另一方处理和清洗并建模，最后再把模型卖给第三方"这样一种传统的数据处理模式已经变得不可行。如何重新设计数据要素市场交易机制和监管模式，成为数字经济未来发展亟待解决的问题。信息博弈论是解决上述问题的基础性理论工具。

数据是信息博弈论的基础。Blackwell 提出的信息结构（Information Structure）包含了数据和模型两个基本要素。但信息博弈论理论往往是给定信息结构，探讨博弈参与者之间的策略性互动和机制设计问题。随着数字经济的飞速发展，数据不再是博弈参与者的外生约束，而成为一种新型生产要素。一方面，数字经济的发展催生了海量的数据。据统计，从计算机诞生以来到 2003 年，人类所产生的数据总量已经达到 50 亿 GB。2014 年，我们每两天就能产生同等规模数据，现在是每个小时就能产生同等规模数据。另一方面，大数据处理技术的发展使得人们可以轻易从海量数据中获取信息。因此，相关研究需要放松传统信息博弈论中信息结构外生的假设，解决数据要素市场顶层设计中的两大基础性问题。

（二）区块链技术和央行数字货币应用中的博弈问题

区块链技术创新及应用是国家信息化规划中的一个重要组成部分。2016 年底，国务院出台的《"十三五"国家信息化规划》中提到：到 2020 年，"数字中国"建设取得显著成效，信息化发展水平大幅跃升，信息化能力跻身国际前列，其中区块链技术首次被列入了规划中。2019 年 10 月中共中央政治局就区块链技术发展现状和趋势进行了集体学习，学习中强调了区块链技术的集成应用在新的技术革新和产业变革中起着重要作用。

区块链技术在金融领域得到了广泛的关注和应用，除了基于区块链技术的比特币、稳定币等非法定加密货币之外，一些国家也在积极布局央行数字货币 CBDC。在这一方面，中国和法国走在前列。中国四大国有银行不仅已在深圳等主要城市测试央行研发的数字人民币 DC/EP，中国人民银行也在积极探索未来可能的落地场景。法国央行 2020 年 5 月宣布完成基于区块链技术的数字欧元首次测试，并将继续在银行进行更多实验，包括探索在银行间发送数字货币。而韩国、加拿大、日本也相继成立与央行数字货币相关的研究部门，计划在未来进行试点。值得关注的是，在国际金融体系中占主导地位的美国和英国反而对央行数字货币持有谨慎态度。这可能是由于它对支付和银行体系的良性运转有着重要的影响。

在这个背景下，基于区块链技术的各种应用不可避免地将对人类经济社会产生根本性的影响，现有社会中的个人与机构、机构与机构之间的互动及交易模式可能与以往不同，因此有必要对区块链底层技术以及应用过程中涉及的 C2B、B2B 等互动进行策略分析和研究。

（三）数字经济的平台设计与监管

网络交易和共享平台是中国数字经济发展的最大亮点。2019 年，全球前 30 大互联网公司中，中国公司占了 7 席，其中阿里巴巴、美团和京东三家网络平台企业排名分别为第 6 名、第 17 名和第 18 名。共享经济方面，2018 年，我国共享经济参与者人数约 7.6 亿人，诞生了滴滴、哈啰、摩拜（现为美团单车）、自如、途家等独角兽企业。其中共享交通领域交易规模达到 2478 亿元，网约车用户在网民中的普及率达到 43.2%，共享住宿市场交易规模约为 225 亿元，参与人数达到 2 亿人。网络交易和共享平台的发展也带来了一系列新的问题，如平台企业和地方政府间的关系、平台安全保障和应急处理、平台用户管理等，都是亟待解决的问题，需要从博弈论角度，考虑如何设计合理的平台机制以促进市场良性发展，以及如何对平台用户进行管理。

（四）数字经济中的市场设计理论与应用

传统经济的市场法则主要靠自然演化，常常有一个漫长的走向成熟的过程。数字经济以信息技术为载体，有着强大的市场穿透力，能够在短时间内覆盖到社会的各个角落，其自然演化的试错过程可能会带来巨大的社会成本，甚至断送其发展前景，如中国的 P2P 金融。因此对数字经济进行市场设计，有望促进数字经济的健康发展。而大数据、人工智能等数字技术的发展使得数据刻画更加精准，让海量数据的分析、使用成为可能，为市场设计提供了"透明"的信息基础；同时市场设计的理论和方法发展及成功应用，也昭示着数字经济市场设计有着很高的可行性。当然，数字经济的广泛应用使经济活动环境发生了改变，庞大的用户基础、精准算法的实现、数字化平台的巨大市场空间，都给市场设计理论带来了很大的挑战，需要对传统的市场设计理论进行拓展与创新。

市场设计理论产生于 20 世纪 60 年代，是近二三十年来微观经济领域中迅速发展的一个分支，大量应用于解决现实问题。市场设计理论可以视为对博弈论与社会选择理论的综合运用，旨在研究如何设计出一套显示微观主体真实偏好，最终达到既定社会目标的机制，并以此解决激励扭曲和市场失灵方面的问题，是一种有效且激励相容的经济资源配置的重要方式。以是否引入价格机制为区分，市场设计理论主要包括拍卖理论与匹配理论，那么在数字经济之下如何创新发展和应用拍卖理论与匹配理论值得探讨。

（五）数字经济中的竞争与合作

2020 年 4 月 9 日，中共中央、国务院在发布的《关于构建更加完善的要素市场化配置体制机制的意见》中明确指出，要"充分发挥市场配置资源的决定性作用"。与传统经济一样，对以数据为核心生产要素的数字经济，其健康发展也有赖于数字经济企业间的分工合作与充分竞争，有赖于数字经济与传统经济间的合作与竞争。竞争与合作是驱动市场能够不断向纵深发展、不断为消费者提供更加丰富更加高质量产品和服务的主要力量。充分理解数字经济中的竞争与合作也是实施科学合理政府规制的理论基础。

传统市场上的竞合关系边界相对清晰，通常供应链上纵向之间是合作关系，横向之间生产替代产品的企业间是竞争关系、生产互补产品的企业间是合作关系。数字经济的繁荣改变了市场形态，打破了企业间竞争与合作的边界，对企业战略管理和运营管理提出了新挑战，也对政府规制提出了新挑战。数字经济的出现对产品和服务的生产成本、搜索成本和运输成本等显著降低，使得经济学特别是产业经济学中经典理论和模型的前提条件发生了改变，从而不能直接适用，也无法对其进行直接指导。由于数字经济具有特殊的供求关系，其在产权保护、隐私保护、交易安全、网络中性等多方面都存在一些极富争议的话题，很多传统经济学的基础问题需要从竞合的角度重新审视和研究。目前研究竞合关系的博弈论工具尚不成熟，没有标准的模型供大家使用，这就为相关的博弈论理论研究提供了巨大空间。

（六）数字经济中的网络博弈问题

数字经济的兴起，一个不容忽视的媒介是依托于信息技术的网络空间，Facebook、腾讯、网红经济等，都是网络化数字经济的代表。特别地，随着在线社交网络的兴起，一方面，厂商可以通过口碑营销更低成本地推销自己的商品，重塑商品流通渠道；另一方面，谣言也可以跨越地理区域快速传播，给社会治理带来新的挑战。数字经济的蓬勃发展为网络博弈理论带来了新的机遇与挑战，同时也为网络博弈理论提供了更加广泛的应用前景。

网络博弈理论主要研究行为主体互动网络如何形成，以及互动网络如何影响信息传播、经济行为和经济政策等。网络博弈理论的研究最早可追溯于 Aumann 和 Myerson，经过短短三十余年的发展，已成为博弈论最为核心的组成部分之一，同时，也成为经济学、管理学、计算机科学等诸多学科最为前沿、最为尖端的新兴研究方向。网络博弈理论无论在科学研究还是在工程实践上均取得了重大突破，被广泛应用于各种经济与社会现象的分析和解释，同时也被广泛应用于电子商务、人工智能、网络与信息安全、传染病防控等工程实践。

（七） 数字经济的时间一致性问题

从博弈论的观点看，合作解的时间一致性（动态稳定性）是这样一个性质：当博弈沿着合作最优轨迹进行时，在每个时刻参与人为同一个最优准则所支配，在博弈进程中没有任何理由偏离最初的"最优行为准则"。当时间一致性不能得到满足时，在某些时刻局面会发生变化，使得延续最初的行为可能不再是最优的选择，因而最初选定的最优准则无法得到持续的实施。

数字经济是一种广泛参与的动态竞合关系，时间一致性决定了竞合关系的可持续性，是数字经济中动态合作可持续的本质属性和内在要求。数字经济的动态合作博弈机制可以归结为三种方式：时间一致性、策略稳定性以及防止非理性行为操纵条件。时间一致性作为动态合作博弈机制的基本方式，贯穿于另外两种方式之中。

★讨论

【提示问题】

（1） 如何理解博弈论是数字经济的"上层建筑"？

（2） 数字经济的发展现状和前景如何，还有哪些数字经济领域的案例可以构成博弈？

【教师注意事项及问题提示】

根据本节引导案例，通过引导学生发现现实经济问题中隐藏的博弈关系，加强理论运用于实践的能力。

第二节 应用举例一：数字经济与传统经济的竞合博弈分析[*]

一、问题描述

数字经济的出现对传统经济产生了技术溢出与技术冲击两种效应。技术溢出所产生的正面效应主要体现在，数字经济为传统经济的数字化转型升级提供了示范和模板，传统经济学习、借鉴数字经济的全新技术和商业模式有助于提高自身生产经营效率。理想情形是，技术溢出让传统经济快速提高效率并积累起能够与数字经济自由竞争的实力，传统经济与数字经济共存于市场中，二者相互竞争，确保消费者利益和社会福利最大化。但是，数字经济边际成本几近于零的特性以及部分数字经济平台企业的网络效应均强化了其对传统经济的技术冲击，技术冲击所产生的负面效应可能将技术溢出的正面效应完全抵消，以致传统经济来不及完成数字化转型升级就被数字经济挤出市场，数字经济进而拥有强大的市场支配力量，甚至最终取得垄断地位，并凭借市场支配力量或垄断地位做出有损消费者利益、社会福利的行为。此时，如果政府不对市场进行必要的规制，任由数字经济技术冲击的负面效应大幅超越技术溢出的正面效应，数字经济的扩展、壮大将与社会福利最大化的政策目标背道而驰。如何平衡数字经济的发展与潜在的技术性垄断风险，是数字时代不可回避的重要问题。

---

[*] 本节内容选自许恒等：《数字经济、技术溢出与动态竞合政策》，《管理世界》2020 年第 11 期。

二、模型构建

假设某一特定经济体中可供消费的产品（或服务）集合为 Ω，集合内的所有产品均为耐用品，每一种耐用品都由同一家公司供给。由于集合内的产品所涉及的各个行业市场均具有类似的特征，本节仅考虑其中一个最具代表性的行业市场 $\omega \in \Omega$。数字经济尚未出现时，市场中的耐用品是传统经济经营者（标记为公司 1）提供的产品，如传统出租车公司提供了出租车行业中的交通运输服务、传统酒店提供了酒店行业中的酒店房屋住宿服务等。令公司 1 提供产品的可变成本 $c \in R^+$。数字经济出现后，构建数字化平台成为其利用技术优势降低交易成本的典型方式之一，因而数字经济发展也催生了众多平台企业。平台企业（标记为公司 2）是基于数字经济的先进技术手段，集信息交互、产品（服务）流通、便捷支付等功能于一体的双边（多边）市场，它相较于传统经济能够更好地整合产品信息，提高供需匹配效率，大幅降低经营成本，进一步将数字经济的技术优势转变为成本优势。令产品的供给者通过数字经济平台企业提供产品的可变成本为 $k \in R^+$。

为深入探讨数字经济进入市场对传统经济产生的技术冲击和技术溢出两种效应，假设 $k<c$，以此刻画数字经济相对于传统经济的成本优势，我们将这种由于数字经济携新技术进入市场而对传统经济的盈利能力形成的冲击称为数字经济的技术冲击效应。同时引入技术溢出参数 $x_0 \in (0，1)$，描述数字经济进入市场后为传统经济带来的技术溢出效应。具体而言，当数字经济进入市场后，由于存在技术溢出效应，传统经济的经营成本由 c 下降为 $c(1-x_0)$。

基于数字经济在经营成本、产品性质等方面与传统经济的一般性差异，在模型中以交易闲置资源的数字经济平台企业这一特殊案例来刻画数字经济的主要特征，着重反映出数字经济凭借技术优势在降低经营成本的同时，也提供给消费者创新性的产品或服务，满足了多样化的市场需求。尽管在现实商业环境中，拥有技术优势的数字经济进入市场对传统经济产生的影响可能有多种多样的表现形式，但是，究其本质均是数字经济的技术优势转变为成本优势，给传统经济带来了经营成本上的竞争压力，传统经济如果不能学习、借鉴数字经济的全新生产技术和商业模式，完成数字化转型升级，降低自身经营成本，将会被数字经济彻底淘汰。因此，针对交易闲置资源的数字经济平台企业的理论分析同样具有一般性，可以拓展至其他类似的关于数字经济进入市场如何影响传统经济的分析中。

当一家平台企业进入市场 ω 时，消费者（产品的使用者）既可以选择购买传统经济经营者（公司 1）提供的产品，也可以选择购买数字经济平台企业（公司 2）提供的产品。消费者对传统经济产品和数字经济产品的偏好 θ 纵向连续分布在区间 $[0，\bar{\theta}]$ 上。具体而言，越靠近 $\bar{\theta}$ 的消费者越偏好于消费传统经济产品，而越靠近 0 的消费者则越偏好于消费数字经济产品。将消费传统经济产品的消费者定义为集团 σ，消费数字经济产品的消费者定义为集团 o。基于消费者的偏好，两类消费者的效用函数可以分别表示为：

$$u_\sigma = \theta - p_1 \qquad (9-1)$$
$$u_o = s\theta - p_o \qquad (9-2)$$

其中，p_1 和 p_o 分别表示了消费者消费传统经济产品和消费数字经济产品所需支付的价格（消费者的直接成本）。s 表示传统经济与数字经济的产品相互替代的程度，s 取最大值 1 意味着传统经济与数字经济提供完全同质的产品，s 取最小值 0 说明传统经济与数字经济提供互相不可替代的产品。考虑到现实商业环境中，数字经济平台企业既可以提供与传统经济经营者类似的产品（非完全不可替代），也能够运用技术手段解决传统经济中闲置资源难以交易的问题（非同质化），故设定 $s \in (0，1)$。需要强调的是，对于 s 的设定并不意味着数字经济平台所提供的产品或服务要"劣于"传统经济，而仅仅体现了两者的产品性质可能不同。事实上，数字经济平台经营者往往能够凭借技术优势为消费者提供更好的服务，而这一点将在模型中具体反映于数字经济的相对成本优势（$k<c$）降低了消费者的交易成本，增加了消费者福利。

当消费者既不选择传统经济产品也不选择数字经济产品时，他的效用为零。考虑存在两类边际消费者：第一类是选择传统经济产品和选择数字经济产品的效用无差异的边际消费者，第二类是选择数字经济产品和不进行任何消费的效用无差异的边际消费者，两类边际消费者的偏好分别为：

$$\tilde{\theta}_{1,o} = \frac{(p_1 - p_o)}{(1-s)} \tag{9-3}$$

$$\tilde{\theta}_{o,0} = \frac{p_o}{s} \tag{9-4}$$

两类边际消费者的需求边界则由 $\tilde{\theta}_{1,o}$ 和 $\tilde{\theta}_{o,0}$ 决定，即：

$$Q_1(p_1, p_o) = \bar{\theta} - \tilde{\theta}_{1,o} = \bar{\theta} - \frac{p_1 - p_o}{1-s} \tag{9-5}$$

$$Q_o(p_1, p_o) = \tilde{\theta}_{1,o} - \tilde{\theta}_{o,0} = \frac{sp_1 - p_o}{s(1-s)} \tag{9-6}$$

将闲置资源的提供者标记为集团 ρ，他们对保留闲置资源的偏好 η 纵向连续分布在区间 $[0, \bar{\eta}]$ 上。类似于集团 o，在集团 ρ 中越靠近 $\bar{\eta}$ 的消费者越偏好于保留闲置资源，而越靠近 0 的消费者则越偏好于成为闲置资源的提供者。η 还可以被理解为是产品的使用（占用）程度，使用（占用）程度越低，其闲置程度则越高，意味着该产品越可能被其拥有者放置在平台上提供给其他消费者。基于集团 ρ 中消费者的偏好，闲置资源保留者的效用为零（因为其并没有从闲置资源分享中获益），闲置资源的提供者的效用表示为：

$$u_\rho = p_\rho - k - \eta \tag{9-7}$$

其中，p_ρ 是提供者在分享闲置资源时获得的收益，$k \in R^+$ 表示闲置资源拥有者通过数字经济平台企业提供闲置资源的单位成本。为使数字经济平台正常运行，平台经营者应当能够获得非零的需求，故 $k < s\bar{\theta}$。当闲置资源供给者保留闲置资源与提供闲置资源所获得的效用无差异时，此类供给者即为边际供给者，他们的偏好为：

$$\tilde{\eta}_{\rho,0} = p_\rho - k \tag{9-8}$$

进而，闲置资源共享的供给函数为：

$$Q_\rho(p_\rho) = \tilde{\eta}_{\rho,0} - 0 = p_\rho - k \tag{9-9}$$

基于目前数字经济平台企业的实际运行情况，模型假设市场中的平台以双边市场的形式出现。令该双边市场中的平台企业为公司 2，如滴滴出行即为数字经济出现后出租车市场中的交通类数字经济平台——网约车平台。公司 2 的单位收益来自于每一次集团 o 和集团 ρ 之间个体的交易与平台单位交易成本的差额。同时，将公司 2 单位交易成本简化为 0，则平台的单位收益为 $p_o - p_\rho$。根据 Rochet 和 Tirole (2008) 对于平台有效交易的定义，平台的获利路径来自其所完成的有效交易部分，而非平台上的用户数量。因此，若假设资源的供需双方的偏好 θ 和 η 相互独立（如网约车司机与网约车乘客往往不为同一消费者），则有效交易数量为 $Q_o(p_1, p_o) \times Q_\rho(p_\rho)$。

本节着重探讨数字经济平台企业的出现对相关市场内传统经济经营者产生的技术冲击和技术溢出效应以及政府应当采取的应对措施。后文将在基础模型之上加入政府的"竞合型"政策，政府在该政策下的投入水平用参数 t 来刻画。政府实施"竞合型"政策旨在强化数字经济的技术溢出效应，缓解拥有较强技术优势的数字经济在进入市场初期对传统经济产生的巨大技术冲击，并以帮助传统经济进行数字化转型升级的方式，加快实现行业内的技术融合，让市场始终能够处于传统经济与数字经济自由竞争的状态，以维护消费者利益和最大化社会福利。因此，政府实施"竞合型"政策后，数字经济的技术溢出作用效应不再为常数 x_0，而将随着政府投入水平 t 的变化而发生变化，即 $x = x(t)$。具体而言，我们假设 $x(t) > 0$，反映出政府投入水平越高，越能强化数字经济技术溢出正向作用。若政府投入水平为 0，则意味着政府不实施"竞合型"政策，此时的数字经济技术溢出作用仍为 x_0，即 $x(t) = x_0$。同时，政府在实施"竞合型"政策时也需付出相应成本 $G(t)$，我们将其表示为 $G(t) = ht^2/2$，其中 $h > 0$。

在博弈的时序上（见图9-2），考虑政府、企业与消费者之间进行三阶段博弈。在第一阶段，政府基于传统经济与数字经济在市场中共存的原则，通过动态调整政府投入水平 t，最大化预期社会总福利；在第二阶段，两家公司在观察到政府"竞合型"政策后进行价格竞争，公司1制定价格 p_1，公司2制定价格 p_o 和 p_ρ 最大化各自的预期利润；在第三阶段，市场内消费者观察到各个公司的价格后进行是否购买、购买哪种产品以及是否提供闲置资源的决策。本节分析的重点是政府如何制定最优的"竞合型"政策，实现传统经济与数字经济共存、竞争，为使数字经济平台企业的供需非零，博弈各个阶段均在 $Q_1(p_1, p_o)>0$，$Q_o(p_1, p_o)>0$ 以及 $Q_\rho(p_\rho)>0$ 的条件下分析均衡。

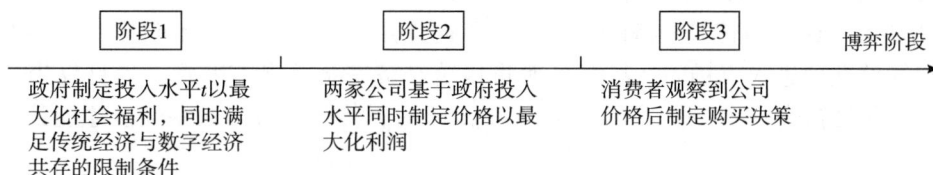

图9-2　博弈时序

三、市场均衡分析

本节基于上述理论模型，重点讨论以下两个问题：①数字经济平台企业进入市场后对传统经济经营者的"挤出"效应及其对整个市场的影响；②政府实施"竞合型"政策的必要性以及该政策对整个市场的影响。

（一）政府不实施"竞合型"政策时的市场

当政府不实施"竞合型"政策时，在市场 ω 中，传统经济经营者（公司1）与数字经济平台企业（公司2）各自制定能够实现自身预期利润最大化的产品或服务价格。公司1和公司2的利润函数分别为：

$$\pi_1^* \equiv \max_{p_1} \Pi_1(p_1, p_o) = \left[p_1 - c(1-x_0) \right] \left(\overline{\theta} - \frac{p_1 - p_o}{1-s} \right) \tag{9-10}$$

$$\pi_2^* \equiv \max_{p_1} \Pi_1(p_1, p_o, p_\rho) = (p_o - p_\rho) \frac{sp_1 - p_o}{s(1-s)}(p_\rho - k) \tag{9-11}$$

求解式（9-10）和式（9-11）的一阶导函数，并联立得到公司1产品价格、公司2需求侧和供给侧的产品价格分别为：

$$\begin{cases} p_1^* = \dfrac{3(1-s)\overline{\theta} + k + 3c(1-x_0)}{2(3-s)} \\[3mm] p_o^* = \dfrac{s(1-s)\overline{\theta} + k + sc(1-x_0)}{3-s} \\[3mm] p_\rho^* = \dfrac{s(1-s)\overline{\theta} + (4-s)k + sc(1-x_0)}{2(3-s)} \end{cases} \tag{9-12}$$

将式（9-12）中均衡价格带入目标函数式（9-10）和式（9-11），可以得到在政府不实施"竞合型"政策时，公司1与公司2的均衡利润分别为：

$$\pi_1^* = \frac{\left[3(1-s)\overline{\theta} + k - (3-2s)c(1-x_0) \right]^2}{4(1-s)(3-s)^2} \tag{9-13}$$

$$\pi_2^* = \frac{\left[s(1-s)\overline{\theta} - (2-s)k + sc(1-x_0) \right]^3}{8s(1-s)(3-s)^3} \tag{9-14}$$

命题 9-1：当数字经济对传统经济的技术溢出作用大小满足 $\underline{x}<x_0<\overline{x}$ 时，数字经济平台企业与传统经济经营者能够共存并在市场 ω 中自由竞争。反之，当 $x_0>\overline{x}$ 时，数字经济的市场需求为零；当 $x_0<\underline{x}$ 时，传统经济的市场需求为零。其中 $\underline{x}\equiv1-\dfrac{3(1-s)\overline{\theta}+k}{s(2-s)c}$，$\overline{x}\equiv1+\dfrac{s(1-s)\overline{\theta}-(2-s)k}{sc}$。

命题 9-1 给出了一个政府不实施"竞合型"政策时，传统经济与数字经济共存、竞争的条件。具体而言，当数字经济对传统经济的技术溢出作用过大（$x_0>\overline{x}$）时，传统经济在学习、借鉴数字经济的全新生产技术和商业模式的过程中快速提升了技术水平，进而形成相对于数字经济的技术、成本优势，最终导致数字经济不得不退出竞争，由传统经济独占市场 ω；反之，当数字经济对传统经济的技术溢出作用过小（$x_0<\underline{x}$）时，由于数字经济对传统经济的技术冲击负向作用超过技术溢出正向作用，拥有强大技术优势的数字经济不仅能够顺利进入市场 ω，甚至可能将传统经济完全挤出。因此，当且仅当数字经济对传统经济的技术溢出作用维持在一个"适中"的水平（$\underline{x}<x_0<\overline{x}$）时，传统经济与数字经济才能共存于市场 ω 中并自由竞争。

推论 9-1：$\partial\overline{x}/\partial k<\partial\underline{x}/\partial k<0$，$0<\partial\overline{x}/\partial c<\partial\underline{x}/\partial c$，即 $\overline{x}$ 和 $\underline{x}$ 随着 k 的增加而降低、随着 c 的增加而增加。当 k 增加时，上限 $\overline{x}$ 的下降速度慢于下限 $\underline{x}$；当 c 增加时，上限 $\overline{x}$ 的上升速度慢于下限 $\underline{x}$。

推论 9-1 的结果如图 9-3 所示。在拥有较强技术优势的数字经济进入市场初期，其经营成本低于传统经济的经营成本，即 $k<c$。给定传统经济经营成本 c，数字经济经营成本 k 越大，坐标轴上传统经济与数字经济共存的区间将相应延长，主要原因是：一方面，数字经济经营成本越大，意味着其相对于传统经济的技术优势越小，在进入市场初期对传统经济的技术冲击负向作用也越小，将传统经济彻底挤出市场的难度变大；另一方面，传统经济更容易借助数字经济的技术溢出作用，弥补其与数字经济之间较小的技术差距，甚至最终能够形成相较于数字经济的成本优势，将数字经济挤出市场（对应图 9-3 中 k 增加后的新共存区间相较于原共存区间延长）。

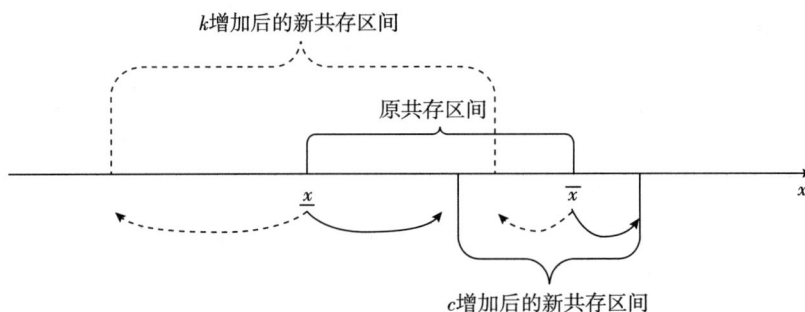

图 9-3　经营成本变化导致传统经济与数字经济共存区间变化的示意图

与之不同的是，给定数字经济的经营成本 k，传统经济经营成本 c 越大，坐标轴上传统经济与数字经济共存的区间将相应缩短，这是因为：一方面，传统经济经营成本越大，意味着其相对于数字经济的技术劣势也越大，拥有巨大优势的数字经济进入市场后更有可能将传统经济挤出市场；另一方面，由于传统经济与数字经济之间的技术差距较大，即使在数字经济的技术溢出作用下，传统经济也很难通过学习、借鉴数字经济的全新生产技术和商业模式，将经营成本降低至与数字经济相当甚至更优的水平，技术溢出正向作用低于技术冲击负向作用。

综上所述，数字经济进入市场将对传统经济产生技术冲击和技术溢出两种效应，而传统经济与数字经济的经营成本差距决定了哪种效应能够发挥主导作用。当不存在"竞合型"政策时，如果传统经济与数字经济的经营成本差距过大（即 $c-k$ 过大时），数字经济对传统经济的技术冲击负向作用更有可能超过其技术溢出所产生的正向作用，进而增加传统经济被数字经济挤出市场的可能性（对应图9-3中 c 增加后的新共存区间相较于原共存区间缩短），我们将在下文具体探讨上述市场中传统经济被挤出的经济效果和政府实施"竞合型"政策的必要性。

（二）最优市场结构

本部分证明相较于传统经济或数字经济独占市场，传统经济与数字经济并存于市场自由竞争的状态能够更好地维护消费者利益，实现社会福利最大化。通过对比传统经济或数字经济独占市场和两者共存于市场中的社会总福利，可以得到命题9-2。

命题9-2： 对比三种情形下的消费者福利可以发现：当 $c>k$ 时，$CS^*>\max\{CS_1,CS_2\}$；对比三种情形下的社会总福利可以发现：$TS_2>TS_1$，并且当 c 和 k 差异较小时，$TS^*>TS_2$。其中 CS^*，CS_1，CS_2 分别表示传统经济与数字经济并存于市场、传统经济独占市场、数字经济独占市场时的消费者福利，TS^*，TS_1，TS_2 分别表示传统经济与数字经济并存于市场、传统经济独占市场、数字经济独占市场时的社会总福利。

命题9-2说明了，相较于传统经济或数字经济独占市场，传统经济与数字经济并存于市场中并自由竞争的状态总能使消费者福利得到一定程度的提升。对于社会总福利而言，虽然数字经济凭借技术优势独占市场后，总能实现比传统经济独占市场时更高的社会总福利，但是，如果想要更好地维护消费者利益并进一步提高社会福利，就需要让传统经济在被挤出前成功进行数字化转型升级，使传统经济与数字经济的技术、成本差距缩小，实现技术融合，让二者得以自由竞争，并存于市场中。反之，如果传统经济无法完成数字化转型升级（如因为传统经济本身不适合数字化转型），其与数字经济的技术、成本差距无法缩小，从提高社会福利的角度来讲，与其让传统经济与数字经济并存于市场，不如充分发挥市场优胜劣汰的机制，让数字经济淘汰传统经济，此时的社会总福利会相对更高。这说明了，在一定的条件下，当拥有强大技术优势的数字经济进入市场，政府制定"竞合型"政策以缓冲数字经济的强大竞争力，营造有利于传统经济完成数字化转型升级的良好环境的必要性。

（三）政府实施"竞合型"政策时的市场

本节的余下部分分析政府如何实施"竞合型"政策以及该政策的可行边界。令政府实施"竞合型"政策时的投入水平为 t，成本为 $G(t)=ht^2/2$。政府实施"竞合型"政策强化了数字经济对传统经济的技术溢出作用，由于给定 $t>0$，$x(t)>x(0)=x_0$，因此，传统经济的经营成本将从 $c(1-x_0)$ 进一步降低至 $c[1-x(t)]$。

政府实施"竞合型"政策时的投入水平 t，可以被看作是政府为传统经济应对数字经济的强大竞争力而建立的一个"竞争缓冲机制"，为了鼓励和引导传统经济借助数字经济的技术溢出作用、复制或学习其全新生产技术和商业模式、完成自身数字化转型升级，政府需要一定的投入，如给予正在推进数字化转型的传统经济企业适当的技术性补贴和税收优惠等。同时，为保证数字经济平台企业在政府实施"竞合型"政策时能够正常运行，我们假设 $t\in\{t\,|\,1-x(t)>0\}$，即政府实施"竞合型"政策虽然强化了数字经济对传统经济的技术溢出作用，但并不会使传统经济的经营成本骤降至零（甚至更低）的水平，传统经济经营者始终需要承担非零的经营成本。传统经济产品消费者的需求函数依旧由式（9-5）给出，数字经济产品消费者的需求函数依旧由式（9-6）给出，数字经济产品或服务供给者的供给函数依旧由式（9-9）给出。当政府实施"竞合型"政策时，公司1和公司2的预期利润分别为：

$$\hat{\pi}_1^* \equiv \max_{p_1}\hat{\Pi}_1(p_1,p_o)=\{p_1-c[1-x(t)]\}\left(\overline{\theta}-\frac{p_1-p_o}{1-s}\right) \tag{9-15}$$

$$\hat{\pi}_2^* \equiv \max_{p_1}\hat{\Pi}_1(p_1,p_o,p_\rho)=(p_o-p_o)\frac{sp_1-p_o}{s(1-s)}(p_\rho-k) \tag{9-16}$$

分别将式（9-15）与式（9-10）对比、将式（9-16）与式（9-11）对比，可以发现，政府实施"竞合型"政策只改变了传统经济经营者的利润函数，并未对数字经济平台企业产生直接影响。这进一步说明了，政府实施"竞合型"政策不是通过抑制数字经济的发展，一味保护和扶持相对落后的传统经济，而是强化数字经济对传统经济的技术溢出作用，帮助传统经济完成数字化转型升级，将经营成本降低至可与数字经济自由竞争的水平。将式（9-15）、式（9-16）分别对 p_1、p_o 以及 p_ρ 求导，并联立一阶导函数，可以得到政府实施"竞合型"政策时公司 1 产品价格、公司 2 需求侧和供给侧的产品均衡价格分别为：

$$\begin{cases} \hat{p}_1^* = \dfrac{3(1-s)\overline{\theta}+k+3c[1-x(t)]}{2(3-s)} \\[2ex] \hat{p}_o^* = \dfrac{s(1-s)\overline{\theta}+k+sc[1-x(t)]}{3-s} \\[2ex] \hat{p}_\rho^* = \dfrac{s(1-s)\overline{\theta}+(4-s)k+sc[1-x(t)]}{2(3-s)} \end{cases} \tag{9-17}$$

引理 9-1：政府实施"竞合型"政策后，传统经济经营者的产品价格、数字经济经营者在需求侧征收的价格和供给侧支付的价格均下降。传统经济产品价格下降幅度将大于数字经济产品价格的下降幅度，而数字经济产品供给侧价格的下降幅度又将大于数字经济产品需求侧价格的下降幅度。

引理 9-1 说明了政府实施"竞合型"政策将对传统经济与数字经济产品的价格产生影响，其中对传统经济产品价格产生的影响相对较大。具体而言，政府实施"竞合型"政策强化了数字经济的技术溢出作用，传统经济学习、借鉴数字经济的全新生产技术和商业模式，进行数字化转型升级，能够通过降低经营成本缓解其面临的来自数字经济的成本压力，产品价格也随之下降，一部分消费者由消费数字经济产品转向消费传统经济产品。同一相关市场内的数字经济为了与传统经济竞争，也将相应地下调需求侧和供给侧的产品价格。特别地，随着数字经济平台企业降低对数字经济产品供给者的支付 p_ρ，拥有闲置资源的消费者提供闲置资源的动机将减弱，数字经济产品的供给规模相应缩小，"竞合型"政策能够从供需两侧减弱数字经济平台企业对传统经济的冲击，更好地为传统经济完成数字化转型升级创造必要的竞争缓冲环境。

将式（9-17）的均衡价格带入式（9-15）和式（9-16）的利润函数中，可得政府实施"竞合型"政策时，公司 1 与公司 2 的均衡利润，分别表示为：

$$\hat{\pi}_1^* = \frac{\{3(1-s)\overline{\theta}+k-(3-2s)c[1-x(t)]\}^2}{4(1-s)(3-s)^2} \tag{9-18}$$

$$\hat{\pi}_2^* = \frac{\{s(1-s)\overline{\theta}-(2-s)k+sc[1-x(t)]\}^3}{8s(1-s)(3-s)^3} \tag{9-19}$$

命题 9-3：政府实施"竞合型"政策后，当数字经济对传统经济的技术溢出作用满足 $\underline{\hat{x}}<x<\overline{\hat{x}}$ 时，数字经济平台企业与传统经济经营者能够共存于市场 ω 中并自由竞争。当 $x>\overline{\hat{x}}$ 时，数字经济的市场需求为零；当 $x<\underline{\hat{x}}$ 时，传统经济的市场需求为零。其中 $\underline{\hat{x}}\equiv t^{-1}\left(1-\dfrac{3(1-s)\overline{\theta}+k}{s(2-s)c}\right)$，$\overline{\hat{x}}\equiv t^{-1}\left(1+\dfrac{s(1-s)\overline{\theta}-(2-s)k}{sc}\right)$。

命题 9-3 给出了政府实施"竞合型"政策时，传统经济与数字经济共存于市场中并自由竞争的条件，与政府不实施"竞合型"政策时的共存条件相比较，可以发现：$\underline{x}-\underline{\hat{x}}>0$，$\overline{x}-\overline{\hat{x}}>0$。由于 $x=x(t)$ 且 $x'(t)>0$，$x(0)=x_0$，容易得 $\underline{x}-\underline{\hat{x}}=\overline{x}-\overline{\hat{x}}$。这说明了，政府通过实施"竞合型"政策，强化了数字经济对传统经济的技术溢出作用，帮助传统经济通过缩小与数字经济之间的技术差距进而缩小成本差距，数字经济企业挤出传统经济的可能性相应降低。

如图 9-4 所示，由于政府实施"竞合型"政策能够强化数字经济对传统经济的技术溢出正向作用，对于数字经济的初始技术溢出作用要求可以适当降低，传统经济与数字经济共存于市场的条件区间 $x \in [\underline{x}, \overline{x}]$ 将左移至 $x \in [\hat{\underline{x}}, \hat{\overline{x}}]$，由此形成的空间 A（图 9-4 中 $x \in [\hat{\underline{x}}, \underline{x}]$ 部分）或空间 B（图 9-4 中 $x \in [\hat{\overline{x}}, \overline{x}]$ 部分）即为政府实施"竞合型"政策给传统经济带来的实际竞争缓冲空间，其大小相等但经济含义略有不同。具体而言，空间 A 说明政府实施"竞合型"政策有效缓解了数字经济进入市场初期对传统经济造成的巨大技术冲击，增加了数字经济将传统经济挤出市场的难度，给予传统经济借助技术溢出作用完成数字化转型升级所必要的缓冲环境；空间 B 说明政府实施"竞合型"政策强化了数字经济对传统经济的技术溢出，传统经济更容易学习、借鉴数字经济的全新生产技术和商业模式，迅速提高自身技术水平并与数字经济在同一相关市场内展开自由竞争，增加了传统经济追赶甚至超越数字经济的可能性。

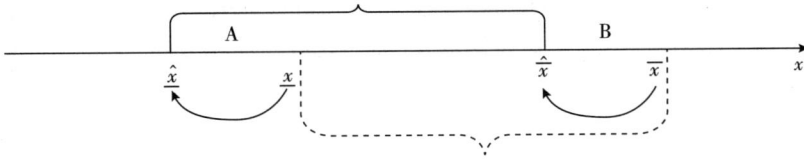

图 9-4 政府实施"竞合型"政策导致传统经济与数字经济共存区间变化的示意图

推论 9-2： 政府实施"竞合型"政策应避免过度投入而抑制数字经济的发展，需要根据不同行业市场的实际状况（传统经济与数字经济的经营成本差异、数字经济的初始技术溢出作用等），为每个行业确定一个最大竞争缓冲空间 $\overline{X}$，并且确保政府实施"竞合型"政策给传统经济带来的实际竞争缓冲空间 A（或空间 B）均不超过最大竞争缓冲空间 $\overline{X}$，即 $\left(1 - \dfrac{3(1-s)\overline{\theta}+k}{s(2-s)c}\right) - t^{-1}\left(1 - \dfrac{3(1-s)\overline{\theta}+k}{s(2-s)c}\right) \leqslant \overline{X}$。

当政府不实施"竞合型"政策时 $t=0$，数字经济的技术溢出作用为 $x(0) = x_0$；政府实施"竞合型"政策后，数字经济的技术溢出作用为 $x = x(t) > x_0$，这意味着政府实施"竞合型"政策通过强化数字经济的技术溢出作用，扩大了传统经济的实际竞争缓冲空间，提高了数字经济将传统经济挤出市场的难度，并且由于 $x'(t) > 0$，传统经济的实际竞争缓冲空间还将随着政府投入水平 t 的增加而扩大。然而，政府不应无上限地提高投入水平，而是应当根据不同行业市场中传统经济与数字经济的经营成本差异、数字经济的初始技术溢出作用等实际情况，为每个行业确定一个最大竞争缓冲空间 $\overline{X}$，通过及时调整投入水平 t，确保传统经济的实际竞争缓冲空间始终不超过最大竞争缓冲空间。否则，政府实施"竞合型"政策的投入水平过高将不利于数字经济的长期发展。

四、管理启示

基于数字经济（企业）与传统经济（企业）竞争的博弈模型，考察了数字经济凭借技术优势对传统经济产生的技术冲击，并从强化数字经济对传统经济的溢出作用角度出发，进一步探究了政府促进传统经济与数字经济竞合发展的动态路径。研究表明，传统经济与数字经济自由竞争的市场格局能够更好地保护消费者利益，实现社会福利最大化。因此，当数字经济技术冲击的负面效应大幅超过技术溢出的正面效应时，政府应当实施"竞合型"政策，为传统经济实现自身的数字化转型升级以应对数字经济的强大竞争提供缓冲环境，避免传统经济被数字经济彻底挤出市场。

在中国经济转型发展的时期，有关政策含义包括以下两个方面：

第一，防范数字经济凭借技术优势垄断市场的风险，促使数字经济的发展对相关市场产生更多正向溢出。本节提出的"竞合型"政策并非一味地保护和扶持相对落后的传统经济，而是政府为了更好地维护消费者利益和实现社会福利最大化，给传统经济的数字化转型升级提供一个必要的市场环境。无论传统经济能否抓住机会完成转型升级，最终都将面临与数字经济的自由化竞争，优胜劣汰，适者生存。"竞合型"政策的具体措施包括（但不限于）引导传统经济走向"互联网+"，政府给予传统经济适当的技术性补贴，聘请专业人士为传统经济提供技术指导技术支持、商业模式咨询，适当减免正在进行数字化转型的传统经济的税费，对恶意性的价格战进行规制，协调传统经济与数字经济的技术、商业合作，减少传统经济的负担，等等。政策的目的是避免传统经济与数字经济的技术、成本水平差距过于悬殊导致传统经济被挤出市场后数字经济独占市场。

第二，在产业结构层面解决数字经济与传统经济的发展矛盾，助力传统经济的数字化转型升级。在中国经济转型发展的关键时期，政府可以采取本节提出的"竞合型"政策，确定最优投入水平，为传统经济的数字化转型升级提供缓冲环境，降低数字经济技术冲击的负面效应，确保数字经济技术溢出的正面效应能够发挥出主导作用，并以数字经济的技术溢出"帮助"传统经济完成数字化转型升级（而非数字经济彻底淘汰传统经济）的温和方式，促进全新生产技术和商业模式在行业内的普及，进而实现技术融合和传统经济的数字化转型。

第三节　应用举例二：数字货币扩散的演化博弈分析*

一、背景描述

以区块链技术为基础的数字货币已成为数字时代发展的必然产物，其采取分布式记账方法来进行挖掘、创建、发行和流通，统称为数字货币的扩散。数字货币的出现，降低了成本，提升了交易效率，是数字经济发展的重要基础。数字货币具有诸多优势，但由于其去中心化和匿名性等特征，其在实际应用中也存在如犯罪、信用、盗窃、技术、声誉、金融、投机等诸多风险。因此，政府监管必不可少。数字货币交易参与者是数字货币的实际应用者，政府作为监管方，其监管策略直接影响参与者的行为，参与者与监管方构成博弈关系。

经典的博弈理论要求博弈双方是完全理性的，在现实生活中，这种条件很难达到，博弈参与人的选择常常具有非理性的特征。演化博弈理论源于遗传生态学家对动物和植物的冲突与合作行为的分析，该理论认为，由于参与人的认知能力的差异、信息沟通及传递的限制，其理性是介于完全理性和非完全理性之间一定限制下的理性，即"有限理性"，有限理性意味着博弈双方不可能通过一次博弈就找到理想的均衡策略，需要通过"试错"的重复博弈来调整策略选择直至实现均衡。

考虑私人数字货币活动中的两大主体"政府"和"民众"（指参与私人数字货币交易的民众），双方通过选择行动（监管/不监管和参与/不参与）构成演化博弈。

为方便建模与分析，做出以下假设。

假设 9-1：博弈主体假设：博弈过程中的参与者为参与数字货币挖掘、交易或持有的民众和负责监督管理的政府；民众追求自身得益最大化（个人利益的实现），政府追求社会效用最大化。

假设 9-2：政府策略行为假设：政府在博弈的过程中，会出现两种行为。一是监管，政府会对民众参与数字货币的行为和数字货币市场实施严格的监管措施，如关闭数字货币交易所、严惩数字货币交易行为等；二是不监管，即政府对民众参与数字货币的行为采取非强制性措施；政府的策略集为

---

*　本节内容选自胡俏、齐佳音：《基于 SD 演化博弈模型的数字货币扩散演化仿真研究》，《系统工程理论与实践》2021 年第 5 期。

{监管，不监管}。

假设 9-3：民众策略行为假设：民众在博弈的过程中，会出现两种行为。一是参与，参与的方式主要有三种，包括数字货币挖掘（如挖矿）、数字货币持有（低价买入高价卖出）、通过数字货币进行交易（数字货币充当货币媒介在全球进行商品贸易交易）；二是不参与，即民众不参与数字货币挖掘、持有和交易；民众的策略集为 {参与，不参与}。

假设 9-4：民众"参与"的得益相关参数假设：民众参与挖掘所获得的数字货币数量为 n_0；挖掘单个数字货币的净得益为 P；民众通过数字货币进行商品交易的所有交易得益为 Q；民众通过数字货币以外的其他货币媒介进行交易的得益为 Q_0；民众持有数字货币的数量为 n；数字货币的价格波动幅度为 r。

假设 9-5：政府"监管"的综合效用相关参数假设：政府采取"监管"策略所需要的成本投入为 b；政府采取"监管"措施后，为民众"参与"数字货币挖掘、交易或持有等活动带来了一定的障碍，给民众依然选择"参与"数字货币挖掘、交易或持有等活动增加了额外的成本 e；政府采取"监管"措施后带来的社会效用和额外成本 e 呈相关关系，相关系数设为 μ；μe 为政府采取"监管"策略的综合社会效用。

假设 9-6：策略关联假设：数字货币挖掘、持有和交易过程中，可能会发生洗钱、毒品交易及投机等违法犯罪和扰乱金融秩序的活动，进而降低社会综合效用，现有研究已经证明了数字货币交易中可能存在诸多不法活动，政府采取"监管"措施后，给民众参与数字货币的挖掘、交易和持有增加了障碍，会给民众选择"参与"数字货币挖掘、交易或持有等活动增加额外的成本 e，也能够打击数字货币交易中的洗钱、毒品交易及投机等违法犯罪和扰乱金融秩序的行为，现有研究也都指出政府监管措施对于抑制数字货币相关不法行为的开展有着重要意义。同时，政府监管落实也有可能阻碍民众参与数字货币合法的挖掘、交易和持有，一定程度上影响数字货币相关的合法商品交易活动和跨国贸易，制约数字经济发展。

假设 9-7：比例假设：民众参与数字货币挖掘、交易、持有的比例为 x；政府采取"监管"措施的比例为 y。

基本符号说明如表 9-1 所示。

表 9-1　基本符号说明

变量符号	变量名称	变量解释
x	民众参与比例	民众参与私人数字货币挖掘、交易、持有的比例
n_0	挖掘数量	民众参与挖掘所获得的私人数字货币数量
P	单个数字货币挖掘得益	民众挖掘单个私人数字货币的净得益
Q	数字货币交易得益	民众通过私人数字货币进行商品交易的所有得益
Q_0	非数字货币交易得益	民众通过私人数字货币以外的其他货币媒介进行交易的得益
n	民众数字货币持有量	民众持有私人数字货币的数量
r	数字货币价格波动幅度	私人数字货币的价格波动幅度
y	政府监管比例	政府采取"监管"策略的比例
b	政府监管投入	政府采取"监管"策略所需要的成本投入，b>0
e	额外成本	政府采取"监管"措施后，为民众"参与"私人数字货币挖掘、交易或持有等活动带来了一定的障碍，给民众选择"参与"数字货币挖掘、交易或持有等活动增加了额外的成本，e>0
μ	政府"监管"综合社会效用系数	政府采取"监管"措施后带来的社会效用和额外成本 e 的相关系数
μe	政府"监管"综合社会效用	政府采取"监管"策略的综合社会效用

二、模型构建

根据假设和基本符号表，进而得出了民众在 ｛参与，不参与｝ 策略集下和政府在 ｛监管，不监管｝ 策略集下的得益矩阵如表9-2所示。

表9-2 民众"参与"数字货币和政府"监管"数字货币策略集下的得益矩阵

行为组合	政府监管	政府不监管
民众参与	$Q-Q_0+nr+n_0P-e$, $\mu e-b$	$Q-Q_0+nr+n_0P$, 0
民众不参与	0, $-b$	0, 0

根据民众"参与"数字货币和政府"监管"策略集下的得益矩阵，得出民众"参与"和"不参与"策略下的期望得益 E_{x1}，E_{x2} 和平均得益 $\overline{E_x}$ 为：

$$E_{x1}=(Q-Q_0+nr+n_0P-e)y+(Q-Q_0+nr+n_0P)(1-y) \tag{9-20}$$

$$E_{x2}=0 \tag{9-21}$$

$$\overline{E_x}=E_{x1}x+E_{x2}(1-x)=E_{x1}x \tag{9-22}$$

同样地，得出政府"监管"和"不监管"策略集下的期望得益 E_{y1}，E_{y2} 和平均得益 $\overline{E_y}$ 为：

$$E_{y1}=(\mu e-b)x-b(1-x) \tag{9-23}$$

$$E_{y2}=0 \tag{9-24}$$

$$\overline{E_y}=E_{y1}y+E_{y2}(1-y)=E_{y1}y \tag{9-25}$$

得民众"参与"数字货币挖掘、交易或持有比例 x 的复制动态方程：

$$\frac{\partial x}{\partial t}=x(E_{x1}-\overline{E_x})=x(E_{x1}-E_{x1}x)$$

$$=x(1-x)\left[(Q-Q_0+nr+n_0P-e)y+(Q-Q_0+nr+n_0P)(1-y)\right] \tag{9-26}$$

得政府"监管"数字货币活动比例 y 的复制动态方程：

$$\frac{\partial y}{\partial t}=y(E_{y1}-\overline{E_y})=y(E_{y1}-E_{y1}y)=y(1-y)\left[(\mu e-b)x-b(1-x)\right] \tag{9-27}$$

进一步有：

$$\frac{\partial x}{\partial t}=x(1-x)(Qy-Q_0y+nry+n_0Py-ey+Q-Q_0+nr+n_0P-Qy+Q_0y-nry-n_0Py)=x(1-x)(Q-Q_0+nr+n_0P-ey) \tag{9-28}$$

$$\frac{\partial y}{\partial t}=y(1-y)(\mu ex-b) \tag{9-29}$$

得民众"参与"和政府"监管"数字货币演化博弈的复制动态方程组为：

$$\begin{cases} F(x)=\dfrac{\partial x}{\partial t}=x(1-x)(Q-Q_0+nr+n_0P-ey) \\ F(y)=\dfrac{\partial y}{\partial t}=y(1-y)(\mu ex-b) \end{cases} \tag{9-30}$$

根据变量内涵，令 a 为民众参与数字货币挖掘、交易和持有的综合效用，d 为政府采取"监管"策略的综合社会效益，则有：

$$\begin{cases} Q-Q_0+nr+n_0P-ey=a \\ \mu e=d \end{cases} \tag{9-31}$$

命题 9-4：复制动态方程（9-30）的均衡点为$(0，0)$、$(0，1)$、$(1，0)$、$(1，1)$为系统的均衡点，当 $0<a<e$，$0<b<d$ 时，令 $x^*=\dfrac{b}{d}$，$y^*=\dfrac{a}{e}$，将$(x^*，y^*)$代入复制动态方程（9-30），此时 $F(x)=0$，$F(y)=0$。故$\left(\dfrac{b}{d}，\dfrac{a}{e}\right)$也是系统式（9-28）的均衡点，证毕。

三、演化路径分析

利用雅克比矩阵的局部稳定性对复制动态方程组（9-30）进行分析，对复制动态方程组（9-30）的微分方程组依次求关于和的偏导数，得雅克比矩阵为：

$$J=\begin{bmatrix} (1-2x)(a-ey) & x(1-x)e \\ y(1-y)d & (1-2y)(dx-b) \end{bmatrix} \tag{9-32}$$

则矩阵的行列式为：

$$detJ=(1-2x)(a-ey)(1-2y)(dx-b)-x(1-x)ey(1-y)d \tag{9-33}$$

矩阵的迹为：

$$trJ=(1-2x)(a-ey)+(1-2y)(dx-b) \tag{9-34}$$

根据命题9-4，将均衡点$(0，0)$、$(0，1)$、$(1，0)$、$(1，1)$、$\left(\dfrac{b}{d}，\dfrac{a}{e}\right)$代入矩阵 J 的行列式和矩阵 J 的迹，得矩阵的行列式和迹的表达如表9-3所示。

表9-3　各均衡点的矩阵行列式和迹的表达

均衡点$(x，y)$	矩阵行列式和迹的表达
$(0，0)$	$detJ=-ab$，$trJ=a-b$
$(0，1)$	$detJ=(a-e)b$，$trJ=a-e+b$
$(1，0)$	$detJ=-a(d-b)$，$trJ=-a+d-b$
$(1，1)$	$detJ=(a-e)(d-b)$，$trJ=-(a-e)-(d-b)$
$\left(\dfrac{b}{d}，\dfrac{a}{e}\right)$	$detJ=-ab\left(\dfrac{b}{d}-1\right)\left(1-\dfrac{a}{e}\right)$，$trJ=0$

命题 9-5：均衡点$(0，1)$和$\left(\dfrac{b}{d}，\dfrac{a}{e}\right)$不是演化稳定点。

证明：因为 $b>0$，假定 $detJ=(a-e)b$ 满足 $detJ>0$，则 $a>e$，则 $trJ=a-e+b>0$；依据演化博弈理论，当均衡点满足 $detJ>0$，$trJ<0$ 时，均衡点为演化稳定点。因此，均衡点$(0，1)$无法同时满足 $detJ>0$，$trJ<0$ 的演化稳定点条件；对于均衡点$\left(\dfrac{b}{d}，\dfrac{a}{e}\right)$，因为 $trJ=0$，所以均衡点$\left(\dfrac{b}{d}，\dfrac{a}{e}\right)$也无法满足 $detJ>0$，$trJ<0$ 的演化稳定点条件，故均衡点$(0，1)$和$\left(\dfrac{b}{d}，\dfrac{a}{e}\right)$不是演化稳定点。

命题 9-6：在情景（一）"$a>0$，$d>b$ 且 $a>e$"条件下，均衡点$(1，1)$为演化稳定点；在情景（二）"$a<0$"条件下，$(0，0)$为演化稳定点；在情景（三）"$a>0$，$d<b$"的条件下，$(1，0)$为演化稳定点。

证明：依据演化博弈理论，当均衡点满足 $detJ>0$，$trJ<0$ 时，均衡点为演化稳定点。在情景（一）

"$a>0$，$d>b$ 且 $a>e$"条件下，有均衡点$(1，1)$对应的 $detJ=(a-e)(d-b)>0$，对应的 $trJ=-(a-e)-(d-b)<0$。因此，在 $a>0$ 的情景下，当 $d>b$ 且 $a>e$ 时，均衡点$(1，1)$为演化稳定点。在情景（二）"$a<0$"条件下因为 $b>0$，则有均衡点$(0，0)$对应的 $detJ=-ab>0$，$trJ=a-b<0$。因此，在 $a<0$ 的情景下，均衡点$(0，0)$为演化稳定点。在情景（三）"$a>0$，$d<b$"条件下，有均衡点$(1，0)$对应的 $detJ=-a(d-b)>0$，对应的 $trJ=-a+d-b<0$。因此，在 $a>0$ 的情景下，当 $d<b$ 时，均衡点$(1，0)$为演化稳定点。

四、情景模拟

上文就民众"参与"和政府"监管"数字货币演化博弈进行了深入探讨，下面结合系统动力学方法就不同情景下数字货币主体策略选择动态演进过程进行仿真，并结合仿真结果分析不同情景下主体策略选择的反馈机制，而后进行监管策略探讨。相对其他演化博弈仿真方法而言，应用系统动力学方法对系统行为演化进行仿真，能为相关研究提供系统的、可视化的、更便捷的仿真调控模型，能更为直观反映不同情景下相关主体策略选择的动态演进过程，近年来被许多学者认可，并在诸多演化博弈仿真研究中得到应用。通过建立民众"参与"和政府"监管"数字货币演化博弈的系统动力学流率基本入树仿真模型，分别模拟和分析情景（一）、情景（二）、情景（三），即"命题 9-6 在情景（一）条件下，均衡点（1，1）为演化稳定点，在情景（二）条件下，（0，0）为演化稳定点，在情景（三）的条件下，（1，0）为演化稳定点。"

（一）SD 演化博弈流率基本入树仿真模型的建立

为了对数字货币扩散演化的路径进行系统、直观的调控仿真分析，本节利用系统动力学演化博弈流率基本入树模型对民众"参与"和政府"监管"数字货币演化博弈过程进行仿真和情景模拟研究，系统动力学演化博弈流率基本入树模型构建的相关定理如下所示。

定理 9-1：任意的演化博弈复制动态方程组为：

$$\begin{cases} F(x_1)=\dfrac{\partial x_1(t)}{\partial t}=f_1[x_1(t)，x_2(t)，\cdots，x_m(t)，b_1(t)，b_2(t)，\cdots，b_q(t)] \\[2mm] F(x_2)=\dfrac{\partial x_2(t)}{\partial t}=f_2[x_1(t)，x_2(t)，\cdots，x_m(t)，b_1(t)，b_2(t)，\cdots，b_q(t)] \\[2mm] \vdots \\[2mm] F(x_m)=\dfrac{\partial x_m(t)}{\partial t}=f_m[x_1(t)，x_2(t)，\cdots，x_m(t)，b_1(t)，b_2(t)，\cdots，b_q(t)] \end{cases} \quad (9-35)$$

其中，$m\geq 2$，其均可视为流位流率系下的微分方程组模型，其流位流率系为：

$$\{(L_1(t)，R_1(t))，(L_2(t)，R_2(t))，\cdots，(L_m(t)，R_m(t))\} \quad (9-36)$$

其可表示为$\left\{\left(x_1(t)，\dfrac{\partial x_1(t)}{\partial t}\right)，\left(x_2(t)，\dfrac{\partial x_2(t)}{\partial t}\right)，\cdots，\left(x_m(t)，\dfrac{\partial x_m(t)}{\partial t}\right)\right\}$。

定理 9-2：任意的演化博弈复制动态方程组为：

$$\begin{cases} F(x_1)=\dfrac{\partial x_1(t)}{\partial t}=f_1[x_1(t)，x_2(t)，\cdots，x_m(t)，b_1(t)，b_2(t)，\cdots，b_q(t)] \\[2mm] F(x_2)=\dfrac{\partial x_2(t)}{\partial t}=f_2[x_1(t)，x_2(t)，\cdots，x_m(t)，b_1(t)，b_2(t)，\cdots，b_q(t)] \\[2mm] \vdots \\[2mm] F(x_m)=\dfrac{\partial x_m(t)}{\partial t}=f_m[x_1(t)，x_2(t)，\cdots，x_m(t)，b_1(t)，b_2(t)，\cdots，b_q(t)] \end{cases} \quad (9-37)$$

其中，$m \geqslant 2$，以流率变量 $\dfrac{\partial x_i(t)}{\partial t}$ 为根，以流位变量 $x_i(t)$ 为尾，并且流位变量和常数（参数）直接控制流率变量 $\dfrac{\partial x_i(t)}{\partial t}$ 的系统动力学流率基本入树模型。

根据系统动力学演化博弈流率基本入树模型的构建定理，以及民众"参与"和政府"监管"数字货币演化博弈的复制动态方程组（9-30），得民众"参与"和政府"监管"数字货币演化博弈的系统流位流率对为：

$x(t)$，$\dfrac{\partial x}{\partial t}$——民众"参与"的比例及其变化量；

$y(t)$，$\dfrac{\partial y}{\partial t}$——政府"监管"的比例及其变化量。

因此，民众"参与"和政府"监管"数字货币演化博弈的复制动态方程组的流位流率系为 $\left\{\left(x(t), \dfrac{\partial x}{\partial t}\right),\right.$ $\left.\left(y(t), \dfrac{\partial y}{\partial t}\right)\right\}$。

其中外生变量有：

挖掘数量 n_0，单个数字货币挖掘得益 P；

数字货币交易得益 Q，非数字货币交易得益 Q_0；

民众数字货币持有量 n，数字货币价格波动幅度 r；

政府"监管"投入 b，额外成本 e，政府"监管"综合社会效用系数 μ。

进而得出民众"参与"和政府"监管"数字货币演化博弈的复制动态方程组的流位流率系 $\left\{\left(x(t), \dfrac{\partial x}{\partial t}\right),\right.$ $\left.\left(y(t), \dfrac{\partial y}{\partial t}\right)\right\}$ 下的流率基本入树模型如图9-5所示。

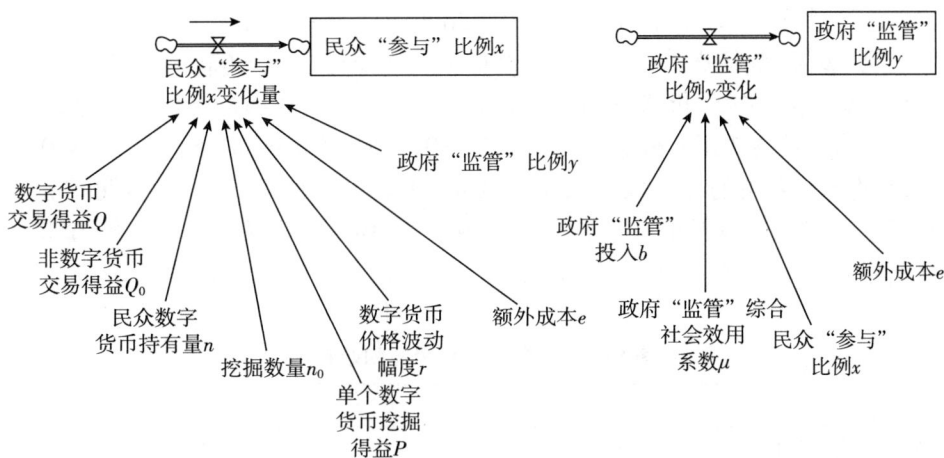

图9-5 民众"参与"和政府"监管"数字货币演化博弈的系统动力学流率基本入树模型

通过图9-5民众"参与"和政府"监管"数字货币演化博弈的系统动力学流率基本入树模型，能够非常直观地看出，民众"参与"策略比例的影响因素有数字货币交易得益 Q、非数字货币交易得益 Q_0、民众数字货币持有量 n、挖掘数量 n_0、单个数字货币挖掘得益 P、数字货币价格波动幅度 r 和政府采取"监管"措施给民众"参与"带来的额外成本 e 及政府"监管"的比例 y。政府"监管"策略比例的影响因素有政府采取"监管"策略的投入 b，政府采取"监管"措施给民众"参与"带来的额外成本 e 及政府"监管"综合社会效用系数 μ 和民众"参与"的比例 x。

（二）情景分析

在初始值设定的基础上，利用演化博弈建立的系统动力学流率基本入树模型，来模拟命题 9-6 中的情景（一）、情景（二）、情景（三）。民众参与挖掘所获得的数字货币数量 n_0，单个数字货币的挖掘净得益 P，借助数字货币系统进行交易带来的得益 Q，通过数字货币外的其他货币进行交易的得益 Q_0，民众持有数字货币的数量 n，数字货币的价格波动幅度 r，政府的监管成本 b，政府采取监管措施后参与者交易成本增加值 e 和政府采取监管措施后综合社会效用系数 μ 均为外生变量。根据民众"参与"和政府"监管"数字货币演化博弈的复制动态方程组（9-30）和方程组（9-31），进一步得出民众"参与"和政府"监管"数字货币演化博弈的系统动力学流率基本入树仿真模型如图 9-6 所示。

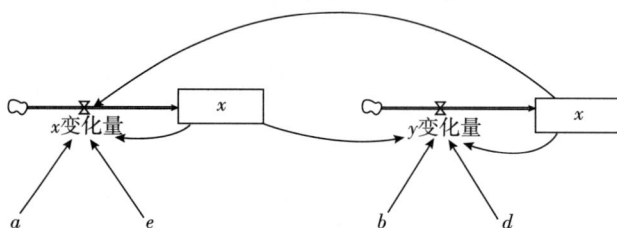

图 9-6　民众"参与"和政府"监管"数字货币演化博弈的系统动力学流率基本入树仿真模型

1. 情景（一）模拟分析

各国对数字货币等加密货币的使用和交易的监管政策大多数仍然处于摸索阶段，根据公开资料，日本、西班牙、澳大利亚等国家和地区对私人数字货币持友好态度，没有采取监管措施；而中国、印度尼西亚等国家和地区对私人数字货币采取"严禁"等严格监管措施；根据各国政府和地区现行公开的实际情况，取政府"监管"比例 y 的初始值 $y=0.2$。根据加密私人数字货币公开的相关数据和全球私人数字货币用户数，取民众"参与"数字货币比例 x 的初始值 $x=0.0031$。设 $Q-Q_0+nr+n_0P=a$ 为民众参与私人数字货币带来的交易得益、数字货币价格波动带来的得益和单个数字货币挖掘得益的总得益；$\mu e=d$ 为政府采取监管措施带来的综合社会效用。根据情景（一）"$a>0$，$d>b$ 且 $a>e$"的条件，取 $a=0.1$，$e=0.01$，$b=0.001$，政府采取监管措施获得的综合社会效用系数 $\mu=0.2$；此时参数的设置满足情景（一）条件"$a>0$，$d>b$ 且 $a>e$"，得民众"参与"和政府"监管"私人数字货币演化博弈的系统动力学流率基本入树模拟基本数据如表 9-4 所示。

表 9-4　情景（一）模拟初始数据

变量	x	y	a	e	b	μ	d
取值	0.0031	0.2	0.1	0.01, 0.09	0.001	0.2	0.002

通过系统动力学 Vensim 程序，将表 9-4 数据输入民众"参与"和政府"监管"数字货币演化博弈的系统动力学流率基本入树仿真模型，得出民众"参与"比例 x 和政府"监管"比例 y 的演化仿真结果如图 9-7 所示。

从图 9-7 民众"参与"和政府"监管"数字货币演化扩散仿真曲线图可以看出，在时间节点 $t=100$ 左右的时候，民众会以 1（100%）的比例采取"参与"策略。政府会在 $t=7000$ 左右的时候，以 1

（100%）的比例采取"监管"策略，政府的策略会收敛于"监管"；在政府策略收敛于"监管"策略的情景下，民众的收敛策略依然是"参与"；这表明政府在采取"监管"策略的情况下，民众依然选择"参与"数字货币交易等活动，即政府监管措施并没有发挥预期效果，并没有对民众选择产生显著影响；这进一步验证了命题9-6中在"$a>0$，$d>b$ 且 $a>e$"的条件下，均衡点（1，1）为演化稳定点。

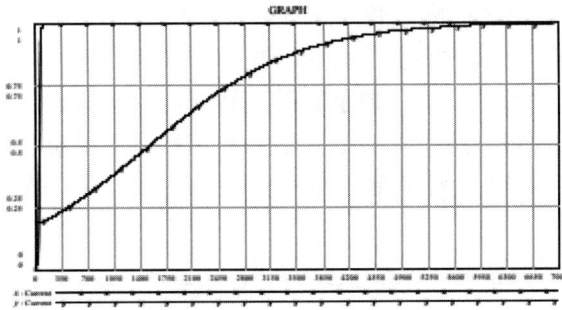

图9-7　情景（一）（$e=0.01$）演化路径

情景模拟显示，在时间节点 $t=100$ 左右的时候，民众会以 1（100%）的比例采取"参与"策略。这显示数字货币具有较强的扩散能力。同时，进一步发现，在政府策略于 $t=7000$ 左右的时候以 1（100%）的比例采取"监管"策略的情景下，民众的收敛策略依然是"参与"。

为全面直观分析各调控参数及变量和系统动态演化的相互作用关系，根据 $Q-Q_0+nr+n_0P=a$ 和 $\mu e=d$，结合图9-6民众"参与"和政府"监管"数字货币演化博弈的系统动力学流率基本入树仿真模型简图，构建民众"参与"和政府"监管"数字货币演化博弈的系统动力学流率基本入树仿真模型系统结构如图9-8所示。

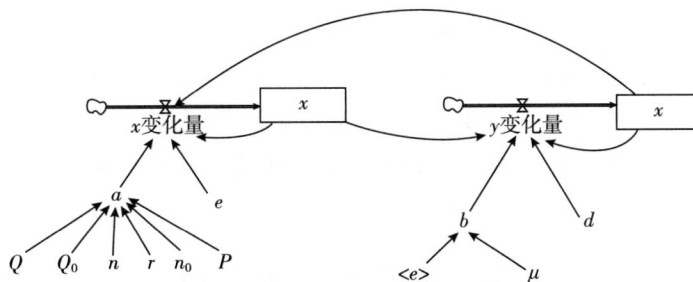

图9-8　民众"参与"和政府"监管"数字货币演化博弈的系统动力学流率基本入树仿真模型系统结构

结合情景（一）的条件"$a>0$，$d>b$ 且 $a>e$"，不难发现，以区块链为基础的数字货币，为全球商品交易的结算等带来了便利，大大降低了交易费用和交易成本，以数字货币为媒介的交易带来了额外的得益 $Q-Q_0$。同时，从近年来看，虽然数字货币经历了涨涨跌跌，经历了大起大落，但从2009年至今，数字货币总的价格趋势是不断增长的，给数字货币持有者带来了额外的得益 nr。另外，如果民众参与数字货币的挖掘，能给民众带来挖掘得益，这就为情景（一）"$a>0$"提供了条件，而政府现有诸如关闭数字货币交易所、宣传数字货币风险等监管措施并没有给参与者带来较高的额外成本 e，这为情景（一）的条件"$a>e$"提供了可能。从政府角度看，虽然民众"参与"数字货币的积极性不断提升，但是采取诸如关闭数字货币交易所、宣传数字货币风险等监管措施在一定程度上能够增加参与者的投入成本 e。随着政府监管措施的实施，数字货币交易所关闭将直接制约数字货币投机、洗钱等违法活动的展开，并且相应风险宣传将提高数字货币交易参与者的防范意识并增强其对违法成本的认识，从而在一定程度上打击数字货币的投机、洗钱等违法活动，得以在一定程度上提升政府"监管"的综合社会效用 d，这为情景（一）的条件"$d>b$"又创造了可能。

进一步地，取 $e=0.09$，即提升政府监管手段的效能，得出民众"参与"比例 x 和政府"监管"比例 y 的演化仿真结果，如图9-9所示。此时，政府收敛于"监管"的策略加快，民众收敛于"参与"的策略放缓。这表明，政府对数字货币的适度监管一定程度上给民众"参与"数字货币交易等活动设置了更多的障碍，提高了民众"参与"私人数字货币的交易成本，在不考虑其他因素影响的情况下，政府监管措施能在一定程度上抑制民众"参与"私人数字货币交易的行为。随着民众"参与"私人数字货币交易成本上升，民众"参与"积极性将有所下降，相应私人数字货币交易也将减少，使得数字货币相关不法活动开展空间缩小，从而在一定程度上抑制通过数字货币开展的洗钱、毒品交易和投机等不法活动。

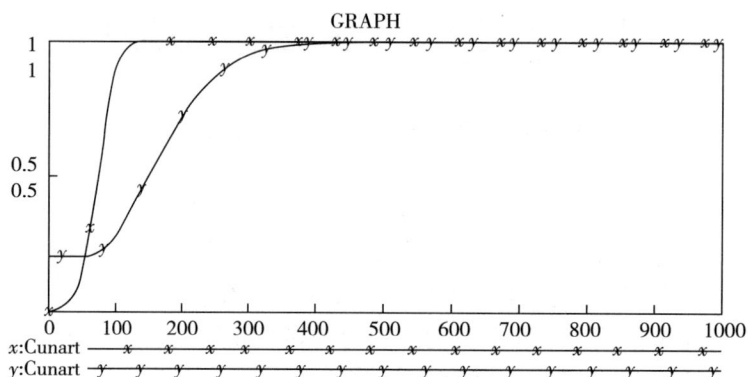

图9-9　情景（一）（$e=0.09$）演化路径

2. 情景（二）模拟分析

上文模拟了 $a>e$ 及情景（一）的情形，下面调整 a 和 e 之间的关系来模拟 $a<e$ 及情景（二）。在其他变量不变的情况下，即初始值 $x=0.0031$，初始值 $y=0.2$。$a=0.1$，$b=0.001$；通过调整 a 和 e 之间的关系来模拟 $a<e$ 及情景（二），取 $e=0.15$ 和 $e=0.5$，政府采取"监管"措施获得综合社会效用系数 $\mu=0.2$。

$a<e$ 情景下民众"参与"和政府"监管"数字货币演化博弈的系统动力学流率基本入树模拟仿真基本数据如表9-5所示。

表9-5　情景（二）模拟初始数据

变量	x	y	a	e	b	μ	d
取值	0.0031	0.2	0.1	0.15, 0.5	0.001	0.2	0.02, 0.03, 0.1

假如政府对数字货币采取更强硬的监管措施，给民众参与数字货币交易、挖掘和持有活动造成更大的障碍和困难，使得民众增加的额外成本为 $e=0.15$ 和 $e=0.5$，得出民众"参与"比例 x、政府"监管"比例 y 的演化仿真结果如图9-10所示。

通过图9-10可知，当政府对数字货币采取强硬"监管"策略后，给民众参与数字货币交易等活动造成了更大的障碍，即大幅度提高民众参与数字货币活动的成本 e，民众的"参与"策略和政府的"监管"策略是震荡起伏的。结果显示，政府的强硬"监管"措施并没有让民众"参与"数字货币交易活动的比例收敛于 $x=0$，民众的策略并没有收敛于"不参与"。这表明，在不考虑其他因素的情况下，政府采取强硬"监管"措施并不能从根本上遏制数字货币交易等活动，大幅度提高民众参与数字货币的额外

成本 e 并不能从根本上遏制数字货币交易等活动，也无法有效控制相关的不法活动。这也进一步解释了为何部分国家对数字货币没有采取强硬监管措施，而是选择观望等保守态度并积极考虑研发央行数字货币。

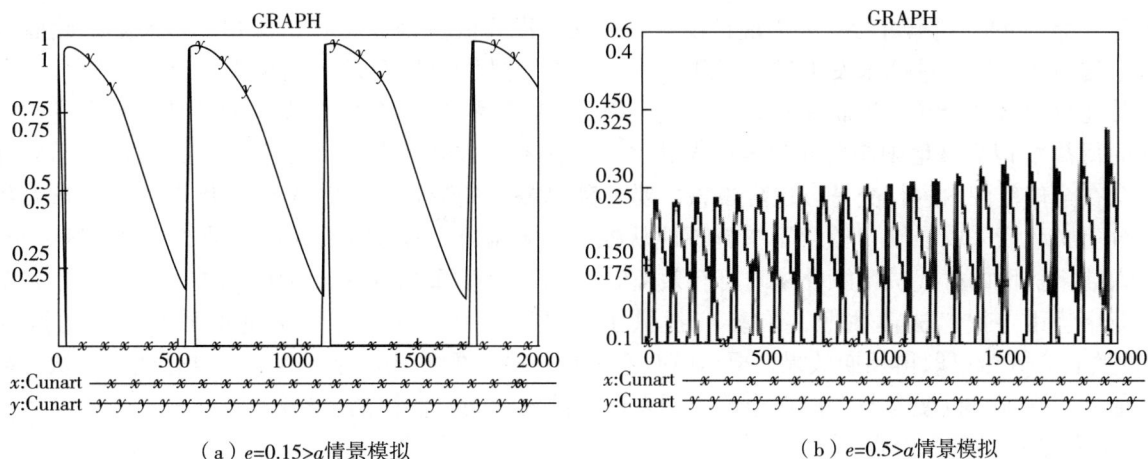

（a）$e=0.15>a$ 情景模拟　　　　　　　　　　（b）$e=0.5>a$ 情景模拟

图 9-10　$e>a$ 情景演化路径

进一步地，在 $e>a$ 情景下，通过降低民众"参与"数字货币交易带来的额外得益、数字货币价格波动带来的得益和单个数字货币挖掘得益的综合效用 $Q-Q_0+nr+n_0P=a$，进一步模拟 $e>a$ 的情景，取 $a=-0.01$ 即在满足情景（二）的条件"$a<0$"下，得演化结果如图 9-11 所示。

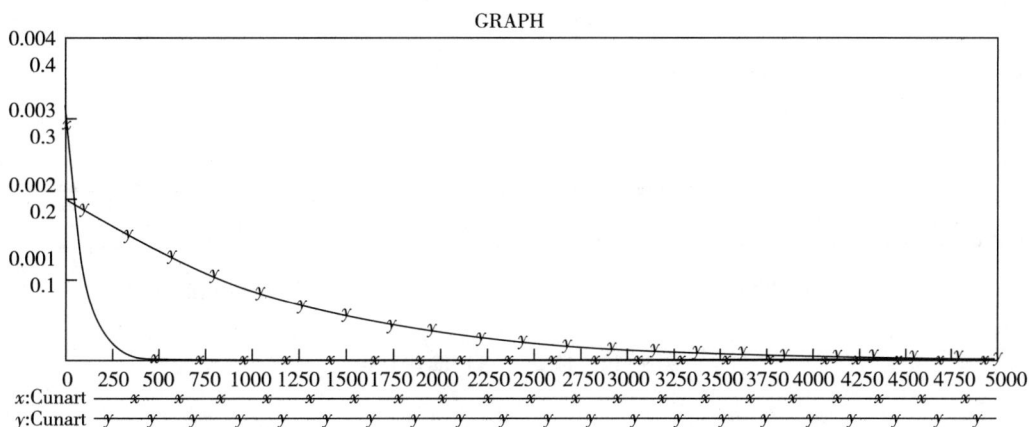

图 9-11　情景（二）（$a=-0.01$）演化路径

由图 9-11 可知，通过降低民众"参与"数字货币交易带来的额外得益、数字货币价格波动带来的得益和单个数字货币挖掘得益的总和 $Q-Q_0+nr+n_0P=a$ 到 $a=-0.01$ 时，民众的最终策略收敛于"不参与"。根据"情景（二）当 $a<0$ 时，因为 $b>0$，则有均衡点（0，0）对应的 $detJ=-ab>0$，$trJ=a-b<0$；因此，在 $a<0$ 的情景下，均衡点（0，0）为演化稳定点。"这也就进一步验证了命题 9-6 在情景（二）"$a<0$"条件下，（0，0）为演化稳定点。

同时，通过分析可知，降低 $Q-Q_0+nr+n_0P=a$ 到负值，可以使民众最终的策略收敛于"不参与"。因此，可以通过提升 Q_0 和降低 $Q+nr+n_0P$ 来推动民众策略收敛于"不参与"。由 $Q-Q_0+nr+n_0P=a$ 可知，要实现民众策略收敛于"不参与"策略，有四个途径：一是提升通过非数字货币进行交易得益 Q_0，二是降低借助私人数字货币系统进行交易带来的得益 Q；三是降低民众持有私人数字货币带来私人数字货币价格波动的额外得益 nr；四是降低私人数字货币挖掘得益 n_0P。

现实情况中，降低民众持有数字货币带来数字货币价格波动的额外得益 nr 和私人数据货币挖掘的得益 n_0P 等"堵"的方式不可行，因为现在没有法律支持没收或注销数字货币账户。事实上，政府没收和注销数字货币账户的事件尚未发生过。因此，应当考虑通过引导民众从利用私人数字货币进行交易过渡到利用其他货币媒介交易，进而提升通过非数字货币进行交易的得益 Q_0，降低借助私人数字货币系统进行交易的得益 Q 以更好地限制民众参与私人数字货币交易。这就需要私人数字货币的替代货币媒介，以方便民众在全球范围内进行交易。现阶段急需一种可替代的受认可的法定数字货币来替代私人数字货币。结合上文政府采取强硬"监管"措施不能从根本上遏制数字货币的交易等活动的结论，进一步可知，寻找私人数字货币的替代货币媒介是政府有效监管私人数字货币的唯一出路和办法，这也为非完全去中心化的数字货币寻找"法律执照"和推广提供了条件。综上所述，对数字货币采取禁止的这种完全"堵"的监管方式难以取得预期效果，要监管数字货币，唯一的方式就是寻找到一种合法的、认可接受度高的其他货币媒介，以便参与者能在全球范围内进行低成本的、便捷的贸易往来。

3. 情景（三）模拟分析

在其他变量不变的情况下，即初始值 $x=0.0031$，初始值 $y=0.2$，$a=0.1$，$e=0.01$，$b=0.001$，通过调控政府采取"监管"措施获得的综合社会效用系数 μ 来模拟 $d<b$ 的情景即情景（三）。分别取 $\mu=0.05$ 和 $\mu=-0.1$ 得出民众"参与"比例 x 和政府"监管"比例 y 的演化仿真结果如图 9-12 所示。

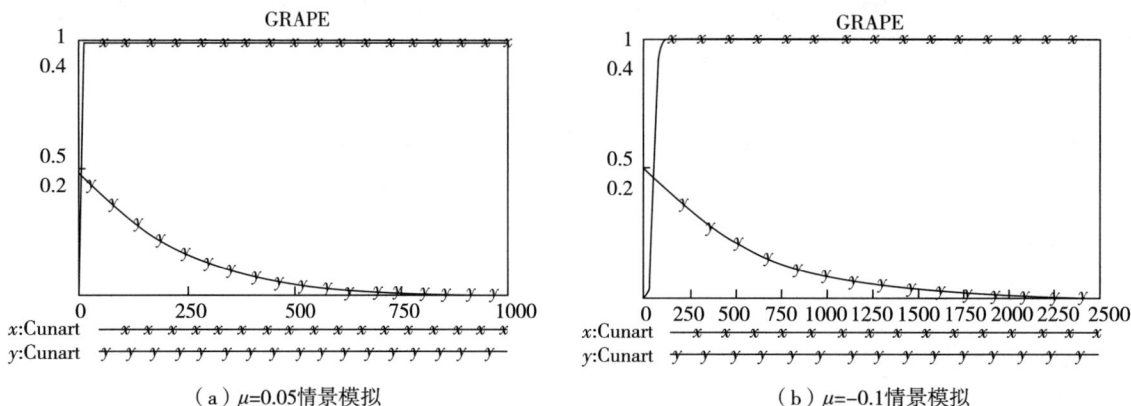

（a）$\mu=0.05$情景模拟　　　　　（b）$\mu=-0.1$情景模拟

图 9-12　情景（三）演化路径

通过调控政府采取"监管"措施获得社会效用系数 μ 取 $\mu=0.05$ 和 $\mu=-0.1$，即模拟 $d=0.0005<b=0.001$ 和 $d=-0.001<b=0.001$ 的情景，在 $a=0.1>0$ 及 $d<b$ 的情景下，$(1, 0)$ 为演化稳定点，这就验证了命题 9-6 在情景（三）"$a>0$，$d<b$"的条件下，$(1, 0)$ 为演化稳定点。至此，情景（一）、情景（二）、情景（三）的模拟全面验证了命题 9-6 在情景（一）"$a>0$，$d>b$ 且 $a>e$"条件下，均衡点 $(1, 1)$ 为演化稳定点；在情景（二）"$a<0$"条件下，$(0, 0)$ 为演化稳定点；在情景（三）"$a>0$，$d<b$"的条件下，$(1, 0)$ 为演化稳定点。

图 9-12 模拟结果显示，当降低政府的监管效用 d 时，政府的策略会收敛于"不监管"；在政府策略收敛"不监管"策略的情景下，民众的收敛策略依然是"参与"。结合图 9-8 系统动力学流率基本入树仿真模型系统结构及图 9-12 结果可知，政府的策略是否收敛于"监管"取决于政府采取"监管"后所带来的综合社会效用 $\mu e=d$。事实上，政府不仅仅关心数字货币对社会的负面影响，也会考虑其可能产生

的积极作用。就目前来看，部分国家没有对数字货币采取"监管"措施，而是持中立的观望态度。这是因为对数字货币的监管和打击有可能影响到通过数字货币进行正当的商品交易以及正常的国际贸易往来，也有可能打击到数字货币核心技术区块链技术的扩散和发展，最终降低政府采取"监管"措施的综合社会效用 d。

4. 情景仿真总结

通过情景模拟，可知：

（1）在政府策略收敛于"监管"策略的情景下，民众的收敛策略依然是"参与"。这表明政府在采取"监管"策略的情况下，民众依然选择"参与"数字货币交易等活动；数字货币具有较强的扩散能力，政府对民众"参与"数字货币活动的"监管"没有从根本上改变民众的"参与"策略。

（2）虽然民众"参与"数字货币的积极性不断提升，但是采取关闭数字货币交易所、宣传数字货币风险等监管措施在一定程度上能够增加参与者的额外成本 e，从而打击数字货币相关的投机、洗钱等违法犯罪活动。

（3）提升政府采取"监管"措施给民众"参与"数字货币交易等活动带来的额外成本，政府收敛于"监管"策略的速度会加快，民众收敛于"参与"策略的速度会放缓。政府对数字货币的适度监管一定程度上给民众"参与"数字货币交易等活动设置了障碍，打击了民众"参与"数字货币交易等活动的积极性，也抑制了通过数字货币进行洗钱、毒品交易和投机等违法犯罪活动。但即使政府采取强硬的"监管"措施，"监管"措施能够大幅度提高民众参与数字货币的成本，民众的策略也没有趋于"不参与"，而是和政府的"监管"策略一样震荡起伏，显然，政府强硬的"监管"措施并没有从根本上遏制数字货币交易活动。这进一步证明了即使是强硬的"监管"也不能从根本上杜绝数字货币的交易、挖掘和持有等活动。

（4）通过降低民众"参与"数字货币交易带来的额外得益、数字货币价格波动带来的得益和单个数字货币挖掘得益，能够有效抑制民众"参与"数字货币活动的积极性，是民众策略最终收敛于"不参与"的收敛条件。情景模拟仿真结果显示，引导民众从私人数字货币交易逐步过渡到其他货币媒介交易，进而提升通过非数字货币进行交易的得益 Q_0，降低通过数字货币进行交易的得益 Q 是民众"不参与"私人数字货币持有、交易和挖掘等活动的唯一途径。

（5）通过调控政府采取"监管"措施获得综合社会效用的系数，分析发现政府的策略是否收敛于"监管"取决于政府监管是否能在一定程度上打击通过数字货币进行的洗钱、毒品交易等违法犯罪活动，从而提高综合社会效用，但是也有可能影响到参与者通过数字货币进行的正当的贸易活动，并阻碍区块链技术的扩散和发展，从而降低政府"监管"的综合社会效用。这也是部分国家采取观望态度，选择"不监管"策略的原因。

五、系统反馈机制分析

系统动力学认为系统的行为模式与特性主要取决于其内部的动态结构与反馈机制。下面结合上文情景仿真分析情况，就民众"参与"和政府"监管"数字货币演化博弈系统的主体间反馈机制进行分析。

结合实际可知，造成情景仿真过程中各主体策略选择变动的根本在于主体利益，民众和政府都是为了实现主体利益，即民众追求自身得益最大化，政府追求社会效用最大化，挖掘数量等外生变量也是通过影响民众和政府的主体利益而对最终博弈结果产生影响。在演化过程中，政府"监管"对民众"参与"产生负反馈，即政府对私人数字货币活动实施监管会增加民众参与活动的成本，造成民众参与意愿下降，这是由于民众作为理性经济人其目的是追求个人得益，当成本增加时，出于自身得益考量，其参与意愿相对下降。而民众"参与"对政府"监管"的反馈同样取决于利益变动，当民众"参与"私人数字货币活动时，若私人数字货币相关不法活动造成的综合社会效用损失大于数字货币活动带来的综合社会效用得益，民众"参与"对政府"监管"则产生正反馈，此时民众"参与"行为造成综合社会效用损失，出于利益考虑，政府将采取监管措施以降低社会综合效用损失。下面结合仿真图像就政府"监管"与民众"参与"反馈情况进行分析。

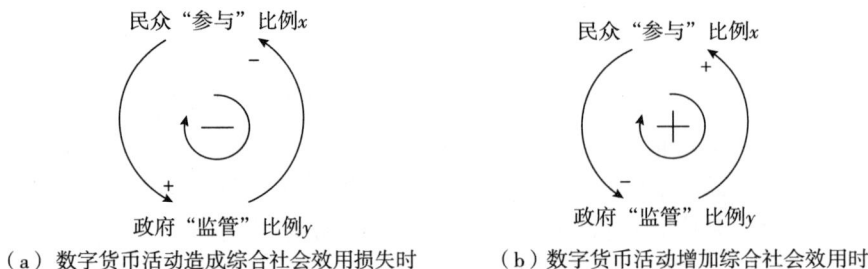

（a）数字货币活动造成综合社会效用损失时　（b）数字货币活动增加综合社会效用时

图 9-13　系统主体反馈情况分析

从情景（一）的仿真图 9-7 和图 9-9 可以看出，随着民众"参与"意愿不断提高，政府"监管"意愿也不断增强，即 x 曲线收敛于 1 的速度快于 y 曲线，因为当民众"参与"意愿提高，数字货币活动也将增加，相关不法活动随之活跃，而这将影响社会经济稳定，造成综合社会效用损失，为保障综合社会效用，政府"监管"意愿将提升，即民众"参与"对政府"监管"产生了正反馈。此时，民众"参与"数字货币活动造成了综合社会效用损失，从而促使政府采取监管措施。

从情景（二）的图 9-10 中可以看出，在仅考虑数字货币活动中政府与民众两个主体的情况下，政府"监管"对民众"参与"产生了负反馈，能够抑制民众"参与"意愿，但是由于系统反馈内延迟存在，使得政府"监管"效果在一段时期后才对民众"参与"行为产生抑制。图 9-10 显示在一段时期后 x 曲线达到峰值开始下落，因为在峰值之前政府"监管"效果尚未显现，当政府"监管"效果显现时，民众"参与"成本增加，其参与意愿将减少，即 x 曲线趋于下行，此时政府"监管"对民众"参与"产生了负反馈。民众"参与"对政府"监管"则产生正反馈，民众"参与"私人数字货币交易会增加数字货币交易不法行为，从而造成政府所期望的综合社会效用下降，为保障主体利益，政府将进一步采取强有力的监管活动，但是由于系统内延迟的存在，使得政府"监管"往往落后于民众"参与"，当民众"参与"达到高峰时，政府"监管"意愿将在其之后达到高峰，故 y 曲线峰值往往接近于 x 曲线峰值后，此时民众"参与"对政府"监管"产生了正反馈。当政府"监管"效果显现，由于成本增加，民众"参与"意愿降低，相关不法活动减少，政府出于节省成本考量，其"监管"意愿逐渐下降。由于"监管"弱化，数字货币活动成本降低，出于利益考量，民众"参与"意愿提升，由此又进一步增加数字货币不法行为，并再次引起政府"监管"的强化，由于主体间信息沟通及系统反馈延迟的存在，并且主体对自身利益的追求具有持久性，为此，x 曲线与 y 曲线处于震荡扩散状态。图 9-11 显示出由于民众"参与"私人数字货币的得益为负，其"参与"意愿下降，在图 9-11 中显示为 x 曲线的下降，而由于民众"参与"意愿降低，相关不法活动空间减少，政府的综合社会效用得以保障，再加上监管成本的存在，使得政府"监管"意愿也随之降低，再次反映出民众"参与"对政府"监管"产生的正反馈。

情景（三）即从图 9-12 中可得民众"参与"意愿提高，政府"监管"意愿下降，这是由于此情景下数字货币正当交易活动所能带来的综合社会效用要高于其相关不法活动可能带来的综合社会效用损失，此时对数字货币实施"监管"将影响其合法的商务活动，制约数字经济发展，从而造成综合社会效用损失，政府出于综合社会效用最大化考虑，不愿实施监管。此时民众"参与"对政府"监管"产生负反馈，即当民众参与数字货币活动，发挥数字货币优势能够提升综合社会效用时，民众参与意愿越高，政府所获得的综合社会效用越高，则政府监管意愿越低。

六、策略讨论

现有研究多数要求对私人数字货币交易实施监管，并从数字货币监管的逻辑、路径、方法、策略进行了分析，以制约数字货币相关不法活动。但是现有研究忽略了民众的策略选择，没有充分考量各种监管策略下民众的行为。根据本节情景仿真结论可知，仅仅通过加强监管的方式难以有效控制私人数字货币中存在的不法活动。根据研究可知数字货币具有较强的扩散能力，虽然政府"监管"对民众"参与"会产生负反馈，但是政府对民众"参与"数字货币活动的"监管"没有从根本上改变民众的"参与"策略。即使政府采取强硬的"监管"措施，"监管"措施能够大幅度提高民众参与数字货币的成本，但民众的"参与"策略和政府的"监管"策略却是震荡起伏的，政府采取的强硬"监管"措施并不能从根本上遏制数字货币交易等活动，大幅度提高民众参与数字货币的额外成本并不能从根本上遏制数字货币交易等活动。私人数字货币交易的存在使得数字货币不法活动依然存在活动空间，因此仅仅通过加强监管是无法有效控制私人数字货币相关不法活动的。

根据本节情景仿真结论可知，民众参与行为及政府监管行为主要受利益驱动，数字货币的有效监管策略应当引导民众与政府利益，以实现数字货币交易活动的正常进行，并有效抑制不法活动开展。根据研究可知，通过降低民众"参与"数字货币交易带来的额外得益、数字货币价格波动带来的得益和单个数字货币挖掘得益，能够有效抑制民众"参与"数字货币活动的积极性，使得民众策略最终收敛于"不参与"。政府的策略是否收敛于"监管"取决于政府监管所带来的综合社会效用；当数字货币交易造成综合社会效用损失时，民众"参与"对政府"监管"产生正反馈，政府将采取监管以减少民众"参与"从而保障综合社会效用；当数字货币交易能够提升综合社会效用时，民众"参与"对政府"监管"产生负反馈，政府此时没有实施监管的动力。有效的监管策略应当通过降低民众"参与"私人数字货币交易得益以引导民众自发退出私人数字货币交易，并保障政府所期望的综合社会效用。正如前文分析，单纯的"堵"难以有效控制民众参与私人数字货币交易，应当考虑通过引导民众从利用私人数字货币进行交易过渡到利用其他货币媒介进行交易，进而提升通过非数字货币进行交易的得益 Q_0，降低借助私人数字货币系统进行交易的得益 Q。这样，在利益的趋动下，民众将逐步自发退出私人数字货币交易，而失去了足够的参与者，依托于私人数字货币市场的不法活动也将随之减少。

为此，要实现数字货币的有效监管，在发挥数字货币应用优势的同时控制数字货币风险，寻找私人数字货币的替代货币媒介是唯一途径和办法，即加快研究和发行法律上公允的、技术上先进的、操作上便捷的并能在全球范围内进行低成本贸易往来的货币媒介，如具有信任基础的、价值锚定的法定数字货币，如中国人民银行的数字人民币等。推动私人数字货币交易向法定数字货币交易过渡，推进法定数字货币成为数字货币活动主流。一方面，法定数字货币的使用保障了数字货币应用优势，得以有效降低经济活动成本，并促进交易效率提升，数字货币参与者借助法定数字货币进行合法交易得以实现其利润增长。同时，在法定数字货币推行下私人数字货币交易利润必将受到影响，从而有利于降低民众参与私人数字货币交易的积极性，以限制私人数字货币相关不法活动的开展。另一方面，相对私人数字货币，法定数字货币监管更为便利，有助于抑制部分数字货币交易参与者依托数字货币去中心化和匿名性等特性所开展的不法活动。此外，法定数字货币应用确保了数字货币优势得以继续发挥，有利于推进数字经济发展，保障综合社会效用。尤其是法定数字货币的货币政策执行力要远高于私人数字货币，其更能保障数字经济的平稳发展。

七、结语

数字货币的快速发展已经引起了各国政府、相关金融机构和社会的广泛关注，如何发挥数字货币应用优势同时控制数字货币相关不法活动给经济社会带来的风险已经成为数字经济发展的重要问题。本部分以私人数字货币活动中的政府和民众为研究对象，通过民众"参与"和政府"监管"间的博弈策略选择，结合系统动力学演化博弈模型开展民众"参与"数字货币和政府"监管"数字货币的路径仿真分析和情景模拟，探索了民众"参与"数字货币和政府"监管"数字货币决策的动态演化过程，本节认为：

第一，在现有条件下，数字货币具有较强的扩散能力，民众"参与"数字货币的积极性越来越高。在政府策略收敛于"监管"策略的情景下，民众的收敛策略依然是"参与"，显示以区块链为基础的数字货币，为全球商品交易的结算等带来了便利，同时数字货币价格总体不断上涨，为数字货币的持有和挖掘带来了额外的收入，这给民众参与数字货币的交易、持有及挖掘提供了扩散的条件和快速动态复制的土壤。随着数字时代和数字货币的快速发展，拥抱数字时代、数字货币和区块链等新兴技术成为中国数字经济发展的必然选择。

第二，政府的策略是否收敛于"监管"取决于政府监管所带来的综合社会效用，政府对数字货币的适度监管一定程度上打击了民众"参与"数字货币交易等活动的积极性，抑制了通过数字货币洗钱、毒品交易和投机等违法犯罪活动。但是这也有可能影响到通过数字货币进行正当的全球贸易和阻碍区块链技术的快速扩散和发展，从而降低"监管"的综合社会效用。这是全球部分国家采取观望态度甚至是"不监管"的原因，本意建议政府在监管的措施上需要更加谨慎、精准。

第三，通过系统动力学流率基本入树模型，开展了 $a>e$ 和 $a<e$ 的全景模拟，模拟了情景（一）、情景（二）、情景（三）外的情景" $e=0.15>a=0.1$ 和 $e=0.5>a=0.1$ "，得出了"政府采取强硬的监管措施不能从根本上杜绝私人数字货币的交易、挖掘和持有等活动；寻找私人数字货币的替代货币媒介，推动私人数字货币交易向法定数字货币交易过渡，推进法定数字货币成为数字货币主流是发挥数字货币应用优势的同时控制数字货币风险的有效策略"这一结论。建议疏堵结合，加快研究和发行法律上公允的、技术上先进的、操作上便捷的并能在全球范围内进行低成本贸易往来的货币媒介，如具有信任基础的、价值锚定的法定数字货币等。

第四，研究为数字人民币的应用与推广提供了学术支撑。我国法定数字货币走在了世界前列，数字人民币正在进行试点，正如本节所分析，推进数字人民币等法定数字货币成为数字货币主流是发挥数字货币应用优势的同时控制数字货币风险的有效策略。建议加快我国数字人民币推广速度，在实践中，数字人民币可充分借鉴私人数字货币快速扩散的内在逻辑和相关技术，以更好地引导民众从通过私人数字货币开展交易过渡到通过数字人民币来开展贸易往来和商品交易。充分依托我国在数字金融和移动支付领域的优势，通过数字人民币的密集试点来测试、完善和推动数字人民币落地应用。同时，加快建设我国数字货币监管与风险防控体系，确保数字金融安全。

本部分针对数字货币的快速发展以及可能带来的风险和问题，通过民众"参与"和政府"监管"之间的博弈策略选择，借助系统动力学流率基本入树模型，构建了民众"参与"和政府"监管"的数字货币演化博弈的系统动力学流率基本入树模型，开展数字货币演化扩散和情景模拟研究，探索民众"参与"数字货币和政府"监管"数字货币决策的动态演化过程和有效的监管策略。由于数字货币相关数据获取的局限性，在博弈模型假设、变量及其关系确定等方面和现实有可能存在一定偏差，有待进一步完善。同时，针对数字货币的去中心化和匿名性所引发的洗钱、毒品交易和投机等违法犯罪活动，有效的、精准的监管措施有待进一步深入分析。另外，由于博弈假设将实际交易过程抽象化，而实际活动中政府监管行为与民众参与行为间复杂关系存在诸多影响，如可能影响两者关系的内生性问题，这些问题也应当在未来的研究中被深入考量。数字货币监管是一个十分复杂的系统工程，其涉及诸多子系统，本节出于博弈研究需要仅仅探讨了政府与民众间的关系，其余主体及各子系统间系统结构及反馈机制有待进一步深入研究。

★讨论

【提示问题】

（1）结合第七章的内容及本节案例，说明在数字货币扩散过程中，参与人的"有限理性"表现在哪些方面。

（2）如何理解数字货币演化博弈的均衡点？

【教师注意事项及问题提示】

根据本节案例，引导学生构建演化博弈模型，并解读不同情境下的均衡路径。

第四节　应用举例三：信任对数据交易决策影响的微分博弈分析*

一、问题描述

随着信息技术与社会生活的深度融合，数据已经成为支撑社会发展创新的不可或缺的关键生产要素。因此，促进数据要素的流通和交易对未来社会产业发展至关重要。在2020年，中共中央、国务院发布的《关于构建更加完善的要素市场化配置体制机制的意见》正式将数据纳入生产要素范畴，并强调培育数据要素市场，全面提升数据要素的价值。在推进数据流通的过程中，蓬勃发展的数据交易平台发挥了关键作用。这些平台使用户能够便捷地搜索所需数据，通过二次开发或直接分析获取感兴趣的成果。同时，诸如谷歌、亚马逊和阿里巴巴等巨头企业也积极将自身数据集开放于平台，以实现相应的数据价值，从而逐渐形成了以数据为核心、围绕数据生产和流通的供应链模式。

数据供应链的主要参与者涵盖数据供应商，即负责数据收集、整合、存储和传递；数据交易平台，为数据供应商和数据买方提供在线交易、支付以及信息服务，一般由政府主导建设；数据买方，即购买和使用数据产品的实体，可以是广告商、企业和政府机构等。这种新兴的数据供应链商业模式正在成为推动数据交易的重要支柱。然而，数据本身的虚拟性、正外部性和非竞争性等特性导致了在平台上的数据交易存在多种不确定性问题，从而使得信任成为制约数据在供应链主体之间流通和交易的关键因素。

二、模型构建

本节以数据供应商、数据交易平台和数据买方组成的三级数据供应链为研究对象，数据供应商、数据交易平台和数据买方分别用 u、v 和 w 表示。为了促进数据流通，提高各自的收益，三方会做出相应的努力，提高数据供应链整体信任水平。数据交易平台一般由政府主导建设，本节选择数据交易平台作为微分博弈领导者，与数据供应商构成斯塔克尔伯格博弈。数据交易平台将在地方政府的支持下，对数据供应商的数据质量改善成本进行补贴，激励数据供应商挖掘数据价值的积极性。例如，上海数据交易所实施了促进数据流通专项补贴政策，对符合规范首次挂牌交易的数据供应商进行补贴。

假设构建数据供应链信任水平指标体系如表9-6所示。本节中数据供应链整体信任水平是由双方对平台的信任、买方对数据供应商的信任、数据供应商对数据买方的信任三个方面构成。数据供应商通过

---

* 本节内容选自《信任对数据交易决策的影响：基于微分博弈分析》。

改善数据质量来提高整体信任水平；数据交易平台则会通过完善数据交易机制的设计、数据溯源能力和提升平台声誉来提高整体信任水平；数据买方则通过对数据的使用信守合约来提高整体信任水平。

表 9-6　数据供应链信任水平指标体系

指标	指标含义	涉及对象
数据质量	数据的来源和特征	数据供应商
平台声誉	数据交易平台自身的声誉	数据交易平台
数据溯源	交易数据流通的可追溯	
交易机制	交易过程中的认证机制、定价机制以及争议解决机制	
个人信誉	数据买方对数据使用信守合约	数据买方

模型变量和参数的符号及其具体含义，如表 9-7 所示。

表 9-7　模型符号及其含义

符号	符号含义
$R(t)$	t 时刻数据供应链系统的整体信任水平
$u(t)$	t 时刻数据供应商在数据质量指标方面的努力水平
$v_i(t)$	t 时刻数据交易平台在平台声誉（$i=1$）、数据溯源（$i=2$）和交易机制（$i=3$）三个指标方面的努力水平
$w(t)$	t 时刻数据买方在个人信誉指标方面的努力水平
$\alpha,\ \beta_i,\ \gamma$	信任指标影响系数，表示 $u(t)$，$v_i(t)$，$w(t)$ 对信任水平的影响系数
δ	信任水平衰减系数，表示数据供应链信任水平的自然下降率
ε	基础收益系数，表示数据交易的基础收益
φ	收益影响系数，表示信任水平对数据交易整体收益的影响系数
$\theta_1,\ \theta_2,\ 1-\theta_1-\theta_2$	收益分配系数，分别表示数据供应商、数据交易平台和数据买方的收益分配系数，$0<\theta_1$，$0<\theta_2$，$\theta_1+\theta_2<1$
$k_u,\ k_{v_i},\ k_w$	成本系数，表示 $u(t)$，$v_i(t)$，$w(t)$ 信任努力水平的成本系数
$V_k(q)$	数据供应商、数据交易平台和数据买方的最优收益函数
$\lambda^S(t)$	数据交易平台对数据供应商的成本补贴率，$0\leq\lambda^S(t)\leq1$

根据相关研究以及建模需要，本节提出以下研究假设：

（1）假设数据供应商、交易平台和数据买方完全理性，追求自身利益最大化，并完全了解各自的成本和利润信息。

（2）数据供应链的信任水平与数据供应商数据质量、平台数据溯源、平台交易机制、平台声誉以及数据买方个人信誉等努力程度相关，并且是一个动态变化的过程，信任水平的动态变化过程可用微分方程式（9-38）表示：

$$\dot{R}(t)=\alpha u(t)+\sum_{i=1}^{3}\beta_i v_i(t)+\gamma w(t)-\delta R(t) \tag{9-38}$$

其中，$\dot{R}(t)=\dfrac{\mathrm{d}R(t)}{\mathrm{d}t}$，$R(0)=R_0\geq0$ 表示初始时刻的数据供应链信任水平。

（3）假设因信任水平的提升而产生的收益函数与信任水平成正比。因此，数据供应商、数据交易平台和数据买方各自的收益函数表达式为 $\pi_1(R)$，$\pi_2(R)$，$\pi_3(R)$：

$$\pi_1(R) = \theta_1(\varepsilon + \varphi R(t)) \tag{9-39}$$

$$\pi_2(R) = \theta_2(\varepsilon + \varphi R(t)) \tag{9-40}$$

$$\pi_3(R) = (1 - \theta_1 - \theta_2)(\varepsilon + \varphi R(t)) \tag{9-41}$$

（4）交易各方提高信任水平的努力成本和其努力程度相关，考虑边际成本递增规律，常用凹函数来描述投入或成本函数。t 时刻数据供应商、数据交易平台、数据买方的成本函数分别为 $C_u(t)$，$C_{v_i}(t)$，$C_w(t)$：

$$C_u(t) = \frac{1}{2}k_u u^2(t) \tag{9-42}$$

$$C_{v_i}(t) = \frac{1}{2}\sum_{i=1}^{3} k_{v_i} v_i^2(t) \tag{9-43}$$

$$C_w(t) = \frac{1}{2}k_\omega w^2(t) \tag{9-44}$$

（5）假设数据供应商、数据交易平台、数据买方具有相同的正贴现率 ρ。

（6）模型中所有参数 α，β_i，γ，δ，ε，φ，k_u，k_{v_i}，k_ω，$\rho \geq 0$ 等都是与时间无关的常数。

（7）根据前述假设，参考微分博弈的最优控制理论，得到数据供应商、数据交易平台和数据买方三方的目标函数分别为 J_1，J_2，J_3：

$$\max_u J_1 = \int_0^\infty e^{-\rho t}\left[\theta_1(\varepsilon + \varphi R(t)) - \frac{1}{2}k_u u^2(t)\right]dt \tag{9-45}$$

$$\max_{v_i} J_2 = \int_0^\infty e^{-\rho t}\left[\theta_2(\varepsilon + \varphi R(t)) - \frac{1}{2}\sum_{i=1}^{3}k_{v_i} v_i^2(t)\right]dt \tag{9-46}$$

$$\max_w J_3 = \int_0^\infty e^{-\rho t}\left[(1 - \theta_1 - \theta_2)(\varepsilon + \varphi R(t)) - \frac{1}{2}k_w w^2(t)\right]dt \tag{9-47}$$

三、模型求解

为了更好地分析数据供应链交易主体的最优信任行为策略，验证成本补贴激励策略的有效性，本节将构建无成本补贴情形的纳什博弈、有成本补贴激励的斯塔克尔伯格博弈和合作博弈三种博弈模型，在不同的机制下，探讨交易主体最优收益、数据供应链整体信任水平的变化情况和系统关键参数对三方最优策略的影响。

（一）纳什博弈模型

数据供应商、数据交易平台和数据买方同时独立决策各自在数据质量、数据溯源、交易机制、平台声誉以及个人信誉的努力程度，寻求自身收益最大化，并以此为原则选择交易中的策略。那么博弈三方的最优决策策略组合称为静态反馈纳什均衡。用上标 N 来表示。纳什博弈也可以看作无成本补贴激励的斯塔克尔伯格博弈，最后两种情形下求得的结果是一样的。

定理 9-3： 在非合作纳什博弈情形下，数据供应链三方的均衡结果如式（9-48）所示：

$$(u^{N^*}, v_i^{N^*}, w^{N^*}) = \left(\frac{\alpha\theta_1\varphi}{k_u(\rho+\delta)}, \frac{\beta_i\theta_2\varphi}{k_{v_i}(\rho+\delta)}, \frac{\gamma(1-\theta_1-\theta_2)\varphi}{k_w(\rho+\delta)}\right) \tag{9-48}$$

数据供应链系统信任水平的最优轨迹为：

$$R^{N^*} = \frac{\Omega^{N^*}}{\delta} + \left(R_0 - \frac{\Omega^{N^*}}{\delta}\right)e^{-\delta t} \tag{9-49}$$

其中有：

$$\Omega^{N^*} = \alpha u^* + \sum_{i=1}^{3} \beta_i \nu_i^* + \gamma w^* \tag{9-50}$$

供应链三方最优值函数分别为：

$$V_u^N = \frac{\theta_1 \varphi}{\rho + \delta} R^{N^*} + \frac{\theta_1 \varepsilon}{\rho} + \frac{\alpha^2 \theta_1^2 \varphi^2}{2\rho(\rho+\delta)^2 k_u} + \frac{\theta_1 \theta_2 \varphi^2}{\rho(\rho+\delta)^2} \sum_{i=1}^{3} \frac{(\beta_i)^2}{k_{\nu_i}} + \frac{\theta_1(1-\theta_1-\theta_2)\varphi^2 \gamma^2}{\rho(\rho+\delta)^2 k_w} \tag{9-51}$$

$$V_\nu^N = \frac{\theta_2 \varphi}{\rho + \delta} R^{N^*} + \frac{\theta_2 \varepsilon}{\rho} + \frac{(\theta_2)^2 \varphi^2}{2\rho(\rho+\delta)^2} \sum_{i=1}^{3} \frac{(\beta_i)^2}{k_{\nu_i}} + \frac{\theta_1 \theta_2 \varphi^2 \alpha^2}{\rho(\rho+\delta)^2 k_u} + \frac{\theta_2(1-\theta_1-\theta_2)\varphi^2 \gamma^2}{\rho(\rho+\delta)^2 k_w} \tag{9-52}$$

$$V_w^N = \frac{(1-\theta_1-\theta_2)\varphi}{\rho + \delta} R^{N^*} + \frac{(1-\theta_1-\theta_2)\varepsilon}{\rho} + \frac{(1-\theta_{11}-\theta_2)^2 \varphi^2 \gamma^2}{2\rho(\rho+\delta)^2 k_w} + \frac{\theta_2(1-\theta_1-\theta_2)\varphi^2}{\rho(\rho+\delta)^2} \sum_{i=1}^{3} \frac{(\beta_i)^2}{k_{\nu_i}} + \frac{\theta_1(1-\theta_1-\theta_2)\varphi^2 \alpha^2}{\rho(\rho+\delta)^2 k_u}$$
$$\tag{9-53}$$

数据供应链整体最优收益为：

$$V_{sc}^{N^*} = \frac{\varphi}{\rho + \delta} R^{N^*} + \frac{\varepsilon}{\rho} + \frac{\alpha^2 \theta_1(2-\theta_1)\varphi^2}{2\rho(\rho+\delta)^2 k_u} + \frac{\theta_2(2-\theta_2)\varphi^2}{2\rho(\rho+\delta)^2} \sum_{i=1}^{3} \frac{(\beta_i)^2}{k_{\nu_i}} + \frac{(1-\theta_1-\theta_2)(1+\theta_2+\theta_1)\varphi^2 \gamma^2}{2\rho(\rho+\delta)^2 k_w} \tag{9-54}$$

证明： 运用静态反馈纳什均衡的充分条件，求解对于所有的 $R \geqslant 0$，满足 HJB 方程的最优值函数 V_u^N，V_v^N，V_w^N。在非合作条件下数据供应商、数据交易平台和数据买方的 HJB 方程分别为：

$$\rho V_u^N = \max_u \left\{ \theta_1(\varepsilon + \varphi R(t)) - \frac{1}{2} k_u u^2(t) + V'_u(R)\left(\alpha u(t) + \sum_{i=1}^{3} \beta_i v_i(t) + \gamma w(t) - \delta R(t)\right) \right\} \tag{9-55}$$

$$\rho V_v^N = \max_{v_i} \left\{ \theta_2(\varepsilon + \varphi R(t)) - \frac{1}{2} \sum_{i=1}^{3} k_{v_i} v_i^2(t) + V'_v(R)\left(\alpha u(t) + \sum_{i=1}^{3} \beta_i v_i(t) + \gamma w(t) - \delta R(t)\right) \right\}$$
$$\tag{9-56}$$

$$\rho V_w^N = \max_w \left\{ (1-\theta_1-\theta_2)[\varepsilon + \varphi R(t)] - \frac{1}{2} k_\omega w^2(t) + V'_\omega(R)\left(\alpha u(t) + \right. \right.$$
$$\left. \left. \sum_{i=1}^{3} \beta_i v_i(t) + \gamma w(t) - R(t)\right) \right\} \tag{9-57}$$

最大化 HJB 方程式的右端可得（为方便书写，下文省略 t）：

$$(u^{N^*}, v_i^{N^*}, w^{N^*}) = \left(\frac{\alpha V'_u}{k_u}, \frac{\beta_i V'_v}{k_{v_i}}, \frac{\gamma V'_w}{k_w} \right) \tag{9-58}$$

依据式（9-55）至式（9-57）中微分方程的阶数特点，可知满足 HJB 方程的线性收益函数的形式为 $V_u^N = a_1 R + a_2$，$V_v^N = b_1 R + b_2$，$V_w^N = c_1 R + c_2$，a_1，a_2，b_1，b_2，c_1，c_2 均为常数。代入式（9-55）和式（9-56）中，可以求得系数解为：

$$a_1, b_1, c_1 = \left(\frac{\theta_1 \varphi}{(\rho+\delta)}, \frac{\theta_2 \varphi}{(\rho+\delta)}, \frac{(1-\theta_1-\theta_2)\varphi}{(\rho+\delta)} \right) \tag{9-59}$$

将式（9-59）所得结果代入式（9-58）中，可得在纳什博弈情形下，数据供应链三方的最优决策 u^{N^*}，$v_i^{N^*}$，w^{N^*}，式（9-48）得证。

将求得的三方最优努力水平 u^{N^*}，$v_i^{N^*}$，w^{N^*} 代入式（9-38），可得三方信任构建的最优轨迹为：

$$R^{N^*} = \frac{\Omega^{N^*}}{\delta} + \left(R_0 - \frac{\Omega^{N^*}}{\delta} \right) e^{-\delta t} \tag{9-60}$$

然后将求解得出的常数系数以及 R^{N^*} 代入 V_u、V_v、V_w 中，可得到三者的最优值函数分别为 V_u^N，V_v^N，V_w^N，式（9-55）至式（9-57）得证。进而得数据供应链整体最优收益 $V_{sc}^{N^*} = V_u^N + V_v^N + V_w^N$，式（9-54）得证。

推论9-3：供应链三方最优决策影响因素分析。

$$\frac{\partial u^{N^*}}{\partial \alpha}>0, \quad \frac{\partial u^{N^*}}{\partial k_u}<0, \quad \frac{\partial u^{N^*}}{\partial \varphi}>0 \tag{9-61}$$

$$\frac{\partial v_i^{N^*}}{\partial \beta_i}>0, \quad \frac{\partial v_i^{N^*}}{\partial k_{v_i}}<0, \quad \frac{\partial v_i^{N^*}}{\partial \varphi}>0 \tag{9-62}$$

$$\frac{\partial w^{N^*}}{\partial \gamma}>0, \quad \frac{\partial \omega^{N^*}}{\partial k_w}<0, \quad \frac{\partial w^{N^*}}{\partial \varphi}>0 \tag{9-63}$$

由推论9-3可知，在非合作博弈情形中，数据供应商、数据交易平台和数据买方的信任水平努力程度 u，v_i，w 与其影响因素系数 α，β_i，γ 和信任水平对收益函数的影响系数 φ 正相关，即数据质量、平台声誉等努力水平的敏感系数越大，信任水平对供应链成员的收益影响越大，供应链成员越有动力去提高其信任水平努力程度。信任水平努力程度 u，v_i，w 与其成本系数 k_u，k_{v_i}，k_w 负相关。这说明数据质量、平台声誉以及个人信誉等努力成本的降低可以提高其信任水平努力程度，这与实际情况相符。数据供应链整体信任水平的提升也降低了三方之间数据交易的成本，进一步促进数据流通，提升供应链成员自身收益。

（二）斯塔克尔伯格博弈模型

数据交易平台为了激励数据供应商提高数据质量，提高供应链整体信任水平，促进数据流通，愿意承担数据供应商一部分数据质量改善的成本，其中补贴比例为 $\lambda^s(t)$，$(0\leq \lambda^s \leq1)$。博弈顺序为：数据交易平台作为主导者，首先确定 v_1，v_2，v_3 以及 $\lambda^s(t)$。其次，数据供应商确定数据质量努力程度 u。最后，数据买方针对双方的决策，确定个人信誉努力程度 ω，以实现最大化的利益。用上标 S 来表示斯塔克尔伯格主从博弈模型。

定理9-4：在数据交易平台对数据供应商进行成本补贴激励的斯塔克尔伯格博弈下，各方博弈的均衡结果如式（9-64）所示：

$$(u^{S^*}, v_i^{S^*}, w^{S^*})=\left(\frac{\alpha\varphi(2\theta_2+\theta_1)}{2k_u(\rho+\delta)}, \frac{\beta_i\theta_2\varphi}{k_{v_i}(\rho+\delta)}, \frac{\gamma\varphi(1-\theta_1-\theta_2)}{k_w(\rho+\delta)}\right) \tag{9-64}$$

数据交易平台对数据供应商的数据质量努力成本的最优补贴比例为：

$$\lambda^{S^*}=\begin{cases}\dfrac{2\theta_2-\theta_1}{2\theta_2+\theta_1}, & \dfrac{\theta_1}{2}\leq\theta_2\leq1-\theta_1 \\[3mm] 0, & 0\leq\theta_2\leq\dfrac{\theta_1}{2}\end{cases} \tag{9-65}$$

数据供应链系统信任水平的最优轨迹为：

$$R^{S^*}=\frac{\Omega^{S^*}}{\delta}+\left(R_0-\frac{\Omega^{S^*}}{\delta}\right)e^{-\delta t} \tag{9-66}$$

其中有：

$$\Omega^{S^*}=\alpha u^S+\sum_{i=1}^{3}\beta_i v_i^S+\gamma w^S \tag{9-67}$$

供应链三方最优收益函数为：

$$V_w^S=\frac{(1-\theta_1-\theta_2)\varphi}{\rho+\delta}R^{S^*}+\frac{(1-\theta_1-\theta_2)\varepsilon}{\rho}+\frac{\gamma^2(1-\theta_1-\theta_2)^2\varphi^2}{2\rho(\rho+\delta)^2 k_w}+\frac{\theta_1(1-\theta_1-\theta_2)\varphi^2}{\rho(\rho+\delta)^2}\sum_{i=1}^{3}\frac{(\beta_i)^2}{k_{v_i}}+\frac{(2\theta_1+\theta_2)(1-\theta_1-\theta_2)\varphi^2\alpha^2}{2k_u\rho(\rho+\delta)^2} \tag{9-68}$$

$$V_v^S = \frac{\theta_2\varphi}{\rho+\delta}R^{S*} + \frac{\theta_2\varepsilon}{\rho} + \frac{(\theta_2)^2\varphi^2}{2\rho(\rho+\delta)^2}\sum_{i=1}^{3}\frac{(\beta_i)^2}{k_{v_i}} + \frac{(2\theta_2+\theta_1)^2\varphi^2\alpha^2}{8\rho(\rho+\delta)^2 k_u} + \frac{\theta_2(1-\theta_1-\theta_2)\varphi^2\gamma^2}{\rho(\rho+\delta)^2 k_w} \qquad (9\text{-}69)$$

$$V_u^S = \frac{\theta_1\varphi}{\rho+\delta}R^{S*} + \frac{\theta_1\varepsilon}{\rho} + \frac{(2\theta_2+\theta_1)\theta_1\varphi^2\alpha^2}{4\rho(\rho+\delta)^2 k_u} + \frac{\theta_1\theta_2\varphi^2}{\rho(\rho+\delta)^2}\sum_{i=1}^{3}\frac{(\beta_i)^2}{k_{v_i}} + \frac{\theta_1(1-\theta_1-\theta_2)\varphi^2\gamma^2}{\rho(\rho+\delta)^2 k_w} \qquad (9\text{-}70)$$

整体的最优收益函数为：

$$V_{SC}^{S*} = \frac{\varphi}{\rho+\delta}R^{S*} + \frac{\varepsilon}{\rho} + \frac{\varphi^2}{2\rho(\rho+\delta)^2}\left[\frac{\alpha^2(2\theta_2+\theta_1)(4-2\theta_2-\theta_1)}{4k_u} + \theta_2(2-\theta_2)\sum_{i=1}^{3}\frac{(\beta_i)^2}{k_{v_i}} + \frac{\gamma^2(1-\theta_1-\theta_2)(1+\theta_1+\theta_2)}{k_w}\right] \qquad (9\text{-}71)$$

证明： 在这种情形下，数据交易平台和数据供应商直接构成主从博弈，其中数据交易平台为领导者，数据供应商为跟随者，采用逆向归纳法求解（为方便书写，下文省略 t）。

首先，求解数据买方的最优个人声誉努力水平。根据最优控制法，其最优收益函数为：

$$\rho V_w^N = \max_{w}\left\{(1-\theta_1-\theta_2)(\varepsilon+\varphi R(t)) - \frac{1}{2}k_w w^2(t) + V_w'(R)\left(\alpha u(t) + \sum_{i=1}^{3}\beta_i v_i(t) + \gamma w(t) - \delta R(t)\right)\right\} \qquad (9\text{-}72)$$

对 w 两边求导得：

$$w^{S*} = \frac{\gamma V_w^{S'}}{k_w} \qquad (9\text{-}73)$$

其次，求解数据供应商的最优数据质量努力水平，收益函数 V_u^S 的 HJB 方程为：

$$\rho V_u^S = \max_{u,\lambda^S}\left\{\theta_1(\varepsilon+\varphi R(t)) - \frac{(1-\lambda^S)}{2}k_u u^2(t) + V_u'(R)\left(\alpha u(t) + \sum_{i=1}^{3}\beta_i v_i(t) + \gamma w(t) - \delta R(t)\right)\right\} \qquad (9\text{-}74)$$

将 w^{S*} 代入上式，并对 u 两边求导可得：

$$u^{S*} = \frac{\alpha V_u'}{k_u(1-\lambda^S)} \qquad (9\text{-}75)$$

数据交易平台根据数据供应商的理性反应确定决策，其收益函数的 HJB 方程为：

$$\rho V_v^S = \max_{v_i,\lambda^S}\left\{\theta_2(\varepsilon+\varphi R(t)) - \frac{1}{2}\sum_{i=1}^{3}k_{v_i}v_i^2(t) - \frac{\lambda^2}{2}k_u u^2(t) + V_v^S(R)'\left(\alpha u(t) + \sum_{i=1}^{3}\beta_i v_i(t) + \gamma w(t) - \delta R(t)\right)\right\} \qquad (9\text{-}76)$$

分别求得 v_i 和 λ^S 的最大化一阶条件可得：

$$v_1^{S*} = \frac{\beta_1 V_v^{S'}}{k_{v_1}},\ v_2^{S*} = \frac{\beta_2 V_v^{S'}}{k_{v_2}},\ v_3^{S*} = \frac{\beta_3 V_v^{S'}}{k_{v_3}} \qquad (9\text{-}77)$$

$$\lambda^S = \frac{2V_v^{S'} - V_u'}{2V_v^{S'} + V_u'} \qquad (9\text{-}78)$$

根据式（9-72）、式（9-74）、式（9-76）微分方程的阶数特点，可得 HJB 方程的解是关于 S 的线性最优收益函数。设 $V_w^S(S) = a_1^S S + a_2^S$，$V_u^S(S) = b_1^S S + b_2^S$，$V_v^S(S) = c_1^S S + c_2^S$，代入上式得：

$$c_1^S = \frac{\theta_2\varphi}{\rho+\delta},\ b_1^S = \frac{\theta_1\varphi}{\rho+\delta},\ a_1^S = \frac{(1-\theta_1-\theta_2)\varphi}{\rho+\delta} \qquad (9\text{-}79)$$

将式（9-79）代入式（9-73）、式（9-75）、式（9-77）、式（9-78），进一步得到 u^{S*}，v_i^{S*}，w^{S*}，式（9-64）得证。由于 $0\leqslant\lambda^S\leqslant 1$，即 $2\theta_2-\theta_1\geqslant 0$ 且 $\theta_1+\theta_2\leqslant 1$，可得 $\frac{\theta_1}{2}\leqslant\theta_2\leqslant 1-\theta_1$，即式（9-65）得证。

将求出的最优努力水平式（9-64）代入式（9-38）中，可得到数据供应链最优信任水平轨迹为：

$$R^{s^*} = \frac{\Omega^{s^*}}{\delta} + \left(R_0 - \frac{\Omega^{s^*}}{\delta} \right) e^{-\delta t} \tag{9-80}$$

接着将求出的常数系数 a_1^s，a_2^s，b_1^s，b_2^s，c_1^s，c_2^s 以及 R^{s^*} 代入公式 V_w^s，V_u^s，V_v^s 中，可得供应链三方的最优收益 V_w^s，V_v^s，V_u^s，式（9-68）至式（9-70）得证。进而得整体的最优收益函数 $V_{SC}^{s^*} = V_w^s + V_v^s + V_u^s$，式（9-71）得证。

推论9-4：在数据交易平台激励数据供应商的斯塔克伯格博弈情形下，只有当 $\frac{\theta_1}{2} \leqslant \theta_2 \leqslant 1-\theta_1$ 时，数据交易平台才会对数据提供商的数据质量成本进行补贴（$\lambda^{s^*} > 0$）。数据质量努力水平提高的程度等于数据交易平台对其进行成本补贴的比例，即 $(u^{s^*} - u^{N^*})/u^{s^*} = \lambda^{s^*}$。

由推论9-4可知，收益分配系数满足在一定区间时，成本补贴措施可以改善数据供应商的数据质量努力水平。这与实际情况相符合，因为数据交易平台在平衡各方利益的同时，还要保持自身的盈利能力，当其收益分配占比越大时，平台需要更多的收入来维持自身的运营和发展，因此会倾向于向数据提供商提供激励，促进数据供应链整体效益的提升。

推论9-5：成本补贴比例 λ^{s^*} 的影响因素分析。

$$\frac{\partial \lambda^{s^*}}{\partial \theta_2} = \frac{4\theta_1}{(2\theta_2 + \theta_1)^2} > 0, \quad \frac{\partial \lambda^{s^*}}{\partial \theta_1} = \frac{-4\theta_2}{(2\theta_2 + \theta_1)^2} < 0, \quad 其中 \frac{\theta_2}{2} \leqslant \theta_1 \leqslant 1-\theta_2 \tag{9-81}$$

由推论9-5可知，数据交易平台对数据供应商信任努力成本的补贴比例 λ^{s^*}，与数据交易平台的收益分配系数 θ_2 正相关，与数据供应商的收益分配系数 θ_1 负相关。这表明当数据交易的收益分配占比越大，平台越倾向于向服务提供商提供激励，以获得更多的收入；而当数据供应商的收益分配系数占比越大时，数据交易平台则倾向于降低成本补贴比例。

推论9-6：数据供应商数据质量努力水平因素分析。

$$\frac{\partial u^{s^*}}{\partial \theta_1} = \frac{\alpha \varphi}{2 k_u (\rho + \delta)} > 0, \quad \frac{\partial u^{s^*}}{\partial \theta_2} = \frac{\alpha \varphi}{k_u (\rho + \delta)} > 0 \tag{9-82}$$

由推论9-6可知，在数据交易平台激励数据供应商的斯塔克伯格博弈情形下，数据供应商的最优信任水平努力程度不仅与自身收益分配系数 θ_1 正相关，还与数据交易平台的收益分配系数 θ_2 正相关，其中 θ_2 对数据供应商最优信任水平努力程度的影响要大于 θ_1。这表明数据供应商将会更关注数据交易平台的收益分配系数，对自身收益分配系数的敏感程度相对于数据交易平台较低。

与推论9-3类似，数据供应商、数据交易平台和数据买方的信任水平努力程度 u，v_i，w 与其对信任水平函数的影响系数 α，β_i，γ、信任水平对收益函数的影响系数 φ、收益分配系数 θ_1，θ_2，$1-\theta_1-\theta_2$ 正相关，与成本系数 k_u，k_{v_i}，k_w 负相关。

（三）合作博弈模型

数据供应商、数据交易平台和数据买方以实现数据供应链系统的整体利润最大化为共同目标，通过确定各自最优信任水平努力程度，从而实现整个系统最优。在这种情形下，得到的均衡结果为静态反馈纳什均衡。用上标 C 来表示合作博弈模型。

定理9-5：在合作博弈决策下，数据供应链各方的均衡结果如式（9-83）所示：

$$(u^{c^*}, \ v_i^{c^*}, \ w^{c^*}) = \left(\frac{\alpha \varphi}{k_u (\rho + \delta)}, \ \frac{\beta_i \varphi}{k_{v_i} (\rho + \delta)}, \ \frac{\gamma \varphi}{k_w (\rho + \delta)} \right) \tag{9-83}$$

数据供应链系统信任水平的最优轨迹为

$$R^{C^*} = \frac{\Omega^{C^*}}{\delta} + \left(R_0 - \frac{\Omega^{C^*}}{\delta}\right)e^{-\delta t} \tag{9-84}$$

其中有：

$$\Omega^{C^*} = \alpha u^{C^*} + \sum_{i=1}^{3}\beta_i v_i^{C^*} + \gamma w^{C^*} \tag{9-85}$$

整体最优收益为：

$$V_{SC}^{C^*} = \frac{\varphi}{\rho+\delta}R^{C^*} + \frac{\varepsilon}{\rho} + \frac{\alpha^2\varphi^2}{2\rho(\rho+\delta)^2 k_u} + \frac{\varphi^2}{2\rho(\rho+\delta)^2}\sum_{i=1}^{3}\frac{\beta_i^2}{k_{v_i}} + \frac{\varphi^2\gamma^2}{2\rho(\rho+\delta)^2 k_w} \tag{9-86}$$

证明：证明过程与定理9-3证明过程类似，此处省略过程。

推论9-7：与推论9-3类似，在合作博弈中，数据供应商、数据交易平台和数据买方的信任水平努力程度 u，v_i，w 与其对信任水平函数的影响系数 α，β_i，γ、信任水平对收益函数的影响系数 φ 正相关，与成本系数 k_u，k_{v_i}，k_w 负相关。

（四）比较分析

基于三种博弈情形下的均衡结果，进一步对比分析数据交易平台、数据买方、数据供应商三方最优策略以及三方最优收益，可得出以下相关结论。

定理9-6：在斯塔克尔伯格博弈情形下，数据供应商的数据质量努力水平优于供应链三方进行独立决策；合作博弈情形下，数据供应链三方的均衡策略均优于非合作博弈和斯塔克尔伯格博弈两种情形下的均衡策略。

证明：对非合作博弈、合作博弈以及数据交易平台激励数据供应商的斯塔克尔伯格博弈三种情形下的均衡策略式（9-48）、式（9-64）、式（9-83）进行比较分析可得：

$$\begin{cases} u^{C^*} > u^{S^*} > u^{N^*} \\ v_i^{C^*} > v_i^{S^*} = v_i^{N^*} \\ w^{C^*} > w^{S^*} = w^{N^*} \end{cases}, \quad 其中\frac{\theta_2}{2} \leq \theta_1 \leq 1-\theta_2 \tag{9-87}$$

根据式（9-87）可知，在斯塔克尔伯格博弈情形下，数据交易平台对数据供应商进行成本补贴激励，数据供应商的数据质量努力水平优于三方进行独立决策时的努力程度，数据买方的个人信誉努力水平以及交易平台的数据溯源等努力水平保持不变；在合作博弈情形下，数据供应链三方的均衡策略均优于非合作博弈和斯塔克尔伯格博弈两种情形。

定理9-7：数据交易平台对数据供应商进行成本补贴激励可以实现供应链三方收益的帕累托改善。

证明：对非合作博弈、斯塔克尔伯格博弈两种情形下式（9-51）至式（9-53）、式（9-68）至式（9-70）三方收益的变化分析可得，当 $\frac{\theta_1}{2} \leq \theta_2 \leq 1-\theta_1$ 时有：

$$\begin{cases} V_u^N < V_u^S \\ V_v^N < V_v^S \\ V_w^N < V_w^S \end{cases} \tag{9-88}$$

根据式（9-88）可知，在数据交易平台激励数据供应商的斯塔克尔伯格博弈情形下，三方的收益都会得到提高，对于数据供应链的三方来说都是策略上的改进，实现了供应链三方收益的帕累托改善。通过成本补贴措施，数据供应商的收益分配比例增加，数据质量努力水平提高，从而提高了整体数据供应链的信任水平。

定理9-8：在合作博弈情形下系统整体的效用优于非合作纳什博弈和斯塔克尔伯格博弈两种情形下

的系统整体效用。

证明： 对三种博弈情形下的数据供应链整体效用公式（9-54）、式（9-71）、式（9-86）进行比较分析可得，当$\frac{\theta_1}{2} \leqslant \theta_2 \leqslant 1-\theta_1$时：

$$V_{sc}^{N^*} < V_{sc}^{S^*} < V_{sc}^{C^*} \tag{9-89}$$

根据式（9-89）可知，供应链三方从非合作博弈情形，到数据交易平台激励数据供应商的斯塔克尔伯格博弈情形，再到合作博弈情形，整体的效用不断增加。对数据供应链系统来说，数据供应链三方进行协同合作时，数据供应链整体的信任水平和收益都达到最优。三方选择合作博弈策略的前提是$\triangle V_k(R) = V_k^{C^*}(R) - V_k^{S^*}(R) \geqslant 0$，因为三方有自身的利益诉求。因此，当约束条件成立时，三方才会积极地进行合作。

四、管理启示

本节针对一个由数据供应商、数据交易平台和数据买方组成的三级数据供应链系统，基于微分博弈理论，在纳什博弈、数据交易平台激励数据供应商的斯塔克尔伯格博弈和合作博弈三种博弈模型下，分析了供应链三方最优策略、最优收益和数据供应链整体信任水平的演化情况，并深入探讨系统关键参数对三方的最优努力程度、信任水平轨迹，以及最优收益函数的影响，得到了以下主要结论和管理启示：

（1）当收益分配系数θ_1，θ_2满足$\frac{\theta_1}{2} \leqslant \theta_2 \leqslant 1-\theta_1$时，数据交易平台对数据供应商的数据质量努力成本进行补贴激励，可以实现供应链三方各自信任水平努力程度、收益、数据供应链信任水平和总收益的帕累托改善。但是，由于数据收集、数据处理和数据类型等因素的差异，数据供应商之间的数据质量成本和获得的收益存在很大的差异。因此，数据交易平台可针对不同类型的企业制定科学有效的成本补贴框架，建立技术、资金等多层次的补贴机制，激励数据供应商提高数据质量努力水平，为促进供应链三方共同合作提供基础保障。

（2）当数据供应链三方进行协同合作时，各自的信任水平努力程度、收益、数据供应链信任水平和总收益均优于纳什博弈和斯塔克尔伯格博弈两种情形。因此，在满足各方利益诉求的基础上，数据交易平台可以通过建立有效的数据质量以及个人信誉评价统一标准等措施，加强三方合作关系，以提升数据供应链信任水平，增加数据供应链整体收益。

（3）根据信任水平影响系数、成本系数等相关参数的敏感度分析，可以从四方面提升信任水平，促进数据交易，增加数据供应链整体收益。一是借助智能技术、大数据技术等，降低数据质量改善成本，明确数据来源和数据特征，提高数据质量。二是鼓励数据在新型商业和智能政府等领域的应用，促进数据要素流通，提高数据供应链整体收益。三是数据交易平台不断完善数据交易机制，建立安全可信的数据溯源机制，增强数据在供应链上流通行为的可信性。四是构建个人信誉评价机制，对信用评价的结果进行公开，激励数据买方提高个人信誉。

★讨论

【提示问题】

（1）在由数据供应商、数据交易平台和数据买方组成的博弈中，数字交易与其他产品交易有哪些区别？

（2）本节构建的纳什博弈、斯塔克尔伯格博弈和合作博弈三种博弈模型有哪些异同点？

【教师注意事项及问题提示】

引导学生讨论本节中微分博弈模型是如何形成的，运用哪些方法可以求解博弈的均衡解。

习题 9

区块链作为一种新兴的分布式记账方式，具有去中心化、去中介化、不可篡改等特点，将其应用于信息披露问题上，既可以保证信息的公开性与透明性，营造一个可信的市场环境，也能够提升信息利用率和影响力，解决利益相关者之间的信息不对称问题。学者们运用博弈理论，将区块链技术融入供应链决策，构建博弈模型并分析其均衡。请分小组研读以下论文：

[1] 龚强，班铭媛，张一林. 区块链、企业数字化与供应链金融创新 [J]. 管理世界，2021（2）：22-34+3.

[2] 田雨，王道平，郝玫. 基于区块链技术的供应链碳信息披露与共享机制 [J]. 系统工程理论与实践，2024（11）：3666-3683.

第十章
委托—代理理论

【学习目标】

本章讨论委托—代理理论。委托—代理模式反映了现实生活中一类很广泛的经济管理现象，实际上，所有的商业合作都可以纳入委托—代理框架。委托—代理框架中，存在信息不对称，也存在动态决策顺序。一般认为，任何有组织的或需要进行组织的行动，都需要某种契约协调组织内部人与人之间的行为，当这些社会契约在经济活动中存在并发挥效用时，就成为经济制度的基本内容之一。通过本章委托—代理理论的学习，将有助于探讨这些社会契约如何达成，效率如何，以及市场参与者如何改进和限制这些契约的作用等问题。

通过本章的学习掌握以下问题：

(1) 掌握委托—代理理论简单模型的架构，包括其关系假设、信息结构特点。

(2) 了解委托—代理理论与激励机制设计之间的关系，从中把握委托—代理核心理论的发展脉络。

(3) 明确激励机制设计的目标，掌握激励相容约束和参与约束，理解激励机制的内涵和意义。

(4) 掌握委托—代理关系的基本分析框架，了解委托—代理理论的具体应用。

【能力目标】

(1) 帮助学生建立委托—代理理论的基本分析思路。

(2) 培养学生将委托—代理原理灵活运用于现实生活领域中的现象分析，具有建立简单的委托—代理模型的能力。

(3) 进一步培养学生将委托—代理的思想融入经济管理问题的研究分析中，提高学生通过契约设计，即通过设计博弈的规则来实现激励目的的能力。

委托—代理理论起源于 20 世纪 40 年代，在 20 世纪 70 年代获得迅速发展，并日益受到社会各界尤其是经济学界的重视，逐渐发展成信息经济学的主要研究领域之一。社会契约论认为，社会是一个由众多不同的个体组成的集合，个体与个体之间时刻发生着不同形式的联系，他们之间的行为靠社会契约来协调。经济社会中的任何有组织的或需要进行组织的行动都是根据某种契约来协调组织内部人与人的行为。当这些社会契约在经济活动中存在并发挥效用时，它们就成为经济制度的一个基本内容。然而，这些契约如何达到，其效率如何，它们的经济效用如何得以改进和受到了怎样的限制等，都是委托—代理理论关心和需要探讨的问题。

第一节　委托—代理的基本概念

一、委托—代理关系的概念

委托—代理关系（Principal-Agent Relation）的概念最先源自于法律。在法律关系中，当 A 授权 B 代表 A 从事某项活动时，委托—代理关系就发生了。A 称为委托人，B 即为代理人。简单地说，就是一个人（代理人）以另一个人（委托人）的名义来承担和完成一些事情，更通俗地说，就是委托人出资或付出相应的代价聘请代理人按照自己的意愿办事。

现代意义上的委托—代理关系的概念最早是由罗斯（Ross, 1973）提出的，如果当事人双方，其中代理人一方代表委托人一方的利益行使某些决策权，则委托—代理关系就随之产生了。如今，委托—代理被广泛应用于经济活动中，它泛指任何一种涉及不对称信息的交易，交易前后，市场参与者之间所掌握的信息是不对称的，掌握信息多、具有相对信息优势的一方称为代理人；掌握信息少、具有相对信息劣势的一方称为委托人。经济学中的委托—代理关系就是处于信息优势与处于信息劣势的市场参与者之间的经济关系。也可以这样说，委托—代理是起源于"专业化"的存在。当存在专业化时，就可能出现这样一种关系：代理人（具有专业化知识的一方）因为相对信息优势而代表委托人行动（Hart and Holmstrom, 1987）。其中，代理人是"知情者"（Informed Player），委托人是"不知情者"（Uninformed Player）。知情者的私人信息（行动或知识）影响不知情者的利益，或者说，不知情者不得不为知情者的行为承担风险。

社会是由众多个体构成的，人与人之间时刻发生着各种各样的联系。由于不对称信息在社会经济活动中相当普遍，所以许多社会经济关系都可以归结为委托—代理关系。例如，政府与企业、股东与经理、雇主与雇员、消费者与厂家、计算机用户与服务商、信息经纪人与信息用户、病人与医生等，他们之间都可以构成委托—代理关系。除了正式的有书面合同（协议）的委托—代理关系，还有口头委托的较为明显的委托—代理关系，如母亲给钱让孩子自己去吃午饭，在这种"口头合同"中，母亲是委托人，儿子是代理人。此外，社会经济关系中还有大量隐含的委托—代理关系，诸如选民与议员的关系等。

同一种社会关系中可能包含多种不同的委托—代理关系。例如，软件生产商与软件用户的关系，对于软件的生产成本、软件性能等方面的信息，生产商掌握的比用户多，生产商是代理人，用户是委托人，从这一方面来说是"用户委托生产商进行生产"；对于需求欲望、支付能力等方面的信息，用户掌握的比生产商多，那么委托人就是生产商，代理人就是用户，从这一方面来说又是"生产商委托用户进行消费"。可见，委托—代理关系是与不对称信息相联系的，针对不同的不对称信息，可以构成不同的委托—代理关系，对于参与各方，我们不能简单地说哪一方是委托人，哪一方是代理人。

二、构成委托—代理问题的基本条件

委托—代理理论主要讨论这样的问题：委托人努力使代理人按照自己的利益选择行动，但他无法直接观测到代理人选择了何种行动，他能观测到的只是一些相关的结果，这些结果主要是关于代理人行动的不完全信息，是由代理人的行动和一些随机因素共同决定的，委托人无法从可观测的结果中得到代理人行动的全部信息。委托人需要解决的问题是：与代理人博弈时，应当采取怎样的策略，使代理人选择对委托人最有利的行动。例如，在雇主与雇员这种委托—代理关系中，雇主掌握着大量的市场信息和私人信息，包括企业的运营状况、市场的供需情况、市场环境变化对企业生产的影响、企业员工工作努力程度等，而这些信息不为雇员所掌握，至少是不完全掌握。雇员只知道自己的工资和福利情况，这些情况取决于雇主所做的决定，而这些决定依赖于雇主所掌握的外部环境信息。出于自身利益考虑，雇员想要掌握这些信息，这就导致了雇员与雇主之间的讨价还价，以及最后让双方都合意的契约的形成。这种契约及契约约束之下的行动可以看作非对称信息条件下参与者之间的策略及其策略均衡的结果，这种契约称为均衡契约，也叫均衡合同。委托—代理的均衡合同是处于信息优势和处于信息劣势的市场参与者之间进行博弈的结果。

归纳可知，构成委托—代理关系的基本条件有如下三个：

第一，市场中存在两个或两个以上（包括委托人和代理人双方）相互独立的利益主体，并且双方都是在约束条件下以自身效用最大化为追求目标。在这两个主体中，代理人为委托人工作，需要在许多可供选择的行为中选择一项预定的行动，该行动既影响其自身收益，也影响委托人的收益；委托人具有付酬能力，给代理人支付报酬，并有权决定报酬的支付方式和数量，即委托人在代理人选择行为之前就与代理人签订某种合同，该合同明确规定代理人的报酬取决于委托人观察到的代理行为结果。

第二，代理人与委托人都面临市场的不确定性和风险，并且他们所掌握的信息处于不对称状态。也就是说，委托人不能直接观察代理人的具体行为；代理人也不能完全控制所选择的行为导致的最终结果。因为代理人选择行为的最终结果是一个随机变量，其分布状况不仅依赖于代理人的行为，还取决于其他一些随机因素，这些随机因素不为任何一方所观测和控制。正因为如此，使得委托人不能完全根据观察到的代理行为的最终结果来判断代理人的努力程度和工作绩效。

第三，委托人不得不为代理人的决策或行为承担一定的风险，也就是说，代理人的私人信息（行动或知识）可能影响委托人的收益。

以上三点是建立委托—代理关系的基本条件，而在建立和维护委托—代理关系的过程中，如何确定对委托、代理双方都有利的合同，即构建参与双方都能接受的合同（均衡合同）是委托—代理关系的核心内容。这样的均衡合同同样也要满足三个条件。

第一，代理人刺激一致性或激励相容约束条件，即代理人以行动效用最大化原则选择具体的行动。

第二，代理人参与约束条件，即在具有"自然"干预的情况下，代理人履行合同所获收益不能低于期望收益。

第三，委托人收益最大化条件，即在代理人执行这个合同后，委托人所获收益最大化，采用其他合同都不能使委托人的收益超过或等于执行该合同所取得的收益。

激励相容约束条件说明，代理人以行动效用最大化原则选择具体的操作行动，代理人达到期望的最大效用时，也保证委托人预期收益最大。参与约束说明，代理人完成均衡合同后所获收益不低于期望收益，也就是说，代理人接受委托人合同的预期收益不能低于他在等成本约束条件下从别的委托人处获得的收益。达成委托—代理均衡合同，既要满足激励相容条件，也要符合参与约束条件。这两个条件同样也是激励机制设计应满足的两个原则。

第二节　委托—代理模型

委托—代理关系是与信息的不对称性紧密相连的。信息的不对称性可以从两个角度划分：一是不对称发生的时间，二是不对称信息的内容。根据不对称信息发生的时间和内容，可以将委托—代理关系划分为不同的模型。从不对称发生的时间来看，不对称性可以发生在当事人签约之前，也可以发生在当事人签约之后，分别称为事前（Ex Ante）不对称和事后（Ex Post）不对称。研究事前不对称信息的模型称为逆向选择（Adverse Selection）模型，研究事后不对称信息的模型称为道德风险（Moral Hazard）模型。

从不对称信息的内容来看，既可指某些参与者的行动，又可指某些参与者的知识。研究不可观测行动的模型称为隐藏行动（Hidden Action）模型，研究不可观测知识的模型称为隐藏知识（Hidden Knowledge）模型或隐藏信息（Hidden Information）模型。

一、事前的隐藏信息博弈

这类博弈包括逆向选择、信号传递（Signaling）、信息甄别（Screening）。

逆向选择的著名例子是二手车市场；信号传递就是信号博弈，如 Spence 模型；信息甄别是一种解决事前信息不对称的机制设计，它是通过分离均衡而达到将不同类型参与人加以识别开来的目的。在这类不对称信息博弈中，还包括保险市场、金融市场、垄断者价格歧视、公司内部持股比例、公司资本结构等模型。在保险公司与投保人之间签订保险合约时，保险公司不是很清楚投保人的健康状况。商业银行在贷款给企业时，对企业或项目的还款能力也不是很清楚。垄断者在销售其产品时，不是很清楚顾客的需求强度，因而设计一些歧视性价格来揭示出顾客的需求强度类型，此时博弈表现为信息甄别。公司内部持股比例越高，说明公司越好，因为内部人比外部投资者更清楚公司的实力，这也是一种信号传递博弈。

二、事后的隐藏信息博弈

这是一种道德风险模型所表达的情形。在这类博弈中，有股东与经理之间、债权人与债务人之间、经理与销售人员之间、雇主与雇员之间、原告或被告与代理律师之间的委托—代理关系。经理作为股东的代理人，可能会做出利己但损害股东利益的道德风险行为。债务人可能将债权人借给他的钱用于高风险项目，从而损害债权人利益。销售人员可能未尽心尽力推销企业产品，但又将不良的销售业绩归咎于市场需求不足等。

三、事后的隐藏行动博弈

这也是一类道德风险模型描述的情形。当投保人在取得保险合约之后，不保重身体（不良生活习惯如饮酒、吸烟等），或不注意防盗、不注意汽车保养、经理不努力经营、雇员不努力工作、债务人不控制项目风险、房东不加强房屋修缮、房客不注意房屋维护、议员不真正代表选民利益、政府官员不廉洁奉公、律师不努力办案时，事后隐藏行动的道德风险就出现了。对一个社会来说，犯罪分子的犯罪行为也是这样的一种道德风险。

总的看来，非对称信息可按时间在"事前"和"事后"发生的可能性分为事前非对称和事后非对称，也可按内容上的非对称分为"行动上的非对称"和"知识上的非对称"，分别称为"隐藏行动"和"隐藏信息"博弈，如表 10-1 所示。

表 10-1 委托—代理模型的基本类型

	隐藏行动（Hidden Action）	隐藏信息（Hidden Information）
事前（Ex Ante）		逆向选择模型 信号传递模型 信息甄别模型
事后（Ex Post）	隐藏行动的道德风险模型	隐藏信息的道德风险模型

对于道德风险，是因为委托人不能完全观察到代理人的行为，而代理人活动的结果尽管能被观察到，

但这种结果不完全是代理人行动选择的结果，而是代理人行动与其他的随机性因素共同作用的结果。另外，委托人不能将代理人行动与随机因素的作用完全区分开来，如土地上的农作物产量是农民努力工作程度与随机性的气候条件共同作用的结果，不能将农民的贡献与随机性的气候条件的贡献分开来。

逆向选择、信号传递及信息甄别博弈实际上都是事前的信息不对称环境下的博弈，后两者是解决逆向选择问题的机制设计。信号传递和信息甄别机制在解决逆向选择问题时是相似的。

不同模型的应用举例如表10-2所示。

表10-2　不同模型的应用举例

模型	委托人	代理人	行动、类型或信号
隐藏行动道德风险	保险公司	投保人	防盗措施，饮酒、吸烟
	地主	佃农	耕作努力
	股东	经理	工作努力
	经理	员工	工作努力
	员工	经理	经营决策
	债权人	债务人	项目风险
	住户	房东	房屋维修
	房东	住户	房屋维护
	选民	议员或代表	是否真正代表选民利益
	公民	政府官员	廉洁奉公或贪污腐化
	原告/被告	代理律师	是否努力办案
	社会	罪犯	偷盗的次数
隐藏信息道德风险	股东	经理	市场需求、投资决策
	债权人	债务人	项目风险、投资决策
	企业经理	销售人员	市场需求、销售策略
	雇主	雇员	任务的难易、工作努力
	原告/被告	代理律师	赢的概率、办案努力
逆向选择	保险公司	投保人	健康状况
	雇主	雇员	工作技能
	买者	卖者	产品质量
	债权人	债务人	项目风险
信号传递和信息甄别	雇主	雇员	工作技能、教育水平
	买者	卖者	产品质量、质量保证期
	垄断者	消费者	需求强度、价格歧视
	投资者	经理	盈利率、负债率、内部股票持有比例
	保险公司	投保人	健康状况、赔偿办法

需要指出的是，同一个委托—代理关系可以存在多种的信息不对称属性，如雇主知道雇员的能力但不知其努力水平时，这是一个隐藏行动的道德风险问题；但若雇主和雇员本人在签约时都不知道雇员的能力，但雇员本人在签约后发现了自己的能力（雇主仍不知），则问题就是一个隐藏信息的道德风险问题。若雇员开始就知道自己的能力而雇主不知，则是逆向选择问题；若雇员开始就知道自己的能力而雇主不知且若雇员在签约前就获得学历证书，则问题就是信号传递问题。相反，若雇员是在签约后根据工

资合同的要求去接受教育，则就是信息甄别问题。

信息经济学与博弈论之间的关系是，前者是后者在信息不对称环境下的应用，但从特点上看，博弈论更注重于方法论，而信息经济学注重于问题的解析。博弈论研究的是给定信息结构下的均衡是什么，而信息经济学研究的是给定信息结构下，什么是最优的合约安排。

信息经济学主要研究非对称信息环境中的最优合约，故又称为合约（契约、合同）理论或机制设计理论。

博弈论从某种意义上看是"实证的"，而信息经济学是"规范的"。

★讨论

【提示问题】

（1）博弈论与信息经济学的区别是什么？

（2）委托—代理各种基本模型的特点是什么？

（3）试结合本节引导案例分析存在哪些委托—代理行为？其中委托方和代理方分别是谁？属于哪种委托—代理基本模型？

【教师注意事项及问题提示】

（1）根据本节引导案例，通过引导学生分析其中的委托—代理行为，引出委托—代理理论的基本概念，并分析各种委托—代理模型的异同。

（2）通过引导学生研究本节引导案例中的委托—代理关系，让学员掌握委托—代理理论简单模型的架构，并清楚辨析信息经济学与博弈论的关系。

第三节　委托—代理关系的基本分析框架

一、基本思想

在本节中，我们来设计一个可用于分析委托—代理关系的基本框架。就委托—代理的一般意义来说，所谓"委托—代理"是指委托人通过给予代理人一定的奖赏去诱使代理人按照委托人的利益要求完成一定的行为。在这个非常一般的理解中，其实包含了十分丰富的内容。委托人给予代理人的奖赏无论在形式上还是在数额上都是有多种可能的。奖励可分为物质和精神上的，甚至还可能包括诸如权力在内的奖赏内容。代理人需要完成的行为既包括"事后"的，也包括"事前"的。"行为"本身也包括"行动"和"知识报告"等多种内容。在本节，我们将奖赏限制在物质的内容上，将"行为"限制在"行动"上，并且是"事后"发生的。当然，按照本节的一贯假定，委托人不能无成本地观察到代理人的行为，即代理人的行为是"私人信息"。

在代理人行为是委托人不能无成本地观察到的情形，委托人就面临代理人说谎的风险。企业的经理可能将亏损归咎于过去发生的大量负债或职工的懈怠。此时，委托人存在两种可选择的方式去处理这种风险。第一种方式是直接去观察代理人的行为，如老板雇用监工去监视工人的劳动。但是，直接观察是要花费额外成本的，如老板要为监工支付工资。另外，老板雇用监工实际上又引入了新的一种委托—代理关系，即老板作为委托人请监工代理其监督工人的工作。这样，又存在监工的工作是否努力的问题，是否还需要再雇用监工的监工去监视监工呢？显然，除非老板自己直接去监视工人，委托—代理关系及其带来的因代理人行为不可无成本观察的问题都会对委托人带来一种额外的成本。但是，即使由老板自己亲力亲为地去监视工人，老板也会花费另一种成本，即老板自己的时间机会成本，因为倘若老板将用于监视工人的时间用作其他用途（制订策略计划、营销或休闲），他会获得其他的效用。我们可以假定，随着监视的增加（监视所花费的时间或成本的增加），监视的边际成本是递增的，而监视的边际收益在下降。这样，总存在代理人的一些"剩余"行为，倘若老板通过监视去观察这些行为，其边际收益会小于边际成本。此时，再通过边际上监视的增加（监视时间的增加）去观察代理人行为就得不偿失了。对于这样的场合，即监视的成本大于收益的情形，委托人再通过观察代理人行为去控制因代理人偷懒而发生的风险就是不经济的了。此时，存在另外的一种可选择方式就是委托人与代理人之间签订合约。

当代理人的行为不能通过"经济"（即观察成本小于观察收益的情形）的方法被委托人观察到时，委托人与代理人之间就会就代理人的"真实行为"产生分歧。代理人会利用委托人不清楚代理人行为的真实状况这一点向委托人提交有利于自己，而不利于委托人的报告。当然，委托人也会因其不能观察到代理人的行为而难以相信代理人的一面之词，并且他也知道代理人有说谎的动机。解决这一问题的一种办法是：合约将委托人支付给代理人的奖赏与某个委托人与代理人都同时承认可以共同观察到的指标相联系起来。这种指标的可观察性是共同知识，即委托人和代理人都能观察到这种指标，委托人和代理人都知道对方能观察这种指标，委托人和代理人都知道对方知道自己能观察到这种指标。所谓"能观察到的指标"，是指观察成本足够小，我们这里将观察成本假定为零。当然，这种指标可以不只一个，如企业把考核员工的工作绩效用某个包含多个单一指标的"指标体系"来"测算"。我们在本节的后面部分，将分析什么样的指标应进入"指标体系"，或一个"指标体系"究竟应包括多少指标的原理。

现在的问题是，尽管委托人和代理人就某一指标的"可观测"性达成共识，但可能委托人和代理人就指标的"预测值"发生分歧。这种问题在原则上是完全可能出现的，正如 Oliver Hart（1995）在其"不完全合约理论"（Incomplete Contract Theory）中所指出的那样。我们可以假设存在一个双方都接受的第三者，根据第三者提交的观测来确认指标的预测值。当然，正如不完全合约理论还进一步指出的那样，由谁来充当第三者自然是一个没有解决的问题。我们在这里为避开"不完全合约理论"所揭示出来的复杂性，假定这个困难是不存在的。

从博弈论看，这种根据某个双方都共同预测到的"指标"来决定委托人和代理人支付的合约，实际上是一种"相关博弈"。指标就是"信号"，而委托人支付给代理人的奖赏与代理人因工作辛苦形成的成本共同决定代理人的支付。

委托人的问题是，选择什么样的"指标（体系）"及什么样的合约使委托人感到最为满意（效用最大化）？委托—代理理论的中心问题决定要为此寻找出一个答案，因此委托—代理理论又可称为"最优合约理论"或"最优合同理论"。

二、数学表述

做出如下的一系列假设：

第一，假设代理人可以选择的行动集合为 A，$a \in A$ 是代理人可能选择的一个具体行动。a 可以指一个多维的决策变量，如当 $a = (a_1, a_2)$ 时，a_1 是"数量"、a_2 是"质量"。为了分析的方便，在许多模型中，a 被简单地假定为代表工作努力水平的一维变量。

第二，假设 θ 是外生的随机变量，它是不受代理人和委托人控制的"自然状态"，$\theta \in \Theta$，Θ 是 θ 的可能取值范围，并设 θ 在 Θ 上的分布函数和密度函数分别为 $G(\theta)$ 和 $g(\theta)$。一般情况下，假定 θ 是连续变量；如果 θ 只有有限个可能值，$g(\theta)$ 为概率分布。

第三，当代理人选择某个具体的行动 a 之后，外生变量 θ 实现，θ 与 a 就共同解决了一个可预测结果，记为 $x = x(a, \theta)$。我们进一步还假设 a 与 θ 会共同决定一个所有权归属于委托人的货币收入（产出）$\pi(a, \theta)$。$x = x(a, \theta)$ 也可以是一个向量，此时它就是我们在前面所说的"指标体系"。$x = x(a,$

θ) 也可以将 π 甚至 a 和 θ 都作为它的分量。当 a 或 θ 是 x 的分量时，a 就是可观测的了。

委托人和代理人在收入不确定情况下的效用函数并不简单地等同于他们在确定性情形下的效用函数。设委托人的确定性收入效用函数为 $v=v(y)$，其中 v 是委托人在收入为 y 下的效用水平，又设 $u=u(z)$ 是代理人的确定性收入效用函数，其中 u 是代理人在收入为 z 下的效用水平。假设这些效用函数满足通常的性质假定，即 $v'=dv(y)/dy>0$，$v''=dv'/dy\leq0$；$u'=du(z)/dz>0$，$u''=du'/dz\leq0$。

当确定性效用函数给定时，如何构造其在不确定性情形的效用函数是经济学在目前也未解决的一个难题。这是因为，按照经济学的现代理论，效用函数是序数的，并在任何严格单调递增函数的复合下也是同一偏好序的效用函数。但我们至今也未能构造出一种不确定性效用函数，它既满足这一复合性质，又满足当不确定性情形退化到确定性情形时，不确定性效用函数也正好回到给定的确定性效用函数。尽管如此，von Neumann 和 Morgenstern（1944）证明，期望效用函数能满足当复合的函数仅限于正线性变换函数的情形下保持同一偏好序效用函数的性质。也就是说，当期望效用函数 $\int v(y)f(y)dy$（其中 $f(y)$ 是随机收入 y 的分布密度函数）被一个正线性变换函数 $z=cv+d$（其中 c，d 为常数，$c>0$）复合成 $z=\int v(y)dy+d$ 时，则 z 也是委托人的一个效用函数。同时，当不确定性退化到确定性情形 $y=y_0$ 时，即 $f(y)=\delta(y-y_0)$，其中 $\delta(y-y_0)$ 是 Dirac 函数，满足：

$$\delta(y-y_0)=\begin{cases}+\infty, & y=y_0 \\ 0, & \text{其他}\end{cases} \tag{10-1}$$

并且 $\int \delta(y-y_0)dy=1$，此时有：

$$\int v(y)f(y)dy=v(y_0) \tag{10-2}$$

这是一个"次优"的结果，称期望效用函数为 von Neumann-Morgenstern 效用函数或 V-N-M 期望效用函数。该函数目前在经济学中处理不确定分析时几乎是唯一被使用的不确定性效用函数。

代理人选择任何行动 a 几乎都会给他带来一定程度的"辛苦"或"痛苦"，假定其可被用一种效用测度的"成本函数"$c(a)$ 来刻画，并且假设有 $c'=dc(a)/da>0$，$c''=dc'/da>0$。

显然，一般可假定 $\partial\pi(a,\theta)/\partial a>0$，这与 $c'>0$ 构成一对矛盾。$\partial\pi/\partial a>0$ 意味着委托人希望代理人多加努力，而 $c'>0$ 则意味着代理人希望少努力。所以，除非委托人能对代理人提供足够多的激励或奖赏，否则，代理人不会如委托人希望的那样努力工作。

假设分布函数 $G(\theta)$[密度函数 $g(\theta)$]，生产技术 $x(a,\theta)$，产出函数 $\pi(a,\theta)$，效用函数 $v(y)$，$u(z)$，成本函数（也称"负效用函数"）$c(a)$ 都是"共同知识"。

显然，$x(a,\theta)$ 是共同知识时，当委托人能观测到 θ 时，也就可以知道 a，反之亦然。

因此，我们一般总假定 a 和 θ 同时都是不可观测的。下面介绍参与约束的概念。

（一）参与约束（个人理性约束）

设委托—代理关系为：委托人将产出 $\pi(a,\theta)$ 中的一个部分 s 作为奖赏支付给代理人。合约规定，s 是按照可观测变量（指标）$x(a,\theta)$ 来决定的，即有 $s=s[x(a,\theta)]$，则委托人的收入为 $y=\pi(a,\theta)-s[x(a,\theta)]$，于是，委托人的 V-N-M 期望效用函数为：

$$(P) \quad \int v\{\pi(a,\theta)-s[x(a,\theta)]\}g(\theta)d\theta \tag{10-3}$$

委托人的问题是选择 $s(x)$ 以及 a（a 是由代理人选择的，但委托人的问题是他希望什么样的 a）使这一期望效用函数最大化。

代理人不参加与委托人的这一委托—代理博弈即不签订合约时，他也会有一个"保留支付"或"保留效用"，记为 $\bar{u}$。它是代理人不接受合约时的最大期望效用，由代理人面临的其他市场机会决定，可以表述如下：

$$(IR) \quad \int u\{s[x(a, \theta)]\}g(\theta)d\theta - c(a) \geq \bar{u} \tag{10-4}$$

式（10-4）称为"参与约束"或"个人理性约束"（Individual Rationality Constraint，IR），它是代理人接受合约的必要条件。

另一个概念是激励相容约束，下面给出定义。

（二）激励相容约束

尽管委托人不能"经济地"观测到代理人的行为，但有一个原理制约着代理人的行为，这就是"激励相容约束"（Incentive Compatibility Constraint，IC）。这个约束决定了代理人的行动选择 a 应满足的条件：

$$(IC) \quad \int u\{s[x(a, \theta)]\}g(\theta)d\theta - c(a) \geq \int u\{s[x(a', \theta)]\}g(\theta)d\theta - c(a'), \ \forall \ a' \in A \tag{10-5}$$

一个委托—代理博弈中，委托人应清楚代理人的行动选择 a 必须同时满足（IR）和（IC）这两个约束。

这样，委托人的问题就是：在（IR）和（IC）限定的范围内选择 a（通过奖惩诱使代理人选择 a）和 $s(x)$，最大化期望效用函数（P），即：

$$(P) \quad \max_{a, s(x)} \int v\{\pi(a, \theta) - s[x(a, \theta)]\}g(\theta)d\theta$$

$$s.t. \quad (IR) \quad \int u\{s[x(a, \theta)]\}g(\theta)d\theta - c(a) \geq \bar{u} \tag{10-6}$$

$$(IC) \quad \int u\{s[x(a, \theta)]\}g(\theta)d\theta - c(a) \geq \int u\{s[x(a', \theta)]\}g(\theta)d\theta - c(a'), \ \forall \ a' \in A$$

这就是由 Wilson（1969）、Spence 和 Zeckhauser（1971）及 Ross（1973）等人提出的委托—代理博弈的分析框架，称为"状态空间模型化方法"（State-Space Formulation）。

这种方法的优点是每一种技术关系都很直观地表达出来，但困难的是由该方法难以导出有信息量的解［若 $s(x)$ 不限制在一个有限的区域，这个模型还可能没有解］。

本节将主要使用的方法是由 Mirrlees（1974；1976）和 Holmstrom（1979）提出的所谓"分布函数的参数化方法"（Parameterized Distribution Formulation）。

这种方法的基本思路是：

因为 $x = x(a, \theta)$，$\pi = \pi(a, \theta)$，所以对于每一个固定的 a，θ 与 x 或者 θ 与 π 是相对应的。因为 θ 是随机变量，故此时 x 和 π 都是随机变量。

我们将 θ 的分布函数转换为 x 和 π 的联合分布函数，用 $F(x, \pi, a)$ 和 $f(x, \pi, a)$ 分别代表从分布函数 $G(\theta)$ 导出的联合分布函数和密度函数。

此时，委托人的问题就可表示为：

$$(P) \quad \max_{a, s(x)} \int v\{\pi - s(x)\}f(x, \pi, a)dx$$

$$s.t. \quad (IR) \quad \int u[s(x)]f(x, \pi, a)dx - c(a) \geq \bar{u} \tag{10-7}$$

$$(IC) \int u[s(x)]f(x, \pi, a)dx - c(a) \geq \int u[s(x)]f(x, \pi, a')dx - c(a'), \ \forall \ a' \in A$$

除了上述两种方法之外，还有一种更加抽象的分析框架是所谓的一般化分布方法（Generalized Distribution Formulation）。这种方法基于在分布函数的参数化方法表述下，代理人选择不同的行动 a 等价于他选择了不同的分布函数 $F(x, \pi, a)$［或不同的密度函数 $f(x, \pi, a)$］。

由此，我们就可将分布函数本身当作代理人的选择变量，从而将 a 消掉了（用 F 或 f 对应于 a）。

设 p 是 x 和 π 的一个密度函数，P 为所有 p 的集合 $(p \in P)$。因 $c(a) = c[a(p)] = c(p)$（由 p 与 a 的上述对应），故 $c(p)$ 为 p（对应某个 a）的成本（负效用）函数。则委托人问题又可表述为：

$$(P) \quad \max_{p \in P, s(x)} \int v\{\pi - s(x)\} p(x, \pi) dx$$

$$s.t. \quad (IR) \quad \int u[s(x)] p(x, \pi) dx - c(p) \geqslant \overline{u} \tag{10-8}$$

$$(IC) \quad \int u[s(x)] p(x, \pi) dx - c(p) \geqslant \int u[s(x)] p'(x, \pi) dx - c(p'), \quad \forall p' \in P$$

在这种表述中，关于 a 和成本 $c(p)$ 的经济学解释消失了，但得到一个非常简练的一般化模型，这个一般化模型甚至包括隐藏信息模型。

在上述三种表述方法中，参数化方法是标准的方法，本节将主要采用这种方法。

今后将假定产出 π 是唯一的可观测指标（即 $x = \pi$）。委托人对代理人的奖惩只能根据观测到的产出 π 做出。这时，委托人的问题就是：

$$(P) \quad \max_{a, s(x)} \int v\{\pi - s(x)\} f(\pi, a) d\pi$$

$$s.t. \quad (IR) \quad \int u[s(\pi)] f(\pi, a) d\pi - c(a) \geqslant \overline{u} \tag{10-9}$$

$$(IC) \quad \int u[s(\pi)] f(\pi, a) d\pi - c(a) \geqslant \int u[s(\pi)] f(\pi, a') d\pi - c(a'), \quad \forall a' \in A$$

★讨论

【提示问题】

（1）什么是激励相容约束？什么是参与约束？

（2）委托—代理关系三种基本分析方法有什么异同？

（3）试结合本节引导案例，设计其激励相容约束和参与约束。

【教师注意事项及问题提示】

（1）根据本节引导案例，引导学生构建其委托—代理的基本分析模型，掌握委托—代理理论的基本分析方法和思路。

（2）通过引导学生设计本节引导案例激励相容约束和参与约束，让学生建立通过设计博弈规则来实现激励目的的思想。

第四节　应用举例

一、委托—代理理论的应用之一：股东与经理

公司有许多股东，他们指定经理来管理企业。股东当然希望经理能够做出使企业利润达到最大化的决定，但他们又怎么知道企业的利润何时能达到最大呢？如果他们了解如何使企业的利润达到最大，他们就不必雇用经理而直接向工人们发号施令了。正因为如此，股东必须雇用经理。这就带来了问题。经理真正关心的是自己的物质福利，而这些不仅仅取决于公司的利润，还与其他因素诸如经理的未来前途有关，即便如此，股东仍然希望签订一个能够激励经理最大化公司利润的合同。

是否存在有效的工具能够把对经理的激励与股东的利益结合在一起？经理实现了企业利润最大化，就给予相应的奖金或红利，这似乎是一个合适的激励方式。然而，如果股东了解企业的真正盈利能力，他们只需与经理签订一个要求企业必须达到潜在盈利水平的简单合同就可以了。问题是股东不了解企业最大盈利水平，他们又如何激励经理实现利润最大化呢？股票选择权是一种办法。股票选择权是股东给经理的一种承诺，允许经理在一定的时间间隔后购买公司一定数量的股票，而股票价格则固定在给予承诺时的价格水平。这样，经理就有了使公司股票的价格在这段时间内有最大升幅的强大激励，而这通常会使公司的利润达到最大。实际上，公司的效益差也可能是不利的随机因素作用的结果，如汇率的变化等，而这就超出了经理能够控制的范围，他也许已经尽了自己最大的努力，目的是获取丰厚报酬，但努力水平并不一定与公司的业绩和红利完全相关。在公司经历了一段低效益的时期之后，继续给予经理股票的选择权，也许会激励他们今后更加努力工作。尽管股票选择权是激励经理实现利润最大化的有效工具，但是股东却经常不懂得如何有效地使用它，更有甚者，有些股东把这种工具看成贿赂，认为经理既然领取了高额的薪酬，再索要股票选择权就讲不过去了。在中国，经理和股东在公司成立之初就持有本公司股票的现象屡见不鲜，这时，代理人有足够的激励使本公司的股票市值大幅度增长，而股票市值的上升往往伴随着企业利润的增加。这样，代理人和委托人的利益就有机地联系在一起。

兼并是能够给经理提供合适激励的另一种有效方法。兼并是指新的股东购买足以控制一个企业的股票。如果该企业没有实现利润最大化，那么对于以低价购买该公司控股权的新股东来说，就有获利的机会，而股价低正是企业利润低的反映。新的股东可能会解雇企业原有的懒散经理，这种有可能被解雇的压力就会使经理有实现利润最大化的激励。但是，由于企业经营环境和组织结构的复杂，以及确定利润最大化策略所面临的成本和困难，新的股东通常会留用原有的经理。此外，经理通常与原来的股东签有补偿合同，这种合同保证他们如果由于企业兼并而被解雇就可以获得丰厚的补偿。在兼并过程中还存在着"搭便车"的问题。原有的股东也希望通过兼并改善企业的经营从而获得更高的收益，因此他们就不愿意以低价向兼并者出售自己手中的股票，这就使兼并者难以买到足以控制公司的股权。但是在许多公司的制度中却包括有允许稀释股权的条款，新的股东可以将该企业中属于自己的资产转卖给其他的公司，而这样做对原有的小股东们是非常不利的。稀释条款还允许新股东给自己发行新的股票。但是为什么原有的股东会在公司的制度中设置这样一条有可能对自己不利的稀释条款呢？因为这个条款使兼并变得更为可信，会激励经理努力实现利润最大化，从而使被兼并的可能性变得最小。

因此，股东关心的是公司利润最大化，而经理除了考虑企业的利润，更关心的是自己的福利和收益，这两者并不完全统一。经理可以通过编造虚假数据，寻找客观理由蒙骗股东、推脱自己的责任。而股东又不能完全依据企业的效益支付经理的薪酬，因为毕竟还有许多不确定的因素在影响着企业的经营，经理更不愿意完全暴露在风险之中，所以给予管理层相应份额的股票，将经理的利益与股东的利益结合在一起，就不失为明智的选择。有人认为高层持股比例过大，在送股、配股和配股价方面易有以权谋私之嫌，既不利于公司的长远发展，也会侵害大多数股东的利益。其实，高层管理者持股比例较大并不足虑，关键是公司的董事会能否有效地控制高级经理。如果董事会不能有效地监督和控制经理的决策，就只好任由经理为所欲为了。

二、委托—代理理论的应用之二：风险资本家与风险投资者

风险资本家与风险投资者之间的委托代理关系的产生和发展是风险资本市场独特的投资方式以及风险资本家特有的专业素质共同作用的结果，并成为风险资本市场高效运转的必要条件。

由于风险投资是将资本以股权的方式投入成长初期的高新技术企业的投资行为，在投资过程中普遍存在着项目的选择以及投资后如何有效地激励与监督风险企业的运作两大问题。由于风险投资面对的项目具有很强的技术性和专业性，项目所有者、企业家和企业管理者比外部投资者更加了解企业情况，在

自身利益驱动下，他们倾向于强调企业好的一面，而隐瞒存在的困难，这就使得项目的选择存在很大的不确定性。在企业运作过程中，管理者有很多机会做出有利于自己而损害外部投资者的事情，使得本来就需要面临很高的技术风险、财务风险、经营风险等诸多风险的风险资本还需面对风险企业的管理风险即道德风险，这又要求投资者要具有相当水平的管理才能并投入相当的精力于风险企业的管理和运作中。解决这两大问题需要投资者进行复杂细致的投资前调查和精心的交易合同设计，并要求在投资后进行直接管理与监督。大部分直接投资者并不能很好地做到这两条，其原因有二：一是缺乏专业的知识与技能，二是相互依赖存在"搭便车"的问题。

风险资本家是风险资本投资过程中风险资本筹集、管理及运作的市场参与者。他们长期专注于某个行业、领域甚至某个特定阶段的投资管理活动，积累了丰富的投资经验，成为某些领域具有成功投资经验的专业投资家。在拥有丰富投资经验的同时，风险资本家还兼具相当的管理才能和分析判断能力以及让人羡慕的社会关系网络。风险资本家将筹集到的具有相当规模的资金按照一定的标准投向自己熟悉的某几个领域中的经过严格筛选和细致调研的有着巨大增值潜力的几个风险项目中，并投入时间和精力来提高项目成功的概率和加大资本增值的幅度。

风险资本家的专业运作同社会生产的其他领域分工细化的原理类似，会在一定程度上提高资本的运作效率，降低风险资本的非系统性风险。对于整个风险资本市场来讲，委托—代理关系的出现必然会引起相应的代理成本，但从美国风险资本市场的风险投资机构蓬勃发展的实践经验看，风险资本家带来的运作成本的节约以及风险资本的额外增值远远超过了委托风险资本家的代理成本。随着风险资本市场的发展，风险资本家呈现出越来越明显的专业分工趋势。有些风险资本家从事计算机行业投资，有些则投资于生物技术行业；有的风险资本家投资于发育成长早期的企业，而有的则集中投资于较为成熟的企业。这种专业分工有利于进一步提高风险资本市场的效率，因此风险资本运作过程中的风险投资者与风险资本家之间的委托—代理关系的存在是科学的，是风险资本市场运作模式的必然趋势。

习题 10

（1）构成委托—代理关系的基本条件有哪些？

（2）公司制企业中，股东、经理、债权人、员工、顾客、供货商等都被称为"利益相关者"。分析不同利益相关者之间的委托—代理关系。特别地，解释在什么情况下可以说"员工是委托人，经理是代理人"？

（3）风险中性的股东雇用风险规避的经理，工资契约完全由股东确定，经理只能选择接受或拒绝，契约一旦确定就不能修改。努力的货币损失为 ψ，经理的保留效用 $U_0 = U(w_0)$。企业的收益如表 10-3 所示，其中，$0<P_L<P_H<1$，$\pi_H>\pi_L$。

表 10-3　不同收益水平的概率分布

收益 ＼ 努力程度	努力	不努力
高收益（π_H）	P_H	P_L
低收益（π_L）	$1-P_H$	$1-P_L$

1）写出经理付出努力是社会最优的条件。

2）求解信息对称时的最优工资契约，该契约有何特点？

3）说明在非对称信息情形下激励经理努力更为困难。

（4）假设代理人的效用函数为 $U=\sqrt{w}-e$，其中 e 为不可观察的努力水平，可取值 0 或 7，代理人的保留效用为 4。风险中性的委托人需要为雇用代理人而相互竞争。企业的收益如表 10-4 所示。

表 10-4 不同收益水平的概率分布

收益 \ 努力程度	$e=7$	$e=0$
1000	0.8	0.1
0	0.2	0.9

1）给出为使代理人付出高努力的激励相容约束、参与约束和零利润条件。

2）当只能实行固定工资时，代理人效用将是多少？

3）在对称信息下，代理人的效用是多少？

4）在非对称信息下，代理人的效用是多少？

本章扩展学习资源

詹姆斯·莫里斯

1. 人物简介

詹姆斯·莫里斯（James A. Mirrlees，1936~2018 年）生于苏格兰的明尼加夫，1957 年获得爱丁堡大学数学硕士学位。1963 年获剑桥大学经济学博士学位。激励理论的奠基者，莫里斯在信息经济学理论领域做出了重大贡献，1996 年诺贝尔经济学奖获奖者。

2. 学术贡献

作为经济学家，莫里斯自 20 世纪 60 年代便活跃于西方经济学界，以激励经济理论的研究见长。20 世纪 70 年代，他与斯蒂格里茨、罗斯、斯彭斯等人共同开创了委托—代理理论的研究，并卓有成就。现在流行的委托—代理的模型化方法就是莫里斯教授开创的。莫里斯分别于 1974 年、1975 年、1976 年共发表了三篇论文，即《关于福利经济学、信息和不确定性的笔记》《道德风险理论与不可观测行为》《组织内激励和权威的最优结构》，奠定了委托—代理的基本模型框架。莫里斯教授开创的分析框架后来又由霍姆斯特姆等人进一步发展，在委托—代理文献中，被称为"莫里斯-霍姆斯特姆模型方法"。

对于莫里斯来说，他的理论研究高峰真正出现的时间是 1996 年。这一年，因詹姆斯·莫里斯对不对称信息理论的贡献，他和威廉·维克瑞一起荣获诺贝尔经济学奖，凭借着这样一份内部交流文稿就摘走了国际经济学界的桂冠。

主要论著如下：

［1］ James A. Mirrlees Notes on Welfare Economics, Information and Uncertainty ［M］//James A. Mirrlees. Welfare, Incentives, and Taxation. Oxford：Oxford Academic，2006.

［2］ James A. Mirrlees. The Theory of Moral Hazard and Unobservable Behaviour：Part I ［J］. Review of Economic Studies，1999，66（1）：3-21.

［3］ James A. Mirrlees The Optimal Structure of Incentives and Authority within an Organization ［J］. Bell Journal of Economics，1976，7（1）：105-131.

［4］ James A. Mirrlees An Exploration in the Theory of Optimum Income Taxation ［J］. The Review of Economic Studies，1971，38（2）：175-208.

［5］ Peter A. Diamond，James A. Mirrlees. Optimal Taxation and Public Production I：Production Efficiency ［J］. The American Economic Review，1971，61（1）：8-27.

［6］ James A. Mirrlees. Optimal Tax Theory：A Synthesis ［J］. Journal of Public Economics，1976，6（4）：327-358.

第十一章
逆向选择和道德风险

【学习目标】

逆向选择和道德风险基本模型可以视为激励（Incentive）理论的框架结构，激励理论作为博弈论在经济学中重要的应用之一，在各个领域中有着广泛的应用。它揭示了不对称信息在经济中扮演的重要角色，对于研究者了解经济系统的实际运作模式和其中存在的种种问题多有帮助。

通过本章的学习掌握以下问题：

（1）了解不对称信息对经济系统运行产生的影响。

（2）掌握逆向选择和道德风险的基本模型。

【能力目标】

提高学生运用不对称信息博弈分析处理经济问题的能力。

第一节　逆向选择

当人们进行交易时，如果相关信息在交易双方之间是对称的，此时人们会选择合适的商品或者合适的交易对象，通过谈判达成一个对双方都有利的交易条件，任何潜在的帕累托改进都可以实现。但是，如果相关的信息在交易时是不对称的，如买方不了解商品质量信息但卖方知道，此时人们可能会发现选择的商品或交易对象未必是自己希望的，由于担心受骗上当，好东西未必能卖出好价钱。这种情况我们称之为逆向选择。逆向选择的存在使得很多潜在有利的交易无法实现，严重的话还会导致市场坍塌。

一、旧车市场中的逆向选择

最早注意到逆向选择问题的是 2001 年诺贝尔经济学奖得主阿克洛夫。阿克洛夫（Akerlof）在 1970 年发表的《柠檬市场：质量不确定性与市场机制》一文中，通过考察二手车的交易发现，不对称信息会使得市场交易难以顺利进行。

与新车不同，旧车市场上二手车质量参差不齐。为简单起见，我们假定二手车有两种类型：好车或坏车。假定好车对卖方的价值是 20 万元，对买方的价值是 22 万元；坏车对卖方的价值是 10 万元，对买方的价值是 12 万元。在完全信息下，买方能够辨认好车和坏车，买卖双方通过谈判容易达成协议，如好车的价格为 21 万元，坏车的价格是 11 万元，两类车都可以交易。但如果存在信息不对称，卖车的人知道自己出售的车是好车还是坏车，而买方只知道每辆车有（比如说）50% 的可能性是好车，50% 的可能性是坏车。那么，按简单的加权平均，这辆车对买方的预期价值是 17 万元。买方愿意为这辆车出价多少呢？你或许会认为，只要卖方愿意接受的价格不高于 17 万元，双方就能达成交易。但这个想法是错误的。设想卖方愿意接受比如说 15 万元的价格，买方会买这辆车吗？肯定不会，因为他们知道，卖方愿意以 15 万元的价格卖出这辆车，表明这肯定是一辆坏车，对买方只值 12 万元，因为拥有好车的卖主不会接受任何低于 20 万元的价格。因此，买方不能出平均价，最多只愿意出 12 万元。这样，坏车可以成交，但好车没有办法成交。由于信息不对称，坏车把好车挤出这个市场。这就是逆向选择。类似所谓的"劣币驱逐良币"。

更一般地，我们有如图 11-1 所示的信息不完全博弈。

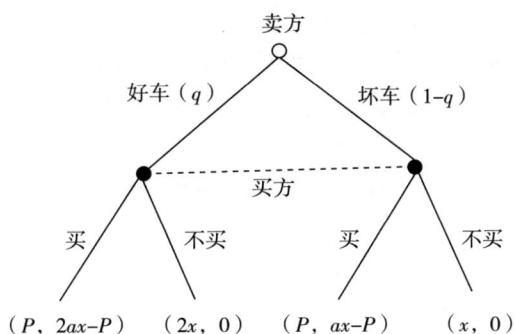

图 11-1 不对称信息下二手车交易

假定卖方所出售的二手车只有好车和坏车两类。图 11-1 中对应买方决策的两个节点间有一条虚线，表示买方信息不完全，即不知道车的质量，只知道好车的概率为 q，坏车的概率为 $(1-q)$。假定好车和坏车对卖方的保留价值分别为 $2x$ 和 x，对买方的价值分别为 $2ax$ 和 ax。这里，我们假定无论是卖方还是买方，好车的价值是坏车的两倍；对买方的价值是卖方的 a 倍（$a \geq 1$，否则交易没有意义）。我们用 P 表示成交价格。由于无法区分好车和坏车，P 是市场上所有车的成交价格。如果是好车，双方成交后买方获得的增加值是 $2ax-P$；如果是坏车，买方获得 $ax-P$。对于卖方，无论出售的是好车还是坏车，只要成交，其获得的收益都是 P。如果交易没有达成，旧车仍然属于卖方，好车价值为 $2x$，坏车为 x，双方的收益为 0。

假定买卖双方都是理性的，谁也不会干亏本的买卖。那么，对于买方而言，只有买车得到的预期净收益大于不买车的净收益（恒为 0）时，才会购买。对于卖方而言，成交的购车价格不能低于他的保留价值，即坏车的售价不能低于 x，好车的售价不能低于 $2x$。

具体来说，要是交易达成，买方买车得到的预期收益应不小于不买车的收益，用数学公式表示就是：

$$q(2ax-P)+(1-q)(ax-P) \geq 0 \tag{11-1}$$

化简后得到：

$$P \leq (1+q)ax \tag{11-2}$$

如果存在信息不对称，买方愿意支付的最高价格是 $(1+q)ax$。对于拥有坏车的卖方而言，其愿意接受的最低价格是 x，在 x 和 $(1+q)ax$ 之间的某个价格上，双方可以达成交易。但是对拥有好车的卖方而言，能够接受的最低价格是 $2x$，双方合意的价格必须满足：

$$2x \leq P \leq (1+q)ax \tag{11-3}$$

这也意味着有：

$$2x \leq (1+q)ax \tag{11-4}$$

只要 x 不等于 0，进一步化简得到：

$$q \geq \frac{2}{a}-1 \tag{11-5}$$

也就是说，给定消费者对车的评价，只有当市场上好车的比例足够大时，好车才有可能成交。或者等价于另外一个条件：

$$a \geqslant \frac{2}{1+q} \tag{11-6}$$

即给定好车的比例，只有买方对旧车的评价比卖方足够高，好车才有可能成交。

这个从代数上推导出来的条件，其实是要求买卖双方对商品价值的评价差异要足够大。比如说，给定 $q=1/2$，要求 a 不小于 4/3，而在完全信息条件下，只要 a 不小于 1，交易协议就可以达成。显然，如果信息不对称，那么介于 1 和 4/3 之间的 a 就无法实现交易。这表明本来可以实现买卖双方共赢的交易，由于信息不对称无法实现。在前面的例子中，我们假定 $a=1.2$（坏车）和 $a=1.1$（好车），这个条件不满足，所以好车没有办法交易。事实上，如果我们假定买方对车的评价只比卖方高出 20%（即 $a=1.2$），则只有好车的比例不低于 0.67 时，好车才有可能成交。

我们可以使用图 11-2 来体现不完全信息下实现交易的临界条件。

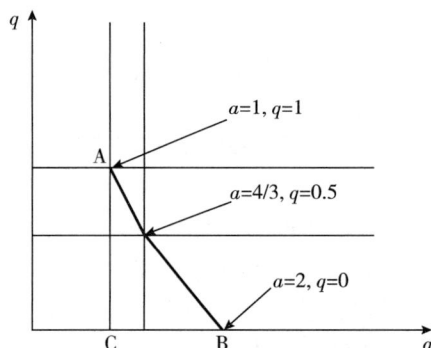

图 11-2　市场交易的临界条件

如 11-2 中曲线 A、B 所示，要么买方对车的评价足够高（a 大），要么市场上好车的比例足够高（q 大），如果两个条件都不能满足，就会出现所谓的市场失灵：ABC 区域就是一个市场失灵区域。在完全信息的情况下，ABC 区域内的交易可以达成；但在信息不完全的情况下，这些交易将无法实现。

概括地说，所有的交易要能发生，就要求 a 必须不小于 1，即待交易的物品对买方的价值大于卖方。反过来说，只要 a 大于 1，这个交易就可以增加总价值。但如果存在信息不对称，即使 a 大于 1，交易也不一定能进行，这就是效率损失，或者说市场失灵。

现实社会中人们对陌生人的评价也是这样。任何人打交道相当于一种交易，决定人们是否与陌生人交往的主要因素有两个：一是陌生人中"好人"的比例，二是与陌生人交往带来的好处。根据上述推导的结果，如果好人的比例很高，比如说人口中 90% 都是好人，那只需要 a 不小于 20/19 即可实现合作；反之，如果人口中好人的比例只有 30%，则只有 a 大于 20/13 时，合作才可能实现。直观上看，如果好人很多，即使与陌生人打交道带来的好处不算很大，人们也愿意与之交往；如果好人的比例非常低，只有预期的收益很高时，人们才愿意与陌生人交往。坏人并不一定就没人交往，如果与坏人交往得到的好处足够大，也会有人愿意与他们交往。

这可以解释为什么改革开放早期，人们明明知道商贩可能是个骗子，也愿意购买其商品。当时商品严重短缺，即使假冒伪劣的产品也有很高的价值。即使在今天，仍有不少人"知假买假"。一些所谓的"名牌产品"（如名包、名表）明明是假的，但由于价格很低，穿戴上又可以以假乱真，对许多人还是很有诱惑力的。

二、金融市场中的逆向选择

金融市场的信息不对称情况比一般的商品市场要严重得多。我们这里来分析一下保险和银行信贷市场中的信息不对称问题。

先来看一下保险市场。人们都厌恶风险，并希望通过购买相应的保险来减少发生风险的损失，这就出现了保险业。以疾病保险为例，如果信息是对称的、完全的，保险公司可以根据每个投保人得病风险的不同，制定不同的收费标准。比如说，假定投保 100 万元，如果得病概率是 10%，就收 10 万元的保费；如果得病概率是 5%，就收 5 万元的保费。这样，每个人都可以买到适合自己的保险。

但如果保险公司只知道人群中平均的患病概率，对具体每个人的情况不了解，则它只能根据患病的平均概率确定一个统一的保费水平，比如说，每人都收 8 万元。但此时，患病概率较低的人会觉得吃亏，他们很可能会退出保险市场。随着低风险客户的退出，保险公司面临的剩下的参保人的平均患病概率会提高。如果按照原来的保费标准肯定会亏损，保险公司因而就需要提高收费标准。但收费提高之后，剩下的参保人中新的患病概率小的一部分人又会退出保险市场。这样，投保人患病的平均概率进一步上升，引发保险公司进一步提价，导致更多的"优良客户"流失，从而陷入一种恶性循环。到最后，只有患病可能性最大的人才愿意参加保险，这一过程如图 11-3 所示（图 11-3 中，患病的实际概率从低到高排列，水平线代表平均概率，垂直线代表退出市场人数。保费上升与"优质"客户退出互动，导致投保人患病的平均概率不断上升）。这就是保险市场的逆向选择问题（Rothschild and Stiglitz，1976）。

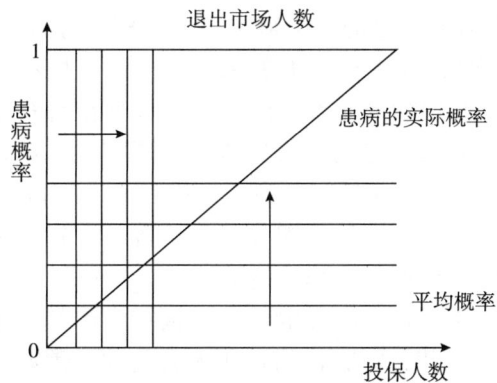

图 11-3　保险市场上的逆向选择

现实市场上许多保险险种之所以不存在，原因就在于逆向选择和本章下一节讨论的道德风险。比如现在保险公司不提供自行车被盗险。事实上，20 世纪 80 年代初，中国人民保险集团股份有限公司曾经提供过自行车被盗险。最初，保险公司根据没有保险时的自行车被盗率计算出保费，但很快就发现，投保自行车的被盗率明显上升。保险公司发现自己亏损后，就提高保费，但很快又发现自行车的被盗率进一步上升，还是亏损。最后就把自行车保险取消了。这里的原因在于，当保险公司按之前的平均被盗率收取保费时，那些知道自己的自行车被盗可能性很小的人会选择不投保，所以实际投保的自行车的被盗率自然高于全社会自行车的被盗率。当保险公司提高保费时，又一些被盗率相对低的人退出了保险。同时，由于道德风险的原因，投保人更不注意防盗，甚至有人故意骗保。

银行信贷市场同样面临逆向选择问题。假如两个项目 A 和 B，均需要 100 万元投资，A 项目成功的概率为 90%，如果成功收益为 130 万元，如果失败收益为 0。B 项目有 50%的概率成功，如果成功，将获益 200 万元，失败的收益也为 0。直观地看，B 项目风险大，但是一旦成功收益也多；A 项目风险小，但是成功时的收益也相对较少。如果比较预期收益，A 项目的预期收益是 130×0.9 = 117 万元，B 项目的预期收益是 200×0.5 = 100 万元。从这个角度看，项目 A 要优于项目 B。

如果信息是对称的，银行知道哪个项目是高风险，哪个项目是低风险，就可以制定相应的利率。假设银行要求的预期回报率是 10%。如果项目 A 申请贷款，要保证 10% 的预期回报，给定 A 项目 90% 的成功率，银行需要项目 A 成功后偿还的利率为 22%（110/0.9≈122）；同理，如果 B 项目申请贷款，银行要求的利率应为 120%（110/0.5 = 220）。在这两种利率下，银行的期望收益率都是 10%。此时，项目 A 会愿意贷款，因为如果成功了，获得 130 万元，还给银行 122 万元，还剩 8 万元的净收益；如果失败了则宣布破产，最终收为 0。项目 B 则不愿意贷款，因为即使成功，200 万元的收益并不够偿还贷款本利 220 万元。这个时候社会最优的决策和个人最优的决策是一致的：A 项目的预期收益率大于银行的资金成本 10%，应该得到贷款，而且实际上也会得到贷款；B 项目由于预期收益率是零，低于社会成本，不应得到贷款，也确实不会得到贷款。这是完全信息下的理想状态。

如果信息不完全，社会最优的资金分配就没有办法实现。假设银行不知道项目 A 还是项目 B，只知道项目是 A 或 B 的概率皆为 0.5。要确保 10% 的期望收益率，银行只能根据项目类型的分布收取一个平均利率：22%×0.5+120%×0.5 = 71%。这就是说，如果要贷款，银行会要求 71% 的利率。如果项目成功，企业需要偿还 171 万元。这样，只有高风险的项目 B 会申请贷款，而低风险的项目 A 不会申请贷款。这是因为，项目 A 在最好的情况下也只能获得 130 万元，贷款显然不合算；而项目 B 如果成功会盈利 200 万元，偿还银行 171 万元后还有 29 万元的净利润。银行知道愿意接受 71% 利率的一定是高风险的项目 B，给这样的项目贷款当然是不合算的。这样，想贷款的项目一定是坏项目，而好的项目反而得不到贷款，社会的最优选择无法实现，仍然是信息不对称造成的。

这实际上就是另一位 2001 年诺贝尔经济学奖得主斯蒂格利茨等人研究信贷配给的原因（Stiglitz and Weiss, 1981）。我们知道，在一般商品市场上，只要买的人愿意多付钱，卖的人总是愿意卖给他，配给制只发生在价格受到管制的计划经济时期和战时经济时期。但即使没有利率管制，银行对贷款申请也实行配给制，并不是愿意支付较高利率的人一定能够得到贷款。事实上，银行往往愿意把资金贷款给愿意付较低利率的申请者，而不是愿意支付高利率的申请者。原因在于，银行的预期收益不仅取决于利率水平，还取决于还款的概率，并不是利率越高银行的预期收益就越高。在前文的例子中，利率是 22% 时，"好"企业会贷款，其还贷的概率是 90%，而如果利率上升到 71%，"好"企业会出局，只有"坏"企业会贷款，其还贷的概率只有 50%。正是由于逆向选择的原因，银行索取的利率越高，贷款申请人的平均质量越差。当银行索取的利率非常高时，只有赌徒式的企业才会贷款。因此，银行的预期收益与利率水平呈图 11-4 所示的倒"U"形关系。

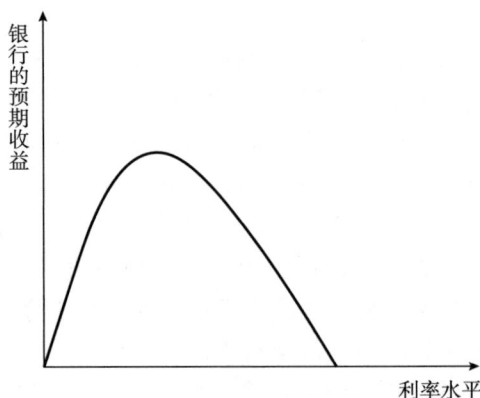

图 11-4　利率水平与银行预期收益

图 11-4 中，一开始随着利率的上升，预期收益上升，而当利率超过一定界限之后，再提高利率，预期收益反而降低，利率越高，向银行贷款的人越可能是"赌徒"。就如同如果有人借 10 万元，承诺的回报率是百分之一千，人们一般不会相信他真的能够还本付息，银行不会因为客户愿意多付利息就会增加授信。

从这点看，信息不对称会导致信贷市场上好项目不一定能够得到融资，还会大大提高银行的经营风险。为了解决这个问题，金融体系中也有相关的制度保证。信贷资金的配给制就是其中的一种。配给制有助于克服在信息不对称条件下资源配置的无效性，因而从社会的角度讲也是正当的。如果一个商场拒绝向你出售商品，你或许可以向消费者协会投诉甚至可以向法院起诉，但如果银行拒绝向你提供贷款，你是没有办法投诉或者起诉的。

曾经发生的保险公司停止办理车贷保险事件就是信息不对称导致的。车贷为买车的人提供了一条便捷途径，售价为 20 万元的汽车，消费者可以先以 6 万元作为首付，剩下的 14 万元通过银行贷款按揭偿还。因为偿还存在一定风险，保险公司开设了车贷保险，为银行减轻后顾之忧。但是，由于许多恶意骗保逃债现象的存在，迫使保险公司不再愿意提供车贷保险，而一旦保险公司取消保险，银行也就不愿意提供贷款。很多刚毕业的年轻人想买车，本来可以通过银行按揭的方式购买，但是由于其中无法被识别出来的"害群之马"的存在，导致了规则的变更，让所有人承担最终的高成本。这就是逆向选择的代价。

另外，在世界上几乎所有国家中，中小企业普遍难以获得贷款，也是因为存在严重的信息不对称。一些大的公司，资产、财务报表会公开，银行对其更有信心，而一个小企业，银行难以知道其经营状况，也就不愿意给它贷款，结果就出现了中小企业融资难的问题。

★讨论

【提示问题】

（1）如何理解信息不对称会导致逆向选择？

（2）设想你走在大街上，或者开车时在红绿灯前停下的时候，遇到一个乞讨者，针对你应该施舍还是不施舍的问题，试通过构建一个信息不对称下的施舍博弈分析乞讨中的逆向选择现象。

【教师注意事项及问题提示】

（1）根据本节介绍的阿克洛夫旧车市场模型，引导学生思考生活中其他一些逆向选择现象，如学术界存在的逆向选择问题，论文质量和数量的问题等。

（2）通过引导学生对逆向选择理论的学习，引导学生思考如何通过设计市场机制或是非市场机制（如政府干预）来解决逆向选择问题。

第二节 道德风险

一、道德风险的产生

道德风险也译为败德行为，是指经济代理人在使自身效用最大化的同时，损害委托人或其他代理人效用的行为。

道德风险并不等同于道德败坏。亚当·斯密（1776）在《国富论》中就已经意识到了道德风险的存在，只是没有采用这样一个名词。道德风险是 20 世纪 80 年代西方经济学家提出的一个经济哲学范畴的概念。在经济活动中，道德风险问题相当普遍。获 2001 年诺贝尔经济学奖的斯蒂格利茨在研究保险市场时，发现了一个经典的例子：美国一所大学学生自行车被盗概率约为 10%，有几个有经营头脑的学生发起了一个对自行车的保险，保费为保险标的的 15%。按常理，这几个有经营头脑的学生应获得 5% 左右的利润。但该保险运作一段时间后，这几个学生发现自行车被盗概率迅速提高到 15% 以上。何以如此？这是因为自行车投保后学生们对自行车安全防范措施明显减少。在这个例子中，投保的学生由于不完全承担自行车被盗的风险后果，因而采取了对自行车安全防范的不作为行为。而这种不作为的行为，就是道德风险。

通常在合同签订后，如果代理人的行动选择会影响委托人的利益，而委托人不清楚代理人的行动选择，委托人利益的实现就有可能面临"道德风险"。

道德风险发生的一个重要原因就是信息不对称。在委托人和代理人签订合同时，双方拥有的信息是对称的，但是当委托—代理关系建立之后，由于委托人无法观察到代理人的某些私人信息，特别是代理人工作努力程度的信息，或者委托人获得有关代理人的信息需要付出高昂的成本，因此信息呈现不对称。这时，代理人可能会利用自己独占的私人信息，选择对委托人不利的行动，从而损害委托人的利益。可见，代理人拥有独占性的私人信息是道德风险产生的关键。

因此，要避免道德风险，委托人必须获得代理人的私人信息，以消除信息的不对称性。但在现实中，委托人很难或不可能完全获得这些私人信息，所以道德风险在现实生活中不可能完全被消除。

二、道德风险的不利影响

在现实生活中，道德风险的存在会给经济生活带来许多消极影响，主要表现在：不利事件发生的概率上升，影响资源的最优配置，造成大量社会财富损失和浪费，导致市场均衡的低效率。

在医疗保险市场上，投保人一旦获得医疗保险，理性的投保人就将增加自己这方面的开支，要求医生开一些贵重药品，实则增加了医疗保险支付的数量，即增加了社会成本。这样会导致社会风险服务和医疗服务的低效率。

在劳动力市场上，雇主和雇员签订劳动合同后，雇员的工作努力程度这个信息在雇主和雇员之间是不对称的。如果雇主无法从雇员的工作绩效中推测出其工作努力程度，同时雇员的收益与雇主的效用无关，雇员就会有偷懒的动机，不会努力工作。因为努力工作要付出相应的脑力和体力，导致身心疲惫，对于雇员来说是负效用的，但这种努力有利于雇主的效用的提高。在这种情况下，雇员就会选择一个对自己有利但对雇主不利的较低努力水平，从而出现道德风险，导致生产的低效率。

在资本市场上，银行在贷款时，无法根据借款者的回报率给予其不同的利息率。银行能否收回贷款并获得利润，既取决于借款者的经济效益，也取决于银行所处环境状态的各种不确定性。当银行以借款者的经济收益作为利息率标准时，借款者就会利用银行难以观察或不可能观察到的隐蔽行动采取相应行动，或是虚报利润额，或是非法转移资金。这类道德风险行为使银行承担的风险比贷款前有所增加。

综合以上分析，道德风险可能导致社会福利降低，保险、劳动力、资本等风险市场不完备，而完备的经济刺激难以达到最优的资源配置。因此，经济学家深入研究了以合作和分担风险为中心的激励机制理论，使不对称信息条件下的市场能够产生次优经济效率。

三、道德风险的一般模型

代理人的努力是不可证实的，并且为此它不能被作为合约的变量，假设这一努力带来的结果在期末是可证实的，获得的结果将被包括在合约有关代理人的规定中。

具体按时间顺序分析这一博弈。最初，委托人决定提供怎样的合约给代理人。然后，代理人根据委托人确定的合约条款决定是否接受这一关系。如果合约最终被接受，给定所签的合约，代理人必须决定他最希望的努力水平。这可以由代理人自由决策，因为努力不是一个合约变量。因此，当委托人设计这一定义关系的合约时，委托人必须明白，合约签订以后，代理人将选择的是对他个人而言最好的努力水平。

考虑一个风险中性的委托人或一个风险厌恶的代理人的事例。在这一事例中，对称信息的最优合约是由委托人为代理人完全保险。然而，如果代理人的努力是不可观察的，那么一旦他签订了合约，他就将付出对自己最有利的努力水平。因为工资与结果无关，所以他会付出最低的努力水平。因此，委托人将会获得低于与对称信息境况相一致的预期利润，因为代理人的努力不同于（小于）有效率水平。

假设代理人可以选择的行动集合为 A，$a \in A$ 是代理人可能选择的一个行动。这里假设 a 为代表工作努力水平的一维变量；当代理人选择某个具体的努力水平 a 之后，由于存在确切未知的随机变量，得到某种所有权归属于委托人的结果(如收益)。假定 X 的集合有限，即 $X = \{x_1, \cdots, x_n\}$，则在努力 a 下 x_i 发生的条件概率可记为：

$$\text{Prob}[x = x_i \mid a] = p_i(a), \quad i = 1, 2, \cdots, n \tag{11-7}$$

这里的 $p_i(a)$，$\sum_{i=1}^{n} p_i(a) = 1$。设 w 是对代理人的支付，$u = u(w)$ 是代理人的确定性收入效用函数，其中 u 是代理人在收入为 w 下的效用水平，则委托人的确定性收入效用函数为 $v = v(x-w)$，其中 v 是委托人在收入为 $(x-w)$ 下的效用水平。代理人选择任何努力水平 a 几乎都会给他带来一定程度的"辛苦"或"痛苦"，假定其可被一种效用测度的"成本函数" $c(a)$ 来刻画，并且假设有 $c' = dc(a)/da > 0$，$c'' = dc'/da > 0$。

由于努力水平不是一个可量化的和可观测得到的变量，因此委托人不能把努力水平包含在合约条款中。换句话说，委托人可以"提议"某一努力 a^*，但他必须确保这正是代理人想要付出的水平。该博弈的最后阶段（且他作为道德风险问题的基本点）就是在这一阶段代理人选择付出的努力。这一选择可以写成：

$$\sum_{i=1}^{n} p_i(a^*) u(w(x_i)) - c(a^*) \geq \sum_{i=1}^{n} p_i(a') u(w(x_i)) - c(a'), \quad \forall a' \in A \tag{11-8}$$

这一条件就是委托—代理合同中的激励相容约束。可以说，激励相容约束反映了道德风险问题：一旦合约被接受，由于努力是不可证实的（它没有包括在合约条款中），因此代理人会选择最大化其目标的努力水平。

在该博弈的第二阶段，既定代理人将付出的努力和执行合约条款，代理人决定是否接受委托人提出的合约。形式化就有：

$$\sum_{i=1}^{n} p_i(a) u(w(x_i)) - c(a) \geq \underline{U} \tag{11-9}$$

这一约束条件就是参与约束条件，也称为个体理性条件。参与约束条件所反映的事实是，如果代理人通过某合约的所得，不大于他从市场中其他选择中所获得的所得，那么，他总会拒绝这一合约。

在该博弈的第一阶段，委托人设计合约来预期代理人的行为。即委托人推出的合约就是以下问题的解：

$$\max_{a, w(x_i)} \sum_{i=1}^{n} p_i(a) v(x_i - w(x_i)) \tag{11-10}$$

s. t.

$$\sum_{i=1}^{n} p_i(a) u(w(x_i)) - c(a) \geq \underline{U} \tag{11-11}$$

$$\sum_{i=1}^{n} p_i(a^*) u(w(x_i)) - c(a^*) \geq \sum_{i=1}^{n} p_i(a') u(w(x_i)) - c(a'), \quad \forall a' \in A \tag{11-12}$$

其中，第一个约束就是参与约束，第二个约束就是激励相容约束。

四、信贷市场的道德风险

个人贷款涉及银行和个人（借款人）两个方面，两者之间的行为是一种博弈。由于目前我国个人信用制度尚未建立完善，上述的博弈成为一种非对称信息的博弈。这里的非对称信息是指个人拥有但银行不拥有的信息。因此，自然就产生了道德风险问题。

银行在发放个人住房贷款前要审查借款申请人的资信、收入等情况，假设借款人是完全合格的（符合银行要求的各项条件），银行发放贷款。但合同签订后，银行无法观察到借款人的行为，无法随时掌握借款人经济条件、家庭等方面的变动情况。此时，借款人有两个选择：一是按时归还贷款本息；二是赖账，拒绝还款。很明显，借款人如果采取第二种选择，必须要承担违约的风险，即在借款合同中签订的由银行通过诉讼，拍卖抵押品以抵偿。但倘若抵押品是生活必需品，根据有关法律规定，属于个人的生活必需品，应当留给个人。这样，借款人的违约成本就仅剩下道义和舆论上的谴责了。如果再把这种道义和舆论上的谴责由相当数量的个人进行分摊，那么违约成本简直是微乎其微。违约成本过低，使借款人能够轻易地做出拒绝还款的选择。

与其他市场上的道德风险不同的是，导致信贷市场上的道德风险发生的原因是在以个人信用为主要交易载体的市场上缺乏鼓励守信的激励机制。个人遵守信用，按时归还贷款的行为不能得到任何形式的奖励。相反，不守信用、恶意赖账的行为，却可能获得相对多的效益。因此，银行应设立合理的激励体系，引导良好社会信用关系的建立和延续。

要做到这点，银行应该建立起完善的个人信用服务制度。在这种制度下，如果个人的守信良好，那么他就能从银行得到全套的信用服务，包括其他消费信贷办理优惠（免报送部分材料、免部分手续和免部分手续费等）、信用卡使用优惠（透支额的增加、服务费的减少）、金融信息服务和个人理财服务。

考虑到不完全信息的情况，银行不可能完全查知个人的守信程度，个人的守信程度也可能随各种因素的改变而发生变动，银行不得不根据所能知悉的个人情况猜测个人的守信程度。在这种情况下，最优的激励计划应该是设置分级的信用优惠政策，对在不同时间段内的守信者给予级差优惠。例如，可以对在2年内、4年内、6年内……一直守信者，依次增加信用优惠和金融服务。这样使个人有了守信用的激励，却不使他承担全部的风险。

★讨论

【提示问题】

（1）如何理解信息不对称会导致道德风险的发生？

（2）针对腐败（道德风险）现象，试通过委托—代理理论来分析腐败问题。

【教师注意事项及问题提示】

（1）通过理论的学习和资料的收集，引导学生思考生活中常见的道德风险问题产生的原因。

（2）通过引导学生对道德风险的理解，引导学生思考如何设计一个激励机制来解决道德风险问题，比如说，如何使得政治家替老百姓服务，以什么样的激励手段保证政治家不滥用权力；如何使经理人为股东的利益服务，使他们不滥用经理人的权力等。

习题11

（1）请问逆向选择中逆向的含义是什么？

（2）假设在一个信贷市场上，借款人的信用可靠程度 q 服从 $[0, 2]$ 上的均匀分布，信用可靠程度为 q 的借款人愿意接受的最高贷款利率为 $(3-q) \times 6\%$，贷款人贷款给信用可靠程度为 q 的借款人要求得到的最低利率为 $(3-q) \times 4\%$，贷款人不能判断具体每个借款人的信用可靠程度，只知道借款人的信用可靠程度的分布，并且贷款人是风险中性的。请用阿克洛夫模型分析上述贷款市场的逆向选择过程和结果。

（3）请尝试以保险市场为背景，建立相应的逆向选择模型，然后分析模型。

（4）试辨析逆向选择与道德风险的区别，并举例说明。

（5）试分析基金管理者在基金销售过程中的道德风险可能有哪些，针对你提出的道德风险谈谈避免道德风险的方法。

本章扩展学习资源

约瑟夫·斯蒂格利茨

1. 人物简介

约瑟夫·斯蒂格利茨（Joseph E. Stiglitz, 1943—），美国经济学家，美国哥伦比亚大学教授，英国曼彻斯特大学布鲁克斯世界贫困研究所（BWPI）主席。他于1979年获得约翰·贝茨·克拉克奖（John Bates Clark Medal），由于其在"对充满不对称信息的市场分析"领域所做出的重要贡献，2001年约瑟夫·斯蒂格利茨获得诺贝尔经济学奖。斯蒂格利茨曾担任世界银行资深副总裁与首席经济学家，提出经济全球化的观点。他还曾经在国际货币基金组织任职。

2. 学术贡献

斯蒂格利茨为经济学的一个重要分支——信息经济学的创立做出了重大贡献。他所倡导的一些前沿理论，如逆向选择和道德风险，已成为经济学家和政策制定者的标准工具。他是世界上公共部门经济学领域最著名的专家。斯蒂格利茨教授是数以百计的学术论文和著作的作者和编者，包括十分畅销的本科教材《公共部门经济学》（诺顿公司）和与安东尼·阿特金森合著的《公共经济学讲义》。1987年，他创办的《经济学展望杂志》降低了其他主要经济学杂志所设立的专业化障碍。斯蒂格利茨是美国最著名的经济学教育者之一。他先后执教于耶鲁大学、普林斯顿大学和牛津大学，并从1988年开始在斯坦福大学任教。他主讲经济学原理、宏观经济学、微观经济学、公共部门经济学、金融学和组织经济学，包括在该校最受欢迎的经济学。

主要论著如下：

［1］Joseph E. Stiglitz, Hirofumi Uzawa. Readings in the Modern Theory of Economic Growth ［M］. Massachusetts：MIT Press, 1969.

［2］Sanford J. Grossman, Joseph E. Stiglitz. Information and Competitive Price Systems ［J］. American Economic Review, 1976, 66（2）：246-253.

［3］约瑟夫·E. 斯蒂格利茨, 安东尼·B. 阿特金森. 公共经济学 ［M］. 格致出版社，上海三联出版社，上海人民出版社，2020.

［4］Joseph E. Stiglitze. The Price of Inequality：How Today's Divided Society Endangers Our Future ［M］. London：Penguin UK, 2012.

［5］Joseph E. Stiglitze, Andrew Weiss. Credit Rationing in Markets with Imperfect Information ［J］. American Economic Review, 1981, 71（3）：393-410.

［6］Joseph E. Stiglitze. Peer Monitoring and Credit markets ［J］. The World Bank Economic Review, 1990, 4（3）：351-366.

［7］Sanford J. Grossman, Joseph E. Stiglitze. On the Impossibility of Informationally Efficient Markets ［J］. American Economic Review, 1980, 70（3）：393-408.

乔治·阿克洛夫

1. 人物简介

乔治·阿克洛夫（George A. Akerlof, 1940—）出生于美国的纽黑文，1966年获美国麻省理工学院博士学位，自1980年到现在，一直在美国加利福尼亚州大学伯克利分校任经济学首席教授。由于其在"对充满不对称信息的市场分析"领域所做出的重要贡献，2001年获得诺贝尔经济学奖。

2. 学术贡献

阿克洛夫对市场的不对称信息研究具有里程碑意义。他引入信息经济学研究中的一个著名模型"柠檬市场"（The "Lemons"① Market）用来描述当产品的卖方对产品质量比买方有更多的信息时，低质量产品将会驱逐高质量商品，从而使市场上的产品质量持续下降的情形。阿克洛夫的理论被广泛运用于多个领域，如健康保险、金融市场和雇佣合同等。

阿克洛夫的研究范围较广，包括货币理论、金融市场、宏观经济学等，并曾在贫困和失业理论、犯罪与家庭、社会习俗等领域发表过大量研究论著。

主要论著如下：

[1] George A. Akerlof. The Market for "Lemons": Quality Uncertainty and the Market Mechanism [J]. The Quarterly Journal of Economics, 1970, 84 (3): 488-500.

[2] George A. Akerlof. Labor Contracts as Partial Gift Exchange [J]. The Quarterly Journal of Economics, 1982, 97 (4): 543-569.

[3] George A. Akerlof, Rachel E. Kranton. Economics and Identity [J]. The Quarterly Journal of Economics, 2000, 115 (3): 715-753.

[4] George A. Akerlof, Jonet L. Yellen. The Fair Wage-Effort Hypothesis and Unemployment [J]. Quarterly Journal of Economics, 1990, 105 (2): 255-283.

[5] George A. Akerlof, Willzam R. Dickens, G. Perry. The Macroeconomics of Low Inflation [J]. Brookings Papers on Economic Activity, 1996, 27 (1): 1-76.

[6] George A. Akerlof, Robert J. Shiller. Animal Spirits: How Human Psychology Drives the Economy, and Why It Matters for Global Capitalism [M]. Princeton: Princeton University Press, 2010.

[7] George A. Akerlof, William T. Dickens. The Economic Consequences of Cognitive Dissonance [J]. American Economic Review, 1982, 72 (3): 307-319.

[8] George A. Akerlof. Social Distance and Social Decisions [J]. Econometrica, 1997, 65 (5): 1005-1028.

[9] George A. Akerlof, Janet L. Yellen. Efficiency Wage Models of the Labor Market [M]. Cambridge: Cambridge University Press, 1986.

[10] George A. Akerlof, Rachel E. Kranton. Identity and the Economics of Organizations [J]. Journal of Economic perspectives, 2005, 19 (1): 9-32.

[11] George A. Akerlof. Procrastination and Obedience [J]. American Economic Review, 1991, 81 (2): 1-19.

---

① "柠檬"一词在美国俚语中表示"次品"或"不中用的东西"。

第十二章
信号传递和信息甄别

【学习目标】

逆向选择可能会导致帕累托改进无法实现,使得双赢的交易无法达成。为了解决逆向选择对市场运行产生的不利影响,经济学家总结发现了两种简单有效的方法——信号传递和信息甄别。

通过本章的学习掌握以下问题。

(1) 了解并掌握信号传递和信息甄别的基本模型。

(2) 了解运用信号传递和信息甄别解决信息不对称的分析方法。

【能力目标】

提高学生运用模型化方法分析解决实际问题的能力。

第一节　信号传递的含义

我们知道,逆向选择是由信息不对称导致的,从而使得帕累托最优不能实现。在委托—代理关系中,委托人不知道代理人的信息,只有代理人知道自己的信息,那么就有可能出现"低质量"的代理人排除"高质量"代理人的现象,而委托人就会选择"低质量"的代理人,从而产生逆向选择问题。在这时,"高质量"代理人是处于信息优势的,但是在竞争中却处于劣势,而委托人也因为信息劣势而在选择中处于不利的位置。为了解决信息不对称所造成的逆向选择问题,我们通常有两种办法:一种是信号传递,也就是拥有私人信息的代理人想办法将其私人信号传递给委托人;第二种是信息甄别,即委托人通过制定一套策略或合同来获取代理人的信息。

在不对称信息条件下,为了在一定程度上解决逆向选择问题,使自己在质量不等的市场上脱颖而出,"高质量"代理人会向委托人发送信号,主动显示自己的优势,以减少信息不对称的程度,进而提高自己的效用。

所谓信号传递就是指具有信息优势的一方向具有信息劣势的一方提供信号传递。例如,对于优质品,质量保证书、包退、包换、包修等是一种成本低廉且短期效果明显的信号传递方式。另外,建立自己的名牌产品也是一种较好的信号传递方式,虽然其投入成本可能较高,但其长期回报却十分丰富,如海尔电器、麦当劳等,其品牌本身就传递了产品是优质产品的信息。

所谓信息甄别就是指由处于信息劣势的一方给出区分信息优势方类型的不同合同条款,信息优势一方通过选择与自己的类型相符合的合同来揭示自己的私人信息,从而使得帕累托改进收益实现。例如,在保险市场上,保险公司提供不同的保险合同供投保人选择,而投保人则通过选择适合于自己的保险合同来显示自己的风险类型。

第二节 劳动市场信号博弈

在现实生活中，虽然逆向选择普遍存在，但是市场依然有效，其中的原因在哪里？在阿克洛夫的研究基础上，1973 年，迈克尔·斯彭斯（A. Michael Spence）在《劳动力市场信号发送：劳动力市场的信息结构及相关现象》中力图解释这个问题。他指出，在竞争性的劳动力市场中，具有较高才能的劳动者可以通过采用某些有成本的行为进行信号传递，由此解决劳动力市场中的逆向选择问题。斯彭斯也因此成为信号传递理论的奠基人。

一、模型假设

第一，假定劳动力市场上是完全竞争的，从而在均衡条件下工资（预期的）等于劳动生产率，企业的预期利润为零。

第二，只考虑一个雇员和一个雇主，雇员的能力 θ 有两个可能的值，分别为 $\theta=1$（低能力）和 $\theta=2$（高能力）；雇员知道自己的真实能力 θ，雇主只知道 $\theta=1$ 和 $\theta=2$ 的概率均为 1/2。

第三，雇员的教育成本函数与其能力成反比的关系，设为 $C(s,\theta)=s/\theta$，此函数式意味着能力越高，教育成本越低。

二、博弈过程

第一，选择雇员的类型 θ，$\theta=1$（低能力）和 $\theta=2$（高能力）；雇员知道自己的真实能力 θ，雇主只知道 $\theta=1$ 和 $\theta=2$ 的概率均为 1/2。

第二，雇员行动：雇员在与雇主签约之前选择教育水平 $s\in\{0,1\}$，其中 $s=0$ 代表不接受教育，$s=1$ 代表接受教育；教育的成本为 $C(s,\theta)=s/\theta$。

第三，雇主行动：雇主在观察到雇员的教育水平后决定雇员的工资水平 $w(s)$；雇员选择接受或不接受。如果接受，企业的期望产出为 $y=\theta$（注意我们假定教育水平本身不影响产出），雇员的效用为 $U(s,\theta)=w-s/\theta$，企业的期望利润为 $\pi(s,\theta)=\theta-w$；如果不接受，$U=\pi\equiv0$。

三、均衡分析

因为教育本身并没有价值但却花费成本，在信息对称情况下，不论能力高低，雇员将选择 $s=0$（不接受教育），低能力雇员的工资为 $w(\theta=1)=1$，高能力雇员的工资为 $w(\theta=2)=2$。但这种帕累托最优均衡在信息不对称情况下一般是做不到的。这是因为，给定雇主不知道 θ，企业的预期产出是 $y=0.5\times1+0.5\times2$，雇主之间的竞争将使得 $w=1.5$，但 $w=1.5$ 可能并不是一个均衡，如果教育传递信号的话。

在非对称信息情况下，雇主只能观察到 θ，因而工资只能以 s 而定。令 $\mu(\theta=1|s)$ 为当观察到雇员选择教育水平 s 时雇主认为雇员是低能力的后验概率。精炼贝叶斯均衡意味着：①雇员选择教育水平 $s(\theta)$；②雇主根据观察到的 s 得出后验概率 $\mu(\theta=1|s)$ 和支付工资水平 $w(s)$。这使得给定预期的工资 $w(s)$，$s(\theta)$ 是能力为 θ 的雇员的最优选择；给定 $s(\theta)$，$\mu(\theta=1|s)$ 是与贝叶斯法则一致的，$w(s)$ 是雇主的最优选择。

均衡可能是混同均衡或分离均衡，这里我们首先考虑混同均衡。混同均衡意味着不同能力的雇员选择相同的教育水平，从而得到相同的工资。考虑 $s(\theta) \equiv 0$ 的情况：

$$(PE)\text{混同均衡：}\begin{cases} s(\theta=1)=s(\theta=2)=0 \\ w(0)=w(1)=1.5 \\ \mu(\theta=1|s=0)=0.5 \\ \mu(\theta=1|s=1)=0.5 \end{cases} \quad (12\text{-}1)$$

就是说，在均衡时，两类雇员都选择不接受教育，雇主认为教育不传递信号，因而工资等于期望产出，与教育无关。容易证明，这确实是一个均衡：给定雇主支付的工资与教育水平无关（$w=1.5$）和雇员的后验概率 $\mu(\theta=1|s=1)=0.5$，雇员的最优选择是不接受教育（$s=0$）；给定雇员选择不接受教育，$s=1$ 是不可能事件，$\mu(\theta=1|s=1)=0.5$ 与贝叶斯法则并不矛盾，雇主不可能比选择 $w\equiv1.5$ 做得更好［注意，$s=0$ 在均衡路径上，贝叶斯法则意味着 $\mu(\theta=1|s=1)=0.5$］。

这里，(PE) 之所以是一个均衡，是因为我们假定雇主在观察到 $s=1$（非均衡路径上）时不修正先验概率。如果雇主的后验概率为 $\mu(\theta=1|s=1)=0$（即认为选择接受教育的雇员一定是高能力的），上述混同均衡就不成立。这是因为，给定 $\mu(\theta=1|s=1)=0$，当雇员选择 $s=1$，雇主将选择 $w(1)=2$，高能力的雇员将选择接受教育从而得到 $U=2-0.5=1.5$，而不是选择不接受教育得到 $U=1-0=1$。这样，我们有如下分离均衡：

$$(SE)\text{分离均衡：}\begin{cases} s(\theta=1)=0, \ s(\theta=2)=1 \\ w(0)=1, \ w(1)=2 \\ \mu(\theta=1|s=0)=1, \ \mu(\theta=1|s=1)=0 \end{cases} \quad (12\text{-}2)$$

就是说，低能力的雇员选择不接受教育，高能力的雇员选择接受教育；雇主认为不接受教育的一定是低能力雇员，因而支付工资 $w(0)=1$，认为接受教育的一定是高能力雇员，因而支付工资 $w(1)=2$。容易证明，(SE) 是一个精炼贝叶斯均衡：给定雇主的后验概率和工资决策，高能力雇员的最优选择是接受教育，因为 $U(s=1,\theta=2)=1.5>U(s=0,\theta=2)=1$；低能力雇员的最优选择是不接受教育，因为 $U(s=0,\theta=1)=1\geq U(s=1,\theta=1)=1$。给定雇员的选择，雇主的后验概率是根据贝叶斯法则得到的（注意，在分离均衡下，不存在非均衡路径），工资决策也是最优的。也容易证明，不存在其他的分离均衡（如低能力雇员选择接受教育，高能力雇员选择不接受教育）。

在分离均衡中，教育水平就成为传递雇员能力的信号。如我们已经指出的，这里的关键是高能力的人受同样教育的成本低于低能力的人，正因为如此，高能力的人才能通过选择接受教育把自己与低能力的人区分开来。如果接受教育的成本与能力无关，教育就不可能起到信号传递的作用，因为低能力的人会模仿高能力的人选择同样的教育水平。

四、小结

在这个模型中，存在一个混同均衡和一个分离均衡。但是，混同均衡并不是一个合理的解释，因为它依赖于我们有关雇主的在非均衡路径上后验概率的特定假设，即 $\mu(\theta=2|s=1)=0.5$，而这个假定是不合理的。为了说明这一点，让我们比较一下在不同假设下低能力雇员在选择接受教育（$s=1$）和不接受教育（$s=0$）之间的效用水平。如果雇主认为不接受教育象征低能力［因而 $w(0)=1$］、接受教育象征高能力［$w(1)=2$］，低能力雇员选择不接受教育时的效用为 $U=1-0=1$，选择接受教育时的效用为 $U=2-1/1=1$，所以不接受教育仍是（弱）最优选择；如果雇主认为不接受教育象征高能力［因而 $w(0)=2$］、接受教育象征低能力［因而 $w(1)=1$］，低能力雇员选择不接受教育时的效用为 $U=2-0=2$，选择接受教育时的效用为 $U=1-1/1=0$，所以不接受教育仍是最优选择。就是说，不论雇主的后验概率如何，不接受教育总是低能力雇员的最优选择。因此，如果观察到 $s=1$，雇主不应该认为雇员有任何可能性是低能力的，即

合理的后验概率 $\mu(\theta=1 \mid s=1)=0$。但给定 $\mu(\theta=1 \mid s=1)=0$，高能力雇员将选择 $s=1$，因此 $s(\theta=1)=s(\theta=2)=0$ 不构成一个混同均衡。因此，这个模型中唯一合理的均衡是分离均衡：低能力雇员选择不接受教育，高能力雇员选择接受教育。

第三节　信息甄别

下面，我们继续讨论上例中的劳动力市场的情形。

在上述的模型中，我们假定博弈的顺序是，雇员在签订就业合同之前根据预期到的工资函数首先选择教育水平，雇主在观察到雇员的教育水平之后再决定支付什么样的工资给雇员。现在我们把博弈的行动过程逆转过来，假定雇主首先行动，在雇员接受教育之前就提出一个合同菜单 $\{w, s\}$，雇员选择其中一个与雇主签约，然后根据合约规定接受教育 s，在完成教育后得到合约规定的工资 w。这就是信息甄别模型。

迈克尔·罗斯查尔德（Michael E. Rothschild）和约瑟夫·斯蒂格利茨（Joseph E. Stiglitz）所提出的均衡是这样定义的：均衡指存在着一组合同 $\{(w_1, s_1), (w_2, s_2), \cdots, (w_k, s_k)\}$ 和一个选择规则 $R: \theta \rightarrow (w, s)$，使得每一类雇员在所有可选择的合同中选择一个最适合自己的合同[即 θ 能力的雇员选择 (w_θ, s_θ)，对于所有的 (w, s)，$U_\theta(w_\theta, s_\theta) \geqslant U_\theta(w, s)$]；雇主的利润不能为负；不存在新的合同能够使得选择该合同的雇主得到严格正的利润。

上述的均衡定义可以理解为，信息甄别均衡存在的前提条件为：

（1）所有在市场上可供选择的雇佣合同中，没有一个会给雇主带来预期的损失；

（2）"市场之外"没有可以带来正利润的雇佣合同，即所有雇佣合同都已被考虑。

在信息甄别模型中，如果均衡是存在的，那么高能力雇员会选择高教育程度和高工资的合同，而低能力的雇员将会选择低教育程度和低工资的合同。雇主就可以把不同能力的雇员区分开来。同样，如果均衡是存在的，那么均衡一定是唯一的。原因在于，在信号传递模型中，均衡依赖于雇主（没有私人信息的参与人）有关雇员（有私人信息的参与人）的后验概率，而因为存在着非均衡路径，非均衡路径上的后验概率具有任意性，对应不同的后验概率有不同的均衡。对比之下，在信息甄别模型中，后验概率是没有意义的。雇主先提供合同，雇员行动之后的后验概率不影响雇主的选择；而后行动的雇员具有完全的信息。毫不奇怪，当我们在信号传递模型中剔除掉"不合理"的后验概率时，剩下的唯一均衡是分离均衡，并且该分离均衡与信息甄别模型中相同（即最低成本分离均衡）。

与信号传递模型不同，在信息甄别模型中，均衡可能不存在，即使存在，最多也只能有一个。雇员行动之后的后验概率不影响雇主的选择，而后行动的雇员具有完全的信息。信息甄别下的分离均衡（若存在）正是信号传递下的帕累托最优均衡。

★讨论

【提示问题】

（1）如何理解信号传递或者信息甄别的作用？

（2）如何有效地设计一个信号传递机制或者信息甄别机制来解决逆向选择问题？

【教师注意事项及问题提示】

（1）根据本章的学习，引导学生思考市场上充斥着大量的商业广告到底传递什么信息。

（2）针对经济和生活中的种种信号，引导学生思考如送礼这一行为的作用。

第四节　应用举例

一、商品房档次的信号传递价值

目前，我国商品房交易市场普遍存在着对商品房质量的信息不对称现象。由于商品房购买者对商品房质量的了解程度远远低于房地产开发商，所以商品房市场的信息不对称会导致购房者的逆向选择：买便宜的、质量低的商品房。优秀的房地产开发商的价值被埋没，从而就会考虑采用档次这一信号向购房者发送信息。

假设购房者明确商品房的档次 θ，θ 为连续变量。商品房市场由优秀开发商和劣等开发商组成且各占50%。优秀开发商具有足够的经验、长期积累的房地产市场认识。劣等开发商与优秀开发商相比，其要建设同等档次的商品房就会花费较高的成本，假设优秀开发商建设档次为 θ 的商品房的成本为 $C_1(\theta) = 8000\theta$；劣等开发商建设档次为 θ 的商品房的成本为 $C_2(\theta) = 20000\theta$。

完全信息条件下，购房者完全了解商品房的实际质量，因此，可以根据开发商给定相应的成交价格来决定。优秀开发商为 80000 元/档次，劣等开发商为 40000 元/档次。

在不完全信息条件下，如果购房者不能确定商品房的实际质量，只好给每位开发商以平均的价格60000 元/档次来成交商品房，这样的逆向选择就牺牲了优秀开发商的利润。

如果购房者依据档次为信号，并且认为：如果 $\theta \geq \theta^*$ 则属于优秀开发商，并以 80000 元成交；如果 $\theta < \theta^*$ 则属于劣等开发商，并以 40000 元成交。

如果档次低于 θ^*，即商品房档次在 0 与 θ^* 之间时，都是劣等开发商建造的，成交价相同，故建设收益为 0；如果档次达到 θ^*，都属于优秀开发商建造的，成交价为 80000 元，故提高档次的收益为 80000 元 − 40000 元 = 40000 元。

这样对于优秀的开发商来说，建设档次更高的商品房的成本为 8000θ，提高档次后的收益为 80000元。因此，当提高档次的收益高于成本时，开发商会选择建设更高档次的商品房，即 $80000 > 8000\theta^*$，$\theta^* < 10$。

对于劣等开发商来说，商品房的建设成本为 20000θ，收益为 40000 元，因此当提高商品房档次的收益高于成本时，劣等开发商就会放弃提高档次，宁愿建设低档次的商品房，即 $40000 < 20000\theta^*$，$\theta^* > 2$。

综合上述结果，当 $2 < \theta^* < 10$ 时，即购房者以档次为判断标准时，档次作为信号就可以有效地区分两类开发商。

二、保险市场中的信息甄别[①]

假定有两类投保人，一类是风险比较高的，另一类是风险比较低的。前一类人身体素质比较差，患病的概率比较高，设这类人出事故的概率为 q；而后一类人则身体素质比较好，身体很健康，设这一类人出事故的概率为 r。这里有 $0 < r < q < 1$。

设所有的投保人都有财产 w。一旦发生事故，则损失 L。因此，如果不买保险，消费者的最终财产或

[①]　本部分内容选自迈克尔·罗斯查尔德（Michael E. Rothschild）和约瑟夫·斯蒂格利茨（Joseph E. Stiglitz）发表于 1976 年的论文《竞争性保险市场：论不完全信息经济学》。

者为 w，或者为 $w-L$。一旦买了保险，其必然要付出保险费，记为 P。同时，保险公司还规定有一部分损失应由投保人自负，自负损失计为 D。所以，如果买了保险，消费者的最终财产或者是 $w-P$（如果事故没有发生），或者是 $w-P-D$（如果事故发生）。

保险公司的期望利润取决于购买保险的顾客类别。如果顾客是低风险的人，则保险公司的期望利润为：

$$E\pi(P, D, r) = P-r \cdot (L-D) \qquad (12-3)$$

这里 $r \cdot (L-D)$ 是指，出现事故的概率为 r，而一旦出现事故，保险公司要赔保（$L-D$）的金额。同理，如投保人是高风险的人，则保险公司的期望利润为：

$$E\pi(P, D, q) = P-q \cdot (L-D) \qquad (12-4)$$

假定低风险顾客与高风险顾客具有相同的效用函数 $u(x)$，这个效用函数呈凹性，因为在这里，顾客是风险规避型的。低风险顾客的期望效用取决于自负部分 D、保险价格 P 与事故发生概率 r。其期望效用为：

$$EU(D, P, r) = ru(w-P-D)+(1-r)u(w-P) \qquad (12-5)$$

同理，高风险顾客的期望效用为：

$$EU(D, P, q) = qu(w-P-D)+(1-q)u(w-P) \qquad (12-6)$$

上述两类顾客由于行为方式和禀赋的不同，对于保险价格 P 和自负部分 D 的态度就大有差别。而这在客观上就为保险公司提供了极好的契机去筛选不同的消费者。

保险公司本不知道购买保险的人的真实状况如何，但它可以通过设定不同的 P 和 D 的组合来筛选不同的消费者，让顾客自我选择。这里的理论依据是，由于出事故的概率不同，顾客对于 D 和 P 的偏好是不同的：身体状况好的人由于自己出事故的概率低，会选择高的自负部分 D 和低的保险价格 P，因为对他来说，出事故的可能性较低。反之，身体状况差的人由于出事故的概率较高，所以会选择低的 D 和高的 P 的组合，即宁可付较高的保险费去换较低的自负部分风险，如图 12-1 所示。

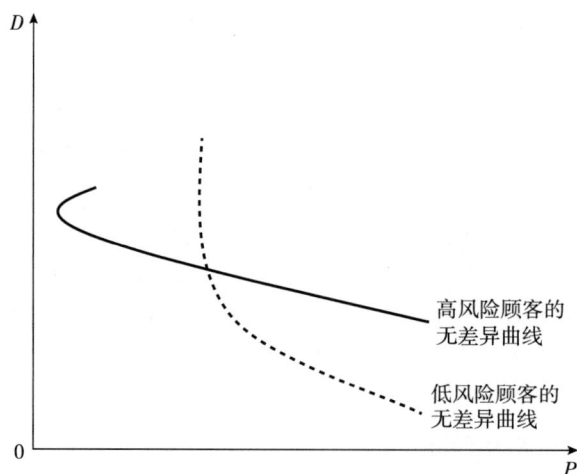

图 12-1　两类不同投保人的无差异曲线

在图 12-1 中，高风险顾客的无差异曲线比较平坦，而低风险顾客的无差异曲线比较陡峭。

基于上述讨论，我们来分析保险政策的筛选功能。保险公司对 D 与 P 可以有各种搭配，但原则上是让自负损失 D 与保险价格 P 之间存在替代关系，如图 12-2 所示。

图 12-2 中有 4 条无差异曲线，每一种类型的消费者对应 2 条无差异曲线。注意，由于 D 与 P 对于投保人都意味着损失，所以无差异曲线越接近原点，则越是代表高的效用水平。

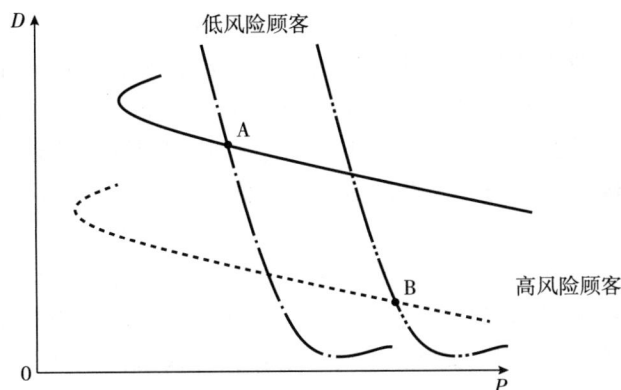

图 12-2　*D* 与 *P* 的筛选功能

考虑两个组合：A 和 B。在 A 点，保险价格比较低，但自负损失比较高，这种组合往往为低风险顾客所接受。原因在于，尽管低风险顾客也可以购买由 B 点所代表的保险政策组合，但对他来说，B 点处于效用水平低的那条无差异曲线上，而 A 点则在效用水平较高的那条无差异曲线上。因此，低风险的人会选择 A。

同理，B 点会受高风险顾客的欢迎。对他来说，A 点也可以购买，但与 B 相比，A 点代表较低效用水平。因此，高风险顾客会放弃 A 而选择 B。

习题 12

（1）在本章例子中，雇员选择的教育水平 s 是一个离散变量，$s \in \{0, 1\}$，现将 s 变为一个连续变量，$s \in [0, \bar{s}]$，相应地将雇员的期望产出变为

$$y(\theta, s) = \begin{cases} s, & \theta = 1 \\ 2s, & \theta = 2 \end{cases} \tag{12-7}$$

若其他条件保持不变，试重新分析模型的均衡。

（2）考虑一个民事诉讼博弈。原告 P 知道如果案子被法院受理后他是否能胜诉；被告 D 不知道谁会胜诉，只知道有 1/3 的概率原告将胜诉；被告也知道原告 P 知道谁将胜诉；被告的这些知识是共同知识，（因此原告有两种类型，被告只有一种类型）。如果原告胜诉，他的净所得为 3，被告的净所得为 -4（可以设想为赔偿原告 3 和支付法庭 1）。如果败诉，原告的净所得为 -1，被告的净所得为 0。在博弈开始时，原告有两种选择：他可以要求被告赔偿 $M = 1$ 或 $M = 2$ 以私了。如果被告接受原告的要求，博弈结束，原告和被告的支付分别为 M 和 $-M$。如果被告拒绝原告的要求，案子将被法院受理。给出这个博弈的扩展式表述（博弈树）和所有的精炼贝叶斯均衡（注意：对每个均衡战略组合，被告的后验概率是 M 的函数）。

（3）请以二手车市场为背景，设计一个信号传递模型和一个信号甄别模型。

（4）假设你是一家软件公司的人事经理，需要为公司招聘 10 名软件开发人员。如果运用博弈论和信息经济学的思想和原理考虑，你的招聘计划中应该包括哪些要点？可以向相关部门和上级做哪些重要建议？

本章拓展学习资源

迈克尔·斯彭斯

1. 人物简介

迈克尔·斯彭斯（A. Michael Spence, 1948—）出生于美国新泽西州。他

于 1962~1966 年就读于普林斯顿大学并获哲学学士学位；1968 年在牛津大学获数学硕士学位；1972 年在哈佛大学获经济学博士学位。斯彭斯教授历任哈佛大学经济学教授、经济系主任、斯坦福大学商学院研究生院前任院长和现任名誉院长。2001 年，迈克尔·斯彭斯与乔治·阿克洛夫、约瑟夫·斯蒂格利茨共获诺贝尔经济学奖。他们指出了在市场经济条件下，信息不对称问题的普遍性和严重性，从而可能产生逆向选择和道德问题，同时经济人会努力去抵消信息不对称问题对市场效率的负面影响。

2. 学术贡献

斯彭斯教授在现代信息经济学研究领域做出了突出贡献。从 20 世纪 70 年代始，他就致力于"不对称信息市场"理论的研究，提出了"市场信号"概念，用于说明信息在市场中的传递方式、效用以及对市场行为的影响，从而为"逆向选择""道德风险""委托代理模型"的建立打下了坚实基础。斯彭斯教授的研究显示了信息在当代经济社会中的极端重要性，他的理论是过去五十年来经济学研究领域的一个里程碑。此外，斯彭斯教授提出的信号发送模型将预期、决策信息集、信息条件等概念引入博弈论，从而对博弈论的发展和应用产生了深远的影响。

斯彭斯最重要的研究成果是市场中具有信息优势的个体为了避免与逆向选择相关的一些问题发生，如何能够将其信息"信号"可信地传递给在信息上具有劣势的个体。信号要求经济主体采取观察得到且具有代价的措施以使其他经济主体相信他们的能力，或更为一般地，相信他们产品的价值或质量。斯彭斯的贡献在于形成了这一思想并将之形式化，同时还说明和分析了它所产生的影响。

主要论著如下：

[1] Michael Spence. Job Market Signaling [J]. Quarterly Journal of Economics, 1973, 87 (3)：355-374.

[2] Michael Spence. Product Selection, Fixed Costs, and Monopolistic Competition [J]. Review of Economic Studies, 1976, 43 (2)：217-35.

[3] Michael Spence. Cost Reduction, Competition, and Industry Performance [J]. Econometrica, 1984, 52 (1)：101-121.

[4] Michael Spence. Competitive and Optimal Responses to Signals：An Analysis of Efficiency and Distribution [J]. Journal of Economic Theory, 1974, 7 (3)：296-332.

[5] Michael Spence. Symposium：The Economics of Information：Informational Aspects of Market Structure：An Introduction [J]. The Quarterly Journal of Economics, 1976, 90 (4)：591-597.

[6] Michael Spence. Nonlinear Prices and Welfare [J]. Journal of Public Economics, 1977, 8 (1)：1-18.

[7] Michael Spence. Monopoly, Quality, and Regulation [J]. Bell Journal of Economics, 1975, 6 (2)：417-429.

参考文献

［1］ Basar T, Bernhard P. H$_\infty$ −Optimal Control and Related Minimax Design Problems: A Dynamic Game Approach ［M］. Boston: Birkhäuser, 1995.

［2］ Basar T, Haurie A. Feedback Equilibria in Differential Games with Structural and Modal Uncertainties ［M］//Cruz J B. Advances in Large Scale Systems. Greenwich: JAE Press Inc. , 1984.

［3］ Basar T, Olsder G J. Team−Optimal Closed−Loop Stackelberg Strategies in Hierarchical Control Problems ［J］. Automatica, 1980, 16 (4): 409−414.

［4］ Basar T, Olsder G J. Dynamic Noncooperative Game Theory ［M］//Classics in Applied Mathematics. Pennsylvania: SIAM, 1999.

［5］ Basar T, Selbuz H. Closed−Loop Stackelberg Strategies with Applications in the Optimal Control of Multilevel Systems ［J］. IEEE Transactions on Automatic Control, 1979, 24 (2): 166−179.

［6］ Basar T. Dynamic Games and Incentives ［M］//Bagchi A, Jongen H T. Systems and Optimization. Berlin: Springer, 1985.

［7］ Basar T. Informationally Nonunique Equilibrium Solutions in Differential Games ［J］. SIAM Journal on Control and Optimization, 1977, 15 (4): 636−660.

［8］ Basar T. Nash Strategies for M−person Differential Games with Mixed Information Structures ［J］. Automatica, 1975, 11 (5): 547−551.

［9］ Basar T. On the Uniqueness of the Nash Solution in Linear−Quadratic Differential Games ［J］. International Journal of Game Theory, 1976, 5 (2/3): 65−90.

［10］ Basar T. Time Consistency and Robustness of Equilibria in Non Cooperative Dynamic Games ［J］. Contributions to Economic Analysis, 1989 (181): 9−54.

［11］ Basar T. A Counterexample in Linear − Quadratic Games: Existence of Nonlinear Nash Solutions ［J］. Journal of Optimization Theory and Applications, 1974, 14 (4): 425−430.

［12］ Basar T. A General Theory for Stackelberg Games with Partial State Information ［J］. Large Scale Systems, 1982, 3 (1): 47−56.

［13］ Basar T. Information structures and equilibria in dynamic games ［M］//Aoki M, Marzollo A. New Trends in Dynamic System Theory and Economics. New York: Academic Press, 1979.

［14］ Bellman R. Dynamic Programming ［M］. Princeton: Princeton University Press, 1957.

［15］ Bensoussan A, Siu C C, Yam S C P, et al. A Class of Non−Zero−Sum Stochastic Differential Investment and Reinsurance Games ［J］. Automatica, 2014, 50 (8): 2025−2037.

［16］ Blaquière A, Gérard F, Leitmann G. Quantitative and Qualitative Games ［M］. New York/London: Academic, 1969.

［17］ Bryson A E Jr, Ho Y C. Applied Optimal Control ［M］. Washington: Hemisphere, 1975.

［18］ Carlson D A, Haurie A, Leizarowitz A. Infinite Horizon Optimal Control: Deterministic and Stochastic Systems ［M］. Berlin/New York: Springer, 1991.

［19］ Case J. Toward a Theory of Many Player Differential Games ［J］. SIAM Journal on Control and Optimization, 1969, 7 (2): 179-197.

[20] Dockner E, Jørgensen S, Long N V, et al. Differential Games in Economics and Management Science [M]. Cambridge: Cambridge University Press, 2000.

[21] Engwerda J. Linear-Quadratic Dynamic Optimization and Differential Games [M]. New York: Wiley, 2005.

[22] Friedman A. Differential Games [M]. New York: Wiley-Interscience, 1971.

[23] Haurie A, Krawczyk J B, Zaccour G. Games and Dynamic Games [M]. Singapore/Hackensack: World Scientific, 2012.

[24] Haurie A, Pohjola M. Efficient Equilibria in a Differential Game of Capitalism [J]. Journal of Economic Dynamics and Control, 1987, 11 (1): 65-78.

[25] Hämäläinen R P, Kaitala V, Haurie A. Bargaining on Whales: A Differential Game Model with Pareto Optimal Equilibria [J]. Operations Research Letters, 1984, 3 (1): 5-11.

[26] Isaacs R. Differential Games [M]. New York: Wiley, 1965.

[27] Jørgensen S, Zaccour G. Differential Games in Marketing [M]. Boston: Kluwer, 2004.

[28] Krassovski N N, Subbotin A I. Jeux Differentiels [M]. Moscow: Mir, 1977.

[29] Lee B, Markus L. Foundations of Optimal Control Theory [M]. New York: Wiley, 1972.

[30] Leitmann G. Cooperative and Non-Cooperative Many Players Differential Games [M]. New York: Springer, 1974.

[31] Mehlmann A. Applied Differential Games [M]. New York: Springer, 1988.

[32] Rochet J C, Tirole J. Tying in Two-Sided Markets and the Honor All Cards Rule [J]. International Journal of Industrial Organization, 2008, 26 (6): 1333-1347.

[33] Saberi S, Kouhizadeh M, Sarkis J, et al. Blockchain Technology and Its Relationships to Sustainable Supply Chain Management [J]. International Journal of Production Research, 2019, 57 (7): 2117-2135

[34] Selten R. Reexamination of the Perfectness Concept for Equilibrium Points in Extensive Games [J]. International Journal of Game Theory, 1975 (4): 25-55.

[35] Sethi S P, Thompson G L. Optimal Control Theory: Applications to Management Science and Economics [M]. New York: Springer, New York, 2006.

[36] Starr A W, Ho Y C. Nonzero-Sum Differential Games, Part I [J]. Journal of Optimization Theory and Applications, 1969, 3 (3): 184-206.

[37] Starr A W, Ho Y C. Nonzero-Sum Differential Games, Part II [J]. Journal of Optimization Theory and Applications, 1969, 3 (4): 207-219.

[38] Tapscott D. The Digital Economy: Promise and Peril in the Age of Networked Intelligence [M]. New York: McGraw Hill, 1995.

[39] Tolwinski B, Haurie A, Leitmann G. Cooperative Equilibria in Differential Games [J]. Journal of Mathematical Analysis and Applications, 1986, 119 (1-2): 182-202.

[40] Varaiya P, Lin J. Existence of Saddle Points in Differential Games [J]. SIAM Journal on Control and Optimization, 1969, 7 (1): 142-157.

[41] von Stackelberg H. Marktform and Gleischgewicht [M]. Wien/Berlin: Verlag von Julius Springer, 1934.

[42] Yeung D W K, Petrosjan L. Cooperative Stochastic Differential Games [M]. New York: Springer, 2005.

［43］ 胡俏，齐佳音．基于 SD 演化博弈模型的数字货币扩散演化仿真研究［J］．系统工程理论与实践，2021，41（5）：1211-1228.

［44］ 李三希，曹志刚，崔志伟，等．数字经济的博弈论基础性科学问题［J］．中国科学基金，2021，35（5）：782-800.

［45］ 李帅峥，董正浩，邓成明．"十四五"时期数字经济体系架构及内涵思考［J］．信息通信技术与政策，2022（1）：24-31.

［46］ 凌帅，谢肖蝶，李庚．信任对数据交易决策的影响：基于微分博弈分析［J］．工业工程与管理，2024，29（4）：109-119.

［47］ 马文彦．数字经济 2.0［M］．北京：民主与建设出版社，2017.

［48］ 许恒，张一林，曹雨佳．数字经济、技术溢出与动态竞合政策［J］．管理世界，2020，36（11）：63-84

［49］ 杨虎涛．数字经济的增长效能与中国经济高质量发展研究［J］．中国特色社会主义研究，2020（3）：21-32.

附录一
PBL 教师手册

以问题为导向的学习（Problem Based Learning，PBL）教学模式，是指在教师的指导下，以问题/项目为载体激发学生学习的主动性并引导学生把握学习内容的教学方法，是将基础知识和实际问题结合起来，打破学科界限，以学生为中心的自我导向式学习。与传统教学模式相比，该教学模式被证明在人才培养方面具有较多独特优势，能更好地满足教学模式的需求，强调小组教学，由学生根据学习的理论知识，自行提出问题、分析问题，找出根据解决问题，以获得最有效率的学习。

经典的 PBL 教学理念是使学生具备如下能力：①终身自学；②不断运用新方法解决所面临的问题；③团队合作意识；④将理论知识整合运用到实际问题中；⑤善于沟通；⑥良好的个人素质和职业行为，能够自我评价与评价他人。

PBL 教学具有以下两方面的特性：

（1）以问题为中心。这种教学方式是建立在真实世界中可能遇到的复杂、零乱的问题基础上，通过创设问题情境，激发学生学习兴趣，组织学生合作学习，综合自己和他人的智慧，寻求问题答案，强调解决经济管理上发生的类似的真实问题。

学生通过自身努力并充分利用有效的教学资源，寻求问题答案，教师是教学过程的引导者而非主导者，教学过程中教师应该对整个教学思路加以把握，通过长期的 PBL 教学训练，使学生建立终身学习的观念。

（2）以学生为中心。在 PBL 教学过程中，学生是真正的知识建构者，作为教学活动的主体而存在。在 PBL 的实施过程中，从决策者到实践者再到评价者，尽管充当的角色不同，但学生的主体地位不能动摇。

PBL 实行的教学方法应注意：①以自学为主；②分析问题、认识问题、解决问题；③全面采取综合性课程；④全面贯彻小组的互相学习；⑤小组配备的不是教师，而是作为"支持者"的指导教师；⑥不进行系统的讲授，以小组总结的形式自己完成教学大纲的学习内容。

PBL 是新事物，从被认识到被引入教育中只经过了短短几十年的时间，但当我们深入研究它的学习理念时，发现它的学习思想体现了学习的本质。这种基于问题的学习，真正使教学"授人以渔"，符合当代本科教育的要求。不过传统的教学方法，也不是一无是处，它的优点是知识架构较为完整，不像问题导向式学习，学生所学的知识可能较为零散，两者之优劣长短正好互补。

我国长期的教育现状是以学科为课程单位、以灌输式授课为教学方式，自古以来的"师者，所以传道授业解惑也"，造成学生被动学习意识根深蒂固，故目前不能盲目和完全地照搬国外所谓"正统"的 PBL 教学模式，我们认为遵循 PBL 教学理念，即学生自主的主动学习，可采取不同形式在不同层次制定适合于本校、本学科、本课程，不同教学阶段的 PBL 教学模式。在不影响 PBL 本质的前提下对其进行多种形式的调整，使其能够适合我国本科教学现状，同时又能提高学生学习能力，使培养的学生更适合新时代的需求。

一、PBL 教学准备与教学实施流程

PBL 教学仍然要依据教学大纲，在某一节点选择教学案例，依据主要的教学目标设计问题并提出问题，学生利用各种途径主动解决问题，自己归纳总结，最后教师点评。

（一）PBL 教学准备

1. 教案撰写

撰写 PBL 教案前应该考虑以下问题：教学目标、教学内容、各相关学科内容的交叉、相应的配备资源、课堂时间如何分配等。具体方法如下：确定所选教案与课程内容的关系并列出详细的问题，确定学生总数及如何分组，小组老师如何安排，课时如何安排，每次课之间的自学时间有多少，其他课程的教学进度如何，哪些内容与 PBL 教学内容相交叉，每次课后是否要预留反馈和评估的时间，等等。

2. 集体备课

（1）集体讨论：由教研室主任或课程负责人担任组长，强化全体教师的团队精神与合作意识，鼓励每位教师踊跃发言和积极讨论，表达自己的观点，共同研究和解决 PBL 教学中可能发生的问题，以求共同进步和提高，取得最好的学习效果。

（2）模拟演练：为了更好地预测教学中可能出现的问题，集体备课时可以对 PBL 课堂过程进行模拟演练。在演练中，教师要尽可能地从学生的思维角度去思考，站在学生的立场和角度上去看待和解决问题，暴露课堂上可能出现的问题，将其解决问题的措施、引导方式，运用到 PBL 教学课堂实践中去。

3. 小组讨论的教室设备

小组讨论教室所需空间较小，只需要容纳十人左右的长桌即可。其余的设备和一般教室相同，有些甚至还可配备计算机网络，可以实时在线查询，但边讨论边上网有时会干扰小组讨论的进度。

4. 学习资源的有效利用

充分利用各种有效资源，包括书籍、期刊、光盘、录像带、录音带、网络、专家等。

教师应给出参考资料信息，查阅和收集有用的资料、图片、视频等，也可以录制 DV 短片，以更好地展示案例相关情景。

另外，教师应有效掌握和充分利用多媒体等教学工具。

（二）PBL 教学实施流程

1. 创设情境、挖掘和提出问题

几乎在所有应用 PBL 的教学中，PBL 问题的构建一直是很关键的问题，构建 PBL 问题的标准是值得很多教师思考的重要问题。一般认为，PBL 教学问题的设计应该具备 5 个特征：

（1）问题应该是劣构的、开放的、真实的。

（2）问题符合教学内容的目标层次要求，与教学内容相联系，也可以提出其他更多衍生的"问题"。

（3）问题能引起学生的认知冲突，使学生感到有认知难度，但经过努力又能将问题解决。

（4）问题应该能激发学生的学习动机，鼓励学生思考、探索。

（5）问题设计带有情境特征，这包括涉及学科知识的复杂情景，或者与生活实际和经验相关等。

2. PBL 教学过程

进行 PBL 教学时，通常一个案例分成 2~3 次进行，每次约 2 个学时。案例以分组的形式进行讨论，每个小组进行案例讨论之前，推选一名学生为组长，主导程序的进行。第一次课，先阅读案例，对教师提出的"问题"进行分析，提出可以解释"问题"的假说，从而决定学习的主题。回顾已经掌握的知识和信息是否能解决目前的问题，如果不能，确定还要学习的知识和搜寻新的信息，制定好学习目标及每位同学必须学习的内容，课下自行收集资料及各种相关的内容。

第二次课，在讨论时，携带所收集的资料发表意见，特别针对每一议题全体同学进行讨论，提出问题的解决方案，并从中寻找出最优的解决方案。

第二次下课前或第三次课由各组进行作品展示。在两次课完成 PBL 教学模式的情况下，一般是在进行 PBL 教学前一周下发教学资料（教案、参考书及部分问题），在课前由每组的组长分配组员侧重查阅的问题并提出解决办法。在每次课上由组长主持并选派记录员进行记录，由查阅相关问题的同学发言，大家补充并充分讨论，最后一次课时是完整陈述问题解决的过程，并将本组作品进行展示。同时，每个人都准备PPT做关于自己所研究报告内容的陈述并进行答辩。

当学生解决问题遇到困难时，习惯性地期待教师的帮助，但在PBL实际教学过程中，教师并不主动进行解答，只作为一位流程的旁观者、监督者和评估者，学生必须自行寻找答案、共同讨论，最后达成统一。当然这并不代表教师设计好问题之后就完成教学任务了，教师要随时观察学生的学习进度，当学生思路偏离教学目标太远时，教师要适当加以引导，最后教师的归纳总结将教学目标完整地体现出来。

3. 建立教学评价方法，进行总结反思

教学评价是教学过程的最后环节，合理的评价方法既决定着PBL教学改革成败，也是推动PBL教学改革的标志。如果教学方法改了，而对学生的考核依然沿用过去的方法，则无法使学生立刻体会到大课讲授与PBL之间的区别。教学评价内容与项目设计是否科学合理直接关系到对前面各环节教学过程的评价，如果设计出现问题，就不能对前面所有教学活动进行全面、客观、科学、合理的评价。因此，这一环节也是PBL教学法的关键环节。

PBL教学评价应具有多元化、多样化的特点，评价方式包括：形成性评价与终结性评价相结合，学生自我评价与相互评价相结合，教师与学生相互评价相结合，书面评价与口头评价相结合，等等。

PBL评价类型包括：学生自我评价，小组成员互评，小组老师评价学生，学生评价小组老师，小组自评，等等。

另外，教师还要注意引导学生进行总结反思，思考学习所得。

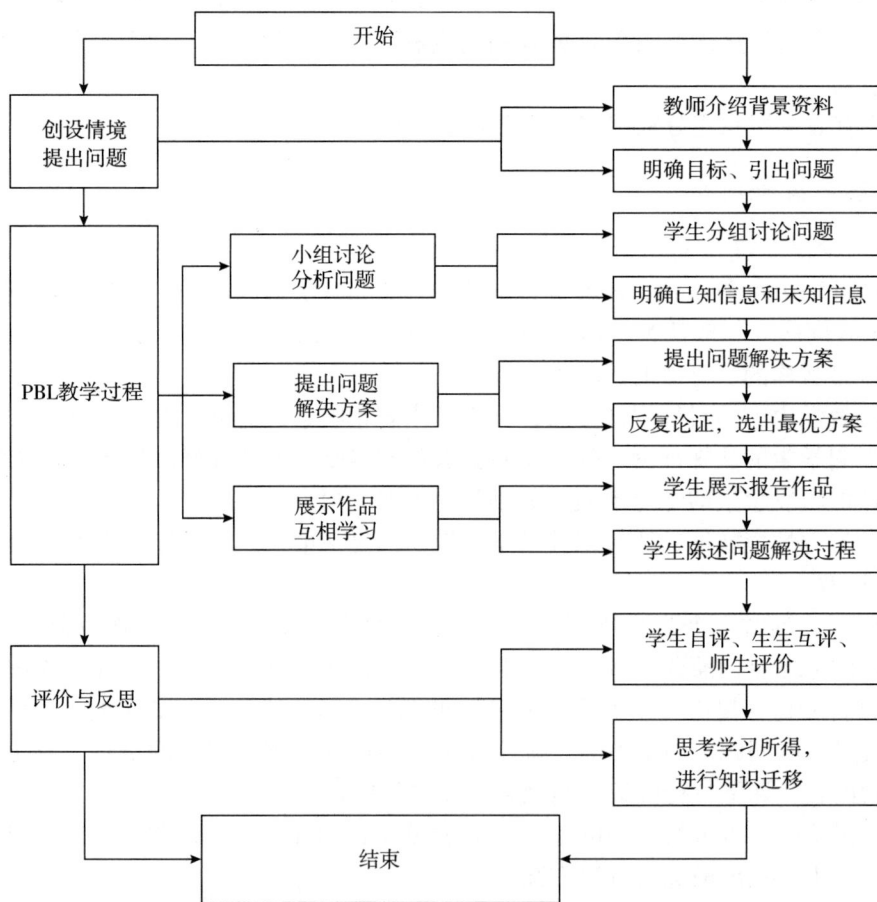

附图1-1 PBL教学实施流程

二、如何做一个合格的小组老师

PBL 这种新型教学模式对教师的要求与传统的灌输型教学完全不同，能否真正领会 PBL 的精髓，并顺利完成从"知识的传授者"到"学习的促进者"的角色转换，对教师来说是一个极大的挑战。在 PBL 教学模式中，小组老师不应以学科专家身份出现，而应该是学生自主学习的促进者。他不能像传统授课那样将事实性知识直接传授给学生，使其成为被动学习者，而是要引导学生主动地获取知识；他不能直接告诉学生问题的答案，而是要帮助学生通过各种途径自己寻求解决问题的方法；他更多地应该通过倾听、发问、质疑、评价等形式帮助学生提高对知识的理解和应用能力，培养其终身学习的观念。

（一）小组老师必须转变观念

（1）PBL 是一种获得知识和培养缜密思维的有效学习方法。
（2）PBL 是学生必须对自己的学习负责的求知方式。
（3）PBL 是将不同学科整合起来，引导学生不断思考和深入探索，提出观点和接受意见的谈论会。

（二）小组老师应具备的能力和技巧

（1）熟悉课程的整体目标、各相关部分的知识点及其架构和逻辑。
（2）具备课程设计能力，熟悉 PBL 的学习方式及各种学习资源。
（3）具有一定的领导和组织能力，具有解决问题的能力和技巧，能调动组内同学间互动。
（4）具备训练学生深入思考及自主学习的能力，在小组讨论时多提出启发性的"问题"，避免讲授。
（5）具有评价学生表现的原则与方法。

（三）小组老师在 PBL 中所担任的角色

第一，参与 PBL 小组讨论强调引导及启发，而不能讲授及解答，给予学生自主学习的机会，学生讨论出现障碍时，给予适当引导。
第二，小组老师在讨论中需观察的事项。
（1）参与度。
①谁是高度参与者（谁话最多）？谁是低度参与者（谁话最少）？
②什么原因造成高度参与者突然安静而低度参与者突然活跃？
③如何对待沉默的同学？"沉默"的原因是什么？是同意还是不同意？是不感兴趣还是畏缩？是否因意见不被赞同而生气？
（2）影响力。
①哪些同学具有高度影响力（当他们说话时，其他同学会注意听）？
②哪些同学的影响力低（当他们说话时，其他同学不注意听）？
③小组内是否有竞争对手？是否有争夺领导权的现象？这个现象对其他同学有何影响？
（3）影响力的类型。
①霸道型：试图将个人意志或价值观强加于其他同学或促进其他同学接受自己的决定。
②和事佬型：热烈地支持其他同学的决定；持续避免在小组中发生冲突或不愉快；在给予其他同学评价时只表扬而不批评。
③放任型：明显不参与讨论；退缩、漠不关心小组的活动。
④民主型：试图让所有同学参与小组讨论或决定；直接公开表达个人的感受和意见同时考虑其他同学的感受和意见；可以接受别人的意见和批评；当小组内气氛紧张时，可以通过解决问题的方式来处理

冲突。

（4）做决定的过程。

①是否有同学做了决定立即执行而未征求其他同学的意见？如一位同学决定讨论的题目，立即就开始讨论，这种情况对其他同学有何影响？

②小组讨论的主题是否不断地被变换？是谁促使主题跳跃？小组互动中有什么理由可以解释这个现象？

③是谁支持其他同学的建议或决定？这样的支持是否造成这两位同学决定全组的讨论题目或活动？

④是否有证据显示在小组内少数同学的反对之下，多数同学仍强行推出某些决定？是否经过表决？

⑤所有同学是否均参与决定？这种做法对小组有何影响？

⑥是否有同学的意见未得到任何形式的反应？这种情况对该同学有何影响？

（5）促进小组讨论功能。

①是否有同学找到解决问题的最佳方式？

②是否有同学试图总结刚才小组讨论的内容和成果？

③是谁在保持小组讨论的方向正确？是谁使小组讨论的主题不断变换或跑题？

（6）维持小组讨论功能。

①是谁帮助其他同学加入讨论？是谁打断或干扰其他同学的讨论？

②同学之间是否有良好沟通？是否有部分同学固执而听不进其他人的意见？是否有部分同学愿意帮助其他同学沟通想法？

③在小组中意见是如何被拒绝的？当自己的意见不被小组同学接受时，该同学的反应如何？

（7）小组气氛。

①哪些同学喜欢友善和谐的气氛，他们是如何避免冲突的？哪些同学容易引发冲突？

②同学们是否都投入小组讨论中？讨论的气氛是否围绕学习任务？是否令人满意？

（8）小组认同感。

①小组内由于意见不同是否又被拆分成多个小组？

②是否有同学置身于小组讨论之外？他们如何被小组看待？

③是否有同学时而参与小组讨论时而退出？什么原因导致的？

（9）组内情绪。

①在小组讨论中，你都观察到了什么样的情绪变化（愤怒、挫折、温馨、兴奋、无聊、防御、竞争）？

②是否有同学试图阻止负面情绪的宣泄？他是如何做到的？

（10）规范。

①在小组中是否有些领域是讨论的禁忌？（如性、宗教、讨论小组的情绪或领导者的行为等）？是谁在强化这样的禁忌？这时讨论将如何进行下去？

②同学之间是否太谦让有礼？在小组中是否只有正面的情绪可以表达，同学间是否轻易就同意了彼此的意见？当同学有不同意见时会发生什么情况？

三、小组老师守则

（1）准时到达 PBL 教室，不得随意取消或调换 PBL 课程。若无法参加 PBL 讨论，要在一周前通知教务处；若因紧急情况无法参加，要尽快通知教务处，以便安排其他老师。

（2）讨论教案时，要按顺序将教案（学生版）发给学生。小组老师需注意小组讨论的内容千万不要偏离主题太远，学习内容要符合既定的学习目标。

（3）PBL 强调学生自我学习及组内同学间互相学习，小组老师的职责在于引导学生正确的学习方向，但不能变成小组教学或单纯的知识传授。

（4）PBL 强调学生自我学习，因此不要将文献或参考数据给学生，学生必须学习如何获得所需的知识，以达到学习目标。

（5）除在规划教材取得数据外，应鼓励学生尽可能在期刊及计算机网站上找寻数据。

（6）展示学习成果时，要求学生把握好汇报时间，学习如何在限定时间内将所学知识让组内全部成员都知道，所得到的知识内容也应被详细整理成讲义，发给同组成员。每位同学要收集全部问题，这样在其他同学报告时才能参与讨论。

（7）在教案讨论结束后，小组老师要带领小组进行自我评估，包括同学对自己的评估、同组成员的评估、对小组老师的评估及小组老师对整个小组成员的评估。

（8）小组老师应参加每个教案讨论前的小组老师会议，这样才能对教案有完整的认识。

（9）小组老师在每个学习单元或模块结束时，需要对每位同学进行整体评估，给每位同学评语及分数。

四、PBL 学习中常见的问题及解决办法

问题 1：学生对学习的内容产生严重的分歧且争执不下，并有口头上人身攻击的迹象。

解决方法：小组老师应及时引导小组离开争议的内容，转移到别的学习内容，并指出口头人身攻击是不当的行为，缺乏专业的修养。

问题 2：两位学生不同意彼此各自找到的资料而争论。

解决方法：可请学生说明其资料来源，要求他们做更深入批判性的讨论并咨询其他学生的意见。如果争论循环且无法达成无建设性的结论甚或无标准答案，就应将学生导入其他议题，以免浪费时间。

问题 3：少数学生在教案第一次讨论结束后并没有回去查数据，因此在第二次讨论时为了有所提问，而常导致离题。

解决方法：通常同组同学发现某人离题太远时多会将主题拉回，但若发生的次数过于频繁，有时会有一些冲突产生，此时小组老师必须缓和一下气氛。在回馈时，请学生做些反省，以免再次发生此情况。小组老师若不及时更正，会导致同学间产生矛盾，影响学习氛围及进度。

问题 4：小组内一位学生所提出的假说很肤浅，仅局限于表面。

解决办法：小组老师可要求该名学生对他的假说提供更进一步的解说并征询其他学员的看法及意见。

问题 5：有些学生因个性的关系，小组老师点一下便回答一句，然后便又陷入沉默之中。

解决办法：可以在第一次结束后请该同学多查一些资料，下次便可以问他查了哪些资料并给予口头上的鼓励，通常准备资料越多就越有自信，沉默的情形就有减缓的趋势。再或者也可以请该学生在某些熟悉的议题上更好的发挥。

问题 6：一位同学在几次 PBL 教案讨论中都很沉默，在小组回馈时他也曾为此抱歉，但并未明显改善。

解决办法：可邀请这位学生与你私下交谈，安排在平和温馨的环境下交谈并深入了解他的消极行为的原因，可建议安排他向最佳同学讨教，以鼓励为原则。

问题 7：小组内某一热心的成员喜欢抢着发言，小组讨论沦为个人教学秀。

解决办法：小组老师可适时提出一个问题并表明希望听听其他同学的意见及看法，但不要泼冷水伤了热心成员的自尊。在回馈时，告知大家礼让别的同学也是美德。

问题 8：学生因为要求、兴趣不同，因此无法针对教案学习目标达成共识。

解决办法：可建议学生考虑彼此立场并指出学习目标的设定高于个人兴趣，以求达成共识。回馈时告知学生求同存异在团队中的重要性。

问题 9：一位学生提出一个有趣的学习项目，但超越了该教案学习目标的范围。

解决办法：告诉学生不应过于离题以免达不到学习目标，并给予适当的提示让学生关注原来的目标。若所有的同学都强烈表示愿意探讨这个有趣的项目，则可能意味着教案设计存在问题，不妨让大家尝试一下，并就此现象回馈给教案编写者以便考虑是否对此教案做出适当的更改。可咨询所有同学的意见，以学生自主的方式去求得共识。

问题 10：学生告诉小组老师，别的小组与本组的学习目标不尽相同，他们怕比别组学得少。

解决办法：可向学生解释，不同同学在不同时段有不同的学习目标，所以不同的组别进度不同是很正常的，但最终还是会完成所有主要的学习目标。PBL 教学目的是对学生的学习过程及心态进行培训，知识层面的多寡在这阶段不是最重要的学习目标。

问题 11：有学生向你诉说 PBL 学习流程太费时，他们没有足够的时间去准备，可否减少教案。

解决办法：你表示理解学生的难处，同时建议学生重新审视自己的时间规划并找出提高学习效率的方法，因为时间管控也是学习的重要技巧。

问题 12：小组活力不足，无法有效发言，小组老师该如何处理？

解决办法：先把课堂气氛调动起来，再请组长鼓励同学针对流程提出不同的意见，当记录者在黑板上写下问题后再询问同学对该问题有无意见。在课堂结束前，提示同学应针对问题多发言。

问题 13：学生之间的竞争有什么错误？

解决办法：PBL 强调合作的优点与重要性，我们并不否认团队的良性竞争，但不能纵容个人间的恶性竞争。

问题 14：讨论过程中同学因意见不同而有争吵，小组老师该介入吗？如何介入？

解决办法：如果同学之间无人介入，此时小组老师应适时介入，原则上不评断谁对谁错，但应请同学发扬民主精神，接受不同的意见，并以谦和的态度就事论事。

五、评价方法（仅供参考）

（一）报告、答辩和成绩评定

本书作者在 PBL 教学中所采用的成绩评定方法如下：

个人课程总成绩＝小组报告成绩＋个人报告和答辩成绩＋个人笔试回答问题成绩＋平时成绩。比重分别是 50%、20%、20%、10%。

第一，小组报告成绩＝小组自评成绩（20%）＋其他组给该组评定成绩（30%）＋教师评定成绩（50%）。

报告成绩评定主要从以下方面考核评定：

（1）报告总体内容齐全程度和创新程度；

（2）报告总体格式规范程度；

（3）报告对基本问题的回应程度；

（4）报告对拓展问题的回应程度。

第二，个人报告和答辩成绩。

依据个人所做研究报告内容的陈述和问答表现由答辩教师确定。

第三，个人笔试回答问题成绩。

在小组答辩前或后，每个人都进行笔试。方式是随机抽取事先准备好的有关小组研究题目的问题，然后独立用 30 分钟将答案写在答题纸上，由教师根据回答评定成绩。

第四，平时成绩。

根据讨论表现和上课出勤情况由同组组长（40%）和教师（60%）共同确定。

组长要与组员协商给定每个组员的平时成绩。

（二）评价表

附表 1-1　PBL 学习评价（师对生）

第___组　姓名：_____　学号：_____　（每一次 PBL 课程后填写一次，评估对象包括本组同学）

学号/学生姓名	准备（20%）	出勤（20%）	参与（20%）	表达（20%）	互动（20%）	总分	评语

注：①准备，包括收集与整理资料，20 分；②出勤，迟到或早退酌情扣分，20 分；③参与，包括上课态度及对学习主题的了解，20 分；④表达，20 分；⑤互动，20 分。

附表 1-2　学习评价（生对师）

题号	题目	非常同意	同意	无意见	不同意	非常不同意
1	教师对 PBL 的教学目标清楚					
2	教师会适当地鼓励学生的学习动机					
3	教师会适当引导学生逻辑思考与判断					
4	教师对课堂时间运用恰当					
5	教师引导 PBL 进行方式恰当					
6	教师对 PBL 教学具有热忱					

你对教师的其他建议或意见：

1. 主要的优点有哪些？主要的缺点有哪些？

2. 下次的小组讨论你认为教师应该做些什么？不应该做些什么？

附表 1-3　小组学习评价（学生自评与互评）

题号	题目	非常同意	同意	无意见	不同意	非常不同意
1	本组同学参与度良好					
2	同学间的互动良好					
3	本组讨论的进行流程掌控良好					
4	讨论的内容良好、有组织并充实					
5	本组同学均很认真地收集资料					
6	同学们的学习热情高昂					
7	本组同学大多能达到预定的学习目标					
8	增进同学之间良好的互动关系					
9	此次小组学习对自己知识量的增加有帮助					
10	此次小组学习对自己的学习方法影响很大					

1. 你对自己的建议或意见：

（1）哪些还需要改进？

（2）与上次比较哪些已有实质性改进？哪些还未改进？

2. 你对同组其他同学的建议或意见：

（1）哪些还需要改进？

（2）与上次比较哪些已有实质性改进？哪些还未改进？

附表 1-4　课程问卷（期末进行）

题号	题目	非常同意	同意	无意见	不同意	非常不同意
1	教师 PBL 上课时间不固定，经常调课					
2	教师 PBL 课程安排的次数与章节适当					
3	教师的教材内容充实、教案难度适中					
4	PBL 教室设备充足					
5	教师的教学目标清楚					
6	教师会适当地鼓励学生的学习动机					
7	教师会适当地引导学生逻辑思考与判断					
8	教师对课堂时间运用恰当					
9	教师对 PBL 教学具有热忱					
10	PBL 学习评价的方式恰当					

1. 你认为每学期合理的教案数目，_____个教案/学期

2. 你对于这学期 PBL 课程其他的建议或意见：_____

附录二
PBL 学生手册

一、PBL 教学的特点

PBL（Problem Based Learning，PBL）是以问题为导向的学习，是一种基于真实事件的以学生为中心的教学理念。PBL 教学模式是以问题为基础，以学生为主体，以小组讨论为形式，在小组老师的参与下，围绕某一专题或具体项目进行研究的自主学习过程。

这种教学模式突出了以学生为主体，使学生在提出问题、解决问题以及寻找答案的过程中获取知识。其特点是打破学科界限，围绕问题进行学习，以提升学生的自主学习能力和创新能力，通过培养获取新知识和解决新问题的能力达到教学目标。

PBL 教学可以促进学生不断地思考，学生为解决问题需要查阅课外资料，归纳、整理所学的知识与技能，获取新知识、新技能，有利于培养学生的自主学习精神；改变了"我讲你听，我做你看"及"预习—听课—复习—考试"四阶段教学模式，让呆板孤立的知识片段转化为整体知识链，突出了"学生是主体，讨论是灵魂，自学是关键"的教学理念。PBL 教学过程中教师慢慢"隐退"，仅在关键时刻起到点拨与引导的作用，教师不再是唯一的知识库，而是知识构建的促进者、学科专家、信息的咨询者。

二、PBL 教学法对学生的要求

PBL 教学的成功开展需要学生的主动配合，从准备资料开始，结合提纲、案例去查阅大量的文献资料，并积极与其他同学交流沟通，大家齐心协力得出最佳结论。这样的学习，用在前期准备工作上的时间与精力大大多于普通的课堂学习，因此需要学生们有主动学习的自觉性，否则很难达到预期的教学效果和目标。学生应从自身出发，完成角色的转换，从被动的学习者转变为学习的主人。

综上所述，学生应具有以下学习态度：

（1）心理建设。要摒弃不劳而获的心态，学生们必须对自己的学习负责，PBL 是一种主动和自我引导的学习，即愿意学习，以达到终生学习的目的。

（2）要建立自信，只要我想做，一定能做到。

（3）要善于接受批评。

（4）负责的态度。其包括按时完成指定的作业；主动并鼓励他人参与讨论；倾听他人的意见；在适当的时候表达自己的观点；不干扰教学过程；促进他人学习。

三、PBL 教学的过程

（一）发放教学案例

（1）学生根据案例提出的问题，设定主要和次要学习目标，组长将需要回答的问题分工给每个学生。

（2）每个学生根据问题和学习目标寻找答案并提交书面材料。这当中需要大家发挥协作精神。

（二）讨论学习

（1）选出组长主持讨论，回答教案提出的问题，并选出一名同学进行记录。
（2）组内同学和指导教师进行简短评议。

（三）总结

小组集体讨论后做出总结并由一名同学代表总结发言。组内同学和教师进行评议：对该教案是否适用本次学习目标进行评议；对同学参与整个学习的过程进行自评、互评；教师也对学生的学习情况进行评议。

编写教案的教师与学生面对面，对教案所要达到的学习目标以及所反映出的问题进行小结，并反馈学习情况。

四、PBL 教学中学生常出现的问题

PBL 教学法对学生的学习能力要求较高，学生容易出现如下问题：
（1）合作能力不强，很多学生选择独立完成问题。
（2）信息获取途径较为单一，多为教科书、相关书籍上的现有信息，不能有效利用网络等媒体。
（3）综合分析能力有待提高。

五、信息资料的查找方法

PBL 教学法需要学生查阅大量的文献，自己找出问题的答案，因此，查找文献的能力很重要。

学生仿要想找到自己需要的信息，首先要明确方向，知道哪些文献是可靠的、哪些文献查找方法更加便捷、从哪里能找到所需要的文献。

（一）明确文献资料的查找方向

（1）一次文献：图书、期刊、论文、调查报告、会议记录、试验报告，这些均是实践的记录与总结，具有原创性。在活动中学生查找最多的可能是图书与报刊，如名著、一般性专著、教科书、手册、报纸、科普图文、辞典、百科全书、年鉴等。
（2）二次文献：由一次文献提炼出来的，如目录、题录、索引、文献。在二次文献中，我们不能获得作者的观点，只是为研究者提供检索方便，使我们更快地找到所要的资料。
（3）三次文献：在二次文献的基础上检索、选择、综合分析形成的，如综述与述评。

（二）如何利用网络查找文献

根据信息载体的不同，可以分为印刷品、录像带、光盘数据库、因特网等。光盘数据库、因特网已经成为新一代的信息资源，从中可以更方便地获得所需要的信息。尤其是近年来网络技术飞速发展，逐渐成为跨时空的大型全球"信息中心"，但网络提供的信息往往十分庞杂，更需要学生具有敏锐的判断能力，以防学生迷失在网络信息的海洋中。

下面介绍一些常用的文献数据库。

1. 国内主要资源

（1）维普：该数据库收录 8000 余种期刊的全文，主题范畴为社科类、自然科学类、综合类，年代跨度为 1989 年至今。

（2）万方：万方数据资源系统包括百余个数据库，应用最多的主要包括专业文献库、中国科技引文库、中国学位论文库、中国期刊会议论文库等。

（3）CNKI：中国知网（CNKI）主要包括中国期刊全文数据库、中国博士论文数据库、中国优秀硕士学位论文全文数据库、中国重要报纸全文数据库、中国图书全文数据库、中国重要会议论文全文数据库。

（4）超星数字图书馆、书生之家数字图书馆、中国数字图书馆：这些是国内主要汇集各类图书资源的数据库。

2. 国外主要资源

（1）Springer Link 电子期刊：施普林格出版社于 1842 年在德国柏林创立，是全球第一大科技图书出版公司和第二大科技期刊出版公司，每年出版 6500 余种科技图书和 1700 余种科技期刊，其中超过 1500 种经同行评阅的期刊。施普林格注重出版物内容水平、出版人员的专业性和服务质量，专注出版、服务科学是施普林格一贯的准则和目标。截至目前，共有 213 位诺贝尔获奖者在 Springer 出版专著或发表期刊文章，52 位菲尔兹奖获奖者在 Springer 出版数学专著，70%图灵奖获奖者选择在 Springer 出版专著或发表期刊文章。读者通过 Springer Link 系统可以访问 1997 年至今 Springer 出版的近 1470 余种英文电子期刊，学科涵盖了自然科学、技术、工程、医学、法律、行为科学、经济学、生物学和医学等 11 个学科。Springer 出版的期刊 50%以上被 SCI 和 SSCI 收录，一些期刊在相关学科拥有较高的排名。

（2）Engineering Village：在该平台上可以同时检索三个文摘索引数据库。①Ei Compendex 数据库。对应的印刷版检索刊为《工程索引》，是目前最常用的文摘数据库之一，侧重于工程技术领域的文献，涉及核技术、生物工程、交通运输、化学和工艺工程、照明和光学技术、农业工程和食品技术、计算机和数据处理、应用物理、电子和通信、控制工程、土木工程、机械工程、材料工程、石油、宇航、汽车工程以及这些领域的子学科。其数据源于 5100 种工程类期刊、会议论文集和技术报告。该数据库每周更新。②INSPEC。由英国电机工程师学会（IEE）出版，INSPEC 让读者有机会查阅到世界各地的科技文献资料，内容来自全球 80 多个国家出版的 4000 多种科技期刊，外加图书、报告及 2200 多种会议记录，为用户提供及时、深刻、全球性的技术资料，内容涉及物理、电子电气、通信、控制、计算机、计算、信息技术、制造及工程。该数据库每周更新，每年新增大约 35 万份记录。③NTIS。其是美国国家技术情报社出版的美国政府报告文摘题录数据库，对应的印刷刊物为 *Government Reports Announcements & Index* 和 *Government Inventions for Licensing*。以收录美国政府立项研究及开发的项目报告为主，少量收录其他国家的科学研究报告。其包括项目进展过程中所做的一些初期报告、中期报告、最终报告等，反映最新政府重视的项目进展。该数据库 75%的文献是科技报告，此外还包括专利、会议论文、期刊论文、翻译文献；25%的文献是美国以外的文献；90%的文献是英文文献。其内容覆盖科学技术各个领域。该数据库每周更新。

（3）Elsevier SDOL 电子期刊：荷兰爱思唯尔（Elsevier）出版集团是全球最大的科技与医学文献出版发行商之一，已有 140 多年的历史。Science Direct 系统是 Elsevier 公司的核心产品，自 1999 年开始向读者提供电子出版物全文的在线服务，包括 Elsevier 出版集团所属的 2200 多种同行评议期刊和 2000 多种系列丛书、手册及参考书等，涉及四大学科领域（物理学与工程、生命科学、健康科学、社会科学与人文科学），数据库收录全文文章总数已超过 856 万篇。

（4）IEEE/IEE（IEL）：IEEE/IEE Electronic Library（IEL）数据库提供自 1988 年以来的美国电气电子工程师学会和英国电气工程师学会出版的 150 多种期刊、5670 多种会议录、近 1390 种标准的全文信息。用户通过检索可以浏览、下载或打印与原出版物版面完全相同的文字、图表、图像等全文信息。IEL 包括 IEEE 学报、IEEE 期刊、IEEE 杂志、IEEE 函件、IEEE 会议录、IEEE 标准、IEE 期刊、IEE 会议。

如果知道文章作者、出处、文章标题、文摘等信息可以直接从搜索引擎进行搜索。

六、如何做合格的 PBL 小组组长

组长并非领导者，而是让讨论顺利进行。组长最好由学生推选或自由轮替，也可以由小组老师推荐。做个称职的组长，应注意三点。

（一）激励大家组成团队

鼓励各成员发挥自身优点，收集所有资料，朝着共同目标努力；使小组成员组成团队，学习互助合作及团队精神；分配并协调资料的收集与报告。

（二）协助进行讨论

（1）提前到达小组讨论教室，准备教具，准时开始讨论。

（2）宣读本次的主题，引导与激发讨论主题，掌握讨论方向，技巧性地克服讨论过程中所遇到的困难。

（3）控制讨论流程与时间，归纳众议并导出学习目标与结论。

（4）宣告本次讨论的结论及决议事项，准时结束会议，请同学填写学生自我评价表与相互评价表。

（三）寻求回馈

在讨论结束后，小组成员对当次讨论中组长的表现及成员间彼此的表现相互评估与鼓励，增加彼此间的默契，并填写学生自我评价表与相互评价表，使下次讨论效果更好。

七、考核方法（仅供参考）

附表 2-1　学习评价（生对师）

题号	题目	非常同意	同意	无意见	不同意	非常不同意
1	教师对 PBL 的教学目标清楚					
2	教师会适当地鼓励学生的学习动机					
3	教师会适当引导学生逻辑思考与判断					
4	教师对课堂时间运用适当					
5	教师引导 PBL 的进行方式适当					
6	教师对 PBL 教学具有热忱					

你对教师的其他建议或意见：

1. 主要的优点有哪些？主要的缺点有哪些？

2. 下次的小组讨论你认为教师应该做些什么？不应该做些什么？

附表 2-2　小组学习评价（学生自评与互评）

题号	题目	非常同意	同意	无意见	不同意	非常不同意
1	本组同学参与度良好					
2	同学间的互动良好					
3	本组讨论的进行流程掌控良好					
4	讨论的内容系统、有组织并充实					

题号	题目	非常同意	同意	无意见	不同意	非常不同意
5	本组同学均很认真地收集资料					
6	同学们的学习热情高昂					
7	本组同学大多能达到预定的学习目标					
8	增进同学之间良好的互动关系					
9	此次小组学习对自己知识量的增加有帮助					
10	此次小组学习对自己的学习方法影响很大					

1. 你对自己的建议或意见：

（1）哪些还需要改进？

（2）与上次比较哪些已实质性改进？哪些还未改进？

2. 你对同组其他同学的建议或意见：

（1）哪些还需要改进？

（2）与上次比较哪些已实质性改进？哪些还未改进？

附表 2-3　课程问卷（期末进行）

题号	题目	非常同意	同意	无意见	不同意	非常不同意
1	教师 PBL 上课时间不固定，经常调课					
2	教师 PBL 课程安排的次数与章节适当					
3	教师的教材内容充实、教案难易适中					
4	PBL 教室设备充足					
5	教师的教学目标清楚					
6	教师会适当地鼓励学生的学习动机					
7	教师会适当地引导学生逻辑思考与判断					
8	教师对课堂时间运用恰当					
9	教师对 PBL 教学具有热忱					
10	PBL 学习评价的方式适当					

1. 你认为每学期合理的教案数目，____个教案/学期。

2. 你对于这个学期 PBL 课程其他的建议或意见：_____

附录三
PBL 问题/项目样库

PBL 问题 1：企业的技术创新与竞争博弈分析

一、本 PBL 问题的教学要求

（1）依据背景资料以及在通读文献的基础上，给出解决该问题的技术路线图；

（2）基于对称（非对称）R&D 投入/产品产量静态博弈模型的建立及分析；

（3）基于 R&D 竞争（合作）/产品产量竞争的两阶段博弈模型的建立及分析；

（4）R&D 投入/产品产量竞争博弈模型的仿真实验。

二、问题以及背景描述

（一）问题背景

21 世纪是知识经济时代，科学技术作为知识最有效的利用手段，在我们的生活中发挥着越来越重要的作用。在知识经济悄然兴起的背景下，整个世界涌动着经济知识化、知识产业化的潮流。科学技术以前所未有的深度和广度渗透到人们的生产活动和日常生活中，特别是科学研究与试验发展（R&D）更成为经济发展和社会进步的内在动力。从微观的层面，R&D 活动在很大程度上决定着企业的创新能力和生产效率，进而影响着企业在市场上的竞争能力；从宏观的层面，R&D 投入的规模体现了国家或地区对创新活动的投入强度，反映了国家或地区的科技发展水平，从而决定着经济持续增长的实力和潜力。

研发对经济的重要作用可以从多个方面得到印证。首先，企业可以通过研发开发出新的产品或者实现产品升级，生产出有生命力的产品，这样就能够实现差异竞争，开辟新的细分市场，实现经济效益，这一方面的研发活动通常被称为产品创新研发活动（Product-Related R&D）。其次，企业可以通过研发更新生产技术，提高现有产品的生产质量和生产效率，减小生产难度进而减少生产成本，这一方面的实现主要通过工艺创新研发活动（Process-Related R&D）。因而可以将研发水平作为衡量企业竞争力的重要指标。诸多企业已经将开展研发作为实现低成本、高效率和高质量生产的重要途径。

经济全球化不断加强，随之而来的竞争全球化是不争的事实，R&D 是企业占据竞争优势的关键因素，也因此近年来成为被学术界广泛关注和研究的一个焦点。在这个背景之下，各个国家纷纷从战略层面针对研发制订一些相关计划，用以促进研发投入的提升，进而提高企业的创新能力。一些跨国公司来中国进行投资，有的甚至把 R&D 总部直接设在中国。而中国本土企业大多的现状是从对外企的学习或模仿中获得一定程度上的产品和工艺升级，然而这样显然不能够掌握核心技术，对于企业的长远发展是很不利的。不过我国政府对于 R&D 问题也给予了重视，一方面通过财政倾斜等财政计划来提高全社会的 R&D 投入水平，另一方面也制定相关政策来促进企业的 R&D 投入。《国家"十二五"科学和技术发展规划》提出，全社会研发经费与国内生产总值的比例提高到 2.2%。《国家中长期科学和技术发展规划纲要（2006—2020 年）》提出到 2020 年，全社会研究开发投入占国内生产总值的比重提高到 2.5% 以上。但是，相对于发达国家，可能由于工业基础、人力资源与资金等方面的差距，总体 R&D 投入水平还是不够，加强 R&D 活动、推动科技进步是我国的迫切需要，作为一个发展中国家，只有这样才能在发达国家的竞争中立于不败之地，才能实现经济社会的可持续发展。

然而，由于技术溢出的存在，企业在积极进行研发并且利用外部溢出技术的同时，也会把自己研发出来的技术外溢给竞争对手，尤其在技术溢出水平较高时，很容易导致企业在该领域内的研发投资不能够建立竞争优势。那么企业该如何解决或者规避这个"研发困境"呢？同时，企业在研发新技术时，随着时间的变化，新技术难免会折旧，那么技术更新速度对企业研发战略会产生什么样的影响呢？本问题的选定就试图回答以下两个主要问题：①企业在制定研发策略时，究竟是选择研发合作还是研发竞争？②技术溢出和技术折旧这两个因素到底对企业的研发决策会产生怎样的影响？

（二）同类研究工作国内外现状（部分）

1. R&D 投入效益方面

国外研究方面，发达国家和国际上的跨国公司充分认识到 R&D、科技投入的重要性，并对此展开了长期的、广泛的且深入的研究，形成了较为成熟的结论。

Taggart（1998）对制造业跨国公司的 R&D 活动进行了实证研究，该文通过研究 R&D 活动复杂性的增加和减少发现：影响其增加的重要因素为"业务""自由度""协调"。任务级别、销售额和市场的差异性越大则 R&D 活动越复杂；子公司对研发项目、资金支配和人事任用越具有自主权，则 R&D 活动越复杂；各子公司间在营销活动、产品需求和技术转让方面配合得越协调，则 R&D 活动越复杂。

Helfat（1997）认为企业过去发展起来的独特能力会影响到企业当前的创新活动，R&D 活动的决策是路径依赖的，因而企业以前积累起来的知识决定 R&D 的学习能力和吸收能力，而知识积累是企业通过专利权、商标权等无形资产获得的预先存在的资源，因此企业获得的无形资产越多，其识别 R&D 的新机会的能力越强；除了实物资源，企业的 R&D 活动还需要充足的资金支持，稳定的现金流可以用来资助企业 R&D 活动，缺少内部融资的企业会限制企业支持 R&D 活动的能力。

Piga 和 Vivarelli（2003）发现几个影响 R&D 活动的因素，即所有权集中度、公司间的垂直控制关系及创新战略，其指出在一个集团式的公司中，控股公司多半掌握了 R&D 的决定权，如果公司生产的绝大部分产品都是销售给少数几个客户的话，这样的公司进行 R&D 活动的可能性就小，所有权高度集中的公司在进行产品或程序研发时更倾向于向外部寻求 R&D 合作者。

国内的相关研究：邓向荣和文青（2004）从 R&D 投入的总量中占主导或支配地位的主体来源，以及由该主体的利益取向和行为方式决定的融资方式和投入方式出发，将 R&D 资金投入分为三种模式，即政府主导型、政府企业双主导型和企业主导型。其认为，按照工业化发展的不同阶段，政府主导型、政府企业双主导型和企业主导型依次发展。以上分析的出发点，均认为我国企业 R&D 投入强度选择不合理，R&D 投入低、R&D 资金来源窄，导致企业缺乏竞争力。这类研究的缺陷在于，把我国企业 R&D 投入状况和国外企业的经验数据进行宏观比较，没有详细分析我国企业的特殊性，所研究得出的数据也是宏观层次的，对具体企业没有太大的指导意义。

朱卫平和伦蕊（2004）在 2004 年上半年收集了 F 市全部 197 家高新技术企业 2003 年的数据，通过实证分析发现我国高新技术企业的科技资金、人力资源投入与企业绩效之间基本不存在显著正相关关系。

梁莱歆和张焕凤（2005）用实证研究方法，以我国高科技上市公司为研究对象，从盈利能力、发能力以及技术创新能力等方面的 R&D 投入与绩效之间的相关关系进行了实证分析。研究结果发现，在 R&D 投入与产出滞后一定时期的条件下，我国高科技企业的 R&D 投入与其盈利能力和发展能力的相关关系较显著，但对企业形成核心竞争力的技术资产贡献偏小。

根据以上文献分析我们可以看出：从国内研究状况来看，反映出两方面的特点。一是在研究对象上多针对科研机构、地区或国家宏观 R&D 绩效的评价，对企业研发绩效的研究明显不足。二是研究内容上偏重于 R&D 绩效评价方法与指标体系的建立，对企业实际研发活动及其绩效却关注不多。同时，由于研发数据资料的缺乏，对企业 R&D 绩效进行实证研究比较困难。从国内企业实施研发绩效评价的情况来看，由于评价方法的可操作性等问题，国内仅有极少数技术密集型的、规模较大的高科技企业开展了研发绩效测量与评价活动，绝大多数高新技术企业基本上还未涉及这方面的工作。然而，随着我国市场经济向纵深发展，企业已成为研发的投资主体，从而使研发活动及其管理的意义更为重大。那么现实中的研发活动状况怎样？绩效如何？研发投入到底能够给企业带来多大的经济效益？企业的研发投入与企业业绩之间的相关性到底有多大？这些都是所要研究的开放性问题。

2. 研发合作与竞争方面

由于在实践和理论上的重要性，合作研发现象很早就受到实业界和理论界的关注。国内外的学者已经对新产品研发的合作问题进行了大量研究。

（1）国外研究状况。国外学者对于某些问题的研究已经深入展开，大多采用定性与定量相结合的方法，有些采用了实证研究的方法。自从 1994 年诺贝尔经济学奖授予给三个博弈论专家（纳什、泽而滕、海萨尼）后，博弈论已被证明在经济学等方面是最有用的分析技术。D'Aspremont 和 Jacquemin（1988）以博弈论为工具研究了双向溢出效应对企业研发投入、产品生产数量以及收益的影响，并且将整个过程分为两个阶段：在第一阶段中，两个企业都以减少成本作为目标，并为该目标的实现进行研发投入；在第二阶段中，实现的成本减少额度依赖于第一阶段中研发投入水平和技术溢出效应，两企业进行不同成本下的古诺博弈，此模型被后来的学者称为 AJ 模型。Kamien 等（1992）以 AJ 模型为基础，采用产量竞争的形式构造模型对该问题进行了扩展。有一些学者如 Fudenberg 等（1983）假定一个产业中的研发成功概率随研发进行时间的增加而增加，得出了使一个企业抢先其他企业取得独占技术的条件，证明先行者的确会获得该项研究开发技术的垄断，即使它只比其他追随者早一点点开展研发活动。Harris 和 Vickers（1985）在更为宽松的假设条件下得到了相同的结果。Cassiman 等（2009）指出对垄断利润的追求使得绝大多数企业不得不选择独立研发的方式以防止技术知识的泄露。Amir 等（2003）则在静态的框架下将技术的溢出从外生变量转为内生变量，讨论企业在主动技术溢出下的研发行为。Atallah（2005）则进一步将研究从对称的情况拓展到非对称的情况，讨论了非对称条件下的技术溢出对企业研发战略选择的影响。Cellini 和 Lambertini（2009）将静态的框架拓展到动态的框架探究研发竞合策略，利用微分动态博弈的方法对企业的战略研发投资以及企业的收益进行了分析。

（2）国内研究状况。国内的研究成果涉及的范围比较宽泛。邹漩（2004）、罗炜和唐元虎（2002）利用博弈论从不同角度对企业研发合作的形成进行了研究。周文光（2007）重点研究了对称情况下企业形成研发联盟及其演化过程，针对工艺创新和产品创新分别构建了一个关于企业研发联盟形成和演化的博弈模型，并对主要影响因素进行了分析。周二华和陈荣秋（1999）对多企业联盟的形成进行了博弈分析。柴正猛（2004）则运用圆形城市模型，假定消费者位于圆周长为 1 的圆上，企业在该圆上相对而建，消费者购买商品的成本为商品的价格加交通费用，并据此得出企业的市场份额，根据企业采取价格竞争战略，建立了两时期研发古诺模型。马如飞和王嘉（2011）针对静态分析模式的局限性，在 Cellini 和 Lambertini（2009）研究的基础上，拓展到非稳定状态下，构造了一个更加完整的动态系统，利用微分博弈方法研究了研发过程中技术溢出对企业瞬时收益的影响，通过比较企业在不同研发战略下的瞬时收益，分析了企业在不同研发战略下的演化过程，发现受短期和长期利益驱动下的企业其研发决策情形不尽相同。

国内外对知识创新和合作研发都分别进行了一系列的研究，但针对影响企业合作研发的投入效益的研究还非常少。因此，本问题拟将对合作研发企业效益的影响因素和各企业方在不同的研发模式下的投入效益进行详细分析。

（三）基本问题和扩展问题

（1）基本问题 1：基于对称 R&D 投入/产品产量竞争博弈模型的建立及分析；

（2）扩展问题 1：考虑时间因素，从动态视角建立 R&D 投入/产品产量竞争的博弈模型并分析求解；

（3）基本问题 2：基于基本问题 1，建立其对应的仿真模型以验证所得结论的有效性；

（4）扩展问题 2：基于基本问题 2，建立其对应的仿真模型以验证所得结论的有效性。

参考文献

［1］ D'Aspremont C, Jacquemin A. Cooperative and Noncooperative R&D in Duopoly with Spillovers ［J］. The American Economic Review, 1988, 78 （5）：1133-1137.

［2］ Taggart J H. Determinants of Increasing R&D Complexity in Affiliates of Manufacturing Multinational Corporations in the UK ［J］. R&D Management, 1998, 28 （2）：101-110.

［3］ Helfat C E. Know-How and Asset Complementarity and Dynamic Capability Accumulation：The Case of R&D ［J］. Strategic Management Journal, 1997, 18 （5）：339-360.

［4］ Piga C, Vivarelli M. Sample Selection in Estimating the Determinants of Cooperative R&D ［J］. Applied Economics Letters, 2003, 10 （4）：243-246.

［5］ 邓向荣，文青. 中国 R&D 资源投入模式及其相关政策分析——政府主导型 R&D 投入模式分析 ［J］. 当代财经, 2004 （3）：23-26.

［6］ 朱卫平，伦蕊. 高新技术企业科技投入与绩效相关性的实证分析 ［J］. 科技管理研究, 2004 （5）：7-9.

［7］ 梁莱歆，张焕凤. 高科技上市公司 R&D 投入绩效的实证研究 ［J］. 中南大学学报（社会科学版）, 2005 （2）：232-236.

［8］ Kamien M I, Muller E, Zang I. Research Joint Ventures and R&D Cartels ［J］. The American Economic Review, 1992, 82 （5）：1293-1306.

［9］ Fudenberg D, Gilbert R, Stiglitz J, et al. Preemption, Leapfrogging and Competition in Patent Races ［J］. European Economic Review, 1983, 22 （1）：3-31.

［10］ Harris C, Vickers J. Perfect Equilibrium in a Model of a Race ［J］. Review of Economic Studies, 1985, 52 （2）：193-209.

［11］ Cassiman B, Guardoand M CD, Valentini G. Organizing R&D Projects to Profit from Innovation：Insights from Co-Opetition ［J］. Long Range Planning, 2009, 42 （2）：216-233.

［12］ Amir R, Evstigneev I, Wooders J. Noncooperative versus Cooperative R&D with Endogenous Spillovers Rates ［J］. Games and Economic Behavior, 2003, 42 （2）：183-207.

［13］ Atallah G. R&D Cooperation with Asymmetric Spillovers ［J］. Canadian Journal of Economics, 2005, 38 （3）：919-936.

［14］ Cellini R, Lambertini L. Dynamic R&D with Spillovers：Competition vs Cooperation ［J］. Journal of Economic Dynamics & Control, 2009, 33 （3）：568-582.

［15］ 马如飞，王嘉. 动态研发竞争与合作：基于微分博弈的分析 ［J］. 科研管理, 2011, 32 （5）：36-42.

[16] 周文光. 基于博弈论的企业 R&D 联盟形成与演化研究 [D]. 沈阳：东北大学硕士学位论文, 2007.

[17] 周二华, 陈荣秋. 多企业联盟的博弈分析 [J]. 华中理工大学学报, 1999 (8): 36-38.

[18] 柴正猛. 跨国公司与东道国企业之间的研发竞争动态博弈 [J]. 产业经济研究, 2004 (2): 31-78.

[19] 邹漩. 不确定条件下区域间合作研发与独立研发的策略选择 [J]. 重庆工商大学学报. 西部论坛, 2004 (6): 35-41.

[20] 罗炜, 唐元虎. 大学—企业合作创新的博弈分析 [J]. 系统工程, 2002 (1): 28-31.

PBL 问题 2：互惠贸易区与多边贸易一体化的多维博弈分析

一、本 PBL 问题的教学要求

（1）依据背景资料以及在通读文献的基础上，给出问题的假设条件，在不同假设条件下，建立相应的多维博弈模型；

（2）依据规范经济学的方法选择确定成员国的多个具有相互替代的多种产品，建立适当的关于"互惠贸易协定与多边贸易自由化"的多维博弈模型并进行分析；

（3）利用博弈模型分析区域性互惠贸易协定成员国国内一些政治集团对区域贸易协定及世界自由贸易的影响。

二、问题以及背景描述

（一）问题背景

席卷世界各国的金融海啸，让各国进一步认识到进行经济合作的重要性，特别是寻找区域合作以加强抵御金融风险的能力。虽然中国已经加入世界贸易组织（WTO），但是世界各国为了自身的国家利益，也纷纷在所在区域内寻求建立区域与次区域的互惠贸易自由区，如美国在北美建立北美自由贸易区，欧洲国家寻求建立欧洲自由贸易区，中国也与东盟 10 国建立 10+1 自由贸易区，以及中国、日本、韩国与东盟 10 国建立 10+3 自由贸易区。由此引发了人们对国际贸易制度由多边贸易一体化向区域贸易集团化格局转化的担忧。人们自然要回答以下问题：为什么在多边贸易合作的背景下，会产生区域贸易一体化趋势？这些区域贸易合作对世界各国将产生怎样的影响？在新一轮的区域与次区域合作浪潮中，中国应该如何选择自己的对外贸易战略？作为中国主要对外贸易窗口的珠三角地区，又应该如何应对？通过对这些问题的研究可以进一步巩固课堂学过的知识，同时有助于理解我国对外开放政策的实施以及对外贸易政策和产业转移升级战略实施的理论价值与实践意义。

当然本研究不可能对所有这些重大问题给出全面答案，而只是希望同学们利用所学知识，选择从博弈论角度试图建立一个关于"互惠贸易协定与多边贸易自由化"的多维博弈分析模型，用多维博弈理论对当前国际贸易区域集团化的趋势给出一个合理的解释，同时试图给出我国珠三角地区参与国际贸易的应对策略。

（二）同类研究工作国内外现状（部分）

早期对区域贸易合作的研究主要集中在区域自由贸易安排的效率及福利上。Viner 和 Oslington（2014）在分析关税同盟的福利效应时，提出了著名的贸易转移及贸易创造理论，奠定了区域贸易合作静态分析的基石。随后，Meade（1955）与 Lipsey（1957）对贸易转移及贸易创造理论作了进一步的完善与充实。在此期间，对关税同盟的福利分析，都是运用标准的两产品一般均衡模型，直到1965年，Jaroslav（1965）和 Kemp（1964）分别提出了三国两产品模型。各种模型的分析方法迥异，但基本观点却相同，即关税同盟的缔结可以提高同盟成员国的福利水平。Krishna 和 Bhagwati（1997）研究了非经济目标的关税同盟对成员国福利的影响，他们的结论是如果两个或两个以上的国家追求某种非经济目标，那么它们结成一个关税同盟仍是有利可图的。

以上的文献研究几乎都没有涉及多边贸易自由化问题。众所周知，多边贸易自由化的福利效果无疑高于区域贸易自由化，但是为什么各国仍然热衷于区域与次区域的贸易合作呢？传统的贸易理论无法对这一现象作出满意的回答。Grossman 和 Helpman（1995）、Krishna（1998）等把国内的贸易政治融入一国的贸易政策分析，通过构建不同的新政治经济模型，研究了区域贸易合作的内生化决定过程。这些研究对贸易政策的政治经济分析做出了基础的贡献。在关于区域贸易合作对多边贸易自由化影响的研究方面，也涌现了不少文献，如 Bhagwati（1993）、Baldwin（1995）、Krishna（1998）等的研究。这些文献得出了不同的结果，因此对区域合作与多边贸易自由化关系的理论探讨还远远没有结束。

国内学者谢建国（2007）在前人研究的基础上对区域贸易自由化与多边贸易合作理论进行了深入探讨，认为区域贸易合作形成与扩张的过程实际上就是一个多边博弈的过程，是成员国追求自身福利最大化行为的结果。因此，他引入博弈论与贸易政治的分析框架，为理解区域与多边贸易一体化提供了一个新的视角。但是，谢建国（2007）主要采用单目标博弈分析模型，而在区域贸易合作过程中的博弈人所追求的是多个目标（如纯福利、国内政治与战略目标等），因此，希望同学们采用近年来已经在其他领域得到广泛应用的多维博弈分析模型来重新阐释互惠贸易协定对多边贸易自由化的影响，以便寻找出更合理的应对策略。

（三）基本问题和扩展问题

（1）基本问题1：依据规范经济学的方法选择确定成员国的多个具有相互替代的多种产品，建立适当的关于"互惠贸易协定与多边贸易自由化"的多维博弈模型并进行分析；

（2）基本问题2：利用博弈模型分析区域性互惠贸易协定成员国国内一些政治集团对区域贸易协定及世界自由贸易的影响；

（3）扩展问题1：针对基本问题1，建立问题的计算机仿真模型，进行仿真计算；

（4）扩展问题2：针对基本问题2，建立问题的计算机仿真模型，进行仿真计算。

参考文献

［1］ Viner J, Oslington P. The Customs Union Issue ［M］. Oxford：Oxford University Press，2014.

［2］ Meade，James E. The Theory of Customs Unions ［M］. Amsterdam：North-Holland，1955.

［3］ Lipsey R. The Theory of Customs Unions：Trade Diversion and Welfare ［J］. Economica，1957，24（93）：41-63.

［4］ Jaroslav V. General Equilibrium of International Discrimination：The case of Customs Unions ［M］. Cambridge：Harvard University Press，1965.

［5］ Kemp，Murray C. The Pure Theory of International Trade ［M］. Englewood Cliffs, NJ：Prentice-Hall，1964.

［6］ Krishna P, Bhagwati J. Necessarily Welfare - Enhancing Customs Unions with Industrialization Constraints: The Cooper - Massell - Johnson - Bhagwati Conjecture ［J］. Japan and the World Economy, 1997, 9 (4): 441-446.

［7］ Grossman G, Helpman E. The Politics of Free-Trade Agreements ［J］. American Economic Review, 1995, 85 (4): 667-690.

［8］ Krishna P. Regionalism and Multilateralism: A Political Economy Approach ［J］. The Quarterly Journal of Economics, 1998, 113 (1): 227-251.

［9］ 谢建国. 区域与多边贸易一体化研究——一个博弈论分析框架 ［M］. 南京: 南京大学出版社, 2007.

附录四
PBL 问题 1 学生作品：双寡头企业研发竞争与合作的博弈分析

基本问题 1：双寡头企业研发竞争与合作的静态博弈分析

一、引言

双寡头企业在进行研发投资时主要存在两种主要方式：一种是独自研发，形成明显的竞争对抗，而这样做企业能够有效地通过自己的研发获得技术领先从而占据竞争优势，但同时企业将承担更多的研发成本，同时其技术更新速度可能也相对缓慢，使成本降低的程度受到局限。另一种方式是合作研发，也即形成企业研发联盟，研发联盟是指企业通过与其他企业、科研机构、高等院校等建立联盟契约关系，在保持各自相对独立的利益及社会身份的同时，在一段时间内协作，从事技术或产品研究开发，实现各自目标的研究开发合作方式。企业研发联盟是指两个或多个企业通过建立联盟契约关系，在追求自身利益最大化的同时，在一段时间内协作，从事技术或产品研究开发，实现各自目标的研究开发合作方式。企业研发联盟作为一种介于市场和企业之间的中间组织，兼有企业和市场的特征，其与其他中间组织相比，既有共同之处，又有不同之处。企业研发联盟的优势表现在：

（1）经济性。分摊研发成本和风险，共享研发成果。归根结底是为了获得更高的经济效益，结成企业研发联盟的企业通过共享其他企业的技术、设备提升自身的技术水平，甚至在与其他企业的技术人员的交流中也能增加自身的知识积累。这些一般都是企业考虑结成研发联盟的主要出发点。

（2）知识性。企业研发联盟是基于知识而建立的。企业通过建立企业研发联盟增加自身的知识积累，在知识溢出性强的行业，企业更倾向于结成企业研发联盟。企业结成研发联盟整合了研发资源，从而为社会提供更多的知识积累。

（3）互补性。结成企业研发联盟的企业在技术知识的构成上是互补的，即一个企业的欠缺之处正是其他企业的擅长之处。这样对于整个联盟的成员来说可以获得"取人之长，补己之短"的效果。

（4）协同性。企业研发联盟实现了研发资源的整合，能够高效率进行技术创新。运作正常的企业研发联盟能够产生"1+1>2"的协同效应，即联盟所取得的研发成果比成员企业进行单独研发所取得的研发成果之和还要大。

其劣势也明显表现为：在知识溢出较弱的行业，这样会破坏自己的技术优势，或者在未来难以形成自己的技术优势。

这里通过建立模型，主要针对企业成本的变化，进而对企业在竞争与合作两种情形下的利润进行分析，并且进行数值仿真，最终得出结论。

二、模型假设

假设市场上同一行业中存在一对双寡头企业，为了使产品更具有竞争力，两家企业支付研发投入用以降低生产成本。两家企业间存在着研发竞争与合作的博弈，两种策略下都将达到最终的一个均衡。这里的模型假设主要参考了 D'Aspremont 和 Jacquemin（1988）的模型，同时考虑技术折旧因素，对模型进行改进，并且这里将每个企业的学习能力都假定为 1，表示企业具有完全学习能力。技术溢出率为 β（0<β<1），0 表示企业做到技术完全保密，即技术完全不溢出，对方企业不可能从中窃取到任何知识。1 表示企业对外完全共享其研发成果，即技术完全溢出，对方企业可以完全学习其技术。显然这两种情况在现实生活中都是不可能存在的。两家企业各自所生产的产品的替代率为 θ（0<θ<1），0 表示两种产品完全不能替代，而 1 则表示两种产品完全同质化，现实中这两种情况也都是不存在的。设定两家企业原来的单位产品成本都为 c_0，并且假设不存在规模效应，即每件产品的成本不会因为企业增加产量而发生变化，那么这里设定企业 i 的成本函数为 $C_i(c_i, q_i) = c_i q_i$，也就是说，企业 i 的总成本取决于企业的产量 q_i，以及企业的单位产品成本 c_i。用 η 反映技术折旧水平，表示因为技术折旧等因素所导致的单位产品成本的增加，技术折旧率代表了技术的更新速度。

企业 i 和企业 j 的生产数量分别为 q_i 和 q_j，那么企业 i 和企业 j 所面临的价格函数分别为 $P_i = A - q_i - \theta q_j$ 和 $P_j = A - q_j - \theta q_i$。企业 i 在研发上的投入为 k_i，企业 j 在研发上的投入为 k_j。两家企业单独进行研发时企业 i 和企业 j 的单位产品生产成本的降低程度分别为 Δc_i 和 Δc_j，参照 Marie-Laure 等（2004）的模型，这里取 $\Delta c_i = -\sqrt{k_i} - \beta\sqrt{k_j} + \eta$，$\Delta c_j = -\sqrt{k_j} - \beta\sqrt{k_i} + \eta$，两家企业结成联盟时企业 i 和企业 j 的单位产品生产成本的降低程度分别为 $\Delta c'_i$ 和 $\Delta c'_j$，此时，$\Delta c'_i = \Delta c'_j = -\sqrt{k_i} - \sqrt{k_j} + \eta$。此处采用研发投入而不是研发努力程度作为影响企业产品成本变动的变量，这样在后文中更加直观地体现出企业研发投入与利润之间的关系，而研发投入与单位产品成本的关系并没有发生本质变化。

三、模型的建立与分析求解

（一）研发竞争的情况

企业 i 投入 k_i 进行研发，单位产品成本降低到 c_i，$c_i = c_0 + \Delta c_i = c_0 - \sqrt{k_i} - \beta\sqrt{k_j} + \eta$，企业 i 的利润可以表示为：

$$\pi_i = (P_i - c_i)q_i - k_i \tag{A4-1}$$

进而企业 i 的利润函数可求得如下：

$$\pi_i(k_i, q_i, k_j, q_j) = (A - q_i - \theta q_j - c_0 + \sqrt{k_i} + \beta\sqrt{k_j} - \eta)q_i - k_i \tag{A4-2}$$

同理可得出企业 j 的利润函数为：

$$\pi_j(k_j, q_j, k_i, q_i) = (A - q_j - \theta q_i - c_0 + \sqrt{k_j} + \beta\sqrt{k_i} - \eta)q_j - k_j \tag{A4-3}$$

企业 i 和企业 j 的最优产量满足：

$$\begin{cases} \dfrac{\partial \pi_i(k_i, q_i, k_j, q_j)}{\partial q_i} = 0 \\[2mm] \dfrac{\partial \pi_j(k_j, q_j, k_i, q_i)}{\partial q_j} = 0 \end{cases} \tag{A4-4}$$

由式（A4-2）、式（A4-3）、式（A4-4）解得，企业 i 和企业 j 的最优产量分别为：

$$q_i^* = \frac{A-c_0-\eta}{2+\theta} + \frac{1}{4-\theta^2}\left[(2-\theta\beta)\sqrt{k_i} + (2\beta-\theta)\sqrt{k_j}\right] \quad (A4-5)$$

$$q_j^* = \frac{A-c_0-\eta}{2+\theta} + \frac{1}{4-\theta^2}\left[(2-\theta\beta)\sqrt{k_j} + (2\beta-\theta)\sqrt{k_i}\right] \quad (A4-6)$$

企业 i 和企业 j 的最优研发投入满足：

$$\begin{cases} \dfrac{\partial \pi_i(k_i,\ q_i,\ k_j,\ q_j)}{\partial k_i} = 0 \\[2mm] \dfrac{\partial \pi_j(k_j,\ q_j,\ k_i,\ q_i)}{\partial k_j} = 0 \end{cases} \quad (A4-7)$$

解式（A4-7）得企业 i 和企业 j 的最优研发投入分别为：

$$k_i^* = q_i^2/4, \quad k_j^* = \frac{q_j^2}{4} \quad (A4-8)$$

由式（A4-5）、式（A4-6）、式（A4-8）解得，企业 i 和企业 j 的最优产量和研发投入分别为：

$$q_i^* = q_j^* = \frac{2(A-c_0-\eta)}{3+2\theta-\beta}, \quad k_i^* = k_j^* = \frac{(A-c_0-\eta)^2}{(3+2\theta-\beta)^2} \quad (A4-9)$$

进而可以求出企业 i 和企业 j 的最优利润为：

$$\pi_i^* = \pi_j^* = \frac{3(A-c_0-\eta)^2}{(3+2\theta-\beta)^2} \quad (A4-10)$$

将企业 i 和企业 j 的最优产量、最优研发投入和利润分别对技术溢出率 β 求偏导数可得：

$$\frac{\partial q_i^*}{\partial \beta} = \frac{\partial q_j^*}{\partial \beta} = \frac{2(A-c_0-\eta)}{(3+2\theta-\beta)^2}, \quad \frac{\partial k_i^*}{\partial \beta} = \frac{\partial k_j^*}{\partial \beta} = \frac{2(A-c_0-\eta)^2}{(3+2\theta-\beta)^3}, \quad \frac{\partial \pi_i^*}{\partial \beta} = \frac{\partial \pi_j^*}{\partial \beta} = \frac{6(A-c_0-\eta)^2}{(3+2\theta-\beta)^3} \quad (A4-11)$$

归纳以上分析可得附表 4-1。

附表 4-1　研发竞争下产量、研发投入和利润分析结果

β $(0<\beta<1)$			
$\dfrac{\partial q^*}{\partial \beta}$	大于零	q_i^*, q_j^*	↗
$\dfrac{\partial k^*}{\partial \beta}$	大于零	k_i^*, k_j^*	↗
$\dfrac{\partial \pi^*}{\partial \beta}$	大于零	π_i, π_j	↗

　　可见在企业研发竞争情况下，其他参数保持不变时，随着技术溢出率 β 的增长，两家企业最优策略下的利润会随之增加，但是前提是企业要增加产量 q 和研发投入 k，才能获得利润的增长，并且可以看出，利润相对于研发投入 3 倍的速率增长。对于企业决策而言，虽然技术溢出的增加能增加最大利润，但是企业要增加产量和研发投入才能保证利润的增长。

（二）研发合作的情况

　　企业 i 和企业 j 结成研发联盟，企业 i 和企业 j 分别投入 k_i 和 k_j 进行研发，单位产品成本都降低到 c，$c = c_0 + \Delta c' = c_0 - \sqrt{k_i} - \sqrt{k_j} + \eta$（$\Delta c_i'$ 与 $\Delta c_j'$ 等值，$\Delta c'$ 取其中任意一个即可），由 $\pi_i = (P_i - c_i)q_i - k_i$ 可得企业 i 的利润函数如下：

$$\pi_i(k_i, \ q_i, \ k_j, \ q_j) = (A - q_i - \theta q_j - c_0 + \sqrt{k_i} + \sqrt{k_j} - \eta)q_i - k_i \qquad (A4-12)$$

企业 j 的利润函数如下：

$$\pi_j(k_j, \ q_j, \ k_i, \ q_i) = (A - q_j - \theta q_i - c_0 + \sqrt{k_j} + \sqrt{k_i} - \eta)q_j - k_j \qquad (A4-13)$$

与上文研发竞争情况的计算步骤类似，可以解得，企业 i 和企业 j 的最优产量和最优研发投入分别为：

$$q_i^* = q_j^* = \frac{A - c_0 - \eta}{1+\theta}, \quad k_i^* = k_j^* = \frac{(A - c_0 - \eta)^2}{4(1+\theta)^2} \qquad (A4-14)$$

将最优产量和最优研发投入代入式（A4-12）、式（A4-13），可得两家企业的最优策略下的均衡利润为：

$$\pi_i^* = \pi_j^* = \frac{3(A - c_0 - \eta)^2}{4(1+\theta)^2} \qquad (A4-15)$$

可见 q_i^*，q_j^*，k_i^*，k_j^*，π_i，π_j 都是与技术溢出率 β 无关的，即：

$$\frac{\partial q_i^*(\theta, \ \beta, \ \eta)}{\partial \beta} = \frac{\partial q_j^*(\theta, \ \beta, \ \eta)}{\partial \beta} = \frac{\partial k_i^*(\theta, \ \beta, \ \eta)}{\partial \beta} = \frac{\partial k_j^*(\theta, \ \beta, \ \eta)}{\partial \beta} = \frac{\partial \pi_i(\theta, \ \beta, \ \eta)}{\partial \beta} = \frac{\partial \pi_j(\theta, \ \beta, \ \eta)}{\partial \beta} = 0$$
$$(A4-16)$$

所以可以得到结论，在企业研发合作情况下，企业的最优策略和最大利润不受技术溢出率 β 的影响。

与研发竞争的情况进行比较（不等式左边为研发竞争情况）：

首先，比较两种情况下的最优产量：

$$\frac{2(A - c_0 - \eta)}{3 + 2\theta - \beta} = \frac{A - c_0 - \eta}{1 + \theta + \frac{1-\beta}{2}} < \frac{A - c_0 - \eta}{1 + \theta} \quad (0 < \beta < 1) \qquad (A4-17)$$

其次，比较两种情况下的最优研发投入：

$$\frac{(A - c_0 - \eta)^2}{(3 + 2\theta - \beta)^2} = \frac{(A - c_0 - \eta)^2}{4\left(1 + \theta + \frac{1-\beta}{2}\right)^2} < \frac{(A - c_0 - \eta)^2}{4(1+\theta)^2} \quad (0 < \beta < 1) \qquad (A4-18)$$

最后，比较两种情况下的最大利润：

$$\frac{3(A - c_0 - \eta)^2}{(3 + 2\theta - \beta)^2} = \frac{3(A - c_0 - \eta)^2}{4\left(1 + \theta + \frac{1-\beta}{2}\right)^2} < \frac{3(A - c_0 - \eta)^2}{4(1+\theta)^2} \quad (0 < \beta < 1) \qquad (A4-19)$$

比较结果如附表4-2所示。

附表 4-2　研发竞争与合作策略的比较结果

比较维度 ＼ 研发策略	研发竞争	研发合作
产量 q^*	较低	较高
研发投入 k^*	较低	较高
利润 π^*	较低	较高

可以看出研发竞争时的产量 q^*、研发投入 k^* 和利润 π^* 均小于研发合作时的值，因而企业选择研发合作战略，并且同时增加产品产量和研发投入，以高于研发竞争时的产量和研发投入的规模进行生产，将能够获得比研发竞争时更多的利润。

基本问题 2：双寡头企业研发竞争与合作静态博弈模型的数值仿真分析

从基本问题 1 的研究可以看出，技术溢出对不同研发战略下企业的收益和研发投资的影响结果完全不同。这里，我们通过数值仿真的方法比较不同研发战略下企业的最优产量、最优研发投入和利润，如果合作研发战略下企业的利润大于研发竞争战略下，那么说明合作研发战略是最优的（假设企业只关注收益），反之研发竞争是最优的。另外，通过对最优产量和最优研发投入的比较可以得出企业在不同研发战略下的最优产量和研发水平存在差异，这样能够指导企业的具体决策调整，使管理者更加全方位地分析企业在不同战略下的利益得失。

为了便于问题的分析，我们进行数值仿真模拟研发合作与竞争下的企业最优产量之差（$q = q_{合作} - q_{竞争}$）、最优研发投入之差（$k = k_{合作} - k_{竞争}$）以及利润之差（$\pi = \pi_{合作} - \pi_{竞争}$），以便更好地理解不同研发战略下企业的最优策略和利润随技术溢出和技术更新速度变化的情况，将模型中的各个参数分别设定为 $A = 2$，$c_0 = 1$，$\theta = 0.4$，$\eta = (0.1, 0.3, 0.5)$，$\beta \in (0, 1)$。

对于最优产量之差 q、最优研发投入之差 k 与利润之差 π 随技术溢出率 β 及技术折旧率 η 的变化情况如附图 4-1 所示。

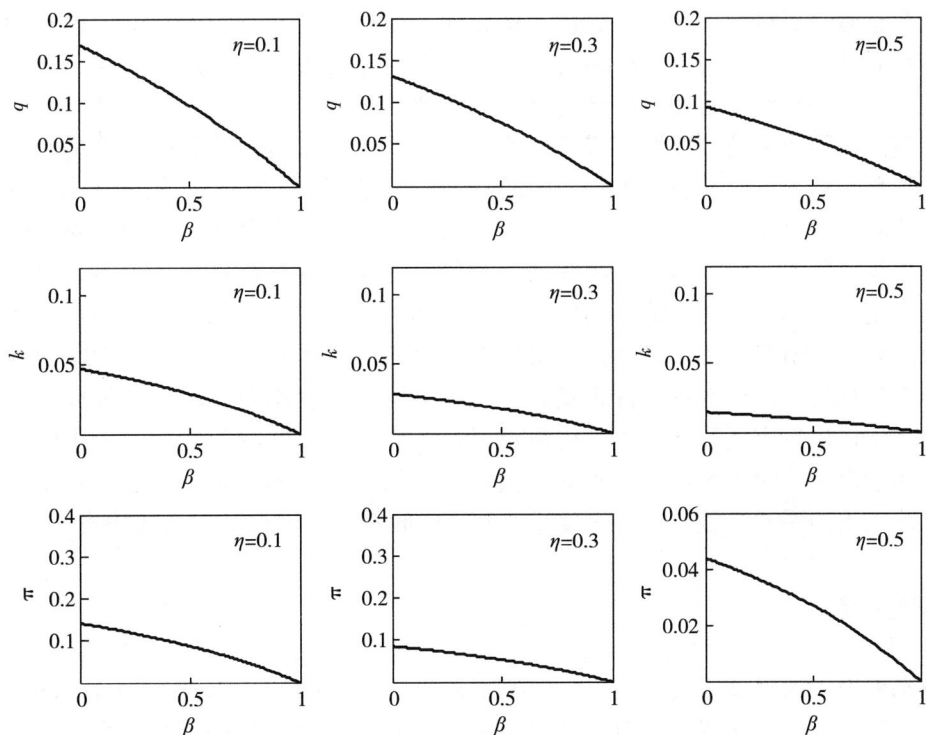

附图 4-1　研发合作和竞争下最优产量之差、研发投入之差及利润之差的数值模拟

附图 4-1 描述了技术折旧率 $\eta = 0.1, 0.3, 0.5$ 时研发合作与研发竞争战略的最优产量之差、研发投入之差及利润水平之差，可以看出这三者的总体变化趋势是类似的。无论在哪个技术折旧水平上都有这些规律：①不管各参数水平怎样变化，研发合作策略下的最优产量、研发投入及利润水平总是不低于研发竞争下的，这印证了研发合作下的研发水平要高于研发竞争下的，这样才能达到最大利润水平；②技术溢出率 β 趋于 1 时，不管技术折旧率怎样变化，两种研发战略下的最优产量、研发投入和利润水平是一样的，这意味着当技术溢出水平极高时，企业的最优决策不受所采用研发战略的影响；③随着 β 的降低，两种最优量之差会逐步扩大，说明技术溢出水平和技术更新速度越低，研发合作下的最优产量、研发投入和利润水平就要越高于研发竞争下的。

另外，不同技术折旧率下相应决策变量的增长幅度也呈现出较大差异，可以看出，随着技术折旧率 η 的增加，两种最优研发投入之差随着 β 的增幅会减小，也即技术折旧率越大，研发合作的研发投入优势对技术溢出和技术折旧率的敏感性越弱。可见在技术更新速度越慢的产业中，技术溢出对企业研发战略选择的影响越大。

扩展问题 1：双寡头企业研发竞争与合作的动态博弈分析

一、引言

基本问题 1 通过静态分析模式讨论了企业研发竞争与合作策略，而静态的分析方法有其局限性。其局限性主要体现在它暗含了这样一种情境假设，即企业所生产的产品是完全意义上的耐用品，一旦购买了该产品之后消费者就不会再出现重复购买行为。这意味着，考虑一个固定的时期，企业在这个时期开始时进行一次性决策，并且整个时期内信守这个既定策略，中间不再进行任何调整，就是说企业的研发策略对于一个完整的时间周期是一次性完成的，而不考虑时间因素对企业研发行为的影响。然而，在现实中，更多的情形是企业面临着消费者重复购买的行为。因此，很多时候企业这种"一劳永逸"的研发行为决策相对于实际情况可以说是孤注一掷，这时采用这种方式并不合适。企业在整个时间周期内进行连续的研发行为决策，随着时间推移，企业在任一时刻都能够改变策略且重新决策，整个过程中产生一个决策路径，而不是单一的一次性决策，这样才是更好的决策方式，才能够帮助企业获得更多的市场价值。为了更符合这种实际情况，就要将对企业研发战略投入行为的研究置于一个随时间动态演变的框架之下，而不是静态的框架下。这里我们将研发合作与竞争问题从静态的环境中拓展到动态的环境中，并利用微分博弈的方法讨论稳定状态下企业的战略投资行为以及企业的收益情况，分析研发过程中技术溢出和技术折旧等因素对企业瞬时收益、企业的产量和研发投入决策的影响。通过比较达到稳定状态之后企业在不同研发战略下的瞬时产量、瞬时研发投入和瞬时收益，直观反映出企业研发战略的变化过程。

二、模型假设

我们结合静态框架下的模型假设，考虑时间因素，并且在 Cellini 和 Lambertini（2009）研究的基础上对其进行改进，增加考虑产品的替代性因素。考虑市场上同一行业中存在一对双寡头企业，两家企业在一个连续的时间范围 $t \in [0, \infty)$ 进行降低单位产品成本的研发活动。假定企业具有完全学习能力，技术溢出率为 β（$0<\beta<1$），两家企业各自所生产的产品的替代率为 θ（$0<\theta<1$），设定两家企业原来的单位产品成本都为 c_0，用 η 反映技术折旧水平，表示因为技术折旧等因素所导致的单位产品成本的增加，技术折旧率代表了技术的更新速度。

在任意时刻 t 企业 i 的产品价格为：

$$P_i(t) = A - q_i(t) - \theta q_j(t) \qquad (A4-20)$$

同样假设不存在规模效应，这样企业 i 的成本函数设定为 $C_i(c_i, q_i) = c_i(t) q_i(t)$，这意味着，企业 i 的总成本取决于企业的产量 $q_i(t)$ 以及企业的单位产品成本 $c_i(t)$。相应地，在研发竞争战略下，假设企业 i 的单位产品成本在整个时间范围内以如下的动态方程演化，并满足初始条件 $c_i(0) = c_0$：

$$dc_i(t) = c_i(t) \left[-\sqrt{k_i(t)} - \beta \sqrt{k_j(t)} + \eta \right] dt \qquad (A4-21)$$

方程（A4-21）中，$k_i(t)$ 是企业 i 为降低产品成本而进行的研发投入，$k_j(t)$ 为同一时刻企业 j 的研发投入。

那么，在任意时刻，企业的瞬时收益可以表示为：

$$\pi_i(t) = \left[P_i(t) - c_i(t) \right] \cdot q_i(t) - k_i(t) \qquad (A4-22)$$

式（A4-21）和式（A4-22）是在研发竞争战略下的模型假设，为了方便查阅参照，对于研发合作下的模型假设我们放在下文具体讨论。

另外，我们假设整个时间范围内，企业以一个固定的折现率 r 折现其未来收益。

三、模型的建立与分析求解

（一）研发竞争的情况

在研发竞争的情况下，企业将独自决定瞬时的产出水平和研发投入以最大化企业的现值收益：

$$\underset{q_i(t), k_i(t)}{\text{Max}} \Pi_i^I = \int_0^\infty e^{-rt} \pi_i(t) dt \qquad (A4-23)$$

并且满足初始条件 $c_i(0) = c_0$ 和动态演化限定条件式（A4-21）。

对于整个微分博弈过程，我们先采用开环的解法求稳定状态下纳什均衡解，然后再讨论瞬时的产量、研发投入和企业收益。方程（A4-23）对应的汉密尔顿方程：

$$H_i^I = \left[A - q_i(t) - \theta q_j(t) - c_i(t) \right] q_i(t) - k_i(t) + \lambda_{ii}(t) c_i(t) \left[-\sqrt{k_i(t)} - \beta \sqrt{k_j(t)} + \eta \right] + \lambda_{ij}(t) c_j(t) \left[-\beta \sqrt{k_i(t)} - \sqrt{k_j(t)} + \eta \right] \qquad (A4-24)$$

这里 $\lambda_{ii} = e^{rt} u_{ii}$ 和 $\lambda_{ij} = e^{rt} u_{ij}$，分别表示状态变量 $c_i(t)$ 和 $c_j(t)$ 的瞬时伴随变量，$q_i(t)$ 和 $k_i(t)$ 为控制变量。这样，研发竞争情况下的最优问题则转换为企业通过控制 $q_i(t)$ 和 $k_i(t)$ 以最大化企业现值收益的问题。控制变量 $q_i(t)$ 和 $k_i(t)$ 的一阶最优条件分别为：

$$\frac{\partial H_i^I}{\partial q_i(t)} = A - 2q_i(t) - \theta q_j(t) - c_i(t) = 0 \Leftrightarrow q_i(t) = \frac{A - \theta q_j(t) - c_i(t)}{2} \qquad (A4-25)$$

$$\frac{\partial H_i^I}{\partial k_i(t)} = -1 - \frac{1}{2\sqrt{k_i(t)}} \left[\lambda_{ii}(t) c_i(t) + \lambda_{ij}(t) c_j(t) \beta \right] = 0$$

$$\Leftrightarrow k_i(t) = \frac{\left[\lambda_{ii}(t) c_i(t) + \lambda_{ij}(t) c_j(t) \beta \right]^2}{4} \qquad (A4-26)$$

根据一阶条件式（A4-25）和式（A4-26）可知，微分博弈的开环纳什均衡是子博弈完美的纳什均衡 [证明过程参考 Cellini 和 Lambertini（2009）]，这就意味着开环的纳什均衡具有强烈的时间一致性。进一步，开环纳什均衡的伴随方程如下：

$$-\frac{\partial H_i^I}{\partial c_i(t)} = \frac{\partial \lambda_{ii}(t)}{\partial t} - r \lambda_{ii}(t)$$

$$\Leftrightarrow \frac{\partial \lambda_{ii}(t)}{\partial t} = q_i(t) + \lambda_{ii}(t) \left(\sqrt{k_i(t)} + \beta \sqrt{k_j(t)} + r - \eta \right) \qquad (A4-27)$$

$$-\frac{\partial H_i^I}{\partial c_j(t)} = \frac{\partial \lambda_{ij}(t)}{\partial t} - r\lambda_{ij}(t)$$

$$\Leftrightarrow \frac{\partial \lambda_{ij}(t)}{\partial t} = \lambda_{ij}(t)\left(\beta\sqrt{k_i(t)} + \sqrt{k_j(t)} + r - \eta\right) \quad \text{（A4-28）}$$

伴随方程（A4-27）和方程（A4-28）必须沿着初始条件 $c_i(0) = c_0$，以及转换条件 $\lim\limits_{t \to \infty} e^{-rt}\lambda_{ii}(t)c_i(t) = 0$ 和 $\lim\limits_{t \to \infty} e^{-rt}\lambda_{ij}(t)c_j(t) = 0$ 演化。由于整个微分博弈的开环纳什均衡是子博弈完美的纳什均衡，即在整个博弈过程中不存在反馈性，那么伴随方程（A4-28）必然在整个事件范围 $[0, \infty)$ 内为零，因此伴随变量 $\lambda_{ij} = 0$ [伴随方程（A4-28）为零的另外一个解是中括号内的变量之和为零，但这并不符合稳定状态下解的要求]。将其带入方程（A4-26），企业瞬时研发投入的表达式可以转化为：

$$k_i(t) = \frac{[\lambda_{ii}(t)c_i(t)]^2}{4} \quad \text{（A4-29）}$$

方程（A4-25）是一个古诺特—纳什反馈函数，考虑对称的情况，假设 $c_i(t) = c_j(t) = c(t)$，那么可得：

$$\begin{cases} q_i(t) = \dfrac{A - \theta q_j(t) - c(t)}{2} \\ q_j(t) = \dfrac{A - \theta q_i(t) - c(t)}{2} \end{cases} \quad \text{（A4-30）}$$

进而求出企业 i 和企业 j 最优的瞬时产量为：

$$q_i(t) = q_j(t) = \frac{A - c(t)}{2 + \theta} \quad \text{（A4-31）}$$

企业瞬时的研发投入可以通过求时间 t 的全微分获得：

$$\frac{\mathrm{d}k_i(t)}{\mathrm{d}t} = \left[c_i(t)\frac{\partial \lambda_{ii}(t)}{\partial t} + \lambda_{ii}(t)\frac{dc_i(t)}{dt}\right]\lambda_{ii}(t)c_i(t)/2 \quad \text{（A4-32）}$$

由方程（A4-29）可得 $\lambda_{ii}(t) = \dfrac{-2\sqrt{k_i(t)}}{c_i(t)}$。将方程（A4-21）和方程（A4-27）以及 $\lambda_{ii}(t)$ 代入方程（A4-32）并令其为 0，可求得稳定状态下企业的瞬时研发投入：

$$k_{IT} = \frac{c_{IT}^2[A - c_{IT}]^2}{36r^2} \quad \text{（A4-33）}$$

同样，稳定状态也意味着企业的单位产品成本趋于定值，即不再变化。将方程（A4-33）带入方程（A4-21），并令其为 0，解相应的方程可以求出在稳定状态下的企业单位产品成本：

$$c_{IT} = \frac{A(1+\beta) \pm \sqrt{(1+\beta)[A^2(1+\beta) - 24r\eta]}}{2(1+\beta)} \ \text{或} \ c_{IT} = 0 \quad \text{（A4-34）}$$

当满足条件 $A^2(1+\beta) \geqslant 24r\eta$ 时，$c_{IT} = \dfrac{A(1+\beta) - \sqrt{(1+\beta)[A^2(1+\beta) - 24r\eta]}}{2(1+\beta)}$ 是研发竞争博弈的唯一的鞍点均衡解。

相应地，将 c_{IT} 的表达式代入式（A4-31）和式（A4-33），可以得到达到稳定状态时企业瞬时产量和研发投入分别为：

$$q_{IT} = \frac{A(1+\beta) + \sqrt{(1+\beta)[A^2(1+\beta) - 24r\eta]}}{2(1+\beta)(2+\theta)} \quad \text{（A4-35）}$$

$$k_{IT} = \frac{\eta^2}{(1+\beta)^2} \quad \text{（A4-36）}$$

达到稳定状态时企业的瞬时利润为：

$$\pi_{IT}=\left[A-(1+\theta)q_{IT}-c_{IT}\right]\cdot q_{IT}-k_{IT}=\left[\frac{A-c_{IT}}{2+\theta}\cdot(2+\theta)-(1+\theta)q_{IT}\right]\cdot q_{IT}-k_{IT} \tag{A4-37}$$

由（A4-31）可得 $\frac{A-c_{IT}}{2+\theta}=q_{IT}$，所以得到：

$$\pi_{IT}=q_{IT}^{2}-k_{IT} \tag{A4-38}$$

采取与静态框架下类似的方法，我们先将几个主要指标对技术溢出求偏导数，通过这种方法初步分析技术溢出对研发行为决策的影响。将企业稳定状态时的瞬时产量 q_{IT}、研发投入 k_{IT} 和利润 π_{IT} 分别对 β 求偏导数可得：

$$\frac{\partial q_{IT}}{\partial\beta}=\frac{6r\eta}{(1+\beta)(2+\theta)\sqrt{(1+\beta)\left[A^{2}(1+\beta)-24r\eta\right]}},\quad \frac{\partial k_{IT}}{\partial\beta}=\frac{-2\eta^{2}}{(1+\beta)^{3}},$$

$$\frac{\partial\pi_{IT}}{\partial\beta}=2q_{IT}\frac{\partial q_{IT}}{\partial\beta}-\frac{\partial k_{IT}}{\partial\beta} \tag{A4-39}$$

分析可得附表4-3。

附表4-3　研发竞争下瞬时产量、研发投入和利润分析结果

	β（$0<\beta<1$）		
$\dfrac{\partial q_{IT}}{\partial\beta}$	大于零	q_{IT}	↗
$\dfrac{\partial k_{IT}}{\partial\beta}$	小于零	k_{IT}	↘
$\dfrac{\partial\pi_{IT}}{\partial\beta}$	大于零	π_{IT}	↗

可见研发竞争情况达到稳定状态之后，随着技术溢出 β 的增长，并且假定其他参数保持稳定不变，两家企业的最大利润会随之上升到新的水平，但是企业要在技术溢出 β 较低时的基础上增加产量 q_{IT} 并且同时减少稳定状态下的研发投入 k_{IT}，这样才能使技术溢出较高水平下的利润达到最大。另外，也可以看出利润的增长速率会高于产量增长速率。对于企业而言，更高水平的技术溢出带给企业更高利润水平的契机，但是企业要适当增加产量并且减少研发活动来把握机会。

（二）研发合作的情况

Kamien 等（1992）讨论了三种不同形式的研发合作，这里为了便于讨论，我们选择其中的研发卡特尔作为研发合作形式的代表。在研发卡特尔的合作形式中，生产阶段中的企业仍然进行产量竞争，而在研发阶段企业则调整各自的研发投入以实现企业利润最大化。继续考虑对称的情况，即在研发卡特尔中，两家企业具有相同的瞬时研发投入，相应地，两家企业将具有相同的单位产品成本，即 $k_i(t)=k_j(t)=k(t)$ 且 $c_i(t)=c_j(t)=c(t)$。

在对称的情况下，单位产品成本将沿着以下的动态方程演化：

$$\mathrm{d}c(t)=c(t)\left[-(1+\beta)\sqrt{k(t)}+\eta\right]\mathrm{d}t \tag{A4-40}$$

在研发合作的战略下，企业将在研发阶段合作并在生产阶段竞争以最大化企业的现值收益：

$$\underset{q_i(t),k_i(t)}{\mathrm{Max}}\Pi_i^{C}=\int_0^{\infty}e^{-rt}\pi_i(t)\,\mathrm{d}t \tag{A4-41}$$

并且满足初始条件 $c_i(0)=c_0$ 和动态演化限定条件（A4-40）。

类似地对于整个微分博弈过程，我们先采用开环的解法求稳定状态下纳什均衡解，然后再讨论瞬时的产量、研发投入和企业利润水平。其相对应的汉密尔顿方程为：

$$H_i^C = [A - q_i(t) - \theta q_j(t) - c(t)] q_i(t) - k(t) + \lambda(t) c(t) [-(1+\beta)\sqrt{k(t)} + \eta] \tag{A4-42}$$

这里，$\lambda = e^{rt} u$ 表示状态变量 $c(t)$ 瞬时伴随变量，$q_i(t)$ 和 $k(t)$ 为控制变量。进一步，控制变量 $q_i(t)$ 和 $k(t)$ 的一阶最优条件分别为：

$$\frac{\partial H_i^C}{\partial q_i(t)} = A - 2q_i(t) - \theta q_j(t) - c(t) = 0 \Leftrightarrow q_i(t) = \frac{A - \theta q_j(t) - c(t)}{2} \tag{A4-43}$$

$$\frac{\partial H_i^C}{\partial k(t)} = -1 - \frac{\lambda(t) c(t) (1+\beta)}{2\sqrt{k(t)}} = 0 \Leftrightarrow k(t) = \frac{[\lambda(t) c(t) (1+\beta)]^2}{4} \tag{A4-44}$$

进一步求出纳什均衡的伴随方程为：

$$-\frac{\partial H_i^C}{\partial c(t)} = \frac{\partial \lambda(t)}{\partial t} - r\lambda(t)$$

$$\Leftrightarrow \frac{\partial \lambda(t)}{\partial t} = q_i(t) + \lambda(t) [(1+\beta)\sqrt{k(t)} + r - \eta] \tag{A4-45}$$

方程（A4-43）是一个研发合作战略下的古诺特—纳什反馈函数，将两家企业的古诺特—纳什反馈函数联立可得：

$$\begin{cases} q_i(t) = \dfrac{A - \theta q_j(t) - c(t)}{2} \\ q_j(t) = \dfrac{A - \theta q_i(t) - c(t)}{2} \end{cases} \tag{A4-46}$$

进而求出企业 i 最优的瞬时产量为：

$$q_i(t) = \frac{A - c(t)}{2 + \theta} \tag{A4-47}$$

研发合作战略下企业瞬时的研发投入的变动率为：

$$\frac{dk_i(t)}{dt} = \left[c(t) \frac{\partial \lambda(t)}{\partial t} + \lambda(t) \frac{dc(t)}{dt} \right] \frac{\lambda(t) c(t) (1+\beta)^2}{2} \tag{A4-48}$$

由方程（A4-44）可得 $\lambda(t) = \dfrac{-2\sqrt{k(t)}}{c(t)(1+\beta)}$。将方程（A4-40）和方程（A4-45）以及 $\lambda(t)$ 代入方程（A4-48）并令其为 0，可求得稳定状态下企业的瞬时研发投入：

$$k_{CT} = \frac{c_{CT}^2 [A - c_{CT}]^2 (1+\beta)^2}{36 r^2} \tag{A4-49}$$

同样地，稳定状态也意味着企业的单位产品成本趋于定值，即不再变化。将方程（A4-49）带入方程（A4-40）并令其为 0，解相应的方程可以求出在稳定状态下的企业单位产品成本：

$$c_{CT} = \frac{A(1+\beta) \pm \sqrt{A^2(1+\beta)^2 - 24 r\eta}}{2(1+\beta)} \text{或} c_{CT} = 0 \tag{A4-50}$$

当满足条件 $A^2(1+\beta)^2 \leqslant 24 r\eta$ 时，$c_{CT} = \dfrac{A(1+\beta) - \sqrt{A^2(1+\beta)^2 - 24 r\eta}}{2(1+\beta)}$ 是研发竞争博弈的唯一的鞍点均衡解。

相应地，将 c_{CT} 的表达式代入（A4-47）和式（A4-49），可以得到达到稳定状态时企业瞬时产量和研发投入分别为：

$$q_{CT} = \frac{A(1+\beta) + \sqrt{A^2(1+\beta)^2 - 24 r\eta}}{2(1+\beta)(2+\theta)} \tag{A4-51}$$

$$k_{CT} = \frac{\eta^2}{(1+\beta)^2} \qquad\qquad (A4-52)$$

达到稳定状态时企业瞬时利润为：

$$\pi_{CT} = q_{CT}^2 - k_{CT} \qquad\qquad (A4-53)$$

这里我们通过将几个主要指标对技术溢出求偏导数初步分析技术溢出对研发行为决策的影响。将企业稳定状态时的瞬时产量 q_{IT}、瞬时研发投入 k_{CT} 和利润 π_{IT} 分别对 β 求偏导数可得：

$$\frac{\partial q_{CT}}{\partial \beta} = \frac{12r\eta}{(1+\beta)^2(2+\theta)\sqrt{A^2(1+\beta)^2-24r\eta}}, \quad \frac{\partial k_{CT}}{\partial \beta} = \frac{-2\eta^2}{(1+\beta)^3},$$

$$\frac{\partial \pi_{CT}}{\partial \beta} = 2q_{CT}\frac{\partial q_{CT}}{\partial \beta} - \frac{\partial k_{CT}}{\partial \beta} \qquad\qquad (A4-54)$$

分析可得附表 4-4。

附表 4-4　研发合作下瞬时产量、研发投入和利润分析结果

β（$0<\beta<1$）			
$\dfrac{\partial q_{CT}}{\partial \beta}$	大于零	q_{CT}	↗
$\dfrac{\partial k_{CT}}{\partial \beta}$	小于零	k_{CT}	↘
$\dfrac{\partial \pi_{CT}}{\partial \beta}$	大于零	π_{CT}	↗

可见研发合作情况达到稳定状态之后与研发竞争情况类似，假定其他参数保持稳定不变，两家企业的最大利润会随着技术溢出 β 的增长上升到新的水平，但是企业如果想要获得最大利润，就要在技术溢出 β 较低时的基础上增加产量 q_{CT} 并且同时减少稳定状态下的研发投入 k_{CT}。同样地，也可以看出利润的增长速率会高于产量增长速率。对于企业而言，应该根据自己的生产能力和规模水平予以调整，适当增加产量并且减少研发活动来把握获得更高利润水平的机会。

对稳定状态下两种研发策略进行比较。首先，比较两种情况下稳定状态时的产量：

$$q_{IT} = \frac{A(1+\beta)+\sqrt{(1+\beta)[A^2(1+\beta)-24r\eta]}}{2(1+\beta)(2+\theta)} \leqslant$$

$$\frac{A(1+\beta)+\sqrt{A^2(1+\beta)^2-24r\eta}}{2(1+\beta)(2+\theta)} = q_{CT}(0<\beta<1) \qquad (A4-55)$$

其次，比较两种情况下稳定状态时的研发投入和利润，不难得出：

$$k_{IT} = k_{CT}(0<\beta<1), \quad \pi_{IT} \leqslant \pi_{CT}(0<\beta<1) \qquad (A4-56)$$

比较结果如附表 4-5 所示。

附表 4-5　研发竞争与合作策略的稳定状态比较结果

比较维度 ＼ 研发策略	研发竞争	研发合作
稳定状态产量 q_T	较低	较高
稳定状态研发投入 k_T	持平	
稳定状态利润 π_T	较低	较高

可以看出研发竞争时的稳定状态下企业的瞬时产量 q_T 和瞬时利润 π_T 均小于研发合作时，而两种研

发策略下企业稳定状态时的瞬时研发投入 k_T 是持平的，因而企业选择研发合作策略，达到稳定状态后，在维持研发合作策略下的瞬时研发水平不变的基础上，同时增加产品瞬时产量，以高于研发竞争时的瞬时产量规模进行生产，将能够在趋于稳定后实现比研发竞争时更高的利润水平。因此，如果企业有意愿和能力进行更大规模的生产，则应优先考虑研发合作策略，这样能获得更高的利润。

扩展问题 2：双寡头企业研发竞争与合作动态博弈模型的数值仿真分析

由扩展问题 1 的分析可以看出，技术溢出对不同的研发战略下企业收益和研发投入的影响结果大不相同。类似于静态框架下的做法，我们通过数值仿真的方法比较不同研发战略下的企业在演化到稳定状态之后的瞬时产量、研发投入和利润，如果合作研发战略下的企业的利润大于研发竞争战略下的，那么可以说明合作研发战略是最优的（假设企业只关注收益），反之研发竞争是最优的。另外，为了更加全方位地分析企业在不同战略下的利益得失，若对产量和研发投入进行比较，得出企业在不同研发战略下的产量和研发水平的差异，便能够了解企业在稳定状态下的某一时刻的具体决策调整。

为了便于问题的分析，我们进行数值仿真模拟研发合作与竞争下演化到稳定状态之后的企业瞬时产量之差（$q=q_{合作}-q_{竞争}$）和利润之差（$\pi=\pi_{合作}-\pi_{竞争}$）（由于前面的模型中两种研发投入是一样的，显然研发投入之差 $k=k_{合作}-k_{竞争}$，所以这里不再对其进行仿真），以便更好地理解不同研发战略下企业的最优策略和利润随技术溢出及技术折旧变化的情况。设定各参数分别为 $A=3$，$r=0.1$，$\theta=0.4$，$\eta=0.1(0.3, 0.5)$，$\beta\in(0,1)$。

对于稳定状态下的企业瞬时产量之差 q 与利润之差 π 随技术溢出率 β 及技术折旧率 η 的变化情况如附图 4-2 所示。

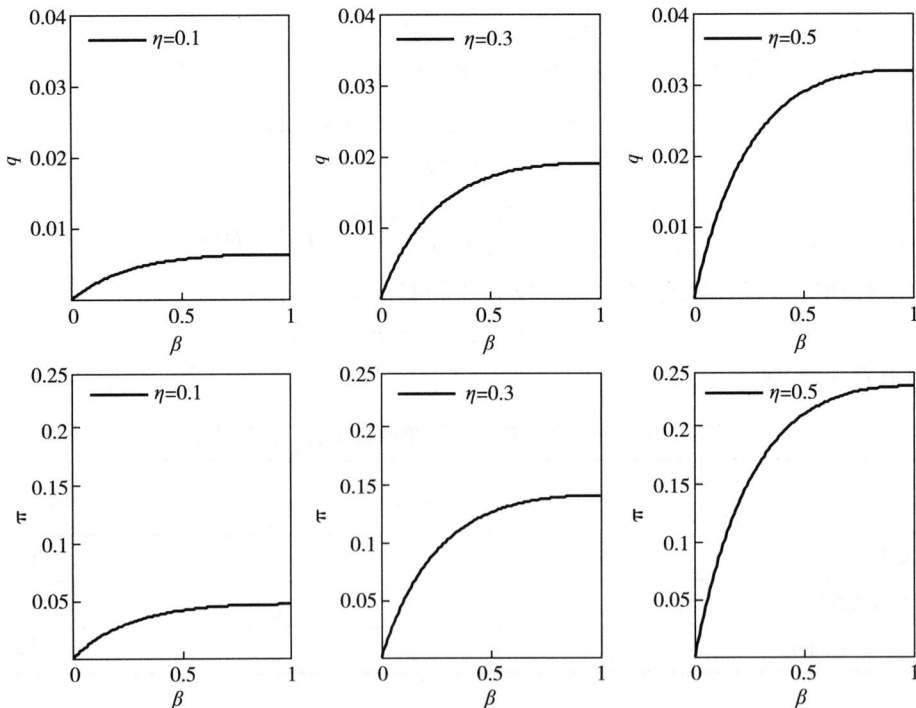

附图 4-2　研发合作和竞争下演化至稳定状态的产量之差及利润之差的数值模拟

附图 4-2 分别描述了技术折旧率 $\eta=0.1$，0.3，0.5 时研发合作与研发竞争战略下演化到稳定状态后的瞬时产量（利润）之差。首先，可以看出不管处于哪个技术折旧水平都存在一些共性：①不管各参数水平怎样变化，研发合作战略下稳定时的产量（利润）总是不低于研发竞争下的，这验证了研发合作下稳定时的瞬时生产规模要高于研发竞争下的，这样才能达到最大利润水平；②技术溢出率 β 趋于 0 时，两种研发战略下的最优产量（利润）是一样的，这意味着当技术溢出水平极低时，企业选择研发合作战略并不比选择研发竞争战略占据优势，此时这两种战略的差异性就微乎其微了，企业的决策也不应当受其影响；③两种瞬时产量（利润）之差关于 β 呈现递增趋势，而且随着 β 的增加，这两者之间的差距变得越来越平缓，说明技术溢出水平的增长会拉大合作与竞争下稳定状态时的产量（利润）差距，但其作用逐渐递减。

其次，通过比较可以发现，随着技术折旧率 η 的增大，两种瞬时产量（利润）之差随着 β 的变化幅度会增大，也就是说技术折旧率越大，研发合作的优势对技术溢出的敏感性越强。这与马如飞和王嘉（2011）所得的结论是一致的。可见在技术更新速度越快的产业中，技术溢出对企业研发战略选择的影响越大。

参考文献

［1］ D'Aspremont C, Jacquemin A. Cooperative and Noncooperative R&D in Duopoly with Spillovers ［J］. The American Economic Review, 1988, 78（5）: 1133-1137.

［2］ Cellini R, Lambertini L. Dynamic R&D with Spillovers: Competition vs Cooperation ［J］. Journal of Economic Dynamics & Control, 2009, 33（3）: 568-582.

［3］ 马如飞, 王嘉. 动态研发竞争与合作: 基于微分博弈的分析 ［J］. 科研管理, 2011, 32（5）: 36-42.

［4］ Cabon-Dhersin M L, Ramani S V. Does Trust Matter for R&D Cooperation? A Game Theoretic Examination ［J］. Theory and Decision, 2004, 57（2）: 143-180.

PBL 问题 2 学生作品：互惠贸易协定与多边贸易自由化的多维博弈分析

基本问题 1：产量—关税策略下的 3×2 国贸易关税 Cournot 竞争多维博弈模型

一、引言

20 世纪 90 年代以来，全球兴起了一轮新的区域贸易合作及区域贸易自由化浪潮，各种自由贸易协定及自由贸易安排纷纷涌现。与 20 世纪 50 年代第一轮区域贸易自由化不同的是，此次区域贸易自由化的参与者更为广泛、在时间上更为持久而且似乎比前者更为成功。这种非歧视的贸易安排对建立在非歧视、普惠制原则基础上的多边贸易体系 GATT/WTO 形成了一定的影响与冲击。区域自由贸易协定的复活和繁荣引发了人们对国际贸易制度会向区域贸易集团化格局转化的担忧。这些自由贸易安排的兴起是否会危害多边贸易体系？它们究竟是促进还是阻碍了世界贸易自由化？诸如此类的问题引起了人们的广泛关注。

Bagwell 和 Staiger（1997）利用一个竞争性出口模型研究了区域自由贸易安排对多边贸易合作体系的影响。Krishna（1998）用一个 Cournot 竞争模型研究了区域贸易自由化对多边贸易合作的影响。MacLaren（2002）利用一个特定要素模型，研究了投资的沉没成本在区域贸易协定及多边贸易中的作用。Bond 等（2001）研究了区域贸易合作深化对多边贸易合作的影响。

本文在一定的假设基础上建立一个产量—关税策略下的 3×2 国互惠贸易关税 Cournot 竞争多维博弈模型，这是一个基础模型；然后利用纳什均衡分析技术对其进行均衡分析，试图从多维博弈均衡角度分析区域贸易合作对多边贸易自由化的影响。

二、产量—关税策略下的 3×2 国贸易关税 Cournot 竞争多维博弈模型及均衡分析

假设世界上只有 3 个国家，其中任意两个国家结成互惠贸易关税协定从而构成一个互惠贸易区域，而另外 1 个国家没有加入该互惠贸易区域。互惠贸易区域中的两个国家对非贸易区域的第三国实行一个同盟关税 t_{cu}，同盟成员国内部实行零关税，对区域外国家将选择共同的外部关税水平 t_{cu}。我们所要研究的博弈问题是：互惠贸易区域中的二个国家与非贸易区域第三国之间的产量—关税博弈，即互惠贸易区域国家如何选择同盟关税 t_{cu} 以及各自国家两种产业的产量以使自己国家的社会总福利最大化？而区域外国家如何根据它所可能面对的同盟关税 t_{cu} 来选择自己国家分别对其他两个国家的关税以及自己国家两个产业的产量以使自己的社会总福利最大化？其三国博弈示意图如附图 5-1 和附图 5-2 所示。

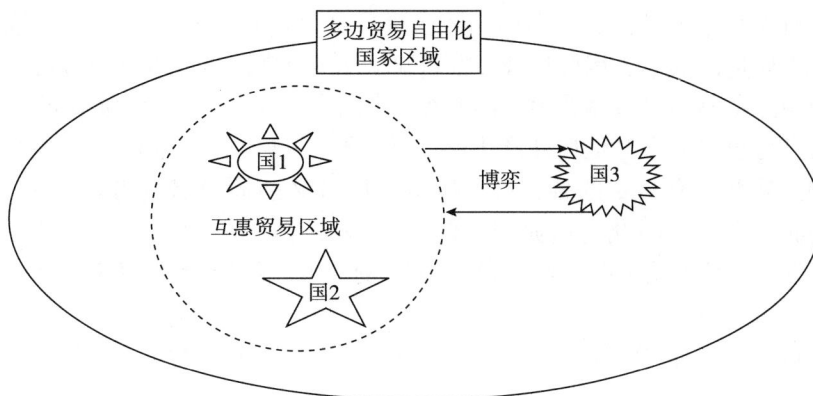

附图 5-1 3×2 国产量—关税博弈模型示意图：国 1 与国 2 构成互惠贸易区域

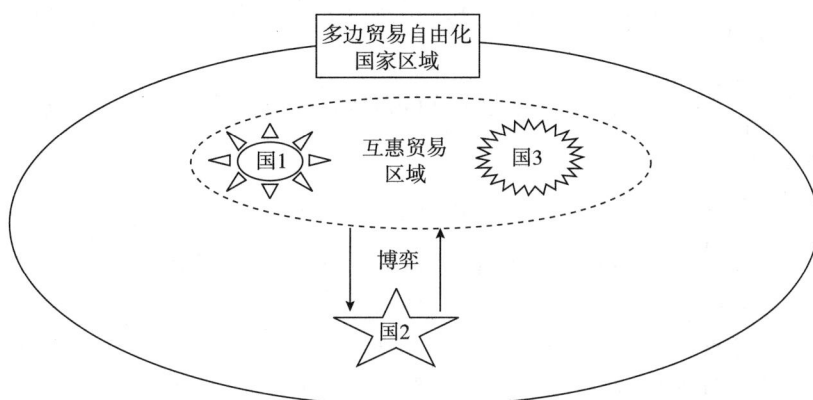

附图 5-2 3×2 国产量—关税博弈模型示意图：国 1 与国 3 构成互惠贸易区域

为了方便与已有的一维 3×3 国互惠贸易关税 Cournot 竞争博弈模型的分析结果进行对比分析，在本部分的研究中我们采用谢国建（2007）的假设。考虑一个有 G_1，G_2，G_3 三个国家的世界，每个国家有一个厂商，每个厂商生产两种产品Ⅰ和Ⅱ，并且假设该三国厂商分别垄断世界上产品Ⅰ和产品Ⅱ的市场。该两种产品Ⅰ和Ⅱ具有一定的替代性。

设 $q(1)$、$q(2)$ 分别为两种产品Ⅰ和Ⅱ的厂商产量变量，$q_j^i(1)$ 表示 G_i 国厂商向 G_j 国市场提供Ⅰ产品的供给量，$q_j^i(2)$ 表示 G_i 国厂商向 G_j 国市场提供Ⅱ产品的供给量。$P_j(1)$ 和 $P_j(2)$ 分别表示 G_j 国市场上产品Ⅰ和产品Ⅱ的均衡价格。$\pi_j^i(1)$ 表示 G_i 国厂商在 G_j 国市场销售Ⅰ产品所获得的利润，$\pi_j^i(2)$ 表示 G_i 国厂商在 G_j 国市场销售Ⅱ产品所获得的利润。$t_j^i(1)$ 表示 G_j 国向 G_i 国厂商征收产品Ⅰ的特别关税，$t_j^i(2)$ 表示 G_j 国向 G_i 国厂商征收产品Ⅱ的特别关税。c_1 和 c_2 分别表示各国厂商生产产品Ⅰ和产品Ⅱ的不变的边际成本和平均成本。

假定 G_j 国的效用函数为拟线性效用函数：

$$U_j(Q_j(1)，Q_j(2))=K+[A_1Q_j(1)-0.5(Q_j(1))^2]+[A_2Q_j(2)-0.5(Q_j(2))^2] \quad (A5-1)$$

其中，$Q_j(1)=\sum_{i=1}^{3}q_j^i(1)$，$Q_j(2)=\sum_{i=1}^{3}q_j^i(2)$ 分别为在 G_j 国市场中产品Ⅰ和产品Ⅱ的总销售量。K 为标准产品的销售量，其价格为 1，假定标准产品为一种自由贸易产品，可以用来平衡各国的贸易收支。假定两种具有一定替代性的产品Ⅰ和产品Ⅱ的市场价格分别为：

$$P_j(1)=A_1-Q_j(1)-k_1Q_j(2)，P_j(2)=A_2-Q_j(2)-k_2Q_j(1) \quad (A5-2)$$

假定所有的国家对未与本国签订贸易协定的他国进口产品实行一种非歧视的特别关税，这种特别关税直接增加了厂商的出口边际成本，因此厂商产品Ⅰ和产品Ⅱ的有效出口成本分别为 $c_1+t_j^i(1)$ 和 $c_2+t_j^i(2)$。为简单起见，我们假定国际贸易运输成本为0。在每个市场中，厂商产品都面临其他厂商的 Cournot 竞争，因此所有的厂商同时进行决策并在其他厂商产出给定的条件下确定自己两种产品的产量以最大化自己的利润。由于产品Ⅰ和产品Ⅱ具有一定的替代性，所有厂商都必须同时联合考虑两种产品的产量 $(q_j^i(1), q_j^i(2))$ 以使自己的利润最大化，因此这是典型的两维 Cournot 博弈问题。根据谭德庆（2006）关于两维 Cournot 博弈 Nash 均衡的定义以及求解原理，则 G_i 国厂商对 G_j 国市场的最优出口联合产量可以通过求解如下问题而得到：

$$\max_{(q_j^i(1), q_j^i(2))} \pi_j^i = \pi_j^i(1) + \pi_j^i(2) = q_j^i(1)\left[A_1 - Q_j(1) - k_1 Q_j(2) - (c_1 + t_j^i(1))\right] + q_j^i(2)\left[A_2 - Q_j(2) - k_2 Q_j(1) - (c_2 + t_j^i(2))\right]$$

（A5-3）

其一阶最优性条件分别为：

$$\frac{\partial \pi_j^i}{\partial q_j^i(1)} = \left[A_1 - Q_j(1) - k_1 Q_j(2) - (c_1 + t_j^i(1))\right] - q_j^i(1) - k_2 q_j^i(2) = 0 \qquad (A5-4)$$

$$\frac{\partial \pi_j^i}{\partial q_j^i(2)} = \left[A_2 - Q_j(2) - k_1 Q_j(1) - (c_2 + t_j^i(2))\right] - q_j^i(2) - k_1 q_j^i(1) = 0 \qquad (A5-5)$$

整理成矩阵形式得到：

$$\begin{bmatrix} 1 & k_2 \\ k_1 & 1 \end{bmatrix} \begin{bmatrix} q_j^i(1) \\ q_j^i(2) \end{bmatrix} = \begin{bmatrix} \theta_1 - t_j^i(1) \\ \theta_2 - t_j^i(2) \end{bmatrix} - \begin{bmatrix} 1 & k_1 \\ k_2 & 1 \end{bmatrix} \begin{bmatrix} Q_j(1) \\ Q_j(2) \end{bmatrix} \qquad (A5-6)$$

其中，$\theta_1 = A_1 - c_1$，$\theta_2 = A_2 - c_2$。

上式两边分别对 i 求和得到：

$$\begin{bmatrix} 1 & k_2 \\ k_1 & 1 \end{bmatrix} \begin{bmatrix} Q_j(1) \\ Q_j(2) \end{bmatrix} = \begin{bmatrix} 3\theta_1 - T_j(1) \\ 3\theta_2 - T_j(2) \end{bmatrix} - 3 \begin{bmatrix} 1 & k_1 \\ k_2 & 1 \end{bmatrix} \begin{bmatrix} Q_j(1) \\ Q_j(2) \end{bmatrix} \qquad (A5-7)$$

从而有：

$$\begin{bmatrix} 4 & k_2 + 3k_1 \\ k_1 + 3k_2 & 4 \end{bmatrix} \begin{bmatrix} Q_j(1) \\ Q_j(2) \end{bmatrix} = \begin{bmatrix} 3\theta_1 - T_j(1) \\ 3\theta_2 - T_j(2) \end{bmatrix} \qquad (A5-8)$$

即：

$$\begin{bmatrix} Q_j(1) \\ Q_j(2) \end{bmatrix} = \frac{1}{16 - (k_1 + 3k_2)(k_2 + 3k_1)} \begin{bmatrix} 4 & -(k_2 + 3k_1) \\ -(k_1 + 3k_2) & 4 \end{bmatrix} \begin{bmatrix} 3\theta_1 - T_j(1) \\ 3\theta_2 - T_j(2) \end{bmatrix} \qquad (A5-9)$$

将其代回到一阶条件得到：

$$\begin{bmatrix} 1 & k_2 \\ k_1 & 1 \end{bmatrix} \begin{bmatrix} q_j^i(1) \\ q_j^i(2) \end{bmatrix} = \begin{bmatrix} \theta_1 - t_j^i(1) \\ \theta_2 - t_j^i(2) \end{bmatrix} - \begin{bmatrix} 1 & k_1 \\ k_2 & 1 \end{bmatrix} \begin{bmatrix} Q_j(1) \\ Q_j(2) \end{bmatrix} \qquad (A5-10)$$

$$\begin{bmatrix} 1 & k_2 \\ k_1 & 1 \end{bmatrix} \begin{bmatrix} q_j^i(1) \\ q_j^i(2) \end{bmatrix} = \begin{bmatrix} \theta_1 - t_j^i(1) \\ \theta_2 - t_j^i(2) \end{bmatrix} - \frac{1}{16 - (k_1 + 3k_2)(k_2 + 3k_1)} \begin{bmatrix} 1 & k_1 \\ k_2 & 1 \end{bmatrix}$$

$$\times \begin{bmatrix} 4 & -(k_2 + 3k_1) \\ -(k_1 + 3k_2) & 4 \end{bmatrix} \begin{bmatrix} 3\theta_1 - T_j(1) \\ 3\theta_2 - T_j(2) \end{bmatrix}$$

$$= \begin{bmatrix} \theta_1 - t_j^i(1) \\ \theta_2 - t_j^i(2) \end{bmatrix} - \frac{1}{[16 - (k_1 + 3k_2)(k_2 + 3k_1)](1 - k_1 k_2)}$$

$$\times \begin{bmatrix} 4 - k_1(k_1 + 3k_2) & k_1 - k_2 \\ k_2 - k_1 & 4 - k_2(k_2 + 3k_1) \end{bmatrix} \begin{bmatrix} 3\theta_1 - T_j(1) \\ 3\theta_2 - T_j(2) \end{bmatrix} \qquad (A5-11)$$

由于有：

$$\begin{bmatrix} 4-k_2(k_2+3k_1) & k_2-k_1 \\ k_1-k_2 & 4-k_1(k_1+3k_2) \end{bmatrix}^{-1} = \frac{\begin{bmatrix} 4-k_1(k_1+3k_2) & k_1-k_2 \\ k_2-k_1 & 4-k_2(k_2+3k_1) \end{bmatrix}}{[16-(k_1+3k_2)(k_2+3k_1)](1-k_1k_2)} \quad (A5-12)$$

所以：

$$\begin{bmatrix} 1 & k_2 \\ k_1 & 1 \end{bmatrix}\begin{bmatrix} q_j^i(1) \\ q_j^i(2) \end{bmatrix} = \begin{bmatrix} \theta_1-t_j^i(1) \\ \theta_2-t_j^i(2) \end{bmatrix} - (1-k_1k_2)\begin{bmatrix} 4-k_2(k_2+3k_1) & k_2-k_1 \\ k_1-k_2 & 4-k_1(k_1+3k_2) \end{bmatrix}^{-1}\begin{bmatrix} 3\theta_1-T_j(1) \\ 3\theta_2-T_j(2) \end{bmatrix} \quad (A5-13)$$

$$\begin{bmatrix} q_j^i(1) \\ q_j^i(2) \end{bmatrix} = \begin{bmatrix} 1 & -k_2 \\ -k_1 & 1 \end{bmatrix}\left\{\frac{1}{1-k_1k_2}\begin{bmatrix} \theta_1-t_j^i(1) \\ \theta_2-t_j^i(2) \end{bmatrix} - \begin{bmatrix} 4-k_2(k_2+3k_1) & k_2-k_1 \\ k_1-k_2 & 4-k_1(k_1+3k_2) \end{bmatrix}^{-1}\begin{bmatrix} 3\theta_1-T_j(1) \\ 3\theta_2-T_j(2) \end{bmatrix}\right\} \quad (A5-14)$$

记：

$$q_j^i = \begin{bmatrix} q_j^i(1) \\ q_j^i(2) \end{bmatrix}, \quad Q_i = \begin{bmatrix} Q_i(1) \\ Q_i(2) \end{bmatrix}, \quad t_i^k = \begin{bmatrix} t_i^k(1) \\ t_i^k(2) \end{bmatrix}, \quad \theta = \begin{bmatrix} \theta_1 \\ \theta_2 \end{bmatrix}, \quad T_j = \begin{bmatrix} T_j(1) \\ T_j(2) \end{bmatrix}$$

$$B = \begin{bmatrix} 1 & k_2 \\ k_1 & 1 \end{bmatrix}, \quad C = (1-k_1k_2)\begin{bmatrix} 4-k_2(k_2+3k_1) & k_2-k_1 \\ k_1-k_2 & 4-k_1(k_1+3k_2) \end{bmatrix}$$

$$D = \frac{1}{16-(k_1+3k_2)(k_2+3k_1)}\begin{bmatrix} 4 & -(k_2+3k_1) \\ -(k_1+3k_2) & 4 \end{bmatrix} \quad (A5-15)$$

则有：

$$B^{-1} = \frac{1}{1-k_1k_2}\begin{bmatrix} 1 & -k_2 \\ -k_1 & 1 \end{bmatrix}, \quad B^{-T} = \frac{1}{1-k_1k_2}\begin{bmatrix} 1 & -k_1 \\ -k_2 & 1 \end{bmatrix} \quad (A5-16)$$

$$\begin{bmatrix} q_j^i(1) \\ q_j^i(2) \end{bmatrix} = B^{-1}\begin{bmatrix} \theta_1-t_j^i(1) \\ \theta_2-t_j^i(2) \end{bmatrix} - B^{-1}C^{-1}\begin{bmatrix} 3\theta_1-T_j(1) \\ 3\theta_2-T_j(2) \end{bmatrix} \quad (A5-17)$$

即：

$$q_j^i = B^{-1}(I-3C^{-1})\theta - B^{-1}t_j^i + B^{-1}C^{-1}T_j, \quad Q_i = D(3\theta-T_i) \quad (A5-18)$$

从而有：

$$q_i^i = B^{-1}(I-3C^{-1})\theta - B^{-1}t_i^i + B^{-1}C^{-1}T_l, \quad q_i^k = B^{-1}(I-3C^{-1})\theta + B^{-1}C^{-1}T_i \quad (A5-19)$$

$$\frac{\nabla q_l^i}{\nabla t_i^j} = \begin{cases} C^{-T}B^{-T} & \text{当 } l=i \text{ 时} \\ 0 & \text{当 } l\neq i \text{ 时} \end{cases}, \quad \frac{\nabla q_k^k}{\nabla t_i^j} = \begin{cases} C^{-T}B^{-T}-B^{-T} & \text{当 } k=j \text{ 时} \\ C^{-T}B^{-T} & \text{当 } k\neq j \text{ 时} \end{cases} \quad (A5-20)$$

i 国厂商在 j 国市场所取得的利润为：

$$\pi_j^i = [q_j^i(1)]\times P_j(1) + [q_j^i(2)]\times P_j(2) = q_j^i(1)\times[\theta_1-Q_j(1)-k_1Q_j(2)-t_j^i(1)] + q_j^i(2)\times[\theta_2-Q_j(2)-k_2Q_j(1)-t_j^i(2)] \quad (A5-21)$$

将一阶最优条件式（A5-3）和式（A5-4）代入得到：

$$\pi_j^i = q_j^i(1)\times[q_j^i(1)+k_2q_j^i(2)] + q_j^i(2)\times[q_j^i(2)+k_1q_j^i(1)]$$
$$= [q_j^i(1)]^2 + k_1k_2q_j^i(1)q_j^i(2) + [q_j^i(2)]^2 = (q_j^i)^T B q_j^i \quad (A5-22)$$

i 国厂商在各国市场所取得的总利润为：

$$\Pi^i = \sum_{l=1}^{3}\pi_l^i = \sum_{l=1}^{3}(q_l^i)^T B q_l^i \quad (A5-23)$$

i 国的消费者剩余为：

$$CS_i=\left\{\left[A_1Q_i(1)-\frac{1}{2}(Q_i(1))^2\right]-[A_1-Q_i(1)]Q_i(1)\right\}+\left\{\left[A_2Q_i(2)-\frac{1}{2}(Q_i(2))^2\right]-[A_2-Q_i(2)]Q_i(2)\right\}$$

$$=\frac{1}{2}[Q_i(1)]^2+\frac{1}{2}[Q_i(2)]^2=\frac{1}{2}Q_i^TQ_i \qquad (A5-24)$$

i 国的社会福利函数可以表示为消费者剩余 CS_i、厂商总利润 $\prod^i$ 及关税收入 TR_i 之和:

$$W_i=\frac{1}{2}Q_i^TQ_i+\sum_{l=1}^{3}(q_i^k)^TBq_i^i+\sum_{k=1}^{3}(t_i^k)^Tq_i^k \qquad (A5-25)$$

上式两边对向量 t_i^j 求微分得到:

$$\frac{\nabla W_i}{\nabla t_i^j}=-D^TD(3\theta-T_i)+[B+B^T]q_i^k+q_i^j+[C^{-T}-I]B^{-T}t_i^j+\frac{\nabla\sum_{k\neq j}(t_i^k)^Tq_i^k}{\nabla t_i^j}$$

$$=-D^TD(3\theta-T_i)+(B+B^T)B^{-1}[(I-3C^{-1})\theta+C^{-1}T_i]+B^{-1}[(I-3C^{-1})\theta-t_i^j+C^{-1}T_i]+$$
$$[C^{-T}-I]B^{-T}t_i^j+\sum_{k\neq j}C^{-T}B^{-T}t_i^k \qquad (A5-26)$$

整理得到:

$$Ht_i^j=R\theta+\sum_{k\neq j}St_i^k \qquad (A5-27)$$

$$t_i^j=H^{-1}(R\theta+\sum_{k\neq j}St_i^k) \qquad (A5-28)$$

其中有:

$$H=(B^{-1}+B^{-T}-C^{-T}B^{-T})-(B+B^T+I)B^{-1}C^{-1} \qquad (A5-29)$$

$$R=(B+B^T+I)B^{-1}(I-3C^{-1})-3D^TD, \quad S=(B+B^T+I)B^{-1}C^{-1}+C^{-T}B^{-T} \qquad (A5-30)$$

表明当一国提高对某一贸易伙伴国的关税水平时,那么该国对其他贸易伙伴国的关税水平也将提高。反之,当一国与某国签订了某项贸易协定实行关税减让时即意味着对 $k\neq j$ 时有 t_i^k 减少,从而该国对其他所有国家的最优关税水平 t_i^j 也将相应降低。Bagwell 和 Staiger(1997)把关税减让的这种效应称为"互补效应"。

如果某国未加入任何区域性自由贸易协定,由对称性条件,在均衡时有 $t_i^j=t_i^k=t$,其中 $k\neq i$,代入前式整理得到:

$$Ht=R\theta+2St \qquad (A5-31)$$

从而有:

$$t_N=(H-2S)^{-1}R\theta \qquad (A5-32)$$

为该国最优的纳什关税水平。

三、多维博弈与单独的一维博弈均衡结果对比分析

为了进行对比分析,我们先讨论两种特别情形。

特别情形 1:假设各国厂商都只生产一种产品,不妨假设都只生产第 I 种产品。此时有:

$$k_1=k_2=0,\ A_2=0,\ t_j^i(2)=0,\ c_2=0,\ \theta_2=0,\ T_j(2)=0 \qquad (A5-33)$$

则:

$$B=\begin{bmatrix}1&0\\0&1\end{bmatrix}=I,\ C=\begin{bmatrix}4&0\\0&4\end{bmatrix}=4I,\ D=\frac{1}{16}\begin{bmatrix}4&0\\0&4\end{bmatrix}=\frac{1}{4}I \qquad (A5-34)$$

$$\begin{bmatrix}Q_j(1)\\Q_j(2)\end{bmatrix}=D\begin{bmatrix}3\theta_1-T_j(1)\\3\theta_2-T_j(2)\end{bmatrix}=\frac{1}{4}\begin{bmatrix}3\theta_1-T_j(1)\\3\theta_2-T_j(2)\end{bmatrix} \qquad (A5-35)$$

$$q_j^i = B^{-1}(I - 3C^{-1})\theta - B^{-1}t_j^i + B^{-1}C^{-1}T_j = \frac{\theta}{4} - t_j^i + \frac{1}{4}T_j \tag{A5-36}$$

即：

$$Q_j(1) = \frac{3\theta_1}{4} - \frac{T_j(1)}{4}, \quad q_j^i(1) = \frac{\theta_1}{4} + \frac{T_j(1)}{4} - t_j^i(1) \tag{A5-37}$$

同理，假设各国厂商都只生产第 II 种产品，同样可以得到：

$$Q_j(2) = \frac{3\theta_2}{4} - \frac{T_j(2)}{4}, \quad q_j^i(2) = \frac{\theta_2}{4} + \frac{T_j(2)}{4} - t_j^i(2) \tag{A5-38}$$

可见，该均衡结论与谢建国（2007）的 3×3 模型均衡结果相同。

特别情形 2： 假设各国厂商生产的产品 I 和产品 II 在市场上没有任何替代关系。求解其二维博弈纳什均衡，只需将 $k_1 = k_2 = 0$ 代入计算有：

$$B = \begin{bmatrix} 1 \\ 0 \end{bmatrix} = I, \quad C = \begin{bmatrix} 4 & 0 \\ 0 & 4 \end{bmatrix} = 4I, \quad D = \frac{1}{16}\begin{bmatrix} 4 & 0 \\ 0 & 4 \end{bmatrix} = \frac{1}{4}I$$

$$q_j^i = \frac{\theta}{4} - t_j^i + \frac{1}{4}T_j, \quad Q_j = D(3\theta - T_j) = \frac{1}{4}(3\theta - T_j) \tag{A5-39}$$

可见，两个没有任何替代关系的产品，其二维博弈纳什均衡相当于各国厂商分别对每个产品独立进行 3×3 产量一维博弈的纳什均衡的简单"组合"。

一般地，若各国厂商生产的两种产品之间确实存在着一定替代性或存在着一定影响性，则有如下结论。

定理 1： 在 3×3 产量博弈模型中，若各国厂商生产的两种产品之间确实存在着一定替代性或存在着一定影响性，则各国厂商进行二维博弈纳什均衡产量下所取得的总利润，总是大于厂商分别对每种产品单独进行博弈时各自的纳什均衡产量下所取得的利润。

证明： 记 i 国厂商单独博弈时在纳什均衡产量下的利润为 $\bar{\pi}_j^i$，总利润为 $\bar{\Pi}^i$，则有：

$$\bar{\pi}_j^i = [q_j^i(1)]^2 + [q_j^i(2)]^2 \tag{A5-40}$$

又由于 $k_1 > 0$，$k_2 > 0$，故有：

$$\pi_j^i = [q_j^i(1)]^2 + k_1 k_2 q_j^i(1) q_j^i(2) + [q_j^i(2)]^2 > [q_j^i(1)]^2 + [q_j^i(2)]^2 = \bar{\pi}_j^i \tag{A5-41}$$

从而 $\Pi^i = \sum_{l=1}^{3} \pi_l^i = \sum_{l=1}^{3} (q_l^i)^T B q_l^i > \sum_{l=1}^{3} (q_l^i)^T q_l^i = \bar{\Pi}^i$，证毕。

基本问题 2：多国产量—关税策略下的 *g*×2 国互惠贸易关税 Cournot 竞争多维博弈模型

一、引言

利用一个贸易保护的政治经济模型，Grossman 和 Helpman（1995）研究了区域性贸易集团与世界自由贸易秩序的关系，得到了"一个实行开放成员国地位的自由贸易集团将最终导致世界贸易自由"的结论。Yi（1996）利用一个 Cournot 非合作博弈模型研究了社会福利最大化的关税同盟对世界自由贸易的影响，其模型显示关税同盟的形成提高了成员国的福利，却降低了非成员国的福利。利用一个差别产品模型，Bond 和 Syropoulos（1996）研究了自由贸易集团规模、市场地位及世界福利之间的关系。Andria-mananjara（1999）在一个完全替代产品假定的基础上，利用一个贸易保护的政治经济模型研究了贸易集团与世界自由贸易秩序的关系。Levy（1997）利用一个中间投票人模型，Krishna（1998）利用一个 Cournot 竞争模型，他们都得出了区域性贸易安排不能导致世界自由贸易的结论。谢建国（2007）利用一个 $g \times g$ 贸易关税 Cournot 竞争单维博弈模型（g 个国家但每个国家厂商只生产一种产品的产量—关税博弈模型，$g>3$），研究区域贸易合作对多边贸易自由化的影响。但是，在国与国的关税谈判中，必须同时考虑到所在国的多种产品的一揽子关税水平，即谈判各方为了获得在某个领域内的主动权，可能在另外领域让步于对手。因此，仅仅依据一种产品来研究各国关税水平的单维博弈分析方法与现实还是有差距的，必须考虑一种更贴近现实的分析框架。谭德庆（2006）提出的多维博弈模型是一种适当的工具。本文在谢建国（2007）的假设基础上建立一个同时考虑多种产品的产量—关税策略下的 $g \times 2$ 国贸易关税 Cournot 竞争多维博弈模型，然后对其进行博弈均衡分析，并与谢建国研究中的单维博弈结果进行了对比分析。研究结果显示多维博弈模型是更适当的分析工具。

二、产量—关税策略下的 g×2 国贸易关税 Cournot 竞争多维博弈模型及均衡分析

为了方便对比研究，本文采用谢国建研究中的假设。假设世界上有 g 个国家，其中的 n 个国家结成互惠贸易区域（$g>n>3$）。每个国家有一个厂商，每个厂商生产两种产品 I 和 II，该两种产品 I 和 II 具有一定的替代性。假设 g 个国家的厂商分别垄断世界上产品 I 和产品 II 的市场。互惠贸易区域中的 n 个国家对互惠贸易区域外的国家实行一个同盟关税 t_{cu}。同盟成员国内部实行零关税，而每个成员国对区域外国家将选择共同的外部关税水平 t_{cu}。我们所要研究的博弈问题是：互惠贸易区域中的 n 个国家与互惠贸易区域外的（$g-n$）个国家之间的产量—关税博弈，即互惠贸易区域国家如何选择同盟关税 t_{cu} 以及各自国家厂商两种产品的产量以使自己国家的社会总福利最大化？而区域外国家如何根据它所可能面对的同盟关税 t_{cu} 以及区域内的 n 个国家厂商产品产量，分别选择自己国家对区域内 n 个国家的关税水平以及自己国家两个产品的产量以使自己的社会总福利最大化？其 g 个国家的博弈过程如附图 5-3 所示。

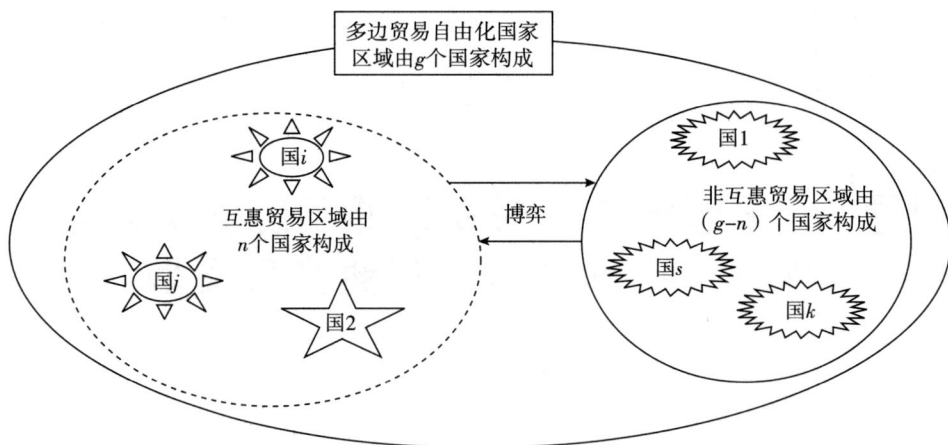

附图 5-3 g×2 产量关税博弈：互惠贸易区域国家与非互惠贸易区域国家之间的博弈关系

设 $q(1)$、$q(2)$ 分别为两种产品 I 和 II 的厂商产量变量，$q_j^i(1)$ 表示 G_i 国厂商向 G_j 市场提供 I 产品的供给量，$q_j^i(2)$ 表示 G_i 国厂商向 G_j 国市场提供 II 产品的供给量。$P_j(1)$ 和 $P_j(2)$ 分别表示 G_j 国市场上产品

Ⅰ和产品Ⅱ的均衡价格。$\pi_j^i(1)$ 表示 G_i 国厂商在 G_j 国市场销售Ⅰ产品所获得的利润，$\pi_j^i(2)$ 表示 G_i 国厂商在 G_j 国市场销售Ⅱ产品所获得的利润。$t_j^i(1)$ 表示 G_j 国向 G_i 厂商征收产品Ⅰ的特别关税，$t_j^i(2)$ 表示 G_j 国向 G_i 厂商征收产品Ⅱ的特别关税。c_1 和 c_2 分别表示各国厂商生产产品Ⅰ和产品Ⅱ的不变的边际成本和平均成本。

假定 G_j 国的效用函数为拟线性效用函数：

$$U_j(Q_j(1),\ Q_j(2))=K+[A_1Q_j(1)-0.5(Q_j(1))^2]+[A_2Q_j(2)-0.5(Q_j(2))^2] \tag{A5-42}$$

其中，$Q_j(1)=\sum_{i=1}^{g}q_j^i(1)$，$Q_j(2)=\sum_{i=1}^{g}q_j^i(2)$ 分别为在 G_j 国市场中产品Ⅰ和产品Ⅱ的总销售量。K 为标准产品的销售量，其价格为 1，假定标准产品为一种自由贸易产品，可以用来平衡各国的贸易收支。假定两种具有一定替代性的产品Ⅰ和产品Ⅱ的市场价格分别为：

$$P_j(1)=A_1-Q_j(1)-k_1Q_j(2),\ P_j(2)=A_2-Q_j(2)-k_2Q_j(1) \tag{A5-43}$$

假定所有的国家对未与本国签订贸易协定的他国进口产品实行一种非歧视的特别关税，这种特别关税直接增加了厂商的出口边际成本，因此厂商产品Ⅰ和产品Ⅱ的有效出口成本分别为 $c_1+t_j^i(1)$ 和 $c_2+t_j^i(2)$。为简单起见，我们假定国际贸易运输成本为 0。在每个市场，厂商产品都面临其他厂商的 Cournot 竞争，因此所有的厂商同时进行决策并在其他厂商产出给定的条件下确定自己两种产品的产量以最大化自己的利润。由于产品Ⅰ和产品Ⅱ具有一定的替代性，所有厂商都必须同时联合考虑两种产品的产量 $(q_j^i(1),\ q_j^i(2))$ 以使自己的利润最大化，因此这是典型的两维 Cournot 博弈问题。

G_i 国厂商在 G_j 国市场取得的利润为：

$$
\begin{aligned}
\pi_j^i(q_j^i(1),\ q_j^i(2)) &= \pi_j^i(1)+\pi_j^i(2) \\
&= q_j^i(1)[A_1-Q_j(1)-k_1Q_j(2)-(c_1+t_j^i(1))]+q_j^i(2)[A_2-Q_j(2)- \\
&\quad k_2Q_j(1)-(c_2+t_j^i(2))] \\
&= (q_j^i)^T\vartheta-(q_j^i)^TB^TQ_j-(q_j^i)^Tt_j^i \\
&= (q_j^i)^T(\vartheta-B^TQ_j-t_j^i)
\end{aligned} \tag{A5-44}
$$

其中有：

$$q_j^i=\begin{bmatrix}q_j^i(1)\\q_j^i(2)\end{bmatrix},\ Q_j=\begin{bmatrix}Q_j(1)\\Q_j(2)\end{bmatrix},\ t_j^i=\begin{bmatrix}t_j^i(1)\\t_j^i(2)\end{bmatrix},\ \theta=\begin{bmatrix}\theta_1\\\theta_2\end{bmatrix}=\begin{bmatrix}A_1-c_1\\A_2-c_2\end{bmatrix},\ B^T=\begin{bmatrix}1&k_1\\k_2&1\end{bmatrix} \tag{A5-45}$$

根据谭德庆关于两维 Cournot 博弈纳什均衡的定义以及求解原理，则 G_i 国厂商对 G_j 国市场的最优出口联合产量可以通过求解如下问题得到：

$$\max_{q_j^i}\pi_j^i=\pi_j^i(1)+\pi_j^i(2)=(q_j^i)^T(\vartheta-B^TQ_j-t_j^i) \tag{A5-46}$$

其一阶最优性条件为：

$$\frac{\nabla\pi_j^i}{\nabla q_j^i}=(\vartheta-B^TQ_j-t_j^i)-Bq_j^i=0 \tag{A5-47}$$

即：

$$Bq_j^i=\vartheta-B^TQ_j-t_j^i \tag{A5-48}$$

上式两边分别对 i 求和得到：

$$BQ_j=g\vartheta-gB^TQ_j-\sum_{k=1}^{g}t_j^k \tag{A5-49}$$

从而有：

$$(B+gB^T)Q_j=g\vartheta-\sum_{k=1}^{g}t_j^k \tag{A5-50}$$

即：

$$Q_j = C\left(g\vartheta - \sum_{k=1}^{g} t_j^k\right) \tag{A5-51}$$

其中有：

$$C = (B + gB^T)^{-1} \tag{A5-52}$$

将其代回到一阶条件式（A5-47）得到：

$$q_j^i = B^{-1}(\vartheta - B^T Q_j - t_j^i)$$

$$= B^{-1}(I - gB^T C)\vartheta + B^{-1}(B^T C - I)t_j^i + B^{-1}B^T C \sum_{\substack{k=1 \\ k \neq i}}^{g} t_j^k \tag{A5-53}$$

从而有：

$$\frac{\nabla Q_i}{\nabla t_i^j} = -C^T \tag{A5-54}$$

$$\frac{\nabla q_l^i}{\nabla t_i^j} = \begin{cases} C^T BB^{-T} & \text{当 } l = i \text{ 时} \\ 0 & \text{当 } l \neq i \text{ 时} \end{cases}, \quad \frac{\nabla q_i^k}{\nabla t_i^j} = \begin{cases} (B^T C - I)^T B^{-T} & \text{当 } k = j \text{ 时} \\ C^{-T} BB^{-T} & \text{当 } k \neq j \text{ 时} \end{cases} \tag{A5-55}$$

G_i 国厂商取得的总利润为在各国市场取得的利润总和，由式（A5-44）并利用式（A5-48）可得：

$$\pi_j^i(q_j^i(1), q_j^i(2)) = (q_j^i)^T(\vartheta - B^T Q_j - t_j^i) = (q_j^i)^T B q_j^i \tag{A5-56}$$

所以：

$$\Pi^i = \sum_{j=1}^{g} \pi_j^i(q_j^i(1), q_j^i(2)) = \sum_{j=1}^{g} (q_j^i)^T B q_j^i \tag{A5-57}$$

G_i 国的消费者剩余为：

$$CS_i = \left\{\left[A_1 Q_i(1) - \frac{1}{2}(Q_i(1))^2\right] - [A_1 - Q_i(1)]Q_i(1)\right\} + \left\{\left[A_2 Q_i(2) - \frac{1}{2}(Q_i(2))^2\right] - [A_2 - Q_i(2)]Q_i(2)\right\}$$

$$= \frac{1}{2}[Q_i(1)]^2 + \frac{1}{2}[Q_i(2)]^2 = \frac{1}{2}Q_i^T Q_i \tag{A5-58}$$

G_i 国的社会福利函数可以表示为消费者剩 CS_i、厂商总利润 Π^i 及关税收入 TR_i 之和：

$$W_i = \frac{1}{2}Q_i^T Q_i + \sum_{l=1}^{g} (q_i^i)^T B q_i^i + \sum_{k=1}^{g} (t_i^k)^T q_i^k$$

$$= \frac{1}{2}Q_i^T Q_i + (q_i^i)^T B q_i^i + \sum_{\substack{l=1 \\ l \neq i}}^{g} (q_l^i)^T B q_l^i + (t_i^j)^T q_i^j + \sum_{\substack{k=1 \\ k \neq j}}^{g} (t_i^k)^T q_i^k \tag{A5-59}$$

上式两边对向量 t_i^j 求微分得到：

$$\frac{\nabla W_i}{\nabla t_i^j} = -C^T Q_i + C^T BB^{-T}(B + B^T)q_i^i + q_i^j + (B^T C - I)^T B^{-T} t_i^j + C^T BB^{-T} \sum_{k \neq j} t_i^k$$

$$= -C^T Q_i + C^T BB^{-T}(B + B^T)B^{-1}(\theta - B^T Q_i) + B^{-1}(\theta - B^T Q_i - t_i^j) + (B^T C - I)^T B^{-T} t_i^j +$$

$$C^T BB^{-T} \sum_{k \neq j} t_i^k$$

$$= -EQ_i + D\theta - F t_i^j + CBB^{-T} \sum_{k \neq j} t_i^k \tag{A5-60}$$

令 $\dfrac{\nabla W_i}{\nabla t_i^j} = 0$，并适当整理得到：

$$H t_i^j = R\theta + S \sum_{k \neq j} t_i^k \tag{A5-61}$$

$$t_i^j = H^{-1}\left(R\theta + S \sum_{k \neq j} t_i^k\right) \tag{A5-62}$$

式（A5-62）为世界上所有国家都没有加入任何互惠贸易协定之前，使 G_i 国国民福利最大化的最优关税。其中有：

$$D = C^T B B^{-T}(B+B^T)B^{-1}+B^{-1}, \quad E=C^T+DB^T, \quad F=B^{-1}-(B^TC-I)^TB^{-T}$$

$$H=F-EC, \quad R=D-gEC, \quad S=EC+CBB^{-T} \tag{A5-63}$$

由于矩阵 $S=C^TC+C^T(B+B^T)C+B^{-1}B^TC+C^TBB^{-T}$ 为半正定矩阵，因此式（A5-62）表明一国的关税具有一种溢出效应，当一国提高对某一贸易伙伴国的关税水平时，那么该国对其他贸易伙伴国的关税水平也将提高。反之，当一国与某国签订了某项贸易协定实行关税减让时即意味着对 $k \neq j$ 时有 t_i^k 减少，从而该国对其他所有国家的最优关税水平 t_i^j 也将相应降低。Bagwell 和 Staiger（1997）把关税减让的这种效应称为"互补效应"。

附注 1： 假设各国厂商都只生产一种产品，不妨假设都只生产第 I 种产品。此时有：

$$k_1=k_2=0, \quad A_2=0, \quad t_i^i(2)=0, \quad c_2=0, \quad \theta_2=0, \quad T_j(2)=0$$

$$Q_j(1)=\frac{g\theta_1}{1+g}-\frac{T_j(1)}{1+g}, \quad q_j^i(1)=\frac{\theta_1}{1+g}+\frac{T_j(1)}{1+g}-t_j^i(1) \tag{A5-64}$$

同理，假设各国厂商都只生产第 II 种产品，同样可以得到：

$$Q_j(2)=\frac{g\theta_2}{1+g}-\frac{T_j(2)}{1+g}, \quad q_j^i(2)=\frac{\theta_2}{1+g}+\frac{T_j(2)}{1+g}-t_j^i(2) \tag{A5-65}$$

可见，该均衡结论与谢建国（2007）的单维 g×g 模型均衡结果相同，单维博弈均衡结论为本文多维博弈模型的特例。

附注 2： 假设各国厂商生产的产品 I 与产品 II 在市场上没有任何替代关系。求解其二维博弈纳什均衡，只需将 $k_1=k_2=0$ 代入计算，则有：

$$Q_j=\frac{1}{1+g}(g\theta-T_j), \quad q_j^i=\frac{\theta}{1+g}+\frac{1}{1+g}T_j-t_j^i \tag{A5-66}$$

可见，两个没有任何替代关系的产品，其二维博弈纳什均衡相当于各国厂商分别对每个产品独立进行 g×2 产量一维博弈的纳什均衡的简单"组合"。

一般地，若各国厂商生产的两种产品之间确实存在着一定替代性或存在着一定影响性（即当 $k_1 \neq 0$，$k_2 \neq 0$ 时），则有如下结论。

定理 2： 在 g×2 产量博弈模型中，若各国厂商生产的两种产品之间确实存在着一定替代性或存在着一定影响性，则各国厂商进行二维博弈时纳什均衡产量下所取得的总利润，总是大于厂商分别对每种产品单独进行博弈时各自的纳什均衡产量下所取得的利润。

证明： 记 i 国厂商单独博弈时在纳什均衡产量下的利润为 $\bar{\pi}_j^i$，总利润为 $\overline{\Pi}^i$，则有：

$$\bar{\pi}_j^i=[q_j^i(1)]^2+[q_j^i(2)]^2 \tag{A5-67}$$

又由于 $k_1>0$，$k_2>0$，故有：

$$\pi_j^i=[q_j^i(1)]^2+k_1k_2q_j^i(1)q_j^i(2)+[q_j^i(2)]^2>[q_j^i(1)]^2+[q_j^i(2)]^2=\bar{\pi}_j^i \tag{A5-68}$$

从而 $\Pi^i=\sum_{l=1}^{g}\pi_l^i=\sum_{l=1}^{g}(q_l^i)^TBq_l^i>\sum_{l=1}^{g}(q_l^i)^Tq_l^i=\overline{\Pi}^i$，证毕。

三、互惠贸易区规模与外部最优关税的理论分析

本部分讨论当 g 个国家所组成的世界当中有 n（其中 $g>n>3$）个国家组成一个自由贸易区时，自由贸易区内国家与非自由贸易区的（g-n）国家之间的关税问题。记该自由贸易区为集合 Ω，自由贸易区各成员国内部关税为 0，同时各成员国自行选择外部最优关税以使本国福利最大化，由式（A5-61）可得

$$t_{fta} = [H-(g-n-1)S]^{-1}R\theta \tag{A5-69}$$

为该自由贸易区成员国的最优外部关税水平，其中 n 为该自由贸易区集合 Ω 的规模。

对关税同盟来说，成员国内部实行自由贸易。与自由贸易区不同的是，关税同盟成员国将选择共同的外部关税水平 t_{cu} 以使同盟成员国联合福利最大化。此时，关税同盟代表成员国的福利为：

$$W_{icu} = \frac{1}{2}Q_i^2 + \sum_{l \in \Omega}(q_l^i)^T B^T q_l^i + \sum_{l \notin \Omega}(q_l^i)^T B^T q_l^i + \sum_{k \notin \Omega} t_i^k \times q_i^k \tag{A5-70}$$

其中：

$$Q_i = C(g\theta - \sum_{k=1}^{g} t_i^k) = C[g\theta - (g-n)t_{cu}] \tag{A5-71}$$

且当 $l \in \Omega$ 时，有：

$$Q_l = Q_i, \quad q_l^i = \begin{cases} B^{-1}(\theta - B^T Q_l), & \text{当 } l \in \Omega \text{ 时} \\ B^{-1}(\theta - B^T Q_l - t_i^i), & \text{当 } l \notin \Omega \text{ 时} \end{cases} \tag{A5-72}$$

而当 $k \notin \Omega$ 时，有：

$$q_i^k = B^{-1}(\theta - B^T Q_i - t_{cu}) \tag{A5-73}$$

从而令 $\dfrac{\nabla W_i}{\nabla t_{cu}} = 0$，可得到：

$$t_{cu} = H_{cu}^{-1} \times R_{cu} \tag{A5-74}$$

其中有：

$$H_{cu} = (g-n)\{(g-n)[(C^T B + B^T)(B^T C + I) + B^T C] - 2I\} \tag{A5-75}$$

$$R_{cu} = (g-n)[C^T B(B^{-1} + B^{-T}) + I](I - gB^T C) - g(g-n)B^T \tag{A5-76}$$

如果某国未加入任何区域性自由贸易协定，由对称性条件，在均衡时有 $t_i^i = t_i^k = t$，$k = 1, 2, \cdots, g(k \neq i)$。代入式（A5-61）整理得到：

$$Ht_N = R\theta + (g-2)St_N \tag{A5-77}$$

从而有：

$$t_N = [H-(g-2)S]^{-1}R\theta \tag{A5-78}$$

为该国最优的纳什关税水平。

扩展问题1：3×2 国贸易关税 Cournot 竞争多维博弈模型的仿真研究

一、3×2 国贸易关税 Cournot 竞争多维博弈仿真假设

假定所有的国家对未与本国签定贸易协定的他国进口产品实行一种非歧视的特别关税，这种特别关税直接增加了厂商的出口边际成本，因此厂商产品I和产品II的有效出口成本分别为 $c_1 + t_j^i(1)$ 和 $c_2 + t_j^i(2)$。

二、3×2 国贸易关税 Cournot 竞争多维博弈仿真实验目的

本仿真实验主要有两个目的：

目的 1：检验互惠贸易区关税的"互补效应"是否成立；

目的 2：对多维博弈和单维博弈下的均衡结果进行数值对比检验。

为此，我们分别选取两组模型参数值，希望在两组模型参数数据下，对多维博弈和单维博弈下的均衡结果进行计算对比分析，用以验证所得的分析结论。两组数据如附表 5-1 所示。

附表 5-1　仿真实验计算中的模型参数的两组值

参数	A_1	A_2	k_1	k_2	c_1	c_2
组 1	10	12	0.5	0.5	2	1
组 2	10	12	0.4	0.6	1	2

三、3×2 国贸易关税 Cournot 竞争多维博弈实验计算机仿真计算数值结果

按照本文对博弈实验模型的假设以及所选取的模型参数的假设值，我们利用基本问题 1 中的模型均衡分析结果表达式，使用 Matlab 中的 M 函数模块进行编程并实施仿真计算，所得模型变量值如附表 5-2 至附表 5-6 所示。

附表 5-2　在附表 5-1 参数下对模型进行仿真计算得到的模型变量值 $q_i^j(1)$

	$q_1^1(1)$	$q_1^2(1)$	$q_1^3(1)$	$q_2^1(1)$	$q_2^2(1)$	$q_2^3(1)$	$q_3^1(1)$	$q_3^2(1)$	$q_3^3(1)$
组 1	1.3910	0.6474	0.6474	0.6474	1.3910	0.6474	0.6474	0.6474	1.3910
组 2	2.1136	1.2857	1.2857	1.2857	2.1136	1.2857	1.2857	1.2857	2.1136

附表 5-3　在附表 5-1 参数下对模型进行仿真计算得到的模型变量值 $q_i^j(2)$

	$q_1^1(2)$	$q_1^2(2)$	$q_1^3(2)$	$q_2^1(2)$	$q_2^2(2)$	$q_2^3(2)$	$q_3^1(2)$	$q_3^2(2)$	$q_3^3(2)$
组 1	2.1410	2.3974	2.3974	2.3974	2.1410	2.3974	2.3974	2.3974	2.1410
组 2	1.4657	1.7915	1.7915	1.7915	1.4657	1.7915	1.7915	1.7915	1.4657

附表 5-4　在附表 5-1 参数下对模型进行仿真计算得到的模型变量值 $\pi_i^j(1)$

	$\pi_1^1(1)$	$\pi_1^2(1)$	$\pi_1^3(1)$	$\pi_2^1(1)$	$\pi_2^2(1)$	$\pi_2^3(1)$	$\pi_3^1(1)$	$\pi_3^2(1)$	$\pi_3^3(1)$
组 1	1.7122	0.7969	0.7969	0.7969	1.7122	0.7969	0.7969	0.7969	1.7122
组 2	3.5151	2.1382	2.1382	2.1382	3.5151	2.1382	2.1382	2.1382	3.5151

附表 5-5　在附表 5-1 参数下对模型进行仿真计算得到的模型变量值 $\pi_i^j(2)$

	$\pi_1^1(2)$	$\pi_1^2(2)$	$\pi_1^3(2)$	$\pi_2^1(2)$	$\pi_2^2(2)$	$\pi_2^3(2)$	$\pi_3^1(2)$	$\pi_3^2(2)$	$\pi_3^3(2)$
组 1	5.5792	6.2474	6.2474	6.2474	5.5792	6.2474	6.2474	6.2474	5.5792
组 2	3.1293	3.8249	3.8249	3.8249	3.1293	3.8249	3.8249	3.8249	3.1293

附表 5-6　在附表 5-1 参数下对模型进行仿真计算得到的模型变量值 $\pi_i^j = \pi_i^j(1) + \pi_i^j(2)$

	π_1^1	π_1^2	π_1^3	π_2^1	π_2^2	π_2^3	π_3^1	π_3^2	π_3^3
组 1	7.2914	7.0443	7.0443	7.0443	7.2914	7.0443	7.0443	7.0443	7.2914
组 2	6.6444	5.9361	5.9361	5.9361	6.6444	5.9361	5.9361	5.9361	6.6444

从上述计算结果的对比分析可知，数值结果验证了基本问题 1 模型分析结论的正确性，同时也达到了实验的检验目的。

四、3×2 国贸易关税 Cournot 竞争多维博弈实验结果对比分析的结论

本部分在基本问题 1 中所建立的 3×2 国贸易关税 Cournot 竞争多维博弈模型以及所给出的多维博弈均衡分析结果基础上，进一步设定模型背景以及模型参数值，使用 Matlab 中的 M 函数模块进行编程并实施仿真计算，通过对数值结果的对比分析以及结合基本问题 1 的理论分析，得到了如下结论：

（1）在 Cournot 竞争条件下，互惠贸易区的形成对多边贸易合作体系的影响取决于互惠贸易区关税的"互补效应"。在三国模型中，由于关税削减的互补效应，自由贸易区成员国比单个的非成员国具有更低的外部关税。关税同盟的外部关税水平也低于非成员国 Nash 关税水平，却高于自由贸易区成员国的外部关税水平。

（2）在 3×2 国产量博弈模型中，若各国厂商生产的两种产品之间确实存在着一定替代性或存在着一定影响性，则各国厂商进行二维博弈纳什均衡产量下所取得的总利润，总是大于厂商分别对每种产品单独进行博弈时各自的纳什均衡产量下所取得的利润。

扩展问题 2：g×2 国贸易关税 Cournot 竞争多维博弈模型的实验研究

一、g×2 国贸易关税 Cournot 竞争多维博弈实验假设

假定所有的国家对未与本国签订贸易协定的他国进口产品实行一种非歧视的特别关税，这种特别关税直接增加了厂商的出口边际成本，因此厂商产品 Ⅰ 和产品 Ⅱ 的单位成本分别为 $c_1 + t_j^i(1)$ 和 $c_2 + t_j^i(2)$。

二、g×2 国贸易关税 Cournot 竞争多维博弈仿真实验目的

本仿真实验主要有两个目的：

目的 1：检验互惠贸易区关税的"互补效应"的作用效果；

目的 2：对多维博弈和单维博弈下的均衡结果进行数值对比研究，检验多维博弈模型与一维博弈模型的区别。

为此，我们假设 g=10，并分别选取两组模型参数值，希望在两组模型参数数据中，对多维博弈和单维博弈下的均衡结果进行计算对比分析，用以验证所得的分析结论。两组数据如附表 5-7 所示。

附表 5-7　多国多维博弈模型仿真计算中的模型参数的两组值

参数	A_1	A_2	k_1	k_2	c_1	c_2
组 1	10	12	0.5	0.5	2	1
组 2	10	12	0.4	0.6	1	2

三、g×2 国贸易关税 Cournot 竞争多维博弈实验计算机仿真计算数值结果

按照本文对博弈实验模型的假设以及所选取的模型参数的假设值，我们利用基本问题 2 中模型均衡分析结果表达式，使用 Matlab 中的 M 函数模块进行编程并实施仿真计算，各个变量值的结果如附表 5-8 和附表 5-9 所示。

附表 5-8　对应附表 5-7 组 1 的多国多维博弈模型中各个变量值仿真计算结果

$t_j^i(1)$	仿真计算值	$t_j^i(2)$	仿真计算值	$q_j^i(1)$	仿真计算值	$q_j^i(2)$	仿真计算值	π_j^i	仿真计算值
$t_1^1(1)$	0	$t_1^1(2)$	0	$q_1^1(1)$	0.3030	$q_1^1(2)$	0.8485	π_1^1	1.0689
$t_1^2(1)$	0.3675	$t_1^2(2)$	0.2570	$q_1^2(1)$	0.2741	$q_1^2(2)$	0.8396	π_1^2	1.0101
$t_1^3(1)$	0.3675	$t_1^3(2)$	0.2570	$q_1^3(1)$	0.2741	$q_1^3(2)$	0.8396	π_1^3	1.0101
$t_2^1(1)$	0.3675	$t_2^1(2)$	0.2570	$q_2^1(1)$	0.2741	$q_2^1(2)$	0.8396	π_2^1	1.0101
$t_2^2(1)$	0	$t_2^2(2)$	0	$q_2^2(1)$	0.3030	$q_2^2(2)$	0.8485	π_2^2	1.0689
$t_2^3(1)$	0.3675	$t_2^3(2)$	0.2570	$q_2^3(1)$	0.2741	$q_2^3(2)$	0.8396	π_2^3	1.0101
$t_3^1(1)$	0.3675	$t_3^1(2)$	0.2570	$q_3^1(1)$	0.2741	$q_3^1(2)$	0.8396	π_3^1	1.0101
$t_3^2(1)$	0.3675	$t_3^2(2)$	0.2570	$q_3^2(1)$	0.2741	$q_3^2(2)$	0.8396	π_3^2	1.0101
$t_3^3(1)$	0	$t_3^3(2)$	0	$q_3^3(1)$	0.3030	$q_3^3(2)$	0.8485	π_3^3	1.0689
$t_4^1(1)$	0.3675	$t_4^1(2)$	0.2570	$q_4^1(1)$	0.2741	$q_4^1(2)$	0.8396	π_4^1	1.0101
$t_4^2(1)$	0.3675	$t_4^2(2)$	0.2570	$q_4^2(1)$	0.2741	$q_4^2(2)$	0.8396	π_4^2	1.0101
$t_4^3(1)$	0.3675	$t_4^3(2)$	0.2570	$q_4^3(1)$	0.2741	$q_4^3(2)$	0.8396	π_4^3	1.0101
$t_5^1(1)$	0.3675	$t_5^1(2)$	0.2570	$q_5^1(1)$	0.2741	$q_5^1(2)$	0.8396	π_5^1	1.0101
$t_5^2(1)$	0.3675	$t_5^2(2)$	0.2570	$q_5^2(1)$	0.2741	$q_5^2(2)$	0.8396	π_5^2	1.0101
$t_5^3(1)$	0.3675	$t_5^3(2)$	0.2570	$q_5^3(1)$	0.2741	$q_5^3(2)$	0.8396	π_5^3	1.0101
$t_6^1(1)$	0.3675	$t_6^1(2)$	0.2570	$q_6^1(1)$	0.2741	$q_6^1(2)$	0.8396	π_6^1	1.0101
$t_6^2(1)$	0.3675	$t_6^2(2)$	0.2570	$q_6^2(1)$	0.2741	$q_6^2(2)$	0.8396	π_6^2	1.0101
$t_6^3(1)$	0.3675	$t_6^3(2)$	0.2570	$q_6^3(1)$	0.2741	$q_6^3(2)$	0.8396	π_6^3	1.0101
$t_7^1(1)$	0.3675	$t_7^1(2)$	0.2570	$q_7^1(1)$	0.2741	$q_7^1(2)$	0.8396	π_7^1	1.0101
$t_7^2(1)$	0.3675	$t_7^2(2)$	0.2570	$q_7^2(1)$	0.2741	$q_7^2(2)$	0.8396	π_7^2	1.0101
$t_7^3(1)$	0.3675	$t_7^3(2)$	0.2570	$q_7^3(1)$	0.2741	$q_7^3(2)$	0.8396	π_7^3	1.0101
$t_8^1(1)$	0.3675	$t_8^1(2)$	0.2570	$q_8^1(1)$	0.2741	$q_8^1(2)$	0.8396	π_8^1	1.0101

$t_j^i(1)$	仿真计算值	$t_j^i(2)$	仿真计算值	$q_j^i(1)$	仿真计算值	$q_j^i(2)$	仿真计算值	π_j^i	仿真计算值
$t_8^2(1)$	0.3675	$t_8^2(2)$	0.2570	$q_8^2(1)$	0.2741	$q_8^2(2)$	0.8396	π_8^2	1.0101
$t_8^3(1)$	0.3675	$t_8^3(2)$	0.2570	$q_8^3(1)$	0.2741	$q_8^3(2)$	0.8396	π_8^3	1.0101
$t_9^1(1)$	0.3675	$t_9^1(2)$	0.2570	$q_9^1(1)$	0.2741	$q_9^1(2)$	0.8396	π_9^1	1.0101
$t_9^2(1)$	0.3675	$t_9^2(2)$	0.2570	$q_9^2(1)$	0.2741	$q_9^2(2)$	0.8396	π_9^2	1.0101
$t_9^3(1)$	0.3675	$t_9^3(2)$	0.2570	$q_9^3(1)$	0.2741	$q_9^3(2)$	0.8396	π_9^3	1.0101
$t_{10}^1(1)$	0.3675	$t_{10}^1(2)$	0.2570	$q_{10}^1(1)$	0.2741	$q_{10}^1(2)$	0.8396	π_{10}^1	1.0101
$t_{10}^2(1)$	0.3675	$t_{10}^2(2)$	0.2570	$q_{10}^2(1)$	0.2741	$q_{10}^2(2)$	0.8396	π_{10}^2	1.0101
$t_{10}^3(1)$	0.3675	$t_{10}^3(2)$	0.2570	$q_{10}^3(1)$	0.2741	$q_{10}^3(2)$	0.8396	π_{10}^3	1.0101

附表 5-9　对应附表 5-7 组 2 的多国多维博弈模型中各个变量值仿真计算结果

$t_j^i(1)$	仿真计算值	$t_j^i(2)$	仿真计算值	$q_j^i(1)$	仿真计算值	$q_j^i(2)$	仿真计算值	π_j^i	仿真计算值
$t_1^1(1)$	0	$t_1^1(2)$	0	$q_1^1(1)$	0.5789	$q_1^1(2)$	0.5723	π_1^1	0.9939
$t_1^2(1)$	0.3440	$t_1^2(2)$	0.2888	$q_1^2(1)$	0.5520	$q_1^2(2)$	0.5617	π_1^2	0.9302
$t_1^3(1)$	0.3440	$t_1^3(2)$	0.2888	$q_1^3(1)$	0.5520	$q_1^3(2)$	0.5617	π_1^3	0.9302
$t_2^1(1)$	0.3440	$t_2^1(2)$	0.2888	$q_2^1(1)$	0.5520	$q_2^1(2)$	0.5617	π_2^1	0.9302
$t_2^2(1)$	0	$t_2^2(2)$	0	$q_2^2(1)$	0.5789	$q_2^2(2)$	0.5723	π_2^2	0.9939
$t_2^3(1)$	0.3440	$t_2^3(2)$	0.2888	$q_2^3(1)$	0.5520	$q_2^3(2)$	0.5617	π_2^3	0.9302
$t_3^1(1)$	0.3440	$t_3^1(2)$	0.2888	$q_3^1(1)$	0.5520	$q_3^1(2)$	0.5617	π_3^1	0.9302
$t_3^2(1)$	0.3440	$t_3^2(2)$	0.2888	$q_3^2(1)$	0.5520	$q_3^2(2)$	0.5617	π_3^2	0.9302
$t_3^3(1)$	0	$t_3^3(2)$	0	$q_3^3(1)$	0.5789	$q_3^3(2)$	0.5723	π_3^3	0.9939
$t_4^1(1)$	0.3440	$t_4^1(2)$	0.2888	$q_4^1(1)$	0.5520	$q_4^1(2)$	0.5617	π_4^1	0.9302
$t_4^2(1)$	0.3440	$t_4^2(2)$	0.2888	$q_4^2(1)$	0.5520	$q_4^2(2)$	0.5617	π_4^2	0.9302
$t_4^3(1)$	0.3440	$t_4^3(2)$	0.2888	$q_4^3(1)$	0.5520	$q_4^3(2)$	0.5617	π_4^3	0.9302
$t_5^1(1)$	0.3440	$t_5^1(2)$	0.2888	$q_5^1(1)$	0.5520	$q_5^1(2)$	0.5617	π_5^1	0.9302
$t_5^2(1)$	0.3440	$t_5^2(2)$	0.2888	$q_5^2(1)$	0.5520	$q_5^2(2)$	0.5617	π_5^2	0.9302
$t_5^3(1)$	0.3440	$t_5^3(2)$	0.2888	$q_5^3(1)$	0.5520	$q_5^3(2)$	0.5617	π_5^3	0.9302
$t_6^1(1)$	0.3440	$t_6^1(2)$	0.2888	$q_6^1(1)$	0.5520	$q_6^1(2)$	0.5617	π_6^1	0.9302
$t_6^2(1)$	0.3440	$t_6^2(2)$	0.2888	$q_6^2(1)$	0.5520	$q_6^2(2)$	0.5617	π_6^2	0.9302
$t_6^3(1)$	0.3440	$t_6^3(2)$	0.2888	$q_6^3(1)$	0.5520	$q_6^3(2)$	0.5617	π_6^3	0.9302
$t_7^1(1)$	0.3440	$t_7^1(2)$	0.2888	$q_7^1(1)$	0.5520	$q_7^1(2)$	0.5617	π_7^1	0.9302
$t_7^2(1)$	0.3440	$t_7^2(2)$	0.2888	$q_7^2(1)$	0.5520	$q_7^2(2)$	0.5617	π_7^2	0.9302
$t_7^3(1)$	0.3440	$t_7^3(2)$	0.2888	$q_7^3(1)$	0.5520	$q_7^3(2)$	0.5617	π_7^3	0.9302

续表

$t_j^i(1)$	仿真计算值	$t_j^i(2)$	仿真计算值	$q_j^i(1)$	仿真计算值	$q_j^i(2)$	仿真计算值	π_j^i	仿真计算值
$t_8^1(1)$	0.3440	$t_8^1(2)$	0.2888	$q_8^1(1)$	0.5520	$q_8^1(2)$	0.5617	π_8^1	0.9302
$t_8^2(1)$	0.3440	$t_8^2(2)$	0.2888	$q_8^2(1)$	0.5520	$q_8^2(2)$	0.5617	π_8^2	0.9302
$t_8^3(1)$	0.3440	$t_8^3(2)$	0.2888	$q_8^3(1)$	0.5520	$q_8^3(2)$	0.5617	π_8^3	0.9302
$t_9^1(1)$	0.3440	$t_9^1(2)$	0.2888	$q_9^1(1)$	0.5520	$q_9^1(2)$	0.5617	π_9^1	0.9302
$t_9^2(1)$	0.3440	$t_9^2(2)$	0.2888	$q_9^2(1)$	0.5520	$q_9^2(2)$	0.5617	π_9^2	0.9302
$t_9^3(1)$	0.3440	$t_9^3(2)$	0.2888	$q_9^3(1)$	0.5520	$q_9^3(2)$	0.5617	π_9^3	0.9302
$t_{10}^1(1)$	0.3440	$t_{10}^1(2)$	0.2888	$q_{10}^1(1)$	0.5520	$q_{10}^1(2)$	0.5617	π_{10}^1	0.9302
$t_{10}^2(1)$	0.3440	$t_{10}^2(2)$	0.2888	$q_{10}^2(1)$	0.5520	$q_{10}^2(2)$	0.5617	π_{10}^2	0.9302
$t_{10}^3(1)$	0.3440	$t_{10}^3(2)$	0.2888	$q_{10}^3(1)$	0.5520	$q_{10}^3(2)$	0.5617	π_{10}^3	0.9302

四、g×2 国贸易关税 Cournot 竞争多维博弈实验结果对比分析的结论

本文在基本问题 2 所建立的 g×2 国贸易关税 Cournot 竞争多维博弈模型以及所给出的多维博弈均衡分析结果基础上，针对 g=10 情形，进一步设定模型背景以及模型参数值，使用 Matlab 中的 M 函数模块进行编程并实施仿真计算，通过对数值结果的对比分析以及结合基本问题 2 的理论分析，得到了如下结论：

（1）在 g×2 国产量博弈模型中，若各国厂商生产的两种产品之间确实存在着一定替代性或存在着一定影响性，则各国厂商进行二维博弈纳什均衡产量下所取得的总利润，总是大于厂商分别对每种产品单独进行博弈时各自的纳什均衡产量下所取得的利润。

（2）在 Cournot 竞争条件下，Bagwell 和 Staiger 所谓的关税减让"互补效应"仍然存在。但是在 g>3 的 g 国模型中，尽管关税减让的"互补效应"仍然起作用，我们还是不能直接得到关于自由贸易区成员国的外部关税 t_{fta}、关税同盟的外部关税 t_{cu} 和非成员国 Nash 关税 t_N 之间的大小关系。

参考文献

［1］ Bagwell K, Staiger R W. Multilateral Tariff Cooperation During the Formation of Free Trade Areas ［J］. International Economic Review, 1997, 38 （2）：291-320.

［2］ Krishna P. Regionalism and Multilateralism：A Political Economy Approach ［J］. The Quarterly Journal of Economics, 1998, 113 （1）：227-251.

［3］ McLaren J. A Theory of Insidious Regionalism ［J］. The Quarterly Journal of Economics, 2002, 117 （2）：571-608.

［4］ Bond E W, Syropoulos C, Winters L A. Deepening of Regional Integration and Multilateral Trade Agreements ［J］. Journal of International Economics, 2001, 53 （2）：335-361.

［5］ Viner J. The Customs Union Issue ［M］. Oxford：Oxford University Press, 2014.

［6］ Meade, James E. The theory of Customs Unions ［M］. Amsterdam：North-Holland, 1955.

［7］ Lipsey R G. The Theory of Customs Unions：Trade Diversion and Welfare ［J］. Economica, 1957, 24 （93）：40-46.

［8］ Vanek J. General Equilibrium of International Discrimination：The Case of Customs Unions ［M］. Cambridge：Harvard University Press，1965.

［9］ Kemp M C. The Pure theory of international trade and investment ［M］. Englewood Cliffs，NJ：Prentice-Hall，1964.

［10］ Krishna P，Bhagwati J. Necessarily Welfare-Enhancing Customs Unions with Industrialization Constraints：The Cooper-Massell-Johnson-Bhagwati conjecture ［J］. Japan and the World Economy，1997，9（4）：441-446.

［11］ Grossman G M，Helpman E. The Politics of Free Trade Agreements ［J］. American Economic Review，1995，85（4）：667-690.

［12］谢建国. 区域与多边贸易一体化研究——一个博弈论分析框架 ［M］. 南京：南京大学出版社，2007.

［13］谭德庆. 多维博弈论 ［M］. 成都：西南交通大学出版社，2006.

［14］盛斌. 区域贸易协定与多边贸易体制 ［J］. 世界经济，1998，16（9）：41-44.

［15］ Yi S S. Endogenous Formation of Customs Unions Under Imperfect Competition：Open Regionalism is Good ［J］. Journal of International Economics，1996，41（1）：153-177.

［16］ Bond E W，Syropoulos C. The Size of Trading Blocs Market Power and World Welfare Effects ［J］. Journal of International Economics，1996，40（3）：411-437.

［17］ Andriamananjara S. On the Size and Number of Regional Integration Arrangements：A Political Economy Model ［R］. 1999.

［18］ Levy P I. A Political-Economic Analysis of Free-Trade Agreements ［J］. The American Economic Review，1997，87（4）：506-519.